泰康资产管理有限责任公司

专注专业　成就未来

陈东升

泰康人寿董事长兼首席执行官

泰康资产董事长

段国圣

泰康人寿执行副总裁兼首席投资官

泰康资产总经理兼首席执行官

泰康资产管理有限责任公司(以下简称“泰康资产”或“公司”)成立于2006年2月，前身为泰康人寿保险股份有限公司资产管理中心。截至2013年12月31日，注册资本为10亿元，公司受托管理资产总规模约6000亿元，是国内资本市场上规模最大的机构投资者之一。

泰康资产业务范围涵盖固定收益品种投资、权益品种投资、境外投资、基础设施及不动产投资、股权投资、金融产品投资等。截至2013年12月31日，公司受托管理泰康人寿一般账户投资业绩连续11年超越保险行业平均收益水平，累计发起设立基础设施及不动产投资计划、项目资产支持计划规模超过900亿元，并成功投资中石油西气东输管道、国投信托、京沪高铁、泰康养老社区等股权投资项目。

泰康资产长期、稳定、卓越的投资能力受到保险机构、业外客户的广泛认可。截至2013年12月31日，除管理母公司泰康人寿委托资产外，公司管理的第三方资产总规模突破1800亿元，涵盖企业年金、第三方专户委托、保险资产管理产品、养老金产品、境外第三方资产管理等多个业务领域。其中，企业年金投资管理规模超过500亿元。

泰康资产持续提升综合经营管理能力，深化和完善多平台、多工具、多策略的投研体系建设，巩固核心竞争能力。截至2013年12月31日，公司员工总数超过380人，硕士及以上学历人员占比75%，投研团队硕士及以上学历人员占比88%，多人获得注册金融分析师（CFA）、国际金融风险管理者（FRM）、国际注册内部审计师（CIA）资格证书，核心投研团队平均证券投资从业年限超过10年。

信达项目签约仪式

中石油项目签约仪式

南阳防爆集团股份有限公司

NANYANG EXPLOSION PROTECTION GROUP CO.,LTD

董事长　魏华钧

总经理　白照昊

南阳防爆集团股份有限公司位于河南省南阳市，是中国最大的防爆电机科研生产基地、国家机电产品出口基地、国家创新型企业、国家高新技术企业、中国电器工业协会防爆电机分会理事长单位、中石油一级采购物资供应商单位、中石化战略供应商单位。拥有“中国电器工业最具竞争力企业”、“中国大企业集团竞争力500强”、“中国机械500强”、“中国电气工业100强”等荣誉。公司现有5个全资、控股子公司，分布于南阳、上海、郴州三地。主要产品有高低压各类防爆电机、普通电机、电动/发电机、轻型发电机、防爆风机、防爆电器及监控仪表等，现有218个系列，2388个品种，96233个规格，年生产能力1000万千瓦，功率范围为0.12千瓦～100，000千瓦，注册商标为“CNE”牌。产品主要应用于石油、煤炭、化工、冶金、电力、军工、核电等领域。

南防集团坚持自主创新，开发出一大批具有自主知识产权的高新技术产品，填补多项国内空白。1972年研制成功国产第一台高压中型防爆电机，安全运行35年；出口国际市场的NEMA系列超高效率电机、XPA系列高效电机、PPA系列低压大容量高效率三相异步电动机，达到当今国际领先水平；YAXn、YBXn、YXn系列高效节能电机在中国电机行业率先获得“国家节能产品认证”；铸铜转子超超高效电机，经过国际权威电机效率测试机构美国NVLAP认可实验室检测，达到当今国际最高能效等级（IE4），南防集团由此成为继德国西门子公司之后，国际上第二家研制出IE4超超高效电机的企业；主导产品正在向高端化、大型化、节能化、集成化方向迈进。

南防集团先后参与1项国际标准、13项国家标准和48项行业标准的制修订工作；获得国家专利171项，其中发明专利16项；“国家重点新产品”7项；国家火炬计划3项；国家科技支撑计划1项；省部级“高新技术”、科技进步奖等8项；承担省重大攻关4项、中石化重大攻关1项。

南防集团与中科院、清华大学、西安交通大学、北京科技大学等国内著名高校和科研院所建立了长期合作关系。与南阳防爆电气研究所、国家防爆电气产品质量监督检验中心相毗邻，可以方便、快捷地获得科研技术支持。与美国GE、德国SIEMENS和LDW、英国PPI、国际铜业协会等国际知名公司和科研机构保持友好而又广泛地技术交流。

长期以来，南防集团和中石油、中石化公司都保持着密切的合作伙伴关系。南防集团将中石油、中石化订货作为重点产品进行质量控制，作为急要产品优先排产。南防集团非常注重对石化、石油企业的服务工作，在核心客户集聚区建立客户服务站，而且在原来传统的售后服务模式下，要求在第一时间进行响应，并全力满足用户服务需求。

2008年5月11日，国务院总理温家宝莅临南防集团视察。温总理殷切嘱托：“希望南防集团的防爆电机永远处于领先地位”，勉励南防集团“再接再厉，创出世界名牌”。

主要产品

4 极隐极汽轮发电机

该系列发电机利用引进国外先进技术开发的填补国内空白的大型高压 4 极隐极发电机，采用箱式结构，端盖式轴承，冷却器位于电机上部，发电机防护等级高，风路流畅，现场安装调试方便。具有转速低、振动小、运行可靠等优点。产品荣获河南省工信厅科技进步一等奖、3 项国家发明专利、7 项实用新型专利、并获得 CE 认证。广泛应用于小型发电厂、移动电站、自备电站、余热发电等，市场前景广阔。

功率范围 Pn=3 ～ 50MW；

额定电压范围 Un=3.3、6.3、10.5、13.8 kV；

极数：4；额定频率：50Hz、60Hz；防护等级：IP54；

绝缘等级：F 级、H 级；安装方式：IMB3； 冷却方式：IC81W。

该系列电机融合了发电机、机械、微机控制等多项技术于一体，从外观到内部结构都与现有发电机产品存在着较大的不同，具有体积小、重量轻、效率高、振动小等优点，根据机组需要冷却方式有 IC81W、IC21、IC31、IC37 等，功率从 3MW~25MW，具有高过载能力，高阻尼性，快速投入运行等特点。广泛地应用在天然气发电、煤矿瓦斯回收发电，属节能环保产品，符合国家能源政策，市场前景广阔。

QFR 系列燃气轮发电机

QFW20000kW-2P 汽轮发电机

该系列发电机基于国内外客户的需求，采用 ANSYS、ANSOFT、郑州机械研究所转子动力学分析软件等先进设计工具，吸收国内外发电机技术的先进理念和经验，并结合我公司长期设计、生产高压大型异步电动机的结构分析技术，而自行开发的具有自主知识产权的系列新产品，其技术水平和性能指标国内领先。具有效率高、温升低、振动小、运行可靠、现场安装维护方便等特点。广泛应用于高炉炉顶煤气余压发电（TRT）、城市垃圾焚烧发电、小型热电联产发电等节能环保、余热回收工程。

功率范围 Pn=3 ～ 25MW；

额定电压范围 Un=3.3、6.3、10.5 kV；极数：2；

额定频率：50Hz；防护等级：IP54；绝缘等级：F 级；

安装方式：IMB3；冷却方式：IC81W。

地址：河南省南阳市仲景北路 22 号

销售公司：0377-63258316 0377-63258317　　外贸公司：0377-63258315

客服电话：0377-63258590　　投诉电话：0377-63238288

电子邮箱：service@cn-nf.com　　企业网址：www.cn-nf.com

该系列产品集防爆技术、电力电子技术、自动控制技术、电机技术为一体。被中石化确定为“替代进口产品”。用于国内及国外各石化公司、钢铁公司、煤化工等，市场占有率 70%。整机运行平稳，效率高，振动小，噪声小，温升低等优点，品种多，规格全，满足用户不同需求，其技术水平和性能指标国内领先。用于世界上第一套 100 万吨 / 年煤直接液化装置中，驱动往复式压缩机的 TAW8800KW-20P 增安型无刷励磁同步电动机，是目前同类产品中容量最大的，填补国际空白。

额定电压：6kV　10kV 3.3kV；额定频率：50Hz；

功率范围： 500 ～ 10000kW；

同步转速：500　375　333　300　250　r/min；

防护等级： 主体 IP44、接线盒 IP54；

安装方式：IM7315；冷却方式：IC81W(上水冷） 或 IC616(强制风冷）；

绝缘等级：F 级温升按 B 级考核；防爆标志：ExeIIT3　ExeIIT2　ExeIIT1。

TAW 系列增安型无刷励磁同步电动机

YB3E 系列超高效率隔爆型三相异步电动机

该系列电机效率符合 GB18613-2006《中小型三相异步电动机能效限定值及能效等级》中的 1 级效率，属超高效率电机，且具有振动噪声低、防护等级高、能自动排水、运行可靠、使用维护方便、外形美观的特点。

机座号为 H80 ～ 355；功率范围为 0.18kW ～ 355kW；

极数为 2 ～ 10；额定电压为 220 ～ 690V；

额定频率为 50Hz、60Hz；S1 连续工作制；

防爆级别为 Exd Ⅰ、Exd Ⅱ AT4、Exd Ⅱ BT4、Exd Ⅱ CT4；

防护等级为 IP55、IP56、IP66；冷却方式 IC411；

绝缘等级 F 级；安装方式：IMB3、IMB35、IMB5、IMV1 等。

该系列电机广泛应用于煤矿井下、石油化工等，通过配变频器实现变频调速驱动的场合。通过改变电磁、结构、加强绝缘、增加温度控制等措施，能可靠满足变频调速运行中对电机的特殊需要，节能效果显著。

机座号：H63～560；功率范围：0.37kW～100kW；

极数：2 ～ 16；额定电压： 380/660、660/1140V；

基准频率：50Hz，变频范围 3-60H；

防爆级别：ExdI、ExdIIBT4、ExdIICT4；

防护等级：IP55；冷却方式：IC411 或 IC416；

绝缘等级：F 级或 H 级；

安装方式：IMB3、IMB35、IMB5、IMV1 等。

YBBP 系列隔爆型变频调速三相异步电动机

YBX3 系列高效率高压隔爆型三相异步电动机

该系列产品是我公司最新开发成功的新一代高效率高压隔爆型三相异步电动机，接近西门子水平，是高压 YB2 电机的升级换代产品。全系列效率高于国家惠民标准 0.1% 个百分点，噪声比 JB/T8674-2007 均低 10 分贝以上。电机具有结构紧凑、体积小，重量轻，输出功率密度大，高效节能、低噪环保、防护等级高、运行可靠、使用维护方便、外形美观的特点。

机座号：H355 ～ H560；功率范围：185kW ～ 1600kW；
极数：2、4、6、8；额定电压：6000V、10000V；
额定频率：50Hz；防爆级别：ExdI、ExdIIBT4、ExdIICT4；
防护等级：IP55；冷却方式：IC411；
绝缘等级：F 级；安装方式：IMB3、IMB35、IMV1 等。

YB3E 系列超高效率隔爆型三相异步电动机

机座号为 H80 ～ 355；功率范围为 0.37kW ～ 315kW；
极数为 2 ～ 10；额定电压为 380 ～ 690V；
额定频率为 50Hz、60Hz；S1 连续工作制；
防护等级为 IP55、IP56、IP66；冷却方式 IC411；
绝缘等级 F 级；安装方式：IMB3、IMB35、IMB5、IMV1 等。

特点：效率符合 GB18613-2006《中小型三相异步电动机能效限定值及能效等级》中的 1 级效率，等效于 IEC60034-30 中 IE3 效率标准，属超高效率电机。具有效率高、体积小、噪声低、振动小、温升裕度大、运行可靠、寿命长等优点。

YX3 系列高效率高压三相异步电动机

我公司最新开发成功的新一代高效率高压三相异步电动机，接近西门子水平。全系列效率高于国家惠民标准 0.1% 个百分点。电机具有结构紧凑、体积小，重量轻，输出功率密度大，高效节能、低噪环保、防护等级高，运行可靠、防护等级高、使用维护方便、外形美观的特点。

机座号：H355 ～ H560；功率范围：185kW ～ 1600kW；
极数：2、4、6、8；额定电压：6000V、10000V；
额定频率：50Hz；防护等级：IP55；冷却方式：IC411；
绝缘等级：F 级；安装方式：IMB3、IMB35、IMV1 等。

地址：河南省南阳市仲景北路 22 号
销售公司：0377-63258316 0377-63258317
外贸公司：0377-63258315
客服电话：0377-63258590
投诉电话：0377-63238288
电子邮箱：service@cn-nf.com
企业网址：www.cn-nf.com

克拉玛依油城数据有限公司
KARAMAY PETRO CITY DATA LIMITED

为顺应国家“西部大开发”的政策和克拉玛依市、新疆油田公司打造信息产业的战略部署，克拉玛依油城数据有限公司正式成立。

克拉玛依油城数据公司立足于数字新疆油田的建设成果，面向各级政府及石油石化企业，开展信息化建设、管理及应用服务，利用物联网、云计算、知识化管理等先进技术，开展投资与资产管理；数据采集处理与服务；信息产品开发、销售与服务；网络建设与维护；测绘与地理信息服务；通信工程服务；计算机信息系统集成与云计算服务；技术咨询与培训；电子商务等业务。

作为油田信息化建设的中坚力量，克拉玛依油城数据公司还将通过创新、投资、联合等方式引进、创立专业化创新型的IT公司，逐步形成克拉玛依地区比较完善的石油信息技术产业链和西部石油信息产业基地，为克拉玛依信息产业化的发展贡献自己的力量。

KARAMAY

主营业务 >>

卫星应用

公司在国家发改委和自治区政府的政策支持下，大力发展战略性新兴产业，致力于卫星综合应用技术的开展和新疆与中亚地区的卫星服务。目前正在建设西部卫星通讯网，面向新疆全境提供实时指挥调度控制信息通道，并为政府和企业提供数字化卫星应用综合服务。公司还基于互联网和云计算技术，开发研制了国家高分遥感数据的云服务平台，为政府和企业、公众提供高分遥感数据的采集、处理、下载、分发和接入服务。并建设了野外北斗测控网，为企业公众提供车联网导航服务和特种行业的野外作业导航服务。

电子沙盘

油城数据公司始终坚持在数字创意领域的技术创新与应用延伸，致力于视觉艺术、数字体验、主题创意、空间设计、技术创新的多维跨界整合及行业应用。开拓业务涵盖“展览展示、数字沙盘”两大核心领域，是目前疆内最专业的数字创意整合服务提供商。

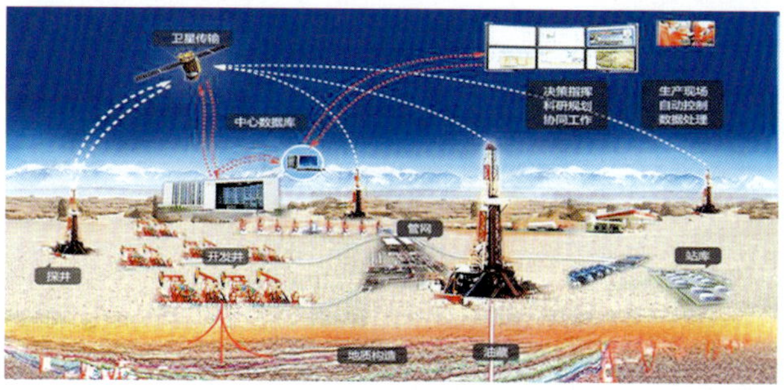

智能油田

公司致力于油田大数据挖掘，通过云计算技术和先进的勘探生产一体化数据模型进行油藏分析和动态模拟，在提高储量发现和开采效率的同时，还研发了针对区块和单井开发生产数据综合分析软件，并集成有效的专家经验和数据资产，形成知识库和经验库，应用于生产现场管理、生产决策和经营决策。

油田现场智能化控制：利用自动化预警技术，实现现场异常情况的智能预警，提升反应速度；利用自动化控制技术，实现对现场情况的实时反馈和控制，实现闭环管理，实现远程自动化控制和生产优化。

红有软件
HONGYOU SOFTWARE

克拉玛依红有软件有限责任公司简介 jianjie

克拉玛依红有软件有限责任公司是一家以石油企业和政府信息化研究、设计、开发和运维等服务为主营业务的计算机软件企业。公司起源于数字油田建设，伴随油田及城市信息化建设而成长，助力新疆油田建成全国第一个数字油田，已经成为新疆维吾尔自治区名列前茅的软件企业，是中国石油天然气集团公司重点信息技术支持单位之一、新疆克拉玛依数字城市建设主要技术支撑单位。

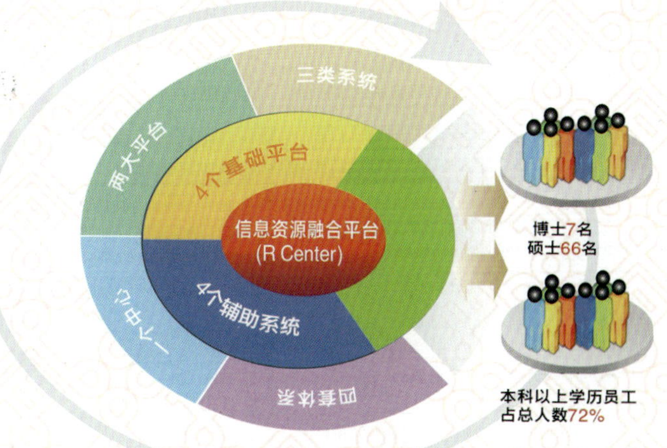

1中心，2平台，3应用，4体系，

近20年的信息化实践，公司在咨询规划、数据建设、系统研发、网络管理、信息标准等方面培养了一批骨干人才，现有博士7名，硕士66名，本科以上学历员工占总人数72%。公司在北京、西安等地设有分公司及研究院。油田领域市场涵盖中石油总部及各地区分公司、中石化、中海油、延长集团等国内企业和阿姆河、阿克纠宾等国外油气田。城市领域市场涵盖克拉玛依市、乌鲁木齐市及新疆各地州。

红有软件坚持自主创新与研发之路，构架了完全自主知识产权的信息资源融合平台（R Center）。其中，数字油田领域自主研发了由4个基础平台、4个辅助系统构成的油田信息平台，实现了油田业务应用系统的工业化生产和企业级集成应用，并基于这一平台建成了涵盖勘探开发、经营管理等各个业务层面的百余套应用系统。数字城市领域构建了一个中心、两大平台、三类应用、四套体系。一个中心即城市信息资源管理中心。两大平台即网络基础设施平台和城市应用服务平台。三类应用即“°数字强政”±、“°数字惠民”±、“°数字兴业”±三大类核心应用。四套体系即信息化保障体系、标准规范体系、信息安全体系和运行维护体系。目前，公司已申报计算机信息技术发明专利13项并进入实质审查阶段，拥有软件著作权40项。

红色志向 大有作为

It's possible to make great achievement in so Red desire，!

- 2009年通过国家高新技术企业认定并确定为新疆维吾尔自治区信息化重点服务单位。是国家标准《软件系统验收规范》参编及推广单位和《电子政务标准化指南第一部分：总则》主笔单位。
- 2010年5月确定为新疆维吾尔自治区工业化和信息化（“两化”）融合的中小企业信息化试点单位。
- 2012年2月被授予“自治区战略性新兴产业重点骨干企业”。
- 2012年6月成功获得“十二五”国家高技术研究发展计划（863计划）信息技术领域中的《城市信息多层次智能决策关键技术研究与系统建设》课题。
- 2012年10月成功申报新疆云计算应用重点实验室。
- 2013年3月获得“国家规划布局内重点软件企业”。
- 2008年取得了ISO9001:2008质量管理体系认证，2012年3月通过了CMMI L3评估认证，2012年7月通过了ISO20000运维服务体系认证，标志着红有软件公司建立了规范的现代企业管理制度，软件研发能力、项目管理能力和质量管理水平达到了一个新高度。

红有软件将继续秉承“勤奋耕耘、真诚相伴、创造智慧、止于至善”的发展理念，致力于为企业和城市的智慧化转型提供创造性的整体解决方案和全方位的信息技术服务，形成以提升用户、合作伙伴和员工价值为导向的核心价值观。红有软件也将继承和发扬石油人特有的铁人精神，始终选择为社会带来积极价值的工作,将以“为油田做点事、为城市做点事、为将来做点事”为企业使命。努力实现“全面感知油田动态、自动操控油田活动、预测油田变化趋势、持续优化油田管理”的目标，最大限度提高油田勘探开发效益！努力描绘“数字强政、数字惠民、数字兴业”的蓝图，推动和谐社会发展！

总　　部：克拉玛依红有软件有限责任公司
邮政编码：834000
办公地址：克拉玛依市长征路22号
联系方式：0990-6246228（总机），0990-6246229（传真）

贵州燃气(集团)有限责任公司
GUIZHOU GAS (GROUP) COMPANY LTD.

贵州燃气（集团）有限责任公司（以下简称“燃气公司”）是在原贵阳市煤气公司的基础上改制成立的股份制企业，现有员工2062人，经营范围涉及城市管道燃气输配、燃气热力工程规划设计、燃气工程、燃气器具销售服务、燃气计量表具校验、燃气热力设计安装等领域。至2013年，燃气集团总资产达36亿元，拥有管道燃气居民用户100万户，工业、公建和商业用户4500户，供应天然气汽车3000辆，年销售人工煤气2.7亿立方米，天然气2亿立方米。

燃气公司起步于1987年，在时任贵州省委书记胡锦涛同志的亲笔批示和关怀下，1988年贵阳市煤气输配工程建设指挥部成立；1993年成立贵阳市煤气公司；2003年公司成功改制；2005年更名为贵州燃气（集团）有限责任公司并组建成立贵州燃气集团。燃气集团以“立足贵阳，服务全省”为战略目标，先后成立了贵州省天然气公司、遵义市燃气公司、安顺市燃气公司、仁怀市燃气公司、都匀市燃气公司、凯里市燃气公司、毕节市燃气公司、贵安新区燃气公司、修文县燃气公司、百里杜鹃燃气公司等十九家燃气主业子公司，并取得了所在城市的燃气特许经营权。此外，还成立了贵州燃气热力设计有限公司、贵阳鸿源燃气建设发展有限公司等六家辅业子公司。

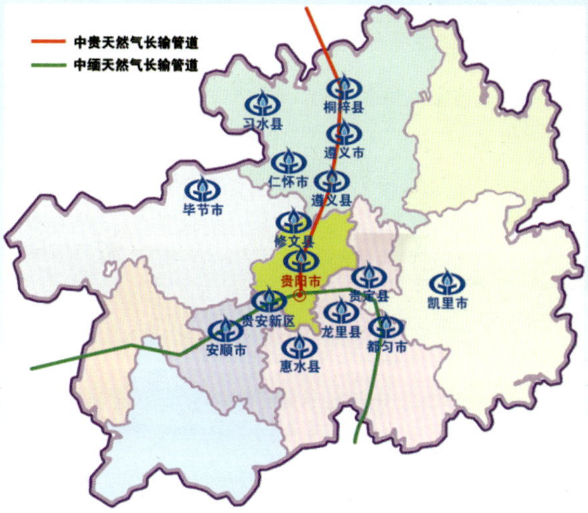

中缅、中贵天然气长输管道走向图

燃气公司秉承“厚德博怀、坚韧自强、团结进取”的企业精神，肩负“迈向绿色能源新时代、建设生态和谐新生活”的企业使命，以“致力于一流品质服务、共建卓越能源集团”的企业愿景为己任，在取得良好的经济效益的同时，也取得了突出的社会效益。先后跻身“中国能源企业500强”，贵州企业100强，是贵州省最大的城市燃气经营企业。

2013版

中国石油石化产业链系统汇编

中国石油和石化工程研究会
北京中招阳光信息技术有限公司 编

中国财政经济出版社

图书在版编目（CIP）数据

中国石油石化产业链系统汇编／中国石油和石化工程研究会，北京中招阳光信息技术有限公司编. --北京：中国财政经济出版社，2014.3

ISBN 978-7-5095-1534-1

Ⅰ.①中… Ⅱ.①中… ②北… Ⅲ. ①石油企业-中国-名录②石油化工企业-中国-名录 Ⅳ. ①F426.22-62

中国版本图书馆CIP数据核字（2014）第052452号

中国财政经济出版社

URL.http://www.cfeph.cm

E-mail：cfeph@drc.cn

（北京海淀区阜成路甲28号　邮政编码：100036）

开本：889mm×1194mm　1/16　印张：29.5　字：59000字

印厂：北京鑫富华彩色印刷有限公司印制

2014年3月第1次印刷

ISBN 978-7-5095-1534-1

China

主办单位：中国石油和石化工程研究会

北京中招阳光信息技术有限公司

总运营商：北京国联视讯信息技术股份有限公司

网络发布：www.cppei.org.cn

广告代理：北京国联视讯广告有限公司

登记证号：京工商印广登字 20130022 号

中国石油石化

产业链系统汇编

目录 contents

中国石油石化产业链系统汇编

目录 contents

中国石油石化产业链系统汇编

目录 contents

中国石油石化产业链系统汇编

目录 contents

中国石油石化产业链系统汇编

目录 contents

中国石油石化产业链系统汇编

目录 contents

中国石油石化产业链系统汇编

特约理事单位（排名不分先后）

中国北方工业公司
河北宇康纺织有限公司
同煤广发化学工业有限公司
中远船务工程集团有限公司
华宝投资有限公司
华峰集团有限公司
什邡华川能源有限责任公司
四川德阳新场气田开发有限责任公司
西南油气田分公司海外技术支持中心
新疆中新资源有限公司

特约理事单位风采展示

中国石油天然气股份有限公司润滑油分公司
中国节能环保集团公司
中粮集团有限公司
北京长吉加油设备有限公司
中国盐业总公司
龙门汇成投资有限公司
中海油能源发展股份有限公司采油服务分公司
中油（天津）物流有限公司
海洋石油工程股份公司安装公司
河北省天然气有限责任公司
沧州渤海新区中捷产业园区
沈阳黎明航空发动机（集团）有限责任公司
大连百孚特线缆制造有限公司
吉林油田矿区服务事业部
佳木斯电机股份有限公司
宝山钢铁股份有限公司
上海振华重工（集团）股份有限公司
申能（集团）有限公司
中海集装箱运输股份有限公司
上海船厂船舶有限公司
中国石油化工股份有限公司江苏石油分公司
江苏省洋口港经济开发区管理委员会
雅戈尔集团股份有限公司
中国石油化工股份有限公司浙江石油分公司
泸州老窖股份有限公司
中国石油化工股份有限公司河南石油分公司
南阳防爆集团股份有限公司
中国建筑第三工程局有限公司
湖北新捷天然气有限公司
武汉钢铁股份有限公司
重庆科特工业阀门有限公司
成都龙星天然气有限责任公司
中海沥青（四川）有限公司
西安开米股份有限公司
中国石油天然气股份有限公司兰州石化分公司
中国石油兰州石化公司研究院
克拉玛依天地图有限公司
克拉玛依中兴石油科技有限公司

特约理事单位风采展示

爱理念

牌价值

中国石油天然气股份有限公司润滑油分公司，简称中国石油润滑油公司，是世界五百强企业--中国石油天然气股份有限公司的直属企业，是国内最大、全球排名第五的高档润滑油产品供应商和服务商，总资产93亿元人民币、固定资产34亿元人民币。两大润滑油研发中心、13座润滑油生产基地与全国布局的6大销售分公司、5500名员工，为昆仑润滑油的卓越品质提供强有力的保障。

中国石油润滑油公司为市场提供高品质的全合成润滑油、轿车润滑油、商用车润滑油、摩托车润滑油、工业用润滑油等28个大类上千个品种的润滑油（剂）产品。广泛应用于汽车、机械、冶金、电力、建材、化肥、煤炭、国防等行业。

昆仑润滑油提供全方位润滑解决方案和全程优质服务，秉承“平衡保护、关爱随行”的品牌理念，倡导合理润滑，致力提高国家润滑水平、促进中国润滑油事业发展。

中南润滑油销售分公司
主要负责区域：河南、海南、湖南、湖北、广东、福建
电话：020-28093746

西北润滑油销售分公司
主要负责区域：甘肃、陕西、新疆、青海、宁夏
电话：0931-8818122

西南润滑油销售分公司
主要负责区域：四川、重庆、云南、贵州、广西、西藏
电话：028-86273239

重庆钢铁工业余气余热综合利用项目

成都祥福垃圾发电厂

中国节能环保集团公司

CHINA ENERGY CONSERVATION AND ENVIRONMENTAL PROTECTION GROUP

中国节能环保集团公司是我国节能环保领域最大的科技型服务型产业集团。目前，中国节能拥有各级子公司300余家，上市公司5家，分布在国内30多个省市及境外40多个国家和地区。

中国节能始终专注于节能环保领域，致力于能源节约，致力于环境保护，致力于资源循环利用，致力于清洁能源开发利用；依托节能环保综合服务，打造节能环保全产业链；在国内和国际市场为客户提供整体解决方案和一体化服务,积极打造节能环保领域具有国际竞争力、世界一流的科技型服务型产业集团。

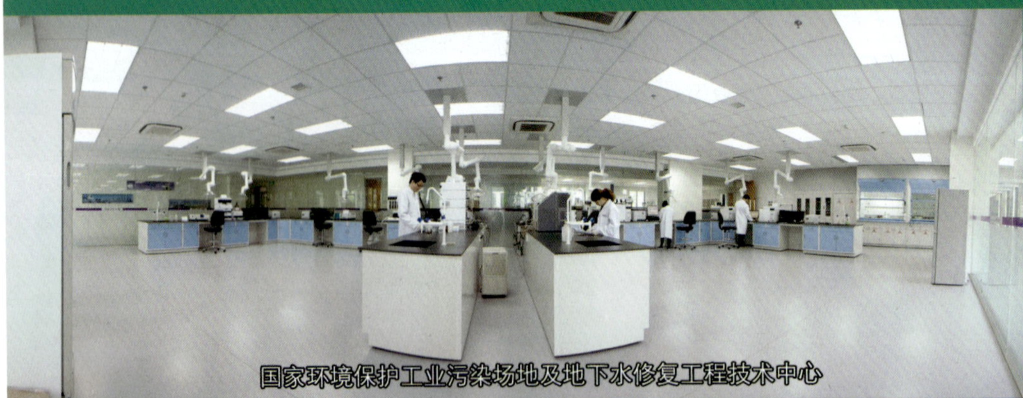
国家环境保护工业污染场地及地下水修复工程技术中心

国家大剧院中央液态冷热源（景观水池）调温环境

BOPET 功能性环保双向拉伸聚酯薄膜生产线

厦门石渭头污水处理厂

非织造（针刺）生产线

光伏农业科技大棚项目

张北满井风电场

未来，中国节能将以引领节能环保产业发展为己任，在全球范围内，主要业务将具有较高市场份额，具备较强资源配置能力，在关键领域拥有先进技术、服务和产品体系，形成较高品牌影响力，全员劳动生产率位居先进水平，成为管理科学、经营高效、质量优秀的跨国经营企业集团。

地址：北京市海淀区西直门北大街42号 节能大厦　　邮编：100082
电话：010-62247898　　传真：010-62247329
E-MAIL：cecep@cecep.cn

LCD液晶中间体材料研发生产

河北国丰钢铁集团烧结烟气脱硫项目

住建部办公楼外窗斜伸式遮阳帘安装现场

杭州能源与环境产业园绿色建筑科技馆

中粮集团有限公司

中粮集团有限公司（COFCO）成立于1949年，是中国领先的农产品、食品领域多元化产品和服务供应商，致力于打造从田间到餐桌的全产业链粮油食品企业，建设全服务链的城市综合体。其业务涉及粮油食品贸易、加工、种植养殖、物流储运、食品原料加工、生物质能源、品牌食品生产销售以及地产酒店、金融服务等多个方面，旗下拥有7家上市公司，自1994年以来连续20年入围“世界500强”，是中国最具活力和最有成长性的企业之一。

中粮集团下属的生物能源事业部集绿色生物质能源和食品营养配料两项核心业务于一身，是中粮集团打造全产业链粮油食品企业的重要战略支撑。目前企业遍布国内主要产、销区，并远赴泰国建设首家海外工厂。产品在满足国内市场需求的同时，还远销美国、澳大利亚、日本、韩国、欧洲及东南亚等国家和地区。

生物能源事业部在生物技术和循环经济的产业平台上不断发展壮大，既是市场上独树一帜的领军企业，又是承担国家重点科技攻关项目和开展国际技术合作的产业先锋。主营业务聚焦于生物质能源，目前拥有全资、控股燃料乙醇生产企业3家，参股1家，并拥有世界第一套20万吨/年木薯燃料乙醇示范装置和肇东500吨/年纤维素乙醇中试装置。在核心技术领域拥有多项自主知识产权，获得国家科学技术进步二等奖1项，省部级一等奖2项，二等奖4项，三等奖4项。申请专利350余项，授权近160项。作为国内最大的液体生物燃料提供商，致力于绿色环保理念的产业化应用，为交通运输行业的节能减排做出切实贡献，践行了中央企业的社会责任。近年来结合国家战略部署和产业规划，集中优势资源，积极探索非粮原料解决方案，研发先进生物燃料，为国家能源安全和节能环保做出新的贡献。

此外还生产食用酒精、柠檬酸、赖氨酸、90VE及衍生产品、植物甾醇、聚乳酸、环氧乙烷、食用油、有机肥、蛋白饲料等产品。

国家能源生物液体燃料研发（实验）中心（以下简称“研发中心”），经国家能源局批准于2010年7月设立。作为国家能源科技创新体系的重要组成部分，在国家能源局的直接领导下，研发中心致力于生物质能源开发，将开发非粮替代燃料乙醇和利用纤维素作为重点发展方向。承担了多项研发任务，负责多项重大技术研究，重点建设纤维素乙醇收储运体系，完成纤维素乙醇中试基地建设和改造优化，，形成具有自主知识产权的成套技术。目前正在筹备纤维素乙醇工业化示范装置建设。

肩负着生物质液体燃料技术研发、技术输出推广和鉴定、产品宣传、标准化制（修）订、国际交流、组织行业活动等工作。能源行业生物液体燃料加工转化标准化技术委员会（编号NEA/TC22）秘书处工作由研发中心承担，已制定生物液体燃料领域标准化工作体系表，目前有6项行业标准在编。

承担和参与多项包括国家能源局、国家科技部、中国工程院的研究课题。包括题为“木质纤维素转化与纤维素乙醇联产关键技术”、“木薯燃料乙醇低能耗生产关键技术研究”、“集成化全组份高效利用非粮木薯原料的关键技术研究”的国家高技术研究发展计划（863计划）任务。

中粮集团生物能源事业部以科技创新为立足之本，为人类减少对化石能源的依赖，保护生命与环境，让人们生活得更健康、更安全、更美好。

北京长吉加油设备有限公司

中国区总裁 何翌

北京长吉加油设备有限公司（英文名称 Gilbarco China）注册于 1994 年 10 月 7 日，是美国丹纳赫集团（Danaher）旗下的美国吉尔巴克维德路特公司（Gilbarco Veeder-Root）在中国的全资子公司，注册资金 1.3 亿人民币。生产基地坐落于北京美丽的郊区平谷。

吉尔巴克维德路特公司是全球油品零售行业的技术领导者。丹纳赫集团是纽约证交所上市公司，总部位于美国，是全球领先的科学和技术公司，在测试、环境、生命科学和诊断、工业技术和牙科等多个领域提供创新性产品和服务，市值超过 260 亿美元，2012 年营业额逾 180 亿美元。除吉尔巴克维德路特（Gilbarco Veeder-Root）外，集团还拥有 BECKMAN COULTER（贝克曼），HACH（哈希）、福禄克 (Fluke)，LEICA（莱卡）等一批全球著名品牌或企业。

吉尔巴克维德路特供应和集成最广范围的新技术和经过验证的技术，为世界范围内的石油市场和油品企业降低总成本，增强环境整合，提高业绩和收益性。其经营业务有加油设备和油品控制设备，站点和零售管理，户外支付终端和支付服务器，支持服务，环境认证技术等。

自1865年吉尔巴克在加油机制造业崭露头角之日起，百年来的历史发展轨迹证明，我们不仅关注制造销售加油设备，更注重与客户建立一致的目标，推动油品零售行业的技术发展，为客户带来最大的效益。

今天，吉尔巴克有超过300,000套支付终端（包括银行卡和IC卡支付）遍布美国、欧洲和亚洲市场，在全球安装数量和其性能上是无可匹敌的。吉尔巴克终端品牌凭借其在艰苦环境条件下的可靠性和超长寿命而扬名世界。我们凭借多年丰富的经验已经开发出并推广了油站前台支付系统，以适合全球各个区域大油公司的现有结构。这些公司包括ExxonMobil埃克森美孚，BP，ChevronTexaco，Shell壳牌，Marathon，Sheetz，Wawa，Total道达尔，Q8，Agip，Carrefour，Repsol，Erg，Tamoil，BPCL，ConocoPhillips，Sunoco和Wal-Mart沃尔玛。

吉尔巴克不断进行技术革新，先后增加了条码扫描、非接触支付、生物测定技术以及很多其他功能，来满足全球不同客户项目实施要求。不同客户需要集成不同支付选项和解决方案，我们不断展示产品方案的灵活性来满足其独特的业务要求。我们是首家在室外加油机上引入生物支付的厂家，并不断追求引领室外支付行业创新。

吉尔巴克每年的研发预算超过 45,000,000 美元，在美国、阿根廷、巴西、英国、意大利、德国、丹麦、中国、印度和澳大利亚拥有超过 450 名研发人员。高水平的研发能力保证了核心产品平台的开发，并形成以满足客户和市场需求为导向的专业开发团队和执行团队。

吉尔巴克同时是如下行业协会的领军者：石油设备协会 Petroleum Equipment Institute (PEI)，国家便利店联盟 National Association of Convenience Stores (NACS), 石油技术标准联盟 Petroleum Convenience Alliance for Technology Standards (PCATS), 加油机制造商联盟 Gasoline Pump Manufacturers Association, 欧洲加油机联盟 European Petrol Pump Association, 国际加油站标准论坛 International Forecourt Standards Forum (IFSF) 和零售业技术标准联盟 Association for Retail Technology Standards。

今天，北京长吉公司凭借全球集团优势，致力于为中国加油站提供与国际同步的产品和服务，通过不断提高加油站的用户体验，安全和环保水平，成为中国油品零售行业最值得信赖的合作伙伴。

长吉公司源源不断地引进美国吉尔巴克公司的先进技术及优质产品系列，先后研制和生产了机械式、电脑式加油机设备，其中包括 legacy 系列、Performer 系列、普及型系列、卓越系列、必胜系列等五大系列，从单双枪到四枪、六枪、八枪等 200 多个型号的产品投放市场。

长吉公司长期致力于加油系统和油站整体解决方案的不断开发、生产和销售，多次领导国内行业技术革新，先后向国内大油公司客户引进自助解决方案、支付解决方案、高速油站解决方案、环保（DEF）解决方案等，为中国油品零售行业注入全新的血液，受到国内用户的普遍认同。

长吉公司于 2001 年成立研发中心，每年的研发投入超过 2000 万人民币，并配有软硬件试验室，零部件测量分析室，整机测试试验室等新品研发设施。2009 年获得高新技术企业证书，2012 年通过高新技术企业复审，拥有自主研发的专利技术（包括发明专利）6 项、软件著作权 13 项及多项非专利技术秘密，另外有两项发明专利已被国家专利局受理并进入公开评审阶段。

长吉公司同时是中国最大的加油系统出口企业，年创汇逾亿元。我们的产品先后出口到美国、孟加拉国、巴基斯坦、越南、老挝、泰国、蒙古、韩国、印度尼西亚、尼日利亚、乌干达、埃及、俄罗斯、希腊、澳大利亚、印度、巴基斯坦等 20 多个国家和地区。

至 2012 年底，长吉公司共有员工 420 余人，其中科技活动人员 130 余人，平谷当地员工 250 余人，大专以上学历水平员工 250 余人。自成立至今，长吉公司包括个税在内的全部税收均在平谷当地申报缴纳。

2005 年— 2012 年，长吉公司在中国石油和中国石化两大石油公司的加油机的销售量均位列前 4 名，是国内大型石油公司长期而稳定的供应商。同时，长吉公司积极参与跨国石油公司的合作，是壳牌、BP、埃克森美孚、嘉德士、道达尔等跨国石油公司的全球合作伙伴。

2000 年，参与中国石化股份有限公司和中国石油天然气股份有限公司 IC 卡卡机联动一体加油机规范标准的制定。

2002 年，首家通过中国石油与银行系统联网 IC 卡现场检测，推出卡机联动型税控电脑加油机。

2003 年，紧密配合中国石化金卡工程推广工作，在首批 11 个省市中安装改造了大量卡机联动型税控电脑加油机。

2008 年，推出兼容中国石油新一代加油站管理系统的 IC 卡 PAP 加油机（Pay At Pump），该产品为中国石油开发卡机连接加油机提供了十分有益的产品和技术借鉴。

2010 年，推出加气机，并成功入围中国石化加气机项目，成为国内第一家既能生产加油机又能生产加气机的整机设备供应商。

2010 年，开发出新一代耐高寒型加油机。该产品工作温度范围可达零下 40 摄氏度至零上 55 摄氏度，大大降低高寒地区加油车辆的油品支出成本。

2011 年，推出针对高速公路的的新一代超大流量加油机（80~100 升 / 分钟）可以帮助加油站提高 10% 至 20% 的销量，并帮助客户节约 50% 左右的加油时间。该产品在全国第一个高速公路多功能服务区余家海加油站中运行稳定。

另外，长吉公司为响应政府对于乙醇加油机的需求，引进国际最新技术，成为中国首家可提供安全可靠乙醇加油机的生产商。

中国盐业总公司

经原国家经济委员会批准，中国盐业总公司成立于1980年，其前身为隶属于原中央贸易部（后改为商业部）的中国盐业公司。截至目前，总公司的注册资本为207,509.78万元，营业范围包括：组织全国盐业资源勘探和盐业产品开发、生产，包括原盐、加工盐、盐化工产品、盐田水产品及其制品、盐田生物及其制品、盐业企业所需设备、木材、水泥、电缆、包装材料；盐田结晶用苫盖材料、塑料及其助剂的销售等；兼营与主营业务有关的技术咨询、技术服务。

经过多年的业务结构转型，目前中盐总公司已形成制盐、食盐流通（食盐流通业务也称为食盐批发业务）及盐化工三大主营业务板块。截至2012年12月底，总公司拥有48家全资企（事）业单位及控股子公司，分布在全国24个省市，拥有职工5万余人。

中盐总公司是我国盐行业的龙头企业以及亚洲最大的盐业企业。盐矿资源储备丰富，在全国13个省份，拥有50余个矿业资源，种类包括海盐、湖盐、井矿盐等多个矿品种。目前，中盐总公司年盐产量已超过1,500万吨，约占全国总产量的20%，其中，食盐产量约260万吨，约占全国食盐总产量的30%。同时，总公司还拥有全国覆盖面最广的食盐流通网络，在18个省、直辖市和自治区拥有食盐批发和销售网络，为全国超过4亿人口直接供应食盐，覆盖国土面积的36%。

在“盐化并举”的战略指导下，中盐总公司逐步扩大在盐化工领域的经营，不断延伸产业链，目前在内蒙古、湖南、安徽、江苏等省份拥有多个盐化工基地，并形成了盐化、无机化工、农化、精化、日化等多个产品系列。截至目前，盐化工业务收入占总公司营业收入的近60%，占比呈逐年快速递增态势。

香港龙门集团有限公司

香港龙门集团有限公司，以强大的股东背景、资金实力和技术力量，于10年前进入中国的煤层气地面勘探开发和煤矿瓦斯治理领域。集团总部设在香港，运营总部设在北京。在集团旗下，根据业务分立，设有6家子公司和控股公司：

(1) 毛里求斯龙门汇成投资有限公司：在陕西韩城(鄂尔多斯盆地东南缘)，拥有煤层气勘探开发区块406平方公里，目前已获得探明储量105亿立方米(南区)，地质可控制储量234亿立方米(北区)。其中，南区的整体开发方案(ODP)已上报国家能源局，“路条”已批，计划建成年产5亿立方米气田。随后，在北区块建设第2个年产5亿立方米的气田，使公司的总产能达到10亿立方米/年。

(2) 陕西天开煤层气有限公司，专门从事煤矿未采区的煤层气地面抽采业务，在陕西同韩城矿务局合作，拥有地面煤层气开发面积106平方公里，预测煤层气储量110亿立方米。目前，正在钻井开发。

(3) 陕西天源瓦斯发电有限公司，专门负责煤矿瓦斯抽采利用，发电上网。目前已建立瓦斯发电站1座，功率5,000千瓦，累计发电1,600万千瓦/小时，利用瓦斯气体600万立方米。所发电力全部用于供应坑口煤矿，费用当月结算，实现了双赢的目标。

(4) 陕西龙门天地油气技术服务有限公司，专门从事煤层气钻井等技术服务。公司已熟练掌握煤层气多分支水平井等核心工艺技术，获得了国家多项专利。公司拥有全新进口的美国雪姆钻机(T200)1台，国产钻机1台，电磁随钻测量仪(EM-MWD)1套，在山西、陕西完成了6口水平井的钻井，单井产量达到12,000立方米/天，树立了良好的企业信誉。

(5) 龙门(北京)煤层气技术开发有限公司，专门研究和引进、吸收北美和澳大利亚的非常规天然气钻井、压裂和生产技术，包括连续油管压裂技术、注N_2增产技术和注CO_2等先进增产技术，供集团有关公司吸收利用。

(6) 陕西丰和能源咨询有限公司，专门从事新型能源资源和技术的咨询服务，同北美和澳洲的煤层气、页岩气、致密砂岩气和常规石油、天然气等资源领域和技术领域，建立了密切的合作关系。通过物色海外资源和技术，为中国大型能源企业“走出去”，提供专业化的咨询服务。

香港龙门集团有限公司通过旗下各个专业公司的钻研奋进，走在了中国煤层气产业各个领域的前沿。集团一直重视发展与产业界的合作伙伴关系。希望同国内外有志之士建立密切的合作关系，促进和加快中国煤层气产业的建设步伐。

香港龙门集团有限公司北京总部位于北四环奥体中心人工湖旁，环境优美，雅静。我们热烈地期待着业界朋友的光临，品茶谈事，共图发展。

联系电话：（010）8437-6570（经理办）；（010）8437-6790（信息部）

中海油能源发展采油服务公司

中海油能源发展采油服务公司隶属于中海油能源发展股份有限公司（原基地集团），主要围绕海洋石油勘探、开采提供专业化的FPSO（浮式生产储卸油装置）运营管理服务、以溢油应急响应为核心的环保服务以及LNG运输一体化服务。公司前身为渤海石油采油公司，于2005年1月重组成立，总部位于天津市滨海新区，在深圳、湛江等地设有分支机构。截至2012年底，公司资产总额67亿元，员工1156人。公司发展至今，已由提供劳务派遣为主的综合性服务公司逐步转变为集FPSO与特种船舶投资、建造、管理、运营于一体的专业化船舶运营管理公司。

FPSO产业方面，公司现有FPSO10艘，“海洋石油118”FPSO在建（恩平24-2油田新建FPSO）。除常规油田油气开采外，公司成功实现了边际油田利用移动式采油平台开发的设想。公司探索并建立了光船租赁、带船服务、资产代管等一系列灵活多样的商务模式。在以安全生产保甲方产量、以优质服务赢甲方放心的基础上，公司领导层充分意识到掌握专业技术是FPSO产业发展的核心竞争力与驱动力。公司大力推动单点系泊技术研究，有力配合有限公司实施FPSO及单点系泊完整性管理；“海洋石油161”自安装采油平台创造性地将FPSO产业与边际油田开发有机结合，获得国家专利，延伸了产业链条；软管国产化项目、FPSO锅炉烟气除尘及惰气改造项目、三维数字仿真模拟等一系列项目为FPSO产业的延伸和拓展作出了有益的补充。在现有国内FPSO业务发展的基础上，公司放眼海外，在印尼MaduraBD项目、Rubicon公司股权收购等项目进行了积极的尝试和运作。

环保产业方面，自2008年第一艘具备溢油应急能响应能力的专业环保船“海洋石油251”投用至今，公司已拥有5条环保船，4艘在建，并建立了7个溢油应急基地。2008年清理奥帆赛海域浒苔，2010年赶赴大连参与“7.16”事故抢险并发挥主力军作用，2011年在康菲溢油事故中“亮剑”渤海湾，环保船舰队凭借在溢油应急实战中表现出的专业化服务能力广获社会赞誉。在产业发展过程中，公司成功开创并建立了一系列优异的商务运营模式，包括与桶油产量和钻井作业量挂钩的溢油应急俱乐部会员制度；与交通部救助打捞局、地方渔业局和武警部队的资源共享制度，与韩国KOEM（Korea Marine Environment Management Corporation）签署合作备忘录，共享亚太地区溢油应急资源；溢油应急基地低成本运作。环保在突出环保功能的同时，在非应急条件下可为油田生产提供多种船舶服务，实现了服务功能与经济效益的最大化。

LNG运输船产业方面，自2010年发展伊始至今，公司在短短3年多的时间内积极打造国际大型LNG运输船投资和操船业务、中小型LNG运输船国内二程转运、LNG终端港口拖轮业务一体的全产业链结构，产业塑造成果显著。2012年，公司成功完成了对国内全部6条大型LNG运输船的参股；2艘双燃料LNG港作拖轮将于2013年第三季度相继投产，4艘纯气机LNG港作拖轮已获批；3万方LNG运输船将于2015年建成投产。我国中小型LNG运输船产业正处于起步阶段，公司积极联合相关政府部门、行业协会，推动相关政策法规的建立出台，为LNG清洁能源在我国的推广应用做出了积极的贡献。

预计到2017年底，公司将拥有FPSO14艘，在深水及海外FPSO的运营管理上取得阶段性突破；环保船数量将达到15艘，沿海基地数量达到13个，基本建成覆盖中国海域的立体化溢油应急网络；LNG运输船舰队数量将达到近40艘。届时，采油公司将成为海洋石油工业大型装备专业化高端运营管理公司。

团结、务实、开拓、进取，公司将永远追寻企业发展规律，永远保持一股开创未来的激情，永远的活力来自永远的创新，永远当好业主最有价值的合作伙伴，永远走在今天的前面，为海油发展深化“内创业”助力中国海油“二次跨越”贡献自己的力量。

中油（天津）物流有限公司

中油（天津）物流有限公司，是中国石油技术开发公司下属的专业化物流服务企业，主要从事石油设备、物资的进出口物流工作，并为中石油海外业务提供物流保障，中国石油技术开发公司在全球49个国家和地区建立有63个海外机构，中油（天津）物流有限公司利用这些机构服务于物流网络，目前已经发展成为了一个专业化的石油设备、物资的进出口物流企业。

中油（天津）物流有限公司自2000年成立以来，秉承爱国、创业、求实、奉献的企业精神，以及服务为本、追求卓越的经营宗旨，面对困难，积极突破，紧密围绕中石油海外市场开发战略，为美洲、中东、独联体、亚洲、非洲、欧洲等69个国家和地区海外上游勘探开发和下游炼油化工运输了长输管道、钻修井机、油套管、炼化设备、海工设备等各类物资。

在长输管线方面，先后执行了苏丹1/2/4区、6区、3/7区原油管道项目、肯尼亚克-阿特劳原油管线、扎纳诺尔KC13气管线、中哈原油管道一期、二期项目、中俄管道一期供管项目、阿尔及利亚燃气公司20”输气管线项目、中亚天然气管道项目、中缅管道项目。

特别是中亚天然气管道项目，该项目是党中央、国务院决策建设的具有战略意义的重大工程，是我国第一条引进境外天然气资源的跨国能源大动脉，与国内同期建设的西气东输二线相连，共同构筑起跨越中亚三国、横贯我国东西的重要能源战略通道。

面对钢管供应数量大、时间短、车皮资源不足、口岸通过能力有限的严峻形势，我们认真调研、制定了“铁路运输为主、公路运输为辅、海路联运为补充”的运输方案。积极协调铁道部、海关总署、国检总局、新疆阿拉山口、霍尔果斯口岸政府等部门，寻求全面支持，取得了“先装后放、集中申报、优先放行”、开通专用绿色通道、夜间加班放行等一系列便利通关政策，确保提前3个月圆满完成了1809公里的钢管运输任务。

目前，中油（天津）物流有限公司已形成海运散杂货，集装箱，铁路，公路，航空、港口操作、报关、保险等多元化服务能力，并与国内外知名国际化物流企业结成了长期、紧密、良好的合作关系，形成了辐射世界各主要产油区域的物流服务网络。我公司主要承接与工程项目相关的设备、物资进出口业务，特别是长期的石油设备专业领域货运经验，培养并形成了综合物流所必需的全程组织、协调和管理能力。

展望未来，中油（天津）物流有限公司将积极创新发展模式，充分发挥物流对于出口业务的服务保障作用，着眼于成为具有石油特色的国际化专业物流公司，配合国家“走出去”的战略，为中国石油物资装备的进出口提供全方位、专业化的国际物流服务！

海洋石油工程股份公司安装公司

安装公司是海油工程下属从事海洋石油平台安装、单点系泊安装、各种海底管道及海底电缆铺设等海上工程安装作业的专业化公司。

公司有7个部室、6个业务部门，员工1400余人。拥有大中型海上施工船舶23艘，以及打桩锤、灌浆机等一系列配套作业设备。

公司先后在中国各海域及中东、东南亚和韩国海域成功作业，与康菲石油、MODEC等知名公司合作，是远东及东南亚地区海上工程安装行业中实力最强、规模最大的专业公司之一。

一、作业能力

公司目前具备300米以内的平台结构安装、海底电缆铺设、海底管线挖沟、单点系泊系统海上安装能力，具备1500米以内的海底管线铺设作业能力。

平台安装方面具备30000吨级导管架滑移下水安装能力、30000吨级组块浮托安装能力，在300米以内的结构物安装方面达到世界先进水平。

海管铺设方面具备1500米水深S-LAY海管铺设能力，海管铺设能力在亚洲处于领先地位，达到世界先进水平。

单点系泊系统安装方面，具备漂浮式以及固定塔式单点系泊系统海上安装能力、大型以及超大型FPSO拖航和连接能力、深水漂浮式软管安装和修复能力。

二、船舶及装备能力

公司拥有大中型海上施工船舶19艘。主作业船有4000吨全回转起重铺管船海洋石油201（DP-Ⅲ）、7500吨全回转起重船“蓝鲸”号、3800吨全旋转起重铺管船“蓝疆”号等；驳船有5万吨半潜自航驳海洋石油278，3万吨下水驳海洋石油229，以及2艘自航运输驳、1艘平板驳等，一艘18000吨下水驳正在建造中；多功能动力定位船1艘；动力定位拖轮2艘。

公司拥有海上各类施工辅助设备150余台套，包括10套打桩锤、4套大型千斤顶，以及灌浆机、埋缆机、液压绞车、吊桩器等。

三、拥有资质

公司拥有5年、10年、15年及以上海洋工程管理经验人员分别为260人、73人、36人，形成了全方位、多层次、宽领域的适应工程总包的人才构架。

公司所有工程项目均按国际标准施工，获得国际检验机构（ABS、DNV、BV）及中国船级社(CCS)的检验认证。公司通过DNV ISO9000质量管理认证体系、ISO14000和OHSAS18000体系认证，具备国家建筑安装一级企业资质证书。公司实施ISM CODE（《国际安全管理规则》）和ISPS CODE（《国际船舶和港口设施保安规则》），运行国际通用的AMOS船舶管理体系。

四、业绩概要

2006年至2013年5月，公司先后在中国及中东、东南亚、韩国、印度、波斯湾等海域，按国际标准安全高效完成了106座导管架、110座组块的海上安装；铺设海管2173公里、海缆556公里，为各海域油气田的开发做出了重要贡献。

2012年，完成世界第五、亚洲第一的32000吨荔湾3-1导管架下水，创我国导管架下水重量记录。

2013年，完成荔湾3-1项目深水海管铺设，作业水深达1409米，创造我国海管铺设水深纪录。

2013年，采用T型船浮托技术完成重30600吨的荔湾3-1组块浮托，浮托能力居世界先进水平。

公司曾为中海油、菲利普斯、科麦奇、雪佛龙、道达尔、CACT作业者集团、现代重工、三星集团等客户提供优质服务，并多次远赴中东、东南亚和韩国海域成功作业，赢得中外业主的广泛赞誉。

五、发展目标

在未来几年，公司在巩固国内浅海领域主导地位的基础上，积极开拓风能、潮汐能、生物能等清洁能源以及边际油田工程市场；着力提升深水作业能力和国际化发展能力；具有3000米水深作业能力，具备系列化的作业船队和装备及相匹配的技术队伍，成为在亚太地区有较强竞争力的海上能源安装公司。

河北省天然气有限责任公司

管道工艺区

河北省天然气有限责任公司成立于2001年4月27日，是河北建设投资集团有限责任公司旗下的一家从事天然气输送、销售及综合利用的专业燃气公司。2006年2月，河北建投集团引入战略合作者，联合香港中华煤气有限公司（股票代码：0003.HK）将河北省天然气有限责任公司改组为中外合资企业，公司注册资本5.2亿元人民币。2010年2月，公司联合建投新能源公司资产，纳入河北建投集团旗下新天绿色能源股份有限公司（股票代码：00956.HK），成为其H股上市公司重要组成部分。

河北省天然气有限责任公司秉承“安全供气、改善环境、致力民生、服务大众”的社会承诺，以调整河北省能源结构、改善大气环境为己任，积极投资河北省能源基础设施建设。目前，公司已建成长输管线550余公里，城市管网401余公里，现正在为包括石家庄、保定、邢台、邯郸、承德五市在内的40余家市县、200万户居民用户、近万家公福商业用户及近千家工业用户、25000多辆汽车提供稳定、安全、清洁的天然气供应。2012年，公司销售气量约占河北省天然气销售量的30%，已经成为河北省燃气行业的龙头企业，是中石油在河北省最大的天然气承销商。目前，公司拥有20家分支机构，压缩天然气母站两座，并拥有一支专业运输车队。公司已经成为河北省最大的天然气运营商。

调控中心

96366热线中心

燃气具销售中心

CNG母站

客服收费中心

近年来，河北省天然气有限责任公司加大城市燃气市场开发力度。目前公司已投资经营石家庄高新技术开发区和经济技术开发区、石家庄南部山前工业区、邯郸开发区、承德、保定、保定开发区、沙河、宁晋、清河、涞源、晋州、辛集、深州、乐亭、平泉、昌黎、曹妃甸、滦平、肥乡、大曹庄等20家城市燃气市场。

为加快公司发展，拓宽经营领域，公司将液化天然气、煤层气作为今后发展的新方向。未来，公司将以新天绿色能源股份有限公司上市为契机，以安全生产为基础，以经济效益为中心，以投资河北省内主干长输管线和城市管网为重点，以市场合作、有序竞争为手段，积极发展管道天然气、CNG、LNG三大业务板块，努力实现气源供应的多元化和供气网络布局的科学化，努力将公司打造为华北地区领先的现代化燃气企业集团。

沧州渤海新区中捷产业园区

中捷产业园区党委书记
管委会主任　吕振华

中捷产业园区区域面积268平方公里,总人口4.2万，其前身为“国营中捷友谊农场”。2007年，成为渤海新区核心区，享受省委、省政府赋予渤海新区的各项优惠政策。2012年，规划人口100万，面积110平方公里的沿海中心城市——黄骅新城并入中捷区划。

2012年，中捷产业园区紧紧围绕渤海新区“港产城”战略和“五年、十年”翻番目标，以“民富区强”为定位追求，在产业发展、城市建设、社会民生等方面不停迈进、不断突破，全年经济建设及各项事业取得了明显成效。全区经济产出245亿元，GDP总量90亿元，人均21.42万元，是全国的5.6倍；全部财政收入38.2亿元，位列全国农垦区之首、河北省开发区之冠、沧州县市区第三。

为了实现“民富、区强、城靓”这一目标，中捷进行了新的生产力布局，五大园区的规划和建设，使中捷占据了园区聚商的制高点。40平方公里的石化工业区，中海油中捷石化等石化企业百亿元投资落地，中捷“千亿元收入、百亿元财政”的梦想不再遥远；50平方公里的海滨经济区，中铁物流项目和午易家居物流港项目，将把中捷打造成为煤炭、粮食等散杂货的中转站和集陶瓷、建材物流、商贸、交流、科研、展览、购物于一体的华北地区建材集散物流中心；30平方公里的高端制造区，已报批省级高新技术开发区，主要以科研、信息、高端制造为主，紧抓中国低航线开放的新机遇，打造中捷自己的航空城。50平方公里的现代农业区，着眼于国家级现代农业示范区，不仅是集科技、高

盛泰国际大酒店

世博欢乐园捷克馆

雨中农大

中海中捷石化有限公司

中铁物总黄骅港物流有限公司

七星湖公园

保障性住房

广场晨练

效、有机、生态、标准、会展农业为一体的国际化水准现代农业样板，还是集娱乐、休闲、观光为一体的休闲产业基地；40平方公里的城市建设区，在基础设施、功能公益、商业住宅、生态绿化等方面精益求精、追求极致，打造一座生态经典之城，以竞争力、吸引力、影响力来成就城市经济。

为了让发展的成果惠及全区百姓，中捷实施了一系列惠民政策，形成了一个养老、教育、医疗、生活和住房全覆盖的民生保障体系。在中捷，人人都有社保，个个能享退休。免费义务教育范围率先在全省扩大到15年，从幼儿园到高中，学杂费全部由园区财政埋单。不管在哪儿生病，治疗住院都能报销80%以上。困难群体能享受全省乃至全国最高标准的生活救助。普惠式的住房改造，让百姓住得起楼、住得上好楼。

中捷人以满腔热忱欢迎四方来客，这里不仅是投资的热土，更是是高品质生活的乐园。

万人徒步

中捷斯文化交流

首届中国捷克斯洛伐克友谊农场对外合作推介会启动仪式

各国使节与中捷产业园区领导在七星湖公园雕像前合影留念

中航工业沈阳黎明航空发动机（集团）有限责任公司

走自主创新之路　攀装备制造之颠

——中航工业黎明致力于燃气轮机产业发展

中航工业沈阳黎明航空发动机（集团）有限责任公司（简称中航工业黎明）隶属于中国航空工业集团，创建于1954年。公司总部地处沈阳，全资及控股子公司分布北京、上海、青岛、葫芦岛等地，主要产业涵盖航空发动机、燃气轮机、转包与民机、大型石化装备、机电产品、现代服务业等多领域。中航工业黎明依托航空技术，发挥透平机械制造核心技术专长，于20世纪70年代末开始涉足燃气轮机领域，相继研制QD70、QD128、QD168、QD185、R0110等具有自主知识产权的先进燃气轮机系列产品，形成轻重并举、系列化梯次发展的燃气轮机发展格局。同时，通过大量承接燃气轮机安装、修理、运行等工程服务，实现了燃气轮机业务的有效扩展，打造出集设计、制造、成套、工程、运行多种能力为一体的、开放高效的燃气轮机综合业务平台。

中航工业黎明始终秉承“为世界发展贡献动力”的使命和“航空报国，强军富民”的宗旨，竭诚为国内外客户提供优良的燃气轮机动力产品和相关服务。

我国首款具有完全自主知识产权重型燃气轮机

R0110系列燃气轮机是我国首次自主开发的重型燃气轮机，产品研制被国家科技部列为863计划重大专项。该型燃机热效率及首翻期等指标与国际同类产品处同一技术水平，适用于柴油、天然气和中低热值气体燃料，可应用于常规发电、电力调峰及IGCC发电。

发电机组性能指标	参数值
额定功率（kW）	110000
热效率	34.5%
热耗率（kJ/kWh）	10435
压气机进口空气流量（kg/s）	356.3
增压比	14.82
透平转速（rpm）	3000
透平出口排气温度（K）	790

我国首款具有完全自主知识产权航改燃气轮机

QD128系列燃气轮机是利用某型航空发动机改型设计而成的燃气轮机，适用于柴油、天然气和中热值气体燃料，可广泛应用于常规发电、电力调峰、备用电源、分布式能源系统、煤化工及IGCC领域。

发电机组性能指标	参数值
额定功率（kW）	11500
热效率	27%
热耗率（kJ/kWh）	13333
进口空气流量（kg/s）	60.07
增压比	11.76
动力涡轮转速（rpm）	4700
动力涡轮出口排气温度（K）	767

大连百孚特线缆制造有限公司

大连百孚特线缆制造有限公司是以电线电缆研发、生产和销售为一体的综合型企业。公司总部位于大连，生产基地位于大连长兴岛临港工业园区，公司在沈阳、北京、天津、吉林等地建立了分销机构。公司主要产品有电力电缆、控制电缆、矿用电缆、船用电缆、石油石化用电缆、钢厂用电缆、核电站用电缆等。公司通过了国际质量体系认证和国军标认证，并取得了中国、日本、韩国、德国、意大利、美国等船级社认证。百孚特公司是中石油、中石化的网络成员单位，是全国煤炭行业机电设备定点生产企业和全国煤矿机电产品定点企业。

百孚特线缆广泛应用在公路、铁路、建筑、厂矿、造船、石油、石化、核电站建设等各个领域。经过多年的市场开发，产品已大量销往辽宁、北京、黑龙江、吉林等地，并且远销南非、越南、朝鲜等国外市场。

“以质量求生存、以信誉求发展”的企业宗旨使大连百孚特线缆制造有限公司用优质的产品赢得了消费者的认可，以良好的信誉得到社会各界的支持。公司被辽宁省产品质量监督检验院授予“质量信誉保证单位”称号，多次荣获“重合同，守信用”单位。

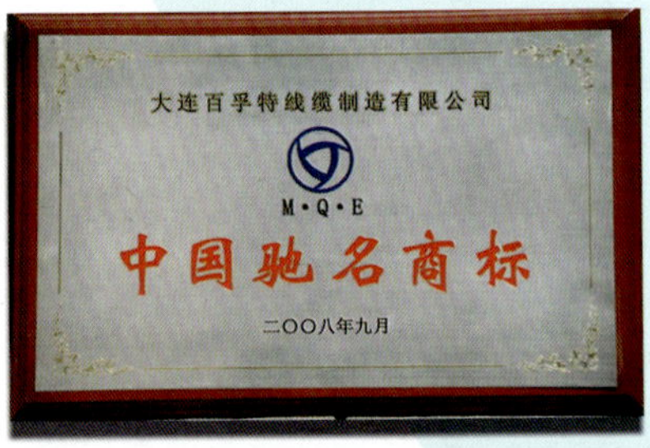

百孚特公司被评为“大连市最具美誉度企业”和“大连市综合实力百强民营企业”“大连市最具成长力企业”等称号。公司商标先后被评为“大连市著名商标”、“辽宁省著名商标”，2008年又被认定为“中国驰名商标”。

大连百孚特线缆制造有限公司致力于新产品、新技术研发，并不断完善企业管理制度，为广大客户提供优质的产品和全方位的配套服务，愿和各位企业同仁一道共同发展壮大。

吉林油田矿区服务事业部

地处松嫩平原腹地的吉林油田，已历经52年的发展历程。52年艰苦创业，52载风雨征程，有多少故事令人怀念赞叹。伴随油气主业发展，沐浴矿区改革春风，吉林油田矿区服务事业部（以下简称事业部）高举中国石油一面旗，同唱和谐矿区一首歌，服务主战场，争当主力军，同样续写了波澜壮阔的华彩篇章。

事业部成立于2007年9月1日，主要业务包括矿区建设、热电联供、物业服务及公用事业管理、医疗卫生、离退休管理、新闻宣传等，承担着保障生产、服务生活、维护稳定的重要职责。现有从业人员10360人，机关设6部2室，下设10个所属单位。现有固定资产原值37.4亿元、净值20.8亿元。2012年实现总收入32亿元，其中社会化收入6亿元。矿区共有社区16个、住宅小区46个，其中国家级优秀小区5个、省部级优秀小区25个。矿区总面积1398万平方米，总人口20万人。职工住宅68926套513万平方米。矿区内有水厂5座，年供水能力3400万立方米；有热电厂1座，年发电能力6.4亿度，年供热能力830万吉焦以上；有液化气站29个。矿区内有道路110条、208千米，总面积155万平方米。油田总医院为吉林省三级甲等医院，下设卫生院所23个，病床848张，年诊疗能力46万人次、手术能力5500人次、健康体检3万人次以上。管理离退休人员2.3万人，有离退休人员活动室36个。有体育场2座、文体活动中心4座、新闻中心1个、幼儿园4所。

成立以来，吉林油田矿区服务事业部始终把“为建设千万吨油气田和幸福石油家园提供坚实的后勤保障”作为第一目标，紧扣民生主线，持续实施管理创新，持续推进民生工程，持续推行标准化服务，持续提升保障能力，矿区综合服务满意度不断提高。

管理创新增活力。按照集团公司矿区服务系统改革“三分开、三统一”原则，积极构建矿区新型管理体系和运行机制，组建了4个专业化物业公司；平稳接收前郭石化划转业务，顺利实现了区域化整合；结合边远矿区回迁的调整，组建了滨江物业管理公司。完善大预算体系，加强煤炭、药品等大宗物资管理，完善计量系统，增加采油伴热、工业物业等工作量，加强外转供管理，社会化收入年均增长24%，年均创效1400万元。对外收入成本比率49%，比2007年提高9个百分点，圆满完成了集团公司考核指标，连续五年实现“收支平衡、保本运行”。深入开展管理提升活动，加强三基建设，发挥标杆示范站队的带动作用，持续推进“六好站队”、“五型班组”建设，全面实现各项工作规范化、标准化、制度化。内部资源配置得到优化，各个服务板块运转良好，矿区服务业务管理水平全面提升。

民生工程得民心。针对历史遗留的问题和职工家属的实际需要，事业部成立以来共落实民生工程项目1000多项，矿区居住条件和生活环境持续改善。全面整治矿区环境，加快平安、清洁、健康、生态小区。在打造平安小区方面，完善人防、物防、技防措施，布设小区电子监

控系统和门禁系统，改造老旧小区60个大门，治安防范能力增强。在打造清洁小区方面，新购16台套压缩式垃圾车，更换5000多个垃圾箱，清理卫生死角，清运垃圾百万立方。在打造健康小区方面，改造了松江体育场和两个活动中心，新建锦江广场等4个社区健身广场和33个小区活动室，安装了2000多套健身器材，居民健身条件明显改善。在打造生态小区方面，每年集中定点进行绿化硬化亮化，1000多名职工家属认领认养树木150株，矿区绿化总面积达169万平方米，人均绿地面积9平方米，绿化覆盖率35%以上；改造治理镜湖公园，将原来的污水泡建成了横贯江南矿区的水上公园；抓好锦江大街等道路路灯改造和小区亮化，矿区夜景流光溢彩、五色斑斓，镜湖、百北两个小区荣获集团公司绿化模范小区称号。

标准服务提品质。事业部成立六年来，以宣贯集团公司17项矿区服务标准为抓手，坚持优质服务不松懈，狠抓精细管理不动摇，矿区服务综合满意率达到92.7%，先后有6个小区获国家级示范小区称号，29个站队获省级荣誉，王景奎成为集团公司矿区系统首个“特等劳动模范”、荣获“铁人”奖章。

医疗服务保健康。加快油田总医院建设，购置核磁共振机等高端医疗设备，医疗设施明显改善；维修了江北分院和五家院所，配置7台救护车和呼吸机等急救设备；组建专业化体检中心，完成健康体检20万人次。2009年吉林油田总

医院晋升为吉林省西部首家“三甲”医院，荣获全国卫生系统先进单位和中油集团公司先进集体称号。针对社区卫生服务站布局不够合理等问题，加快健全“六位一体”的社区医疗服务体系；在江南和江北矿区各建立一个社区卫生服务中心，在其他社区下设13个卫生服务站，使社区居民就近享受预防、治疗、保健、康复、健康教育和计划生育指导“六位一体”的医疗卫生服务。

社区文化聚民心。以社区文化广场和活动室为依托，以报纸、电视、网络和小区文化长廊为载体，为职工家属提供了精品文化服务。改造了文体活动中心和江南活动中心，新建改造33个社区活动室，新建27个小区文化长廊，配齐配全活

动器材，社区文化活动设施齐全，日接待活动上万人次。成立文体协会60个，每年开展社区文化艺术节、音乐广角等活动，近三年共组织社区文艺汇演40场次，各社区协会每年组织活动上千次，社区文化氛围日益浓厚，形成了“天天有活动、周周有比赛、月月有演出”社区文化活动长效机制。

一流的规划、一流的建设、一流的质量、一流的管理、一流的水平

实施边远矿区回迁，着力打造“民生航母”。

扎实落实集团公司边远矿区回迁政策，实施了被称为民生航母的吉林油田历史上最大的民生工程——滨江嘉园工程。在松原市临江的万亩荒滩上建成了油田有史以来最大小区、松原市有史以来最大的建筑群——1.2 万套、113 万平方米的滨江嘉园，边远矿区 10429 户顺利回迁入住。成立了滨江物业管理公司，确立“高标准起步、高标准管理、高标准工作”的原则，全方位提升滨江嘉园小区的物业管理和服务水平。集团公司领导视察滨江嘉园时，给予了“一流的规划、一流的建设、一流的质量、一流的管理、一流的水平”的高度评价。

吉林油田万名矿区服务员工的杰出代表——王景奎班。

王景奎同志 1981 年 6 月开始做“马葫芦”工，他 32 年如一日，尽职尽责，坚守岗位，在平凡的岗位上创造了不平凡的业绩。他是中油集团公司命名的“用户满意明星”，7 次被评为集团公司“劳动模范”和吉林油田公司“特等劳动模范”，2010 年被评为集团公司“特等劳动模范”，荣获“铁人奖章”。王景奎所在的公用事业公司江北供排水大队马葫芦班，被命名为“王景奎班”，成为吉林油田企业文化教育基地和矿区服务员工的杰出代表。

创新社区社会管理，落实职工市民待遇。

按照集团公司加强和创新矿区社会管理的要求，以前郭矿区服务公司敬业社区为试点，加快推进社区社会管理工作。以居委会和警务进社区为突破口，多次邀请市、区领导现场指导；召开推进会，加快启动户籍管理、人民调解等 14 项业务，搭建为民服务平台，落实地方惠民政策。入户人口普查 3.6 万户，调节邻里纠纷 400 多次，为 1573 户下岗失业家庭和 734 位 60 岁以上无收入的老人办理社会低保，为 886 名社区困难人员发放补助，为 554 名回族居民办理肉食补贴，矿区居民的市民待遇逐步落实。2012 年 7 月初，集团公司在吉林油田召开了现场会，给予了高度评价。

开展一对一管家式服务，及时解决居民诉求

实施燃气入户工程，加快“气化矿区”步伐。2011 年，吉林油田矿区开始实施民用燃气入户工程。经过近三年的施工，预计到 2013 年年末完成入户 58799 户，基本完成市区内小区民用燃气入户，实现几代吉林石油人用上天然气的夙愿。

全面推广“管家式服务”，提升便民服务水平。

为进一步提高快捷周到、优质精细的便民服务水平，事业部在江北物业管理公司“管家式服务”试点的基础上，加快推广步伐。倡导“主动服务、贴心服务、亲情服务、专业服务”的服务理念，编制了“管家式”服务手册，下发到每家每户，使居民对服务范围、有偿服务与无偿服务等内容一目了然。设置了 24 小时服务电话，对各项服务登记在册，电话跟踪，及时回访，让居民“足不出户”就能享受“衣食住行”方方面面的服务，得到居民的一致好评。

哈电集团
HARBIN ELECTRIC CORPORATION
佳木斯电机股份有限公司
JIAMUSI ELECTRIC MACHINE COMPANY LIMITED
以人为本 气顺人和
纪律严明 永争第一

为全球客户提供卓越驱动力

佳木斯电机股份有限公司是以佳木斯电机厂作为主发起人，按照现代企业制度于2000年6月设立的股份制企业，隶属于哈尔滨电站设备集团公司。2008年，公司引进战略投资者——建龙集团，进行了资产重组。

公司占地面积26.5万平方米，下设3个车间，21个职能部门，现有员工2572余人，拥有高级技术职称者73人，年生产能力1000万KW，年产值20亿元以上，最大单机容量达到20000KW。

佳木斯电机股份有限公司是我国防爆电机、起重及冶金电机、局部扇风机、屏蔽电机（电泵）的创始厂和主导厂。产品主要用于石油、化工、煤炭、冶金、交通、水利、电力、核能、航天、粮食、军工等领域。为我国人造飞船、卫星、火箭发射、核电站、核反应堆、葛洲坝、三峡、南极长城站以及军事工业等高科技领域提供了可靠的驱动力，作为我国特种电机的龙头企业，为国家经济建设和地方经济建设作出了突出贡献。

2003年公司成功开发研制了YB2系列高压隔爆型三相异步电动机,属国内首创并获得国家专利，是目前国内唯一一家全系列开发、并可大批量生产的企业；2007年公司自主研发了YBX3系列隔爆型高效三相异步电动机、TAW5500-20/3250同步电动机、汽轮发电机、船用发电机和风力发电机等高效、节能、环保产品，为创建资源节约型、环境友好型社会提供有力保障。2008年成功试制生产出国内第一台正压型无刷励磁同步电动机。2008年12月在高温气冷堆核电站示范工程主氢风机项目中中标，标志着佳电股份在我国核电领域占据领先地位。2009年6月佳木斯电机股份有限公司自主研发的YFFS 450-4 1520k MW变速恒频双馈异步水冷风力发电机试制成功，并于2010年1月30日通过市科技厅鉴定，鉴定为国内领先产品。

长期以来，公司秉承不断满足市场需要和用户需求，竭诚为用户提供一流产品，一流服务。这其中包括与核工业部、天传所合作联合研发了为镇海石化和石家庄炼油厂生产了TAQW550千瓦18极电动机是国内第一批增安型无刷励磁同步电动机；为浩良河化肥厂提供了TZYW5500-18，国内第一台已投入工业运行的正压型无刷励磁同步电动机；为内蒙古博源联合化工股份有限公司天然气制甲醇项目生产了YAKS900、7100kW4极国内最大的增安型三相异步电动机；为德州华鲁恒升化工有限公司提供了国内容量最大的YBKS710-2极，3800千瓦高压隔爆型电机；为中国石油大连石油七厂提供的TAW5500千瓦-20极 同步电机是国内同类产品最大外径的电机；为宝钢生产了YPT710、1800kW 6极国内最大的低压变频调速三相异步电动机；为武钢生产了YZR500、600kW 8极国内最大的起重冶金用绕线转子电动机；为鞍钢集团生产了YAKSP710、3600kW 4极国内最大的高压增安型变频调速三相异步电动机。

公司拥有产品自营出口权，产品远销四十多个国家和地区，与世界500强企业美国艾默生公司建立了稳固的贸易合作关系。

佳木斯电机股份有限公司

JIAMUSI ELECTRIC MACHINE COMPANY LIMITED

公司现有主要生产设备1396台（套），其中绕组制造部分：有法国引进的数控绕线机、数控涨型机，有加拿大引进的数控包带机，有瑞士引进的数控包带机，有德国引进的VPI真空压力浸漆设备；铁心制造部分：有德国引进的六工位高速冲槽机、20吨冲槽机，国产宽台面250T压力机、180T扣片机等，主要铸铝设备有离心机、315T压铸机等设备；机械（冷）加工部分：有国产数控卧式单面电机座专用镗床、数控落地镗铣床、数控双柱立式车床，台湾生产的数控镗铣加工中心、数控卧式镗铣加工中心、全机能数控卧车，瑞士引进的五轴加工中心，海克斯康有限公司生产的三坐标测量机，有行业领先的数控双面镗床、数控铣镗床等具有代表性的专业设备；感应加热焊接设备：有挪威引进的350Kw大功率中频焊机；装配方面：有德国引进的数控动平衡机，国产500吨四柱油压机等；还有电机涂装线、大型装配线、自动连续清洗线、计算机检测试验线等大型现代化喷涂、装配、试验系统。优良先进的工艺装备，为公司产品达到国际先进水平提供可靠保证。

公司有着深厚的质量管理基础，是国内同行业第一个取得ISO9001质量保证体系认证的企业。为了能够更好的满足顾客要求，我公司各型号规格的产品办理了多项国内外产品认证，如YZR3系列、YGP系列低压电机获欧盟CE产品安全认证；NEMA系列电机获CSA、C+CSA+US产品安全认证；YB、YBF、YB2、YBPT系列电机获俄罗斯GOST认证和煤矿安全认证；Y、Y2、YB2、YZR系列电机获得欧盟ROHS环保认证；YB2系列低压电机获得ATEX认证；3C中国国家强制性产品认证；标准化良好行为AAAA级企业等等。2005年，我公司“飞球牌”电机获得了“国家免检产

利用先进手段对电机各种性能仿真

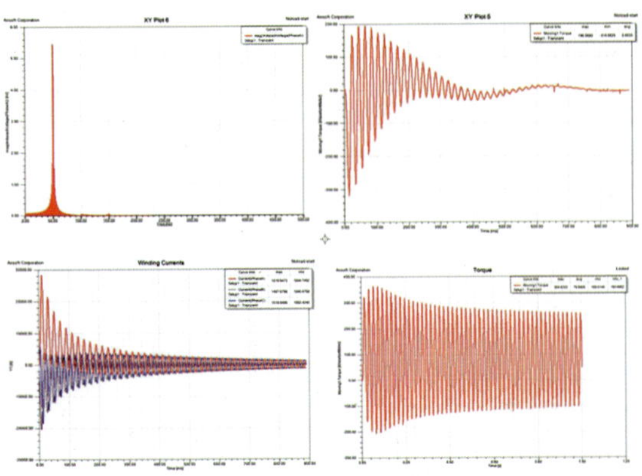

利用先进手段对电机结构仿真

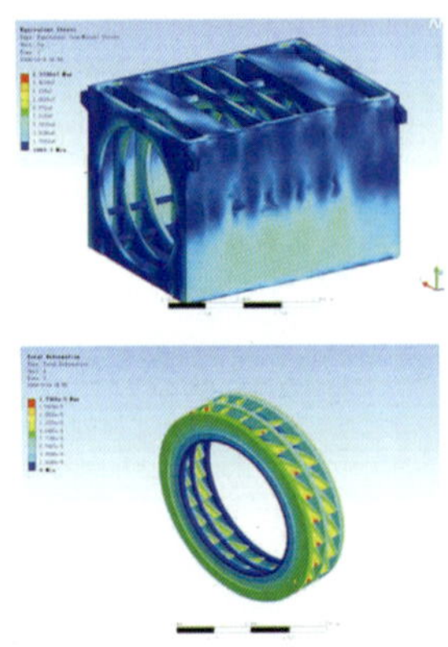

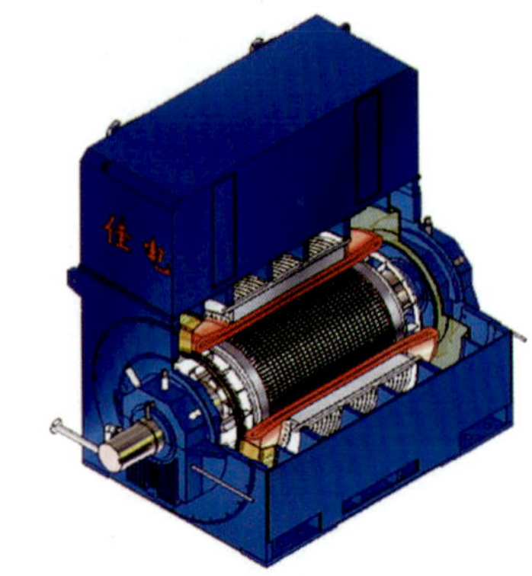

完备的设计系统解决方案

品”荣誉称号，防爆电机更是获得了“中国名牌”的殊荣。2006年，获得中国质量认证中心颁发的RoHs认证证书，标志着我公司产品已达到国际环保型电机要求。自公司成立以来，共申请专利22项，其中已授权20项实用新型专利；公司共获科技奖42项，其中省、部级以上22项；公司被认为了国家高新技术企业，省级企业技术研发中心，佳木斯市第一家黑龙江省专利试点企业。

公司全面推行信息化建设，拥有国际先进的软件。通过CAD、PDM、ERP、OA及ANSYS的全面应用，使信息资源高度共享，实现了企业生产经营活动的运营自动化、管理网络化、决策智能化。

与公司毗邻的佳木斯防爆电机研究所，测试手段齐全、技术先进。是国家起重冶金电机质量监督检验中心；国家安全生产佳木斯防爆电气检测检验中心；机械工业防爆电气设备质量监督检测中心；是中国船级社授权的船用电机产品及防爆电气设备试验验证机构；是全国生产许可证办公室授权的防爆防爆电气产品生产许可证检验机构；是中标认证中心授权的节能产品认证检验实验室。为公司新产品的研制和开发提供了强有力的支持。

当前，公司抓住创新和再造企业文化的有利时机，以“以人为本，气顺人和，纪律严明，永争第一”的文化理念，努力打造一支和谐稳定、素质优良的员工队伍，促进企业快速发展，并在发展中逐步完善企业文化，引领企业在文明和谐的轨道上健康发展；以“为全球客户提供卓越驱动力”的经营理念，全力打造品牌一流、管理一流、效益一流、文化一流的世界级企业，向着产品系列化、产业多元化、效益规模化、企业国际化的更高目标迈进。

佳木斯电机股份有限公司为中海油惠州炼油一期1200万吨炼油项目提供了常减压蒸馏、高压加氢、延迟焦化、催化裂化等13套主装置一次投产成功，炼油工艺流程完全打通，液化气、石脑油、汽煤柴、焦炭、硫磺等产品全部合格，质量优良

宝山钢铁股份有限公司

宝山钢铁股份有限公司（简称“宝钢股份”）是中国最大、最现代化的钢铁联合企业。宝钢股份以其诚信、人才、创新、管理、技术诸方面综合优势，奠定了在国际钢铁市场上世界级钢铁联合企业的地位。《世界钢铁业指南》评定宝钢股份在世界钢铁行业的综合竞争力为前三名，认为也是未来最具发展潜力的钢铁企业。

宝钢股份立足于生产高技术含量、高附加值钢铁精品，聚焦汽车用钢、冷轧硅钢、家电用钢、石油管线钢、钻杆、油井管、高压锅炉管和高等级建筑用钢等战略产品，提升公司的核心竞争力，保持在国内板材和管材市场的主导地位。宝钢股份在成为中国市场主要钢材供应商的同时，产品出口日本、韩国、欧美40多个国家和地区。

公司全部装备技术建立在当代钢铁冶炼、冷热加工、液压传感、电子控制、计算机和信息通讯等先进技术的基础上，具有大型化、连续化、自动化的特点。通过引进并对其不断进行技术改造，保持着世界最先进的技术水平。公司具有雄厚的研发实力，从事新技术、新产品、新工艺、新装备的开发研制，为公司积聚了不竭的发展动力。公司重视环境保护，追求可持续发展，在中国冶金行业第一家通过 ISO14001 环境贯标认证，堪称世界上最美丽的钢铁企业。

宝钢股份下属钢管条钢事业部（以下简称“钢管事业部”）拥有电炉、初轧、高速线材、无缝钢管、HFW焊管和UOE焊管多条世界先进的现代化生产线，形成了以钢坯、钢管、线材三大系列为核心的产品体系，年

无缝钢管产品--钻杆

特殊扣油管

无缝钢管产品--套管

无缝钢管产品-抗硫管线管

HFW焊管产品--高钢级焊接套管

构筑共享价值

生产能力达到了350万吨钢坯量、240万吨钢管、60万吨线材。钢管产品形成了油井管、锅炉管、管线管、机械结构管等四大系列产品；条钢产品形成了初轧商品坯材、线材产品两大系列产品。产品已通过API（美国石油协会）、德国TüV公司、六国船级社等诸多国际权威机构认证和ALSTOM、ARAMCO、SHELL、TOTAL等多家国际大公司认证，广泛应用于石油、化工、电站锅炉、汽车、机械、船舶、航天、军工等各个领域和行业，远销欧美、东南亚、大洋洲、非洲等国家和地区，深受广大用户的欢迎。

HFW焊管产品--高钢级管线管

UOE焊管产品--高钢级大口径管线管

由ZPMC提供全套设备的荷兰EUROMAX自动化码头

上海振华重工(集团)股份有限公司

上海振华重工(集团)股份有限公司(ZPMC)是重型装备制造行业的知名企业，为国有控股A、B股上市公司，控股方为世界500强之一的中国交通建设股份有限公司。公司总部设在上海，并在上海本地及南通等地设有8个生产基地，占地总面积1万亩，总岸线10公里，其中深水岸线5公里，承重码头3.7公里，是全国也是世界上最大的重型装备制造商。公司拥有22艘6万吨～10万吨级整机运输船，可将大型产品跨海越洋运往全世界。

公司主产品分为六类：（1）港口用大型集装箱机械和矿石煤炭等散货装卸机械。如遍布全世界84个国家和地区主要集装箱码头的岸桥、场桥，已占世界市场70%以上份额。散货装卸设备如装卸船机、斗轮堆取料机、环保型链斗卸船机等也居本行业前列。（2）海工产品。如巨型起重船、铺管船和各种工程船、各种平台以及动力定位装置和平台抬升装置、船厂用龙门起重机等。（3）大型钢构钢桥梁。公司有年产各种钢构100万吨的能力，曾成功建造世界顶级制造难度的美国旧金山-奥克兰海湾大桥。（4）电气产品、软件开发与集成。（5）运输及安装工程。（6）能源环保设备。包括海上风电、矿山机械和污水处理等设备。

公司厉行“自主创新”，曾获国家科技进步一等奖。建有国家级企业技术中心和博士后工作站。现有2800名从事机、电、液设计研发的工程技术人员，获得国家和市级科技成果奖50余项。

由ZPMC提供全部钢结构制造及运输的美国旧金山–奥克兰海湾大桥

世界单机起重量最大的7500吨自航全回转起重船

世界首创新型全自动化码头装卸系统

带先进DP2动力定位的4200吨起重铺管船

自主研制300英尺自升式钻井平台

申能（集团）有限公司

外高桥三发电

申能（集团）有限公司（以下简称“公司”）于1996年经上海市政府批准成立，注册资本100亿元，是上海市国有资产监督管理委员会出资监管的国有独资有限责任公司。

公司成立以来，秉持“锐意开拓、稳健运作”的经营理念，主业明确，定位清晰，在产业结构、资产规模和企业效益等方面保持了健康向上的发展态势，基本形成了“电气并举、产融结合”的发展格局。

截止2012年底，公司总资产1046亿元，所有者权益679亿元，当年实现营业收入301亿元，净利润28亿元。连续十一年名列中国企业500强。

公司着力推进高效、清洁电力项目建设。2008年，上海外高桥第三发电厂项目建成后，供电煤耗全国最低，综合技术水平位居世界前列，荣获国家优质工程奖金奖、国家科技进步奖二等奖等多项殊荣；2012年，上海临港燃气电厂一期工程4台400MW级燃气-蒸汽联合循环机组全面建成投产，获评亚洲电力金奖。截止2012年底，公司投资建成电力项目21个，建成权益装机容量737万千瓦。其中，煤电占60%、天然气发电22%、水电10%、核电6%、风力和太阳能发电1%。

王者洪-申能（集团）有限公司副总经理、上海燃气（集团）有限公司总经理

公司燃气市场拓展持续推进，燃气供应量占上海市场90% 以上份额。近年公司在非管输天然气应用方面取得突破，进一步提升了在上海地区燃气市场的占有率。为优化上海能源结构，公司加快清洁能源天然气的建设。1999年东海平湖油气田正式投产，开创了上海市天然气应用的新纪元。2009年上海洋山液化天然气接收站一期工程投产，目前已经承担上海市50%以上的市场供应。2012 年公司供应上海市天然气62.8 亿立方米、人工煤气8.3 亿立方米、液化石油气10.5 万吨，拥有天然气、人工煤气、液化气用户共计约616万户，地下管线约

申能（集团）有限公司大楼外景

锐意开拓　稳健运作

2万公里。随着上海天然气主干管网建设的逐步推进，上海已经形成了西气东输（一线、二线）、川气东送、东海平湖、上海LNG等五大气源汇聚的海陆并举、互联互通的天然气供应格局。

公司天然气分布式供能业务有序发展。公司投资的仁济医院等四个医院分布式供能项目已经投运，瑞金医院、东方医院南院等多家医院的分布式供能项目正在建设。虹桥商务区能源站一期工程基本建成，张江区域能源集中供应项目和新虹桥国际医学中心区域供能项目正式启动。公司结合上海市燃煤（燃油）锅炉清洁能源替代政策的推进，开展了锅炉的天然气节能改造项目。

公司牵头上海石油交易所建设，能源要素市场拓展持续推进。继上海石油交易所推出液化天然气(LNG)、液化石油气(LPG)、精制液化气等现货交易后，2012年首次开展天然气市场化调峰交易和管输贸易等新探索，连续二年承担了国家能源局迎峰度夏天然气调峰试点交易任务。目前交易商总数达到122家，交易平台运行稳定，资金和货物交割顺利安全。

展望未来，申能集团将紧紧围绕“创新驱动、转型发展”总方针，突出做好安全保供、重大项目建设、管理增效等重点工作，聚焦低碳绿色发展，履行能源企业社会责任，力争再创良好经济效益，积极探索可持续发展新模式，努力续写企业华章。

东海平湖油气田海上平台

临港天然气发电厂

原油储罐

洋山LNG接收站储罐

中海集装箱运输股份有限公司
China Shipping Container Lines Co.,Ltd.

中海集装箱运输股份有限公司是中国海运集团所属主要从事集装箱运输及相关业务的多元化经营企业。经营范围涉及集装箱运输、船舶租赁、揽货订舱、运输报关、仓储、集装箱堆场、集装箱制造、修理、销售、买卖等领域。2004年6月和2007年12月，中海集运分别在香港联合交易所和上海证券交易所成功上市。

截至2013年12月,中海集运拥有146艘船舶，整体运载能力超过61万标箱，位居世界前10大班轮公司之列。80余条国际、国内集装箱航线遍布全球100多个国家。近年来，成功打造的一系列精品航线使中海集运更具市场竞争力。此外，中海集运已拥有300多个全球代理网点，全面实现了“营销网络化、服务一体化”。

中海集运旗下拥有中海码头、浦海航运、五洲航运、洋山储运、大连万捷等数十家公司，整合了包括船队、码头、集卡、仓储、铁路、空运等多种资源，形成了海铁联运、海空联运、水水联运、水陆联运等多种运输形式，成功打造了完整的综合航运物流产业链，可为全球客户提供全程的“门一门”服务。

未来，公司将坚持科学发展观，精心组织、精细管理，全力打造一流的船队和团队，致力成为“世界一流的集装箱综合航运物流企业”，以“诚信四海、服务全球”的理念为全球客户提供高品质服务！

诚信四海
服务全球
中海之星
CSCL STAR
CHINA SHIPPING LINE

上海船厂船舶有限公司
SHANGHAI SHIPYARD CO.,LTD.

上海船厂船舶有限公司（以下简称上海船厂）是国内历史最悠久的船舶造修企业之一，至今已有150多年的历史。现隶属于中国船舶工业集团公司，主要生产基地在上海市崇明岛以及杨浦区和松江区，占地总面积约163万平方米，码头岸线总长约2750米。

上海船厂是一家以海洋工程、船舶造修等业务为主体的国有大型制造企业，目前已经发展成为中船集团公司旗下重要造修船基地和三大海工装备制造基地之一，在世界造船市场享有盛誉，主要擅长并成功建造过集装箱船、多用途船、重吊船、散货船、冷藏船、海洋救助船、钻井船、物探船和钻井平台等多种船舶及海洋工程产品。

上海船厂在积极做精做强中型集装箱船、散货船等常规船舶产品的同时，更加着重海工市场的开拓，特别是钻井平台、钻井船和物探船等产品市场。公司曾成功建造过国内第一座海洋石油钻井平台“勘探三号”，建造过两艘12000英尺钻井船（一期工程），目前正在为新加坡船东建造TIGER系列3000米钻井船。2011年曾成功交付了亚洲首艘最新一代三维地震12缆地球物理勘探船“海洋石油720”，目前在建的多缆物探船“发现6号”和新承接的12缆物探船“海洋石油721”，都是当今物探船主流技术的代表。近年来，上海船厂中型集装箱船、钻井船、物探船的研发建造技术处于国内领先水平，船舶性能指标已达世界先进水平。

4600TEU集装箱船

"勘探三号"半潜式海上石油钻井平台

3000英尺BULLY钻井船

MINICAPE型114,500吨散货船

3000米TIGER系列钻井船

上海船厂还擅长各类船舶的修理和改装，具有对特种船舶、高附加值船舶改装和修理的丰富经验。比如将"海洋石油719"号改装为八缆地球物理勘探船、对极地科考船"雪龙"号升级改装等都是其近年在修船领域打造出的知名品牌。上海船厂具备钢结构产品设计与制造的能力，具有钢结构、网架工程施工一级资质，可为客户制造及加工船舶分段、舱口盖、各类舾装件，同时还可设计与制造钢质桥梁、钢质高层建筑、市政工程钢结构部分及压力容器等。经上海船厂修缮后的上海市标志性建筑外白渡桥，曾广受社会各界的赞誉。

上海船厂拥有国家认定的企业技术中心，每年承担主研或参研的国家部委及市级科研项目达十余项，获得了国家及省部级多项科技进步奖，已成为国内具有鲜明自主研发和建造能力的大型企业。

立足当前，展望未来，上海船厂将不断做强做精核心业务、持续提升产品品质和品牌价值，提高自主创新能力，保护环境，和谐发展，努力成为具有世界竞争力的创新型企业。

中国石化江苏石油分公司

形象一新的加油站

中国石化江苏石油分公司是中国石化驻苏成品油销售企业。其前身是中国石油公司江苏分公司，成立于1953年；1997年组建江苏省石油集团、加入中国东联石化集团有限责任公司。1998年，随中国东联石化集团有限责任公司划转中国石化集团公司。公司成立61年来，始终坚持履行国有企业“三大责任”，加快建设优秀石油流通企业。截至2013年底，拥有在营加油（气）站2200多座，在营油库25座，职工2.2万名，成品油年销量1286万吨；非油品便利店2018座，营业额11.3亿元；在营加气站（点）75座，年销售天然气6829万方。

一、强化经营，积极发展三大业务

公司积极发展成品油、非油品、天然气三大主营业务，为江苏省经济建设、社会发展和人民生活提供服务。一是成品油经营规模跃上新台阶。成品油经营量从2005年的844万吨增加到2013年的1287万吨，年均增长5.4%。其中成品油总量2008年首次突破1000万吨，零售量2012年突破1000万吨。二是非油品业务从无到有。按照中国石化总部统一部署，2008年正式启动非油品业务。通过加快非油品网络建设和配送业务管理，便利店商品日益丰富，便利店销售规模实现跨越式发展。营业收入由2008年的8229万元提升到2013年突破11.2亿元。三是天然气业务实现良好开端。2009年，正式启动天然气业务。通过突破天然气业务专营权，加快配气设施及加气站建设，加强产销衔接，开拓终端客户，不断拓展天然气市场，截至2013年底，在营加气站（点）75座，年销售天然气6829万方。

便捷的绿岛站

“易捷”便利店里提供丰富的非油品商品

常州钟楼油库油罐群

淮安金湖客运加气站

二、科学发展，完善储运销网络

坚持发展是第一要务，全力建设集加油站、加气站、非油品便利店、油库、管道于一体的“大网络”。一是坚持科学、有效、持续，发展零售网络。2006以来，累计发展660座加油站，70%的站点位于重点位置。可长期控制在营站（全资站+联营站）比重由原来的72%提高到80%。二是面对“城区加油难、投资成本高、规划布点难”的情况，解放思想，创新发展，在全国首创了绿岛站建设模式，利用城市绿化带建设便利加油点，累计发展绿岛站52座。三是攻坚克难，建设成品油管道。2005年配合建成鲁皖成品油管道，2008年完成金嘉湖成品油管道苏州支线建设，2010年完成苏南管道及配套油库建设，使江苏境内成品油管道总里程超过515公里，年输送成品油能力超过800万吨。正在建设的苏北成品油管道，预计2014年底实现中交。

三、以人为本，建设和谐企业

加强基础管理，防控经营管理风险，促进企业管理迈上新台阶；以人为本，加强员工和干部队伍建设，努力把国有企业的政治优势转化为核心竞争力。一是随着市场和形势的变化，不断深化企业经营管理体制改革，逐步建立经营专业化、管理扁平化和市县公司一体化的经营管理模式。二是坚持继承和创新相结合、传统管理和现代管理相结合，强化信息技术支撑，努力打造“智能化江苏石油”，促进企业管理迈上新台阶。三是围绕推动企业发展、服务职工群众，以改革创新的精神加强党建和思想政治工作，促进干部职工保持良好的状态。连续多年被授予江苏省“思想政治工作优秀企业”和“精神文明建设先进单位”称号；连续多年在集团公司直属企业单位领导班子考核中评为“A级单位”。

2008年1月，为困在高速公路上的车辆开展“雪中送油

2008年5月，为奥运圣火传递车辆加油

开展“送油下乡”活动

洋口港，黄海之滨合作共赢的新辉煌

三万年前，这里曾是古长江的入海口。上世纪八十年代以来，两院院士严恺，中科院院士任美锷、王颖，工程院院士刘济舟、谢士楞，著名港口设计大师顾民权、王汝凯等一大批专家学者在此进行了长达20多年的潜心研究，研究证明这里航道稳定，可建10—30万吨级的深水大港。三万年后，这里成为江苏最大海陆通道，填补连云港至上海一千多公里海岸线上无大型深水港口的空白。今天的这里，精彩连连，活力四射，南黄海儿女正以“科学、开拓、拼搏、奉献”的精神，奋力实现跨越赶超的大港之梦。

上世纪九十年代初王颖院士率领国内外地理海洋专家学者勘测洋口港

行走在洋口港黄海大桥，脚下是滚滚波涛，远处碧海蓝天相交一线，十多公里长大桥延伸至深海，那里有一座人工海岛——阳光岛，岛上十万吨级LNG码头、十万吨级液化品码头如长虹卧波，一座座人工塔、一个个硕大的LNG储气罐岿然屹立岛上，任谁都会情不自禁地赞叹它的大手笔、大气魄，赞叹它的神奇之变、前景广阔。

建设中十万吨级石化码头

原中共中央政治局委员、国务院副总理回良玉视察洋口港

同年，连接海上人工岛与陆上工业区的黄海大桥工程正式开工，洋口大道、洋口运河也相继开工建设；2006 年阳光岛一期工程正式启动；2007 年洋口港港口新城建设拉开序幕；2008 年 10 月 28 日是洋口港开发建设史上的一个具有里程碑意义的日子，洋口港经过多年奋战实现了初步通航的目标；2011 年 11 月 8 日，一期总投资 63 亿元的中石油江苏 LNG 项目正式投产运行。

盛世建伟业，大港沐春风。洋口港的开发得到了各级领导的关心和重视，一批重要领导亲临港口视察指导。中共中央政治局委员、国务院副总理回良玉指出：洋口港不简单是如东的资源，不简单是南通的资源，也是中华民族的资源。江苏省委、省政府将洋口港列入江苏沿海开发的重点，列入了重要日程，并给予专门的政策支持和资金扶持。

2003 年 11 月，洋口港开发正式启动，总体规划面积 260 平方公里，分为海上作业区、临港工业区、综合物流园区、港口新城区四大功能区。当年临港工业区一期 10 平方公里围堤工程开工。2004 年国务院批准了洋口港临港工业区 30 平方公里的海域使用权证；2005 年江苏 LNG 项目获得国家发改委同意开展前期工作的批复；

江苏省副省长张桃林在洋口港开工典礼上致词

作为洋口港启动项目的江苏 LNG 项目，位于如东县外海西太阳沙人工岛，由接收站、LNG 码头栈桥、跨海外输管道组成，一期工程总投资 63 亿元，建设规模 350

原全国政协副主席李金华宣布洋口港通航

万吨/年，年均供气48亿立方米，建设3座16万立方米LNG储罐和附属工艺设施，具备天然气管道外输和200万吨/年LNG槽车充装功能；二期规模增至650万吨/年，年均供气87亿立方米；远期达到1000万吨/年，年均供气135亿立方米。它的建设和生产运营创下多项国际国内纪录：在全球首次采用三岔液压挤扩技术进行储罐超密集群桩施工获得成功，解决了长三角地区特殊软土地质桩基承载力弱的世界级难题，施工技术和桩基成果通过中国工程院专家组鉴定，达到国际领先水平；项目竣工投产创国内LNG接收站投产用时最短、试车气用量最少纪录，被业界和央视媒体誉为“中国LNG接收站试运投产的典范”、“见证中国式创新的能源工程”、“中国跨度”。

LNG接收站生产区夜景

LNG项目之于洋口港的亲密关系，不仅仅是因为它是洋口港第一个建设运行的大项目，在建设之初，县委、县政府创新思维，积极与中石油沟通，以中石油提前支付30年路桥使用费的形式，化解了自有建设资金不足的难题；而LNG项目的顺利投产运行，更让港口开发效益初步显现。

作为“西气东输”的配套工程和第二气源，江苏LNG项目为我国加快清洁能源产业发展、建立海上油气通道、增强能源保障能力发挥了重要作用。它的一期项目创造了“五项世界第一”“八个中国之最”的骄人业绩，年LNG代理进口贸易额达20亿美元。成功开辟了中国海上油气新通道。2011年11月16日，世界最大的Q-max型LNG运输船“萨姆拉”轮安全靠泊，一举刷新了我国靠泊最大LNG船舶的纪录，这也是全球最大型的LNG船首次到访中国。截至目前，共有31艘次该型LNG船“造访”过洋口港，使得洋口港LNG码头成为我国接靠世界最大Q-max型LNG船舶最多的码头。在去年冬季用气高峰期，LNG船舶频频光临，19天内共有7艘超大型LNG船舶进靠港口，这一进港密度又创下新纪录。截止2013年底，洋口港LNG码头已成功靠泊LNG运输船71艘，接卸LNG总规模达659万吨。

世界最大的Q-max型LNG运输船“萨姆拉”号

（物流）

（冶金）

在江苏LNG项目带动下，呈现可喜的"葡萄串"效应。华港LNG调配中心、华东LNG运输项目全面营运；法国爱森、台湾中石化等单体规模超50亿元的项目纷纷落户；中石油、中石化、广东振戎将在洋口港打造集散基地，振戎洋口能源仓储项目总投资超900亿元，已经注册并开始前期工作。

如今，江苏LNG项目在一期工程基础之上，再扩建二期工程。国家能源局于2013年1月同意江苏LNG二期工程项目开展前期工作。

潮平两岸阔，风正一帆悬。洋口港因港制宜，正加快形成以能源、石化、冶金和现代物流为一体的"3+1"发展格局，致力打造具有国际水准的现代化石化基地、长三角北翼重要的绿色能源基地、江苏沿海重要的冶金基地和长三角重要的物流中心。

陆海统筹，激活优势，推动港、产、城融合开发、快速发展，实现港口建设投入向港口引领发展的重大转变。在沿海开发大好机遇下，如东人大胆闯、大胆试，以重特大项目为龙头，以基础设施为先导，高起点规划、多元化投入，洋口港展现出巨大的发展潜力和广阔的发展前景，成为沿海地区科学发展、和谐发展的实验区、先行区。

雅戈尔集团股份有限公司

雅戈尔集团大楼侧影

雅戈尔集团创建于1979年，经过33年的发展，逐步确立了以品牌服装为主业，涉足地产开发、金融投资领域，多元并进、专业化发展的经营格局，成为拥有员工5万余人的大型跨国集团公司，旗下的雅戈尔集团股份有限公司为上市公司。

2012年集团实现销售收入444亿元，利润总额25.88亿元，进出口总额21.78亿美元，上缴税收30.16亿元。总资产近620亿元，净资产168亿元。位列2012中国企业五百强第252位，中国民企五百强第39位。

品牌服装是雅戈尔集团的基础产业，经过30余年的发展，已形成了以品牌服装为龙头的纺织服装垂直产业链。2012年，雅戈尔以打造“时尚雅戈尔、科技雅戈尔、文化雅戈尔”为努力方向，继续向品牌运营型企业转型，优化渠道提升服务，整合产业链研发设计能力、科技创新能力，不断提升品牌形象。目前，雅戈尔在全国拥有772家自营专卖店，各品牌商业网点2719家，主打产品衬衫为全国衬衫行业第一个国家出口免验产品，连续17年获得市场综合占有率第一位，西服连续13年保持市场综合占有率第一位。雅戈尔品牌多次获评最受消费者喜爱品牌和行业标志品牌。

近年来雅戈尔在从制造者向品牌创造者转变，自主创意、创新构建出五大品牌方阵，丰富了服饰文化内涵。主打品牌YOUNGOR突出功能性；高端品牌MAYOR旨在打造中国的量身定制品牌，内涵低调奢华；GY品牌以时尚风格构筑年轻人的概念世界；HANP健康、环保，清新淡雅源自天成；Hart Schaffner Marx则传承美式休闲风。

2012年，雅戈尔先后在杭州、宁波开设超过一千平方米的大型旗舰店，完成“大店”布局一线城市的总体规划。六大品牌工作室积极培育优秀设计人才，与日本、欧洲等一流计设计师团队合作，在意大利等国筹建了设计中心，采集行业时尚前沿信息，吸收最新设计理念。

棉纺织产业链

雅戈尔集团拥有国内最大的服装生产基地

雅戈尔在全国一线城市开设汇集五大品牌的雅戈尔品牌旗舰店

董事长 李如成

团购及量体定制

尊 | 享 | 专 | 线

400-1500-888 0574-88253371

目前，雅戈尔拥有高端量体定制品牌MAYOR，以公务及行政领袖为服务目标，汲取领先男装设计思潮，采用全球顶级男装特供面料和量体定制工艺，打造属于高端人士的正装和休闲服饰。每个客户都享专属设计师一对一服务，一人一版，独立制版，近20个部位的尺寸测量，60小时的精心制作，并融入大量手工工艺，300多道工序的精雕细琢。MAYOR品牌致力于成为高端人士的私人时尚顾问，提供一对一的管家式服务，是您的衣橱专家。您只要拨打我们的时尚热线400-885-5918，专业的时尚顾问师即可为您提供贴心的上门服务，为您节省宝贵时间。

雅戈尔较早开始高端量体定制业务，并创建了高端量体定制品牌

量体定制

雅戈尔主品牌YOUNGOR创始于1979

同时，雅戈尔团体定制业务涵盖男女衬衫、西服、领带、茄克、裤子、裙装等各类职业装，为您的职业风采赢得喝彩。雅戈尔30多年的从业经验与潮流探索，沥炼了一支优秀的团体职业装服务队伍，并以专业化的眼光为全国各行各业的职业精英人士担纲职业服的设计、生产与服务。雅戈尔职业装的设计从客户的行业特点、企业文化及形象需求出发，崇尚简单时尚主义的设计风格，秉承国际流行元素，既强调上班服的庄重与内敛，又不失日常装扮的时尚与品位。

雅戈尔的目标是以量体定制的标准和工艺，为客户单位的每一位职员设计一款具备时代精神和职业气质的高端产品。为确保客户量体的准确性，雅戈尔对团体定制客户实施分级式立体服务，常规体型采用样衣套样，由公司专业人员上门提供样衣，并进行免费量体；对特殊体型客户采用单体裁衣、量身定制。尊享专线：400-1500-888，0574-88253371。

浙江石油分公司

——建设一流油品销售企业

总经理 徐祥燕

中国石化浙江石油分公司是浙江省成品油供应的主渠道企业，也是国内经营规模最大的成品油销售企业之一。主营业务涉及汽油、柴油、煤油、天然气的储运和销售等，以及便利店、汽服、快餐等附加服务。在浙江省各市、县设有分支机构76个。公司资产总额151亿元，从业人员22000余人。

【网络完善】

浙江石油拥有成品油库29座，储油总容量150万立方米，已建成运行“镇海－杭州”、“金山－嘉兴－湖州”、“宁波－绍兴－金华－衢州”三条成品油长输管线。销售网点遍布省内城乡各地，拥有加油站2100余座，承担着浙江省工、农、渔、交通等各行业约80%的成品油供应任务。2012年公司销售成品油1321万吨，销售额突破1000亿元，各项经济指标连续多年位居国内石化销售系统前列，综合实力位居浙江省10强企业第四位。

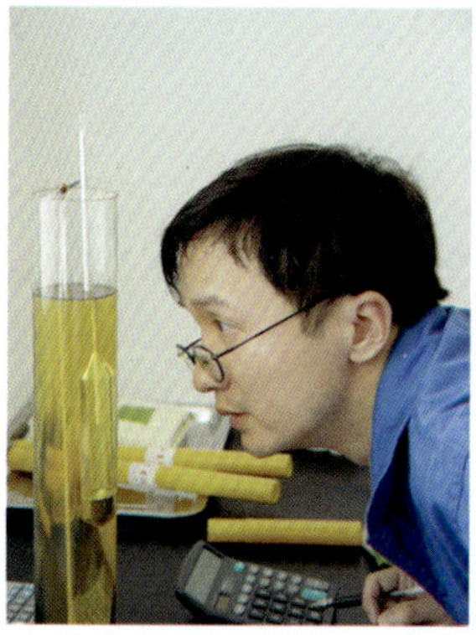

【质优量足】

浙江石油坚持“每一滴油都是承诺”的服务宗旨，贯彻“质量永远领先一步”的方针，全面导入ISO9000管理体系。

各类油品均来源于镇海炼化等国内优秀炼厂，品质优良、信誉可靠。对进货的每一批次油品，公司都按国家标准进行全指标检测。对油品的储存、运输、入站、加油每一环节都进行严格的把关，确保供应油品“质优量足”。

未来，浙江石油将本着“诚信规范、合作共赢”的经营理念，继续为全省人民提供优质的用油服务，朝着建设一流油品销售企业的目标不断迈进。

【服务便捷】

浙江石油为全省800万车友和广大企事业单位提供24小时用油服务。推广发行加油卡突破600万张，充值方便、加油快捷，可在全国3万多座中国石化加油站使用。

浙江石油着力把每座加油站打造为“汽车生活驿站”，目前90%以上的加油站都开设了“易捷”便利店，为广大车友提供丰富的商品和其他增值服务。

为满足客户的差异化需求，公司适时推出自助加油服务，为客户创造新的服务体验，全省自助加油站突破400座。

瀘州老窖
LUZHOULAOJIAO

泸州老窖，中国荣耀；浓香鼻祖，酿酒专家

集团董事局主席、股份公司董事长：
谢 明

集团公司总裁，股份公司总经理，酿酒大师
张 良

泸州老窖源远流长，是中国浓香型白酒的发源地，以众多独特优势在中国酒业独树一帜。拥有我国建造最早（始建于公元1573年）、连续使用时间最长、保护最完整的1573国宝窖池群，1996年12月经国务院批准为行业首家全国重点文物保护单位，2006年被国家文物局列入“世界文化遗产预备名录”。

公司资源丰富。拥有全球最大的窖池群落，该窖池群落由10086口窖池组成，其中百年以上的窖池有1619口。公司近年来加快了基础设施、技术设施、人才体系和管理体系建设，原酒库存规划增长到20万吨，现代化包装加工能力已达到30万吨，通过泸州酒业集中发展区建设可达100万吨。公司拥有“中国酿酒大师”3名、教授级高工4名、享受国务院特殊津贴专家7名、学术和技术带头人1名、博士8名、工程硕士70余名，同时拥有包括国家级白酒评委、酿酒高级技师、技师在内的技能型人才数百名，人才优势行业领先。实力雄厚的管理人才队伍、科技人才队伍和营销人才队伍，共同构成了“泸州老窖人才乐园”。公司以“让中国白酒的质量看得见”作为质量理念，在产品质量上永远精益求精，生产高品质的国窖1573、泸州老窖特曲、百年泸州老窖等产品。

泸州老窖集团确立了2016年实现综合性收入1000亿元的发展目标，致力于打造中国最大的酒业集中发展区——中国白酒金三角酒业集中发展区。实施“双品牌塑造、多品牌运作”的品牌战略和可持续发展战略，以酒业为核心，以传统制造业与资本运营的有机结合实现扩张，形成融入经济全球化的大型现代集团企业，把泸州老窖建成“全球酒类市场中的航空母舰”，使其成为全球酒精饮料行业骨干企业。

泸州老窖集团现已形成三大产业、九大骨干子公司。一产：泸州老窖现代农业示范区；二产：泸州老窖股份有限公司和泸州酒业集中发展区；三产：华西证券、泸州市商业银行、龙马兴达小额贷款等金融产业。九大骨干子公司：泸州老窖股份有限公司、泸州酒业集中发展区有限公司、四川中国白酒产品交易中心有限公司、泸州红高粱现代农业开发有限公司、华西证券有限责任公司、泸州市龙马兴达小额贷款股份有限公司、四川优派科技有限公司、泸州市商业银行、泸州老窖房地产开发公司。

國窖 1573 你能品味的历史

热烈祝贺

泸州老窖与中石化易捷达成战略合作，在旗下的便利店系统销售国窖1573和泸州老窖系列产品，质量保证，服务便捷。

中国石油化工股份有限公司河南石油分公司

总经理 田中山

中国石油化工股份有限公司河南石油分公司（以下简称河南石油分公司），是中国石油化工股份有限公司在河南省的成品油销售分支机构。主要经营：汽油、柴油、煤油的批发、零售；燃气经营；零售预包装食品；卷烟、雪茄烟的零售；国内版图书报刊、电子出版物、音像制品的零售。润滑油、燃料油、沥青的销售；石油化工品的销售、日用百货便利店经营，纺织、服装、日用品、五金、家用电器及电子产品、充值卡的零售，彩票代理销售、委托代理收取水电费、票务代理服务，广告服务；汽车清洗服务，技术及信息的研究、开发、应用。

1950年7月，河南石油分公司的前身——河南省石油总公司成立，隶属河南省商业厅。1998年7月，按照国务院组建中国石油化工集团公司的决定，河南省石油总公司划转中国石油化工集团公司管理，名称变更为中国石油化工集团公司河南石油总公司。2000年10月，中国石油化工集团公司以独家发起方式设立中国石化股份有限公司后，组建了中国石油化工股份有限公司河南石油分公司。

同心同德　砥砺奋进　求真务实　真抓实干

河南石油分公司是河南省成品油供应的主渠道，担负着全省的工农业生产及其他行业的生产、生活用油，对河南经济发展做出了积极的贡献。在“三夏”、“三秋”等特殊时期，站在“讲政治、顾大局、负责任”的高度，抓好油品保供服务和支农惠农工作，赢得了国家农业部，河南省委、省政府和社会各界的广泛赞誉，塑造了良好的中国石化企业形象。

截至2012年底，河南石油分公司及所辖19个市级分公司拥有在用油库23座，在营加油（气）站2300余座，资产总额近120亿元，用工总量1.6万余人，是河南省资产规模最大、经营设施最全、服务人员最多的成品油储运、销售企业。2012年，河南石油分公司经营总量超过730万吨，实现利税14亿元，营业收入突破570亿元，位居河南省百强企业第四位。

河南石油分公司以建设让人民满意的高度负责任、高度受尊敬企业为目标，以满足人民需要为宗旨，以改革为发展的动力，在不懈的探索和实践中，同心同德、砥砺奋进、求真务实、真抓实干，用“石化梦”助力加油“中国梦”。随着河南“中原崛起”发展战略的实施，在河南省委、省政府的关心和支持下，河南石油分公司将以服务中原经济区建设为契机，以提高发展质量和效益为中心，持续优化调整结构，着力夯实管理基础，突出有效发展和以人为本，促进企业和谐稳定。

南阳防爆集团股份有限公司

NANYANG EXPLOSION PROTECTION GROUP CO.,LTD

与中石油的合作

长期以来，南防集团和中石油公司都保持着密切的战略合作伙伴关系。南防集团将中石油订货作为重点产品进行质量控制，作为急要产品优先排产，中石油公司也授予了南防集团“一级供应商”和“优秀供应商”荣誉称号。南防集团非常注重对中石油企业的服务工作，在原来传统的售后服务模式下，要求在第一时间进行响应，并全力满足用户服务需求，几个典型事例如下：

①中石油辽阳石化分公司PTA装置一台进口西门子双速立式450KW电机绕组出现故障后，紧急联系南阳防爆集团公司，经过认真沟通，南阳防爆集团公司表示完全有能力修复，且保证按期交货，在很短时间内完成了抢险工作。

②中国石油四川石化项目中，我公司最终承担了160KW及以上的高压防爆电机的供应，总量约柒仟万，并按四川石化要求在成都建售后服务维修站，保证四川石化生产中电机的正常运行。

③吉林石化炼油扩建项目，大多配套电机为南阳防爆集团产品，由于公司订单爆满，绝大多数合同都不能按时交货。鉴于吉林石化公司与南阳防爆集团公司所建立起来的友好合作关系，对于吉林石化所需的配套电机，我公司都是按重点急要号安排生产，基本都按时交货，满足扩建项目建设需求。

④中国石油天然气集团公司区域代储代销中心启动暨南阳防爆集团股份有限公司沈阳服务站于2012年12月28日在沈阳隆重开业。沈阳服务站在建设过程中，得到了中国石油物资公司沈阳分公司各级领导和社会各界朋友的高度重视和大力支持。沈阳服务站运营后，使中国石油天然气集团公司与南阳防爆集团股份有限公司有了更广泛的合作空间，可为各油田及炼化企业提供产品的安装调试、技术培训、维修、维护、保养等快捷服务，为客户设备的安全运行保驾护航，它不仅是对外服务的窗口，还是与客户联系沟通的桥梁，服务站全体员工一定要认清肩负的重要责任，牢固树立客户至上的服务理念，全方位、多渠道地了解客户的需求，积极探索为用户服务的有效途径，构建功能完善的服务体系，为客户提供优质服务，最终达到让客户满意。

企业理念：以人为本　以诚为根　务实创新　追求卓越

技术实力

利用先进软件进行有限元分析1

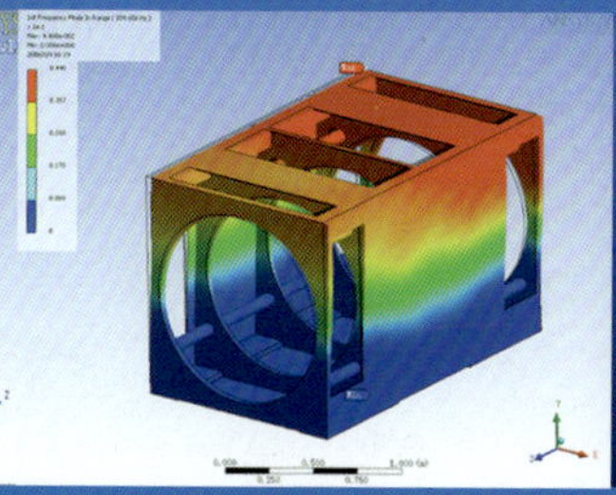

利用先进软件进行有限元分析2

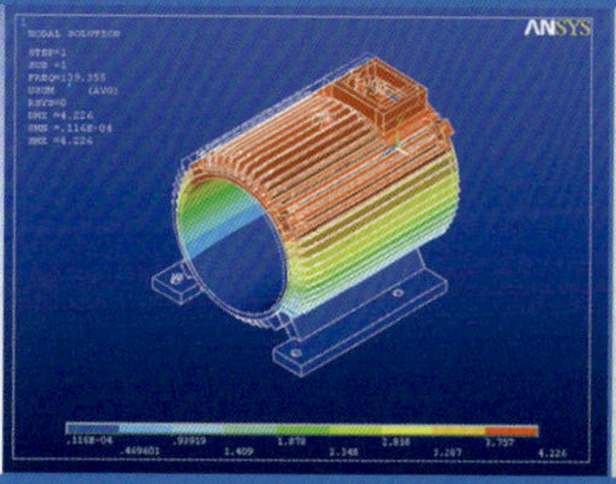

利用先进软件进行有限元分析3

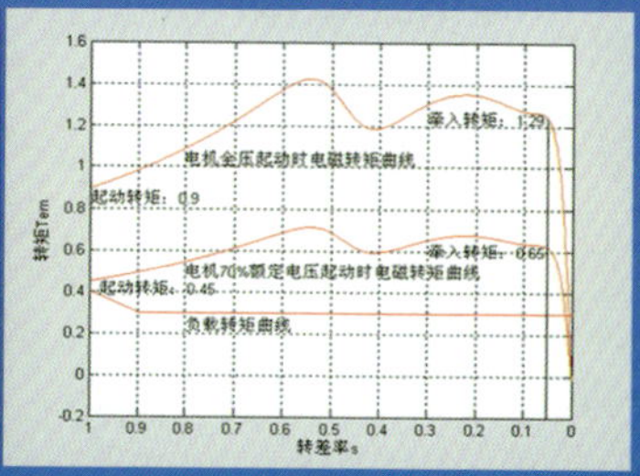

利用先进软件实现电机起动过程的动态仿真分析1

先进的加工设备

重型卧车加工设备

宽敞明亮的现代化厂房（铆焊车间）

重型卧车加工设备

发电机专用漆漆罐

地　　址：河南省南阳市仲景北路22号
销售公司：0377－63258316　0377－63258317
客服电话：0377－63258590
电子邮箱：service@cn－nf.com
外贸公司：0377－63258315
投诉电话：0377－63238288
企业网址：www.cn－nf.com

荣誉资质

质量认证

职业健康证书

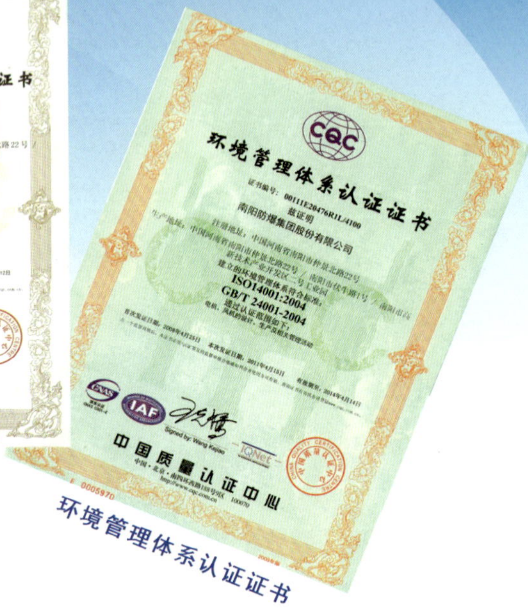

环境管理体系认证证书

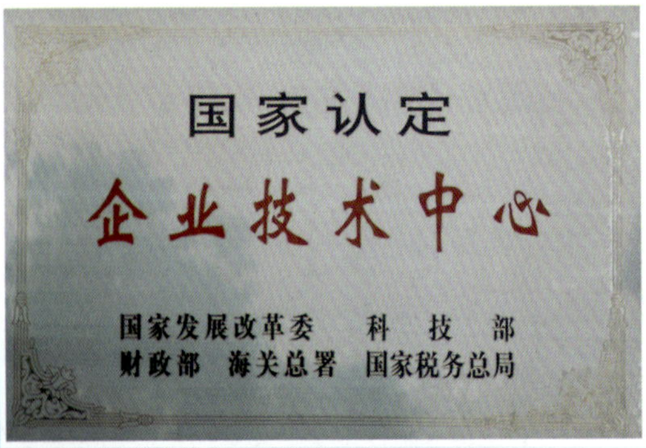

国家级企业技术中心

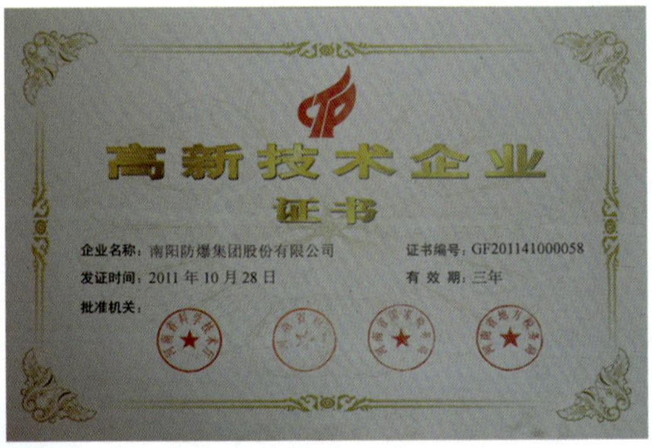

高新技术企业证书

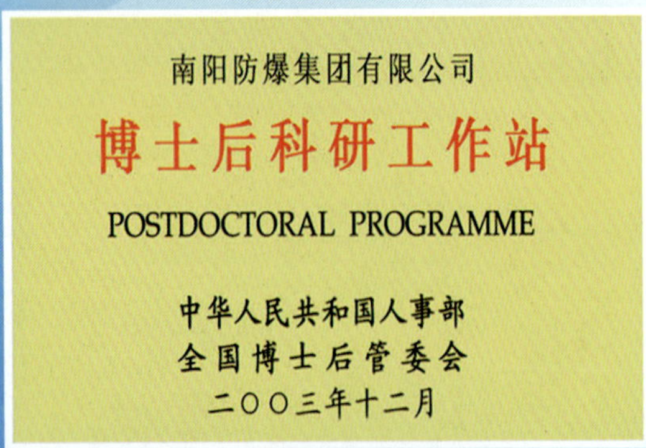

博士后科研工作站

国家创新型企业

生产车间

定子加工

7500kW大型试验机组.

喷漆自动线

装配自动线

全自动包袋机

地　　址：河南省南阳市仲景北路22号
销售公司：0377－63258316　0377－63258317
外贸公司：0377－63258315
客服电话：0377－63258590
投诉电话：0377－63238288
电子邮箱：service@cn-nf.com
企业网址：www.cn-nf.com

中国建筑第三工程局有限公司

中国建筑第三工程局有限公司（以下简称“中建三局”）原为中国建筑第三工程局，是世界500强企业上市公司——中国建筑股份有限公司的重要全资子公司。1965年7月经国务院批准成立，后改制为中国建筑股份有限公司全资持股的有限责任公司。1993年经建设部批准为全国首批一级工程总承包和一级施工总承包资质；2002年核准为全国首批特级工程总承包资质。2012年获住建部颁发的房屋建筑工程施工总承包新特级资质。

中建三局坚持建造与投资“两轮”驱动发展战略，建造业务遍布全国31个省（直辖市、自治区）和香港、澳门特别行政区，并向海外拓展到巴基斯坦、阿尔及利亚、印度尼西亚、越南、柬埔寨等国家；投资业务结合湖北省“一主两副”战略，重点发展武汉、襄阳、宜昌等市场，同时辐射其他优势区域。

中建三局以“敢为天下先，永远争第一”的“争先”精神，曾于20世纪80年代在深圳国际贸易中心大厦工程施工中创造了三天完成一个结构层施工的“深圳速度”，成为中国改革开放的代名词。90年代，深圳地王商业中心工程，三局人再接再厉，以两天半施工一个结构层，创造了新“深圳速度”。进入新世纪，牵头完成了当今世界人可到达高度最高的上海环球金融中心大厦、国内单体面积最大的中央电视台新台址以及世界悬拉结构最重的深圳万科中心等一大批代表性工程，承建了全国20多个重点城市的第一高楼及多项标志性工程，被誉为“中国建筑优秀排头兵”。

中建三局经过多年发展积累，在业内率先推行GB/T19001质量管理体系、GB/T24001环境管理体系、GB/T28001职业健康安全管理体系，并获得权威机构认证。在企业管理、项目管理和施工技术等方面广泛应用信息技术，建立了覆盖全局的计算机网络系统，构建了统一的协同办公平台、人力资源、财务资金、综合项目管理等信息系统，通过创造性地将体系管理思想和方法应用于企业管理的各个领域，实现了运营管理标准化与信息化的协同。

上海环球金融中心

武汉东湖通道

武汉市第三条景观大道——长江大道

阿尔及利亚大清真寺

武汉沙湖大桥

武汉绿地中心

中央电视台

中建三局在超高层施工、深基坑施工等九大领域形成科技优势，拥有独立的建筑信息模型（BIM）技术研究室，获得9项国家科学技术进步奖、28项国家级工法、358项省部级工法；取得国家授权专利561项，其中发明专利40项，并获得国家技术发明奖二等奖1项；主、参编国家和行业标准12项；9项工程获全国建筑业新技术推广应用示范工程。在项目管理和投标中普遍应用了施工虚拟技术、施工过程结构仿真技术、施工方案动画演示技术、施工现场远程监控技术等先进的信息技术。

全局拥有32名享受国务院特殊津贴人员和有突出贡献专家；36名英国皇家特许建造师/测量师；1570名国家注册建造师（其中一级建造师1120人）；中高级技术职称6800多人，可同时组建700余个大型项目管理团队。与清华大学、同济大学、武汉大学、华中科技大学等高校和科研院所合作，完善产学研战略联盟，设立博士后工作站和产业基地，搭建了优秀人才汇聚成长平台。

中建三局建立了全球化采购供应体系，资源配置能力强劲；注重银企合作，年授信额度达330亿元；拥有盾构机和国内最大起重量塔吊等大型机械设备3000多台套，技术装备率高于行业水平；合作优质劳务分包商700余家，常年用工近20万人，年施工面积超过1亿平方米。

如今，中建三局已发展成为年合同额超2000亿元、营业收入超1000亿元的企业，综合实力多年位居中国建筑股份有限公司工程局系统前列，居湖北百强企业第三名。

湖北新捷天然气有限公司

HUBEI XINJIAN NATURAL GAS CO.,LTD.

湖北新捷天然气有限公司于2010年11月22日设立，注册资本5亿元人民币，股东为昆仑能源所属全资子公司–新疆新捷股份有限公司及湖北能源集团所属全资子公司–湖北省天然气发展有限公司，股权结构为：新疆新捷股份有限公司占注册资本的55%；湖北省天然气发展有限公司占注册资本的45%。

湖北新捷天然气有限公司在湖北省主要从事天然气的储存、运输、批发、销售；汽车及船舶加气；天然气应用技术开发；燃气汽车、船舶改装及零部件销售；天然气进出口业务、能源项目投资及相关产品开发。公司依靠中国石油充足的天然气供应资源，借助当地优势资源，以武汉为轴心，依托黄冈的区位资源及交通条件，通过建设湖北省LNG工厂，以多元化模式逐步开发湖北省及华中地区LNG综合利用终端市场，逐步缓解天然气在高峰期的供需矛盾问题。

公司主要业务

公司是中石油昆仑能源在湖北省区域从事液化天然气(LNG)终端利用的专业化公司，公司在湖北省内的业务主要分为LNG工厂、车用LNG及船用LNG三大板块。

1、LNG工厂业务

2012年2月21日，中国石油集团公司召开办公会议决定启动湖北500万方/天LNG工厂国产化示范工程项目，湖北新捷作为项目实施主体在黄冈市投资26亿元建设1座日产500万方，目前国内最大规模的液化天然气加工厂。建设周期为2年。项目建成后LNG年销售总量可达到120万吨（合计17亿标准立方米）以上规模，将形成以湖北省为中心的全面覆盖华中地区的LNG供应基地。

2、车用LNG业务

2011—2020年期内，公司规划投资30亿元在全省建设LNG、L-CNG加注站217座；投资约30亿元建设日产500万方LNG液化加工厂1座；同时参与湖北省LNG储备库投资。至2015年末，全省LNG年销售总量达到10亿立方米以上规模，至2020年末，全省LNG年销售总量达到20亿立方米以上规模，将湖北省建设成为华中地区LNG推广示范基地。

公司在湖北省LNG综合利用终端市场的前期市场准入及开发方面已经顺利打开了局面，取得湖北省发改委、省国土厅、省住建厅、省环保厅及省交通厅等5个省级部门支持性文件，取得了武汉市发改委、宜昌市、荆州市、黄石市、仙桃市等14个县市的项目准入，公司委托编制

的《湖北省LNG终端利用项目规划》已通过省政府相关职能部门的评审，公司正在武汉市及湖北省各地市全面开展市场开发及车用加气站建设工作，目前已经投入和在建的加气站共有22座。

3、船用LNG业务

2011—2015年期内，公司规划投资2.7亿元在长江流域建设LNG加气趸船9座。

公司根据中石油确定的“气化长江，打造绿色航运”的战略，积极与中石油济柴动力总厂等单位密切合作，利用武汉的政策区位优势，致力于突破政策技术壁垒，推进船用LNG的发展。

目前湖北新捷与中国船级社武汉分社、武汉交发集团、武汉交发船舶设计院合作打造的2艘3100吨级柴油-LNG动力船已在鄂州光大船厂完工。这是全国首批通过CCS认证的LNG动力船，将对湖北省乃至长江沿线的造船行业产生积极的影响；为保证船舶LNG供应，在建LNG趸船2艘，预计2014年下水。此外，湖北新捷通过改造武汉轮船公司的两条5000吨级散货船为基础，制定长江船舶LNG改装标准规范，为后续改造船舶的合法化运营奠定政策基础。湖北新捷通过LNG船舶新建和改造,大力开拓船用LNG市场。

工程概况

“湖北500万方/天LNG工厂国产化示范工程”是由湖北新捷天然气公司全资子公司昆仑能源湖北黄冈液化天然气有限公司投资建设，该项目建设规模天然气处理能力为500万方/天（LNG产量120万吨/年），原料气源来自于西气东输二线黄冈分输站，建设地点在湖北省黄冈市化工园区。本LNG工厂从设计工艺到设备制造全部实现国产化，是我国首个全国产化LNG工厂，为LNG行业实现LNG生产技术、装备国产化的重大突破。该工程预计2014年正式运营，投产后可有效缓解湖北省天然气供应的紧张局面，保障湖北省调峰和下游终端市场的用气需求，为武汉城市圈与周边省市发展提供能源支撑，对促进湖北省及周边省市能源结构调整、转变经济发展方式、促进地方经济增长、推动节能减排等具有重大的社会和经济意义。

中國梦

武钢股份与石油化工行业共圆

武钢股份重点工程服务热线：（027）86864576

武汉钢铁(集团)公司（以下简称武钢）是新中国成立后兴建的第一个特大型钢铁联合企业，于1955年开始建设，1958年9月13日建成投产，是中央和国务院国资委直管的国有重要骨干企业。武钢生产规模逾 4000万吨，居世界钢铁行业第四位，2012年排名世界500强企业第321位。武钢已成为全球特大型现代化钢铁联合企业，全球最具竞争力的钢铁企业之一。武汉钢铁股份有限公司（以下简称武钢股份）是由武汉钢铁(集团)公司控股的上市公司，是武钢集团的核心钢铁主业。1997年11月7日由武钢集团独家发起创立。1999年8月3日在上海证券交易所挂牌交易。公司拥有当今世界先进水平的炼铁、炼钢、轧钢等完整的钢铁生产工艺流程，形成了以冷轧硅钢片、汽车板、高性能工程结构用钢、精品长材四大战略品种为代表的一批精品。

武钢股份产品主要有热轧卷板、热轧型钢、热轧重轨、中厚板、冷轧卷板、镀锌板、镀锡板、冷轧取向和无取向硅钢片、彩涂钢板、高速线材等63大类、177个系列、700余个品种。武钢股份实施了能同时满足ISO9001、ISO14001、OHSAS18001、TS16949和ISO10012五大管理标准要求的一体化综合管理体系，并分别通过了英标管理体系认证公司（BSI）、挪威船级社（DNV）和中启计量体系认证中心等国际知名机构的第三方认证，形成产品设计、过程控制、售前和售后服务为一体的大质量管控体系。

武钢股份坚持科学发展观，大力倡导以“质量效益、诚信共赢、创新超越”为核心理念的企业文化，强化管理创新， 先后荣获全国质量奖、全国实施用户满意工程先进单位、中央企业工委厂务公开先进单位、全国模范职工之家、湖北省首届长江质量奖、武汉市首届市长质量奖、全国推行卓越绩效模式十周年卓越组织奖等荣誉称号。2011年获全国质量工作先进单位、第七届中国上市公司“优秀董事会奖”、2010中国上市公司百强排行榜、中国国有上市企业社会责任榜百强企业、“武汉五一劳动奖状”等称号。

管线用钢

现代石油天然气输送工程要求管线钢具有高强度、高韧性、良好的焊接性、成形性及一定的抗腐蚀性能。这就要求钢质纯净度高、组织成分均匀、性能稳定。高级别管线钢如： X80、X90、X100等，其金相组织要求也异常严格，目的是保证制管后的各项性能能满足高压输送管线的要求。武钢股份管线钢经过近三十年的研制、生产及设备不断改造更新，其生产能力和实物水平都得到了很大提高，冶炼成分可控制在比较窄的范围，批量生产时钢中硫含量可做到10ppm以下。武钢股份管线钢力学性能相对标准或技术协议均有较大富余量，实际强度富余量在50MPa以上，X80管线钢-20℃低温冲击韧性达到300J以上。武钢股份研制和生产的管线钢具有高纯净度、高韧性、良好的焊接性能和抗硫化氢腐蚀性能，得到了制管行业和业主的一致好评和认可。公司所生产的X70、X80、X90等顺利供货川气东送、兰正长、西气东输二线、西气东输三线，中亚跨国管道等国家重点工程，并成功出口到印度、南非、澳洲、美国等国外市场，连续多年在管线钢的工程供货中居全国第一，同时为20余家国内外钢管厂家供货，累计供货量超过600万吨。

武汉钢铁股份有限公司

—— 精品名牌　武钢品牌 ——

压力容器用钢

20世纪80年代中期以来，武钢股份联合中国通用机械工程总公司、合肥通用机械研究院、北京燕山石化公司以及国内有关科研院所、高等院校、设计、制造、焊材、锻件等单位，投入了大量的人力、物力、财力，并充分利用武钢股份先进的冶金装备及其工艺条件，致力于高性能压力容器的研究开发及推广应用。迄今已成功开发了调质高强度钢、中常温钢、低温钢、中温抗氢钢、核电钢五大系列共计20余个高性能压力容器用新钢种，涵盖了GB713、GB3531、GB19189中的所有牌号。并相继通过了全国锅炉和压力容器标准化技术委员会评审、省部级技术鉴定或核电行业评审，产品技术标准、实物性能均达到国际先进或国际领先水平，获国家科技进步二等奖1项、湖北省科技进步一等奖1项。

截止到目前，武钢股份已累计生产高性能压力容器钢30余万吨。广泛应用于石油、化工、城建、交通、能源、冶金、水电、矿山机械、核电承压设备等领域，制造球罐、储罐、槽车、船槽、反应器、水电站压力引水钢管、核电站反应堆安全壳等5000余台套，储罐供货业绩在国内名列前茅。先后应用于中石化燕山石化、光汇集团舟山油库、中石化曹妃甸及日照油库等重点工程，仅2013年舟山油库工程供货达4万余吨，为我国大型成套工程用钢国产化做出了突出贡献。

海洋工程用钢

武钢股份按照各国船级社和有关标准要求开发了A、AH、DH、EH等系列海洋钻井平台用钢，用于建造平台框架、桩腿等。各钢种表面质量优良，具有优异的综合力学性能、焊接性能和耐腐蚀性能，通过了国家科委组织的鉴定，达到国际先进水平。获国家科技进步2等奖1项，省、部、市科技进步奖8项。该系列钢还通过BV、ABS、DNV、GL、LR、CCS、ZY、NK和KR等国内外船级社工厂认可。武钢股份所生产的海洋工程用钢成功运用于春晓油气田、中海油南海荔湾海洋钻井平台等重点工程建设，其中为亚洲最大的海洋平台南海荔湾供货近万吨，有力支撑了国家海洋经济建设与发展。

武钢股份始终坚持“以客户为中心”的运营理念，率先在国内钢铁行业成立了专门的用户服务管理机构，并建立了完善的营销服务管理体系和覆盖全国的营销服务网络。成立了以客户经理、客户技术服务代表、客户工程师为主要服务人员的“三位一体”服务团队，为全国用户提供全方位、个性化的现场贴身服务。强化产销研一体化协作，积极向用户提供从产品设计开发到产品加工应用的全流程服务。

重庆科特工业阀门有限公司

重庆科特工业阀门有限公司位于重庆市沙坪坝凤鸣山，是一家具有《特种设备生产制造（压力管道元件）许可证》资质的专业生产油气集输及石油炼化工业用阀门的股份制企业。自98年成立以来，公司专注于油气集输、炼化工业特种阀门的研制、开发与制造；目前，公司已拥有11项专利技术，3个国家重点推广新产品，为我国油气集输、石油化工行业特种阀门的国产化作出了突出贡献。公司占地面积26000多平方米，拥有现代化标准厂房、研发中心、加工中心和检测中心，是重庆市高新技术企业。

公司研发中心拥有一批积多年阀门研发制造经验的工程技术人员，具有较强的自主研发和设计能力；开发并已投入使用的主要产品有水击泄放保护装置（泄压阀）、轴流减震式止回阀、低摩阻缓闭式通球止回阀、多功能节流截止放空排污阀、强制双密封平板阀、低扭矩密封球阀、快速启闭煤气阀、适应环境保护所需要的低噪音节流筒、节流板以及孔板节流计量装置、节流调压装置、高性能密封蝶阀、石油液化气阀、氧气专用阀等16大系列，1000多个规格。产品适用于油、气、水、浆液等介质，使用压力PN1.0—70.0MPa，公称通径DN25—1200mm，工作温度t为-46—540℃。

公司已取得中国质量认证中心ISO9001：2008/GB/T19001-2008质量体系和美国石油协会的API 6D认证，并获得了国家质检总局的特种设备制造许可证A级认证。建立了严格的质量管理体系，具有从原材料进厂、生产制造、产品出厂全过程可追述管理，检测中心对原辅材料、坯件、产品严格按相应检验规程和用户要求进行检测，确保出厂产品零缺陷。

地址：重庆市沙坪坝区凤鸣山　　电话：023-65221494
邮编：400037　　传真：023-65221494
网址：www.cqktv.com　　法人：杨四云

泄压阀：

WHXY、XDHXY型泄压阀是防止流体密闭输送管道因瞬变流而产生压力异常波动的压力保护装置，防止流体集输管道压力异常波动所造成的管网异常增压或水击增压，起到保护集输管道和设备安全运行的作用。

通球止回阀：

LRTH型通球止回阀除具有一般止回阀的功能外，还具有阻尼液缸结构，阻尼调整灵敏、可调范围宽，外置调整锤和手动启闭阀瓣并锁紧固定，以满足反输流程需要和实现管线通球扫线功能。

轴流式止回阀：

ZH型轴流式止回阀除具有一般止回阀的功能外，独特的轴流梭式结构具有流阻小，流量系数大，外形尺寸小等优点，该产品是流体集输管网防止介质逆流，消除噪音、减小震动的理想产品。

放空排污阀：

DU41DB/PU41DB型节流截止放空阀、排污阀广泛用于油、气、水、酸、碱介质集输管网上，作控制流体介质启闭及管网节流放空、排污使用。该阀可满足防汽蚀、低噪音、节流、截止的要求，达到一阀多用。

双密封平板阀：

SZZ43、ZZ43型强制双密封平板闸阀主要用于石油天然气集输官网的站场内作启闭截断介质用。强制双密封平板闸阀既可实现差压自密封，又可实现强制密封的双重密封功能，达到了低压、高压均能可靠密封，真正实现了控制介质的零泄漏。

龙星天然气

成都龙星天然气有限责任公司成立于1998年8月28日，是经成都市龙泉驿区人民政府批准，由中石化集团公司、龙泉驿区人民政府联合组建的集天然气勘探、开发利用、销售为一体的国有股份制油气生产型企业。公司注册资金6000万人民币，其中中石化集团公司占55%股份，龙泉驿区人民政府占45%的股份。目前，按照授权由西南油气分公司作为中石化分支机构代管龙星公司。龙星公司全面按照油气生产企业的要求，接受西南油气分公司对其下属采气厂内容与形式相同的管理：即生产经营、计划投资、人财物等均执行统一管理。

龙泉驿区委常委、副区长陈茂禄与分公司代表亲切交谈

西南石油局局长、总经理、党委副书记甘振维一行到公司检查

职工技术交流

中石化集团公司油田勘探开发事业部石兴春主任一行到公司检查指导工作

龙星公司是按照《公司法》组建和运作的，设立了股东会、董事会、监事会，法人治理结构完善，公司日常管理实行的是董事会领导下的总经理负责制。设有综合管理部、生产技术部、采输管理部、计划财务部、安全环保部、纪检监察审计部、对外协调部、物资装备部、党群工作部、总工办、洛带采气队等10个部室和1个采气队。

目前公司所属的洛带气田经国家批准的天然气探明储量已达到323.83亿立方米，区带面积530.794平方公里，跨成都、双流、龙泉、青白江及金堂县，长约35公里，宽约6—10公里。气田主体部位在龙泉驿区境内，主要集中在西河镇、洛带镇、黄土镇、洪安镇和同安街道、十陵、龙泉街道等街镇，是世界为数不多、全国唯一的城市气田。截止目前，公司已开采天然气28.5亿立方米，累计钻井265口，设各类输气管线253.52公里，建有各大、小型输配气站65座，现有生产井193口，主要分布在黄土、西河、洪安、洛带、同安、十陵和龙泉街办。日产的天然气主要保障成都市区和龙泉驿区生产、生活用气。

中石化集团公司油田勘探开发事业部石兴春主任一行到公司检查指导工作

成都龙星天然气有限责任公司

中海沥青（四川）有限公司

2003年，中国海洋石油总公司响应国家“西部大开发”的号召，到四川泸州投资兴建了中海油系统西南地区唯一的生产企业——中海沥青（四川）有限公司（以下简称中海沥青四川公司）。2004年8月建成投产，公司主要加工销售高等级重交沥青、改性沥青及环保型燃料油等系列产品。目前一次加工原油能力达60万吨/年，可年产高等级道路沥青35万吨，现已经成为四川省最大的沥青生产商和供应商。建厂十年，中海沥青四川公司在市场经济的海洋中勇往直前，完成了63 项技改攻关，截至2013年7月，累计加工原油397 万吨，实现产量394 万吨，占领了大西南沥青市场60%以上的份额，累计上缴税金32.5亿元，其中2012 年纳税7.8 亿元，位居泸州市第二，人均创造税收420万元。

总经理　张磊

中海沥青四川公司现拥有员工183人，整个厂区占地470亩，主要以加工销售高等级重交沥青、改性沥青、环保型燃料油为主。中海沥青四川公司生产的 “中海油36-1”重交沥青，该产品具有蜡含量低、低温延度大、低温抗裂性及水稳定性好等特点，部分指标甚至高于进口沥青，被定位为顶替进口产品的民族品牌。近年来，公司已经占领了大西南高速公路建设60%以上的市场份额。

靠创新提升竞争力：为了进一步提升核心竞争力，2008年，中海沥青四川公司与美国Ergon公司签订了合作意向，2011年，Ergon公司正式成为中海沥青四川公司新股东，Ergon公司的技术力量使得中海沥青四川公司如虎添翼，新开发的改性沥青产品不仅满足PG76-22要求，且提高了道路使用性能；SBR改性沥青大大是改善了沥青的低温使用性能，逐步实现公司的技术变革和产品升级。为中海沥青四川公司高科技沥青产品种类的多元化和产品产量的大幅提升奠定了基础。

做“环境友好”型企业：中海沥青四川公司拥有500 余米长江水岸线，“不让一滴油污染长江”，是公司庄严的承诺。公司通过加快构建资源节约、环境友好的生产方式和消费模式，增强可持续发展能力。把安全环保作为“天字号”工程，持续推进绿色炼厂建设，实现循环经济、清洁生产。

企业文化是最大的财富：公司倡导“以人为本，关爱员工”、“诚实、双赢、尊重、责任”的企业文化，注重企业与员工的共同发展。致力于建设“一流的业绩、一流的管理、一流的产品、一流的服务、一流的团队”的企业理念，为每一位员工创造发展的空间和成长的途径。

“人才兴企”是公司重要发展战略之一，为创造并提升人力资源可持续发展竞争优势， 为未来几年的高速发展建立人才储备，公司着力打造“经营管理人才”、“高级专业技术人才”和“高级技能人才”三支队伍。为不断提升员工职业素质，公司定期开展以“端正心态、科学发展、快乐工作”为主题的员工职业素质系列培训，引导员工树立正确的人生观、价值观，特别是职业生涯应有的正确工作态度和良好的职业素养。

四川公司的总体战略目标是：逐步建立下游产品开发与短流程、精加工的产业链，走差异化发展道路，加大新产品市场推广及开发力度，提高产品附加值，建立国内一流的重交道路沥青、环保型燃料油和环烷基润滑油系列产品生产商和供应商，成为中海油差异化产品在西南地区的产销桥头堡。到“十二五”末期，再造一个中海沥青四川公司，为促进泸州经济社会又好又快发展做出新的更大贡献。

坚持科技创新，打造民族品牌
——西安开米股份有限公司

开米品牌创建于1992年，历经20年的创业发展，开米公司已成为我国环保型液体洗涤剂研发、生产、销售的国家级高新技术企业，并已是国内、外同行公认的中国洗涤用品技术领军企业。开米公司开创了中国洗涤用品行业“衣用液体洗涤剂、洗手液、无毒级果蔬清洗剂和餐具清洗剂”的三大科技进步和消费潮流，为我国洗涤用品赶超世界先进水平做出了重大贡献。

二十一年来，公司荣获国家、省、部、市级荣誉百余项，主要荣获“国家高技术产业示范工程百家重点项目”、“中国环境标志杰出贡献奖”、“中国驰名商标”、“中国名牌”、“全国商业信用企业”、“最具市场竞争力品牌”、“陕西3A级纳税企业”等国家和省部级荣誉。2012年又荣获国家发改委等五部委授予的“国家认证企业技术中心”及国家工信部和财政部颁发的“国家级技术创新型示范企业” 荣誉称号。开米系列产品是中国唯一纳入联合国采购目录的洗涤用品，并被指定为人民大会堂专供产品，开米消毒系列产品被国家工信部列入政府采购目录。公司主持和参与制订、修订国际、国家和行业标准29项 。开米商标也在美国，英国等一百多个国家陆续注册成功，产品已批量出口澳大利亚、俄罗斯等国家，‘开米’已成为中国液体洗涤形象代表。

截止目前，公司已研发出开米涤王洁衣系列、开米贝芬个人护理系列、开米健康餐洗系列、开米力净家居清洁系列、开米婴童护理系列、开米工业公共设施清洗系列等八大系列100多种新型环保产品，并独立拥有全部知识产权。开米衣用液体洗涤剂作为环保型绿色洗涤产品，从源头上解决了含磷洗涤剂对水资源的污染，集去污、柔顺、抑菌、抗静电四大功能于一体，多功能的高科技配方带给消费者环保健康、使用方便。开米洗手液对防止香皂交叉使用传播疫情，清洁洗手，提高全民健康，预防非典抑制疫情扩散，功勋卓著。开米蔬果清洗剂则是国内唯一健康、安全、有效清除蔬果残留农药的产品，达到实际无毒级认证，是百姓餐桌上的最后一道防线，服务于民生而享誉国内外。开米产品不含磷、铝、碱、烷基苯磺酸钠和荧光增白剂等有害和有争议的成份，对人体安全性高，对环境友好，生产过程无“三废”排放，是节能、节水、低碳、绿色典范。

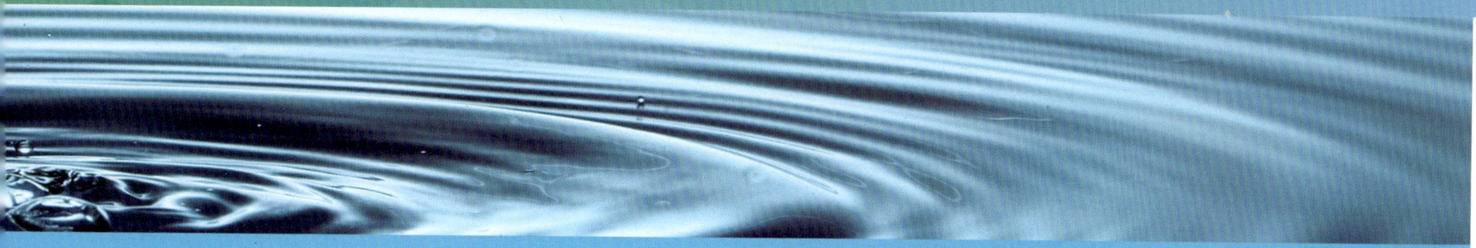

公司成立以来，始终重视科技创新，同时也十分注重市场拓展。目前，公司在全国主要城市设立了分公司、经营部，已形成遍布全国的营销网络，并与国际国内大型连锁超市沃尔玛、家乐福、欧尚、麦德龙等建立了良好合作关系。为拓展营销渠道，公司2008年与中石化集团公司结成战略伙伴关系，开米系列产品成为中石化集团易捷便利店重点商品，已陆续进入该公司便利店进行销售，并成为中石化集团优秀战略合作伙伴。2010年，公司又拓展了中石油集团昆仑好客便利店渠道，与中石油集团成为战略合作伙伴。公司与中石化、中石油的战略合作开创了开米公司新的营销模式与渠道，为实现公司产能扩张战略释奠定了基础，实现了合作双方的双赢，将为提升开米民族品牌作出显著贡献。

目前，开米公司正快速建设马鞍山工厂和上海嘉定工厂，西安高新区总部基地项目正在设计之中；未来五年，公司将坚持科技创新，以国家“十一五”科技支撑计划项目“含MES超浓缩液体洗涤剂”及国家“十二五”科技支撑双子表面活性剂项目为重点产业化项目，形成年产60万吨，产值过百亿元的经济规模，以改变我国环保型洗涤产品及原料落后的局面，为洗涤行业技术进步、转型升级，为我国环境保护事业发展做出应有的贡献。

中国石油兰州石化公司

中国石油兰州石化公司是集炼油、化工、装备制造、工程建设、检维修及矿区服务为一体的大型综合炼化企业，是中国西部重要的炼化生产基地，能源战略地位非常突出。公司地处甘肃省兰州市，现有权属土地总面积27.84平方公里，在职合同化员工2.42万人，市场化和劳务用工0.4万人，集体职工0.4万人，总资产334亿元，年营业收入超过700亿元。

兰州石化公司的前身——兰炼、兰化（简称“两兰”）均是国家“一五”期间156项重点工程项目，是新中国第一个现代化炼化生产企业，历来以出产品、出技术、出人才、出经验著称。自1958年建成投产以来，“两兰”以振兴民族工业为己任，自力更生，艰苦创业，为国民经济发展和国防建设做出了重要贡献。截至2012年底，累计加工原油1002万吨、生产乙烯64.7万吨，合成树脂105.9万吨，合成橡胶17.8万吨，合成氨28.1万吨，炼油催化剂4.9万吨，实现税费102亿元。先后从这里诞生了多套国内炼油化工生产装置第一，多项炼油化工先进技术，开发生产了一系列国家急需的石油化工产品，填补了国内空白；向全国各地输送优秀管理及技术人才3万多名，有31名同志担任了省部级以上领导职务。被誉为新中国石化工业的“摇篮”，素有“共和国长子”之称，老一辈无产阶级革命家周恩来、朱德、邓小平以及党和国家领导人江泽民、胡锦涛、习近平等先后来企业视察，给予亲切关怀和巨大鼓舞。

地址：中国甘肃省兰州市西固区兰炼街1号
邮编：730060
电话：0931-7933707　7930592
传真：0931-7361920　7561499

进入新世纪，在中国石油的正确领导和大力支持下，兰州石化公司紧紧抓住国家实施西部大开发的战略机遇，实现了兰州地区炼化业务的跨越式发展。通过新建、改扩建一批装置，公司原油一次加工能力达到1050万吨/年，乙烯生产能力达70万吨/年，化肥、合成树脂、合成橡胶、炼油催化剂产能分别达到52万吨/年、124.5万吨/年、22万吨/年和5万吨/年。现有炼化生产装置90套，加工7种原油，能生产汽煤柴油、润滑油基础油、化肥、合成树脂、合成橡胶、炼油催化剂、精细化工、有机助剂等多品种、多牌号、多系列石化产品；可生产6大类100多个品种的仪表产品。拥有汽油加氢、丁二烯抽提、丁苯橡胶、丁腈橡胶、碳五加氢石油树脂成套技术，炼化主要工艺技术和炼油催化裂化催化剂领域达到国内领先水平。拥有石油化工工程施工总承包一级资质、大型炼油化工施工能力，以及完备的矿区配套系统和综合服务业务。重组改制以来，申请专利282项，获授权专利193项，荣获国家科技进步奖3项，省部级科技奖励82项。

长期以来，兰州石化公司秉承中国石油“奉献能源，创造和谐”的宗旨，继承“大庆精神”和“铁人精神”的优良传统，发扬“自强不息，艰苦奋斗，敢为人先，超越自我”的精神和“高严细实”的作风，坚持以人为本的价值理念，积极推进科学管理、和谐管理，使企业的管理基础不断夯实，组织凝聚力不断增强，企业发展能力不断提高，先后荣获全国“勤俭办企业五面红旗”、国家质量管理奖、全国企业管理优秀奖、全国“五一”劳动奖状、全国设备管理优秀奖、全国环境优美工厂、全国思想政治工作优秀企业、全国基层先进党组织等100多项国家及省部级荣誉称号。

展望未来，兰州石化公司始终坚持以科学发展观为总纲，按照中国石油的总体部署，全面实施技术进步、资源节约、员工发展、人员转移、企业文化建设五大战略，加快建设全国重要的清洁油品、润滑油、合成树脂、合成橡胶、炼油催化剂五大基地，全力打造技术装备、技经指标、企业管理、员工素质、矿区建设五个一流，统筹炼化主营业务、矿区服务业务和多种经营业务协调发展，不断追求装置规模化、生产清洁化、产品差别化、经营集约化、管理现代化和环境优美化，全面建设“以人为本、服务社会、科学发展、充满活力、环境友好”的和谐企业，努力实现“做好做强，做大做精，建设具有国际竞争力的社会主义现代化企业”的总体目标。

兰州石化公司研究院

兰州石化公司研究院（技术中心）是中国石油天然气集团公司技术中心的分中心，是兰州石化公司科研开发、技术创新的实体。

兰州石化公司研究院（简称研究院）成立于2005年12月8日。现有职工253人，其中博士6人、在读博士3人、硕士61人、在读硕士50人、大学110人；教授级高工2人、高级工程师47人、工程师82人；甘肃省领军人才4人、集团公司高级技术专家2人；其中有3人享受过国务院政府特殊津贴。研究院下设综合办公室、科研管理科、安全设备科、人力资源科四个职能科室，高分子合成、化学工程、材料防腐、地理信息、设备监测与评价、应用分析、技术经济情报等七个研究所。拥有乳液聚合、溶液聚合、混合碳五石油树脂实验等中小试装置近10套，高温凝胶渗透色谱仪、蒸汽压渗透仪等试验仪器设备近600台套。

研究院在石油树脂、合成胶乳、特种液体橡胶、化学工程、炼化防腐、地理信息、设备监测与评价等领域共获得科研成果85项，其中国家科技进步奖4项、中石化科技进步奖20项、中油集团技术发明奖3项、技术进步奖4项，省部级科研成果29项，共申报国家专利90项，已获授权专利52项，其中发明专利34项。

研究院非常重视科研成果向生产的转化，为满足国防需求和确保炼油化工生产装置的正常生产发挥了重要作用。其中自主开发的液体橡胶产品，国内品种最全，其端羧基橡胶技术性能达到世界先进水平，填补了我国这一领域的空白，应用于“神五、神六、神七”系列载人飞船，受到了国防科工委的表彰；具有自主知识产权的炼化助剂有效缓解了装置的腐蚀问题，已形成包括有机涂装、工艺缓蚀助剂、新型耐蚀金属材料、化学Ni-P镀、阴极保护、在线腐蚀监测以及膜协同防腐等成套防腐技术，确保了生产装置的连续稳定运转；大型地理信息化建设为炼化企业的地理信息实现了数字化，该技术国内领先，不仅应用于国内企业，而且成功拓展了海外市场；设备监测技术为装置安全平稳长周期运行提供了保障，开发了国内第一台磁力传动泵、第一套金属波纹管密封和第一套大型转动设备故障诊断专家系统；开辟了石油树脂粘度、丁苯橡胶转化率在线流程分析新领域。

研究院将围绕集团公司和兰州石化公司的科技发展战略，突出特色技术、特色产品的研发，加大集成创新和引进消化吸收再创新力度，为生产装置的安全平稳健康运行提供强有力的技术支撑。

两个工作中心简介

为贯彻落实炼化分公司关于加强设备管理信息化和腐蚀与防护工作建设的会议精神，2011年4月29日，炼化分公司组织成立了以兰州石化公司研究院为主体的“炼化企业设备综合管理平台工作中心”和“炼化企业

两个工作中心揭牌仪式

运行维护体系建设工作研讨及系统维护培训

腐蚀与防护工作中心”（以下简称两个工作中心），用于承担炼化分公司设备综合管理平台、腐蚀与防护建设的组织、监理、协调、技术开发及应用等工作。

【炼化企业设备综合管理平台工作中心】

工作职责

设备综合管理平台工作中心作为炼化板块设备综合管理平台的规划设计、推广实施与运行维护的专职机构，按照总部的总体规划和工作要求，负责组织落实设备综合管理平台建设的各项工作，促进平台在中国石油各地区公司的应用。

承担着设备管理业务信息化的基本要求

逐步实现设备专业化管理和与生产运行、安全管理信息系统的集成应用与优化

通过信息化渠道提升设备管理水平，缩小不同企业间的管理差距，降低设备管理成本，提高预知维修能力，为企业创造潜在的经济效益

帮助炼化企业建立保障设备本质安全的设备综合管理平台，逐步统一管理模式，强化职能管理，深化专业管理，细化流程管理，全面提升中国石油设备管理水平

设备综合管理平台业务研讨会

机构设置

目前设备综合管理平台工作中心定员20人，下设技术、业务、监理等部门。其中，业务部负责各项专业管理和业务管理的需求分析、功能规划与审定；联合运维部负责各地区公司平台技术支持和运维服务；监理部

炼化企业防腐工作研讨及培训

负责现场信息收集及平台实施的监督、协调与管理工作。

工作业绩

自挂牌成立以来，在集团公司炼化分公司的领导下，在兰州石化公司的大力支持下，以"夯实基础，统一标准，深化专业，持续完善"为总体工作思路，以设备管理业务为核心，以信息化手段为工具，以保障装置长周期平稳运行为目标，围绕中国石油设备综合管理平台建设和使用的规范化、标准化、统一化开展了大量的工作：

完成设备平台工作中心组织开展了总部平台功能开发与部署，并实现上线运行；

完成地区公司统一模板全面升级，实现了与总部平台数据互通；

完成板块设备管理制度修订，组织开展设备管理标准化建设工作，完成炼化设备管理系统十二五规划可研报告编写；

组织开展设备管理与ERP接口融合方案编写，通过评审并试点实施；

组织开展了平台技术架构评估和监理体系建设工作，建立了平台应用评价体系；

完成运维体系建设和运维模块设计开发，组织完成地区公司平台运维研讨与培训工作。

【炼化企业腐蚀与防护工作中心】

工作职责

腐蚀与防护工作中心作为炼化企业腐蚀与防护的专职工作机构，按照中国石油炼油与化工分公司防腐工作的部署和安排，紧密围绕"健全管理体系、完善管理制度、制订技术标准、抓好重点工作"工作方针，认真落实腐蚀与防护的各项工作。

充分发挥各企业现有的技术和资源优势，组织、协调各项防腐攻关工作，有计划

有步骤地开展工作，不断提升设备管理管理人员及技术人员的腐蚀与防护专业化水平；

建立中国石油炼化企业腐蚀与防护网，并不断完善腐蚀与防护管理体系和标准建设。

以腐蚀监测、腐蚀专业化检查为重要手段，促进硬件建设及软件建设，实现腐蚀与防护系统化管理，保障炼化生产装置安全、长周期运行。

机构设置

组织“中国石油炼化企业防腐技术专题会”

腐蚀与防护工作中心定员30人，下设技术开发、监测、技术服务等部门。其中，技术开发部负责炼化公司腐蚀与防护技术攻关，组织开展国内腐蚀防护技术交流与协作，编制技术标准及规范、总体规划等工作；监测部负责炼化公司腐蚀分析、监检测等相关业务；技术服务部负责炼化企业腐蚀与防护信息平台的运行维护、停工装置腐蚀大检查等技术服务工作。

工作业绩

防腐工作中心自成立以来，根据炼油与化工分公司的总体安排与部署，中国石油炼化企业腐蚀与防护工作中心紧密结合各炼化企业的生产实际与业务需求，开展了多项工作，收到了较好效果。

腐蚀与防护工作中心组织开展了炼化装置停工检修期间的腐蚀专业化检查；

编制了腐蚀防护管理规定及相关指导意见并已下发执行；

完成了炼化企业腐蚀在线监测情况调查；

完成了企业腐蚀监测探针性能评价的方案制定与组织实施；

开展了炼化企业腐蚀监测及管理平台系统建设；

实现了在线腐蚀监测点的网络式信息化管理；

组织召开了中国石油炼化企业腐蚀与防护技术专题会；

围绕兰州石化公司开展腐蚀与防护重点工作；

广泛开展腐蚀与防护国际交流与合作，成立NACE兰州分会等工作。

美国腐蚀工程师国际协会中国兰州分会”揭牌仪式

天地图 MAP WORLD

克拉玛依天地图有限公司

总经理 谭向农

公司宗旨：让中国人拥有自己的网络地图服务。

公司目标：成为克拉玛依、西北、甚至中亚网络地图与地理信息系统平台服务商。

公司定位：北方灾备中心·克拉玛依数据中心的建设、管理与运营；城市及油田地理信息数据存储、加工处理及数据服务的提供商。

发展策略：依托政府及油田，借助于国家“天地图”平台，大力发展地理信息数据生产、应用开发与服务业务。

相关资质：克拉玛依市科技企业，自治区乙级测绘资质。

国家测绘地理信息局与克拉玛依市人民政府及新疆油田公司签署战略合作协议

克拉玛依“天地图·三维城市”上线试运行开通仪式

克拉玛依市市长陈新发、市委常委杜勇、副市长王军、副秘书长曾颖等领导参观并指导“天地图”工作

克拉玛依天地图有限公司开业揭牌仪式

“天地图”参展克拉玛依信息化创新国际论坛

电话：0990-6537166、6537160（FAX） 网址：http://klmy.tianditu.cn/ http://www.klmytdt.com/

地址：新疆克拉玛依世纪大道7号

电话：0990-6537166、6537160（传真）

邮箱：klmytdt@petrochina.com.cn

网址：http://klmy.tianditu.cn/

http://www.klmytdt.com/

克拉玛依中兴石油科技有限公司成立于2013年，由克拉玛依市政府和中兴通讯股份有限公司合资成立。公司致力于共同合作开发和研究应用于“智慧油田”、“公共安全”、“卫星通讯”等领域的创新产品，并依托中兴通讯全球市场平台进行产品推广。

克拉玛依中兴
石油科技有限公司

公司工程师调研

公司主营业务

公司的主营业务包括通讯设备、数字设备、石油专用信息化设备、安全设备、计算机软件的设计、研发、销售，以及相关产品的系统集成、数据处理，并提供相关的技术咨询和技术服务。

公司战略目标

公司以克拉玛依合资公司为契机，全面进入石油领域信息化行业，共同打造智慧油田、油田安全等领域新产品与标准，推行克拉玛依合作的新模式，树立合作样板，并通过全球化销售，协助其信息化及世界石油城目标的实现。

公司愿景与使命

公司将主要为石油企业及各城市提供完善的信息化整体解决方案，逐步完善目前的信息化平台及架构，使其更加智能化、合理化。同时实现员工个人与公司同步发展和股东回报，积极履行企业社会责任。以克拉玛依为基地走向全球能源行业信息化领域，致力于成为能源信息行业的的排头兵和佼佼者。

公司领导接待参观交流人员

第一部分

综　述

分目录

化工新材料产业发展现状和趋势

张　方
（石油和化学工业规划院）

一、化工新材料的范畴与总体发展态势

化工新材料，即通过化学合成的手段生产的新材料，以及以化工新材料为基础通过二次加工生产的复合材料。

（一）化工新材料产业范畴

1.氟硅材料

氟硅材料是指通过在化学结构中引入氟、硅元素而具有特殊功能的一类材料，我国在氟硅材料领域具有资源和原料优势。

2.石化基新材料

工程塑料、特种橡胶、高性能纤维是塑料、橡胶、化纤三大合成材料的高端新品种，主要以石油化工为基础，以碳、氢、氧为骨架元素，部分产品含有氮、硫等元素。

3.生物新材料

生物新材料是以生物质资源为原料或以生物化工为生产工艺的材料，主要代表是可降解塑料。

4.复合化工新材料

复合化工新材料的发展重点是功能性膜材料。

（二）化工新材料产业的总体发展态势

化工新材料产业不仅自身是重要的战略性新兴产业，而且也是发展新能源等其他战略性新兴产业和推动传统产业转型升级的重要配套材料。化工新材料产业也是我国化学工业体系中发展潜力最大的领域，2012年国内自给率仅为60%。化工新材料是“十二五”化学工业发展重点，我国力争到2015年化工新材料自给率达到80%以上。2012年化工新材料各主要领域自给率情况见表1。

表1 2012年化工新材料各主要领域自给率情况

单位：%

类别	自给率
有机硅材料	90
有机氟材料	80
工程塑料	39
特种橡胶	52
高性能纤维	31
生物基化工新材料	96
功能性膜材料及组件	50

二、化工新材料主要领域发展现状及趋势

（一）有机硅产业

1.国际竞争力

原料优势：中国是世界有机硅产业的最大原料基地，在有机硅单体的生产中，工业硅超过原料成本的一半，2012年中国工业硅产量为114万吨/年，约占全球的一半，2012年我国出口工业硅49万吨，出口量约占产量的43%。

市场优势：中国电子电器等有机硅下游产品大量出口，中国单位GDP的有机硅材料消费量远远超过发达国家，电子电器行业用有机硅材料主要是硅橡胶，以中国有机硅材料消费中硅橡胶的比例超过70%，远远超过发达国家平均大约40%的消费比例。2012年中国有机硅单体当量消费量超过130万吨，是全球有机硅材料最大消费国。

中国快速成为世界有机硅单体生产中心：2002年我国第一套5万吨级装置实现正常生产，标志着我国的有机硅单体生产已接近国际先进水平。2004年我国

商务部对进口初级形态硅氧烷发起反倾销调查，2006年作出终裁，对进口初级形态硅氧烷征收13%~22%的反倾销税。在技术瓶颈突破后，在国家反倾销措施的保护下，中国有机硅单体生产进入井喷式发展阶段。世界有机硅单体生产出现了向中国转移的趋势，除中国外基本没有国家或地区有有机硅单体扩产计划，国际主要生产商纷纷在华投资生产有机硅单体。2012年中国有机硅单体产能超过200万吨/年（部分新建装置未能正常生产），产量超过130万吨，已成为世界最大的有机硅单体生产国，并将很快成为世界最大的有机硅单体出口国。

2.发展策略

提高国内市场自给率：重点发展苯基、乙烯基等特种单体；重点发展针对各类细分市场的特种有机硅材料。

推动硅产品出口升级：出口工业硅既变相出口能源和稀缺资源（木材），又降低硅产业整体竞争力，应抑制工业硅的过度出口，转而向深加工产品（有机硅单体）调整，优化出口结构。

拓展有机硅应用领域：开拓有机硅市场，替代石油基材料，带动下游相关产业升级。

3."十二五"发展目标

产品规模及结构优化目标：有机硅单体实现自给有余；基础牌号的有机硅材料基本实现自给；特殊牌号的有机硅材料自给率过半。

出口结构优化目标：由主要出口工业硅升级为主要出口有机硅单体。

有机硅产业定位升级目标：促进有机硅材料开始由新材料向大宗材料转变，初步实现国家战略性新兴产业规划提出的加快将部分战略性新兴产业培育成为新的主导产业的战略布署。

（二）氟化工产业

1.氟化工产业主要领域

我国氟化工产业涉及的主要领域见表2。

2.我国萤石资源分析

我国萤石资源国际地位：截至2012年底，我国萤石资源基础储量居世界第一位，约占世界总量的1/4，探明可采储量居世界第三位，约占世界总量的1/10，产量居世界第一位，约占世界总量的1/2。

表2 我国氟化工产业涉及的主要领域

分类	主要产品
自然资源	萤石
基础原料	氢氟酸
含氟聚合物	PTFE，FKM，FEP，PVDF等
含氟烷烃	CFC，HCFC，HFC，HBFC
含氟精细化学品	含氟中间体、含氟表面活性剂等
氟化盐	氟化铝、冰晶石、氟化钠等

我国萤石资源开发存在的问题：我国萤石储量基础仅为世界的1/4，探明可采储量更仅为1/10，而产量却高达1/2以上，萤石资源过度开采已十分严重。许多小矿只有人工分选，而没有浮选，伴（共）生的萤石矿开发利用率很低，资源浪费严重。

3.氟化工产业发展现状

国际地位：我国是萤石基础储量第一大国，探明储量第三大国，萤石产量第一大国，萤石出口第一大国，萤石产量占全球的一半以上。我国氢氟酸、氟化铝、冰晶石等基础氟化工产品的产量均占全球总量的一半以上，是最大的基础氟化工产品生产国和出口国。本世纪以来，我国HFC-134a和PTFE等国际主流氟化工产品先后实现工业化生产并开始大量出口，标志着我国开始由基础氟化工产品大国向主流氟化工产品大国迈进，这深刻影响了世界氟化工产业格局，也遭到既得利益方的抵制，我国PTFE的出口遭到多次反倾销。我国是尖端氟化工产品的重要市场，例如我国是全球最大的烧碱生产国，是含氟离子交换膜的最大市场，但目前仍几乎全部依靠进口，我国在部分尖端氟化工产品领域正在取得重大突破。

主要问题：一是产品结构不合理，初级加工产品产能过剩，深加工产品大量依靠进口。二是氟化工产业可持续发展的资源基础堪忧，高品位萤石等优质氟资源过度开发，并以基础氟化工产品的形式过度出口，低品位和回收氟资源开发利用不足。三是产业集中度低，萤石开采企业达数百家，氢氟酸企业有几十家，ODS替代品生产企业有十几家，技术门槛最高的含氟聚合物生产企业也有7家。四是研发投入不足，技术创新能力弱。五是环境保护和安全生产水平亟待

表3 2012年我国与发达国家氟化工产业结构对照

单位:%

产品分类	发达国家产值比例	我国产值比例	差距
氢氟酸	4.8	15.3	10.5
含氟ODS替代品	32.9	36.7	3.8
含氟聚合物	16.1	15.3	-0.8
含氟精细化学品	44.3	24.5	-19.8
氟化盐	1.8	8.2	6.4
合计	100	100	

提高。2012年我国与发达国家氟化工产业结构对照情况见表3。

4.产品结构优化方案

(1)含氟聚合物领域

生产能力过剩的产品:通用级聚四氟乙烯生产能力扩张过快,价格下降,中低档产品已成微利产品,出口迅速增长,但遭遇反倾销。

需要重点发展的产品:高性能聚四氟乙烯如可熔性聚四氟乙烯,目前仍大量依靠进口;氟橡胶,受轿车工业拉动,市场爆发式增长;聚全氟乙丙烯,受数字通讯行业的拉动,需求快速增长;FEVE(三氟氯乙烯共聚物),可室温固化,拓展了氟涂料应用范围;PVDF(聚偏氟乙烯),产量增长较快,但仍具发展潜力;PVF树脂及膜材料,为太阳能电池配套。

(2)ODS替代品领域

生产能力过剩的产品:F22,出口比例过高,若国家限制F22出口,国内市场将严重过剩;F134a,受汽车工业不景气影响了市场需求,也因温室效应问题前景更加坎坷,所以近年产能增长不快,两方面原因导致近期市场供应紧张,价格上涨,但从长远看前景不理想。

需要重点发展的产品:F125、F32、F152a、F236fa、F245fc、F227、F365mfc、F1234、混合工质制冷剂。

(3)含氟精细化学品领域

生产能力过剩的产品:传统含氟中间体包括氟苯系列、氟氯苯胺系列等传统含氟医药、农药、染料中间体生产能力过剩,“三废”排放量大,竞争激烈,经济效益差。

需要重点发展的产品:氟碳醇,含氟表面活性剂的关键原料;含氟离子交换树脂及膜,烧碱工业的关键配套材料;六氟磷酸锂,为锂离子电池配套的电解质;新型含氟中间体,为医药、农药新品种配套的新型中间体,特别是杂环类中间体。

(三)工程塑料

工程塑料以其在机械性能、耐久性、耐腐蚀性、耐热性等方面的高性能优势,被广泛应用于电子电气、汽车、建筑、办公设备、机械、航空航天等行业,以塑代钢、以塑代木已成为国际流行趋势。工程塑料作为当今世界塑料工业中增长速度最快的领域,其发展不仅对国家支柱产业和现代高新技术产业起着支撑作用,同时也推动传统产业改造和产品结构的调整。

随着我国国民经济,特别是汽车、电子和建筑等行业的迅速发展,我国工程塑料行业已进入高速发展时期,成为全球工程塑料需求增长最快的国家。2012年,我国工程塑料表观消费量达到280万吨。

聚碳酸酯是五大通用工程塑料中最大的一个种类。据统计,2012年我国聚碳酸酯表观消费量达到142.3万吨,国内产量仅为26万吨。到2015年,预计聚碳酸酯产量将达到63万吨,自给率34%,供需缺口仍很大。2012年我国工程塑料产销平衡情况及2015年发展目标见表4。

未来几年,通用塑料工程化、工程塑料高性能化和低成本化,将成为发展的主要趋势,而改性工程塑料产品的发展,仍将占据较大的市场份额,其中共混合金有望成为改性工程塑料发展的主流,同时一些高性能工程塑料如耐高温、耐磨、导电、电磁屏蔽功能的产品也将得到很大的发展。

此外,绿色环保理念将引入工程塑料产业,各种

表 4 2012 年我国工程塑料产销平衡情况及 2015 年发展目标

单位：万吨、%

品种	2012 年					2015 年		
	产量	进口量	出口量	表观消费量	自给率	产能（万吨/年）	产量	自给率
聚碳酸酯（PC）	26.0	137.5	21.2	142.3	18	66.0	63.0	34
聚酰胺工程塑料(PA)	25.1	34.6	9.3	50.3	50	50.0	27.0	49
聚甲醛（POM）	33.0	21.3	5.8	48.6	68	55.0	50.0	88
聚对苯二甲酸丁二醇酯	23.0	14.1	8.7	28.4	81	39.0	23.0	64
聚苯醚（PPO）	0.8	4.7	–	5.5	15	4.0	3.5–4.0	35
特种工程塑料	0.4	4.6	–	5.0	8	7.0	2.0	37
合计	108.3	216.8	45.0	280.1	39	220.0	169.0	50

表 5 2012 年我国橡胶消费结构情况

单位：万吨、%

类别	主要品种	表观消费量	占橡胶总量	自给率
天然橡胶		340	42	23
石油基合成橡胶	丁苯橡胶	143	18	83
	顺丁橡胶	90	11	78
	其他	181	22	52
	小计	414	51	67
非石油基合成橡胶	硅橡胶	55	7	96
	其他	1	0.1	60
	小计	56	7	90
合计		810	100	50

表 6 2012 年我国特种橡胶产销平衡情况及 2015 年发展目标

单位：万吨、%

品种	2012 年			2015 年	
	产量	消费量	自给率	产量	自给率
丁腈橡胶（NBR）	12.0	20.0	60.0	15.8	76
丁基橡胶（IIR）	7.2	28.9	24.9	15.0	42
乙丙橡胶（EPR）	1.8	22.7	7.9	8.8	30
氯丁橡胶（CR）	3.7	5.1	72.5	7.1	90
丙烯酸酯橡胶（ACM）	0	1.5	0	1.0	67
氯化聚乙烯橡胶（CM）	5.0	6.2	80.6	7.0	100
氯磺化聚乙烯（CSM）	0.4	0.7	57.0	0.2	60
热塑性聚氨酯弹性体（TPU）	9.0	22.0	40.9	19.3	64
苯乙烯类热塑性弹性体(SBCs)	52.0	57.2	90.9	76.0	100
聚烯烃类热塑性弹性体(TPO)	0.3	9.3	3.0	1.2	10
异戊橡胶（IR）	2.6	7.7	33.8	> 8	> 80
合计	94.0	181.0	52	> 159	> 69

废料的回收利用将成为业内普遍关注的问题，重复使用、保护环境的观念将融入工程塑料高分子设计与制造过程中。

(四) 特种橡胶

2012 年我国橡胶消费结构及特种橡胶产销平衡情况见表 5、表 6 所示。

我国橡胶工业结构今后调整的方向将重点发展异戊橡胶，替代天然橡胶；大力发展硅橡胶，替代丁苯橡胶、顺丁橡胶、乙丙橡胶；发展丁腈、丁基等具有特殊性能的橡胶；发展热塑性弹性体，特别是除 SBS 外的新型热塑性弹性体。

1.发展异戊橡胶的重要意义

在我国轮胎生产过程中，天然橡胶约占耗胶量的 2/3，发达国家的比例也大致如此，我国天然橡胶大约 80%依靠进口。异戊橡胶是合成橡胶中性能最接近天然橡胶的品种，聚合的单体相同，不同的只是聚合度，使异戊橡胶的平均分子量和分子量分布与天然橡胶略有差异。但异戊橡胶的单体异戊二烯稀缺，如果仅靠乙烯装置副产异戊乙烯，无法支撑异戊橡胶的大规模发展。

俄罗斯的橡胶生产和消费结构比较特殊，况且天然橡胶只能在热带种植，俄罗斯为保证其轮胎工业的原料供应，大力发展异戊橡胶，俄罗斯异戊橡胶已基本上全部替代了天然橡胶。其关键点是开发并工业化了异丁烯制异戊二烯生产技术，异戊橡胶生产规模约为全球的一半。通过发展异戊橡胶替代天然橡胶，并配套发展异戊二烯，是我国橡胶工业的首要发展方向。

2012 年我国进口天然橡胶约 340 万吨，到 2020 年需求量将超过 600 万吨，如果一半用异戊橡胶进行替代，则需异戊橡胶 170 万 ~ 300 万吨，异戊橡胶将取代丁苯橡胶成为最大宗的合成橡胶。如果我国异戊橡胶达到俄罗斯的发展水平即全部替代天然橡胶，则规模将达到 340 万 ~ 600 万吨，届时异戊二烯的消费量将达到丁二烯的水平，拉动异丁烯甲醛化制异戊二烯，异丁烷脱氢制异丁烯产业链，极大地改变碳四综合利用的产品结构。

2.硅橡胶产业面临新的历史发展阶段

在橡胶的消费结构中，大约 55%用于轮胎，45%用于非轮胎领域。硅橡胶目前仅用于建筑密封胶、导电按键等少数非轮胎领域，仅占橡胶消费总量的 6.4%。从成本构成的角度，硅橡胶应称为煤制橡胶，即在配套热电装置的情况下，以煤和石英砂为起始原料生产 1 吨硅橡胶需要超过 10 吨的煤炭（折合热值为 5500 大卡的动力煤）。耗煤主要集中在甲醇、工业硅和有机硅单体三个生产环节，分别约占硅橡胶总体耗煤量的 30%、30%和 40%，而从有机硅单体到硅橡胶的过程能耗很低。上述环节的耗煤方式各不相同，生产甲醇是以煤为原料，生产工业硅的耗电量很大，生产有机硅单体的蒸汽消耗量很大、电耗也较高。硅橡胶产业链为：(煤→甲醇)+（石英砂→工业硅)→有机硅单体→硅橡胶。

硅橡胶已经开始由高性能特种橡胶转变为大宗合成橡胶，硅橡胶的消费量将实现跨越式增长，远期可望成为用量最大的橡胶品种，预计到 2015 年，硅橡胶将占国内橡胶消费总量的 10% ~ 15%，即硅橡胶消费量有望达到 100 万 ~ 150 万吨，而到 2020 年，硅橡胶占橡胶消费总量的比例有望达到 20% ~ 33%，即硅橡胶消费量有望达到 300 万 ~ 500 万吨，我国橡胶消费结构将出现天然橡胶、石油基合成橡胶、非石油基合成橡胶三足鼎立的局面。

(五) 高性能纤维

高性能纤维的主导品种是芳纶和碳纤维，另外还有超高分子量聚乙烯纤维、聚酰亚胺纤维、聚苯硫醚纤维等品种。2012 年芳纶和碳纤维都存在开工率与国内自给率双低的问题。芳纶开工率低主要是因为国内对位芳纶技术不成熟，无法正常生产，主要依靠进口。碳纤维产业有两个主要问题，一是大宗品种做不便宜，国内生产成本比进口产品高 50% ~ 100%，二是高端品种做不出来，第一问题直接威胁国内碳纤维产业的生存，第二问题制约国内碳纤维产业的发展。2012 年我国芳纶和碳纤维市场供需情况见表 7。

高性能纤维的名义产能很高，而且在建、拟建项目很多，但由于多数生产装置的技术不过关，不能正常运转，只有真正掌握相关技术，才能将名义产能转化为有效产能，可靠的技术来源是高性能纤维投资成功的关键。碳纤维技术目前的主要难点在于多产业环

表 7 2012 年我国芳纶和碳纤维市场供需情况

单位:万吨、%

品种	产能	产量	开工率	净进口量	表观消费量	自给率
碳纤维	1.1	0.25	18	0.75	1	25
间位芳纶	0.8	0.55	69	0.45	1	55
对位芳纶	0.6	0	0	0.60	0.6	0

节技术的系统集成,芳纶技术的难度主要在于对位芳纶的生产。预计经过几年的技术探索和工程磨合,到“十二五”期末,我国高性能纤维的生产将迈上一个新台阶。高性能纤维的消费总量有望达到 2.5 万 ~ 3 万吨,国内自给率将达到 70% ~ 80%。

(六) 可降解塑料

可降解塑料按原料路线可分为三类:生物基可降解塑料主要包括聚乳酸、聚羟基烷酸酯(PHA)、塑性淀粉(多与聚乳酸等共混使用);半生物基可降解塑料主要指聚丁二酸丁二醇酯(PBS);非生物基可降解塑料即二氧化碳可降解塑料。

可降解塑料主要用于一次性塑料制品如一次性包装或餐具。2012 年全球可降解塑料的总量约为 35 万吨,国外主流的可降解塑料是聚乳酸,聚乳酸消费量超过 12 万吨,超过可降解塑料总消费量的 1/3。我国对不可降解塑料的使用限制较少,可降解塑料市场尚处于培育期,2012 年国内可降解塑料的消费量约为 4 万吨,基本自给。国内最主要的可降解塑料是塑性淀粉(多与聚乳酸等高性能可降解塑料共混使用),约占总消费量的 70%,其次是聚乳酸和 PBS,主要原因是塑性淀粉价格较低。

制约可降解塑料产业发展的主要因素是塑性淀粉虽然价格低廉但质量差,而高性能的聚乳酸和 PBS 价格偏高,近期最可能取得突破性发展的是价格相对较低的聚乳酸。如果未来国内相关政策法规进一步完善,可降解塑料技术改进及成本降低,可降解塑料有望爆发式增长,但政策预期有很大不确定性。

主要的可降解塑料品种各具特色,塑料淀粉价格最低但性能最差,聚乳酸技术比较成熟但性能较差,PBS 性能最好但价格较高,二氧化碳可降解塑料的生产技术和应用技术均不成熟,综合技术成熟度、性能、成本各种因素,在乐观的政策条件下,预测“十二五“发展目标如表 8 所示。

表 8 我国可降解塑料“十二五”发展目标

单位:万吨、%

类别	市场需求量	市场自给率
聚乳酸	10	100
PBS	5	100
塑料淀粉	10	100
二氧化碳可降解塑料	5	100
合计	30	100

(七) 功能性膜材料

功能性膜材料的主要产品包括微滤膜、超滤膜、反渗透和纳滤膜、透析膜、渗透蒸发膜、电渗析膜、气体分离膜、渗透气体膜、离子交换膜等。主要应用于水处理、海水淡化、食品、医药、生物、化工、能源等多个领域。与传统的分离方法相比,膜分离具有节能、高效、环保、易于控制等特点,符合低碳经济的发展理念,是一项具有发展潜力的技术。

2012 年全国膜及膜组件的市场总规模约为 465 亿元,其中国内产品超过 50%,打破了国外产品对市场的长期垄断。但也存在主要生产中低档产品、高档产品主要依靠进口等问题。功能膜材料的应用在不断的开发之中,对于提升我国化工、医药、食品加工等的技术水平是十分必要的。另外,膜材料也是海水淡化、污水治理等必备的材料,因此对于解决国内水资源和污水处理问题十分必要。同时在新能源领域应用前景广阔。预计 2015 年全国功能性膜材料的市场规模将达到 600 亿元。

重点发展的功能性膜材料包括用于海水淡化和污化处理的高性能纳滤膜,用于离子膜烧碱生产过程的含氟磺酸 / 羧酸复合膜,用于电动汽车燃料电池的含氟磺酸膜,用于太阳能电池的 PVF 背板膜。

现代煤化工进展及发展关注重点

李志坚
（石油和化学工业规划院）

现代煤化工产业在我国发展刚刚起步，产业定位为煤炭的清洁利用和高效转化，其发展潜力较大，前景广阔。产业发展对我国整个能源结构优化和提高人民生活水平提高有很大意义。

一、现代煤化工产业发展概况

按照产业发展历程和成熟度，煤化工分为传统煤化工和现代煤化工两大类。传统煤化工主要包括煤气化制合成氨、甲醇、煤焦化制焦炭、电石及下游产品等。现代煤化工主要指煤直接液化和间接液化生产油品、煤气化生产甲醇进而制烯烃、煤制天然气、煤制乙二醇、煤制芳烃以及IGCC发电等。

现代煤化工和传统煤化工既有区别，又密切联系，现代煤化工以传统煤化工为基础，在规模和技术水平上大幅提升，向以石化产品和清洁能源为代表的现代、大型产业发展，现代煤化工产业的发展还能带动传统煤化工产业的转型升级。

“十一五”期间我国我国开展了煤制烯烃、煤制油、煤制二甲醚、煤制天然气、煤制乙二醇5大类煤化工示范工程，目前大多数项目已建成投产。按煤制化工产品和清洁燃料两大类划分，主要项目情况如下：

（一）煤制化工品示范项目

表1 煤制烯烃项目

公司	技术路线	规模	建设地点	进展
神华集团	水煤浆气化、DMTO、聚乙烯、聚丙烯	60万吨/年	内蒙古包头	2010年投产，2011年商业化运行
神华宁煤集团	GSP粉煤气化、鲁奇MTP、聚丙烯	52万吨/年	宁夏	2011年投产，2013年商业化运行
大唐国际	壳牌粉煤气化、鲁奇MTP、聚丙烯	46万吨/年	内蒙古多伦	2012年投产，试运行

表2 煤制乙二醇项目

公司	技术路线	技术提供商	规模	建设地点	进展
通辽金煤公司	恩德炉粉煤气化、羰化加氢	中科院福建物构所	20万吨/年	内蒙通辽	2008年底投产，试运行阶段，2012年生产10.11万吨

（2）煤制清洁能源示范项目

表3 煤制油项目

公司	技术路线	规模	建设地点	投产时间	运行情况
神华集团（500万吨/年—期）	壳牌煤气化制氢、直接液化	108万吨/年	内蒙鄂尔多斯	2008年	调试整改后运行并实现盈利
伊泰集团	水煤浆气化、国内费托合成	16万吨/年	内蒙鄂尔多斯	2008年	运行正常
潞安集团	固定床气化、国内费托合成、尾气制氨	21万吨/年	山西长治	2008年	运行正常

表 4 煤制天然气项目

公司	技术路线	规模	建设地点	进度
大唐集团	国内碎煤加压气化、引进甲烷化	40 亿立方米/年	内蒙古赤峰	第一条线 2012 年建成
大唐集团	国内碎煤加压气化、引进甲烷化	40 亿立方米/年	辽宁阜新	计划 2014 年
庆华集团	国内碎煤加压气化、引进甲烷化	55 亿立方米/年	新疆伊犁	第一条线 2012 年建成
汇能集团	水煤浆气化、引进甲烷化	16 亿立方米/年	内蒙鄂尔多斯	在建

表 5 煤制二甲醚项目

公司	技术路线	规模	建设地点	投产时间	运行情况
新疆广汇能源	固定床气化、低温分离、二步法二甲醚	120 万吨/年甲醇、80 万吨/年二甲醚、5 亿方 LNG	新疆哈密	2011 年	调试整改后，正常运行

1. 现代煤化工发展取得的成绩

(1)煤炭深加工单项关键技术取得突破

通过“十一五”煤化工示范项目的建设，在现代煤化工领域取得多项煤炭深加工技术的突破 ，主要有：煤炭直接液化技术 ；甲醇制低碳烯烃技术 ；费托合成技术（16 万吨级）；国产水煤浆气化技术（6.5MPa，激冷流程）；国产干粉煤气化技术（1200 吨 / 天以下）；合成气净化（100 万吨以下）；中大型甲醇合成技术（60 万吨以下）；合成气制乙二醇技术。

(2)大型煤炭深加工项目实现商业运营

大多数“十一五“示范项目，如神华鄂尔多斯 108 万吨 / 年煤直接液化、神华包头 60 万吨 / 年煤制烯烃、神华宁煤煤制烯烃等项目均实现了商业化运行并取得了一定的经济效益。

(3)大型装备国产化取得初步成果

与大型煤化工配套的装备制造，如煤气化炉、大型空分、加氢反应器、压缩机等重大设备的设计、制造能力不断提高，与国际先进水平的差距逐步缩小。

(4)培养锻炼了技术创新人才和管理队伍

集传统煤化工和石化行业的人才基础，通过大型工业化示范装置的建设，锻炼出了一批技术研发、工程设计和建设、生产管理等方面的现代煤化工专业人才。

2. 现代煤化工发展存在的问题

(1)系统集成和优化不完善

现代煤化工项目的规模是传统合成氨、甲醇的装置的数倍数十倍，其原料、公用工程消耗与传统项目已不在一个数量级上，但建设思路和模式仍未摆脱传统合成氨、甲醇装置，如工艺装置和设备采用多套装置简单叠加，热动系统采用(多台锅炉 + 小型热电机组)的模式，其他公用工程系统（水、电等）也是传统模式，影响了技术水平和能源转化效率的提高。

(2)单项技术需大型化和优化完善

许多煤化工大型化的核心技术：空分、煤气化、气体净化、甲烷化、甲醇合成、产品深加工等技术和装备仍依赖引进，自主技术的水平和国外先进水平尚有差距；国内创新技术如合成气制乙二醇、合成气甲烷化、甲醇制芳烃等技术尚需实现产业化和完善。

(3)煤化工产品的市场推广和标准建设不足

煤化工生产的是石化产品，进入传统石化产品市场尚存在一定的障碍，油品和二甲醚主要是在产品质量标准和流通渠道方面的障碍，煤制天然气产业发展主要受制于管网和入网价格，聚乙烯、聚丙烯等石化产品主要决定于市场推广。煤化工产品的质量和使用标准建设滞后，也影响了产业发展。

(4)煤化工项目的经济风险

大型煤化工项目实现盈利的影响因素较多：技术、市场、原料、人才等任一因素都可能造成项目效益下降，同时国家要求项目具备一定的示范性，多种因素都不能保证项目一开车就满负荷运转，企业要有一定的风险承受能力。

(5)产业竞争力与石油化工存在较大差距

现代煤化工可与石油化工产业相互补充，但与石油化工项目相比，煤化工产业的产业成熟程度不足，能源转化效率不高，水资源消耗较大，二氧化碳和污染物排放较高。特别是煤炭深加工投资强度大，产品方案较为单一，资源综合利用水平不高，高附加值和差异化产品开发不够。

二、开展现代煤化工示范的意义和思路

"十二五"乃至"十三五"期间，国家对现代煤化工产业发展定为升级示范阶段。开展升级示范的主要意义是：

（一）促进煤炭利用方式的变革，探索符合我国国情的高效率、低排放、长产业链、高附加值的煤炭深加工产业发展道路

2011年我国煤炭总消费量34.88亿吨，其中电力行业占56%，钢铁行业16%，建材行业15%，其他行业8%，化工行业5%。我国现阶段煤炭利用方式主要通过焦化、锅炉燃烧这两种简单、传统利用方式。在这些传统的方式之外，通过示范项目的建设，我们可以探索出一种或几种更好利用方式，如将煤炭通过高效的方式转化为清洁能源后再进行清洁利用，或者转化为化工产品补充一部分石油化工产品的不足。深加工示范目的是在少量增加或不增加全国的煤炭资源消耗的情况下，能够实现我国煤炭资源的最优化利用。发展煤化工不是为了增加煤炭消耗而是为了节能减排，力争最少的能源消耗来支撑更大的国民经济发展。这也是传统煤化工概念向煤炭深加工转化的重要意义。

（二）带动地方经济发展，实现中西部地区煤炭产业链的延伸

我国主要产煤地区地处中西部、东北等经济相对落后地区，随着国家西部大开发战略以及支持新疆、内蒙等省区跨越式发展等一系列政策的深入实施，经济转型和结构调整的力度将逐步加大，延伸和丰富产业链的要求较为迫切。但这些地区除能源与资源产业外，发展其它产业的比较优势不强，需要发展一定规模的煤炭深加工以带动地区经济发展。因此煤炭深加工示范项目重点考虑在石化产业空白区或较薄弱的地区布局，如内蒙、甘肃、陕西、山西、贵州、河南等，以带动富煤地区相关产业的发展。

（三）建立完整的洁净煤技术体系，引领世界煤炭深加工产业发展

作为世界上最大的煤炭生产、消费国，我国应当且必须建立自己的煤炭深加工技术体系，同时具备向世界其他国家输出先进技术的能力。

尽管石油化工仍是当今世界化工的主导产业，但由于煤炭是世界上储量最丰富的化石能源，世界各国尤其是发达国家对煤炭的清洁高效利用一直十分重视。美国、欧盟、日本、澳大利亚等发展国家和地区均制定了较为完整、系统的洁净煤技术发展计划，对取得阶段性成果的技术，在全球范围内寻找技术输出和工业放大的机会。印度、韩国等一部分国家也主要利用发达国家的技术，启动了一些煤炭深加工商业化项目。

从20世纪80年代开始，美国在洁净煤技术开发和工业化示范上就进行了大量的工作，重点是提高能效和二氧化碳捕集封存。

1986~1993年，美国在18个州进行了35项洁净煤技术工业化示范工程，示范工程包括煤处理、气化、IGCC、流化床燃烧、污染控制、甲醇合成等10大类，示范工程发展了一批商业化技术，使美国洁净煤技术处于世界领先地位。

2001年，美国能源部启动了"电厂改进计划"，投资5100万美元支持4个电厂的脱硝、飞灰治理、灰渣利用等示范工程。

2003年，美国能源部又启动了新的"洁净煤技术与清洁电厂"计划，包括10个项目。美国能源部煤炭清洁利用示范项目已投入政府资金34亿美元，工业界配套资金113亿美元。

（四）煤化工技术、装备创新和升级

通过示范项目的建设，带动煤化工产业的技术、装备创新和升级，主要包括以下几个方面：(1)单项技术和装备；(2)能源转化效率和煤耗、水耗指标的提升；(3)产业链和产品方案优化；(4)全系统的集成优化。

三、开展现代煤化工示范的原则

（一）升级示范与传统煤化工结构调整相结合

通过煤化工示范产品项目可以利用现代煤化工发展带动传统产能过剩行业的结构调整。目前与现代煤化工联系较紧密的传统产业主要有：

1. PVC行业

目前PVC行业产能过剩，能耗高、排放大，汞污染严重，属于低水平产能过剩，还有较大的产能置换空间。如果以全生命周期的能耗和排放来考察你，目前的发电–焦炭–电石–PVC法路线生产PVC，其生命周期能耗：3.7tce/t (pvc+0.75t)烧碱 ；如果煤化工路线的PVC全部采用当前可获得的先进技术，如先进的甲醇和甲醇制烯烃、氧阴极电解槽等，按最大减排潜力煤化工路线计算，其全生命周期能耗：2.8tce/t (pvc+0.75t)烧碱。按我国目前的PVC年产量981万吨计算，考虑未来的增长，以现代煤化工对传统产业进行升级改造后，PVC最大减排潜力约为1000万吨tce。以现代煤化工对PVC产业的升级改造还有利于解决汞污染的问题。

2. 甲醇行业

我国甲醇行业目前存在较严重的结构性产能过剩。产量、消费量高速增长的同时，低效、无效产能多，有竞争力产能开工率高，但总量不足。从需求分析，我国甲醇行业还要适度发展，特别是大型、低能耗甲醇产能建设还需加强，以避免甲醇市场的剧烈波动。我国当前5000万吨甲醇总产能中，无效、低效产能1000万吨/年，主要是天然气和固定床单醇；弹性产能（合成氨联醇）约1100万吨/年，实际利用30%~50%；扣除无效和弹性产能后，我国甲醇有效产能应为3500万吨左右，以2012年产量3060万吨计，产能利用率在80%以上。行业运行基本合理。甲醇属于成熟行业，但是其技术发展还有较大的空间。目前我国常规技术煤制甲醇能耗为1.8 tce/t，如果按最先进的技术，如高压气化、先进燃气轮机等技术耦合，甲醇能耗可降低到1.3 tce/吨，按煤制甲醇产能3000万吨计算，其节能减排潜力1500万吨tce。

3. 合成氨行业

合成氨行业也是一个成熟的行业，产量、消费量基本稳定，产能利用率基本合理，但低效产能仍占较大比例。目前国内的合成氨产能主要向能源价格较低的西部地区转移，在产业转移过程中要防止低成本、低能效产能大量出现。煤制合成氨的技术也有较大的发展空间。目前常规技术的合成氨能耗：1.7 tce/吨，而采用先进技术组合的合成氨吨氨能耗为1.4 tce/吨，以我国煤制合成氨产量4800万吨/年计，我国合成氨节能减排潜力1450万吨tce。

（二）产业发展与总量控制，提效减排相结合

煤炭深加工产业发展原则之二是要实施总量控制，一是控制区域能源消费总量，严禁单纯扩大产能；二是严格控制缺水地区项目建设；三是加强三废治理和循环利用。

（三）资源高效利用和提高产品附加值相结合

原则之三是资源高效利用与提高产品附加值相结合，一是煤化工与电力、石油化工、钢铁、建材等产业间的整合；二是产业向高附加值产品延伸，提高煤炭资源利用效率和经济效益。

（四）单项技术发展与系统集成优化相结合

示范项目要进行单项技术发展和系统优化集成，单项技术包括煤炭开采、洗选、气化、合成与精制、净化与分离、燃烧与发电、排放物控制等单项清洁煤技术等；系统优化和集成是指发展若干煤炭深加工技术组合和产业组合模式。

四、现代煤化工产业示范的目标

（一）产业化目标

对在"十一五"期间已经开展示范工程的技术进一步进行以产业完善为目标的示范，主要包括：煤制烯烃、煤制天然气、煤制油、煤制乙二醇。

对目前仍处于中试阶段等的技术进行产业化开发，主要包括：煤制芳烃、煤炭分质利用。

将煤化工生产系统和大型、高效热电系统进行系统集成优化，即实现煤电化热一体化。

（二）资源转化效率

在总结"十一五"示范项目及深入研究的基础上，对五大重点行业提出了能效、煤耗、水耗的具体目标。

（三）依托示范项目，进行技术、装备自主化示范

主要包括大型的煤气化、气体净化、合成、精制、废水治理、大型装备等。

（四）生态环境保护

示范项目要成为生态环境保护的典范，主要包括以下三方面：(1)废渣、废水、废气资源化利用或无害化处理；(2)化学需氧量、氨氮、氮氧化物和二氧化硫等主要污染物实现近零排放；(3)提高能效、碳汇林建设或气驱采油等措施进一步减少CO_2排放。

五、重点示范任务和发展趋势分析

(一)煤化电热一体化

所有的煤炭深加工示范项目都要求实现煤化电热一体化,合理的一体化方案也是提高项目能源转化项目的关键因素。大型煤化工与IGCC、超临界发电的耦合,对于煤制烯烃、煤制天然气、煤制油、煤制合成氨等不同的项目,由于其规模不同,热电方案不尽相同,对地区也有不同的方案。热电一体化方案主要的影响因素有:①装置规模(耗煤量);②工艺产、耗蒸汽量和等级;③压缩机驱动方式;④工艺操作、安全要求;⑤区域电源情况 ;⑥企业特点。

在研究煤化电热一体化方案时,要综合以上因素要进行煤化工热电系统创新。

(二)煤炭液化(煤制油)

煤制油示范工程要重点解决以下问题:(1) 大型费托合成浆态床反应器设计与制造;(2) 副产醇类催化氧化处理;(3)合成尾气甲烷利用;(4)费托合成反应热回收利用;(5)费托合成油精细后加工;(6)新型费托合成催化剂生产与应用;(7)热能回收系统优化。

2015我国原油需求量将达到6亿吨以上,发展煤制油对保障我国石油安全有一定作用,但是总量有限,我国发展煤制油应重点作为技术储备。煤制油示范项目要注重产品的经济效益提高,加强副产品利用和产品深加工,提高基础油、石蜡、精细化学品等高附加值产品的比重。

(三)煤制天然气

煤制天然气示范项目重点解决:(1) 甲烷化关键技术国产化;(2) 提高固定床气化的压力以提高气化炉出口甲烷含量、减少后系统负荷;(3)进一步示范高效污水处理和回用技术,降低污水处理成本;(4)探索煤气化技术组合的应用,提高资源利用效率和污染治理水平;(5)示范气、电、化一体化多联产和综合调峰技术,提高能效和综合经济效益。

我国天然气需求量大,增长速度快。近10年来,我国天然气市场年增长率在15-20%,天然气供需缺口增大,发展煤制天然气的紧迫性增强。

天然气需求与城市化水平密切相关。按世界平均天然气占能源结构比重25%水平计,我国天然气市场需求潜力8000亿立方米/年,按人均需求400立方米/年计(日韩700立方米),也达到5600亿立方米

有人担心煤制天然气会收到页岩气等发展的冲击,从我国天然气需求潜力看,这种现象发生的可能性不大,我国应形成国产天然气、进口天然气、页岩气、煤制天然气多渠道供应的格局,这些气源之间更多的是互补而非竞争的关系。

(四)煤制烯烃

煤制烯烃示范项目重点解决:(1) 国产甲醇制烯烃二代技术 (DMTOⅡ);(2) 其他甲醇制烯烃技术(SMTO)和甲醇制丙烯技术(FMTP)示范装置;(3)进行气化、净化、甲醇合成等全流程的系统优化;(4)结合电石法聚氯乙烯改造,建设煤制烯烃替代电石法聚氯乙烯示范装置,调整产业结构,减少汞污染。(5)示范煤制烯烃与整体煤气化联合循环(IGCC)的耦合技术,提高全厂能源效率。

我国烯烃供需缺口较大,当量自给率长期不足50%,但煤制烯烃产业不能大量、低水平建设,要重点关注煤制烯烃的竞争力。

2012年我国乙烯产量1487万吨,比2011年下降2.47%,主要由于国产乙烯竞争力不足 国内煤制烯烃项目更应注重产品差异化和竞争力,避免与进口产品,特别来自与中东、北美的天然气副产原料(NGL)烯烃的直接竞争。

(五)煤制合成氨

煤制合成氨示范工程重点解决:(1)单系列100万吨/年合成氨及配套尿素装置,形成我国自主知识产权的大型合成氨-尿素成套技术和装备;(2)探索大型整体煤气化联合循环(IGCC)、合成气提氢生产合成氨的耦合技术,优化利用资源,降低合成氨生产成本。

合成氨实际上是制氢,从长远看,其发展有联合IGCC项目的可能。合成氨与IGCC的联产,可充分利用合成气、氮气、CO_2等资源,有可能大幅降低合成氨成本,合成氨产业的布局模式也有可能有较大的调整。

(六)煤制乙二醇

煤制乙二醇示范工程重点解决:(1) 草酸二甲酯合成反应器和草酸二甲酯加氢反应器等主要设备放大;(2)合成水处理与回用 (3)乙二醇精馏效率和产品质量提高等问题。

2012年我国乙二醇产量约为300万吨,进口乙二

醇 794.03 万吨，表观消费 1092.95 万吨，我国乙二醇自给率长期不足 30%，从自给率看，乙二醇还有较大的发展空间。

煤制乙二醇在提高产品质量的基础上要重点关注与进口中东低成本乙二醇竞争力，同时还需考虑运输成本。煤制乙二醇受工艺路线的限制，单系列装置规模有限，对合成气规模要求不高，可考虑副产气、尾气的综合利用，如焦炉气、电石尾气、合成氨、甲醇合成气联产等。

(七) 煤炭分质利用

煤炭分质利用示范工程重点是(1)干馏技术工程化开发，建设单系列百万吨以上的干馏装置，全厂规模达到 500 万吨 / 年；(2)示范干馏 - 气化 - 加氢 - 发电一体化综合利用技术

(八) 煤制芳烃

煤制芳烃仍处于中试阶段，“十二五”期间在完成工业化试验的基础上，适时进行产业化示范。

煤制芳烃应以对二甲苯(PX)为重点。“十一五”期间我国 PX 市场需求快速增长，表观消费量从 2005 年的 378 万吨增长至 2010 年的 933 万吨，年均增长率达到 17.9%。产量从 2005 年的 225 万吨增长到 2010 年的 601 万吨,每年平均增长率达 18.8%。

2012 年我国对二甲苯的生产厂家 13 家，总生产能力达到 826.1 万 t/a,2012 年我国生产对二甲苯 773 万吨，同比增长 6.5%；进口 628 万吨，同比增长 26.2%；出口 19 万吨，同比减少 44.8%；表观消费量 1382 万吨，同比增长 16.2%；自给率 55.9%，下降了 5.2 个百分点。芳烃已成为我国 PTA- 聚酯产业发展的瓶颈。

煤制芳烃可能成为大型煤化工基地产业发展的重要途径——如百万吨级芳烃、芳烃烯烃联产等大型项目，使煤化工产业具备形成完整产业链的条件。

甲苯甲醇烷基化也是链接煤化工和石油化工的过渡方案之一。该工艺可消化较廉价的甲醇，联产烯烃或重芳烃；收率、消耗优于甲苯歧化；该路线可用于改造芳烃联合装置。

六、现代煤化工示范工程需关注的几个问题

(一) 产品方案的问题

为了提高煤炭资源转化效率，提高附加值，国家对大型煤化工项目提出了差异化、高附加值、长产业链的要求，建议企业根据市场、运输、技术来源、企业技术水平、配套原料等条件，结合价值链分析的方法，进行产品方案选择。

(二) 热电方案选择的问题

按照煤化电热一体化的要求，以能源利用效率最大化为目标，选择适当的供热(电)方式：常规锅炉或 IGCC。重点是燃气轮机的选型(如 6B、9E、9F)，和锅炉的选型如大型粉煤或循环流化床锅炉(重点是压力等级、蒸汽利用方式的选择)。另外余热利用也是大型煤化工项目的重点，总体原则是工艺装置的各个品位的等级的热量都要做到最大化利用，通过优化热能利用方案，实现能源效率利用的最大化。

(三) 风光电耦合调峰的问题

煤化工与风光电调峰的耦合可充分利用绿色电力，为清洁能源发展作出贡献。

近年来，为鼓励可再生能源的发展，国家在风、光电条件较好的地区，布局了一批风、光电基地。但由于风光电不稳定，调节较为困难，需配套其他发电方式调节。从布局上看，目前煤化工基地与风光电基地耦合的机会较多，如内蒙呼伦贝尔、新疆哈密、甘肃河西走廊等地，即是大型风光电基地，也可能建设大型煤化工基地。煤化工 -IGCC 多联产具有与风光电调节互补的优势，建议有条件时可开展此类示范。

(四) CO_2 的利用问题

我国关于碳减排和碳税征收的课题已研究、议论多年。现阶段我国更应重视 SO_2、NOx、粉尘等大气污染物的控制，CO_2 作为温室气体，尚不能列为污染物，大规模封存 CO_2 既不必要、也不现实。我国 CO_2 利用要从能带来更高能效和产生更高经济效益的角度来衡量。对 CO_2 进行资源化利用，目标是使 CO_2 利用产生的能量大于利用 CO_2 输入的能量。由于煤化工排放的高浓度 CO_2 便于收集利用，应成为 CO_2 利用示范的重点，建议的利用渠道有以下几方面：(1)CO_2 驱油、采气；(2)CO_2——绿藻——生物柴油；(3)CO_2——可再生能源制氢——合成甲醇；(3)CO_2 制化工产品——干冰、化学品、可降解塑料、煤气化等。

北美页岩油气发展推动世界油气产业格局调整

柯晓明

（中国石油化工集团公司经济技术研究院）

近年来，技术的突破极大地促进了美国非常规油气资源开发，石油等主要一次能源产量大幅提高，对外依存度逐年下降，能源产业发展呈现新活力，并对提升美国能源及相关产业的国际竞争力、推动美国经济步入持续复苏的轨道发挥着重要作用。随着美国能源自给形势的不断改善，“能源独立”再度成为美国乃至全球热议的话题。从历史上美国主要一次能源供需形势看，煤炭、天然气自给率长期保持在90%以上，美国“能源独立”的实质是实现石油供应自给自足。

从世界范围看，页岩油气对全球的影响不可小视。从宏观层面讲，一是将对全球经济转型和再平衡产生深远影响；二是对全球地缘政治格局产生重要影响。从产业角度看，一是推动全球石油资源供应和贸易格局发生重要变化；二是市场对原油中长期价格水平预期下降；三是为其他国家非常规油气资源开发起到积极的带动作用和示范效应。

一、北美页岩油气开发利用是一次革命性的突破

未来世界能源发展趋势重点在三大转型，一是消费主体从OECD国家转向发展中国家，二是能源多元化，天然气黄金时代到来；三是美国页岩气革命引领全球油气工业进入第三季。后者是本文的关注点。

（一）全球页岩油气储量丰富，美国地位突出

一般来讲，非常规油气资源指储存地点、开采方法等与常规石油、天然气不同的油气资源，主要包括：页岩油、重油、油砂油、煤层气、页岩气、致密气等。随着勘探和开采技术的发展，全球越来越多的非常规油气资源得以发现，非常规油气资源的储量和产量将呈现井喷式增长。

目前数据表明，全球非常规石油技术可采资源量达6000亿吨，是常规石油资源量的1.2倍；全球非常规天然气资源达900万亿立方米，是常规天然气资源量的1.9倍。

资源类别		资源量	主要分布区
石油（亿吨）	重油	790	委内瑞拉
	油砂	891	加拿大
	油页岩	4303	美国、俄罗斯、中国、刚果和巴西
天然气（万亿立方米）	煤层气	256	俄罗斯、美国、中国、加拿大和澳大利亚
	致密砂岩气	210	美国和加拿大
	页岩气	456	美国、加拿大、中国

目前，全球40个国家拥有油页岩资源，页岩油资源总量4303亿吨，美国油页岩资源居世界首位。

世界主要油页岩资源国

排序	国家	页岩油资源量，亿吨	占全球的比例
1	美国	3016	70.08%
2	俄罗斯	355	8.24%
3	中国	330	7.67%
4	刚果	143	3.33%
5	巴西	117	2.73%
6	摩洛哥	82	1.90%
7	约旦	52	1.22%
8	澳大利亚	45	1.05%
9	爱沙尼亚	25	0.58%
10	加拿大	22	0.51%

目前，世界页岩气资源量为456万亿立方米，接近常规天然气资源量。主要分布于美国、加拿大、印度、中国和澳大利亚等国。

世界页岩气资源主要分布国家和地区

Region	In-Place Gas Shale Resource	
	Tcf	Tcm
North America	3,842	109
Latin America	2,117	60
Western Europe	510	14
Central/Eastern Europe	39	1
Former Soviet Union	627	18
Middle East/North Africa	2,548	72
Sub-Saharan Africa	274	8
India and China	3,528	100
Pacific OECD	2,313	66
Other Pacific Asia	314	9
World	**16,112**	**457**

(二) 技术创新是推动美国页岩油气开发取得成功的关键

1. 水平井和水力压裂技术的突破掀起页岩油气开发热潮

水力压裂技术始于1947年,美国首次进行了采油井水力压裂作业,由于增产效果明显,这一技术受到关注。20世纪50~60年代,水力压裂技术主要作为用于油气单井增产的主要措施。到70年代,水力压裂技术进入低渗透油田的勘探开发领域,使多个不具商业开采价值的低渗透油气田成为具有相当可采储量的大型油气田。到80~90年代,水力压裂技术在高中渗透压及环境条件恶劣的地区同样受到广泛关注。2007年以后,国际油价高企推动水力压裂技术进入大规模商业开发,并掀起北美页岩油气开发高潮。

以全美页岩气开发最为成熟的得州Barnett页岩气区块为例,水平生产井数量从2004年的不到400口增长到2010年的超过1万口;目前在Barnett地区,用水平井开采出来的天然气量占整个地区产量的约90%。

2. 技术不断创新推动页岩气开发效率大幅提升

钻井数量持续减少,但产量不断提高。2008年9月至2012年,美国天然气钻井数量由1585口下降至487口,降幅达69%;同期天然气产量则从544亿立方米提高至672亿立方米,提高了24%;钻井效率提高一方面源于水平井和水力压裂技术的进步,另一方面由于北美天然气价格走低,迫使天然气生产商降低成本提高效率。

页岩气井单位钻探时间缩短,单钻年均打井数量持续提高。以开采最为成熟的得州Fayetteville页岩气田为例,2007年至2011年该气田单井钻探时间从20天缩短至7天,降幅达65%;同期该气田单个钻台打井数量也从18口提高至50口,涨幅高达177%。

再压裂技术延长非常规油气田的生命周期。从北美页岩油气的生命周期来看,当前主要页岩油气区块都处于勘探开发初期或中期,未来仍有较大的增产潜力;与传统的油气项目的衰退轨迹不同,即使是在页岩油气资源开发后期,也可通过再压裂技术,使其产量重新保持增长。产量递减先快后慢,如果保持合理的生产管理,页岩气田寿命可达30-50年。

3. 页岩气钻探成本保持相对稳定有利于长期开发利用

尽管单钻打井数量增加,打井天数缩短,但其钻探成本并未出现明显上升。近年来,Fayetteville气田页岩气的开发成本稳定在2.6~3.0美元/百万英热单位。当天然气价格在3~4美元/百万英热单位时,页岩气开采就可以盈利,而传统天然气开采至少需要价格达到6~7美元/百万英热单位时才可能盈利。

4. 与页岩气相比,页岩油井开发效率有待进一步提升

相对而言,页岩油对美国原油产量的贡献低于页岩气对天然气产量的贡献,与此同时,页岩油钻井效率提高不如页岩气那么明显;2007年初至2012年8月,美国原油产量由511万桶/日提高至615万桶/日;与此同时,原油钻台数量由270口增加至1423口。

(三) 美国页岩油气生产呈现爆炸式发展态势

1. 美国页岩油逐步成为常规原油的接替资源之一

页岩油资源的开发扭转了美国石油产量下滑的局面。2012 年美国石油(包括常规原油、页岩油和天然气液 NGL)产量达 861 万桶 / 日,比 2008 年历史低点增加 188 万桶 / 日。其中,页岩油产量由同期的 48 万桶 / 日增至 147 万桶 / 日(2000 年仅为 20 万桶 / 日),NGL 产量由 178 万桶 / 日提高至 231 万桶 / 日。

未来总产量快速增长,2020 年以后有望成为世界第一。预计到 2015 年，美国石油产量将达 970 万桶 / 日，比 2012 年增加 109 万桶 / 日，年均增长 36 万桶 / 日;到 2020 年,美国石油产量将达 1157 万桶 / 日,或成为世界最大的石油生产国。未来页岩油、天然气液和常规原油“三分天下”。

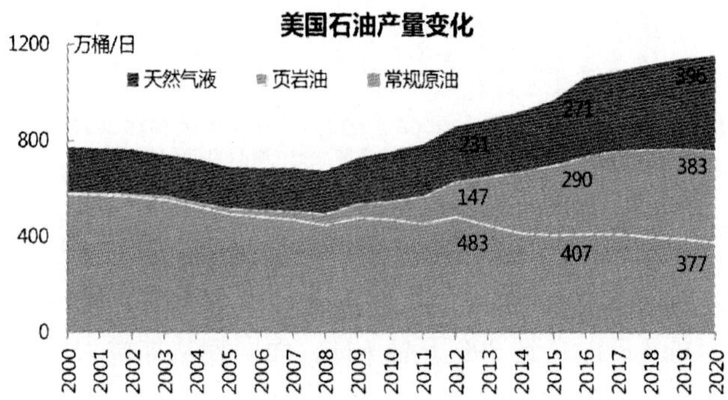

即使是悲观的预测，未来美国页岩油产量也将不断上升。四家权威机构对 2012~2020 年美国页岩油产量预测并不相同:PIRA 预计增长 272 万桶 / 日,年均增长 34 万桶 / 日; CERA 预计增加 236 万桶 / 日,年均增长 30 万桶 / 日;IEA 预计增加 185 万桶 / 日，年均增长 23 万桶 / 日;EIA 预计产量仅增加 81 万桶 / 日,年均增长 10 万桶 / 日。平均来看,2015 年美国页岩油产量预计为 272 万桶 / 日,2020 年预计为 360 万桶 / 日。

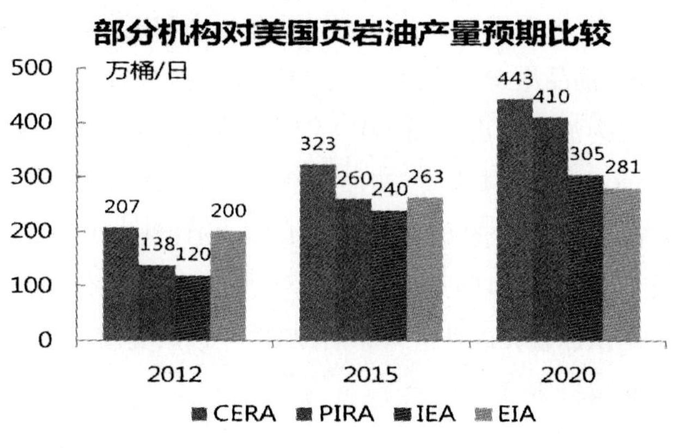

2. 页岩油产量预测由主要生产区块数据的支撑

美国页岩油产量增长主要来自：北达科他州的 Bakken、德州南部的 Eagle Ford、德州西部的 Permian、科罗拉多州东北部的 Niobrara、纽约州的 Utica 等区块。2015 年之前,Bakken 和 Eagle Ford 对全美页岩油产量的贡献较大;2015 年以后,Permian 区块页岩油产量将快速增长。不同区块有先后接替。

北达科他州产量快速增长,成为全美第二大石油生产州。其石油产量由 2007 年年初的 11 万桶 / 日快速提高至当前的 73 万桶 / 日,成为仅次于得州的全美第二大产油州;其中 Bakken 页岩油产量由 2007 年年初的仅 1 万桶 / 日提高至 2012 年的 66 万桶 / 日;PIRA 预计,Bakken 区块页岩油产量在 2020 年前仍将保持较快增长,2020 年之后增速放缓,在 2030 年,该区块将达到峰值产量 150 万桶 / 日。从原油品质看，Bakken 区块原油品质属轻质低硫原油,API 为 38~40,硫含量在 0.2%。

德州南部 Eagle Ford 页岩油气正加速开发,增产潜力很大。该区块不仅含有丰富的页岩油气资源，区块南部区域的页岩气储藏富含湿气和凝析油。2012 年 Eagle Ford 原油产量快速提高,由年初的 20 万桶 / 日提高到年末的 60 万桶 / 日,2012 年 Eagle Ford 原油产量平均为 37 万桶 / 日，较 2008 年增加 33 万桶 / 日。PIRA 预计,到 2020 年 Eagle Ford 区块原油产量将达峰值的 110 万桶 / 日；但有机构认为,Eagle Ford 区块油藏地质条件好于 Bakken,未来产量甚至有望超越 Bakken 区块。

3. 美国业已取代俄罗斯成为第一大天然气生产国

美国“页岩气革命”经历了一个过程:1982 年开始探索性开采到 2003 年实现水平井开采;2000 年美国页岩气产量 122 亿立方米，仅占天然气总量的 2%;2010 年页岩气产量 1378 亿立方米，占天然气总量的 23%;2012 年页岩气产量突破 2000 亿立方米,占天然气总量的 35%。EIA 预计,2030 年美国天然气产量将达 7543 亿立方米，其中页岩气产量达 3478 亿立方米,占比接近总产量的一半。

4. 存在问题和不确定性

EIA 发布报告称,在美国,对油气可采资源基础

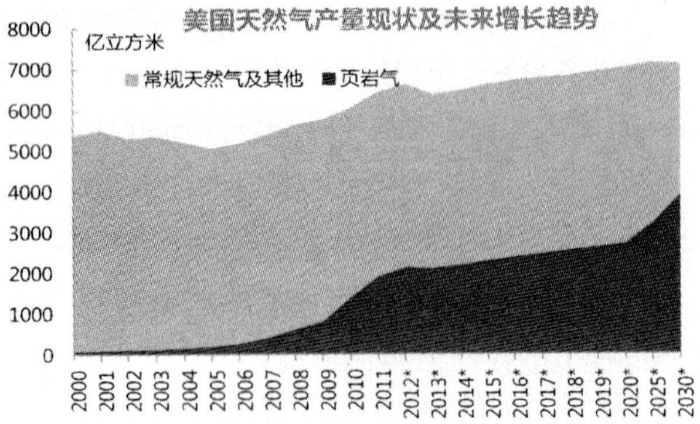

的评估是一个动态的演进过程。对于页岩油气而言，这种演进可能还将持续一段时间。 页岩油(页岩气)资源储量庞大,但这些资源在许多国家是否拥有规模开发的经济性存在很大的不确定性。页岩天然气开采所使用的水压破裂技术需要消耗大量水资源,由于钻井所使用的水注入页岩层,主要被岩石吸收,不能再回收利用。页岩油气开采在钻井过程中要经过蓄水层，钻井使用的化学添加剂会对地下水形成污染威胁。上述问题需要技术进步,进一步加以解决。

二、北美页岩油气开发符合美国政治和经济利益

20 世纪 70 年代的石油危机使美国能源战略开始从开采和控制国外石油资源转为提高国内能源的独立性。时任美国总统的尼克松深刻认识到能源自主的重要性,提出了能源独立的目标和承诺。在政治上,能源独立意味着决策时将不受到能源供给的影响,对复杂的中东地区有更强的驾驭能力。在经济上,实现贸易平衡、经济繁荣,更美好、更强大的美国。

尼克松的继任者们延续了这一理念。但不同时期不同的领导人对实现能源独立目标的途径又有差别。与尼克松时期的管控做法不同,里根和布什认为应当通过市场机制实现能源独立。克林顿注重市场的作用,也更强调计划指导,提倡节能和提高能效、开发替代能源。这一理念被小布什接受,小布什同时强调增加国内供应,其任期美国在开采国内资源、节能和提高能效以及发展替代能源等方面取得突破性进展。奥巴马更是把能源安全独立性提高到前所未有的高度,提出要永久性地减少对石油的依赖。

(一) 助力美国实现"能源独立"目标

1. 国内产量增长,美国原油对外依存度逐年下降

由于页岩油产量增加，美石油产量在 2008 年后也开始转降为升，到 2011 年的 3 年间年均增长率为 4.9%,与之相比,同期世界石油产量年均增长率仅为 0.26%。据 EIA 统计,2012 年美国进口原油 866 万桶 / 日,比 2006 年最高时的 1012 万桶 / 日减少 146 万桶 / 日;同期原油对外依存度由 66.4%降至 57.8%。预计，到 2015 年美国原油对外依存度将降至 52%,2020 年进一步降至 45%。

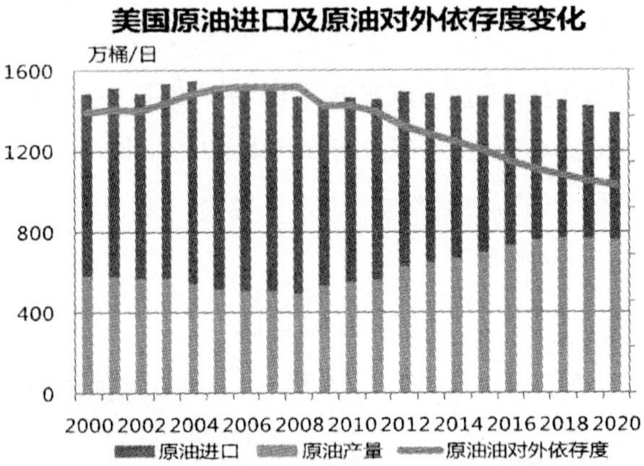

随着美国从加拿大进口原油数量的持续提高,预计到 2020 年美国进口加拿大原油将由 2012 年的 245 万桶 / 日提高到 390 万桶 / 日，而同期从加拿大以外进口原油数量则由 621 万桶 / 日降至 236 万桶 / 日。这样,仅考虑美国从加拿大以外国家(地区)进口原油，美国原油的对外依存度则由 2012 年的 50%降至 24%。

2. 整体石油对外依存度更低,能源独立成为可能

随着技术进步、能效提高、燃料替代影响,近年来美国的石油消费稳中趋降。2012 年石油消费量为 1868 万桶 / 日，比 2005 年最高时下降 212 万桶 / 日。预计,到 2020 年石油消费为 1840 万桶 / 日,比 2012 年下降 28 万桶 / 日。美国原油产量提高和进口下降的同时,油品出口则快速增长。2011 年美国在 60 年后再度成为油品净出口国,2012 年油品净出口量达近 100 万桶 / 日。整体来看,2012 年美国石油对外依存度由 2005 年最高时的 60.3%降至 41.3%;预计到 2015 年降至 32.3%,2020 年进一步下降至 23.1%。如果仅考虑美国从加拿大以外进口原油,2030 年以后美国石油或可实现自给自足。

美国石油净进口和石油对外依存度变化趋势

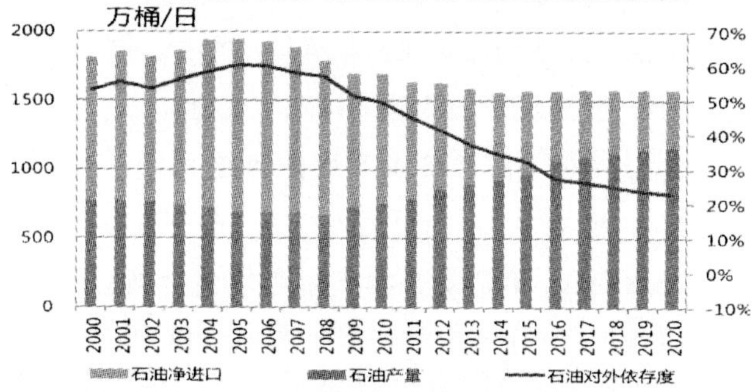

3. 美国天然气自给率将大幅提高

页岩气的快速增长使美国天然气产量由降低转为持续的较快增长，使 2005 ~ 2008 年、2008 ~ 2011 年间气产量年均增长率分别达 3.8%和 4.5%。仅以 2011 年计，同比增长达 7.8%，终于使美国天然气产量超过俄罗斯而居世界首位。与之相应，天然气表观进口量在 2008 年、2011 年分别降到 883 × 108 立方米和 388 × 108 立方米，进口依存度分别降到 13.4%和 5.6%。据 EIA 2011 年预测，2035 年美国天然气产量将达到 8210 × 108 立方米，其中非常规气共占 74%，而页岩气占 46%。

美国不同来源天然气供应比例

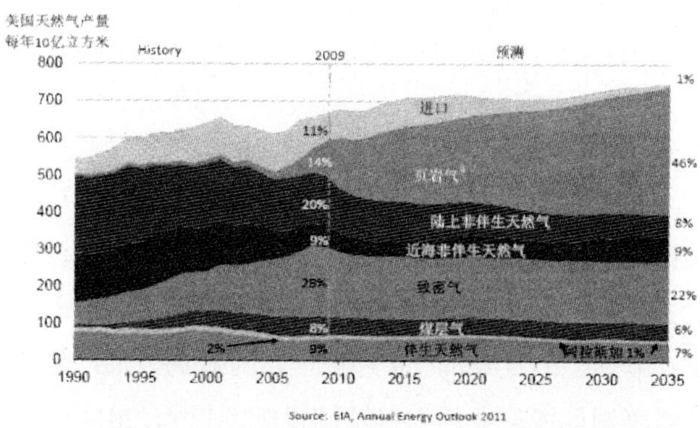

4. 美国或成为 LNG 重要出口国，进口 LNG 设施将转为出口服务

据 PFC 预计，全球 2020 年 LNG 产能将达到 4.32 亿吨，比 2011 年增加 1.53 亿吨；增量中 50%以上来自澳大利亚，美国是仅次于澳大利亚的 LNG 产能增长最快的国家，预计 2011~2020 年间 LNG 产能增加 1700 万吨，占全球新增能力的 11%。

近年美国国内天然气产量不断增加，从加拿大进口的天然气已减少 60%以上，2016 年前成为液化天然气净出口国，日均出口 3000 亿立方米。美国 LNG 出口具有成本优势：一是天然气价格将在较长时间内维持在一个较低水平；二是原有的 LNG 进口设施直接转为出口用途，无需对上游天然气开发、运输管道及储气罐进行更多投资。

美国官方对LNG进口预测

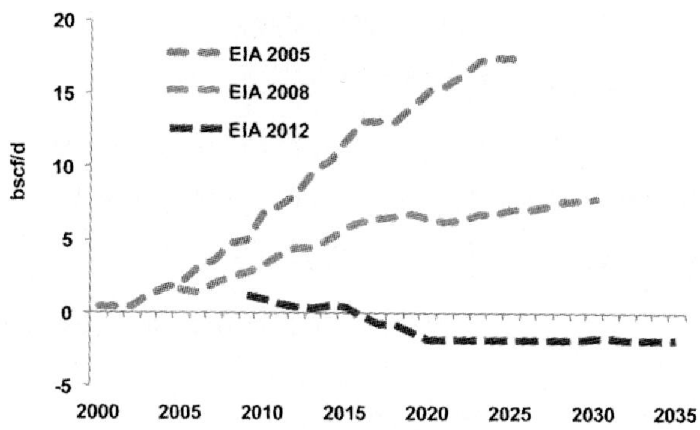

2013 年 9 月美国能源部批准了 CovePoint 液化天然气出口项目，准许其向尚未与美国签订自贸协定的国家出口液化天然气。该项目的国内出口规模达 7.7 亿立方英尺 / 天，设计能力为 10 亿立方英尺 / 天。目前为止，该项目的批准令能源部面向美国非自贸协定国批准的总出口量达到 63.7 亿立方英尺 / 天，其他三个项目分别是 SabinePass（在建）、Freeport 液化天然气项目和 LakeCharles 项目。目前，有大约 20 个 LNG 出口项目在等待能源部的审批，出口规模达每日 237.1 亿立方英尺，几乎是美国目前天然气产量的 1/3。

5. 由于产量增加和价格优势明显，美国 LPG 出口潜力大增

据 CERA 预计，2010~2014 年美国 LPG（含乙烷）产量将由 217 万桶 / 日提高至 266 万桶 / 日，年均增幅为 12 万桶 / 日；据普氏预计，美湾地区 LPG 出口能力将由 2010 年的 15 万桶 / 日快速提高至 2016 年的 45 万桶 / 日，出口量将由 2010 年的不到 10 万桶 / 日提高至 2016 年的接近 40 万桶 / 日。

美国 LPG 出口终端分布和能力

桶 / 日

	位置	持有者	项目描述	时间	现在	至 2014
东海岸	Marcus Hook, Pennsylvania	MarkWest/Sunoco Logistics	至少70,000bd的乙烷和/或丙烷的出口能力	2014年可使用		70,000*
	Searsport, Maine	DCP Midstream	丙烷进口终端	等待许可		14,000**
美湾	Houston Ship Channel, Texas	Enterprise	增加约125,000bd的丙烷出口能力	Q4 2012	115,000	240,000
	Galena Park (Houston), Texas	Targa	添加低温式船的运力；丙烷出口能力从35,000bd增加到130，000bd	Q3 2013, 延长至2014	35,000	130,000
	Beaumont, Texas	Coastal Caverns (Vitol)	新出口设备	Q1 2013		100,000
	Houston Ship Channel, Texas	OxyChem	负荷能力非常大的LPG运输船	2014年可使用		未公布

6. 美国或成为新兴的煤炭净出口国

2011 年，美国煤炭出口超过 1.07 亿吨，总值近 160 亿美元，为 1991 年来的最高值，是 2006 年出口量的两倍多。而且，美国煤炭出口大多流向了亚洲市场。美国煤炭正逐渐成为全球煤炭贸易中的后起之秀。

原因是多方面。第一，国内煤炭消费需求在减少，从 2009 年以来，美国国内对煤炭的消费就一直呈现下降趋势。第二，天然气等更为清洁的能源已显现替代煤炭和石油的趋势。在页岩气供应增加的情况下，目前内贸煤炭主要集散地动力煤价格平均在 50 美元/短吨左右，外贸煤炭能够达到 70 美元/吨以上，内贸煤炭价格已经达到煤矿成本临界线。第三，来自环保组织的压力，迫使美国能源结构发生变化。

（二）促进美国经济发展恢复动能

1. 主要油气生产州对美国经济贡献率大幅提高

2008~2011 年各主要油气生产州在全美 GDP 所占的份额不断提高；份额增幅排名前十位中，油气生产大州位列四席，依次是德克萨斯州、路易斯安那州、加州、北达科他州等。

2011 年/2008 年美国各州占全美经济份额的变化情况

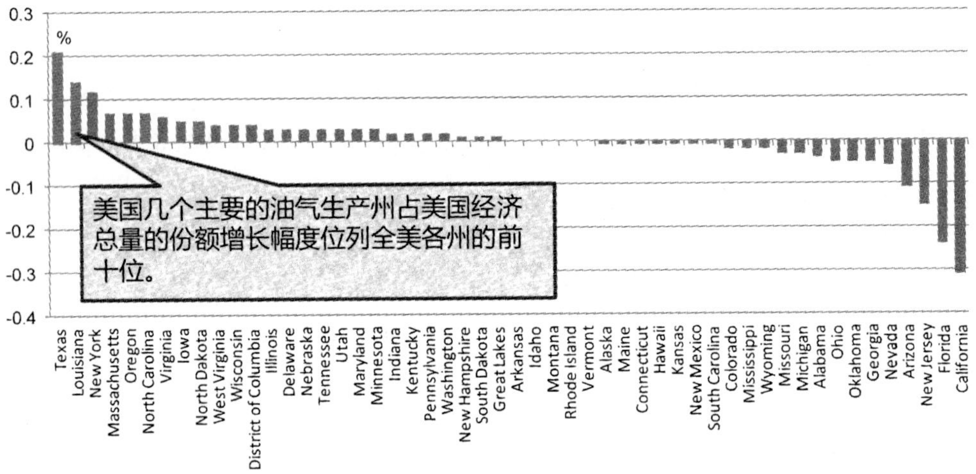

据 IHS Cera 统计，2010 年一年页岩气工业就为美国创造了 60 万个就业岗位。预计，未来 4 年页岩气会成为美国经济增长的生力军，不仅能增加 1180 亿美元经济收入，还能为该国提供 87 万个直接工作岗位（包括钻井等）。

波士顿咨询公司（BCG）预计，随着“美国制造”的成本优势日益显现，今后五年间，美国将新增 200 万至 300 万个工作岗位。

全美和北达科他州失业率变化对比图

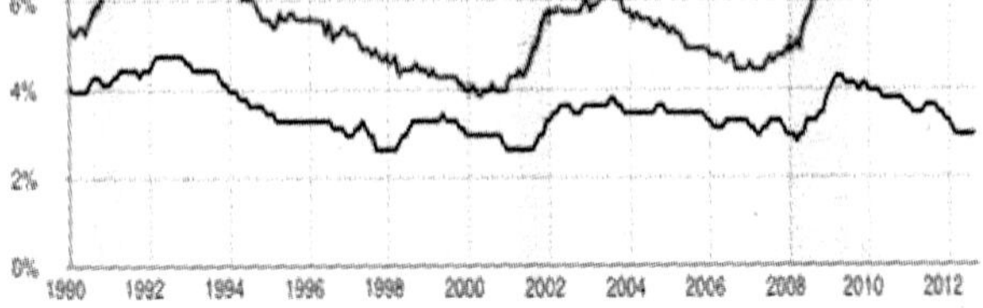

2. 油气基础设施投资大幅增加

美国石油管道输送里程快速提高。2001~2007 年美国原油产量下降，运力需求减少，部分输油管道被迫关闭。原油管道里程由 2001 年最高时的 8.5 万公里，缩减至 2005 年的 7.4 万公里。随着页岩油产量提升，美国能源产业加大对基础设施的投入，2011 年底原油管道里程回升到 8.6 万公里的历史最高水平。2001~2005 年美国油品管道里程持续下降，2005 年降至 11.5 万公里的近十年来的最低水平。2006 年以后油品管道里程恢复增长，2011 年底在 15.5 万公里的历史新高。

同时，天然气管道里程数也在增加。美国天然气管输能力在 2007 年出现井喷式增长，新增能力超过 40 亿立方英尺/日，此后几年保持在 15 亿立方英尺/日左右的高水平，高于 2001~2007 年 5 亿立方英尺/日的平均水平。2001~2007 年美国天然气管道里程数总体呈下降态势，2007 年降至近年来历史最低的 46 万公里；随着页岩气的大规模开发，美国天然气管道大量修建，2011 年天然气管道里程数增加至 48 万公里。

3. 为美国制造业回归和再工业化创造了条件

页岩油气产量快速增加大幅降低了美国石油、天然气和煤炭等原材料价格，吸引制造业重回美国；预计，至 2015 年美国将比德国、日本和英国等国拥有 5%~25%的成本优势。2010 年折合成美元的中国产品成本比美国同类产品便宜 12%，而到 2015 年这一差距将缩小为 7%。

2009 年 ~2012 年奥巴马政府先后推出《美国制造业振兴法案》等多项政策帮助美国制造业复兴。政府还通过调整税收优惠政策来降低制造业的税收负担。

以制造业的基础指标之一钢铁产量来看，金融危机以来，美国钢铁产量和消费量均显著下滑。2009 年以来美国钢铁产量快速回升，2011 年已恢复至 2007 年金融危机前的水平。

据 IHS 分析，作为原料和动力的油气价格的走低，将使美电力成本下降 10%，直接使 2012 ~ 2017 年间工业产值增长 2.9%，到 2035 年增加 4.7%。页岩气革命带来的低成本优势正从石油化工行业群向外扩散而影响到其他产业集群，这将使美国有可能获得其他国家暂时难以得到的动力，使之在经济复苏中占有先机。

(三) 提升美国炼化工业竞争力

1. 炼厂原料得到改善，产品逐步转向出口市场

美国本土生产的页岩油产量持续提高，日益替代进口的轻质原油。2012 年美国进口轻质低硫原油比例为 17.8%，比 2010 年下降 5.2 个百分点；美国进口重要原油（主要来自加拿大）比例由 2010 年的 41.2%提高至 2012 年的 46.4%。

Bakken 生产的页岩油主要在美国中西部的炼厂加工，正在计划新建管道将其送到墨西哥湾炼厂加工。Eagle Ford 生产的页岩油主要在得州的 Three River 和 Corpus Christi 炼厂加工，最近已送到更远一些的 Marathon 公司炼厂加工。

页岩气作为生产蒸汽、氢气和发电的原料、燃料，从而大大降低生产成本，并减少 CO2 排放。用廉价页岩气作为运输燃料已受到广泛关注。短期内受到基础设施的限制，中长期直接替代车用汽柴油消费。 廉价乙烷替代轻石脑油作为裂解装置原料。轻石脑油将用作加拿大油砂沥青的稀释剂。液化气出口出现了瓶颈，现在已扩大出口终端能力。

2011 年美国首次成为油品净出口国；2012 年汽油净进口量由 2007 年的 102 万桶 / 日降至 29 万桶 / 日，柴油净出口达 90 万桶 / 日，超过俄罗斯成为最大的出口国。预计，2020 年美国将由最大的进口国转成为出口国；馏分油净出口量将达 115 万桶 / 日；此外，其他主要出口油品还有 LPG 和石油焦等。

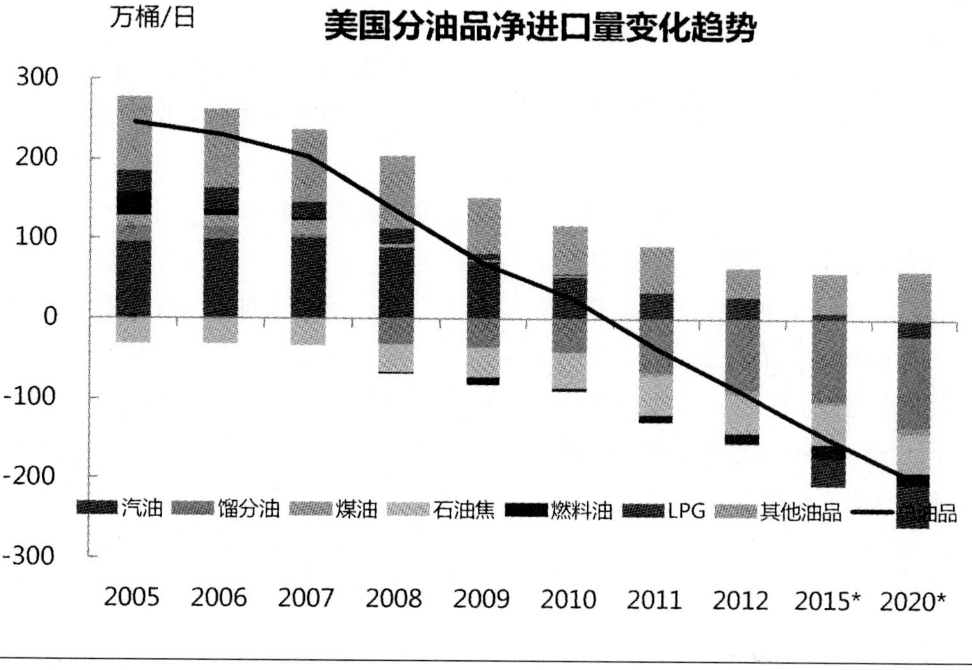

2. 石油化工竞争优势明显

天然气价格降低对化工行业的影响更为深远，使之在近年成为率先复苏的行业之一。本世纪初，由于成本高、缺乏竞争力，美石化企业开工率仅在60%左右。近年来基于页岩油气的低成本，使其开工率跃升至2011年的93%，一些被关闭的乙烯裂解装置亦复产，比全球平均水平高8个百分点。几家石化巨头都着手在海湾区建设世界级新装置，预计2012～2016年主要石化产品产量仍将以2.4%～3.8%的年均增长率上升。乙烷、乙烯是重要的基础化工原料，在欧洲和亚洲其主要来自炼厂生产的石脑油，而在美国却以页岩气及其伴生的NGL中富含的乙烷等为主要原料。原料价格的巨大差异使半成品的乙烯成本相差甚大，美国为400美元/t，而在欧洲、亚洲却高达1300美元/t，进而使各类衍生品价格产生更大差异。这将使相当大的一部分美国石油化工产品的竞争力远大于欧亚同类产品，盈利率居全球各大区之冠（甚至超过了中东）。曾几乎失去出口市场的美国聚氯乙烯类产品在2011年出口量猛增，达到2006年的5.4倍，使美石化产品该年出口额达1890亿美元，比上年增长11%，预计至2014年间其年均增长率仍将为6.8%。据美化学理事会报道，拟在今后数年内向石化业投资162亿美元，使2017年美国乙烯产能再提高12.4%，整个石化工业产能增加29%。

未来北美地区将进入乙烯扩能高峰期，2015年前新增产能142万吨/年；2015年后北美大规模扩建的乙烯项目将逐步竣工，2015-2020年间将新增乙烯产能近950万吨；未来北美地区的乙烯下游产品主要以聚乙烯、聚氯乙烯和乙二醇为主；预计到2015年后北美地区的聚乙烯、聚氯乙烯出口将大幅增长；北美地区技术先进，其高附加值产品在其出口产品中占据较高的份额。

2015~2020年美国新建乙烯计划

万吨/年

公司	地点	规模	投产时间
Chevron Phillips	美国	100	2017
ExxonMobil	美国	150	2017
Braskem-Idesa JV	墨西哥	100	2016
Dow	美国	150	2018
Formosa	美国	150	?
Shell	美国	150	?
Oxy	美国	150	2020年前

3. 基础化工行业竞争力上升

页岩气已经成为美国石化产业振兴的最大动力，为其他相关产业如塑料、轻工、建筑、农业、电子和医疗，提供了难得的投资和出口机会。2008年与2009年美国的基础化工行业全球竞争力几乎还位居末席，今天则成为世界最强。2011年欧洲、亚洲的大宗基础化学品几乎全行业亏损，而美国同行业平均开工率则由三年前不到60%快速上升到了93%，2011年出口额为1890亿美元，同比增长11%，盈利水平甚至超过了中东的初级能源加工业，据估计2014年出口额可能达到2300亿美元的规模。

据美国化学理事会的研究报告《页岩气和新石油化工投资：美国经济、就业和制造业的收益》预测，在今后几年内美国石化工业新增产能投资将达到162亿美元，到2017年产能会提高29%，成为美国重塑制造业的前驱产业之一。

三、北美页岩油气开发同样对全球产生重大影响

（一）重塑能源格局，引发地缘政治发生变化

能源或成为军事力量之外美国推进全球霸权的第二个武器，使其在能源外交和巩固政治霸权上拥有更多的话语权。

美国页岩油气发展对中东地缘政治产生重要影响：即美国对中东地区的能源依赖下降，未来军事力

量或将撤出这一棘手的区域，中印等国则更多地受到中东地缘政治动荡的影响；随着美国能源安全系数的提高，以及国内石油市场的相对独立性，美国打压伊朗更无后顾之忧，伊核问题形势或更加严峻；中东作为世界能源版图中心的地位将有所下降，很大程度上将成为亚洲的能源中心，而不再是世界能源中心。

同样，美国战略东移将对亚太地缘政治格局产生影响。由于资源数量的变化，俄罗斯在欧洲天然气市场的统治地位将被削弱；美国高调宣布重返亚太，加大在亚太军事力量部署，营造亚太紧张局势，使该地区的军事和能源双重角力剑拔弩张；介入中国的南海开发，意在影响中国的南海开发战略。

（二）全球油气贸易格局将发生深刻改变

1. 世界原油贸易流向将发生变化

在美国石油消费量降低、产量上升、进口量和进口依存度下降的基础上，美国从易发生动荡地区的进口量可以大幅度下降，从“可靠来源”区的南、北美洲(特别是邻国加拿大和墨西哥）的进口量得到持续增加。这不但增强了美国自主掌控能源的能力，使其在能源独立的路上迈出了关键性的一大步，而且也降低了进口成本。

美国原油进口量下降，其他国家进口资源空间扩大。尤其是美国从西非等大西洋盆地进口原油数量将进一步减少。预计，到2020年美国几乎不再进口西非原油，这将为市场腾出60万桶/日资源。

美国从主要产油国进口原油数量变化趋势

单位：万桶/日

国家	2012年	2015年	2020年	2015年比2012年	2020年比2012年
加拿大*	**245**	**290**	**390**	**45**	**145**
沙特	141	131	88	-10	-53
伊拉克	46	50	33	4	-13
尼日利亚	40	23	3	-17	-37
安哥拉	23	16	0	-7	-23
委内瑞拉	86	54	31	-32	-55
哥伦比亚	42	42	30	0	-12
墨西哥	95	74	40	-21	-55
俄罗斯	11	7	0	-4	-11
挪威	3	2	0	-1	-3
其他	134	87	6	-47	-128
合计(不包括加拿大）	**621**	**486**	**236**	**-135**	**-385**

对于中国而言，由于美国从中东和非洲进口原油的减少，将减缓我们获取原油资源的压力。

中美原油进口来源变化趋势图

单位：万桶/日

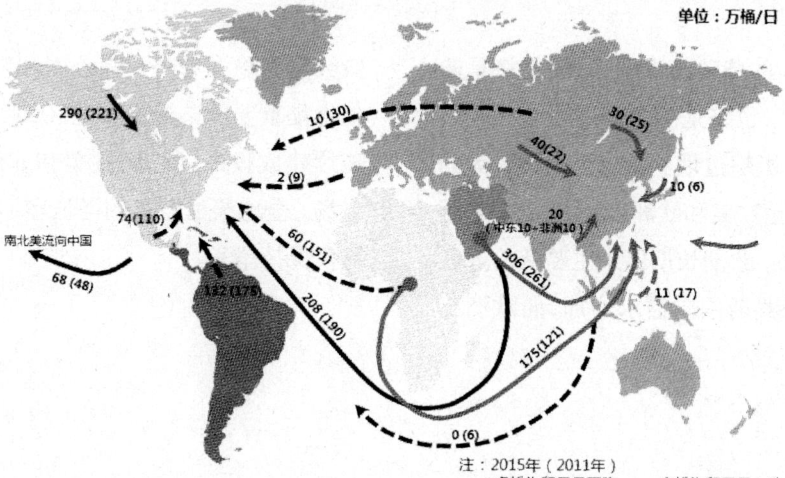

注：2015年（2011年）
……虚线为贸易量下降，——实线为贸易量上升
紫色线为美国进口来源，蓝线为中国进口来源

2. 美国油品出口对其他出口导向型炼厂构成挑战

美国炼厂凭借其较强的竞争能力和较低的原油成本，预计未来仍将保持较高的开工率，油品净出口量仍将持续增长，这将加剧未来国际油品市场竞争。美国油品出口主要目标市场将由目前的拉美扩大至欧洲、非洲、甚至亚太地区，加之中东新炼厂在未来两年陆续建成投产，将使西北欧、俄罗斯、印度、新加坡、韩国等出口导向型炼厂油品出口面临更大挑战。

对我国而言，近年来主要石油公司纷纷加大了"走出去"的步伐，以并购或合资建造等形式加紧海外炼厂布局，未来这其中一些海外炼厂的油品市场开拓也将面临来自美湾炼厂有力竞争。

3. 全球油品贸易流向同样发生变化

美国将从全球最大的汽油进口国成为汽油净出口国，欧洲汽油出口面临更大压力。随着燃油效率提高和燃料乙醇替代，美国汽油需求呈下降趋势，汽油进口量减少。据 EIA 统计，2007 年美国汽油净进口量达 102 万桶 / 日的历史最高水平，约半数来自欧洲，2012 年这一数字则大幅降至 29 万桶 / 日。预计到 2015 年，美国仅需从欧洲进口少量汽油，欧洲汽油出口面临越来越大的压力。同时美国向拉美出口汽油数量则增加。到 2020 年，美国有望成为汽油净出口国。

全球汽油贸易流向趋势图

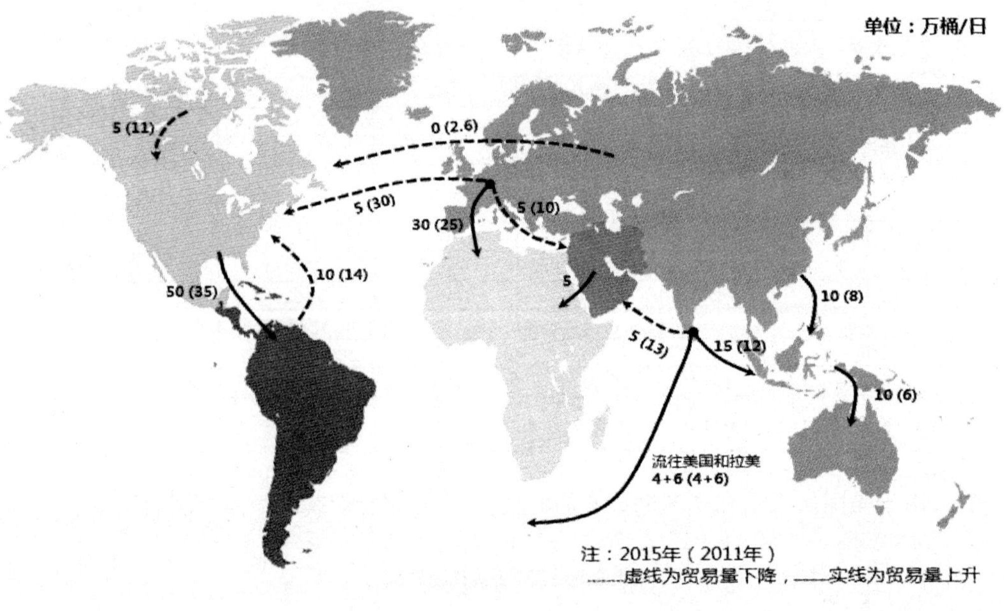

美国成为全球最大的柴油出口国，欧洲仍将是柴油供应缺口最大的地区，也将是中东等新增资源的重要目标市场。2012 年美国超过俄罗斯成为全球最大的柴油出口国，主要出口至拉美和欧洲。预计，未来美国出口柴油数量仍将增加。欧洲长期以来主要从前苏联进口柴油，未来随着俄罗斯国内需求增加，向欧洲出口数量将稳中趋降。除美国和俄罗斯外，中东和印度也将是重要的柴油出口地区，尤其是随着中东新炼厂陆续建成投产，欧洲、拉美和非洲将成为其主要目标市场。全球柴油需求的增长和不平衡将使柴油跨区贸易量保持增长。

全球柴油贸易流向趋势图

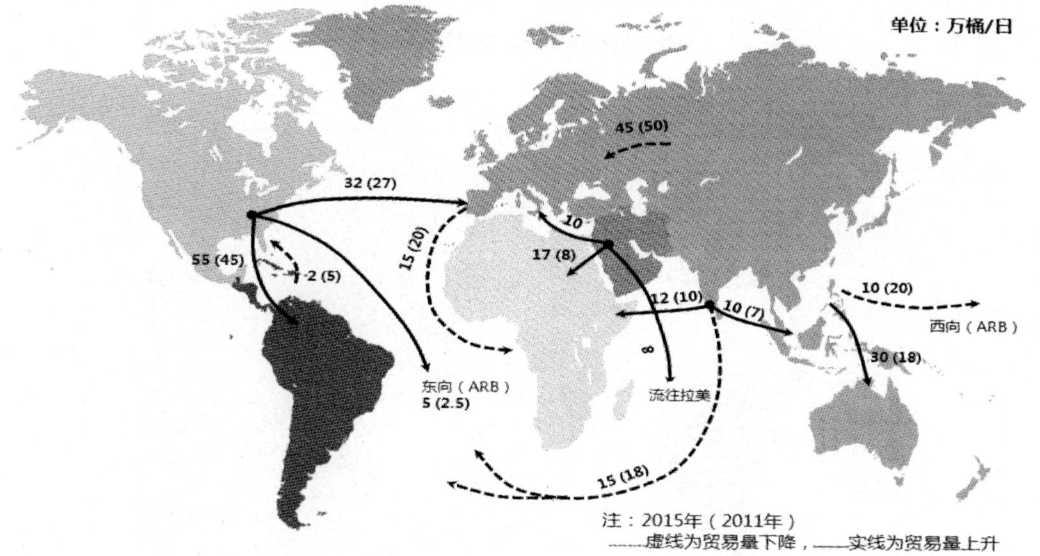

美国 LPG 产量的快速增长为其扩大 LPG 出口创造了条件，但仍面临诸多"瓶颈"。美国生产商积极加大投入以改善 LPG 出口基础设施，有望成为继中东后第二大 LPG 出口国。亚洲是全球 LPG 贸易的主要区域，目前约有 96 万桶 / 日的缺口，主要来自中东和非洲。随着美国 LPG 出口的增加，欧洲和亚太地区是其主要目标市场。未来美国流往欧洲、拉美和亚洲的供应量均有不同程度提高；中东和非洲流向亚洲的 LPG 也将增加；而中东向欧洲出口的 LPG 数量将有所减少。未来 LPG 作为工业原料的份额将不断提高，跨区贸易量也将保持增长。

全球LPG贸易流向趋势图

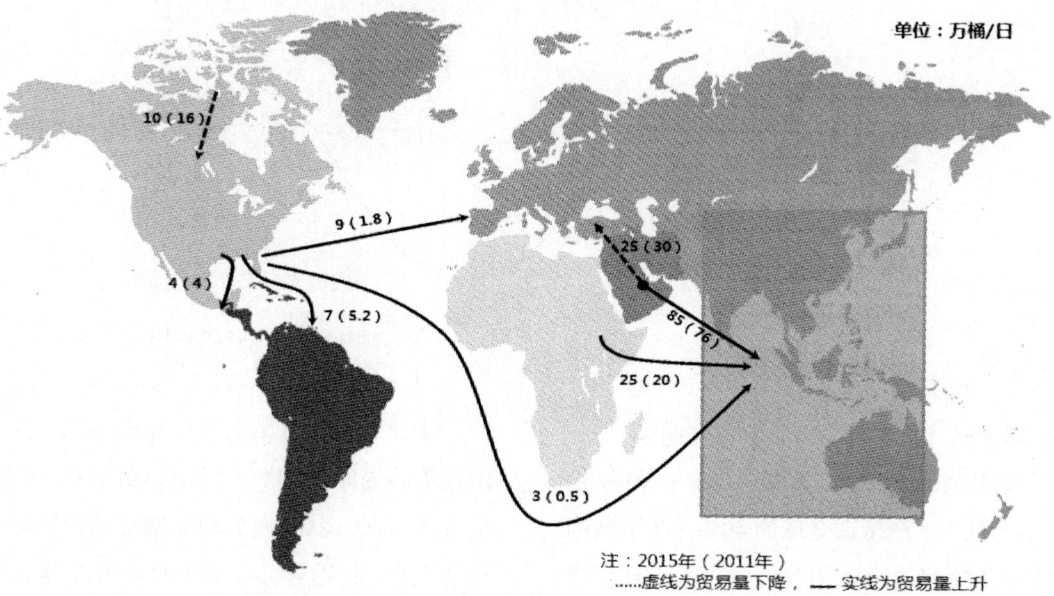

全球跨区燃料油贸易量稳中趋降，亚洲仍将是最大的缺口市场。目前约有120万桶/日的燃料油流入亚洲，主要来自中东、欧洲和拉美。预计到2015年从区外流入亚洲的供应量将减少至100万桶/日。

全球燃料油贸易流向趋势图

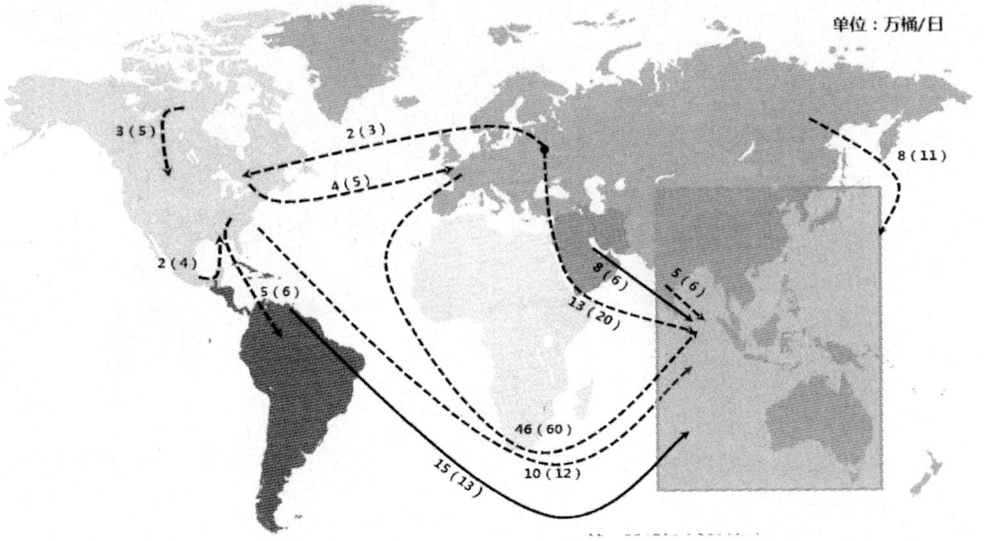

全球跨区石脑油贸易量基本保持稳定，亚洲仍将是最大的缺口市场。目前约有90万桶/日的石脑油流入亚洲，主要来自中东和欧洲；预计到2015年，中东和欧洲流往亚洲的供应量将增加13万桶/日。

全球石脑油贸易流向趋势图

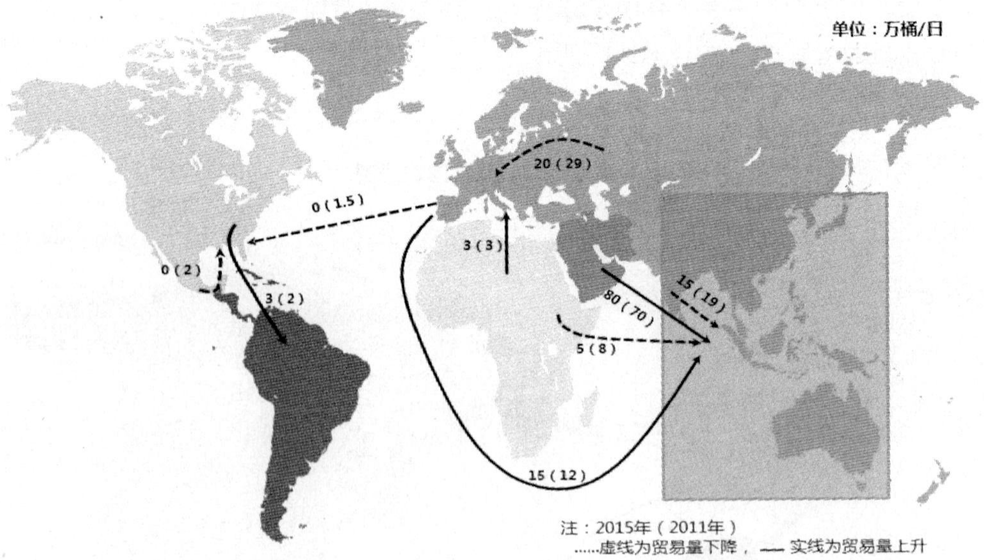

4. 对全球天然气贸易格局的影响同样深远

目前，全球形成两大天然气高产带：东半球的“俄罗斯－中亚－中东”，产量占全球的40%；西半球的“美国－加拿大”，产量占全球的30%。同时，全球形成三大天然气消费中心：欧洲、北美和亚太，消费量分别占全球的34%、28%、20%。

全球天然气市场也已呈现卡塔尔、澳大利亚、美国竞争的局面。卡塔尔采取灵活的气价与油价挂钩定价方式，打包销售；澳大利亚调整销售策略，推出组合现货交易；俄罗斯引入小规模现货交易，提供格外激励措施；美国LNG出口价格低于卡塔尔和澳大利亚；天然气生产者卡塔尔组织难以形成。

北美页岩气的发展有助于降低欧洲对俄罗斯的依赖，进而削弱俄罗斯对欧洲能源外交的作用。未来欧洲天然气市场将呈现多元化供应格局，美国目前已经与欧洲签订了两个 LNG 出口合同。

LNG运输至日本的成本*

国家	最新价格 指数/假设	最终价格 美元/MMBtu
卡塔尔	JCC 113美元	18.7–19.4
澳大利亚	JCC 113美元	17.1–18
美国	目前 亨利中心价格 2.45美元/MMBtu	8.2–9.6
	假设 亨利中心价格为 4美元/MMBtu	10.0–11.2
	假设 亨利中心价格为 6.5美元/MMBtu	12.9–14.3

注释：* 包括从货源地运输至日本的运输费用，如燃料成本、船运成本和运输过程中损失的 LNG

（三）中远期国际油价大幅上涨的压力缓解

中远期国际油价大幅上涨的压力缓解。北美页岩油气的发展将极大地增加世界石油市场供应，突破"石油峰值论"的传统观点，进一步改变世界石油供需格局，对国际油价构成打压；近期多家投资银行及研究机构下调了中短期国际油价预期，至少在 2015 年以前，出现过高油价的条件难以具备。

JP Morgan 认为页岩油开发的边际成本 60~70 美元 / 桶，而目前大部分油井的平均成本在 60 美元 / 桶。未来技术进步，以及规模化生产，将进一步降低页岩油生产成本。目前来看如果 WTI 长期低于 80 美元 / 桶，页岩油产量增长可能有问题，甚至部分油井将减产或停工。包括加拿大油砂，也面临同样的问题。

1. WTI/BRENT 将在较长时期保持负价差，但有望收窄。

页岩油产量快速提高以及加拿大对美国出口原油数量增加，使得 WTI 原油交割库 – 库欣原油供应大幅增加，由于其外输能力有限，造成美国中西部地区原油出现"拥堵"局面，对 WTI 即期价格构成压力。2011 年来，Brent/WTI 价差不断拉宽，并于 10 月 14 日创下 27.9 美元 / 桶历史高位；今年以来，因 Seaway 管线向美湾地区反输原油，库欣库存压力有所降低，价差出现回落，但仍维持在 20 美元 / 桶以上的高水平。随着 Seaway 管线扩能以及 Keystone XL 管线南段有望开通，将有助于大幅缓解库欣地区的库存压力，促进 WTI/Brent 价差收窄。

2. 高低硫原油价差也是趋于收窄

美国进口减少，大西洋盆地供应偏紧的局面缓解，尤其是轻质低硫原油 可贸易资源增加。中东原油出口受伊朗供应下降、沙特新炼厂对中重质原油需求增加、近年全球炼厂改造和新建使得复杂程度提高对中重质原油 需求持续增加等因素影响。

页岩气造成美国天然气价格暴跌的影响不太可能在石油市场重演，因为市场结构不同，美国天然气

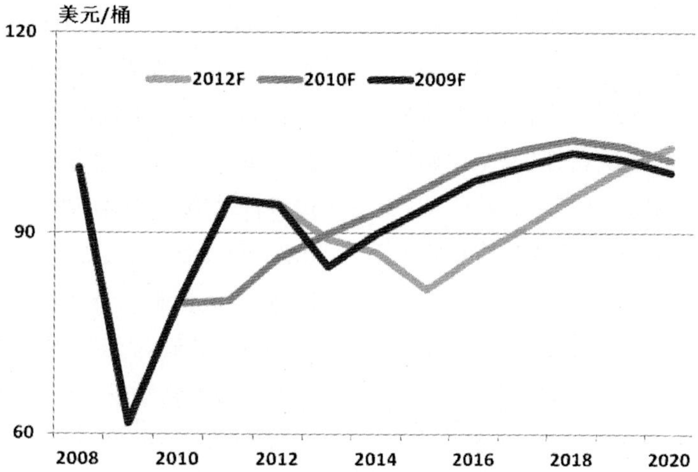

不同时期 IHS 的 Crea 对 Brent 油价的预测

市场相对封闭，而全球石油市场相互关联性很强。

四、对中国的启示

从历史进程来看，我国的能源发展道路与美国非常相似。从供应面看，20世纪60~70年代，随着大庆油田等一批重要油田投产，我国石油产量快速提高，在实现自给自足的同时仍有部分可供出口，直到1993年，我国才从石油净出口国转变为石油净进口国，2000年以来进口量和对外依存度都不断攀升；从需求面看，建国之初我国石油需求的主要形式也是灯用煤油，随着经济建设的推进，柴油和汽油取代煤油成为主要的石油产品，推动石油需求总量不断攀升，并在2003年超越日本成为全球第二大石油消费国，尤其我国当前处在重化工业的转型阶段，改革进入深水期，能源安全面临的挑战日益严峻，主要体现在一是自产石油供应增长缓慢，石油的对外依存度不断提高，动荡的地缘政治局势使我们保障石油安全稳定供应的难度增大；二是国际油价高企，对我国国民经济的发展造成十分不利的影响；三是能源消费结构不尽合理，环境压力日益提高。鉴于此，积极探讨美国“能源独立”的进程及其影响，充分认识美国不同时期能源产业面临的机遇和挑战，尽可能避免美国的老路和弯路，才能真正走出一条符合国情的新型工业化道路，促进我国国民经济和能源产业的健康发展。

（一）为我国的非常规油气开发提供积极的带动和示范效应

当前“页岩气革命”掀起的热潮已经席卷全球，世界上蕴含页岩气资源的国家都希望能够复制北美的巨大成功。EIA以及我国国土资源部的评估都显示，我国拥有全球最丰富的页岩气资源储量，预计总量在25万亿~35万亿立方米，超过美国居全球首位，是未来天然气勘探开发的重要接替能源。但是，我国页岩气资源开发面临一定瓶颈，其地质条件、基础设施以及水资源条件都受到较大限制，美国模式很难在我国加以复制，不应生搬硬套，未来页岩油气的大规模开发仍需相当长的过程。

（二）促使我国更积极地应对全球能源格局的变化

作为全球最大的能源进口国，美国自身能源供给率的提高具有相当的积极意义，很大程度上增加了全球能源供应，也有利于降低能源价格，尤其美国进口量的下降将为我国提供更多的资源空间，同时也促使我们更积极地应对全球能源格局的变化。一方面，加强中美之间的技术交流和能源合作，积极寻求中美能源领域的投资和贸易机会，同时要适时寻找机会施压美国放开原油出口，扩大天然气出口规模，改变美国目前在石油领域存在的“自由经济”不自由现象；另一方面，积极促进加拿大等国出口多元化格局，巩固与尼日利亚、安哥拉等美国减少原油进口国的关系，开展多边外交合作，进一步扩宽能源进口渠道。

（三）结合自身能源需求特点，控制对外依存度过快增长

当前我国仍处于工业化阶段，能源需求规模仍然庞大，石油对外依存度较高的状况短期内难以根本改变。要增强我国的能源安全，从供应面来看，要继续加大国内资源勘探开发力度，同时积极促进进口来源多元化，通过贸易手段来保障石油供应安全；此外，要继续加大“走出去”的力度，在资源收购中注意控制跌价风险。从需求面来看，尝试把“节能”作为我国的基本国策，大力实施厉行节约法规，抑制不合理消费，加强技术创新，提高能源的使用效率，同时加大新能源和可再生能源的替代，真正走出一条资源节约型和环境友好型的能源发展之路。

（四）利用全球石油贸易深刻变化的格局，加快建设我国自身的石油期货平台，提高我国在国际石油市场话语权

国际石油市场话语权的提升对于保障我国能源安全和经济平稳发展具有重要意义。经过多年的发展，我国已成为国际石油市场的重要买家，在局部地区和现货市场取得了一定话语权，但总体影响力和掌控力仍然偏弱，很大程度上仍被动接受西方贸易规则和定价，在提高石油定价话语权方面相对于美国仍有较大差距。因此，未来要结合国家和企业两个层面，分两个阶段进行实施，一是在现有框架下，提高我国对国际石油市场尤其期(纸)货交易的参与度，从熟悉西方规则、利用西方规则，到影响西方贸易规则，逐步改变现有贸易格局和游戏规则；二是加快建设我国自身的原油、油轮运价指数等期货交易平台，逐步参与规则制定，同时积极稳步推进人民币国际化，逐步提高我国在国际石油市场的话语权和影响力，进一步保障我国能源安全。

第二部分

我国石油天然气及其产品市场信息

分目录

国内消费柴汽比影响因素分析及走势预测

张蕾 丁少恒
(中国石油规划总院)

一、近年国内消费柴汽比高点出现在2005年

1978年以来,国内消费柴汽比呈现先降、后升、再回落的变化趋势。最低点出现在1990年的1.33,然后升至2005年的最高点2.31,2012年回落至1.97。1990年以前,国内柴油消费以农业用油为主,增长较为缓慢,消费柴汽比呈现走低趋势;1993年后逐步转向市场经济体制以及2001年加入世贸组织,成为1990年~2005年经济增长和消费柴汽比处于上升周期的主要推动力;"十一五"期间开始调整经济结构,并设定了单位GDP节能降耗目标,消费柴汽比呈现下行趋势。另外,消费柴汽比也呈现一定波动性,尤其是"五年规划"的初期和末期年份,消费柴汽比相对较高,这与世界经济发展、国内政府换届周期、固定资产投资周期和国家政策调整周期密切相关。统计结果表明,1978年以来,每个"五年规划"的最后一年的消费柴汽比均值处于最高水平,次高为"五年规划"中的第二年。1978年以来国内消费柴汽比变化见图1。

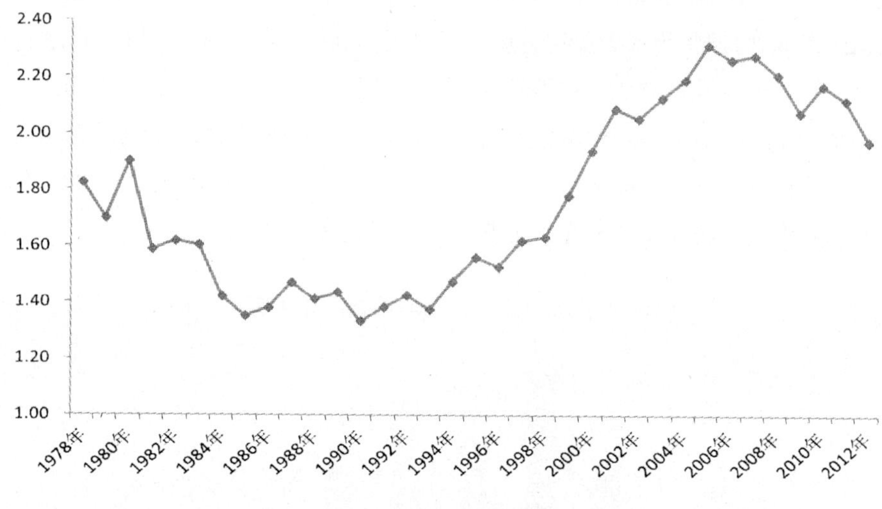

图1 1978年以来国内消费柴汽比变化

二、消费柴汽比确认进入下行通道,2030年将回落至0.9左右

国内消费柴汽比的变化主要与工业化发展阶段、居民收入水平及汽车行业发展趋势密切相关。通过剖析上述因素的变化,初步得到以下判断:国内消费柴汽比的峰值已经在2005年出现;工业化后期柴油消费增速低于汽油消费将成为常态;消费柴汽比长期呈现下行趋势,且未来10年单边下行的概率较大。

(一)国内总体走过工业化中期阶段,柴油增长放慢拖累柴汽比走低

从世界发达国家来看,柴汽比的变化与工业化程度存在一定的联系。在工业化前期,工业占国民经济的比例将会稳步增加,工业部门柴油消费增长较快,消费柴汽比会有一个上升过程。在工业化中期,柴汽

比逐步达到顶点，之后开始回落，与之伴随的是第二产业比重也处于峰值附近。当然，受居民消费习惯和生活文化的影响，我国居民储蓄率较高，消费较为谨慎，银行存款数额较大，国家更多的通过较高的投资率来拉动经济的增长。因此，我国目前的第二产业比重较其他国家的最大比重都偏高，经济结构更多的与韩国、巴西、日本等国相像，工业化比重都突破过40%，这些国家的柴汽比变化具有更多的参考意义。典型国家消费柴汽比与第二产业比重的关系见图2。

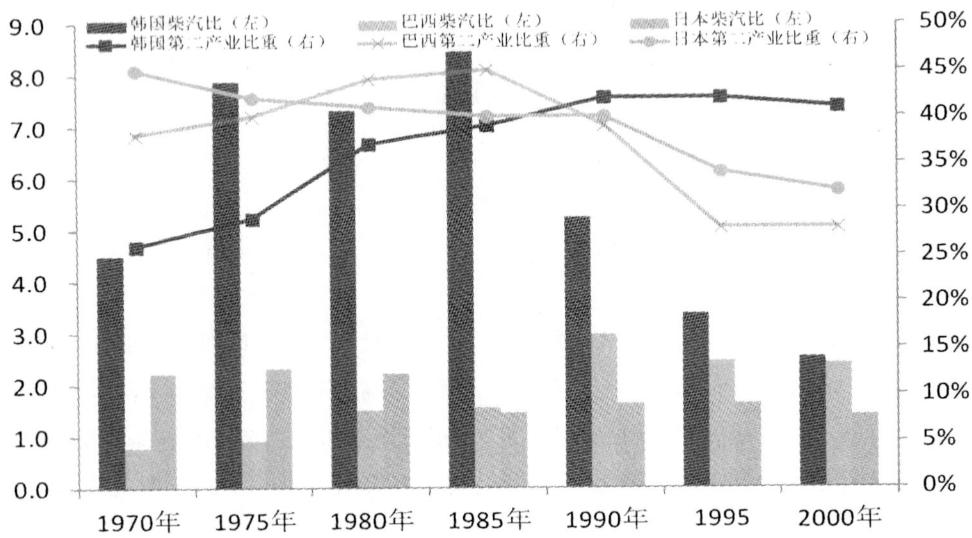

图2 典型国家消费柴汽比与第二产业比重的关系

中国第二产业占国民经济的比重在2006年达到48%的峰值，意味着“十二五”时期将步入工业化后期，与20世纪70年代的日本、80年代的巴西、90年代的韩国较为相近。一是2011年、2012年中国的人均GDP分别达到5350美元和6084美元，按照购买力平价法计算，2001～2010年中国已经快速地走完了工业化中期阶段。二是2009年以来，投资对GDP的贡献已经连续4年减少，出口的贡献由正转负，消费的贡献逐步增加，经济增长正逐步进入到消费驱动阶段。因此，不可逆转的产业结构变化，是国内消费柴汽比进入下行区间的主要原因。2001年以来国内第二产业比重变化见图3。

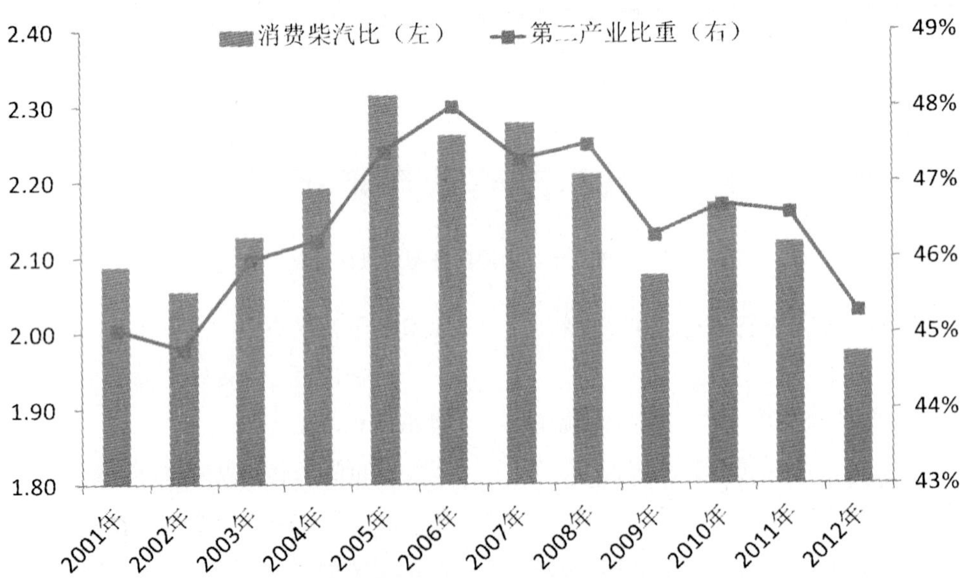

图3 2001年以来国内第二产业比重变化

（二）中国汽车行业正处于发展普及期，汽油消费将长期稳定增长

按照发达国家汽车行业发展趋势，当人均 GDP 达到 3000 美元以上时，汽车开始大量进入家庭。2008 年中国的人均 GDP 已经突破 3000 美元，2012 年继续增加到近 6100 美元，乘用车已经进入了大量普及阶段，该阶段的特点是千人乘用车保有量从 20 辆增加到 150 辆。2008 年～2012 年国内乘用车千人保有量由 29 辆增长到 65 辆（世界平均值为 145 辆），按照普及期年均增长 12%左右的经验值测算，预计 2020 年以前中国的乘用车保有量将保持 15%～20%的高速增长。在不出现重大汽车燃料技术革命的前提下，国内汽油需求量仍将保持接近 10 年左右的稳定增长。近年人均 GDP 和乘用车销量的变化见图 4。

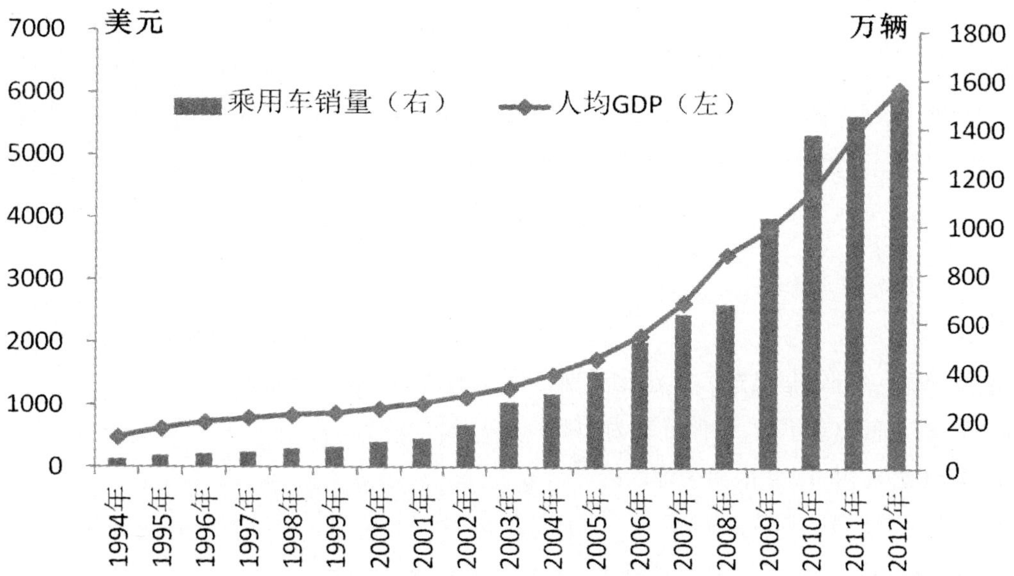

图 4 近年人均 GDP 和乘用车销量的变化

（三）预计 2020 年、2030 年消费柴汽比将逐步回落至 1.5 和 0.9 左右

对于中长期消费柴汽比的预测，需要分别估算汽油和柴油需求的变化趋势。应充分考虑国家经济形势、产业结构变化以及用油行业的发展。根据国家中长期经济和各行业发展规划，对具体影响因素的判断如下：

从经济增速来看，预计 2011 年～2015 年 GDP 年均增长 8%，2016 年～2020 年年均增长 7.5%，2021 年～2030 年年均增长 7%。

从产业结构来看，2011 年～2030 年第一产业占 GDP 的比重将会逐步降低，2030 年降低至 5%左右；第二产业缓慢回落，2030 年接近 40%；2011 年～2030 年第三产业占比总体稳步提高，2030 年约为 55%。

从汽车行业来看，乘用车将迎来第二个高速成长阶段，销量年均增长 12%左右，持续至 2020 年以后。

从房地产行业来看，2011 年～2020 年购房适龄人口不断上升，“理性消费”、“刚需凸显”将成为房地产市场的主要特点，预计住宅建筑面积年均增长 2%；2020～2030 年，人口红利逐步释放和农村住宅面积将减少，预计住宅建筑面积年均仅增长 1%。

把上述一系列指标作为参数纳入量化模型，并考虑替代能源、发达国家历史规律，预计 2013 年、2015 年国内消费柴汽比分别下降到 1.93 和 1.85；从中长期来看，2020 年、2030 年继续下降到 1.5 和 0.9。中长期国内消费柴汽比变化预测见图 5。

三、不同区域消费柴汽比阶段对比

受我国区域经济发展水平和结构差异的影响，各地区消费柴汽比发展情况有所不同，可以划分为三个

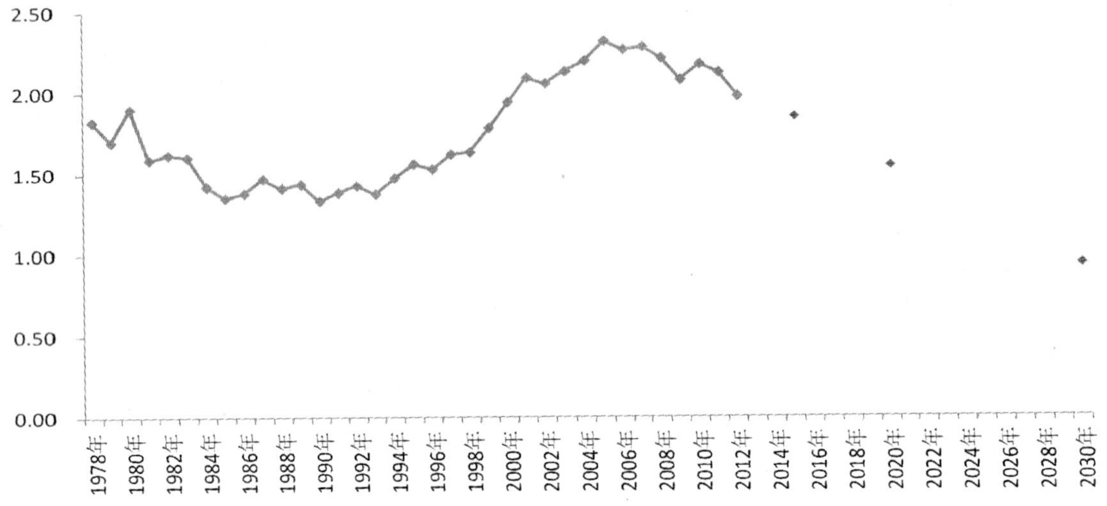

图 5 中长期国内消费柴汽比变化预测

梯队。

华东、华南属于第一梯队，早已进入工业化后期，消费柴汽比在“十五”期间出现下行，峰值分别为 2001 的 2.25 和 2003 年的 2.0。华东、华南两个地区的经济总量占全国的比重长期维持在 50%左右，也拖累全国消费柴汽比出现走低趋势。第一梯队消费柴汽比变化见图 6。

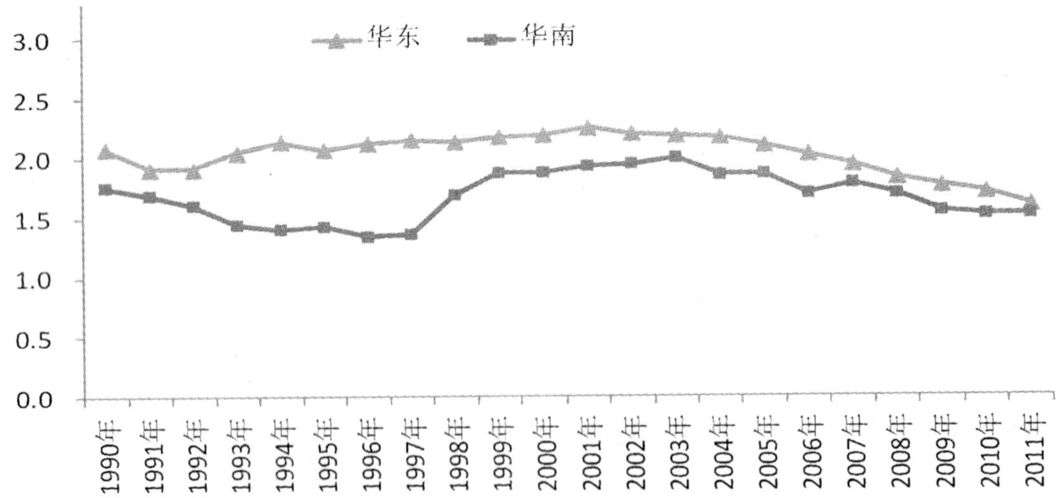

图 6 第一梯队消费柴汽比变化

西南、华中属于第二梯队，消费柴汽比在“十一五”开始下行，较第一梯队偏晚，峰值分别为 2006 年的 2.31 和 2009 年的 2.49，见图 7。

东北、华北、西北是第三梯队，消费柴汽比仍处上升阶段，见图 8。

各地区消费柴汽比水平也是由工业化发展阶段、居民收入水平及汽车行业发展所决定的。以第一梯队为例，从产业结构来看，华东、华南第二产业占比分别在 2006 年、2007 年达到 53.5%和 48.95%的历史高点，反映出“十五”期间已经完成了快速工业化。“十一五”以来，柴油消费量分别年均增长 3%和 4%，较“十五”放慢 7 个和 5 个百分点。从居民消费能力来看，华东、

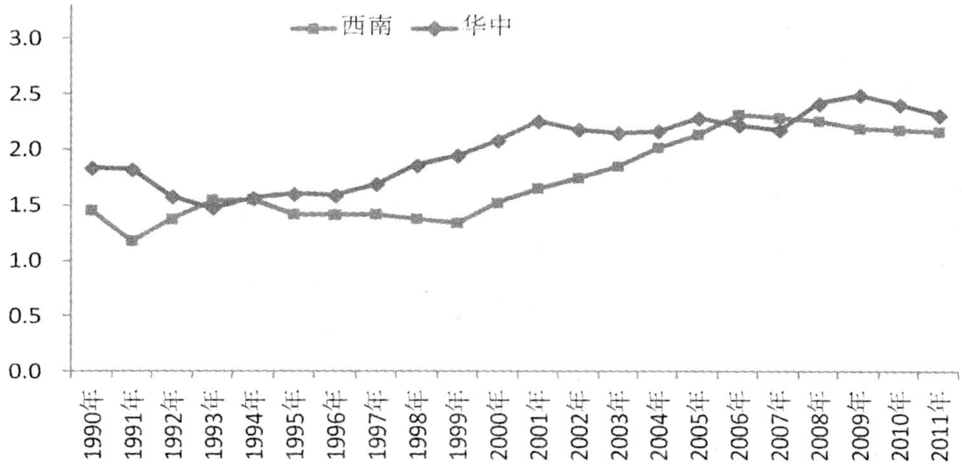

图 7 第二梯队消费柴汽比变化

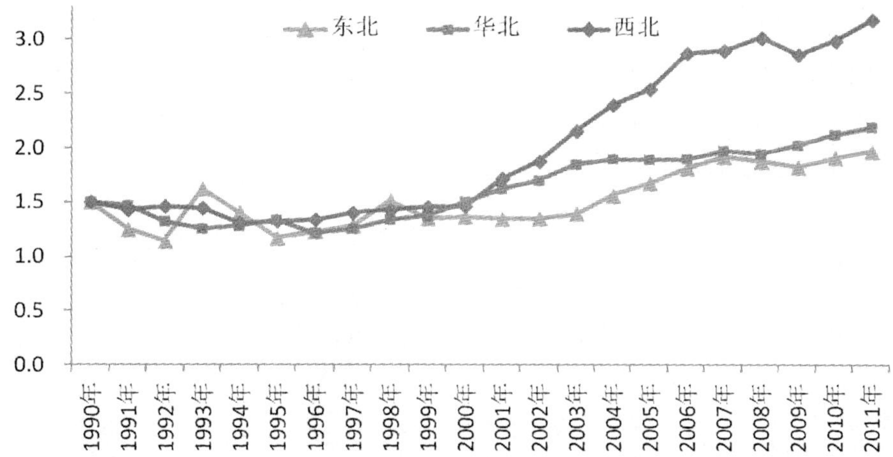

图 8 第三梯队消费柴汽比变化

华南人均 GDP 已在 2007 年达到中等发达国家水平，居民出行升级需求增加，汽车大量进入家庭，"十一五"以来华东、华南汽油消费量分别年均稳定增长 8%和 7%,是柴汽比走低的重要原因。

四 、相关建议

（一）提前做好利用国内外市场消化柴油过剩资源的预案

国内消费柴汽比下降及炼厂装置调整存在极限，中长期柴油资源过剩的可能性较大。建议政府及行业管理部门一是可以考虑在国内推广柴油轿车，通过终端消费消化柴油资源，二是应逐步加大柴油出口的配额，通过对外贸易消化柴油资源。

（二）炼厂改扩建项目应考虑各区域的消费柴汽比变化

从国内炼厂改扩建来看，东北、华北、西北等地区的炼厂建设仍应以提高或维持生产柴汽比为主要原则，华东、华南、西南、华中等地区应以降低生产柴汽比为主要原则。

（三）国家应利用价格杠杆逐步调低柴汽比，国内一体化石油企业应利用价格杠杆鼓励柴油销售

建议国家在制定炼厂成品油出厂价时，汽油价格应保持或扩大对柴油的价差，鼓励企业多产汽油；一体化石油企业内部结算给省销售公司的调拨价应具备成本优势，鼓励销售企业加大柴油销售力度。

上半年国内成品油市场特点及下半年走势分析

仇　玄[1]　陈剑锋[1]　陈俊任[2]
(1- 中国石油规划总院, 2- 中国石油销售分公司)

一、2013 年上半年国内成品油市场供需现状

(一)成品油消费整体温和增长,消费结构转变明显

按照发改委统计数据,2013 年上半年国内三大类成品油(汽油、煤油、柴油)表观消费量 1.27 亿吨,同比增 4%。其中一二季度分别增长 3.6%和 4.5%,增速连续 8 个季度稳定在 2%～5%的温和水平。

成品油消费结构明显转变:上半年,汽油和煤油消费快速增长,同比增幅 12.5%和 16.7%,但柴油消费萎缩了 1.7%,对成品油需求增长的贡献再次进入负向区间(见图 1)。消费柴汽比下降至 1.76,为近 10 年来的最低水平。

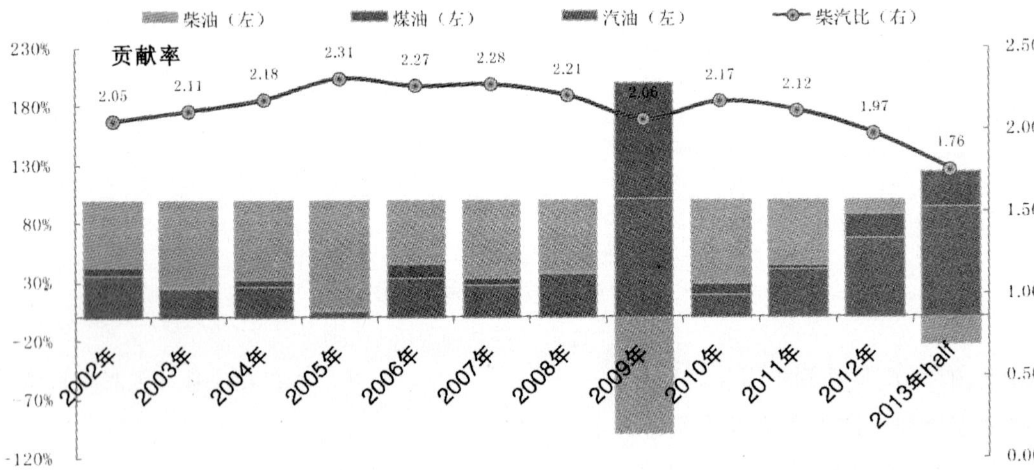

数据来源:国家发改委。

图 1 近年来国内成品油对需求增长的贡献率及消费柴汽比变化

(二)供应增长快于需求,成品油产需差明显扩大

2012 年下半年以来,茂名石化等炼厂先后扩能,主营单位新增炼油能力 1920 万吨 / 年,在 2013 年上半年主营炼厂平均开工率仅 88.2%的情况下,国内资源增幅仍然快于需求。根据国家发改委统计数据,上半年国内炼厂加工原油 2.17 亿吨,生产成品油 1.56 亿吨,同比增长 6.6%,高于需求增速 2 个百分点。成品油产需差扩大到 716 万吨,创近 10 年来的峰值(见图 2)。

(三)成品油净出口规模明显扩大,柴油成为主要增长点

上半年,汽、柴、煤三大类成品油全部处于净出口状态,累计 517 万吨,同比增加 268 万吨。其中柴油增加了 117 万吨,占增量的 43.6%。净出口规模扩大有两方面因素,一是国内柴油需求下滑,为避免堵库影响企业生产,过剩的资源必须依靠出口进行平衡;二是上半年汽油来进料加工贸易平均利润达到 700 元 / 吨,利

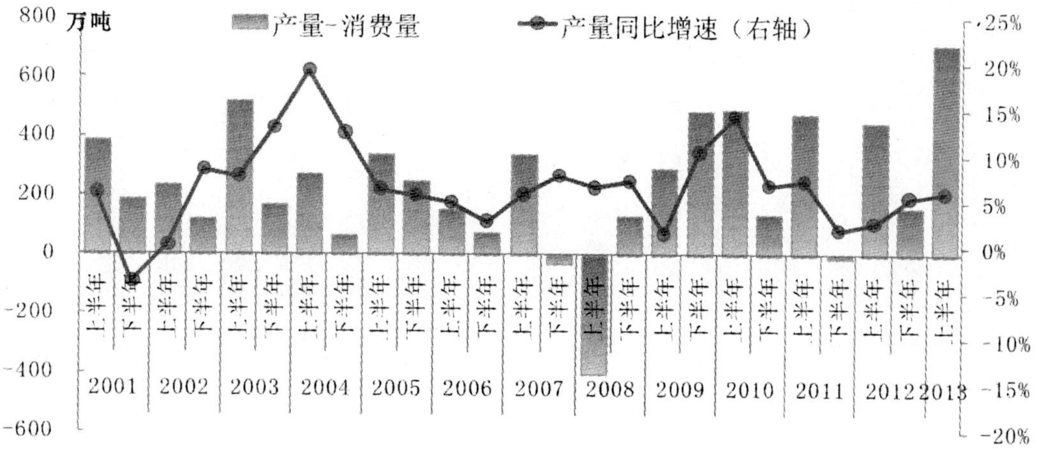

数据来源:国家发改委。

图 2 近年来国内成品油产需形势变化

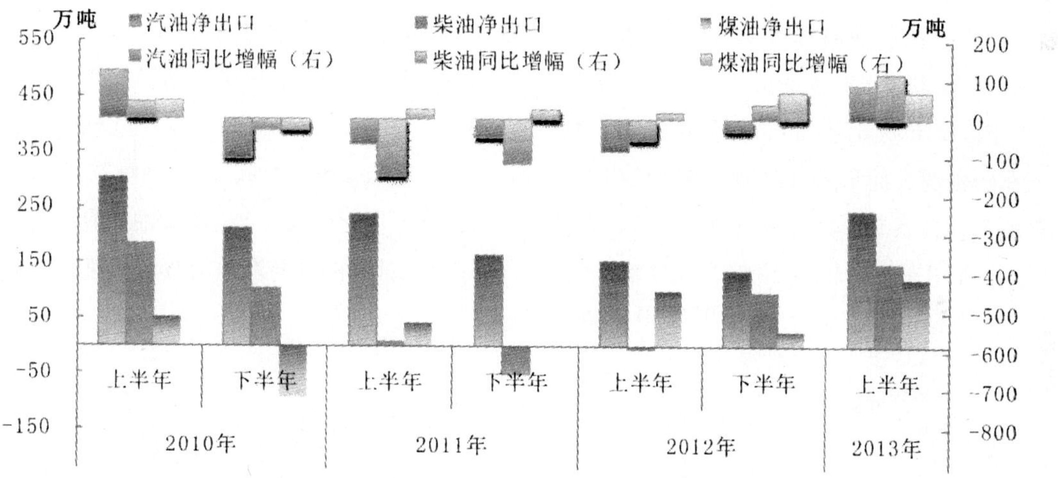

数据来源:中国海关总署。

图 3 近年来国内成品油净出口变化

润驱使企业扩大出口规模。近年来国内成品油净出口变化见图 3。

(四)成品油库存较高,库存结构不平衡

截止 6 月末，发改委口径成品油库存量 1530 万吨,高于去年同期 97 万吨。上半年降库 199 万吨,与去年同期水平相仿。库存的高企主要是由于去年年末留存较多。受生产柴汽比再创新低以及柴油出口增长较快两方面影响,与历史同期相比,今年库存结构不平衡特点突出，汽油库存高于去年同期 131 万吨,柴油库存低于去年同期 22 万吨。库存柴汽比降至1.2,低于历史同期平均水平 0.25 个百分点。近两年国内成品油库存变化见图 4。

二、2013 年上半年国内成品油市场特点

从需求侧来看,上半年国内经济稳中有降,工业总体疲软,柴油需求持续低迷。但车辆普及加速,居民出行需求增加,汽油、煤油消费快速增长。从供应端来看,除主营单位供应稳定增长外,地方炼厂份额也明显提升。新价格机制实施后,社会库存资源和调和油资源有所缩减。具体来看,上半年成品油市场主要有七大特点。

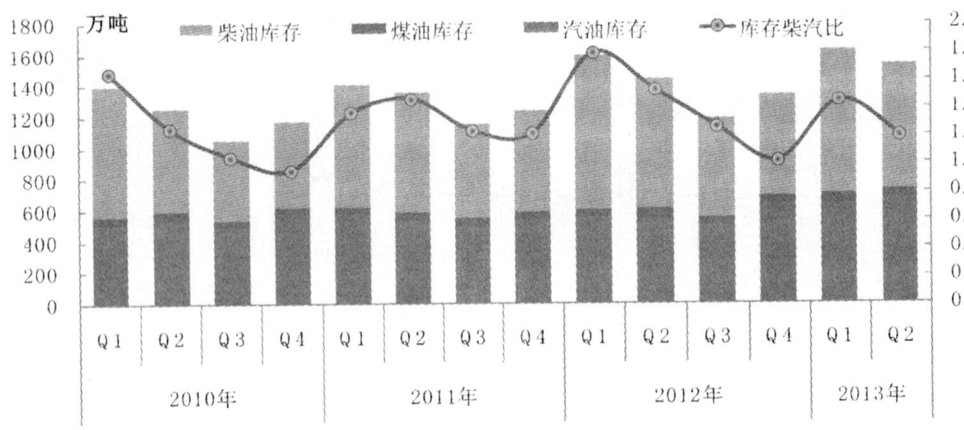

数据来源:国家发改委。

图4 近两年各季度国内成品油库存变化

(一)降价促销引领国内车市趋旺,汽油需求旺盛

上半年,国内汽油表观消费量4212万吨,同比大幅增长12.5%,主要得益于车辆的增长和油耗的提升。一方面,上半年汽车市场持续趋旺。为消化库存压力,年初以来汽车经销商大面积降价促销,特别是在钓鱼岛事件的影响下,“日系车”价格全面领跌市场。据调查,上半年国内乘用车平均售价13.65万元/辆,同比下降5.6%。在此推动下,国内汽车销量同比增长13.8%,较上年快7.1个百分点。大量新车涌入家庭是上半年汽油消费高企的主要原因。另一方面,新增车辆向大排量方向倾斜。上半年新增大排量汽车比例有所升高,其中SUV和MPV等大排量车型的销量增速分别达到了34%和110%。国内新增乘用车平均排量达到1.77升,同比增长1.2%,单车油耗有所上升。近年来各季度汽油车销量与汽油消费量增速对比见图5。

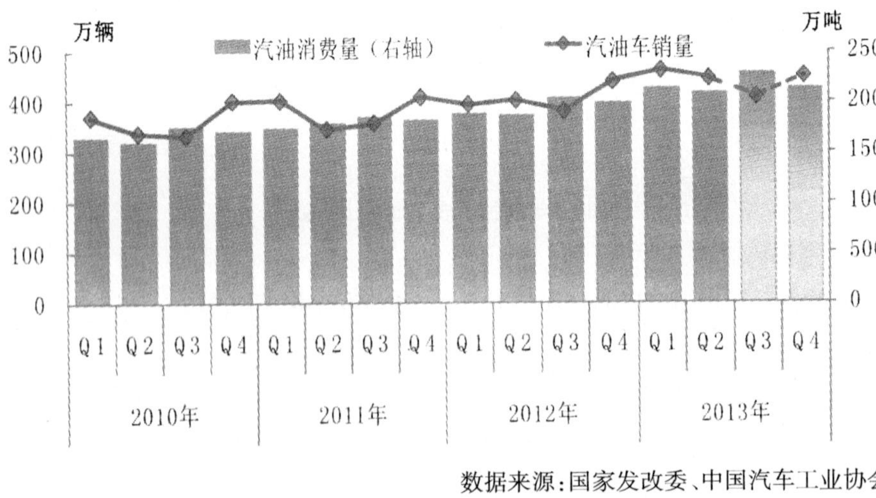

数据来源:国家发改委、中国汽车工业协会。

图5 近年来各季度汽油车销量与汽油消费量增速对比

(二)工业周转节奏放缓,生产性柴油消费小幅萎缩

上半年,国内柴油表观消费量7400万吨,同比减少1.7%。我国柴油消费有两条主线,一是工业生产及工业品运输业的柴油消费,占比70%左右。二是农业生产及农产品运输业的柴油消费,占比25%左右。近几个季度以来,柴油消费低迷主要是由于工业性柴油消费出现了萎缩。前几年大规模经济刺激时期建设的大量工业产能因失去下游需求的支撑,整体资产周转效率降低。2013年上半年工业企业流动资产周转次数仅2.4次,同比下降5%,较2011年同期下降12%。上

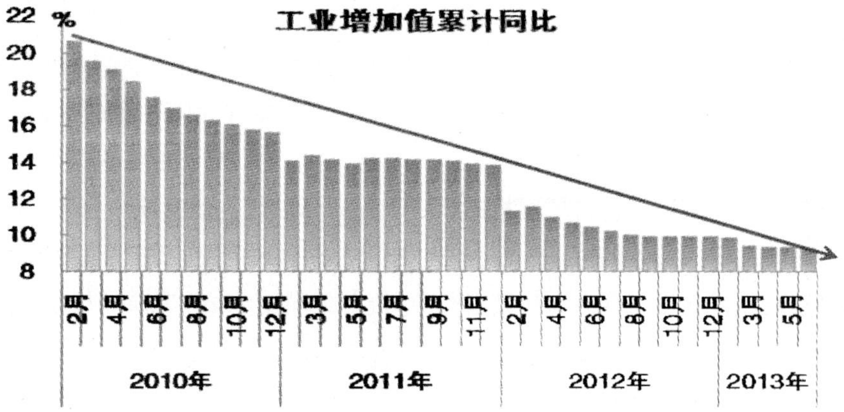

数据来源：国家统计局

图 6　近年来我国工业增加值变化情况

半年我国工业增加值同比仅增加 9.2%，较去年同期放缓 1.2 个百分点（见图 6），工业生产性柴油消费同比减少 2.1%。

（三）采掘业拖累大宗商品运输需求，运输性柴油消费持续低迷

工业生产放缓对柴油消费更为严重的影响在于拖累了大宗商品的运输需求。从今年运行情况来看，我国工业结构呈现“下快上慢”的局面。下游制造业同比增长 9.6%，增速相对可观。但由于去库存进程的开启，制造业采购原材料的意愿较为低迷，导致上游采掘业同比仅增长 5.6%。采掘业的运行情况与柴油消费息息相关，一方面采掘业在生产过程中需要使用各类柴油动力机械，另一方面采掘业还是大宗商品（煤、铁矿石以及有色金属等）的主要生产行业，对货运市场有着举足轻重的影响。在我国，大宗商品的运输占国内货运周转总量的 60% ~ 70%，其中煤炭行业尤为重要。从历史规律来看，煤炭行业增加值的增速与国内货运总周转量的增速呈明显正相关关系，两者相关系数达到了 0.64。今年以来，国内制造业持续去库存导致上游采掘业需求缩减，加上进口低价煤炭冲击了国内生产，上半年煤炭行业增加值同比仅增 7.4%，较去年同期放缓 4.1 个百分点。受此影响，国内货运总周转量同比仅增长 3.5%，较去年同期放缓 7.1 个百分点，国内货运需求增长十分有限。

由于订单增长较少，货运企业多采取节油手段降低运营成本，这进一步加剧了公路物流柴油需求的下滑。对 120 家货运企业的调查显示，自 2012 年下半年起，各货运企业均采取了减少车辆空驶率的方法降低单车油耗水平。2013 年上半年，货运企业单车油耗仅为 1.14 吨 / 月，同比降低 9.2%（见图 7）。

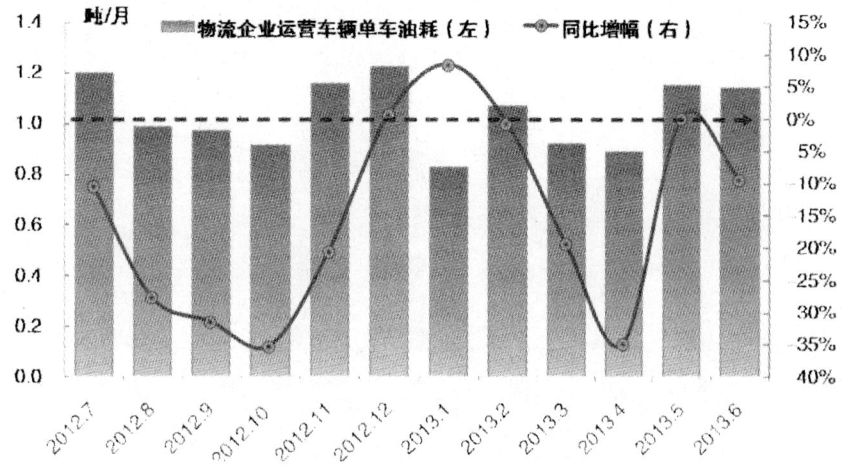

数据来源：中国石油规划总院。

图 7　货运企业单车油耗变化情况

(四)航空客运需求快速增长,煤油需求增速再创新高

2013年上半年,煤油表观消费量1042万吨,同比增长16.7%,其中二季度消费553万吨,同比增长27.3%,增速创4年来新高。上半年航空市场形势向好,民航总周转量同比增长10.4%,较去年同期5.5%的水平明显加快。其原因:一是在国家促内需政策引导下,旅游行业整体保持高速增长。上半年我国境内旅游人数同比增长9.8%,出境旅游人数同比增长18%。客运航线为民航总周转量增速贡献7个百分点,是煤油消费提速的主要驱动力。二是随着欧美经济回暖,国际航线有所复苏。上半年国际航线累计同比增长7.7%,较去年负增长3%的局面明显改善。民航总周转量同比变化及其拉动构成见图8。

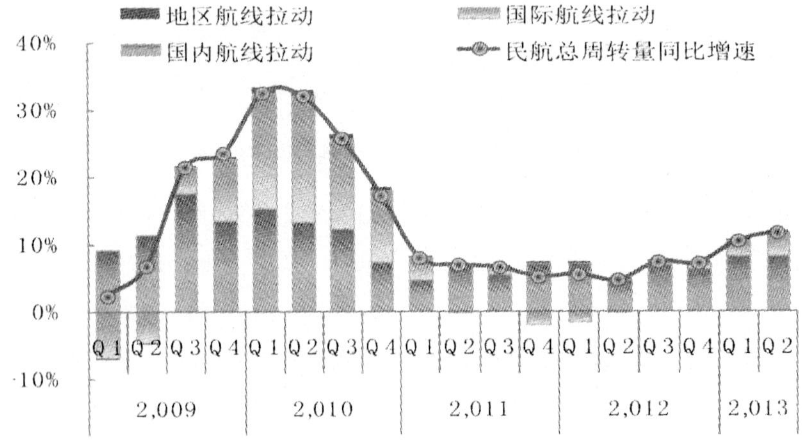

数据来源:国家统计局。

图8 民航总周转量同比变化及其拉动构成

(五)原油供应逐步增长,地炼份额持续提升

上半年,全国地方炼厂(不含延长)加工各类原料3200余万吨,生产汽柴油1740万吨,同比增长11%和17%,加工量和产量增速连续5年高于主营单位。上半年地方炼厂资源份额扩张至11.9%,是2008年的3倍。

山东地炼的汽柴油产量占国内地炼总产量的75%,成品油收率达到54.8%,较去年同期提高了3.2个百分点。地炼收率的提高与原油供应的逐步增长密不可分:一方面,今年中国化工集团获取了原油进口配额,增加了该集团旗下炼厂的原油供给;另一方面,中国海油也提高了向山东地炼的供应规模,目前已成为山东地炼最大的原油供应商,占比接近50%。各集团公司成品油产量及地方炼厂资源份额变化情况见图9。

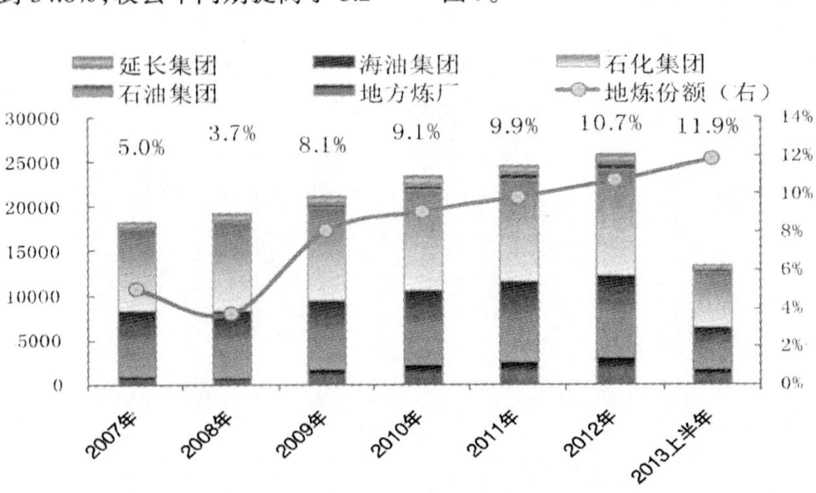

数据来源:国家统计局和国家发改委。

图9 各集团成品油产量及地方炼厂资源份额变化情况

（六）新价格机制推行，社会经销商库存规模萎缩

二季度末国内社会经销商成品油库存为 195 万吨，较一季度末的 217 万吨回落 22 万吨，连续 8 个季度呈萎缩趋势；占全国库存的比例也降低至 12%，较 2012 年下降 4 个百分点，较 2010 年下降 13 个百分点，对资源投放节奏的影响力逐步减弱。2010-2013 年各月社会经销商成品油库存变化情况见图 10。

今年 3 月份国家推行新的成品油定价机制，此后 4、5 月份社会库存逐步降低，5、6 月份基本持稳，预计后期社会库存低位持稳将成为常态。一是新价格机制对国际油价短期波动的反映更加灵敏，在较短的调价周期内国际油价难以形成持续性的方向变化趋势，导致从业者对调价形成点的判断难度加大。二是由于今年成品油需求整体疲弱，即使囤积了资源，也难以保证在下个调价周期前完成库存消化。

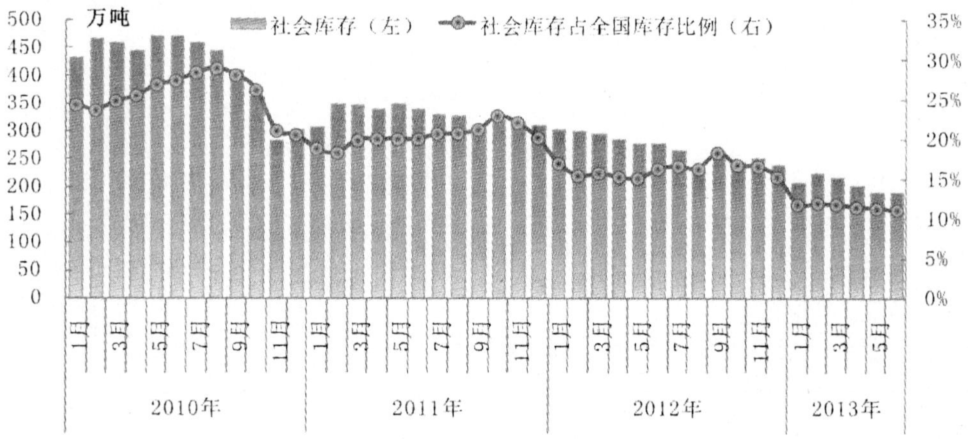

数据来源：国家统计局、新华社以及中国石油规划总院。

图 10 2010-2013 年各月社会经销商成品油库存变化

（七）调和油资源同比减少，随调价预期变化显著

上半年，国内调和汽油资源 372 万吨，月均 62 万吨，同比减少 41.2%。主要是受到两方面的因素影响：一是年初时国家调整了成品油消费税的收取范围，部分从业者赶在去年年末集中储备了大批调和油资源，透支了后市需求。二是上半年国内成品油价格调降次数较多，调价幅度较小，套利机会较少。2011-2013 年各月调和汽油变化情况见图 11。

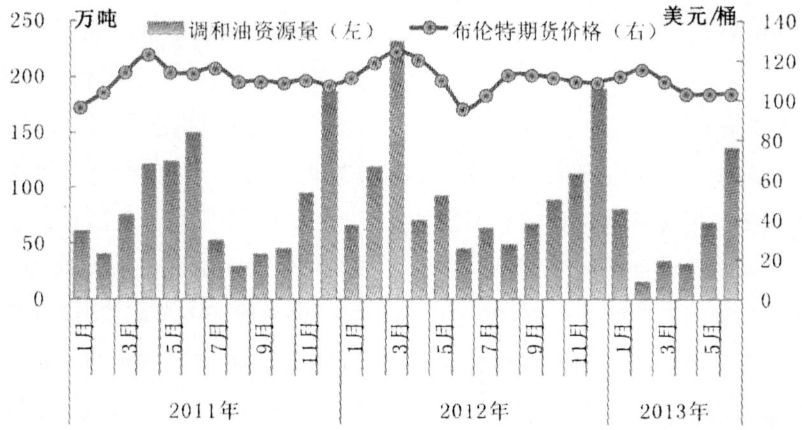

数据来源：中国石油规划总院。

图 11 2011-2013 年各月调和油资源变化情况

三、2013 年下半年国内成品油市场走势分析

(一)国内外宏观经济形势

1. 下半年国际宏观经济形势

预计下半年发达经济体仍然保持良好复苏态势。美国房地产市场恢复，将有效推升居民财产性收入，加之就业市场向好，私人消费对美国经济形成良好支撑。欧洲债务压力明显缓解，2013 年“PIGS 五国”到期债务仅 3.8 万亿欧元，同比减少 41%；财政压力缓解也带动民众消费信心和投资信心逐步回升。日本安倍政府上台以来，超级宽松的货币政策有效改善了逆差和国内通缩的状况，下半年日本经济将继续回升。新兴市场经济体由于长期面临国内产能约束，信贷增长减缓，加之外部需求疲弱的影响，持续下滑的风险将有所增加。

总体来看，2013 年下半年美国经济良好复苏、欧洲债务缓解、日本货币政策效应显现，但主要新兴市场经济体经济增长明显减缓，预计世界经济将逐步企稳，下半年增速略高于上半年。根据国际货币基金组织(IMF)7 月份最新发布的《世界经济展望》，预计今年全球经济增长速度将在 3.1%左右，较 4 月份预测值略有回调(见表 1)。

表 1 IMF 对全年主要经济体 GDP 增速预测

单位：%

经济体	2012 年 GDP 增速	2013 年 GDP 增速（4 月预测）	2013 年 GDP 增速（7 月预测）
全 球	3.1	3.3	3.1
发达经济体	1.2	1.3	1.2
美国	2.2	1.9	1.7
欧元区	-0.6	-0.4	-0.6
日本	1.9	1.5	2.0
新兴经济体	4.9	5.3	5.0
中国	7.8	8.1	7.8
俄罗斯	3.4	3.4	2.5
印度	3.2	5.8	5.6
巴西	0.9	3.0	2.5

数据来源：IMF.世界经济展望.2013 年 7 月。

2. 下半年国内经济走势

国内方面，近期国家明确了“刺激消费、扶持进出口、结构性支撑投资”的政策框架；同时中央政治局会议强调 “政策预调和微调”以及“促进房地产市场平稳健康发展”，再次确认年内的经济政策目标和调控思路，奠定了下半年经济整体走势的政策基调。具体来看，影响下半年经济走势的因素有如下几个方面。

(1)社会消费稳中略升。下半年国内消费存在回升动力。一是餐饮消费触底反弹。年初以来，中央开始执行廉政路线，部分高端餐饮消费出现一定程度下滑。近期在餐饮业对业务范围和服务群体的自调整下，餐饮消费增速出现触底企稳迹象，7 月增速回升至 9.1%，较 4 月份最低时的 7.9%提升 1.2 个百分点。二是近期国家出台了有关促进信息消费的政策，也将有利于新的消费热点形成。预计下半年消费同比增长 13.3%，较上半年加速 0.6 个百分点。

(2)固定资产投资以稳为主。我国投资主要由基建、房地产和制造业三大部分组成(见图 12)。基建方面，出于稳经济考虑，2012 年四季度国家集中批复了一批基建项目，这些项目的建设将使今年的基建投资保持较高水平，是稳定投资增速的主要力量。房地产方面，今年以来我国房价稳中有升，开发商信心恢复较快，土地购置规模也逐步加码；但房地产销售面积增速高位回落，后期地产投资增速将略有放缓。从制

造业投资来看，制造业产能过剩问题仍然突出，扩能意愿较低。考虑到当前经济政策强调"预调和微调"以及"促进房地产市场平稳健康发展"，下半年投资的增长点仍将以房地产和基建为主。预计下半年全社会固定资产投资同比增长19.8%，与上半年的20.1%相差不大。

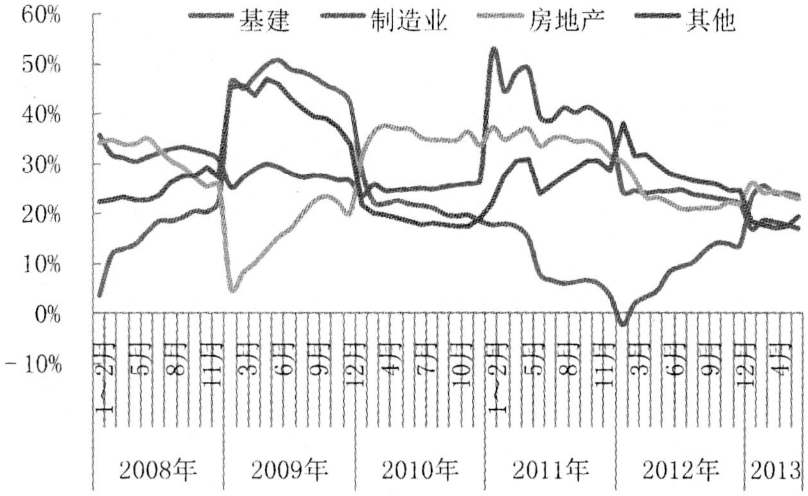

数据来源：国家统计局。

图 13 近期各月投资分项对总投资增速的拉动作用

(3)出口增速稳中略降。从长短周期影响因素来看，下半年我国出口增速仍存在回落压力。从长周期来看，根据发达国家发展历程，一个国家的外贸出口存在"3%"和"10%"的天花板效应，即一个国家的出口总额占全球外贸的份额达到10%以及出口总额占全球GDP比重达到3%以后，将迎来大量的贸易摩擦，出口规模难以持续高速扩张，此后出口增速或稳或降。从统计数据来看，我国出口份额已于2010年达到10%的顶峰，占全球GDP比重也在2012年达到3%(见图13)。从短周期来看，人民币升值给出口企业带来压力。人民币有效汇率的变化对我国出口增速存在一个季度左右的负相关领先关系。今年上半年人民币有效汇率明显上升，较2010已升值16%左右，将给下半年出口带来压力。综合来看，预计三季度出口增长8%左右，四季度出口增长7.5%，全年增长10%左右。

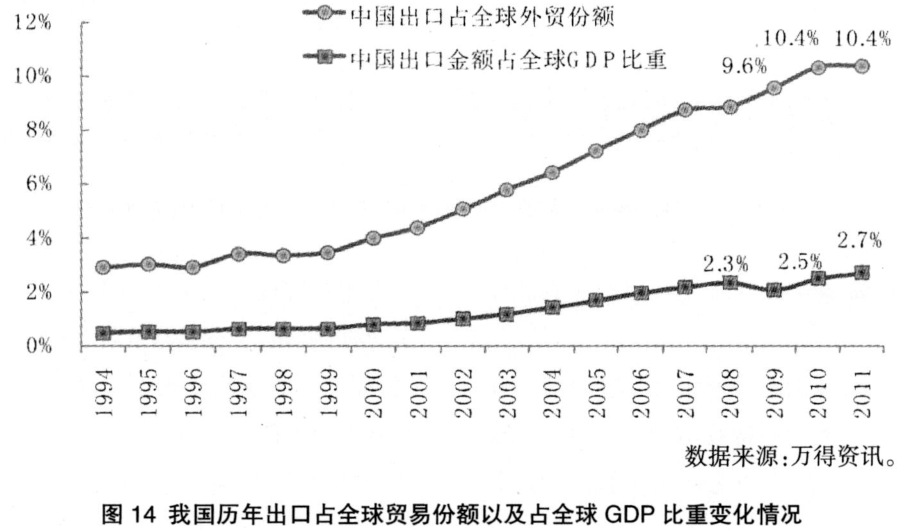

数据来源：万得资讯。

图 14 我国历年出口占全球贸易份额以及占全球GDP比重变化情况

综合来看，下半年消费、投资、出口“三驾马车”一升、一稳、一降，按照三者对经济增长的贡献率计算，预计三季度国内GDP增长7.7%，四季度增长7.5%。

(二)相关用油行业需求预测

1. 汽车销量增速放缓及基数效用显现，汽油消费增速略有减缓

下半年我国汽车销量增速将较上半年有所放缓。其原因：一是经销商促销力度将减少。截至7月份，国内汽车经销商库存指数降至1.53，已接近1.5的合理水平；同时日系车市场份额也回升至17%的正常水平。下半年汽车经销商“以价换量”的营销力度将有所减弱。二是政策面不利于车辆增长与出行。近期国务院出台大气污染防治十条措施，明确提出将重污染天气纳入地方政府突发事件应急管理范畴，可以根据污染等级及时采取机动车限购限行等措施。据中国汽车工业协会分析，天津、深圳、杭州、石家庄、重庆、青岛、武汉等8个城市均存在实施限购或限行的可能。若限购政策一旦达成，将影响国内汽车总销量减少40万辆左右，约占全国汽车年销量比重的2%。三是燃料消耗核算新规出台，汽车排量将逐渐降低。今年3月，国家工信部、发改委等5部门联合发布了《乘用车企业平均燃料消耗量核算办法》，将对汽车企业进行平均燃料消耗量的核算，以确保实现我国乘用车平均燃料消耗量到2015年和2020年分别降至百公里6.9升和百公里5.0升的目标。在该政策引导下，今后新生产车辆中低排量车型比重将逐步上升。综合各方面因素，预计下半年汽油车销量将达到858万辆，同比增长4.8%，较上半年放缓9.2个百分点。

除了车市增速放缓以外，由于节假日高速免费通行等促进汽油消费的政策在2012年下半出台，使得汽油消费中的政策增量在去年同期基数中有所体现，今年下半年的汽油消费同比增速将略显偏低。总体来看，预计下半年发改委口径汽油表观消费量4415万吨，同比增长9.6%，较上半年放缓2.6百分点。

2. 农机新周期启动，农业用油小幅增长

受农机技术改进和更新换代影响，农机的增长存在10年长周期和5年短周期的规律。无论从长周期还是短周期来看，2013年均处于上升周期(见图14)，农机动力的增长将逐步加速。根据农业部数据，上半年全国农机总动力预计上升至10.46亿千瓦，同比增长5.8%，较去年同期加速1.3个百分点，下半年将延续增速提升的趋势。但灌溉机械电气化等因素将导致农业用油需求增速慢于农机动力增速，预计下半年农业用油1510万吨，同比增长1.7%。

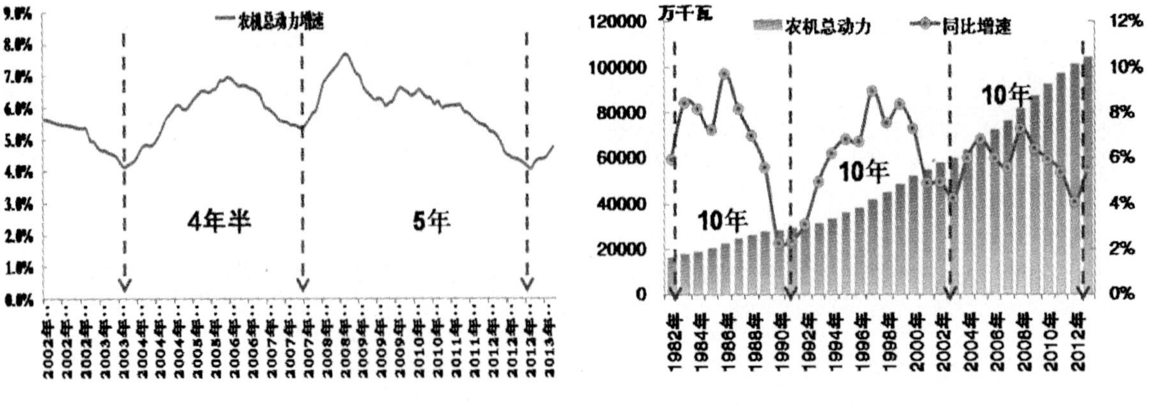

图14 农机总动力短周期变化情况(左图)与长周期变化情况(右图)

3. 去库存进程即将结束，工业生产性柴油消费有望回升

从历史规律来看，我国的工业库存完整周期一般在4年左右，其中去库存阶段持续16个月左右，一般以产成品库存增速降至3%以下为结束标志。目前，本轮去库存进程已持续了约17个月，产成品增速也降至7%的低位，十分接近底部空间。下半年随着库存见底，即使下游需求未见明显增长，工业企业也将被动提升生产负荷。预计下半年工业生产柴油消费190万吨，同比增长1.2%。

4. 大宗商品需求提升，公路运输柴油消费小幅增长

随着制造业对原材料采购需求的恢复，大宗商品货运需求有望回升。国家信息中心预计，四季度国内货运周转总量同比增 5.8%，较上半年提速 2.5 个百分点。另外国内货车销量逐步回暖，货车销量上半年同比增长 5.2%，结束了负增长局面，已经显示出物流行业信心正在恢复。但新增柴油车中有 70%属于轻型货车，对柴油需求增长的带动力不及常年。预计下半年公路运输柴油需求 4350 万吨，同比增长 1.5%。

5. 航运行业内外交困，水路用油仍然低迷

下半年工业的好转对水运行业带动有限。一方面，航运业处于全球性低迷阶段，波罗的海干散货指数(BDI)指数在 1000 点上下低位徘徊，航运需求未见改善迹象，远洋运输难见好转。另一方面，根据相关代表性产品价格计算，目前国内外煤炭价格倒挂幅度有扩大趋势，进口煤炭到岸价低于秦皇岛待下海煤炭价格 90 元 / 吨，将阻碍北煤南下航线的复苏。预计四季度水运柴油需求 310 万吨，同比减少 6.2%。

6. 客运需求稳定，国际货运需求复苏，煤油需求平稳增长

下半年我国航空市场仍可保持平稳较快增长。一方面民航局表示下半年将继续放宽国内航线航班许可准入条件，给予航空公司更大自主权，我国国内航线总量将再有增加。二是欧美经济复苏形势良好，发达国家 OECD 领先指标持续回升，预示我国国际货运需求回暖(见图 15)。综合来看，预计下半年煤油表观消费量为 1170 万吨，同比增长 10.2%。

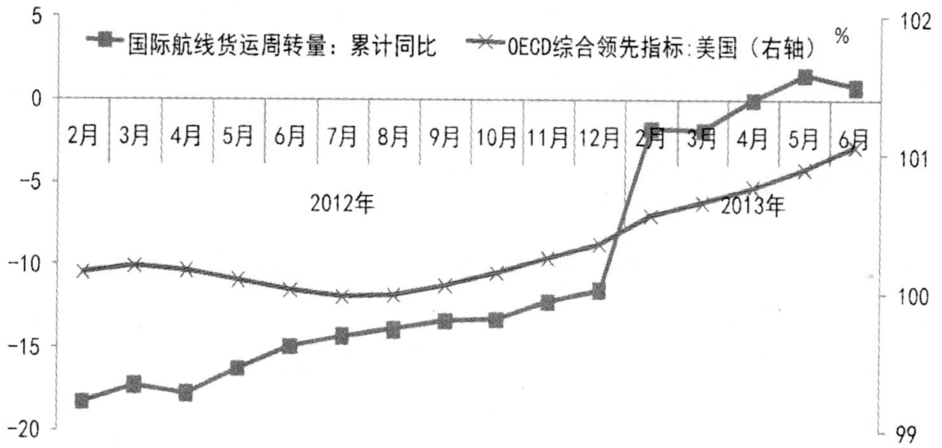

数据来源：万得资讯。

图 15 OECD 领先指标与我国国际货运航线同比情况

7. 其他行业

目前我国商品房销售面积同比增速保持在 20%以上的较快区间，将对后期新项目的开工上马形成一定支撑，建筑用油将保持在正增长区间。发电用油需求也将随工业生产恢复而小幅提升，但由于环境治理需求，北方部分地区电厂开始进行天然气化改造，增幅较为有限。铁路建设投资继续加码，建设用油消费增加；但以宁启、蓝烟等为代表的支线铁路电气化改造逐步完工，铁路运营性柴油消费逐步减少，铁路用油将以降为主。此外，商业、民用、渔业等其他行业用油需求受到电力、天然气以及燃料油等替代能源的挤压，均将出现不同幅度的萎缩。

(三)下半年成品油需求量预测

下半年，国内经济以稳为主，但工业库存周期和农机增长周期的变动将促使工业、农业生产需求有所恢复，预计工业、发电、农业和运输业柴油需求有所好转，建筑业需求在新项目开工的支撑下也将保持在正增长区间，其他行业柴油需求将继续萎缩。同时，车市促销力度减弱，以及部分利空政策可能出台，汽油需求增长将略有放缓。结合各相关行业用油发展趋势判

断，扣除外航外轮加油，并考虑到社会资源、替代燃料的影响，预计下半年国内成品油表观消费量（发改委统计口径）为1.34亿吨，同比增长约3.9%。2013年全年成品油消费量将达到2.61亿吨，同比增长3.8%。

（四）国内成品油资源供需平衡预测

按照目前炼油装置改扩建计划，下半年以四川石化为代表的5个主营炼厂有能力增加计划，预计新增炼油能力1810万吨/年。但今年下半年检修安排较多，同时大部分新增能力投产在四季度，下半年实际新增成品油供应量较为有限。如果按照主营单位和地方炼厂的开工率均维持上半年水平不变考虑，预计下半年国内成品油产量为1.26亿吨，较需求量略低80万吨。由于上半年国内成品油库存较去年同期高出接近100万吨，以及炼厂负荷仍有较大的提升空间，预计下半年国内成品油供需能够基本平衡。

汽车限行、限购政策对油品消费的影响分析

袁建团
(中国石化集团公司经济技术研究院)

近年来国内汽车市场持续快速增长,大城市空气污染以及交通压力日趋严重。为减轻空气污染,缓解交通压力,目前除北京市和上海市以外,长春、武汉、成都、贵阳、天津等城市也已出台常态化的汽车限行、限购等措施,并且未来将有更多城市效仿。此外,各大城市对各类高污染排放车辆(黄标车)限行的规定也越发严格,且呈快速扩大趋势。随着这些汽车限行、限购措施的不断升级,对各地成品油消费产生的抑制影响将逐渐加大。

一、上海市汽车限行、限购政策现状及影响浅析

(一)上海市汽车限行、限购政策现状

上海市从 2002 年开始实行汽车限行措施,是国内最早实行常态化限行的城市,主要是禁止外地牌照车辆在 7:30~9:30 和 16:30~18:30 时间段在高架路行驶(周六、日、节假日不限)。

为进一步缓解交通压力,减轻空气污染,上海市政府从 2000 年开始实行私车牌照拍卖制度,每月牌照数量从最初的 1000 至 2000 张逐渐扩大至近期的 9000 张左右,每张车牌的平均成交价格也逐步上涨,2013 年 1~11 月的平均成交价已达到 8 万元。分析原因,一是由于汽车市场需求较为旺盛,二是由于上海市交通管理部门不断加强对外地牌照车辆的管控,使得消费者更多转向购置本地牌照。

(二)上海市汽车限行和车牌拍卖政策对油品消费影响较小

由于限行区域较小、限行时间较短,同时限行仅针对外地车牌汽车,因此上海市汽车限行政策对油品消费影响相对较小。

上海市实行拍卖车牌制度以来,2001 年至 2012 年汽车保有量年均增长 13.1%,比同期全国汽车保有量年均增幅 17.8%低 4.7 个百分点,起到了一定的抑制作用。但另一方面,多年来价格高昂的上海市汽车牌照也促使很多上海市车主转向办理江苏、浙江、安徽等地牌照。据估计,目前上海市居民拥有的外地牌照汽车至少有 40 万辆。因此,若考虑这一情况,则 2001 年至 2012 年上海市的实际汽车保有量年均增幅约 15%,比同期全国汽车保有量年均增幅仅低 2.8 个百分点,抑制效果打了折扣。

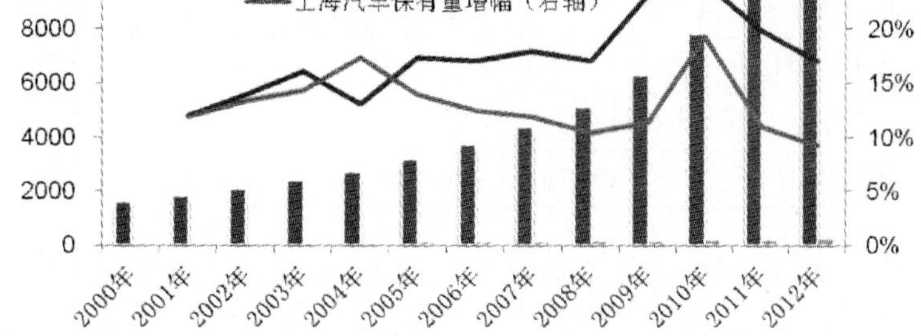

图 1 2000 年以来全国及上海市汽车保有量变化趋势

二、北京市汽车限行、限购政策现状及影响浅析

(一)北京市汽车限行、限购政策现状

北京市目前实行的汽车限行措施起源于2007年“好运北京”测试赛和2008年奥运会,目的同样是为缓解道路交通压力和减少机动车尾气排放。最初的措施是在全市范围内按机动车车牌尾号,实行单双号限行。2008年9月17日残奥会结束后,这项措施转变为按车牌尾号分五组,周一至周五早7时至晚8时在五环内轮换限行一组,并持续至今,成为一项常态化的措施。同时自2011年1月1日起,工作日7:00–9:00、17:00~20:00,禁止外地牌照汽车在五环路(含)以内道路行驶。

2010年12月23日北京市政府发布了《北京市小客车数量调控暂行规定》,开始实施汽车限购政策。具体措施包括限制2011年度小客车总量额度指标为24万个(平均每月2万个),并以摇号方式无偿分配小客车配置指标。个人购车须公开摇号取得指标后,方可上牌登记,同时非京籍人员买车须连续5年缴税。2013年这一政策继续执行,小客车总量额度仍为24万个。

(二)限购导致北京市汽车销量大幅下降,但对全国影响不大

受汽车限购新政实施影响,2011年北京市新车销量从2010年的92万辆下降至40万辆,同比大幅下降56%;年末汽车保有量达到471万辆,同比仅增长4.6%,增幅多年来首次降至个位数字。2012年北京汽车销量反弹,主要是市场对旧车置换需求增多。年末汽车保有量达到494万辆,同比增长4.9%。

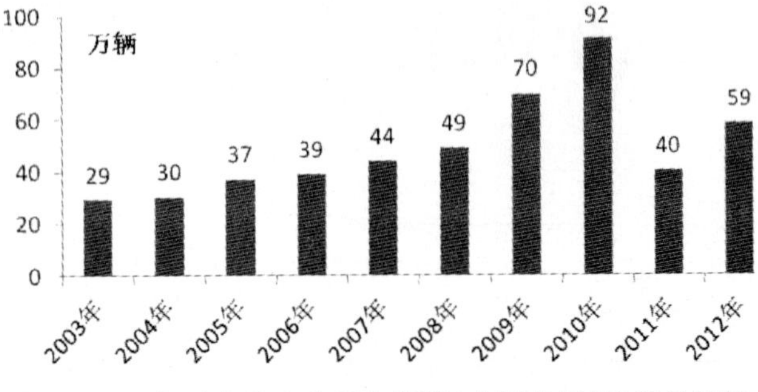

图2 2003年以来北京市新车销量(含旧车置换)增长趋势

	2010年	2011年	2012年
全国新车销量	1804	1853	1930
北京新车销量	92	40	59
全国汽车保有量	7802	9350	10944
北京汽车保有量	450	471	494
估计限购导致北京新车销量减少量		约50	约40
占全国新车销量比重		2.7%	2.1%
估计限购导致北京汽车保有量少增长量		约60	约70
占全国保有量比重		0.6%	0.6%

图3 2000年以来全国及北京市汽车保有量变化趋势

估计,北京市实行汽车限购政策导致2011年~2012年北京新车销量少增长约90万辆,考虑到旧车置换增多因素,估计影响2011年–2012年北京市汽车保有量累计少增长130万辆左右。

表1 北京汽车限购政策对汽车市场影响估计

单位:万辆

	2010年	2011年	2012年
全国新车销量	1804	1853	1930
北京新车销量	92	40	59
全国汽车保有量	7802	9350	10944
北京汽车保有量	450	471	494
估计限购导致北京新车销量减少量		约50	约40
占全国新车销量比重		2.7%	2.1%
估计限购导致北京汽车保有量少增长量		约60	约70
占全国保有量比重		0.6%	0.6%

(三)汽车限行措施导致2008年~2010年北京市汽油消费年均少增长约3个百分点(平均约25万吨/年)

考虑到北京市汽车限行政策影响的主要是私家车和单位用车,这些车辆基本以汽油车为主,而公交车、垃圾清运车等柴油车则不受限,因此限行措施主要影响汽油消费。2005年~2007年(没有常态化限行

措施)北京市汽车保有量年均增长 14.2%,汽油消费年均增长约 5.4%,汽油消费增长相对于汽车保有量增长的年均弹性系数为 0.38；相比之下,2008 年 -2010 年(限行时期)北京市汽车保有量年均增长高达 19.7%,而汽油消费年均仅增长 4.0%，两者走势出现较大分歧,同时汽油消费增长相对于汽车保有量增长的年均弹性系数也降至 0.13 左右。

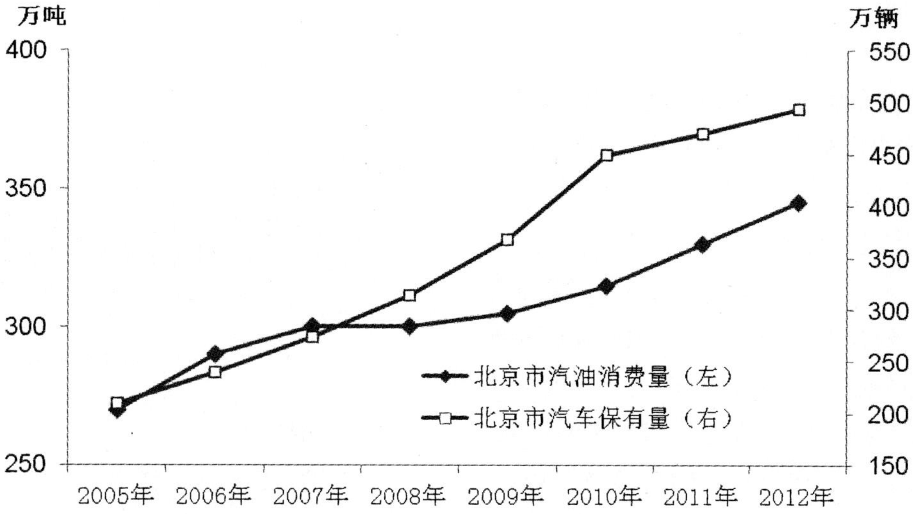

图 4 2005 年以来北京市汽车保有量及汽油消费量变化

2007 年北京市汽油消费 300 万吨左右、受汽车限行以及金融危机等因素影响,2008 年 ~2010 年累计消费汽油约 920 万吨。根据 2005 年 ~2007 年北京市汽油消费增长相对于汽车保有量增长的弹性关系,估计 2008 年 ~2010 年若不实行限行政策,按实际的汽车保有量增长幅度,同时考虑油价逐步攀升、家用车比重提高、道路拥挤程度上升以及金融危机等因素对汽车出行的抑制影响,估计对应的汽油消费的年均增幅约 5%左右,对应的汽油消费量累计约 995 万吨,即限行措施影响 2008 年 -2010 年北京市汽油消费年均少增长约 3 个百分点,少消费汽油累计约 75 万吨(年均约 25 万吨)。

但另一方面,北京市实行的汽车限行措施也刺激了部分已有汽车人群为方便出行而增加购买汽车。从数据来看,2009 年末北京市汽车保有量为 358 万辆，扣除约 10 万辆的公交车和出租车，按分组限行措施平均每天影响约 20%的汽车考虑,平均每天约减少 72 万辆车上路行驶，而随着汽车保有量的增长,2012 年末北京市汽车保有量已达 484 万辆，比 2009 年增长了 125 万辆,虽然限行措施影响上路的汽车数量也扩大至平均每天约 97 万辆，但每天能上路的汽车仍比 2009 年增加了约 100 万辆,限行效果越来越不明显。

表 2 北京市汽车限行政策影响北京市每天可上路汽车数量估计

万辆

	年末汽车保有量	分组限行平均每天影响上路汽车	平均每天可以上路汽车
2009 年	358	约 72	约 286
2010 年	440	约 88	约 352
2011 年	461	约 92	约 368
2012 年	484	约 97	约 387

（四）汽车限购政策导致 2011 年和 2012 年北京市汽油消费进一步少增长约 15 万~20 万吨/年

2011 年北京市进一步出台的汽车限购政策有效抑制了汽车保有量的快速增长,参考北京市单车平均每年消耗汽油量变化趋势，估计使得 2011 年和 2012 年北京市汽油消费进一步减少约 15 万 ~20 万吨 / 年。

拉低 2011 年和 2012 年北京市汽油消费增幅约 4~6 个百分点,但仅拉低全国汽油消费增幅不到 0.3%。

预计受油价上涨、停车费上涨、交通拥堵加剧以及公交便利等因素叠加影响,未来北京市汽油消费增速将继续有所放缓。

三、其他城市汽车限行、限购政策现状及影响浅析

(一)其他城市汽车限购和常态化限行措施出现扩大趋势

随着汽车保有量的快速增长,国内二三线城市的交通压力同样与日俱增。据公安部数据显示,“目前全国 667 个城市中,约有 2/3 的城市交通在高峰期出现拥堵”。参考北京市的经验,其中部分城市也已开始实行类似的常态化汽车限行措施,并呈现逐步扩大的趋势。如武汉市从 2009 年 9 月 16 日起,工作日 7:00~19:00,部分城市主干道实行机动车按车辆号牌尾数单双号限行;长春市从 2010 年 5 月 4 日开始,每日 6:00~20:00 部分主干道实行按车牌尾号每月禁行 3 天;杭州城区部分区域从 2011 年 10 月 8 日起,实施机动车工作日高峰时段区域“错峰限行”交通管理措施,广州市近期还计划对外地牌照汽车实施限行措施,等等。

此外,2011 年 7 月 11 日起,贵阳市也开始实行汽车摇号限购政策,成为国内第二个采取汽车摇号上牌的城市。2012 年 8 月,广州市开始对汽车上牌执行“半拍半摇”的限购政策。2013 年 12 月 16 日,天津市也开始在全市实行小客车增量配额指标管理,并将自 2014 年 3 月 1 日起按车辆尾号实施机动车限行交通管理措施。

(二)城市限行、限购措施的对汽车用油影响将逐步加大

目前除北京市、上海市以外,实行常态化汽车限行城市(天津、武汉、宁波、长春、哈尔滨、成都等)的汽车保有量占全国比重合计仅为 8%左右。同时与北京市相比,这些城市汽车保有量较小、限行范围小,同时限行时间也相对较短,对地区油品消费的影响程度要小于北京,而对全国的影响更是微乎其微。如长春和武汉市均只在高峰时间在部分城市主干道实行汽车限行,天津市只在外环线以内以及滨海新区部分主干道实行限行。

但长远来看,随着国内更多的城市未来或将开始实行汽车限行、限购,预计对汽车用油,特别是汽油需求的影响将逐渐加大。

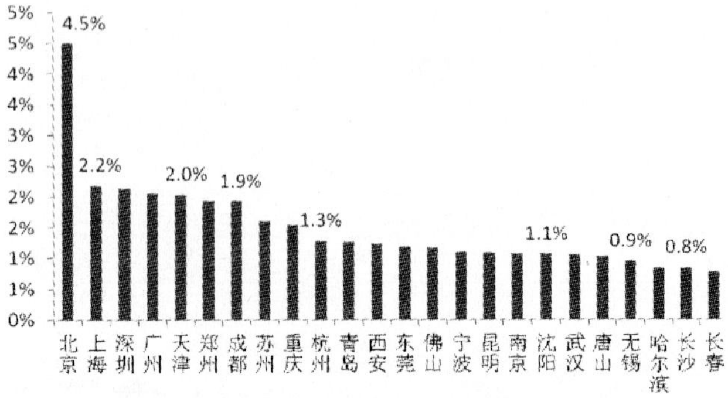

图 5 2012 年国内主要城市汽车保有量占全国比重

四、结语

(1)汽车限购政策能更直接有效的抑制汽车保有量增长,改善交通,减轻尾气污染。汽车限行政策短期内可以改善交通,但长期来看不能有效抑制汽车保有量的增长,随着汽车保有量的持续增长,限行的效果将逐渐减小。

(2)2008 年 ~2010 年北京市实行的汽车限行措施导致北京市汽油消费年均少增长约 3 个百分点(平均每年少消费约 25 万吨汽油)。2011 年北京市实行的汽车限购政策导致 2011 年和 2012 年北京市汽油消费进一步少增长约 15 万 ~20 万吨。

(3)目前除北京市和上海市外,其他城市实行的汽车限行、限购政策对当地汽车市场和油品消费影响暂不明显。随着国内汽车市场的持续较快增长,未来国内各大城市交通拥挤情况将愈发严重,在不久的将来部分城市的限行措施将进一步升级,同时更多的城市或将开始实行汽车限行、限购政策,从而对成品油市场需求的影响也将逐渐加大。

(4)汽车限行、限购都不是解决问题的唯一措施,建议政府有关部门考虑施行综合措施,如提高油价、停车费、征收排污费、拥堵税、大力发展天然气、电力等替代车用燃料等,逐步提高私家车的使用成本,达到有效降低汽车出行频率,缓解交通压力,改善环境的目的。同时大力发展地铁、公交等城市公共交通系统,方便替代出行。

第三部分
安全与防护

分目录

“三高”气田地面工程关键安全技术研究

何军[1] 杨莉娜[1] 巴玺立[1] 王春燕[1] 王齐[1] 丁建宇[2]

（1.中国石油规划总院；2.勘探与生产分公司）

前言

由于能源短缺，常规气田已不能满足市场需求，高压气田、高产气田、高酸性气田需要投入开发，上述气田简称为“三高”气田。我国“三高”气田开发尚处于初期阶段，为解决“三高”气田安全影响因素认识不清、标准规范不完善、腐蚀控制措施单一、安全仪表设置不到位、泄放系统与安全距离设置争论较大等一系列技术难题，开展了“三高”气田地面工程安全设计研究，解决了制约“三高”气田地面工程建设的重大难点、热点问题，形成了完善的“三高”气田地面工程安全设计技术。中国石油“三高”气田将在中国石油天然气开发中占有很大比例，研究成果具有广阔的应用前景，将为股份公司带来长远的经济效益和社会效益。

一、“三高”气田地面工程现状及特点

（一）“三高”气田地面工程现状

我国高酸性气田主要集中在川东北气区、大庆徐深和吉林气田。以罗家寨气田为代表的高含硫气田H2S含量为9.5%～11.5%，CO_2含量为7%～8%。以长岭气田为代表的高含CO_2气田含量高达13%～31%。

西南地区高酸性气田主要采用了常温集气工艺，集气管线输送方式有湿气输送、干气输送两种方式，天然气处理采用醇胺法/砜胺法脱硫脱碳、三甘醇脱水、克劳斯法硫磺回收、尾气处理工艺。长岭气田采用多井集气、湿气输送方式，天然气处理采用活化MDEA脱碳、三甘醇脱水。

我国高压、高产气田主要集中在塔里木等气区，以克拉2气田、英买力气田、迪那气田为代表，克拉2气田设计规模$100\times10^8m^3/a$，单井产量高达300～$400\times10^4m^3/d$，井口流动压力53～58MPa；腐蚀介质主要为Cl^-和CO_2，气田水中Cl^-的含量达100667mg/l。

塔里木高压、高产气田主要采用单井/多井集气、气液混输工艺；天然气处理采用J-T阀节流制冷低温分离控制烃水露点、回收轻烃等工艺；凝析油采用多级闪蒸、提馏工艺。

（二）“三高”气田地面工程特点

“三高”气田开发产生效益的同时，也面临着很大的挑战。

1. 工程规模不断扩大

高酸性气田建设规模由不到$5\times10^8m^3/a$发展到$30\times10^8m^3/a$；净化厂规模由$120\times10^4m^3/d$发展到$900\times10^4m^3/d$；单套装置规模也由最初$120\times10^4m^3/d$发展为$600\times10^4m^3/d$。高压、高产气田建设规模由$5\times10^8m^3/a$发展到$100\times10^8m^3/a$；处理厂规模由$150\times10^4m^3/d$发展到$3000\times10^4m^3/d$；单套装置规模也由最初$150\times10^4m^3/d$发展为$500\times10^4m^3/d$。

2. 系统有害因素多

集输和处理过程中含有高酸性介质如H_2S和CO_2，H_2S危害主要为：人员危害、安全危害、腐蚀危害。

高含硫气田在生产过程中可能出现单质硫沉积，沉积在管道或设备中会造成堵塞，不仅影响气井正常生产，还会加剧腐蚀。

高浓度CO_2将对设备、管线产生严重的腐蚀危害。

高压、高产气田地层水中含有高浓度的Cl^-将对设备、管线产生严重的腐蚀危害。

3. 工艺技术复杂

高酸性气田需要防范高浓度H_2S和CO_2毒性危

害、脱除高浓度 H_2S 和 CO_2、应对强腐蚀、处理硫沉积，对气田水中 H_2S 进行脱除，脱除后的 H_2S、CO_2 还需要进一步处理。

高压气田井口压力过高需要进行多级节流，同时还需防止水合物生成及凝析油凝固的处理工艺。

高压、高产凝析气田需要应对高浓度的 Cl- 腐蚀，凝析油处理由于压力高含轻组分多需要进行多级闪蒸，有时还需要进行脱硫处理。

4. 事故危害风险大

高压使设备和管线内压爆炸事故的可能性和危害性加大，同时设备或管线发生爆破事故时大量外泄的天然气以及其中含有的有毒物质将会迅速向周围扩散，使事故危害范围扩大。除使生产设施受到损害、生产人员人身受到伤害外，还可能危及邻近地区居民的公共安全和影响自然环境。

1.3“三高”指标

经过研究，提出“三高”气田高酸性、高压、高产划分如下：

表 1 高酸性、高压、高产指标表

项目		井口	集气站	处理厂
酸性组分	H_2S %(v)	≥5		
	CO_2%	≥10		
压力 MPa		≥10		
规模 $10^4m^3/d$		≥20	≥200	≥500

二、影响“三高”气田地面工程安全主要因素

(一) 主要影响因素

1. 高酸性组分引发强腐蚀

高含 H_2S、CO_2、有机硫等酸性组分具有强腐蚀性，H_2S、CO_2 分压高，会导致管材硫化物应力开裂(SSC)和氢诱发裂纹(HIC)等，造成严重腐蚀。

高酸性组分引发强腐蚀，可能造成事故甚至是恶性事故的是局部腐蚀，特别是应力腐蚀开裂、氢开裂、磨损腐蚀和坑点腐蚀。

2. 管输流速设计不当加剧管内腐蚀

过高的流速对管道、阀门冲蚀严重，使管线穿孔。

酸性气体流速太低，可以造成管线底部集液，发生因水线腐蚀、垢下腐蚀等导致的局部腐蚀破坏。法国拉克气田集气管道系统腐蚀情况表明，腐蚀发生在管道中气体流速最低的部位。

3. 高温加快腐蚀速度

高含 H_2S 和 CO_2 天然气在同样分压下，温度越高腐蚀速率越快。试验表明 10%H_2S 水溶液中，当温度从 55℃升至 84℃时，腐蚀速率大约增加 20%。在 60℃附近 CO_2 腐蚀在动力学上有质的变化，在 100℃左右腐蚀速率最大。

4. 高酸性组分影响水合物形成温度

随着 H_2S 含量的增加，天然气水合物形成温度逐步升高，站内及出站管线在环境温度较低时易发生冰堵，从而影响正常生产。

5. 高压、高产加剧危害程度

为充分利用井口压力能，减少集输及处理设施的尺寸，高压气田设计压力往往超过 10MPa，高压下发生内压爆破事故的可能性加大。随着压力不断的增大，气体密度不断增大，泄漏时泄漏量将不断增多，单位体积的爆炸能量也不断增大，火灾、爆炸的危险潜能和范围也不断增大。

工厂(装置)日趋大型化，必然带来占地大，为减少建设用地，设备布置变得拥挤，资产密度加大，事故危险性加大。

6. 段塞流产生水击，威胁管线设备安全

高压凝析气藏中含有相当部分的水和液烃，在集输管道中呈气液两相流动，当管道中持液量达一定量时，有形成段塞流的可能，由于流动的间歇性，会使管道中持液率和压力的急剧波动。若气液比大，压力高、流速快，液塞会瞬间充满分离器，冲击力大，对下游设备和生产造成巨大的威胁。

7. 气流脉动、共振产生管系疲劳

某脱水装置处理量达到 $400\times10^4m^3/d$ 左右时气体出口管系振动剧烈。某厂乙二注醇加注泵管线振动较大，连带其它注醇管线及第一套烃水露点控制装置原料气管线发生振动，可能导致焊缝疲劳破坏。

(二) “三高”特性对安全影响程度排序

高 H2S 风险为人员伤害和强腐蚀；高压的风险是内能增加，加大了爆炸危害和腐蚀影响；高产面临的风险是影响范围大，经济损失大。“三高”特性对安全影响程度的排序为：高 H_2S> 高压 > 高产。

三、“三高”气田地面工程关键安全技术

本章重点介绍工艺技术、设备管线材质、安全仪表系统设置、安全泄放及安全距离 5 项关键安全技术。

(一) 工艺技术

1. 高含硫天然气干气输送技术

对于距离较长的集气管线，考虑到输气系统的风险、设计压力、施工难度、投资费用等因素一般选择干气输送工艺；推荐分子筛脱水工艺作为高含硫气田的站场脱水技术。分子筛脱水在高含硫天然气处理方面应用成熟，流程较简单，性能可靠，对环境污染小，通过对工艺流程优化，可较好的解决分子筛脱水工艺中存在的设备腐蚀、装置硫沉积等安全技术问题。

2. 高压凝析气田气液混输技术

气液混输集气工艺适合凝析气田天然气中含有凝析油、气田水，对井、站上分离的液体处理、输送困难的情况；高含硫气田井场含硫污水难以处理、维护费用高、污染环境的情况。

在采用气液混输工艺时，应注意以下两点：

(1)增大下游分离器处理能力

下游站场气液分离器设计应适当增大其处理能力，避免清管时液量增大带来的危害。此外，在处理厂集气装置区入口分离器前设节流阀，控制清管时进入分离器的液体流量，充分利用分离器的缓冲容积，满足分离器的正常操作，同时尽量满足下游净化装置的正常运行。

(2)设置段塞捕集器

凝析气田处理厂入口均设置了段塞流捕集器，但段塞流捕集器占地面积大，造价高。段塞流的处理方式应结合下游处理工艺的不同要求，优先从操作方式的灵活性上考虑设计对策。考虑到气田地下预测的不确定性，在气田生产中后期，若气田水产量增大，清管排液量增加较多，根据实际操作情况，再设置段塞流捕集器。

3. 水合物防治技术

高含硫天然气水合物防治推荐采用加热保温输送工艺，脱水工艺应用于大口径长距离集输干线的输送，以保证集输干线的运行安全，在投产及检修停产工况下进行水合物抑制剂加注。

高含 CO_2 气田因冬季地温较低，大部分管线均需采用加注水合物抑制剂法防止水合物形成，即在集气站设置水合物抑制剂注入装置，通过注醇管道反输至各井口对井口天然气加注水合物抑制剂。

高压凝析气田推荐采用加热保温输送工艺，建议开展井下节流工艺试验。

4. 气田水脱气技术

气田水经过闪蒸或气提等脱气工艺后，再将气田水回注地层。分离出的气田水在集气站内闪蒸处理后，用罐车拉运至天然气处理厂内，与厂内气田水一同处理。将闪蒸气进行增压后，返回集气(采气)管线，最终进入天然气处理厂的硫磺回收装置进行硫磺回收，无环境污染。此工艺适用于气田水排放相对集中、气田水量及闪蒸气量大的三高气田。

5. 控制最大、最小流速

在 1 ~ 3m/s 的条件下，通常为层流，增加流速可清除某些沉积物并增大搅拌和混合作用。在高于 5 米 / 秒的条件下和非缓蚀剂系统中，随着流速的增加，管材的腐蚀速率迅速增加；对于加入缓蚀剂的系统，当流速介于 3 ~ 10m/s 间时，随着流速的增加，促进烃相和水相的混合，因此，管材腐蚀速率的上升不明显。在高于 10 米 / 秒的条件以及缓蚀剂系统中，由于高流体流速清除了管材表面的保护膜，所以随着流速的增加，管材的腐蚀速率急剧上升。

过大的流速对管道、阀门冲蚀严重，过低流速容易产生积液，建议管道气体流速一般应控制在3~8米/秒。

6. 消除和减小脉动及振动

阀门快速启闭时的压力冲击、管道热胀冷缩位移、往复式压缩机往复运动产生的压力脉动以及回转设备的简谐振动等管道承受的荷载，会引起管系位移、共振等，使管件疲劳破坏、发生泄漏，甚至造成火灾爆炸等重大事故。

应对高压管线、高温管线、大口径管线、压缩机出口管线等管系进行应力分析，采取相应的控制措施消除和减小冲击、位移、气流脉动以及共振影响。

7. 紧急截断设置

对于集输系统，井口的高低压紧急切断阀是保证安全的最关键的环节之一。"三高"气田的气井必须能够自动关井，并且"三高"气田井口必须设置RTU，出现事故时可远程关断。

天然气处理厂天然气进出口管道上设置紧急截断阀，是发生天然气泄漏或火灾等事故时迅速切断气源、减少火灾损失、缩小灾害影响范围和防止事故扩大的重要措施，也是保证全厂安全的关键。

(二) 设备管线材质

在集输系统的腐蚀环境中，材料的选择要考虑能非常有效地防止均匀腐蚀，同时要能预防应力腐蚀开裂、点蚀和缝隙腐蚀。

1. 高 H_2S 腐蚀环境中的材料选择

高 H_2S 酸性环境中设备材料推荐选用Q245R和Q345R，但与一般设备不同的要求是：

(1)材料为纯净度高的细晶粒结构全镇静钢。

(2)承压元件材料和焊缝应按规定进行验证抗硫化物应力开裂(SSC)试验和抗氢致开裂(HIC)试验评定合格。高酸性气田环境(H2S分压>1.0MPa)使用的锻件金属，应采用模拟环境条件进行SSC评价试验。

(3)设备、管件原材料应进行超声检测，符合所用材料的标准规定，其中钢板应纵横超声检测，符合《承压设备无损检测》(JB/T4730-2005)的规定。

(4)材料应控制内部夹渣、夹层等缺陷，不允许存在白点和裂纹。

(5)材料晶粒度按《金属平均晶粒度测定方法》(GB/T6394-2002)规定，其结果应是6级或6级以上晶粒度，并对一般疏松、中心疏松、偏析、钢中非金属夹杂物(脆性夹杂物、塑性夹杂物)等作出规定。

(6)材料使用状态应至少为正火或正火+回火、退火、调质状态。

高酸性高压气田管线推荐L360钢级钢管，同时要满足高酸性天然气环境碳钢管道施工焊接抗硫性能技术要求及高酸性环境用L245、L360管线钢管交货状态。

高酸性、高腐蚀性气田管线推荐采用镍基合金825复合钢管，同时要满足高酸性天然气环境复合钢管内衬层材料耐蚀性能技术要求。

2. 高 CO_2 腐蚀环境中的材料选择

在高 CO_2 介质工况下，选用碳钢会使钢表面始终处于裸露的初始腐蚀状态下，腐蚀速率增高；对耐蚀合金钢，介质处于静止状态时金属的孔蚀速率比介质处于流动状态时大。加大流速(控制在层流状态)可以减少沉积物在金属表面沉积的机会，从而减少发生孔蚀的机会。设备材料建议选用耐蚀合金钢或其复合钢板。

3. 高 Cl^- 腐蚀环境中的材料选择

高 Cl^- 腐蚀主要以坑蚀、点蚀和均匀腐蚀为主，有时也会出现应力腐蚀开裂(SCC)。根据天然气开采过程中各气田水 Cl^- 的含量，推荐材质碳钢(低合金钢)+缓蚀剂，碳钢(低合金钢)+内涂层+牺牲阳极的阴极保护，316L (00Cr17Ni14Mo2) 不锈钢复合钢板、2205 (00Cr22Ni5Mo3N)双相不锈钢的复合钢板。

(三) 安全仪表系统设置

1. 安全仪表系统配置标准

通过研究控制系统的搭建方式，借鉴目前国内外同类工程的建设状况，确定了"三高"气田各类井场、集气站和处理厂的安全度等级，对气田仪表的安全设计等级进行分类。见表2。

"三高"气田各类井场、集气站和处理厂安全仪表控制系统搭建方式选择原则详见表3。

2. 关键检测控制回路仪表设备冗余设置建议

(1)井场

设有井下安全阀和地面安全阀的井场，由于已设

表 2 仪表的安全设计等级分类

分类	井场	集气站	处理厂
Ⅰ类	H_2S 浓度为Ⅲ级及以上(C≥1%) 或压力为Ⅱ级及以上(P≥25MPa)	H_2S 浓度为Ⅲ级及以上(C≥1%) 或压力为Ⅱ级及以上(P≥10MPa)	H_2S 浓度为Ⅲ级及以上(C≥1%) 或压力为Ⅱ级及以上(P≥4MPa)
Ⅱ类	H_2S 浓度为Ⅳ级(C<1%) 和压力为Ⅲ级(10≤P<25) 或规模为Ⅱ级及以上($Q \geq 50 \times 10^4m^3/d$)	H_2S 浓度为Ⅳ级(C<1%) 和压力为Ⅲ级(4≤P<10) 或规模为Ⅱ级及以上($Q \geq 100 \times 10^4m^3/d$)	H_2S 浓度为Ⅳ级(C<1%) 和压力为Ⅲ级(2.5≤P<4) 或规模为Ⅱ级及以上($Q \geq 200 \times 10^4m^3/d$)
Ⅲ类	H_2S 浓度为Ⅳ级(C<1%) 和压力为Ⅳ级(P<10MPa) 或规模为Ⅲ级及以下($Q<50 \times 10^4m^3/d$)	H_2S 浓度为Ⅳ级(C<1%) 和压力为Ⅳ级(P<4MPa) 或规模为Ⅲ级及以下($Q<100 \times 10^4m^3/d$)	H_2S 浓度为Ⅳ级(C<1%) 和压力为Ⅳ级(P<2.5MPa) 或规模为Ⅲ级及以下($Q<200 \times 10^4m^3/d$)

注:C 为浓度,P 为压力,Q 为规模。

Ⅰ类级别的生产单元安全功能要求最高,推荐安全度等级为 SIL3 或 SIL2。

Ⅱ类级别的生产单元安全功能要求较高,推荐安全度等级为 SIL2。

Ⅲ类级别的生产单元安全功能要求最低,推荐安全度等级为 SIL1 或 SIL2。

表 3 “三高”气田安全仪表控制系统搭建方式选择原则

站场	规模($10^4m^3/d$)	安全度等级	说 明
井场	–	SIL2	选用安全 PLC,不设置独立的安全仪表系统,安全功能由过程控制系统实现。
集气站	≥200	SIL2	设置独立的安全仪表系统,选用安全 PLC。
	<200	SIL2	选用安全 PLC,不设置独立的安全仪表系统,安全功能由过程控制系统实现。
处理厂	≥500	SIL3	设置独立的安全仪表系统,选用安全 PLC。
	<500	SIL2	

置了多层保护,不需要再设置冗余的检测控制回路;未设置井下安全阀的井场,则需要根据井场的级别考虑设置冗余的检测控制回路。高含 H_2S 的井场需设 H_2S 泄漏浓度检测。

对于未设置井下安全阀的井场建议设置冗余的检测控制回路,见表 4。

(2)集气站

对于高含硫或规模较大的集气站,关键检测控制回路建议冗余设置,见表 5。

(3)处理厂

对于高含硫或规模较大的天然气处理厂,关键检测控制回路建议冗余设置,见表 6。

表 4 井场关键检测控制回路的设置建议

关键回路	关键点	现场测控设备	设置
关键检测回路	井口压力	压力变送器	冗余(1oo2)
	井口 H_2S 泄漏浓度	H_2S 浓度探测器	冗余(2oo2)
关键控制回路	井口紧急关断阀	紧急关断阀	执行元件冗余(1oo2)

表 5 集气站关键检测控制回路设置建议

关键回路	关键点	现场测控设备	设置
关键检测回路	进站压力	压力变送器	冗余(1oo2)
	出站压力	压力变送器	冗余(1oo2)
	H_2S 泄漏浓度	H_2S 浓度探测器	冗余(2oo2)
关键控制回路	进站紧急关断阀	紧急关断阀	执行元件冗余(1oo2)
	出站紧急关断阀	紧急关断阀	执行元件冗余(1oo2)

表 6 天然气处理厂关键检测控制回路的设置建议

关键回路	关键点	现场测控设备	设置
关键检测回路	进站压力	压力变送器	冗余(1oo2)
	出站压力	压力变送器	冗余(1oo2)
	H_2S 泄漏浓度	H_2S 浓度探测器	冗余(2oo2)
关键控制回路	进站紧急关断阀	紧急关断阀	执行元件冗余(1oo2)
	出站紧急关断阀	紧急关断阀	执行元件冗余(1oo2)

3. 关断级别设置原则

已建天然气处理厂通常设置 3 级关断，分别为全厂关断、装置级关断和设备级关断。借鉴国外同类生产装置关断级别的设置情况，全厂关断可根据事故发生原因的不同分为全厂关断泄放和全厂关断不泄放 2 种，可避免不必要的资源浪费，减少大气污染，并达到操作灵活方便、简化操作程序和保证正常生产的目的。

4. 实现“故障 - 安全型”技术措施

(1)关键回路选用具有自诊断技术的智能仪表—智能化具有实时自诊断和维修预报功能的现场仪表，可有预测性的进行维护，提高可靠性；

(2)编制常见故障的判断逻辑—对于一些外部设备或元件的故障判断逻辑，利于及时发现故障，方便查找故障和提高维修效率。如：超时检测、故障检测与诊断逻辑、互锁逻辑等；

5. 逻辑功能设计要求

典型的逻辑功能应包括：输入信号及信号处理、逻辑运算、对触发联锁结果的处理、人工复位功能、手动紧急操作与授权功能、启动旁路操作与超驰控制功能、其它辅助功能(仪表维护状态、线路监测，以及对外部设备故障的检测、诊断和互锁等)。

6. 安全仪表选型技术建议

建议用于压力、温度、流量的检测报警宜选用变送器作为检测元件，使报警设定值的调整简便易行，不需要重新调校仪表。随着自动化技术的发展，仪表和控制系统可靠性越来越高，发生的故障将主要出现在安全仪表的外围设备和配套设施，因此，需要加以重视并采取技术防范措施。

(四) 安全泄放

1. 泄放量

放空系统泄放量不应是最大处理量，应分析计算各种泄放工况下的泄放量，以及各种工况同时发生的概率，综合分析以后确定。

(1)集气站

集气站放空量应考虑 ESD 泄压放空和安全阀放空两种工况下的放空量，计算后取较大值，但不叠加。安全阀放空量的确定需要考虑工程自控水平及可靠度，对于自控水平较低，不能在事故工况下有效截断的情况，安全阀放空量应考虑承受输入源的量，并能通过安全阀全开情况下放空量的复核。鉴于“三高”气田一般每口井均设独立的 ESD 阀门，接收多个单井来气的集气系统放空量应考虑产量最大的一口单井不能关断的工况。

（2）处理厂

单气田气源单列工艺装置处理厂的放空量应考虑ESD泄压放空和安全阀放空两种工况下的放空量，计算后取较大值，但不叠加。对于多气田气源单列工艺装置处理厂，需要设调压放空的，其放空量的计算还应叠加调压放空量。

单气田气源多列工艺装置处理厂的放空量，比较ESD泄压放空量和安全阀放空量，取较大值。ESD泄放量较大的，可以考虑分区延时泄放措施降低其放空量。多气田气源多列工艺装置处理厂的放空量，需要设调压放空的，其放空量的计算还应叠加调压放空量。

ESD泄压放空速率应考虑为装置进出截断阀截断后，截断阀间连通的所有设备、管道中储存的气体在15min内降压至690kPa或降到设备设计压力的50%时（取其中较低压力）时的放空速率。

2. 安全泄放系统设置

（1）井场

高产、高压气田由于井口流动压力太高，可能采用多级节流，为了减少管线压力等级及简化安全阀设置，可以提高前级节流后的管线设计压力至关井压力，只需要在后级节流后降低设计压力，设置安全阀及压力检测装置。

为可靠切断气源，若下游站场为集气站，集气站关闭时，一般均需同时发出关闭井口的远程指令。若远程关闭失效，随着下游场站的关闭，上游采气管线压力上升，井口的压力变送器或截断阀的高压取压点检测到管线压力高时，也将联锁关闭井口安全截断阀。

单井流量一般在较长时间内比较恒定，节流阀未进入SCADA系统进行流量调节。若节流阀进入SCADA系统参与单井流量调节，正常情况下可控制下游流量，但下游压力超高到一定程度时，可转换为压力控制模式，减小阀门开度，降低产量；若下游压力进一步超高，自动联锁截断阀，关闭井口。

（2）集气站

集气站需设进、出站截断阀，站内发生火灾时应紧急关闭，并在关闭后启动紧急放空。

在紧急关闭集气站的情况下，应同时发出关闭相应井口的远程指令。随着进站阀门关闭，SCADA系统将联锁关闭相应井口截断阀。

安全阀可设于计量汇管与生产汇管或计量分离器与生产分离器上，对于含液量大的情况，安全阀设于分离器上可减少放空时的带液量，工艺系统上安全阀上游截断阀的上游段均应按高压设计。

（3）集气总站

集气总站在靠近净化厂的情况下，应将集气总站作为整个净化厂的一个装置进行设计，紧急情况下通过前端装置的报警和切断保证下游安全，放空系统尽量依托净化厂。

集气总站的进站即处理厂进厂处应设有压力检测仪表，压力高报警后继续超高，需启动调压放空，同时可人工干预远程关闭部分井口，减少来气量。超压仍得不到控制，将发出全部关井指令，超压若进一步上升，实施全厂关闭。

集气总站与处理厂的连接部分按内部集输的压力级制设计。若处理厂的压力级制发生了变化，则在处理厂入口处应设置压力检测装置及安全阀两级保护措施。

（4）处理厂

处理厂一般在超压或事故的情况下才启动放空。对于超压情况，首先进行压力高报警，压力继续增高时进行调压放空，同时可采取关部分井口装置或由调度中心调配气源的方式缓解压力；压力仍然上升接近安全阀定压时，全厂ESD系统将启动：关闭装置进出口紧急截断阀，关闭井口装置，开启紧急泄放阀。当以上措施都失效时，则安全阀启跳放空。

（五）安全距离

1. 影响安全距离的关键因素及排序

对于H_2S含量小于5%的“三高”气田，影响安全距离的关键因素及排序：泄漏压力 > 泄漏孔径。

对于H_2S含量大于等于5%的“三高”气田，影响安全距离的关键因素及排序：泄漏压力 > 泄漏孔径 > 天然气中H_2S含量 > 风速 > 大气稳定度。

2. 安全距离确定的原则

（1）“三高”气田的生产建设要坚持本质安全的理

念和节约土地的原则，安全距离只是保证安全的辅助措施。

（2）从保证生产人员、生产设施、周边居民和重要设施的安全的角度，主要考虑防火距离和高含硫气田的厂外卫生防护距离；对于高含硫气田还应考虑事故发生时的应急疏散距离。

（3）重点考虑泄漏孔径、压力、天然气中 H_2S 浓度和风速等关键因素，同时考虑事故可能引起的火灾、爆炸和 H_2S 中毒三种后果。

（4）厂（站）内防火距离和厂外卫生防护距离的确定，只考虑防范中小孔泄漏。

（5）厂（站）内安全距离主要考虑满足防火间距要求，不考虑 H_2S 泄漏时的卫生防护距离；井、厂（站）与周边居民的外部间距应考虑 H_2S 泄漏时的卫生防护距离。

（6）高含硫气田应考虑事故发生时的应急疏散距离，要结合泄漏孔径、H_2S 含量、泄漏压力、风速与风向等因素，分析可能导致 H_2S 中毒的影响范围，通过安全评价确定，确保人员安全。

3. 安全距离确定的方法

常用的安全距离方法有基于后果的方法、基于风险的方法和基于经验距离的方法，经研究推荐采用基于风险与经验距离相结合方法。

四、应用效果

西南川东北高含硫气田采用干气输送技术，从本质上解决了腐蚀问题，实现多个地域高含硫气田天然气长距离输送至同一个净化厂处理，少建设天然净化厂 3 座，节约工程投资 26 亿元。塔里木凝析气田采用气液混输技术效果良好，与常规气液分输工艺相比，流程简单、管理方便，节省投资 1.1 亿元。西南川东北高含硫气田采用水处理和闪蒸气回收技术，大大减少了闪蒸气排出对环境造成的污染及安全风险，减少 SO_2 排放 57 吨 / 年。

在西南川东北高含硫气田试采工程中，采用了高含硫天然气田 L360 钢级管线钢管材料选择、焊接施工技术等，将 L360NS 管线钢管（DN400 钢管 35.5 公里、DN200 钢管 31.6 公里）应用于内部集输工程，实现了 L360 钢级管线钢管用于高含硫气田的技术突破，解决了瓶颈问题。与 L245 钢级管线钢管相比，节约钢材 700 余吨，节省投资约 900 万元。

集输气田站场和天然气处理厂放空系统负荷（事故工况下的最大放空量）并不简单地等于单井的最大配产或者厂站处理规模，而是与实际的操作工况和工艺工程及系统配置相关联。处理厂分区、延时泄放设计理念应用于气田地面工程项目以及储气库工程项目的设计审查中，使气田与储气库工程项目不再按最大处理量简单确定放空系统泄放量，减少了工程投资以及事故状态下的无效放空，也减少了事故时对环境的影响。

安全距离为主的安全设计理念已得到改变，“实现本质安全是发展方向，保证一定的安全距离是现阶段满足安全要求的保障措施之一”已成为共识，并已贯穿在气田地面工程项目以及储气库工程项目的设计审查中，使地面工程建设在保证安全的前提下，节约了大量的土地资源。

第四部分
节能环保及合作伙伴

分目录

催化裂化装置的氮氧化物减排技术研究

李家强
（中国石化咨询公司）

一、概述

催化裂化是炼油工业重要二次加工装置，在油品炼制过程中，由于需要采用氧化法除去沉积在催化剂表面的碳型物质（既对催化剂进行再生），此过程会产生大量氮氧化物（NOx）一般占全厂同类污染物的20%左右。根据统计，截至2010年末中国石化原油加工能力为23570万吨，FCC装置61套，能力达到5585万吨，催化加工能力占一次加工能力的23.7%。按照发展规划预计，2015年炼油一次加工能力将达到29340万吨，催化裂化装置能力将达到8768万吨，催化加工能力占一次加工能力将达到29.9%，在二次加工装置中高居第一位。

随着国内外越来越严格的环保法规，为减少大气污染，催化裂化（FCC）装置的烟气脱硫和脱硝已成为石化行业节能减排的重点领域，NOx减排压力日趋紧迫。

（一）催化裂化装置的NOx产生关系

NOx的生成一般认为有三种途径，燃料型（fuel-NOx）、热力型（thermalNOx）和快速型NOx。

燃料型NOx是指含氮化合物氧化生成的NOx；热力型NOx是指空气中的氮热氧化生成的NOx；快速型NOx是指CH原子团撞击N_2分子而形成CN类化合物，然后再经氧化成NOx。

1. 热力型NOx的生成环境是在高温下产生

一般温度高于1300℃时才比较显著，而催化裂化再生器内的再生温度在700℃左右，由此推测，催化裂化再生器中NOx的生成不以热力型NOx为主；

2. 根据催化裂化装置的硫与氮含量分布的统计分析

一般硫和氮都存留在重组分中，而且，馏分越重含量越高。根据脱碳原理，烷烃脱氢→烯烃→芳烃→多环→稠环→胶质→沥青质→焦炭，FCC原料油中的氮化物主要以芳香烃的形式存在焦炭中，焦炭要富集50%以上的原料氮（见表1-1）。故此，在催化剂再生过程中，含氮化合物氧化生成的NOx，燃料型NOx和CH原子团撞击N_2分子而形成CN类化合物的机率很高。

表1-1 FCC装置氮、硫平衡分布示意表

原料与产品	硫 w%		氮 w%	
	实测范围	归纳	实测范围	归纳
原料，w%	100	100	100	100
汽油	3～5	4	2～4	3
轻柴油	10～15	12	10～14	12
油浆	20～35	28	30～35	32
焦炭		56		53

3. 对8套工业FCC装置的统计分析

FCC原料油中的氮化物主要以芳香烃的形式存在焦炭中，在焦炭中碱性氮可以分为四类：胺、吡啶的衍生物、吡咯的衍生物和酰胺。大多数胺类和吡啶类化合物被认为是碱性的，大部分碱性氮化物在裂化反应中被吸附到催化剂酸性位上。

待生剂上的焦炭分为两种类型，一类是软焦，其氮占总焦氮的含量不足5%；一类是硬焦，其氮占总焦氮的含量95%。软焦主要吸附在催化剂外表面或滞留在催化剂孔道的大孔中，硬焦则主要存在于催化剂外表面或孔道的内表面上。

吸附于待生催化剂上的软焦占总焦的百分含量受催化裂化反应条件、反应深度以及待生催化剂气提效率等的影响较大。沉积在催化剂表面的金属污染物作为脱氢活性中心还会使焦炭分子进一步缩合。

通过激光解吸电离飞行时间质谱(LD-TOF-MS)分析发现，大分子的焦炭(硬焦)主要是分子量为奇数的含氮化合物的同系物，它们存在于催化裂化催化剂微球的中孔或大孔中。

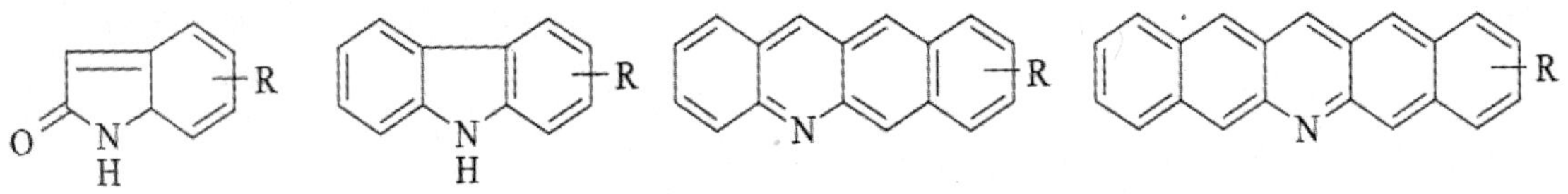

酰胺类　咔唑类　苯并吖啶类　二苯并吖啶类

图1 待生催化剂软焦中存在的含氮化合物

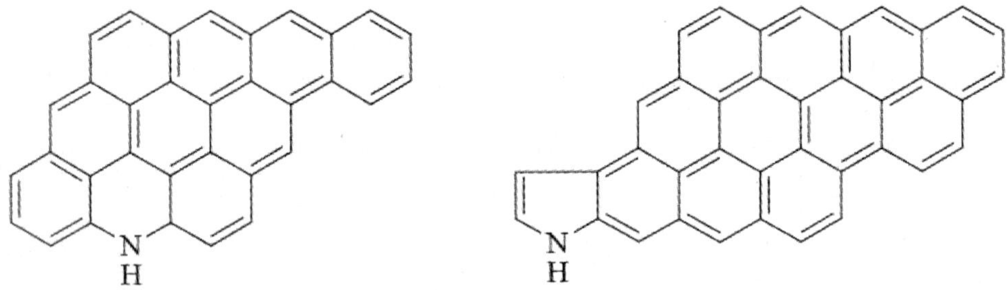

图2 待生催化剂硬焦中存在的含氮化合物

4. FCC催化剂烧焦过程中氮转化的机理证明，氮化物的形成有两个阶段或者说两个产物，焦炭中的氮必须经过一些中间产物才能够转化为NOx或N_2

这种机理可知，控制氧化关系和提供还原条件都有利于NOx的减少。在过量O_2和金属催化剂存在的典型再生条件下，绝大部分HCN（氢氰酸）和NH3(氨)氧化为NOx和N_2O，NOx和N_2O进一步还原生成N_2。在催化裂化再生器中，有两种还原剂(CO和焦炭C)可以还原NOx，生成分子氮。

在再生过程中，最重要的是CO参加的反应，在促进CO氧化为CO_2的添加剂存在下，再生器中CO浓度降低，NO+CO反应速度降低，导致再生器NOx排放量增加。在许多工业装置中已经发现，采用铂基CO燃烧促进剂导致NOx排放量增加。反之，如果一段再生是不完全再生，在大量碳和CO存在下，NOx生成量一定会减少，N_2量增加；在二段再生中用富氧完全方式将同样使NOx生成量减少，N_2量增加。

选择和优化再生方式是催化裂化脱硝的基础，控制原料中的氮含量减少NOx生成的条件。有资料证实，在部分燃烧再生条件下，催化剂上的焦炭部分烧掉，烟气中含有较多的CO，还含有还原态的含氮化合物HCN和NH_3，通常检测不到NOx。

在完全燃烧再生时，通过通入过量空气或采用CO燃烧促进剂，催化剂上的焦炭燃烧比较完全，烟气中CO含量很低，还原态含氮化合物HCN和NH_3的含量极低，造成氮氧化物的含量较高。而完全再生是工艺上追求催化剂活性发挥的目的，大部分炼厂都是采用完全再生方式，并且把再生剂定碳较低，造成氮氧化物的含量较高。有些改造装置为了烧焦能力的发挥，采用不完全再生，再生烟气存在大量CO，在烟气热量回收上考虑CO锅炉，这也是NOx生成的部位。有些企业，为了烧焦完全，采用CO助燃剂，在金属催化剂的作用下NO的量将大大增加。

综上所述，FCC再生器中NOx生成的化学机理比SOx的形成机理复杂得多。根据以上分析，影响烟气中NOx含量最主要因素是催化裂化原料中的氮(N)含量和催化裂化再生方式，这也为我们研究控制烟气中NOx提供了重要的思路。烟气中的NOx含量是与催化剂再生方式有重要关系，如果一段采用贫氧再生，二段采用富氧再生，将有利于烟气中NOx大大降低，现存催化裂化的有关数据也说明了该问题。如果特殊设计两段再生关系，可达到减少或控制NOx的目的。

表1-2 FCC装置不同再生方式排放NOx案例

序号	企业	NOx(完全再生) mg/Nm^3	NOx(两段再生) mg/Nm^3
1	石家庄1#,2#	112	91
2	齐鲁1#,2#	104	29
3	茂名2#,3#	936	259

(二)催化裂化NOx排放与减排方向

分析石化行业FCC装置共61套，在各企业上报数据中有NOx排放数据的装置共45套。分析有NOx浓度排放数据的企业：装置NOx浓度在400mg/Nm3以上的装置共4套，占装置的9%；装置NOx浓度在200mg/Nm^3以上的装置共14套，占31%；NOx浓度在100mg/Nm^3以上的装置共17套，占38%；NOx浓度在100mg/Nm^3以下的装置共10套，占装置的22%。

在不同再生方式的数据中，完全再生方式的NOx浓度远高于两段再生方式。控制再生条件和改变再生方式，将有利于减少和降低NOx浓度，是催化裂化氮氧化物控制的方向。

两段再生烟气中含有NOx较少的原因有两个：一是控制过氧燃烧减少了NOx的排放，在下段采用富氧操作产生的NOx进入上段再生器后与富CO的气体和待生催化剂接触从而使转化为氮气。催化剂再生过程中，焦炭上沉积的氮有90%以上是以N_2形式释放，仅仅有10%是以的形式NOx释放。

二、减排NOx的环保要求

(一)总体要求

国外严格控制NOx的排放已有近20年的历史。我国长期以来重点对火电厂产生的大气污染物进行控制，“十一五”期间集中在烟尘和SO_2上，“十二五”期间主要针对NOx排放的进行控制与治理。

我国2004年4月颁布的《大气污染防治法》第30条规定：“企业应当对燃料燃烧过程中产生的NOx采取控制措施”。

《国家环境保护“十二五”规划》中要求，加大SO_2和NOx减排力度。加快其他非电力行业脱硫脱硝步伐。加强水泥、石油石化、煤化工等行业SO_2和NOx治理。

《排污费征收使用管理条例》规定，NOx自2004年7月1日起按0.6元/污染当量收费，征收标准与SO_2相同。

“十二五”期间，NOx被首次列入约束性指标体系并确定了10%的减排目标。2010年1月，环保部发布了“关于发布《火电厂氮氧化物防治技术政策》的通知”(环发〔2010〕10号)，《火电厂氮氧化物防治技术政策》明确提出:“控制重点是长江三角洲、珠江三角洲和京津冀地区以及各省会城市的300兆瓦及以上燃煤发电或热电联产机组的NOx排放。同时鼓励上述地区对300兆瓦以下和其它地区的燃煤发电或热电联产机组的NOx排放控制”。

“十二五”期间,NOx被首次列入约束性指标体系并确定了10%的减排目标。NOx的总量控制要突出重点行业和重点区域,建立并推行以防治火电行业排放为核心的工业NOx防治体系。

对于炼油企业的FCC装置,我国已明确提出了约束性的减排NOx环保政策要求。

(二)NOx的排放标准

1.国内标准

我国在20世纪80年代初期已开始关注到NOx污染物排放的问题。1982年4月6日,国务院颁布了《大气环境质量标准》(GB3095-1982),大气环境质量标准分为三级,规定了NOx的浓度限值日平均排放标准。2011年7月29日发布的《火电厂大气污染物排放标准》修订版(GB13223-2011)对NOx提出了更严格的要求,重点加大了对火电厂大气污染物中SO_2、NOx控制力度。从2012年1月1日开始,所有新建火电机组和重点地区的火力发电锅炉及燃气轮机组NOx排放浓度要达到100mg/m^3。

修订版标准比欧美发达国家的标准还要严格。发达国家和地区的NOx排放最严格限值一般在200mg/m^{3}以下。欧盟现行的NOx排放限值为200mg/m^3;美国为135mg/m3~184mg/m^3,日本200mg/m^3。

根据国家发布新修订的大气污染物排放标准,特别是北京、天津、上海和广州等地方已发布或即将发布更严格的地方环保标准,NOx排放标准基本均要求不高于100mg/m^3。石化行业在重点城市的热电企业将面临着NOx达标排放的减排压力。

对于炼油企业的FCC装置,FCC再生烟气CO余热锅炉有些企业目前执行《工业窑炉大气污染物排放标准》(GB9078-1996),该标准没有规定NOx浓度排放限制;一些企业执行《锅炉大气污染物排放标准》(GB13271-2001),NOx浓度排放限值为300mg/Nm^3。

根据最新制定的《石油炼制工业污染物排放标准》(报批稿),对新建FCC装置再生烟气的污染物拟提出更高的要求:催化裂化装置再生烟气NOx标准限值,从300mg/Nm^{3}降到180mg/Nm^3,敏感地区为100mg/Nm^3。现有FCC装置再生烟气的NOx排放标准限值为300mg/Nm^3。

2.国外标准

2002年,美国涉及FCC装置烟气排放控制的法规主要有三个:一个是实施多年的新能源的性能指标(NSPS),一个是实施的有害空气污染物(HAP)控制,也就是所谓MACTⅡ法规,还有一个是美国环保署(EPA)的强制行动和同意减少法规。每个法规对排放控制技术的选择都有影响,需要加以通盘考虑。

美国政府已经与国内近150个石油炼厂中的42家达成协议,这些自愿协议就是我们所知的环保法规。除此以外,美国环保署还与全国炼制联合会(NCRA)达成了有限的协议。环保署估计这些协议的签定总共将减少约44000吨的NOx、9500吨的SO_2排放到大气中。同时也限制了苯、可挥发有机化合物以

表2-1 EPA石油炼制工业相关污染物排放标准及相关内容

序列号	标准名称	发布年度	标准主要内容
美国环保署未来研究中心(EPA e-CFR)新固定源执行标准(Title 40 part 60)			
Subpart Ja	2007年5月14日以后新建、重建或改造的石油炼制企业执行标准	2008.6.24	新建FCCU:再生烟气颗粒物排放不大于0.5kg/mg烧焦,FCU再生烟气颗粒物排放不大于1.0kg/mg烧焦;NOX7天滚动平均值不大于80ppm(v);$SO_2$7天滚动平均值不大于50ppm(v),365天滚动平均值不大于25ppm(v);CO平均值不大于500ppm(v)(1小时内)。

表 2-2 催化再生烟气 NOx 排放浓度限值(单位:mg/m³)

《大气污染物综合排放标准》(GB16297-1996)新建企业二级标准	《石油炼制工业污染物排放标准》(即将发布)特别排放限值	美国标准	欧盟	IFC 标准
240	180	164(80ppm)	213	450

及颗粒物的排放。

欧洲共同体的 27 个国家里,NOx 排放控制在欧盟于 1996 年采纳的联合污染控制(IPPC)指令中指出,后来又转入欧盟成员国的国家立法。联合污染防控基于装置的一种许可制度。该指令没有设定预防和控制排放的标准或极限,对其它环境问题也没设定标准或极限,而是将该责任交给成员国。

三、FCC 装置 NOx 减排技术

NOx 是由催化剂再生反应形成的 HCN 和 NH_3 等含氮化合物进一步氧化而成的,有一部分生成的 NOx 又通过 C 和 CO 等还原剂作用下而消耗掉。因此,再生器中氧气和 CO 的浓度对于决定烟气中最终的 NOx 含量非常重要。另外,有些金属催化剂的存在会影响 NOx。为了减排 FCC 再生器的 NOx,可以采取两条途径:一是阻止和减少 NOx 的形成;二是将生成的 NOx 在装置内就转化为 N_2。基此,人们从不同角度研究开发了各种减排方法,归纳起来主要有五种:净化催化原料、改变再生方法、实施脱氮催化助剂、改变机械设计和对烟气进行脱硝处理。

(一) 净化催化原料

因为催化原料中的氮含量 50%以上会沉积在催化剂上,所以净化催化原料,减少催化原料的氮含量是降低和阻止催化裂化装置 NOx 生成的首选。主要选择技术:采用渣油的加氢处理和蜡油的加氢处理装置,对催化原料进行精制和改质处理。

(二) 改变再生方法

1.在催化剂再生过程中,实施两段再生和避免使用铂助燃剂,这是减少完全燃烧中 NOx 排放的最简单的方法。在有 CO 锅炉的企业,可以优化 CO 锅炉的操作来减少 NOx 排放。

2.通过适当的分布,待生催化剂上的碳也能当作还原剂。在逆流再生器设计中把待生催化剂分布器设计成让富碳的催化剂沿着床层表面均匀分布,从而对离开床层的烟气中的 NOx 进行还原。

3.在 NOx 排放控制方面,美国 UOP 公司研究了影响 NOx 生成与减少的因素,包括原料特征和质量、再生器中过剩氧含量、CO 助燃剂的使用、再生剂温度和再生器设计。研究认为在一个完全燃烧的再生器内同时控制 CO 和 NOx 是有难度的,因为降低 CO 是氧化反应,而降低 NOx 是还原反应。UOP 开发的高效烧焦罐式再生器对复杂反应有比较好的效果,从反应器来的待生剂与烧焦罐向上运动时催化剂上的焦炭被烧掉,烟气进入一个二级旋风分离器后排出再生器,分离器排出的催化剂返回密相床层,一部分催化剂分流至提升管,一部分返回烧焦罐。最终,典型 CO < 100ppm,NOx < 40ppm。

(三) 添加减少 NOx 生成的催化助剂

为减少完全再生过程的 NOx 生成,Albemarle 公司推出了 NOx 减排助剂:ELIMINOx 和 KDNOx。

在同一套装置,一般来说达到同样的尾燃和 CO 控制水平,使用 ELIMINOx 时,NOx 含量比使用铂基助燃剂时低 40% ~ 70%。

此外,利用 NOx 催化方面的基础,Engelhard 公司推出了一种能够降低 NOx 排放的 CO 助燃剂——OxyClean 添加剂。在完全燃烧型 FCCU 中,用 OxyClean 代替传统的铂基 CO 助燃剂时,测出的 NOx 含量从 50ppm 以下降低到了 35ppm 以下。在相同的操作条件下,烟气后燃得到了控制。

Engelhard 公司在不同环境下应用氧储存的专门技术制造出了高效的 CLEANOx 助剂——NOx 还原 FCC 添加剂。当过剩氧为 2%以上,在循环物料中加入 1.4%的 CLEANOx 助剂和不加助剂时,测出的完全燃烧再生器中 NOx 的浓度见图 3-1。使用

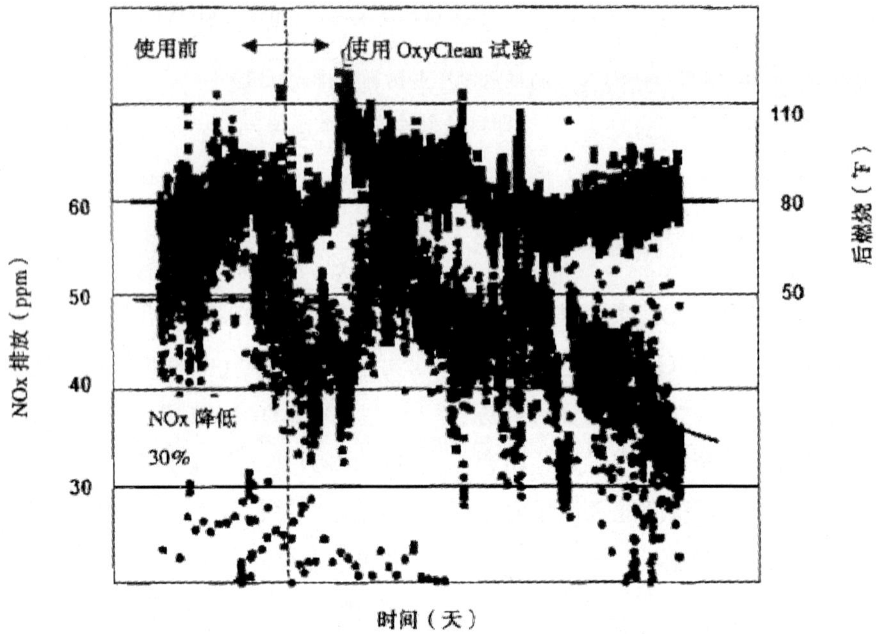

图 3-1　使用低 NOx 排放 CO 助燃剂 OxyClean 前后的排放和后燃烧变化情况

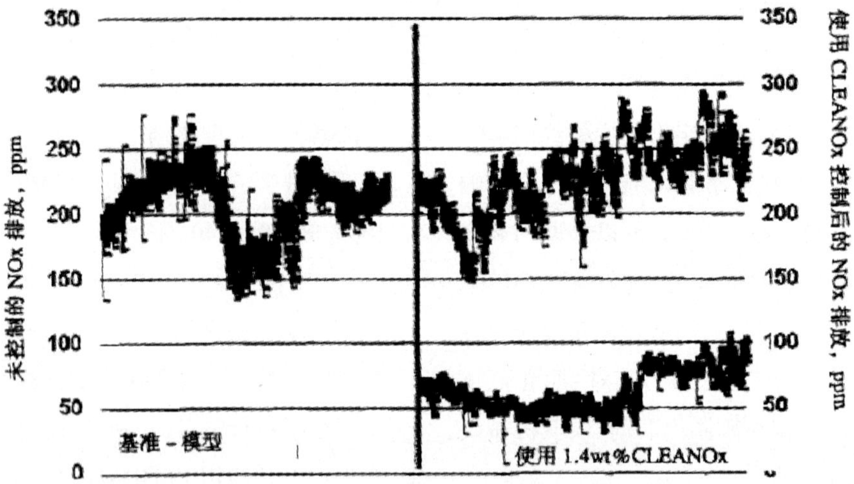

图 3-2　实际 NOx 排放和模型预测结果

注：使用左边的实际 NOx 排放数据开发出模型，右侧模型预测结果与实际排放之间的差值是由于循环物料中存在的 CLEANOx 助剂所致。

CLEANOx 助剂后，烟气中的 NOx 浓度小于 100ppm，这比历史记录上任何一次烟气中 NOx 的浓度都要低。另外，这对再生器的后燃烧温度及提升管一侧的氢气产率都没有影响。CLEANOx 能够使 NOx 排放降低 70%。

采用 Engelhard 公司的 OxyClean 和 / 或 CLEANOx 添加剂可以使大多数的完全燃烧型 FCCU 烟气中的 NOx 排放降至低于 50ppm。

(四) 改变机械设计

机械设计的变化一般关注的是待生催化剂的分布、燃烧 / 提升空气的分布以及再生器混合强度。所有这些都可用在完全燃烧中，提高再生器的效率，允许其在使 NOx 排放最小化的条件下操作。通过适当的分布，待生催化剂上的碳也能用作反应的还原剂。在逆流再生器设计中就可找到这方面的例子。把待生催化剂分布器设计成让富碳的催化剂沿着床层表面均匀

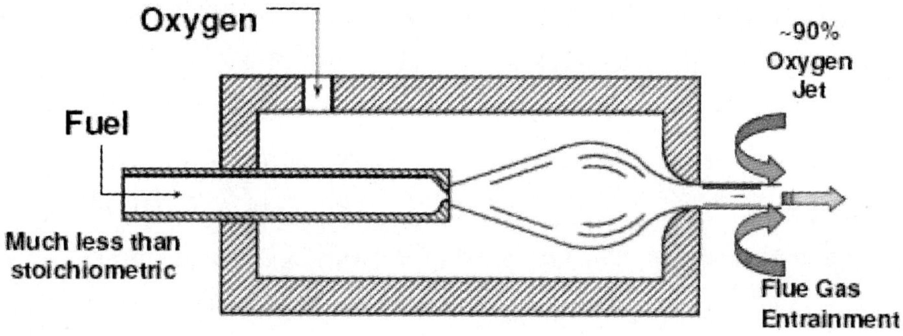

图 3–3 ThermalLance 示意图

分布，从而对离开床层的烟气中的 NOx 进行还原。

燃烧器是 CO 锅炉等设备的重要部件，LNB（低氮燃烧设备）的原理是通过在燃烧器附近区域形成一个还原区，尽可能降低着火氧的浓度，适当降低着火区的温度，达到最大限度地抑制挥发性氮转化为 NOx。LNB 可使 NOx 排放降低 30%～50%。

1.COOLstar 燃烧器

在部分燃烧中，适当的 CO 锅炉设计可以使 NOx 降到最低。JohnZink 公司研发的结构紧凑的低 NOx 排放的 COOLstar 燃烧器，能大幅度减少炼油厂的 NOx 排放量。

2.CONOx“ThermalLance”

低 NOx 再生器技术是针对特定的 FCC 装置结构对催化剂和空气分布器进行设计，达到原位减少 NOx 排放的目的。对于能够在低 CO 浓度下不完全再生或低过量氧气完全再生条件下操作的 FCC 再生器，仅采用低 NOx 再生技术的方法就可以达到 NOx 排放要求。

为了拓宽低 NOx 再生器技术的适用范围，Shell-GS 和 Praxair（普莱克斯公司）联合开发了一种新型的 CONOx 技术，特点是通过 CONOx 喷枪将一股加热的氧气物流注入到烟气排出管道中，热氧以高度喷气的形式离开喷枪，将周围的气体快速夹带并与之混合，同时热氧温度迅速下降。该过程中，热氧能为推动部分燃烧再生时破坏 NOx 前躯体（NH_3 和 HCN）这些反应提供必要的热量和氧化剂。

2012 年，CONOx 喷枪技术在美国石化企业的 FCC 已经成功地进行了工业化示范应用。

3.FCC 富氧再生技术

Praxair 的 FCC 富氧再生技术可使传热更均衡（改进热通量分布），提升再生器温度，改善烟气脱硫脱氮助剂性能，NOx 减排率可达 50%。

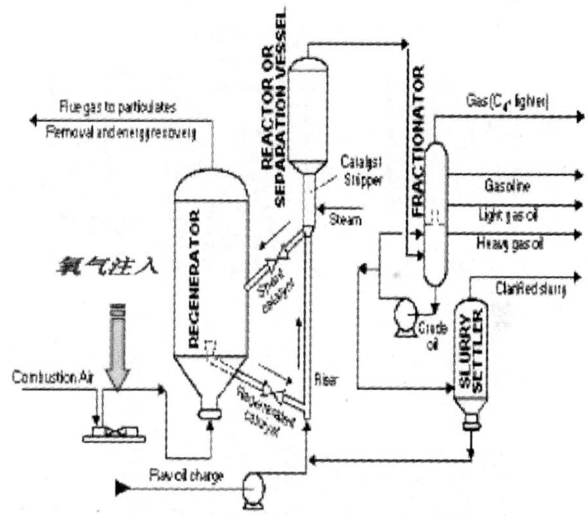

图 3–4 FCC 富氧再生技术流程示意图

（五）排放烟气 NOx 的处理

FCC 再生烟气脱硝技术主要有 SCR（选择性催化还原）、SNCR（选择性非催化还原）和 LOTOxTM（低温臭氧脱硝），这些烟气脱硝技术的应用有一定限制，建设投资和运行成本高，实际工业业绩少。

1.SNCR

SNCR 技术是用 NH3 或氨水、尿素等还原剂喷入炉内与 NOx 进行选择性反应，不用催化剂，因此必须在高温区加入还原剂。还原剂喷入炉膛温度为 850℃～1100℃，还原剂迅速热分解成 NH_3 并与 NOx 进行反应生成 N_2，该方法是以炉膛为反应器。

目前的趋势是用尿素—$(NH_2)_2CO$ 作为还原剂，无氨泄露，不会造成环境污染，安全可靠。在环境敏感的大城市多以尿素为还原剂。当还原剂为尿素时，部分还原剂将与烟气中的 O_2 发生氧化反应，生成 CO_2 和 H_2O，因此还原剂消耗量较大。

近年研究表明，用尿素为还原剂时，部分 NOx 会转化为 N_2O，N_2O 是温室气体会破坏大气平流层中的臭氧。因此产生的 N_2O 问题应引起重视。

2.SCR

SCR 工艺最早是上世纪 70 年代在日本发展起来的，是目前应用最多、最有效的减排 NOx 技术。SCR 是指在氧气和非均相催化剂存在条件下，用 NH_3 或烃类、CO 还原性气体等将烟气中的 NO 还原为无害的氮气和水的工艺。

SCR 主要反应如式(1)-(4)：

$$4NO+4NH_3+O_2 \rightarrow 4N_2+6H_2O \quad (1)$$

$$6NO+4NH_3 \rightarrow 5N_2+6H_2O \quad (2)$$

$$6NO_2+8NH_3 \rightarrow 7N_2+12H_2O \quad (3)$$

$$2NO_2+4NH_3+O_2 \rightarrow 3N_2+6H_2O \quad (4)$$

在催化剂表面，氨与 NOx 反应生成氮气和水。基于 V_2O_5 的催化剂在有氧的条件下还对 NO_2 的减少有催化作用。

SCR 工艺流程：

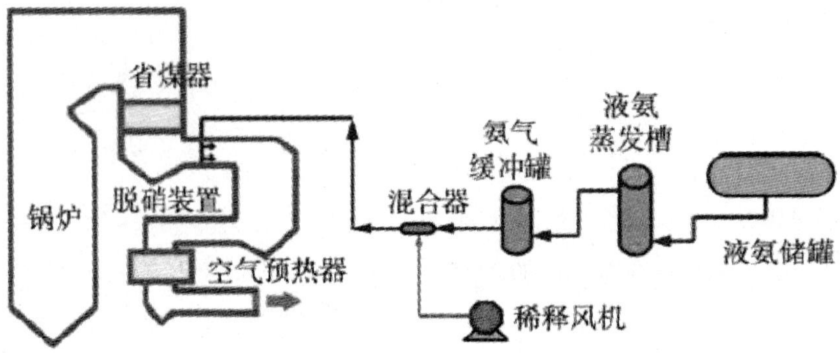

图 3-5 典型的 SCR 工艺流程

影响 NH_3-SCR 的主要因素：

(1)反应温度：反应温度不仅决定反应物的反应速度。而且决定催化剂的反应活性。一般来说，反应温度越高，反应速度越快，催化剂的活性也越高。但当温度过高时，NH_3 发生氧化，会使 NOx 脱除率下降，催化剂也可能烧结。目前的 SCR 系统温度常设定在 320℃~400℃。

(2)停留时间和空速：停留时间和空间速度是 SCR 的 1 个关键设计参数，它是烟气在催化剂容积内的停留时间尺度，在某种程度上决定反应物是否完全反应，同时也决定着反应器催化剂骨架的冲刷和烟气的沿程阻力。随着停留时间增加，NOx 脱除率提高，在停留时间为 200ms 时，NOx 脱除率达到最大，时间继续延长则 NH3 开始氧化，NOx 脱除率下降。若停留时间太短，则反应有可能不完全，NH3 的逃逸量就大，同时烟气对催化剂骨架的冲刷也大。

(3)还原剂与烟气的混合程度：混合程度越高 NOx 脱除率越高。

(4)还原剂与 NOx 的化学计量比：一般 NH_3/NOx 的比例控制在 1.2。太低则 NOx 脱除率不高，太高则 NH_3 的氧化反应加快，同时排出的 NH_3 过多造成污染。

SCR 技术的脱硝效率一般在 70%~90%，是脱硝减排效率最高的脱硝技术。该技术存在投资高、占地大、系统复杂等问题。目前，SCR 技术在国内外电力企业是采用最多的烟气脱硝技术，在欧洲、日本已经有几百套 SCR 装置投入运行。

国内外 FCC 装置较少采用 SCR 进行烟气脱硝。SCR 技术存在逃逸的氨与烟气中 SO_3 与 H_2O 反应生成硫酸氢铵影响设备运行的问题。

3.LOTOx™

低温脱硝 LOTOx™ 工艺是由 BOC 公司开发，现由 BELCO 公司独家进行技术许可和提供工艺包设计。它是利用臭氧将几乎不溶于水的 NO 和 NO_2 氧化为极易溶于水的 N_2O5，被洗涤液吸收。其反应温度正好在烟气的绝热饱和温度（约 60℃）附近，绝热饱和温度正好是脱硫的吸收温度，因此，使用 BELCO 的包括 LOTOx™ 工艺模块的洗涤塔，可以同时解决催化再生烟气脱硫、脱颗粒和脱硝的问题。在国内外约有 20 余套 FCC 装置采用 LOTOx™ 工艺的应用业绩。

（六）技术经济比选优化

表 3–1 主要烟气脱硝技术比较表

	脱硝技术路线一	脱硝技术路线二	脱硝技术路线三	脱硝技术路线四
技术内容	低氮燃烧	SNCR	SCR	LoTOx™
脱硝效率，%	30 ～ 50	30 ～ 40	70 ～ 90	～
脱硝剂	无	使用少量液氨或尿素	大量液氨或氨水、尿素	大量臭氧剂
温度， ℃	850 ~ 1100	前段：800 ~ 1250	320 ~ 400	45~80
催化剂	不使用催化剂	不使用催化剂	加装大量催化剂 成份为 TiO_2, V_2O_5, WO_3	不使用催化剂
脱硝剂喷射位置	无	在炉膛内 或过/再热器后喷射	多选择于省煤器与 SCR 反应器间烟道内	脱硫洗涤塔内
SO_2/SO_3 氧化	不导致 SO_2/SO_3 氧化	SO_2/SO_3 氧化较 SCR 低	会导致 SO_2/SO_3 氧化	不导致 SO_2/SO_3 氧化
NH_3 逃逸，ppm	无	3 ~ 10	3 ~ 8	—
系统压力损失	没有压力损失	催化剂量较 SCR 小，压损低	催化剂会造成压力损失	有压力损失
对系统的经济性影响	残碳量或有增加，约影响效率 ± 0.5%	系统阻力少量增加；约降低系统效率 1 %	系统阻力增加	系统阻力增加
对设备的安全性影响	减少炉内爆管事故、减少结焦可能性	氨逃逸率高时易堵塞、腐蚀空预器；对锅炉钢架结构增加一定负荷	氨逃逸率高时易堵塞、腐蚀空预器；要求改变尾部钢结构、增加较大附加荷载	影响小
建设投资	低	较低	高	偏高
运行费用	很低	较低。 主要为还原剂、设备电耗	高。为催化剂、还原剂、电耗	偏高 臭氧剂、电耗

四、结论与建议

（1）催化裂化装置，在催化剂再生过程中产生的 NOx 一般占全厂同类污染物的 20% 左右。控制和减少催化裂化装置产生的 NOx 是一项非常重要的工作，应该引起各级领导重视。

（2）根据 NOx 的形成机理，控制原料中氮的含量，采用加氢（预）处理脱除原料中部分硫、氮、金属和残碳，然后进催化裂化装置加工，是炼油企业控制 FCC 装置的 NOx 排放最重要的途径。

（3）控制再生条件和改变再生方式，将有利于减少和降低 NOx 浓度，是催化裂化 NOx 控制的方向。应提早安排减少和降低 NOx 浓度的再生方案，在企业中建立示范工程，推广使用。

（4）根据 NOx 形成和减少机理，应该抓紧科研立项，研究减排 NOx 助剂，争取推广使用。

（5）在完全燃烧中，提高再生器的效率，允许其在使 NOx 排放最小化的条件下操作。Praxair 联合开发了一种新型的 CONOx 技术和 FCC 富氧再生技术等均是控制 NOx 源头的治本手段。

（6）NOx 排放末端控制方法（烟气脱硝方案）主要有 SCR、SNCR 和 LOTOx，所有这些烟气脱硝处理方法的应用都有一定的限制。

（7）应合理安排各企业催化脱硝和减排方案，在 3 年一大修的空间改造，避免由于时间紧迫而产生不合理改造项目。

AdBlue® 商标由德国汽车工业协会（VDA）授权本公司合法使用

Kelas 可兰素

AdBlue®

车用 For Scr System

总经理 秦建

江苏可兰素汽车环保科技有限公司

Kelas Environmental Protection Technology CO., LTD.

江苏可兰素汽车环保科技有限公司成立于2009年8月，位于国家级南京经济技术开发区，是一家生产符合欧Ⅳ、欧Ⅴ排放标准的柴油发动机SCR系统所使用的车用尿素溶液及其加注系统、运输工具以及其它汽车环保类产品的高科技企业，公司拥有享受国务院特别津贴的教授级高级工程师、博士和高级工程师在内的各类优秀科研人员，销售和服务网络遍布全国各地。

公司占地面积108亩，拥有三万平方米的自动化生产厂房、价值数千万元的自动化灌装与检测设备，目前的主导产品为符合国Ⅳ、国Ⅴ排放标准的车用尿素溶液，拥有年产车用尿素12万吨的产能，是国内目前规模最大、技术最成熟、设备最先进的车用尿素生产企业之一。

公司根据车用尿素溶液的欧洲和国际标准，结合企业研发过程中积累的经验，制定车用尿素溶液的企业标准（Q/3200KLS 01－2011）。该标准是目前国内较ISO、DIN标准还要严格的标准，标准涵盖了产品控制指标、检测方法、存储及运输方面的要求和规定。

公司生产的车用尿素溶液产品已通过国内专业科研机构的认证；通过国家权威检测机构的检测；通过上海交通大学、同济大学、南京大学分析中心的台架试验及检测分析，产品完全满足北京市质量技术监督局颁发的DB11/552-2008《车用尿素溶液》标准。符合国际ISO 22241标准和德国DIN V70070 Version 1.20. 标准。产品于2010年2月份通过美国API DEF认证，2011年1月通过德国VDA认证，可兰素是目前国内第一家也是唯一一家通过美国API DEF和德国VDA认证的企业。

公司产品已通过潍柴、上柴、锡柴发动机的台架试验、通过上海万象大宇、西沃客车的行车试验，产品完全符合欧Ⅳ排放系统的使用要求。公司产品目前已与福田集团、济南重汽、上汽红岩等重卡厂全面合作，与宇通、金旅、海格、中通、安凯、江淮、沃尔沃、大宇、日野、东风扬子江、长安、百路佳等客车进行配套；可兰素已成为康明斯、潍柴、锡柴发动机厂指定使用产品；上海巴士集团、上海浦东公交、杭州公交、天津公交、深圳巴士集团公司、广州公交公司等已全面使用可兰素产品。

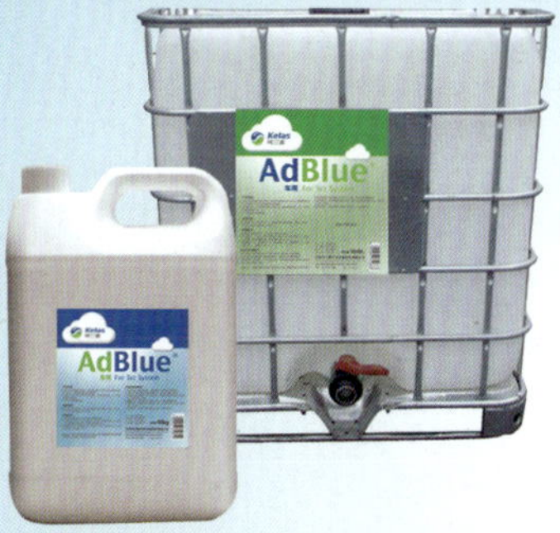

二、产品主要参数:

执行标准:常温尿素 Q/3200KLS 01-2011 车用尿素溶液

低温尿素 Q/3200KLS 05-2013 低温型车用尿素溶液

产品性能:

1.本品为NOx选择性催化还原剂，以32.5%的超纯度尿素及纯水合成，适用于所有欧Ⅳ、欧Ⅴ排放柴油发动机SCR系统。本品为SCR技术的标准配置。

2.本品通过与NOx产生选择性催化还原反应，将其转换成氮气、水，从而降低氮氧化合物的排放。

3.SCR技术可以有效降低油耗，有效降低氮氧化合物排放。

4.可以提供-20℃、-25℃、-30℃低温尿素，有效解决低温结冰现象，防止发动机低温启动报警。

高转换效率　长寿命　超清洁

一、产品名称与规格:

- ◆ 产品名称：车用尿素溶液AUS32
- ◆ 包装规格：10kgx2、200kg、1000kg
- ◆ 提供冰点：-11.5℃（常温）、-20℃、-25℃、-30℃

移动式加注设备

站式加注机

IBC加注设备

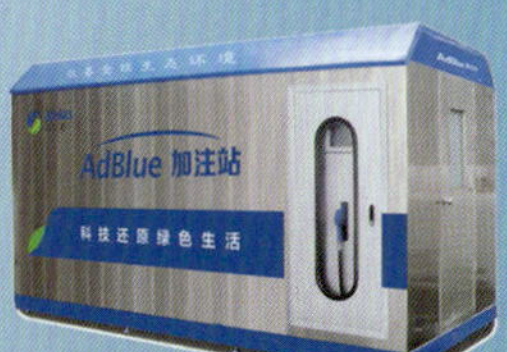

撬装式加注房

Kelas 可兰素　科技智精　添蓝至简　To wisdom To simple

中原油田第九社区管理中心

中原油田第九社区管理中心成立于2005年5月,中心机关位于河南省濮阳市中原路东段，总面积约7平方公里。社区现有18个居民生活小区，占地面积277万平方米，建筑面积106万平方米，环卫面积99万平方米，绿化面积71万平方米，楼房578栋、平房97栋，常住人口1.8万户，居民近8万余人。社区下设8个机关科室、6个职能部门、5个物业管理区、10个居民管理站、3个辅助生产经营单位、2所医院，员工2521人。有国家级优秀住宅小区4个，集团公司文明和谐示范小区2个，省部级优秀物业管理小区12个，省级绿色社区2个，省园林小区2个，市级安全文明小区10个。辖区内包括勘探开发、地质调查、测录井、钻井工程、采油、设计、科研、文化、卫生、服务等23个主辅业单位。主要负责所辖范围的物业管理、居民服务、房产管理、劳动就业、武装保卫、国防教育、文化体育、多元开发、医疗卫生、精神文明建设和稳定等工作，隶属中原石油勘探局社会化服务单位。

文明和谐示范小区

爱周六为民服务

小区保洁员保洁

世纪景苑小区

李强主任到小区调研

开展保安岗位练兵

医疗队到外部市场服务

开展广场文化活动

近年来，在集团公司、河南省濮阳市的支持和帮助下，在中原油田的正确领导下，按照中原油田“三大板块”协调发展要求，以文明和谐为主线，以维护稳定为重点，以居民满意为标准，以精细管理为保障，以高效协调为抓手，牢固树立“全心全力、尽职尽情”服务理念和“打造中石化一流社区”的愿景目标，充分发挥管理、服务、协调、稳定职能作用，做了大量富有成效的工作。通过打造社区服务平台，让主业单位一心一意干事业，轻装上阵闯市场。定期召开居民议事会，畅通民情渠道，听取群众心声，为群众办实事解难事；打造小区管理平台，形成了一区一景，一楼一景，三季有花、四季常青的景致；打造平安建设平台，深化群防群治，狠抓治安防范，社区平安稳定；打造文体活动平台，开展社火表演、广场文化、书画展、电影进小区等活动，丰富居民文化生活。深化居民自治，变“为民办事”为“助民干事”，引导居民自我管理、自我服务、自我监督、自我教育、自我娱乐。搭建“爱·周六”服务平台，扩展居民自治管理。居民“五自”得到集团公司傅成玉董事长的充分肯定。社区先后获得集团公司“双促”主题活动先进单位、离退休工作五好集体；河南省级文明单位、首批“充分就业星级社区”、“十佳民主法治社区”；濮阳市文明单位、中原油田职业道德建设“十佳”单位等300多项局级以上荣誉称号。涌现出居民“五自”、“爱·周六”、社会法庭、家庭党校、三走出三靠近、小瑞热线、和谐单元创建、益民健心俱乐部、和谐楼院文化、九星点亮满天星等亮点品牌，受到多家媒体广泛宣传，展现了和谐社区和职工居民昂扬向上的精神风貌。

河南南阳油田
五一社区服务中心

五一社区综合服务大厅

五一社区“1890”指挥中心

五一社区黄山区幼儿园

河南南阳油田五一社区服务中心成立于2000年8月8日，是集独立矿区、市政建设与管理、物业管理、社区服务和部分政府管理职能为一体的综合型服务单位。社区下设17个机关职能科室和8个机关直属单位、11个科级服务站和11个居民管理委员会，现有各种用工3180人。辖区总面积9.5平方公里，油田及地方驻油田单位52个，管理着油田职工住宅小区24个，居民1.8万余户、7万余人。

五一社区主要担负着油田中心区环卫绿化、矿区建设、物业管理、液化气供应、电梯管理、供暖服务、幼托保教、公交客运、公共设施维修以及矿容监察、户籍管理、计划生育、非在职群体管理、劳动保障、清理整顿、文体场馆管理和活动组织等工作，社区致力企业文化建设，建立和形成了“以人为本、优质服务、科学管理 、持续改进”的质量方针和“敬业为民、争创一流”的企业精神；通过不断创新管理思路，达到了“办事有程序、行为有规范、工作有流程、权力有监督、履职有考核”管理目标。社区先后获得“全国绿色社区创建活动先进社区”、“河南省文明单位”、“河南省城市体育先进社区”等称号。大庆住宅小区获“国家级示范住宅小区”、“2006年度河南省人居环境范例奖”，黄山、嵩山、北区三所幼儿园分别获得“省级示范幼儿园”资质。

社区以居民需要为第一选择、居民满意为第一标准，不断完善综合服务体系、居民服务体系、非在职党员服务体系和文体活动体系，营造出健康、文明、祥和安宁的温馨家园。目前社区有1个国家级物业管理示范小区，2个省级物业管理示范住宅小区，3个南阳市物业管理住宅示范小区和9个勘探局优秀示范住宅小区。

大庆区迎接建设部检查

现代化的液化气充装设备

供热站员工在主控室监测温度

环卫绿化站员工清运垃圾

“绿色社区”创建活动现场

本着“有求必应、有困必解、有难必帮”的服务承诺，2007年，社区开通了“1890”服务热线，开通至今，居民诉求总量为42540次，日平均34.28次，事件办结或移交有关部门办理率达100%。2009年，社区以“便民、利民、为民”为宗旨，建立综合服务大厅，采取“一站管理、内部运作、上下联动、全程服务”的管理运行模式，“一站式”办理计划生育、户籍、液化气管理、劳动保障等9大类47项服务内容，赢得了辖区居民群众的赞誉。

随着油区经济的不断发展，居民生活水平的逐步提高，五一社区人将用更加自觉的工作态度服务油田中心工作，创建小区温馨祥和、居民融洽相处、职工安居乐业的良好局面，去奋力开拓社区服务更为广阔的发展前景！

地址：河南油田五一村　邮编：473132　电话：0377-63830457

第五部分
油气勘探与生产

分目录

中国海洋石油天然气勘探进展与前景展望

王毓俊
（中海油研究总院勘探研究院）

2010年中国海洋石油天然气产量突破5000万吨（油当量），中国成为海洋油气生产大国，并继续加大勘探力度，向新的产量目标迈进。

近些年来，渤海、东海、珠江口、北部湾、琼东南、莺歌海等探区，坚持对外合作与自营并举，两条腿走路方针，加大勘探力度，掌握油气成藏和油气聚集规律，不断有新发现。

一、渤海探区

渤海探区在一批凸起（低凸起）单元找到新近系大中型油田的基础上，加强古潜山和古近系油气勘探，在辽东湾、渤中、渤南等单元取得勘探突破。辽东湾辽西低凸起找到绥中36-1大油田后，又在锦州25-1、25-1南构造找到沙河街组和太古界古潜山油气藏，在辽中凹陷东坡，找到金县1-1、旅大6-2等古近系油气藏。石臼坨凸起东北倾复地带，大断层下降盘的秦皇岛29-2东构造，沙河街组油层厚达100余米，测试日产油1000多吨，是典型的地层岩性油气藏。

位于渤中坳陷东侧庙西凸起上蓬莱9-1构造古潜山顶部的探井，燕山期花岗岩油层厚达200米，测试产量超过100吨，探明石油地质储量2亿多吨，是渤海湾盆地第一个燕山期花岗岩大油田。

渤海南部莱州湾凹陷北部的垦利10-1构造，发现古近系厚油层，是该单元第一个亿吨级油田，表明沿郯庐大断裂展布的深断陷，是重要油气聚集区。

位于渤海西部岐口凹陷东坡断超带的曹妃甸7-3构造探井东营组测试获高产油气流，是岐口凹陷海域发现的古近系地层岩性油气藏。

渤海探区各单元、各层系的一系列重要发现，使渤海油气储量和产能稳步增长，将为实现海洋"二次跨越"宏伟目标，发挥重要作用。辽中、渤中、岐口三个富油气凹陷及其相邻的凸起和断裂构造带是新一轮勘探突破的重点单元，要奋力寻找新近系滚动构造油气藏、古近系断超带地层岩性油气藏和多层系多岩类古潜山油气藏，在辽中、渤中凹陷东西坡和岐口凹陷南北坡，找到多层系叠加的大型油气聚集带。

二、北黄海盆地

辽东半岛南侧、山东半岛东北侧、朝鲜西侧海域的北黄海盆地是中国近海中新生代沉积盆地之一，面积约2万平方千米。该盆地中生代侏罗、白垩等为断陷沉积，厚度2000~5000米，新生代早期古近系亦为断陷沉积，厚度1000~3000米，晚期新近系厚度200~500米。

朝鲜在北黄海盆地东侧钻井14口，3口井获油流。生油层为侏罗系湖相泥岩，TOC 1.44%，S1+S23.19mg/g，RO 0.60%~0.97%，Tmax453%~463℃，表明有机质已成熟，并处于生油窗，干酪根为富氢无定形有机质（I型）和陆源有机质（III型）的混合物。

探井测试情况：606井2227~2880米井段CK-J测试，折算日产原油31吨，日产水18立方米，原油比重0.85~0.87。610井侏罗系地层2300米测试，折算日产原油57吨，原油比重0.8816，初步测算含油构造原油储量约200万桶。综合研究确认，北黄海盆地生油岩是早侏罗系湖相泥岩，储集层是白垩系和侏罗系砂岩。海域和陆地发现的侏罗系新义州组有厚度可观的烃源岩。新义州组自下而上由富含有机质的暗色泥页岩、砂质灰岩等。现有资料表明,北黄海盆地东部凹陷中生代沉积较厚,生烃条件好,已钻获油流,表明北黄海盆地是有勘探价值的含油气盆地,中国一侧凹陷石油地质条件尚需深入研究。建议对地震资料进行精细处理和解释,落实中新生代各层构造、断裂和圈闭,选择有利圈闭进行钻探,早日发现有开发价值的油气田。

三、南黄海盆地

山东半岛以南、长江口以北,江苏以东海域的南黄海盆地,是中国近海重要沉积盆地,也是长三角地区寻找石油天然气资源的重要单元。

南黄海盆地由北部坳陷、中部隆起、南部坳陷和勿南沙隆起4个单元组成。北部和南部坳陷,是中新生代沉积断陷,面积约5.13万平方公里。江苏北部的苏北盆地与南黄海盆地南坳相连,勿南沙隆起与苏南隆起相连。

区域研究确认,苏北与南黄海盆地,是在下扬子地台上发育的中新生代断陷盆地,中新生代陆相地层之下,有厚达数千米的三叠纪至元古代海相沉积。因此,苏北、南黄海盆地油气勘探要统筹考虑中新生代陆相沉积和中古生代海相沉积。

苏北盆地已在金湖、高邮、秦潼、海安和盐城5个凹陷找到一批油气田,并投入开发,油气年产量约200万吨(油当量),苏南隆起广大地区已在三叠纪、二叠系海相地层见油气显示或油气流,在黄桥构造发现二氧化碳气藏。南黄海盆地南坳和勿南沙隆起,已有探井钻到海相地层,并见油气显示,是值得重视的勘探层系。

南黄海盆地自20世纪70年代开始自营钻探寻找油气田,80~90年代对外开放,外国公司进行风险钻探,已钻探16个构造,钻井19口。在北部坳陷的北凹,南部坳陷的南四、五、七凹等4个单元见油气显示,有的探井获低产油流。北凹南坡诸城1-2构造上的诸城1-2-1井阜宁组2750-2850米井段见气显示,测井解释有油层。南四凹中部的常州6-1构造上的常州6-1-1井,戴南组至阜宁组3277~3460米井段,见荧光和气测异常,TG 0.1%~5%,3821~3824米见油浸砂岩,对3823-3830米井段进行测试,射孔后发现有原油流入井筒,液面上升,约产油2.45吨,原油比重0.8613,为致密砂岩低产油层。位于南五凹南坡的常州24-1-1井阜宁组2359-2982米井段见24层95.5米气测异常,TG最高6%。测井解释2443~2449米为含气水层,过井地震剖面显示,该井钻在北掉大断层下降盘与南掉反向正断层夹持的地堑中,未钻在圈闭有利部位。钻在南七凹中部,古潜山披复构造上的黄1井,盐城组1079~1085.5米井段见荧光显示,三叠系青龙灰岩1378~1453米井段见荧光和气测异常。黄1井中古生界海相地层油气显示,表明海相地层是南黄海盆地南坳重要勘探目的层,通过黄1井附近的地震剖面显示,黄1井一带为古潜山隆起,1300多米即钻到三叠系青龙灰岩,应进一步落实海相层构造、断裂,在古潜山构造高点钻井,早日发现中古生界海相层油气藏。

苏北盆地金湖、高邮、秦潼、海安、盐城凹陷油气田分布状况说明,生烃凹陷陡坡带滚动构造和缓坡带断鼻、断块圈闭,是油气聚集的重要部位。南黄海盆地新一轮勘探要借鉴苏北盆地成功经验,要在确定的生烃凹陷,如北部坳陷的北凹、南部坳陷的南四、五、七凹的有利区带和目标,进行钻探,迅速找到有开发价值的油气田。北凹南坡的诸城1-4构造,紧邻深洼,油气源条件好,圈闭南侧有反向正断层遮挡,有利油气成藏。南五凹南坡已发现滚动构造显示,并有阜宁组、戴南组三角州砂体显示,应作为南五凹重点勘探区带。南四凹常州6-1构造具洼中隆特点,有古潜山背景,应进一步落实古近各层构造、断裂,选择有利圈闭,进行二次钻探,早日发现富集高产油气田。南四凹东坡的无锡1-2构造,贴近生烃凹陷中心,构造断裂发育有利深部油气纵向运移形成三垛组、戴南组油气藏,应选择有利断块,钻定向井,找到古近系油气藏。

南七凹黄1井北侧曾钻探无锡4-2-1井。该井位于黄1井北侧,距七凹深洼远,该井南侧有断层,不利于深洼油气向北运移,因而该井无油气显示。

南黄海盆地尚未找到油气田,但对该单元石油地质条件有了认识,对相邻的苏北盆地油气田形成与分布也有了认识，要坚定信心，选准富油气凹陷有利区带和勘探目标，一定能在较短时间取得突破。

四、东海盆地

上海、浙江、福建东侧海域的东海盆地，面积达26万平方千米，是中国近海最大的新生代沉积盆地。有长江口、丽水、椒江、西湖、钓北凹陷，海礁、渔山东凸起等单元。

1981年地质部海洋局在西湖凹陷龙井构造钻探龙井1井，开始了东海盆地油气勘探。30多年来，经过自营与合作勘探，在长江口、椒江、丽水、西湖等凹陷，钻探40多个构造，在西湖凹陷西坡中段找到了平湖、孔雀亭、武云亭、宝云亭、团结亭等油气田，在浙东长垣南段找到了黄岩1-1(湖心亭)、黄岩7-1(残雪)、黄岩13-1(天外天)黄岩14-1(断桥)、天台24—1(春晓)油气田。在浙东长垣中北段找到了龙井、花港、玉泉3个含油气构造。近期在在玉泉构造东北部钻探宁波22-1-1井，花港组获高产气流，表明浙东长垣中北段具有寻找大中型油气田的良好前景。平湖、春晓油气田已投入开发，油气通过长输管线送至上海、浙江等地。

丽水、椒江凹陷已发现温州4-1、13-1、26-1、丽水36-1、石门潭等含油气构造。

综合研究确认，东海盆地西湖凹陷油气资源丰富，可望找到一批大中型油气田，是富油气凹陷。早期自营钻探的龙井、花港、玉泉3大构造，探井皆位于褶皱剧烈、剥蚀强烈的逆断层上升盘，油气保存条件差。分析认为中央反转构造带逆断层下降盘，褶皱较适中，中新统保存条件好，贴近三潭凹陷深洼，东侧有逆断层遮挡，是油气聚集的有利部位。三潭凹陷是继承性凹陷，新生界最大厚度12000~16000米，中新统末期龙井运动形成的断裂，是油气纵向运移通道，古近系生成的油气可通过断裂运移至中新统龙井组、玉泉组储层，形成中新统油气藏，因此，位于龙井、花港构造西侧的三潭深凹和浙东长垣中北段逆断层下降盘圈闭，是新一轮勘探突破的主要战场和钻探目标。

西湖凹陷南部黄岩7-1、13-1、14-1、天台24-1油气田一带，尚有一批有利圈闭，其西侧西斜坡南段具有形成地层、岩性和断层遮挡油气藏的有利条件，要通过滚动勘探，增加储量和产量，以提高勘探开发效益。在丽水凹陷东次凹钻探的温州26-1-1井，已发现古新统油气层，取样见轻质油和烃类气体，可能找到优质气藏，应作为新一轮勘探的重点单元。对东次凹南北斜坡及中央带进行整体解剖，争取用较短时间找到一批优质油气藏，使丽水凹陷成为东海盆地重要油气生产基地。

位于西湖凹陷南侧的钓北凹陷，新生代构造断裂活动不同于西湖凹陷，以拉张断裂为主，断鼻、断块圈闭为主。我国政府已明确宣布钓鱼岛是中国固有领土，其北侧的钓北凹陷应是中国石油公司进行油气勘探开发的单元，应尽快投入钻探。

五、台西、台西南盆地

位于台湾海峡至台湾岛西部的台西、台西南盆地是中国近海重要的新生代沉积盆地，台西盆地位于澎湖隆起西北侧，有厦澎，乌丘屿、新竹等凹陷，有古近系和新近系沉积。台西南盆地位于澎湖隆起东南海域至台湾岛西南部，主要地层是中新统、上新统和第四系，并有一定厚度的古近系和白垩系。台西盆地沉积厚度大，台湾陆地已找到10多个油气田，自北而南皆有分布。在台西盆地新竹西海域发现CBK（长康)和CBS(长胜)油气田。在台西南盆地高雄西部海域发现高雄西油气田。

靠近大陆一侧的乌丘屿，厦澎凹陷，勘探程度低。台湾中油公司在厦澎凹陷钻到古近系烃源岩和油气显示，表明厦澎、乌丘屿凹陷具有一定勘探潜力。

台湾陆地油气田以背斜构造圈闭为主，地震地质剖面显示，褶皱明显，既有正断层，又有逆断层。

乌丘屿与厦澎凹陷具东断西超特点，控凹大断裂位于凹陷东侧，沿大断裂有圈闭分布。凹陷西侧斜坡带断层发育，有断鼻、断块圈闭。

台湾中油公司在厦澎凹陷钻探的PA号井发现始新统2100~2800米井段为良好级生油层，特别是2100~2400米湖相泥岩TOC2%~3.5%S26-13mg/g为特优级生油岩，生油为主。始新统中部成熟度较低，3000米才进入成熟阶段(RO 0.6%)考虑到该井位于斜坡部位，东部深洼埋深加大，生烃条件更佳。

PA 号井 2001~2023 米井段获 45 公升原油，比重 0.83，以饱和烃为主，占 67%，芳烃占 30%，

厦澎凹陷已钻到生油岩，并见到轻质原油，应进一步落实陡坡带和缓坡带各层构造，断裂，优选有利目标，早日进行钻探，打开台西盆地油气勘探局面。

台湾陆地油气勘探以背斜构造为主，考虑到该区逆断层发育，并广泛分布，应深入研究逆断层遮挡形成的油气藏分布规律，大力开拓新领域、新类型。

台西南盆地新近系沉积厚度大，有生烃条件，断裂发育，有利于深部油气纵向运移，形成新近系油气藏，高雄西油气田渐新统超复于白垩系之上，可能找到白垩系油气藏。

六、珠江口盆地

广东陆地以南、海南岛以东海域的珠江口盆地，面积达 20 万平方公里，是中国近海第二大沉积盆地，由珠一、二、三坳陷、神狐、东沙、北部隆起 6 个单元组成。

珠江口盆地东部的珠一、二坳陷和东沙隆起，是 20 世纪 80~90 年代对外开放的重要单元，一大批外国公司进行风险勘探，发现了新近系珠江组、珠海组海相砂岩和礁灰岩高产油气田，并迅速投入开放，形成产能。中海油南海东部公司 1996 年石油产量突破 1000 万立方米，成为中国近海重要石油生产基地。在珠二坳陷浅水至深水区钻探，发现新近系珠江组、珠海组高产气藏，成为南海北部天然气生产基地。

珠江口盆地西部珠三坳陷已有 4 个凹陷、2 个凸起(低凸起)找到了油气田和含油气构造，投入开发后建成一定规模的石油生产能力。综合研究确认，珠一、二、三坳陷油气资源丰富，新近系、古近系和古潜山圈闭发育，成藏条件好。三个坳陷具有凹陷、凸起相间排列，生烃凹陷包围古潜山的结构特点，古近系烃源岩生成的油气，可通过断面和不整合面，源源不断运移至古潜山缝洞型储层，形成古潜山油气藏。珠江口盆地基底主要是燕山期花岗岩，已有一批探井钻到该岩层。花岗岩经过长期风化淋滤、构造变动，形成缝洞型储层。越南海域的湄公盆地，地质结构与珠江口盆地相似，已找到第三系和古潜山叠合油气田。

珠江口盆地，珠一、二、三坳陷广泛分布古近系恩平组、文昌组，既是良好的烃源岩，又有储盖条件，是重要勘探层系。已有一批探井在恩平组、文昌组见油气层。分析认为，珠一坳陷恩平、西江、惠州凹陷南北坡断超带，珠二坳陷白云、番禺凹陷南北坡断超带、珠三坳陷文昌 A 凹陷南北坡断超带、文昌 B 凹陷西北坡断超带等，是寻找古近系地层、岩性油气藏的有利地带。

大力勘探开发珠江口盆地古潜山和古近系油气藏，对于实现“二次跨越”宏伟目标，早日建成“南海北部大庆油田”，具有十分重要意义。

七、琼东南盆地

位于海南岛东南部海域的琼东南盆地，1979 年发现莺 9 井油藏，1983 年发现崖 13-1 大气田后，先后对崖城、松涛凸起、崖北、松西、松东、崖南、陵水、松南、宝岛等凹陷和崖 21-1 等构造进行钻探，在崖城凸起、松东、陵水凹陷找到几个小气田，其中陵水凹陷发现的气田，位于深水区，表明陵水凹陷南坡有油气聚集。

分析该单元地质结构特点，认为琼东南盆地北部浅水区具有凹陷、凸起相间排列，生烃凹陷包围古潜山，凹陷生成的油气易于通过断面、不整合面运移至古潜山缝洞型储层，形成古潜山油气藏的有利条件。崖城、松涛凸起、崖 13-1、21-1、23-1 等古潜山构造，是寻找古潜山油气藏的重要目标。

崖城凸起被崖北、崖南、陵水生烃凹陷包围，具有断面和不整合面供油气的有利条件。

松涛凸起被松西、松东、陵水、松南等生烃凹陷包围，南北皆有断面和不整合面供油气的有利条件。该凸起东段，潜山带狭长，南北皆有大断面供油气的有利条件，是松涛凸起古潜山勘探突破的首选目标，古潜山油气藏之上可能有三亚组、陵水组油气藏。

崖 13-1 陵水组、三亚组气藏位于古潜山东侧斜坡，该古潜山西侧 1 号大断层下降盘为莺歌海盆地南部凹陷，古近系和新近系下部皆有生烃能力，油气可通过断面运移至古潜山缝洞型储层，崖 13-1-1 井已钻到花岗岩，应把崖 13-1 古潜山作为崖 13-1 气田滚动勘探的目标，早日进行钻探，以确保崖 13-1 气田长

期稳产高产，满足香港和海南对天然气的需求。

崖23-1古潜山构造，被崖南、乐东、陵水生烃凹陷包围，古潜山之上有三亚组圈闭，可能找到第三系和古潜山叠合油气藏。

琼东南盆地古近系勘探，要在崖北、松西凹陷南坡、松东、松南、宝岛凹陷北坡断超带下功夫，落实陵水组、崖城组圈闭，统筹考虑断鼻、断块和地层、岩性圈闭，找到古近系油气聚集带。

八、莺歌海盆地

位于海南岛西部海域的莺歌海盆地，是印支板块和华南板块之间的缝合线盆地，两者在新生代的活动，影响莺歌海盆地的构造与沉积、油气生成与聚集。最突出的表现是盆地中央有大规模的塑性拱张活动，形成延伸近200公里的拱张断裂构造带（又称泥拱带），构造、断裂活动使深部油气纵向运移到浅部(上新统至第四系)形成浅部油气藏。

地震剖面显示顶部塌陷的断背斜形态、塑性物质喷涌造成了地震模糊带。拱张断裂构造带发现了石油、天然气、二氧化碳及其它稀有气体，它们来自深部地层及地壳。东方1-1、乐东15-1、22-1等浅部气藏已投入开发。近期在东方1-1气田附近发现了中深部高温高压气藏。

分析拱张断裂构造带断裂活动与模糊带特点，可看到两种构造类型。一类是弱刺穿构造，如DF1-1构造，表现为顶部塌陷及模糊带面积小，中深部反射清晰，构造断裂活动弱，有利于中深部油气保存和成藏。另一类是强刺穿构造，表现为模糊带规模大，构造断裂活动强烈，塌陷区面积大，浅部及中深部皆有模糊带。LD22-1构造曾在模糊带钻井，但未发现中深部油气藏。因此，寻找中深部油气藏要以弱刺穿构造为主，如LD15-1构造，中深层反射清晰，构造断裂活动弱，具平缓穹窿背斜特点。

强刺穿构造寻找中深层油气藏，要避开模糊带，在构造外围反射清晰有断层遮挡的地区，精细落实中深层构造、断裂。LD22-1构造西南和东北坡，中深层反射清晰，有断层遮挡条件，有利形成中深部油气藏。

莺东斜坡南北段差异大，北段地层西倾，向海南隆起区抬升、油气聚集条件差。南段(Y13-1N构造以南)1号大断裂上升盘地层明显东倾与断裂下降盘截然相反，有利于下降盘油气成藏。因此，应把莺东斜坡南段作为新一轮勘探突破口，进一步落实LD18-1、YC13-2、YC19-2、YC19-1W、YC26-1W等构造，早日投入钻探，在莺歌盆地南部找到油气田。

九、北部湾盆地

位于广西以南、海南岛以北海域的北部湾盆地，是华南地台上的新生代沉积盆地，是中海油南海西部公司油田最多，石油产量最多的盆地为西部公司油气产量上1000万吨(油当量)发挥了重要作用。

北部湾盆地新生代沉积岩之下已钻到石碳纪碳酸盐岩，发现一批古潜山油气藏。

北部湾盆地具凹陷凸起相间排列，多凹多凸的结构特点，西部有涠西南、海中、海头北凹陷和涠西南、企西凸起，东部有乌石、辽陈、福山、雷东凹陷，流沙、临高凸起等单元。

涠西南凹陷坚持滚动勘探，已发现一大批油气田，形成了北部、中部和南部3个油气聚集带，含油气层系包括石碳系，古近系流沙港组、涠州组、新近系角尾组、下洋组等，圈闭类型有古潜山，断背斜、断鼻、断块、地层、岩性等。

北部湾盆地东部的乌石、迈东凹陷已钻到优质烃源岩和含油气构造。乌石凹陷中部的乌石16-1构造，流沙港组获高产油气流，涠州组、下洋组见油层。由于早期构造、断裂落实程度差，钻直井发现油气层有限，影响了油田评价，一直未投入开发。分析认为乌石16-1是被断层复杂化的较大型圈闭，含油气层系多，是勘探潜力大的目标。建议精细落实各层构造、断裂、沿控制油气聚集的断裂钻定向井，提高钻探效益，精细落实油气储量并对构造周围有利断块进行滚动勘探，进一步落实乌石17-1、17-2、17-3等构造的含油气范围及油气储量，要考虑油田群联合开发的有利条件，力争在“十二五”后两年(2014、2015年)在北部湾盆地东部形成油气生产能力。

迈陈凹陷东部陆地徐闻地区中石化江苏油田已找到油田。地震剖面显示，迈陈凹陷南部深凹区，登楼角大断层下降盘有滚动构造显示，应尽快落实构造、断裂，以涠州组、涠沙港组为目的层进行钻探，早日发现油气田。

大力勘探开发海洋石油天然气，不断增加油气储量和产能，是建设海洋强国的重要内容，也是确保中国能源安全的重要环节。近年来中国石油对海外依存度已逼近60%，天然气对海外依存度已突破30%。中国海洋石油天然气产量增长，对于减缓对海外油气的依存度有重要作用。要加强海洋石油地质综合研究，深刻认识各盆地、各单元石油地质特点和油气聚集规律，大力开拓新领域、新类型，加快发现大中型油气田的步伐。

要认真总结自营与合作勘探的经验，特别是中外双方发现大中型油气田的经验和做法，做深入细致的分析和研究，要根据不同类型盆地油气聚集规律，及时有效地调整勘探部署，力争在较短时间、较少投入的情况下，在渤海、黄海、东海、台西和南海北部、南海南部诸盆地不断有新发现、新突破。

贝克休斯公司荣获五项“2013年度世界石油奖”，领跑其他同行

（贝克休斯（中国）油田技术服务有限公司）

贝克休斯公司斩获五项“2013年度世界石油奖”，超过包括斯伦贝谢公司和哈里伯顿石油公司在内的其它同行公司，并就三项技术和最佳拓展计划赢得同行认同。已退休的连续油管高级顾问John Misselbrook推动完善了石油天然气行业的连续油管性能，并因此给予“终身成就奖”殊荣。

钻井服务事业部总裁Tom Thissen说道，“贝克休斯公司很荣幸今年能够获得五项‘2013年度世界石油奖’以及共14次入围提名。我们的宗旨是，以创造性、多样化、协作推动成功创新。这一共识进一步证明了，贝克休斯公司的员工正在引领行业创新与技术走向。虽然我们研发了数项预见客户需求的突破性技术，但我们仍将在这些成功的基础上继续前进。”

公司的五位获奖者名单已于10月17日在休斯顿举行的颁奖典礼上宣布：

终身成就奖

已退休的连续油管高级顾问John Misselbrook：Misselbrook在其35年的职业生涯中，始终是连续油管（CT）强烈支持者，除了推动使连续油管作业更易于理解、更安全、更多样化的改进与新应用之外，还被视为世界领先的连续油管技术专家之一。他还主要负责说服整个行业采用技术上正确的连续油管分析方法。Misselbrook是“修井和连续油管协会（Intervention and Coiled Tubing Association）”的联合创始人之一，发明了18项美国专利，也是诸多上游产业领军者和工程师的导师。

最佳数据管理及应用解决方案奖

WellLink Vision™移动应用：这项移动应用是业内领先的WellLink Vision平台的延伸，高度直观、轻松易学。能帮助用户存取他们通常用智能手机或平板电脑在全WellLink Vision网站上看到的数据，如此一来，在他们工作的时候，就可以监测生产井、优化生产、延长设备运行时间。

最佳钻井液和完井液奖

MPRESS™逆乳化钻井液系统：本系统完善了循环压力管理能力，以便于在非常规油藏的具挑战性分支段实施高效钻进。长分支段挑战钻机对扭矩和流量的承载能力极限，而扭矩和流量对于钻进动力和高速钻屑清除是必要的。

最佳钻井技术奖

DuraSet™ 固井系统：本系统采用特定添加剂，经调配组合，生成在灵活性、弹性方面具有很好力学特性以及更强微裂缝延伸复原力的水泥石。DuraSet 是为长期油气井完整性和层位封隔提供改进拉伸强度而专门设计的。

最佳拓展计划奖

Endeavor 职业发展计划：Endeavor 是针对在石油天然气行业工作不满 10 年的员工的同行领导计划。旨在促进、扩大成员的职业发展及网络，帮助激励、储备主管人员，以便其在职业生涯早期能够承担挑战性职责。

除了获奖者，贝克休斯公司还另外获得九项入围提名：

· 最佳完井技术奖：多级固井压裂套筒；

· 最佳深水技术奖：HT-175 系列高温钻井服务；

·（陆上）最佳 HSE/ 可持续发展奖：双燃料水力压裂服务；

· 最佳生产技术奖（两项）：TeleVac™ 技术；FLEX™ 3.2 电潜泵级；

· 最佳可视化与协作奖：In Quest Pay Zone Pro™ 集成防砂分析模型；

· 最佳修井奖：Longbow™ 套管出口磨铣系统；

· 最佳拓展计划奖：贝克休斯公司 / 俄克拉何马大学 21 世纪合作计划；

· 新视野理念：IN-Tallic™ 隐身球座系统。

胜利油田胜利勘察设计研究院有限公司

胜利油田胜利勘察设计研究院有限公司（SLECC）始建于1965年，是国家甲级勘察设计单位，全国石油系统油田注水及采出水处理、滩海油田地面工程技术指导性设计院，注水及水处理技术中心站站长单位，中国石化重点科研院所，胜利油田博士后科研工作站分站，全国百强勘察设计单位，全国质量守信企业。

公司拥有涉及油田地面工程建设领域的30多个专业，能够承担国内外油气田工程、海洋工程、建筑工程、电力工程、通信工程、市政公用工程、电子系统工程等勘察、规划、设计、工程咨询、工程造价咨询、项目管理、工程总承包、工程监理；油田地面建设工艺技术、市政工程技术等综合性科学研究试验；非标设备压力容器的设计、研制、开发；化学驱采出液处理剂的研制、生产；集输系统用化学药剂的性能评价；油、气、水分析检测；工业及生产自动化系统的设计、研制、开发、安装，各类自动化仪表的开发、生产等。

40年来，公司先后完成了国内外60多个油气田的地面建设工程以及“川气东送”管道工程等多项大型重点项目的勘察、设计、规划、监理和工程总承包、项目管理。与十多个国家以及中科院、中国石油大学等十余个科研院所进行了广泛的技术交流与合作。共有561项勘察、设计、总承包、科研成果获奖，其中国家级46项，省部级226项。获得国家优秀工程设计金质奖4项，全国科学大会奖3项，国家科技进步奖3项，国家专利74项。合同综合履约率100%。

“十二五”期间，公司将围绕“项目管理科学化，业务范围多元化，技术装备现代化，经营模式市场化”的总体发展思路，致力于在油气开发地面工程领域建成中国石化领先、国内一流、国际知名的工程公司。

普光高酸气田集气站

印尼SES天然气项目PBA岛天然气处理厂

胜利海上埕岛油田200万吨年产能建设工程
2000年获全国优秀工程设计金奖

外钓岛－册子岛－镇海海底管线穿越工程
2007年获全国优秀工程总承包银钥匙奖

川气东送管道工程，我国“十一五”重大工程，
天然气远距离管网输送工程，管道总长2203公里。

中国石油勘探开发研究院西北分院

中国石油勘探开发研究院西北分院开发的“地震采集质量监控软件系统”和“地震综合裂缝预测软件系统”研制属于中国石油物探核心装备与软件研制重点项目，拥有完全自主知识产权，代表我国地震采集和地震裂缝预测软件最高水准，具有设计超前、功能强大、操作方便等特点，可以有效地提高地震资料采集质量和裂缝预测精度，提高地震勘探成功率。

GeoFrac地震综合裂缝预测软件系统

1、技术内涵

“GeoFrac地震综合裂缝预测软件系统” 实现了地质、测井、地震信息综合分析，叠前、叠后地震资料裂缝走向与密度预测。采用了先进的面向服务架构、迭代式软件开发模型、软件重构开发技术。包括井震联合交互裂缝分析、各向异性叠前裂缝预测、叠前/叠后综合裂缝预测、三维可视化多尺度裂缝雕刻等特色功能组成的八个子系统。

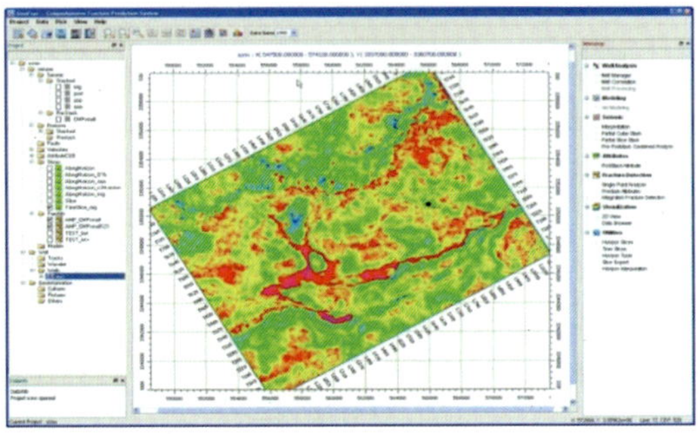

2、技术功能

系统综合应用井震联合交互裂缝分析、各向异性叠前裂缝预测、叠前/叠后综合裂缝分析、多属性融合技术、三维可视化多尺度裂缝雕刻、叠前大数据高效管理、多模块实时通信、便捷的算法集成框架等核心技术，实现了综合裂缝预测分析

综合裂缝分析技术

利用色标融合、色域旋转、值域互补的影像学原理进行多信息融合。保持各类预测结果不变的前提下，增强层次感，使显示内容更加丰富，展现更多的地质信息。

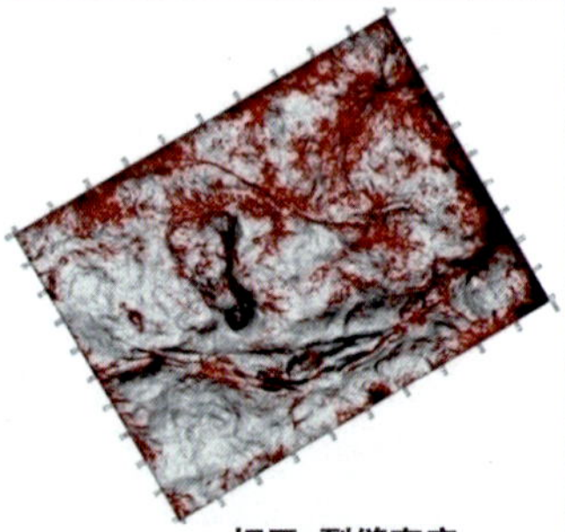

相干+裂缝密度
综合裂缝储层预测结果

叠前方位各向异性分析

叠前方位各向异性分析提供平面（沿层、沿时间）多方位的叠前属性分析与计算，通过对断裂发育带叠前属性进行差异分析，优选敏感属性进行裂缝预测。

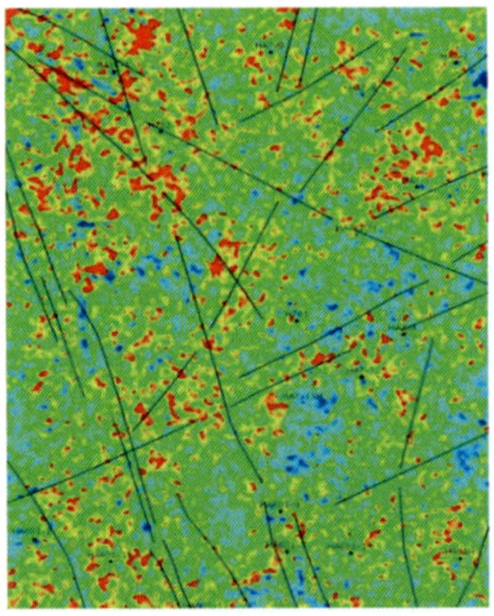

目的层裂缝密度平面图

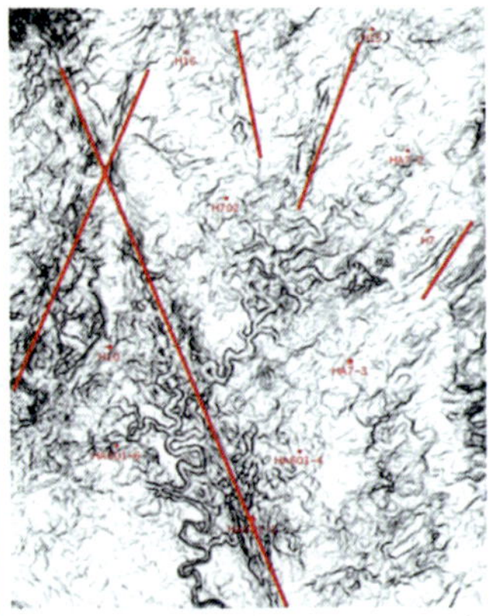

目的层相干属性平面图

3、应用效果

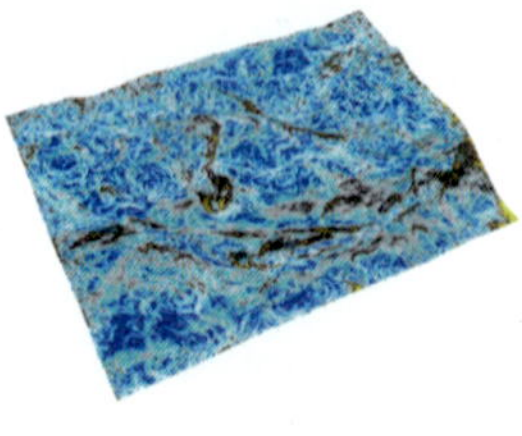

多属性融合预测裂缝展布

RGB时频三原色预测河道展布

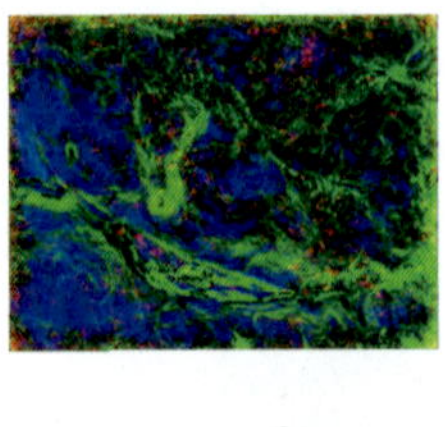

曲率、相干、裂缝密度多尺度裂缝综合预测

“GeoFrac地震综合裂缝预测软件系统”已在塔里木、青海、四川、准噶尔、大港等国内多个碳酸盐岩裂缝预测项目中进行了应用，综合预测的裂缝参数与井资料吻合度高，取得了良好的应用效果。

GeoSeisQC地震采集质量监控软件系统

1、技术内涵

“GeoSeisQC地震采集质量监控软件系统”依据中石油地震采集技术规范，采用多线程技术，选择有效的监控参数，进行实时自动评价。实现了监控实时化、评价自动化、结果可视化，并提供了不同形式的异常炮预警、GIS地理信息施工参数分析与优化、地震记录品质定量评价、三维仿真采集质量综合评价等主要功能，提供了从源头抓好采集质量的保障措施和手段。

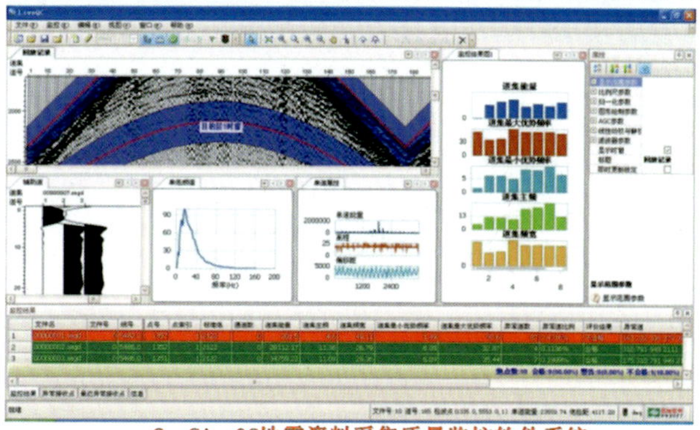

GeoSiesQC地震资料采集质量监控软件系统

2、技术功能

该技术系列以野外施工资料、地震采集数据为基础，自动监控任意炮的全时窗或不同层段的主频、频宽、能量、噪音、分辨率、FK谱等关键影响因素，以自定制窗口、报表、底图等形式综合展示分析结果，并提供了不同形式的异常炮预警功能，系统还具备检查辅助道、全排列，回放地震记录等辅助功能和静校正、线性动校正、滤波、自相关等数据处理功能，综合应用地理信息评价、三维仿真、地震记录品质定量分析等核心技术，为用户从多角度、全面监控炮数据质量提供了丰富手段。

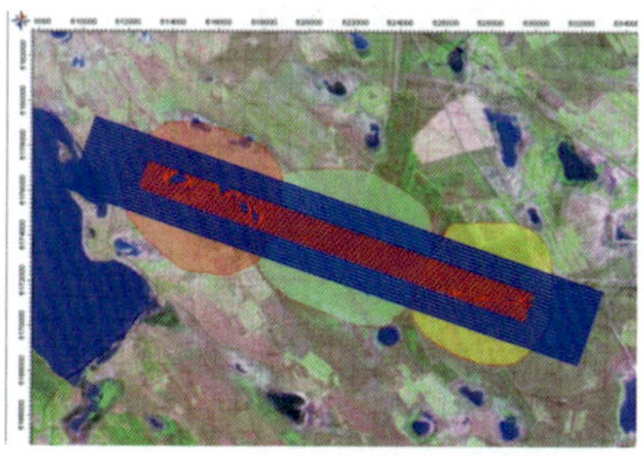

基于不同地表条件的多区域质量分析

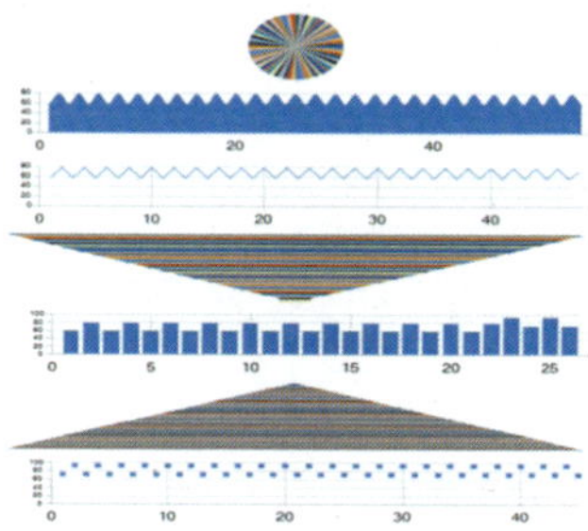

单炮属性分析

- 主流地震采集仪器通用连接技术
- 标准评价炮定制技术
- 基于不同地表的多区域质量分析技术
- 基于GIS的地震数据分析与评价技术
- 地震记录品质定量评价技术
- 真地表三维仿真采集质量综合评价技术
- 监理评价报告自动生成技术

3、应用效果

该技术系列主要应用于地震资料采集监理、野外地震队。在中石油大庆、辽河、新疆、青海、四川等油田单位得到广泛应用，为提高地震采集质量实时监控效率、推动现场无纸化办公及制定统一地震采集质量评价标准等方面提供强有力的技术支撑。

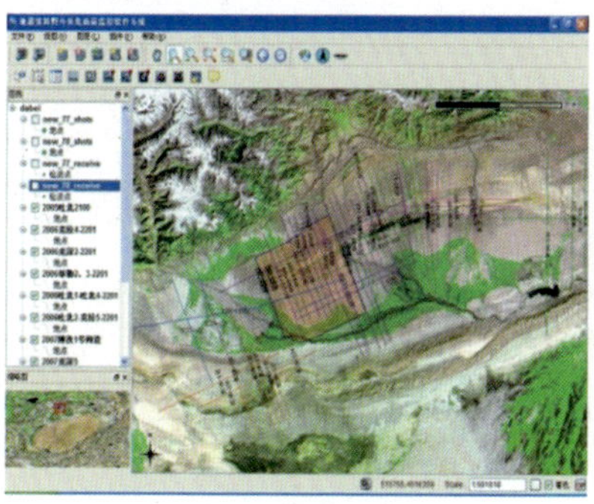

GIS地震采集条件分析与优化

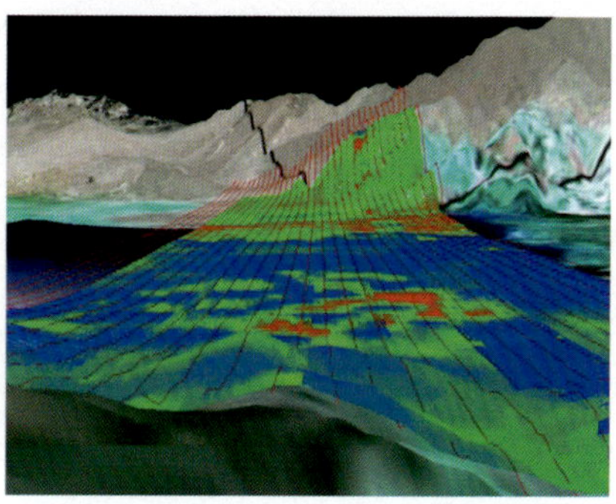

分析三维仿真采集质量综合评价

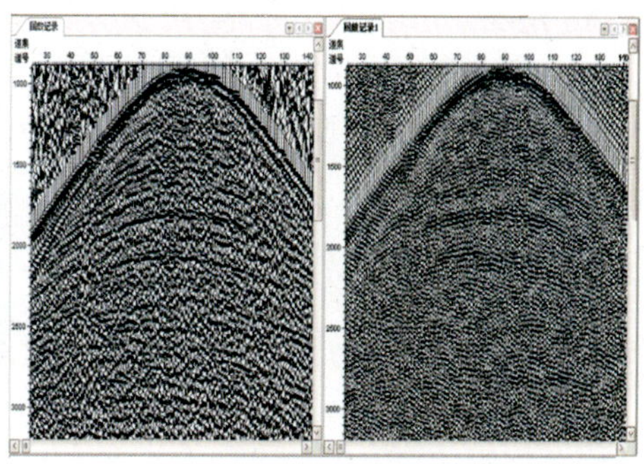

多波采集质量监控

第六部分 石油石化工程建设及技术服务

分目录

新形势下加强和改进石油企业思想政治工作浅议

汪涵
（中国石油集团川庆钻探工程有限公司测井分公司）

高度重视思想政治工作，是石油企业的优良传统。石油工业几十年的艰苦创业史、无私奉献史和辉煌发展史，思想政治工作功不可没。在大力推进石油企业又好又快和谐发展的今天，思想政治工作的重要作用将更加凸显。然而，如何才能让思想政治工作被广大员工真正接受和认可？如何才能使思想政治工作的效用最大化？本文试图对新形势下石油企业加强思想政治工作的方法和途径作一初步探讨。

一、思想政治工作要增强现实性和针对性。

一要坚持解放思想、实事求是、与时俱进，确保思想政治工作充满生机和活力。实践表明，思想政治工作在理论上的每一个重大突破、实践上的每一个重大发展，都是坚持解放思想、实事求是、与时俱进的结果。思想政治工作者要破除封闭保守思想，树立开放创新观念。要以科学发展观统领思想政治工作，将科学理论的学习把握与解答现实中提出的重大问题结合起来，运用科学理论指导思想政治工作的具体实践。要把握好经济社会发展的潮流和趋势，把握好石油企业可持续发展的脉络和方向，把握好思想政治工作的主题和要求，力求想问题、搞研究、提对策，都能与时代合拍，与事实相符，对实际管用。

二要围绕企业中心工作开展思想政治工作。坚持围绕中心、突出重点，确保思想政治工作服从服务于石油企业工作大局。企业的中心工作和大局是对党全部工作的基本定位。实践表明，思想政治工作只有紧密结合企业中心工作，紧密结合职工群众的实践，才能成为强有力的精神动力和思想保证。新形势下，思想政治工作一定要做到以企业大局为中心不动摇、服务发展稳定大局不动摇，不断提高服务大局的能力和水平。当前，我国石油问题十分复杂，供需矛盾特别突出，保供任务非常艰巨，我们必须按照可持续发展的要求，不断调整和完善勘探开发思路，积极探索解决油气资源瓶颈问题的有效途径。思想政治工作就是要为这个大局服务，在这个大局下更好地发挥作用。积极引导石油系统干部职工切实转变观念，创新发展模式。要努力总结在新形势下推进可持续发展的好做法、好经验，进一步唱响石油发展主旋律，努力营造想干事、敢干事、会干事、干成事的良好舆论环境。

三是坚持解决思想问题与解决实际问题相结合。思想政治工作的一项重要功能就是要深入研究并回答职工群众关心的现实问题，在研究回答中体现思想政治工作的价值和优势。要把与职工群众最关心、最直接、最现实的利益问题，作为思想政治工作着力研究解决的重点，把这些问题研究透，回答好，切实维护好职工群众的根本利益。同时，职工群众也存在一些思想问题，不少思想问题往往同一些实际问题特别是职工切身利益联系在一起。我们要认真做好调查研究，了解掌握职工群众的思想动态，对职工群众关心的热点、难点问题，多做思想动员、释疑解惑、示范引导、提供服务、凝聚人心等工作，理顺情绪，化解矛盾，解决问题。

二、思想政治工作要增强灵活性和实效性。

一是既要注重形式更要注重内容。在确定思想政治工作的内容时，要坚持一切从实际出发、从工作要求出发、从群众需要出发。当前，石油企业正全面推进“十二五”规划的实施，就是最大的实际；通过开展“形势任务目标责任”主题教育活动，大力宣传企业“十二五”规划，把广大员工的思想统一到“十二五”规划上来，自觉为“十二五”规划的实施作贡献，理所当然是思想政治工作的首要任务和主要内容。在形式上，要注意到当前信息传播形式呈现“三化”：速度快捷化，传播手段高科技化，传播途径多样化。思想政治工作要在充分发挥报纸、刊物等大众媒体的重要作用的同时，吸收现代科技成果，运用现代大众传媒、文化阵地、信息手段，特别是运用好互联网、局域网等，使思想政治工作具有时效性、开放性、互动性和趣味性，进一步扩大信息覆盖面，增强吸引力和影响力。

二是既要注重继承更要注重创新。多年来，石油系统在开展思想政治工作方面创造了不少好做法，积累了不少好经验。这些好的传统要继承和发扬，同时，要针对形势的发展和变化，特别是职工群众文化素质不断提高、眼界更宽、思维更加活跃、思想情况也更加复杂的新特点，坚持精神鼓励与物质鼓励相结合、教育与管理相结合、解决思想问题与解决实际问题相结合，由经验型方法向科学型方法转变，由单向灌输型方法向交流互动型方法转变，由单纯说教向多种载体传播转变，不断创新方法、手段和形式，从而调动一切积极因素，真正把职工群众的积极性引导好、保护好、发挥好。

三是既要注重研究又要注重实践。总的来看，石油企业思想政治工作与应用结合得还不够紧密，成果的推广应用还比较滞后。要把研究工作与实际需要紧密结合起来，本着服务中心、服务大局的原则，结合石油行业特点、行业现状，注重实际应用，在选择课题、确定主题、调查、研究、写作、交流、评比中都要注重实际效果。要建立经常性思想动态分析机制，充分发挥基层党支部和政工干部的作用，进一步延伸工作触角，力求搜集掌握第一手信息，切实反映人民群众的愿望和呼声，为各级领导科学决策提供参考。要努力改变仅仅是撰写论文、开会交流、最后评比的套路，注重成果的传播和推广，把精神变为物质，把思想变为行动。

三、思想政治工作要增强情感性和生动性

一是要用兴趣引导员工接受教育。每名员工都有自己的独特兴趣，在把握其兴趣的基础上取得共同语言，既便于增进沟通、了解，也有助于减少排斥和逆反心理。在“兴趣”的引导下，吸引员工的注意力，使其在自然、融洽的气氛中受到感染和熏陶。比如，对一些思想落后、缺乏团结协作精神的青年员工，应该根据年轻人的特点，通过组织集体外出郊游、开展文体活动等形式，陶冶其情操，升华其思想，使其逐步融入到团队中来，自觉为团队的发展进步做贡献。

二是要在满足员工需求的过程中进行教育。针对员工的不同需求，开展细致入微的工作，走进其内心世界，拉近与员工的距离，从而产生良好的教育效果。例如，对家庭困难、心理失衡、情绪不稳的员工，首先应关心其疾苦、尽量满足其基本生活需要，然后有机融合思想政治教育的内容，使员工乐于接受教育，逐步调整心态，从而达到心理平衡。

三是要让员工在体验快乐中受到熏陶。当人们认为思想政治工作对自己是一种思想管束和制约时，便会对教育产生隔膜，导致思想政治工作收效甚微。如果把思想政治工作的对象放到一系列能够给他们带来快乐体验的活动中，那么，思想政治工作的内容就会有效地渗透到人们的思想中去。这样的思想政治工作形式，可以使员工在体验快乐的同时，不知不觉地受到教育和熏陶。现在许多企业开展的拓展训练、趣味游戏、生日派对、节日联欢等活动，就是很好的思想政治工作形式。

总之，新形势下，职工思想观念的多样、多元、多变，思想政治工作要充分考虑职工思想状况的层次性、差异性，做到因地制宜、因人施教、有的放矢。要充分借助和运用现代科学技术创新思想政治工作方法手段，使思想政治工作提高实效性、扩大覆盖面、增强影响力。

特大型原油储备库建设工程项目管理案例分析

郎如伟 王涌 莫健

（中国石油天然气第六建设公司）

自1993年成为石油净进口国开始，我国石油进口量每年递增1000万吨左右，石油对外依存度逐年攀升，2008年已在50%左右，到2020年中国石油对外依存度将上升至60%左右。国际原油市场受政治、经济、军事形势的影响，价格多变。国际形势一旦出现风吹草动影响石油进口，必将危及国民经济建设和社会稳定。因此，为了保证国家能源安全和利益，规避国际市场原油供应的不确定因素和价格剧烈波动而造成的风险，建设原油储备库，提升原油储备能力，具有非常重要的政治意义和战略意义。

一、工程概况

钦州中石油420万 m^3 国际储备库项目，位于广西钦州市钦州港保税区内，是我国第一个国际区域经济合作区（广西北部湾经济区）标志性重点工程之一，主要内容为42台10万 m^3 浮顶原油储罐，以及仪表控制、消防、污水处理、锅炉房等辅助设施，办公、宿舍等，占地83.4万 m^2 约1250亩），总投资约35亿元，属于特大型原油储备库工程。42台10万 m^3 原油储罐要一次性同时建成，这在我国尚属首次。

二、项目管理重点与难点

一是项目规模大、任务重、建设工期紧。短时间内要投入大量人力、物力资源，要求在较短时间内建成投油，项目实物工程量非常巨大。主要实物工程量见下表：

工程内容	工程量	单位	备注
强夯	75万	平方米	
打桩	37422	根	总长65万米
混凝土	21万	立方米	
沥青砂	21万	立方米	
钢筋、钢板	11万	吨	
工艺管道	220	公里	
电缆	1000	公里	含电气、仪表、电信
焊材	1600	吨	其中进口焊丝42吨
防腐	180万	平方米	

二是环境条件差。工程建在劈山（形成的区域，）填海（围堰吹填造地）上。420亩新辟用地约250亩处于淤泥区，透水性差的淤泥深度达到8米左右，给详勘、强夯、打桩带来很大困难。钦州地区毗邻南海，多暴雨、台风、酷暑、大雾等恶劣气候环境（2009年施工现场全年有90多天是雨天），严重影响工程建设。

三是依托条件差。进场施工时，钦州保税港区处于同期建设中，现场无三通，基本没有依托。施工高峰期间集中队伍达8000人。生活设施、材料堆放、预制场等临设投入大，给项目启动增加了很大的压力。

四是技术要求高。在焊接技术方面，本工程原油储罐规格为Φ80m×21.8m，焊接量大，组焊及充水试验周期长；焊接方法多(气电立焊、埋弧自动焊、CO_2气体保护焊、手工电弧焊等)，储罐板材有08MnNiVR、Q345R（Q345R)、Q235B等多种材质，对焊工技术水平、焊接设备要求高；在基础处理强夯打桩技术方面，本项目累计强夯75万平方米，打桩37422根，总长65万米，面对吹沙填海的场地等现实困难，需要采取严格的措施保证强夯、打桩的质量。

五是施工组织难度大。由于工期要求紧，大量的建设物资材料到货时间很难满足进度需求；项目涉及到的专业复杂，尤其项目建设中后期，土建、消防、管道、电气、仪表、设备、防腐、装修等众多分项工程几乎同时进行，参建队伍多、参建员工多，如何组织管理好，形成工程建设合力，是项目管理面临的重大挑战。

三、管理策划及创新

针对本项目“急、难、重、大”的特点，我们在建设管理中坚持从管理理念、管理组织、方法、手段上创新，认真组织策划，着重抓好“五个坚持”。

1. 坚持项目组织模式创新。摒弃以往设计与施工相分离的习惯思维和做法，实现优势互补；坚持以不断优化的工程建设总体部署和关键线路为纲，设计、采办、施工均围绕这个纲，紧密结合、相互推动，做到“界面清楚、程序清晰、提升效率”；项目实施总项目与分项目结合、综合管理与专业协调相结合；积极推进管理层、作业层两级项目管理体系的建设，实施扁平化、垂直式管理，努力形成协同作战与独立运作相结合的项目管理格局。

2. 坚持“三全统筹”。以设计为龙头，以采办为纽带，以现场施工为中心，设计、采办、施工三位一体无缝衔接，平行推进，立体互动，形成合力，全局统筹。以进度计划为枢纽，推动设计和采购进度安排，重点解决好大综材料特别是高强钢板材的采购、地基处理等关键环节，全面统筹。在保证质量及安全的前提下，坚持程序，科学组织，各项工作齐头并进，合理交叉，力争在最短的时间内建成，全过程统筹。

3. 坚持四个“优化”。按照新的承包模式优化项目管理组织；按照管理跨度和幅度相适应和界面清楚，协调有序、高效快捷的原则，优化项目管理流程；在保证总体目标的前提下，持续改进，优化方案设计；以关键线路为基准，严格把握“最佳的组织、最优的方案、最强的队伍、最好的商务”，优化资源配置。

4. 坚持做到“八个统一”的计划管理(统一的人力资源管理、物资管理、安全管理、质量管理、财务预算管理、文件管理、后勤管理)；坚持以计划为龙头，以进度控制为中心。根据工程总体部署，编制工程总进度计划和关键线路，把实际进度与计划对比，及时纠正和调配资源，建立以总项目部为核心枢纽，覆盖各分项目部的计算机管理系统，为项目信息沟通和管理的现代化提供了强有力的保障。

5. 坚持技术创新。大量投入使用自动焊机、逆变焊机、空压机等先进的设备，高峰期时自动焊机投入228台套。努力推广应用新技术和新工艺，把技术的创新转化为管理的效率和生产力，比如建设了4条抛丸除锈生产线，8万m2预制场，推进工厂化，深度预制，减少现场作业和高空作业；采用罐外壁搭设脚手架及罐壁行走小车相结合正装法施工方法，并实施两台罐同时交叉作业，大大提高了工效等。

四、主要管理措施

1. 立足目标，抓好工程进度与风险控制。紧紧围绕总体计划和关键控制点，编制详细的四级进度计划，科学细化目标节点，在保持设计、采办、施工平行推进的前提下，抓好总体部署和总体进度安排。在总体部署上，抓住重点和难点，以重点带一般，统筹规划；以难点为中心，狠抓落实；工程部署上分为四条主线(土建施工、储罐本体和浮船安装、厂前区施工、罐区管、电、仪、设备施工)并行展开，搞好平行流水作业和交叉作业；合理安排施工场地，调配好施工机械设备，科学布置工作面。在总体进度安排上，一是在前期准备阶段较短时间内组织人员、机具、设备进场；协调各方面关系，调动各方积极性，在进行预制场地准备的同时推进现场详勘；结合场地详勘情况，场地回填与详勘作业同步推进、深度交叉；加大机械投入，合理缩短区域作业时间，为设计提供第一手现场资料；二是在地基处理和储罐基础施工阶段，利用详勘作业成果，采取“成熟一块，推进一块，完成一块”的办法，场地回填、强夯打桩、基础施工之间充分协调，连接紧密。同时平行推进总图道路稳定层和排水沟的施工；三是在储罐安装阶段，抓住储罐施工关键点，理顺基础交付、储罐制安、罐体防腐、消防施工等相关工序的作业关系，积极为后续的地坪、管道、结构、电气、仪表等专业施工提供作业面，为全面铺开库区的各专业施工提供保障。通过不断强化协调、控制、调整，及时排查解决制约现场进度的问题，确保总体计划平稳推进。

2. 立足工效，抓好人力资源管理与风险控制。严格参建单位人员的统一管理，将用人风险控制在最低范围内，重点放在人力资源计划、培训、考核与评价、证件等关键要素管理上，确保人员素质满足项目需求。一是要抓好评估资源需求，按照总体计划的要求对项目实施全过程的资源需求进行评估，提出资源需求计划，落实资源来源，做好关键资源的分布排查、咨询和储备工作；二是要加强入场培训，所有入场人员进行三级安全教育，加强所有特殊工种的资质验证、换证，以及考核培训工作。累计举办质量培训 75 人次；安全入场培训 8874 人次，专项培训 5464 人次；三是要抓关键岗位审核，对关键岗位如质检员、安全员、焊条烘烤员进行严格的资质审核，现场培训、考核、发证上岗，严格管理；四是要抓特殊作业培训。组织实施诸如高空作业、有限空间作业、动火作业、急救知识、消防知识等关、特殊工序的培训工作；五是要抓人员体检。组织人员现场体检活动，为各工种作业许可评估提供依据。

3. 立足资源，抓好机具设备资源管理与风险控制。本项目具有机具设备型号繁杂、数量大、进入渠道广、状态不一等特点。为此，通过把握各阶段进场设备在用情况，平衡需求，统筹管理，提高使用效率，降低了使用成本。重点把好“三关”：一是把好记录、考核关键设备关，如对自动焊等设备进行实地考核、评价并记录在案，为施工能力评价提供重要依据；二是把好设备进场关，所有设备实行入场检查、评价管理，严格按规定报验，杜绝无证、带病设备进场，保证设备的使用功能，从源头上保证设备的本质安全；三是把好设备定岗、定员管理制度关，通过对设备本体及使用附件的定期、不定期巡检工作，查出隐患，制定措施，保证设备使用的过程安全。

4. 立足保障，抓好施工物资管理与风险控制。按照 EPC 总承包内部物资管理的界面划分，我公司负责现场物资的接、保、检、发和地方材料的采购管理等工作。一是根据进度安排，提出各类物资需求和进场计划；二是配置业务素质合格的专业人员管理各类物资的现场接收、检验、入库、出库、报验等工作，杜绝不合格产品的进入；三是按照物资采购程序严格选择供货商，对商砼、预应力管桩、钢筋、焊接材料等关键主体材料实行了统一采购，保证项目实体本质质量和安全；四是健全物资发放、考核制度，为项目结算提供了详实的考核依据；五是加强物资管理相关部门、单位间在计划、采购状况、消耗、库存、数量、质量、时间、存在问题等方面的信息沟通与反馈，为总体部署服务。

5. 立足安全，抓好 HSE 管理与风险控制。一是健全管理机构，全面落实各级安全生产责任。公司成立了项目 HSE 领导小组、HSE 风险评价小组、HSE 应急小组，健全了安全管理组织；项目建设高峰期时现场配备了 160 多名专职安全员；签订内部《工程 HSE 管理协议》，从项目经理到班组作业人员各岗位的人员 HSE 职责进行了明确规定，使安全管理“横向到边，纵向到底”；二是健全管理体系，防控安全风险。对项目整个实施过程中的 HSE 风险进行了动态识别与评估，识别出安全风险、环境因素 213 项；根据风险的评定结果，策划编写了 41 个 HSE 管理规定，36 份作业指导书和多个专项安全施工方案，全面覆盖施工作业全过程、全方位；积极落实“两书一表”，广泛开展各种专项的、综合性的、季节性的安全隐患排查治理工作，先后共开展综合性安全大检查 76 次，专项安全检查 53 次，确保了现场安全管理各项风险因素全面受控；三是加强安全培训，培育安全文化。对所有员工进行严格的入场安全培训考试，在施工中通过各种专项培训，使其安全意识水平持续提高；通过开展 HSE 知识竞赛、“每周安全关怀一刻钟”、“项目领导当一天安全员”、“手机短信温馨提示”等丰富多彩的 HSE 活动，形成浓厚的安全氛围；四是严格准入，过程控制，努力确保供货产品质量；跟踪设备、材料的到货状态，严把生产厂家、供应商市场准入；重要材料派专人在制造厂实行驻检；设置生产检验点，按检验计划实施检验；五是坚持安全一票否决，确保施工生产安全。公司认真贯彻中国石油集团公司“反违章六条禁令”和“九项 HSE 管理原则”，通过“整合 HSE 理念、统一 HSE 规范、加强 HSE 风险管理、提高 HSE 执行力”等四大举措，确保施工生产安全，在施工中始终把安全生产放在首位，项目累计实现 1998 万安全工时。

6. 立足长远，抓好质量管理与风险控制。一是建立健全质量管理组织机和质量管理体系。实行（业主+PMC（监理）+EPC+ 施工单位）四级质量管理、全过程逐级管理模式，编制质量管理网络图；专职质检员进行统一的培训和取证，质检员分区块、分专业进行质量监督工作，并与监理工程师保持有效沟通，质量管理信息有效共享；二是严把质量管理人、机、物关。一方面严格实行焊工入场考试、准入制度，所有焊工除具备技术质量监督局颁发的有效证件外，还必须进行现场考试；另一方严格机具设备检验评价，对主要施工机具和计量器具，特别是对工程质量有重要影响的设备机具，自检合格并报监理审查通过后才能投用。同时，公司严格焊材统一采购管理，集中设立一级焊材库房，统一管理和发放，对焊材管理员及烘烤员进行培训、考核，严格材料验收和标识管理；三是严格按照设计及规范要求进行检验、试验和隐蔽。坚持统一的焊接工艺评定；各专业在施工过程中严格按照设计及规范要求进行检验、试验，隐蔽工程均在 EPC、监理验收合格后进行；四是坚持开工前进行技术质量交底，过程控制、事后验收的质量程序，坚持重点检查和日常检查相结合，强化质量整改和通报制度，积极促进隐患消除。公司建立质量问题档案，对每个问题落实责任人、整改措施、整改完成时间，由专人负责追踪落实。同时严格执行质量奖罚制度，开展“我为质量建言献策”等活动，鼓励员工发现、查找质量隐患，有效的消除了质量隐患，促进了全员质量管理；五是坚持对停检点、试验包及关键部位进行重点检查。编制了储罐充水试验包、管道压力试验包、单机试车确认包、水联运试验包等。对重要工序实行试验包管理，在试验前对每个试验包进行专项检查，列出消项清单，清单分 A、B、C 三类，A 类为在试验前必须完成的项，B 类为试验完成后必须完成的项，C 类为投产前必须完成的项。

五、管理效果评价

该工程于 2009 年 1 月 19 日开工建设，在一年多的时间里实现了 42 台 10 万 m^3 罐主体完工目标，用短短不到两年的时间于 2010 年 8 月 23 日实现安全、优质、平稳一次投油成功，创造了国内外储罐建设施工新纪录和特大型储备库项目建设的典范。工程质量管理始终全面受控，必检点报验一次合格率 100%，工程质量全部合格；强夯、打桩检测一次合格率 100%，射线探伤一次合格率为 97.8%；渗透探伤一次合格率 100%，实现了项目质量目标。项目累计实现 1998 万安全工时，HSE 始终保持零事故、零伤害、零污染的业绩；项目节省投资 5 亿多元；荣获中国建筑业协会“全国工程建设优秀项目管理成果奖一等奖”、中国工程建设焊接协会“全国优秀焊接工程”、中国质量协会石油分会 2012 年度“石油工业用户满意工程”等多项荣誉。

该项目建成投用后，其储备相当于当时全国 3～4 天的石油消耗量，极大地缓解了华南、西南地区原油储备紧张的局面，有效提升了我国石油战略储备能力，为社会和经济发展，做出了重要贡献。

关于提高监督整体效能、构建大监督格局的思考

郎如伟 王涌
（中国石油天然气第六建设公司）

构建大监督格局，就是要通过整合优化监督力量，构建起科学合理、系统全面、权责明确、运作规范的全方位监督网络，形成良性的监督格局。结合当前工程建设领域的实际情况，我们对工程建设企业整合优化监督力量、努力构建大监督格局进行了探索和思考，通过进一步加强反腐倡廉建设，不断提高监督整体效能，为企业实现科学发展、健康发展和可持续发展，打好坚实的基础。

一、工程建设企业监督管理现状与存在的主要问题

多年来，工程建设企业通过狠抓落实党风廉政责任制、构建惩防体系等工作，监督管理取得了较好的实效。但是，随着工程建设行业的加快发展，投资密集且涉及金额巨大、企业新项目增多，企业监督工作点多、面广、量大，加上专职监督人员相对不足，面临的廉政风险也日益加大。新形势下工程建设领域腐败呈现出易发多发的特点，已成为腐败现象的高发区。企业监督管理仍然存在薄弱环节和盲区、盲点，监督的整体效能还有待改进和提升。我们要对监督管理存在的问题保持清醒的认识。

（一）监督认识误区，大监督意识不强

在实践中，有些企业开展监督工作只是依靠纪检监察、审计等部门去实施监督和解决问题，在协调各种监督力量、发挥整体监督效能方面考虑得少；一些领导干部对监督重形式、轻内容，在某些需要全过程监督的工作活动中（比如招投标），认为把纪检监察人员列为成员、到现场开会就算接受监督了，即使出问题自己也没有责任；一些职能部门和职工认为监督只是党组织、纪检监察部门的事，对发现的违纪违规苗头和行为“睁一只眼、闭一只眼”，任其发生；一些职工自觉接受监督意识不强，思想上有抵触情绪。这些因素影响了监督合力的形成，制约了监督整体效能的提高。

（二）监督制度欠缺，监督漏洞存在

主要表现在三个方面：一是企业在建立监督管理制度时，一些制度的规定过于粗放，缺乏可操作性；一些制度的内容没有根据新形势、新情况及时修改、完善，造成制度漏洞；二是制度执行力不强。某些领导干部和关键岗位人员把制度当摆设，不仅不带头执行，反而挖空心思找漏洞、钻空子；三是责任处罚力度不够，对违反制度的人员和行为采取“罚酒三杯”式的处罚，没有深入去分析原因、追究责任。

（三）管理浮于表面，监督形同虚设

有些企业不执行“三重一大”（重大问题决策、重要干部任免、重大项目投资决策、大额资金使用）决策制度，民主集中制没有得到很好的贯彻落实。职工群众对领导干部缺乏有效监督，特别是对“一把手”监督太难；开展监督管理方法较单一，缺乏自下而上的上行监督；监督重点不突出，对监督的关键环节、薄弱环节和隐患环节没有制订有力的监督防范措施，致使出现的苗头性问题不能察觉，本可以及时纠正的问题没有纠正，监督成了“马后炮”。

(四)监督各自为政,监督力量削弱

有些企业监督职能部门与相关监督力量各自为政,监督信息没有实现共享,缺乏有效的沟通、协调,造成监督力量分散,削弱了监督力量。企业还没有形成运行高效的监督管理网络,一定程度上造成了监督工作安排多、检查落实少;形式监督多,实质监督少;事后监督多,过程监督少;被动监督多,主动监督少。

二、提高监督整体效能、构建大监督格局应坚持的原则

坚持预防原则。建立教育、制度和监督并重的惩防体系是从源头上治理腐败的根本举措。其中,教育是基础,制度是保障,监督是关键。监督的目的就是要有效的预防、遏制和杜绝腐败。这也是我们要整合优化监督力量、提高监督效能的出发点和立足点。

坚持系统原则。构建大监督格局是一个系统工程。在整合优化企业各种监督资源时,要紧紧围绕企业改革、发展与稳定这一主题主线,处理好整体与局部、各种监督力量之间、监督与被监督之间的关系,突出监督系统的目的性、协同性和动态性,统筹兼顾,合理安排。

坚持创新原则。整合优化各种监督资源的过程就是一个创新过程。企业要根据工程建设领域出现的新情况、新问题,紧密联系实际,在总结、坚持好经验、好做法的同时,要勇于改革创新监督工作思路、监督机制和监督方法、路径,不断提高监督整体效能。

三、提高监督整体效能、构建大监督格局的主要举措

工程建设企业要以监督信息为支撑,以各种监督力量协同作战为重点,以企业监督受控为目标,通过对各种监督资源整合优化,创新企业监督机制,形成上下联动、左右互动、快速行动的协调机制和监督合力,着力构建大监督格局。

(一)树立大监督思想观念,为大监督格局谋划新思路

要树立大监督意识,进一步转变观念,加强教育,提高认识,统一思想,以“大监督”的新理念、新思路来调动一切积极有利因素,提高监督整体效能,开创工程建设企业监督管理工作的新局面。应努力做到“三个结合”:实现内部监督与外部监督相结合、专职监督与各职能监督相结合、组织监督与职工群众相结合;实现“四个转变”:从主要依靠纪检监察部门单兵作战向各部门合力作战转变、从单纯的防控、约束职工向监督约束与保护激励职工相结合转变、从个别预防向全员预防、系统预防转变、从末端治理向源头控制、过程监督转变;抓好“五条主线”:以党组织监督为主线,带动和促进其他各种形式的监督;以深入开展企业效能监察为主线,加强内部监督;以加强民主管理、深化党务、厂务公开为主线,加强民主监督;以创新监督方式、方法为主线,不断提升监督的整体效能;以加强监督队伍建设为主线,不断提高监督队伍的能力和水平。通过建立健全“不能腐败”的工作运行机制、“不敢腐败”的监督制约机制、“不易腐败”的风险预控机制,构建起大监督格局的运行机制。

(二)整合优化监督力量,为大监督格局注入新活力

一是要健全纪检监察专职监督力量。按照同步考虑、同步设置的原则,根据工程建设企业实际情况,健全完善所属各单位(项目部)纪检监察组织机构和人员配备,企业总部抓二级单位、二级单位抓基层单位(项目部),形成“监督管理分级实施、监督资源统筹协调”的分级监督管理组织模式。通过层层分解目标、任务和责任,强化各级专职监督机构和人员的责任感、使命感,调动积极性和能动性,充分发挥专职监督机构和人员的作用。

二是要整合优化各种监督资源。充分整合优化企业党组织、纪检、监察、审计、财务、人事、法规、经营、市场、工程管理、工会等内部监督资源,建立纵向联系、横向互动的大监督管理网络,促使专职监督、业务监督、群众监督有机结合。纪检监察等专职部门注重主动监督、牵头监督、程序监督,着重督促监督对象认真按制度履责,评判监督对象履责效果;各专业管理部门各负其责,严格按制度、流程把好监督关;加强民主管理,加大党务、厂务公开力度,杜绝“暗箱操作”;进一步发挥群众监督作用,对企业内的不良风气和违纪违规现象进行揭露和曝光。

三是要加强监督管理组织和协调。通过加强组织、协调，进一步优化监督管理机制，着力解决各监督方之间沟通交流少、工作配合少、监督网络分散等问题：一要建立内部协调机制，通过党政联席会、部门协调会等方式，协调监督资源，加强监督信息沟通，共享各单位(项目部)履行监督职能、开展监督工作情况等监督信息。通过综合掌握各类信息，多渠道发现违纪违规线索，不断提高监督工作的质量、效率；二要畅通自上而下、自下而上的监督信息渠道。通过会议、电话、网络、邮件、举报信等多种信息渠道，听取群众诉求，对反映、举报的问题及时交相关部门处理；三要不断分析、总结群众在反腐倡廉中反映的热点、难点等问题，监督工作齐抓共管，形成合力解决问题。

(三)创新监督管理方法，为大监督格局探索新途径

一是抓好源头预防。抓好工程建设企业反腐倡廉和大监督工作，就其根本而言，就是要以教育为基础、以制度为保障。一方面，要加强反腐倡廉教育，通过上党课、廉政会议、绩效考核等各种有效的载体，经常性开展廉洁文化教育活动，把正面教育、警示警育和思想启发等方式相结合，引导教育党员、干部牢固树立正确的权力观、价值观，增强廉洁自律意识，促进反腐倡廉教育取得实效，从思想上构建起不想、不敢腐败的防线；另一方面，要以“三重一大”制度建设为核心，全力构建大监督的制度体系，建立起用制度监督、依制度办事、靠制度管人的监督模式。建立健全管理制度，使各项制度更具体、全面，更有针对性、可操作性，并不断修订、完善，强化执行、监督力度，从制度上构建起不能、不会腐败的防线。

二是抓实过程监督。一要紧密结合正在开展的工程建设领域专项治理活动，坚持把工程建设企业的效能监察作为监督管理的切入点。把监督管理工作融入到企业各单位、各部门和项目部，融入到工程建设项目从立项审批、招标投标、预决算、物资采购、合同签订、工程管理、资金使用到竣工验收等众多环节，实现全范围覆盖、全过程管控、全方位监督；二要根据企业发展的不同阶段、不同情况，强化效能监察的针对性、实效性，及时调整效能监察的方向、重点和内容，不断提高监督的质量和效率；三要坚持日常监督管理工作服务于企业的改革、发展和稳定大局，特别是要发挥效能监察的优势，不断规范流程，努力提升管理水平，提高工作效率，推动企业发展。

三是抓住关键、重点。一要始终以狠抓工程建设企业的重大决策、重大项目安排、重要人事任免和大额资金使用环节监督为抓手，不断建立完善“三重一大”集体决策制度，明确决策范围、决策主体、决策流程和决策责任，确保权力规范运行，牢牢抓住监督管理的关键、重点；二要突出工程建设招投标、预决算、资金使用管理、物资采办、固定资产处置、设备购置、租赁、工程质量、征地拆迁、设计变更、签证等关键环节和重点部位的监督，加强效能监察，确保管理受控；三要加强对各级领导干部特别是主要领导、关键岗位人员的关心爱护和监督管理，要通过廉政谈话、干部巡视、述职述廉、交叉任职、交流轮岗等制度性预警保护措施和途径，既要爱护、相信人，又要把好用人、选人关，防止“带病”提拔、上岗，有效预范腐败问题发生。

(四)加强监督队伍建设，为大监督格局提供新保障

一是要提高监督队伍的综合素质。工程建设企业监督内容的范围涉及法律法规、设计、施工、造价、监理等诸多领域的知识。这就要求企业监督人员特别是纪检监察专职监督人员，要具备较强综合素质和业务能力。一方面，要持续加强纪检监察人员的教育培训，促使其业务能力由专业型向复合型转变，不断提高监督业务水平；另一方面，要经常通过各种平台加强纪检监察人员与业务人员的业务交流、互动，在交流、互动中学习，增强了解与支持，不断提高监督效能。

二是要优化监督队伍选拔任用机制。首先，要提高工程建设企业专、兼职监督人员的各种待遇，切实关心帮助解决工作、生活方面的实际困难和问题，充分调动起他们开展监督工作的积极性，确保监督队伍的稳定；其次，要坚持下级纪检监察领导干部由上级派驻、纪检监察干部交流任职、交叉任职和任职回避等制度，有效解决纪检监察人员不敢管、不好管和管不了的现象，增强监督的权威性和震慑力；最后，要推行竞聘上岗机制，积极发现、使用纪检监察人才，避免将纪检岗位作为安置型岗位、非重要岗位，有效增强

纪检监察队伍力量。

三是要创新监督队伍的考核机制。工程建设企业要坚持纪检监察人员向上级定期述职制度，加强对监督的过程考核和绩效考核，强化考核的约束力，不断提升各级纪检监察人员的思想素质和业务水平；要坚持考核与选拔任用有效结合，通过把政治素质好、经营、管理水平高、业务考核绩效好的各类优秀人才选拔到纪检监察岗位上，把优秀的纪检监察人才选送、提拔到企业生产经营管理等部门交流、交叉任职等措施，不断增强监督队伍的动力和活力。

武汉九鼎工程监理有限责任公司

武汉九鼎工程监理有限责任公司成立于2000年，通过所有员工的拼搏打造，现已发展成为拥有化工石油乙级资质的监理公司。公司目前总人数84人，拥有各类专业工程师以上人员52人，其中20人取得国家注册监理工程师任职资格。公司员工曾长期从事大型石油化工装置和石化工程的施工建设管理、设计和工程监理工作，熟悉石油化工工程施工规范、标准，具有丰富的施工实践经验和现场处理设计、施工及特种技术措施的能力，能满足化工石油工程对施工监理人员的素质要求。

本公司先后对武汉石化新建2万立方米汽油、柴油罐工程、油品质量升级炼油改造工程-120万吨/年延迟焦化装置（溶剂再生部分）、含硫污水常压汽提装置、80万吨/年乙烯装置配套工程码头陆阈配套系统、1#焦化装置消缺改造、200m/时高浓度污水处理场、各类加油站整体改造工程等工程进行了监理服务，全部工程均按合同要求按期投用，并得到业主好评。公司按照ISO9001：2008、ISO14001：2004、OHSAS18001：2001国际标准建立了完善的管理体系。在激烈的市场竞争中，以“求真、务实、奉献一流服务；团结、进取、创造最佳业绩；珍爱生命、保护环境”的理念、优质的服务和优惠的价格赢得了广大建设单位和开发商的青睐，并享有较高的声誉。

公司地址：湖北省武汉市青山区长青路特一号
邮编：430082
联系人：魏先生/代小姐
联系电话：027-86599449/027-86599460
传真：027-86599460
电子邮箱：21012785@qq.com

广东国信工程监理有限公司

Guangdong Gosun Engineering Management Co.,Ltd

董事长:李文

集一流人才　干一流项目
创一流效益　建一流企业

广东国信工程监理有限公司（简称“国信监理”）成立于1993年5月，前身是茂名石化工程建设监理公司（中国石化集团茂名石化公司正处级建制单位）。2005年8月8日，国信监理实施改制分流，同时注册成立了茂名国信石化工程建设监理有限公司。2009年8月24日正式更名为广东国信工程监理有限公司，注册资本增至1000万元，至今员工近700人。

广东国信工程监理有限公司作为国内为数不多、广东省首家取得我国工程建设监理行业的最高资质——工程监理综合资质的企业，可承担所有专业工程类别建设工程项目的工程监理业务（涵盖的工程类别有：化工石油工程、市政公用工程、港口与航道工程、房屋建筑工程、电力工程、冶炼工程、矿山工程、水利水电工程、农林工程、铁路工程、公路工程、航天航空工程、通信工程、机电安装工程）。同时，国信监理具有交通部水运工程甲级资质、项目管理资质、招标代理资质，可以满足顾客多方面的工程

中国石化镇海炼化100万吨年乙烯工程

公司荣誉奖项：

"中国建设监理创新发展20年工程监理先进企业"

"中国建筑十年—城市建设杰出贡献百强企业"

"广东省先进监理企业"

"中国石油化工集团公司先进工程建设监理单位"

"石化工程优秀企业"

连续多年被授予广东省"守合同重信用"企业

中国著名监理单位

全国工程建设百强监理单位

全国质量服务十佳监理单位

质量信誉服务最值得信赖单位

码头

海南炼化码头改扩建系列工程1#泊位改造工程引桥工程

海南实华炼化公司30万吨级原油码头

住房、油库、风电工程

华能阳江风电项目

茂名市亨利华府商住楼工程

福建炼化青兰山15万M^3原油库工程

中国人民银行茂名市中心支行发行库及办公用房

管线工程

湛江港至廉江原油管道项目

青海盐湖海纳24万吨年pvc一体化项目长输皮带工程

工程装置

陕西延长中煤靖边能源化工150万吨/年DCC装置

青海盐湖海纳24万吨/年pvc一体化项目工程

茂名石化1000万吨/年常减压蒸馏装置

福建炼油乙烯一体化项目800万吨/年常减压装置(目前世界同类型最大生产装置)

福建炼油乙烯一体化项目800万吨/年常减压装置

茂名石化100万吨年乙烯改扩建配套工程锅炉煤代油技改工程

地址：广东省茂名市官渡桥南中区2栋　邮编：525011
网址：www.chinagosun.com　Email：gosunjlb@163.com
电话：0668-2180910　传真：0668-2180909

新乡方圆工程管理有限公司

总经理　唐彦杰

新乡方圆工程管理有限公司是具有独立法人资格和国家甲级监理资质的工程管理企业。主要从事石油化工工程、长输管道工程、大型储备油库工程、土木建筑工程、电力和通信工程的项目管理、工程监理、工程咨询的专业化工程管理公司。公司有专业齐全的工程管理人员和先进的检测仪器设备，现为中国建筑业协会石化分会和河南省建设监理协会会员，是中国建筑业协会中石化分会理事单位、中国《建设监理》杂志理事单位。

新乡方圆工程管理有限公司成立于 1996 年 4 月，注册资金 300 万元人民币；监理资质：化工石油工程监理甲级；法人代表：唐彦杰。公司现有员工 160 人，拥有一大批中高级专业人才，专业配置齐全，结构合理，具有雄厚的技术力量。

公司坚持以质量体系建设服务于监理工作全过程，已通过 ISO9001 ：2008 质量管理体系、ISO14001：2004 环境管理体系、GB/T28001-2011 职业健康安全管理体系的认证。

公司监理的新疆塔里木塔中 4 油田地面建设工程。该工程获得国家优质工程质量金奖。

公司监理的新疆塔里木油田第一条输油管线：轮南～库尔勒输油管道工程。

公司监理的国内第一条沙漠管线：新疆塔里木油田塔中四～轮南输油（气）管道工程。该工程获国家优质工程质量银奖。

公司具有完善的财务、劳资、档案、劳动保护、固定资产及各专业岗位责任制、监理人员廉政守则、公司员工手册等管理制度，并结合各行业业主的不同要求和工程类别特点，编制了相应的《项目咨询方案》、《项目管理规划》、《监理大纲》、《监理规划》、《项目 HSE 管理手册》、《项目质量管理手册》、各专业《监理实施细则》等成套技术文件；建立了公司网络办公和信息管理系统，实现公司科学化、规范化管理。

公司重合同、守信誉、合法经营，得到了各方业主的高度评价，特别是在油气储运行业取得了良好的业绩和信誉。

公司监理的杭州湾海底管线穿越施工现场

公司监理的管道储运公司沧津燕输油管道工程

公司监理的川气东送管道工程

公司监理的镇海岚山原油商业储备基地工程

公司监理的册子岛商业储备油库

公司监理的新疆塔里木塔

公司承监主要工程

公司已承监了监镇海岚山原油商业储备油库、舟山册子岛原油商业储备油库、曹妃甸原油商业储备油库、天津原油商业储备库、日照原油商业储备油库、北海原油商业储备油库、湛江首站储备油库、天津国家原油储备库、天津大港原油商业储备油库、曹妃甸原油商业储备油库、仪征原油储备油库、白沙湾原油商业储备油库及 15 万方储油罐等大型储罐库的监理任务；

承监了中洛输油管道、洪荆输油管道、塔里木塔中四油田～轮南输油（气）管道、塔里木轮库输油管道、新疆库鄯输油管道、青海涩格输油管道、青海仙翼输气管道、青海仙敦输气管道、沧河原油管道、兰成渝成品油管道、镇杭成品油管道、榆济输气管道、川气东送输气管道、沧津燕输油管道、甬沪宁原油管道、仪长原油管道、鲁皖成品油管道、珠三角成品油管道、西南成品油管道、金嘉湖成品油管道、石太成品油管道、洛郑驻成品油管道、驻信成品油管道、北海百色成品油管道、北海南宁 LNG 输气管道等大中型油气长输管道工程的监理任务；

承监了塔里木轮南炭黑厂、塔里木轮南气举、格尔木市天然气输配、库尔勒市天然气输配、塔里木塔中四油田地面建设、塔里木大宛齐油田地面建设、塔里木雅哈气田气体处理厂、喀什和阿克苏液化气储备站、库尔勒石化厂、库尔勒东四乡输变电、塔里木沙漠公路绿化和输电、鄂尔多斯大牛地气田建设等石油化工项目的监理任务。其中：“新

…集输站工程

公司监理的湛江~廉江原油管道工程湛江首站

公司监理的新疆塔里木油田塔里木气举工程

疆塔里木塔中四油田地面产能建设工程”被评为国优金奖工程；“塔中四油田～轮南输油（气）管道及通信光缆工程”被评为国优银奖工程；“仪征～长岭原油管道工程”、“石家庄～太原成品油管道工程”被中国石化集团公司评为2008年度优质工程奖；“西南成品油管道工程”、“金嘉湖成品油管道工程及配套油库工程”、“珠三角成品油管道工程及油库配套设施工程”被中国石化集团公司评为2009年度省部级优质工程奖；“曹妃甸原油码头及配套工程”被中国石化集团公司评为2010年度优质工程奖；公司先后被河南省建设厅和中国石化集团公司评为“建设监理先进单位”。

新乡方圆工程管理有限公司秉承公正、准确、服务、效益的企业精神，发挥公司专业优势，以业主满意为指导思想，竭诚为石油石化行业提供优质服务。

地址：河南省新乡市平原路506号

电话：0373-3762289

传 真：0373-3762284

E-mail：xxfygcgl@163.com

中国石油天然气第六建设公司

总经理　程立允

党委书记 副总经理　蒙子成

中国石油天然气第六建设公司是中国石油天然气集团公司下属企业中国寰球工程公司的全资子公司，是国家大型骨干施工企业，成立于1968年，总部位于广西桂林市。

公司拥有国家化工石油工程施工总承包一级、电力工程、房屋建筑三个总承包资质；拥有管道工程、对外承包、机电设备、海洋石油、电力设施、无损检测等专业承包资质；具备同时承建多套完整的大型化工、炼油、乙烯等石油化工、油气储运设施、海洋石油平台等工程。拥有压力容器制造、锅炉安装、起重机械安装等资质。拥有专利和专有技术、国家和省部级工法16项，科技成果100多项。

公司在上海、大连、江苏、唐山、泰安承接了5套LNG储罐及接收站，其中上海、大连一期、江苏一期都已经顺利投入使用。

公司承建的抚顺石化年30万吨

聚丙烯装置

公司承建的首套国产化百万吨

乙烯装置投产

公司是国内承建LNG接收站和乙烯裂解装置权威的施工企业，自主研发大型LNG接收站成套安装技术，先后攻克国产9%镍钢板焊接、LNG储罐气顶升等技术难题，自主开发的《大型LNG低温储罐安装施工工法》是国家一级工法，有国家实用新型专利3项。

先后承建国内20多个省、市、自治区和12个国家的1000多项石油化工工程，均安全投产和平稳运行，近200项工程获国家优质工程、国家优秀吊装工程、国家优秀焊接工程、中国企业新纪录、全国用户满意工程。是全国优秀施工企业、全国用户满意施工企业、全国文明单位、全国五一劳动奖状，是全国职工职业技能实训基地、全国职工教育培训优秀示范点、国家高技能人才培养（企业）示范基地。

公司吊装能力和焊接技术处于国内领先的地位，吊装能力4800吨，吊装高度160米，先后吊装上千吨的特大型塔器10多台。具有铝镁合金、钛合金、镍合金等有色金属焊接能力；具有管道自动焊、储罐和球罐自动焊、下向焊等十多种焊接技术，多次在全国工程建设系统焊工职业技能竞赛上获得第一名。

公司承建的钦州中石油国际

储备库项目远景

地址：广西桂林市空明西路7号　邮编：541004　电话：0773-5886510　传真：0773-5884421

中国石油渤海钻探泥浆技术服务公司

公司成立于1984年，是国内首家钻井液专业化技术服务公司，1998年通过国际专业化服务公司资质认证，2009年通过国家级高新技术企业认定，2011年BH四大新型钻井液技术通过中油集团公司评审组鉴定并成功发布。公司以钻井液完井液方案设计、技术服务，产品研制、检测、销售，技术咨询、监督服务、钻井液环保工程为主要业务。

公司现有员工1164名，局级技术专家16人、处级技术专家18人，教授级高级工程师2人、高级工程师36人、工程师178人、助理工程师194人，集团公司级技能专家2人、局级技能专家6人，高级技师8人、技师30人，硕博学历50人、大专以上学历718人。一支长于经营、精于技术、善于操作的人才铁军已经形成规模，并逐渐彰显泥浆公司人力资源的生机和活力。

公司服务市场现已覆盖大港、华北、冀东、塔里木、青海、玉门、长庆、海南、印度尼西亚和伊拉克、委内瑞拉等市场，并成功进入中石化、中化集团和延长油矿等国内国外市场。

公司始终坚持“科技引领市场”的科学发展理念，不断规范研发、制造、服务的运作模式，持续完善了钻井液研发中心、产品制造中心、技术服务中心等机构的核心流程。

BH新型钻井液发布会

BH新型钻井液及其处理剂展台

公司现已形成：

——**30余种处理剂**：水基、油基两大类、七小类30余种产品，实现规模化生产。其中，水基钻井液核心处理剂有有机盐抑制剂BZ-WYJ、抗盐抗高温降滤失剂BZ-Redul、抑制防塌剂BZ-YFT、抑制润滑剂BZ-YRH、抗盐降粘剂 BZ-JNJ、堵漏剂BZ-SPA等；油基钻井液核心处理剂有降滤失剂BZ-OFL、流型调节剂BZ-RM、乳化剂BZ-EM、润湿剂 BZ-WA、稀释剂BZ-OT等。

——**10大特色体系**：双保型复合有机盐钻井液体系、全油基钻井液体系、油包水钻井液体系、钾盐聚合物钻井液体系、聚磺钻井液体系、水包油钻井液体系、无固相钻井液体系、天然高分子钻井液体系、硅酸盐钻井液体系、无机盐欠饱和钻井液体系。

——**5大技术利器**：**BH-WEI"三高"钻井液技术**，抗温达220℃、抗盐膏达饱和、无膨润土条件下密度达2.60g/cm³，解决了钻井液在高温、高矿化度、高固相含量条件下流变性难以控制的难题。在印尼马都拉、伊拉克哈法亚以及新疆塔里木油田成功应用，井径扩大率小于6%，电测全部一次成功。**BH-ERD大位移钻井液技术**，开发了井眼净化效果预测软件，综合应用地应力、地层压力、地层坍塌周期预测结果进行钻井液参数设计，实现了钻井液参数优化设计与现场施工的有机结合，解决了大位移井钻井液技术难题。在大港油田埕海一区、二区大位移、大斜度井现场成功应用，一举打破了国外公司的长期垄断。**BH-FDC储层专打钻井液技术**，现场推广应用35口井，实现了水平井无技套储层专打、筛管完井免酸洗投产，与同区块、同类型水平井相比单井产量增加了1.6倍以上。**BH-OBM油基钻井液技术**，抗温达180℃、密度在0.89-2.50g/cm³范围内可调、储层保护效果好、抑制防塌能力强、流变性能好，在塔里木、大港、冀东等国内油田和委内瑞拉成功应用10余口井，取得良好应用效果。**BH-NAT环保钻井液技术**，摒弃化学合成方法，用天然物为原料制备钻井液处理剂，能够有效解决滤失、抑制和防塌等问题，先后在塔里木、苏里格和大港油田应用100余口井，环保效果明显。

选择"渤钻泥浆"，选择优质保障。站高端、拓国际，努力建设优势突出的国际化钻井液技术服务公司——"渤钻泥浆"人永不止步、奋发图强。

"帮助顾客成功就等于帮助自己成功"是我们的服务理念，"我们能做得更好"是我们的服务追求，"渤钻泥浆"人竭诚与天下朋友携手合作、共创辉煌。

地址：中国天津市滨海新区大港油田红旗路东段
邮编：300280
网址：http://www.cnpc.com.cn/bhzt/
电话：022-25922510　022-25921297
手机：13602117152　13821818517

油基钻井液项目组攻关镜头

外宾慕名前来油基钻井液服务现场进行考察

外宾到公司钻井液研发中心展厅参观

公司钻井液研发中心展厅

中石化中原石油工程有限公司

打造世界一流石油工程技术服务商

逐鹿中原历兵马　扬帆四海创伟业

接受沙特阿美公司颁奖

与甲方监督认真交流

宣传中国石化企业理念

中石化中原石油工程有限公司于2012年底由中原石油勘探局石油工程业务整合重组而成，是中国石化石油工程最具规模和实力的地区公司，是国际钻井承包商协会、中国对外承包工程商会成员，主要业务涵盖钻井、测井、录井、固井、井下作业、管具等，员工2.35万人，资产110.55亿元，装备1905台（套），拥有各类钻机247台，是中国最大的陆上钻井公司，具备井筒工程总包能力。长期致力于高温、高压、高硫以及断块油气田开发，创新集成了适应各种复杂地质条件的6大技术系列，应用于中国28个省市区和世界14个国家。

上个世纪九十年代初，中原油田接替储量不足、产量持续下滑，石油工程队伍走出中原、走向海外，闯市场、求生存、谋发展，与沙特阿美、道达尔、英荷壳牌、哈里伯顿、贝克休斯、阿莫科、德士古、埃索、菲利普斯、安然等世界知名石油公司合作，相继在非洲、中东、中亚、南亚、南美等30个国家承揽了683个国际工程项目，累计签订合同额57亿美元，完成合同额44亿美元，探索出一条资源企业持续有效发展的新路子。中原石油工程有限公司现有118支队伍在14个国家执行合同，形成了非洲、中东、中亚、南亚、南美"五大市场格局"，培育了苏丹、沙特、哈萨克斯坦年收入超亿美元，也门、科威特近亿美元的"五大规模市场"，打造了苏丹"王牌钻井队"、沙特"中国速度"和也门"幸运钻井队"等知名品牌，成为苏丹、也门最大的综合承包商和"最值得信赖的公司"、道达尔全球主要钻井承包商、阿美公司陆上钻井第一大战略合作伙伴，哈里伯顿、贝克休斯中东北非首选钻井承包商；从2000年起连续12年跻身中国对外承包工程企业50强，2007年起连续6年当选美国ENR全球225强国际承包商，2012年分别排名第31位和第95位；曾被国务院发展研究中心授予"中国陆上承揽国际钻井工程最多的公司"荣誉称号，连续多年荣获河南省对外承包工程状元企业，被中国石化集团公司树为石油工程铁军的旗帜和标杆。

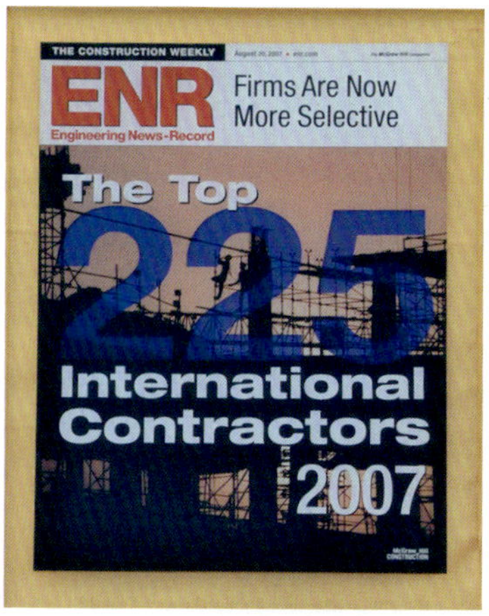

从2007年起连续6年入选全球225强国际承包商

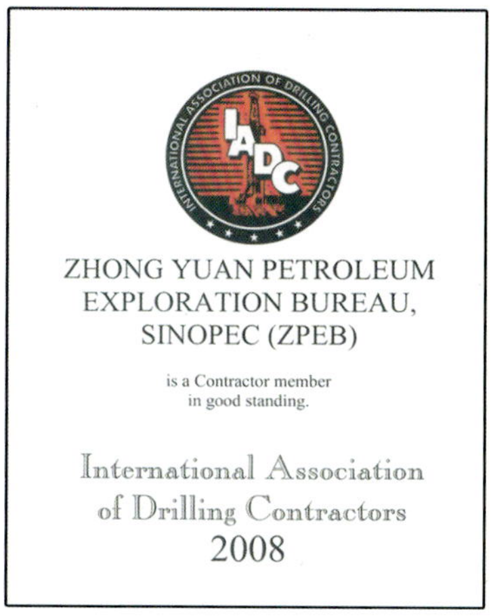
ZHONG YUAN PETROLEUM
EXPLORATION BUREAU,
SINOPEC (ZPEB)

is a Contractor member
in good standing.

International Association
of Drilling Contractors
2008

国际钻井承包商会员证书

所有钻机实现了整体搬迁

压裂设备

对雇员进行培训

注重环保，垃圾分类管理

中原石油工程队伍胸怀“逐鹿中原厉兵马、扬帆四海创伟业”的远大志向，牢固树立“四种理念”（规范管理、互利双赢、扎根海外、长期发展）和“六种意识”（发展意识、大局意识、责任意识、创新意识、效益意识、忧患意识），发扬“四种精神”（团结协作、为国争光的大局精神，敢为人先、追求一流的创新精神，吃苦耐劳、忍辱负重的奉献精神，勤学苦练、积极向上的进取精神），成长为一支争创国际一流的石油工程铁军；举全公司之力发展国际化经营，实施集中统一管理，坚持“以效益论英雄、以利润论成败”，完善以绩效考核为核心的激励约束机制，建立了具有中原特色的国际化公司管理模式；坚持继承石油工程优良传统与国际惯例有机结合，吸收国际先进理念和管理经验，实施绿色低碳发展战略，形成了以HSE管理为核心的先进适用的制度和标准体系，树立了具有中原特色的品牌形象，在竞争激烈的国际市场越做越强，越做越大。海外占到总收入的三分之一，成为稳定发展的重要支柱。

雄关漫道真如铁，而今迈步从头越。“十二五”中原石油工程有限公司朝着海外市场开发年均增长18%、钻机100台、期末收入50亿元，建设世界一流石油工程技术服务商的宏伟目标前进。

地址：河南省濮阳市中原路277号　　邮编：457001
电话：0086-393-4828008/4732045/4821363
传真：0086-393-4465861
电子信箱：adm@zpebint.com
网址：http://www.zpebint.com

公司在沙特的后勤基地

西北油田分公司工程监督中心

切实履行监督职责，打造“西北监督”品牌

主任：崔龙兵

党委书记：蔡雨田

中石化西北油田分公司工程监督中心（以下简称“监督中心”）于1998年正式组建，在十六年“求真务实，追求卓越”的发展历程中，监督中心以独立甲方监督管理模式，始终肩负着西北油田分公司勘探、开发及油田建设工程施工质量、HSE的监督管理工作，被誉为西北油田打造千万吨级大油田的“质量卫士、安全卫士、效益卫士”。

监督中心以“区块项目化管理”为核心，设有三大区域工程项目监督部、五大监督专业部门和六个综合职能部室，专业监督有300余人，监督业务覆盖物探、钻井、地质、修完井、油建、安全环保等20个专业，监督区域横跨新疆南、北疆，形成了以工程监督为主体，标准化、环境监测、安全环保督察为配套的综合组织管理机构，是当今国内石油领域专业设置最全面、监督覆盖面最广的一支甲方监督队伍。

2002年监督中心获得ISO9001质量管理资格认证，2006年“承包商第二方审核”项目荣获中石化第十五届管理现代化创新成果三等奖，同年全过程监督的亚洲第一探井—塔深1井（8480米）的顺利完钻，成功攻克直径273.1毫米无节箍套管下深5481米等国内钻井史上三大难题。06-07年度，全过程监督山前构造、巨厚膏盐层探井—秋南1井顺利完钻，创造单井钻井213天安全生产记录及扩孔井段最长、扩孔效率最高、使用钻井液密度最大等记录。2011年初，监督中心所管理的环境监测站获国家实验室认可资质（CNAS标志），2012年1月取得实验室资质认定证书及CMA标志。

经过十余年的实践和创新，监督中心在“坐稳塔河、评价玉北、扩大塔中、攻关外围、高效发展”的西北油田分公司工作方针指引下，在“敢为人先、创新不止”塔河精神的激励下，以“公平公正、严格监督、科学管理、持续改进”的监督工作思路和服务理念，构建了“严细实恒”的“西北监督”作风，树立了“敬业、诚信、争先、互助”的“西北监督”形象，并在不断加强队伍管理、现场管理、基础管理工作的基础上，确定了“创建一流监督队伍，打造西北监督品牌”的队伍建设目标，监督项目也由年度197项增至到3281项、钻井进尺由年度33万米逐步提升到157.75万米、项目优良率由74.24%上升到86.35%，不合格率由0.12%归为零，万米进尺故障时间由393.56小时/万米递减至111.09小时/万米、单井平均钻井周期由2005年109.2天缩短至目前的75.65天，切实履行了“质量、安全、效益三个卫士”职能。

十六年来，工程监督中心逐步建立起适应塔河油田发展要求，符合局、分公司发展战略，遵循工程监督文化发展规律，体现员工根本利益，具有监督中心特色的企业文化体系；积极吸收借鉴油田企业的优秀文化成果，使监督中心管理水平进一步提高，员工素质进一步提升，企业形象进一步改善；实现了中心战略与中心文化的和谐一致，中心发展与员工发展的和谐一致，中心品牌优势与文化优势的和谐一致；形成了符合油田先进文化前进方向、具有鲜明时代特征的“西北监督”品牌。

中石化华北石油工程有限公司
西部分公司

经理、党委副书记　何鹏

西部分公司是华北石油局为适应国家西部大开发战略要求，于2001年5月由原华北石油局五普、三普在疆队伍整合重组而成的专业化油气工程施工企业。现有员工1927人，其中本科及以上学历207人、大专学历245人、中专学历1149人；拥有高级专业技术职称37人，中级专业技术职称52人。公司资产总额11.43亿元，拥有各类钻（修）机30台（套），包括钻深12000米的变频电动钻机1台、钻深9000米的直流驱动和变频驱动钻机各1台、7000米直流电动钻机4台、7000米机械钻机8台、6000米及以下钻机12台。公司所属27支钻井队，有17支队伍分别获得中国石化集团甲级队资质和国际资质。公司拥有超深井优快钻井、破碎地层取芯、PDC+螺杆钻井、水力脉冲接头、泡沫钻井及井身质量控制、钻井故障预防与处理等先进（特色）技术工艺。具备超深井、水平井、长裸眼井、定向井、大位移井、丛式井、负压井及套管开窗、侧钻井施工能力。

在鄂尔多斯工区参加大会战的西部分公司钻井队员工在元旦期间举办技能比武

西部分公司克服酷暑给施工带来的困难，加强重点科探井风险防控，打造能吃苦、肯奋斗、洒汗水、争业绩的石油铁军。图为钻井队员工顶着酷暑抢起钻具

井队钻工在提钻过程中

公司在致力于稳定和扩大塔河油田市场的同时，先后成功开辟了哈萨克斯坦、沙特阿拉伯、川东北等海内外市场，并在2012年进军鄂尔多斯工区参与华北石油局、分公司增储上产大会战。现如今形成了西北、四川、鄂北、沙特四大市场格局。

公司成立12年来，完成各类油气井、科探井496口，累计钻井进尺193万米，创造6项世界纪录、13项亚洲纪录、9项中国企业新纪录、19项集团公司纪录、51项油田纪录。2006年7月12日圆满完成亚洲第一深井——塔深1井，完钻井深8408米，创造了20余项国内外钻井技术新纪录。随后又相继完成了中石化重点开发评价井——元坝121H井、元坝272H井、大古3井等，并创造多项纪录。目前正在施工塔河工区的顺北1井、阿东1井和川东北工区的金溪2井等多口中石化重点风险探井。

文化是企业的生存之根、发展之魂。根据传承和创新结合的原则，公司完善、提炼出富有时代特点，富含公司资源特色的“精•深”文化。公司全体员工将致力追求“精深无极限”的高尚境界。

开展“读一本书”活动

岗前宣誓

西部分公司钻井队的员工下班回到生活区

上海金申工程建设监理有限公司

董事长　朱克帝

上海金申工程建设监理公司创建于1993年6月，前身属上海石油化工总厂基建指挥部，于2003年4月改制为上海金申工程建设监理有限公司（简称上海金申监理），是上海市工程设备监理协会副理事长单位、上海市建设工程咨询行业协会常务理事单位，同时是中国建设监理协会、中国工程设备监理协会、中国石化监理协会会员单位。

本公司是工程建设监理甲级资质单位，包括化工石油工程监理甲级资质、市政公用工程监理甲级资质、房屋建筑工程监理甲级资质以及机电安装工程监理乙级资质，人防监理资质乙级资质。同时公司又是全国设备监理甲级资质单位，具有“双甲级”监理资质，为我公司设备监理业务的拓展获得了资质保障。

公司实行董事会领导下的总经理负责制，下设监理部、HSE管理部、经营财务部、综合管理部和总师室，有一支以国家注册监理工程师、国家注册设备监理师、国家注册造价工程师、国家注册安全工程师、国家注册建造师、专业监理工程师、监理员、安全监理人员等多层次配合、专业齐全的监理队伍，现场监理人员全部经过正规监理培训持证上岗，80%专业技术人员具有10年以上工程建设管理从业经历，是一家技术力量过硬、设施完善、管理科学的专业工程监理企业。公司重视自身建设，实行严格而又科学的内部管理，已通过ISO9001质量管理体系、ISO14001环境管理体系和GB/T28001职业健康安全管理体系认证。

金山区海鸥大厦

黄岛国家石油储备基地

企业业绩

公司监理业务涵盖石油化工工程、房屋建筑工程、市政公用工程、机电安装工程以及设备制造安装调试工程，尤其擅长大型石油化工装置建设工程和各类储运与管道工程的施工监理，近20年来先后承接了中国石化上海石化三期、四期、五期、六期建设工程、上海赛科90万吨/年乙烯工程、中国石化镇海炼化100万吨/年乙烯工程、黄岛国家石油储备基地工程、张家港孚宝项目、舟山国家石油储备基地工程、金山海鸥大厦等各类工程的监理业务，有50多个工程项目分获国家银质奖、中石化优质工程奖、上海市“申安杯”安装工程优质奖、上海“白玉兰”奖、上海市市政工程金奖等。

舟山国储油库

上海石化70万吨乙烯改造工程

公司荣誉

近年来，本公司监理成效显著，负责监理的工程多次获得殊荣，其中“舟山国家石油储备基地项目”工程获2010年度国家银质奖；“黄岛国家石油储备基地项目”工程获2010至2011年度国家银质奖；“安徽无为焦炭联产甲醇工程一期年产60万吨甲醇项目”获2012年度化学工业优质工程奖；“上海石化60万吨/年芳烃联合装置”荣获2010年度中石化优质工程奖；“上海金昌年产3万吨增量改造项目”荣获2012年度上海市《申安杯》优质安装工程奖；“张家港孚宝仓储码头罐区一A、二B、二C工程”分别荣获2012年度上海市《申安杯》优质安装工程奖等；本公司还被评为上海市2010、2012年度工程设备监理优秀公司。

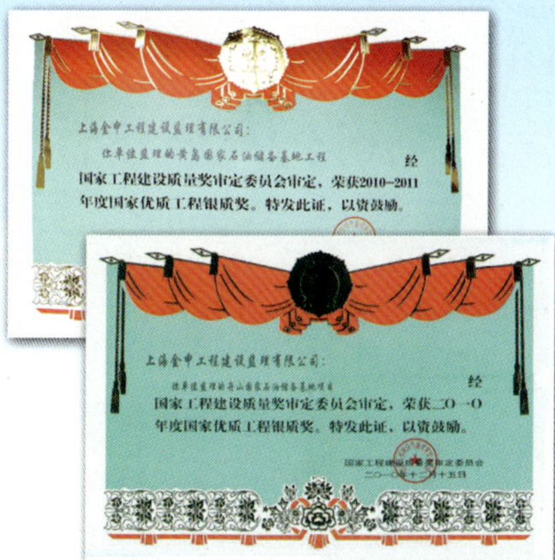

公司质量方针：“管理求实、监理求严、服务求优”。

公司质量目标：“监理合同履约率100%，监理工程合格率100%，顾客满意度90%，顾客满意率100%”。

公司HSE方针：安全第一、预防为主、全员动手、改善环境、以人为本、健康至上、科学管理、持续发展。

公司HSE目标：防止一切伤害事故；保障员工身体健康；维护良好生产环境；创造一流HSE业绩。

地址：上海市金山区卫零路479号
电话：021-67241181
传真：021-67240980

上海石化
股份公司大楼

SZPE amec

上海众一石化工程有限公司

上海众一石化工程有限公司是一家从事化工、石化、医药工程设计及工程承 包、工程项目管理、工程技术咨询、工程造价咨询的工程公司。前身是原上海石化总厂设计联合体，始创于1986 年。公司于2004年改制，成立有限责任公司。近十年来从全国各地引进大量技术骨干和优秀工程管理人员。目前公司员工有300多人，各类工程技术人员占员工总数的90%以上，85%的设计人员具有本科以上学历，设计人员中70%以上具有高、中级技术职称。

公司设有5大业务中心（金山、徐汇、广西北海、宁夏银川设计中心、EPC中心）及商务部、质量安全部、技术部、人事部、财务部、行政部等职能部门. 各设计中心专业由工艺、配管、设备、电气、仪表、土建结构、技经概算及给排水暖通等专业室组成，设计人员配备齐全。EPC 中心由采购部、施工部、费控室组成。

www.szpeamec.com

公司具有化工石化医药行业（化工、石油及化工产品储运）甲级设计资质，压力管道GB类、GC1、GC2、GC3 类设计资质，压力容器A2 、A3（含D1、D2）类设计资质，工程造价咨询甲级资质，在中国石油化工股份有限公司系统内具有A 级资源市场资格。公司建立了完整的质量管理体系及HSE管理体系，并获得ISO9000 质量管理体系认证证书、Q/SHS0001.1-2001 HSE 管理体系认证证书、GB/T24001-2004/ISO14001:2004 环境管理体系认证证书以及GB/T28001-2001 职业健康安全管理体系认证证书。

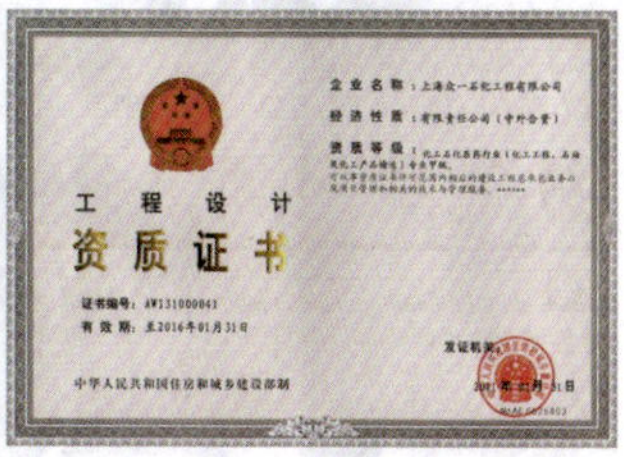

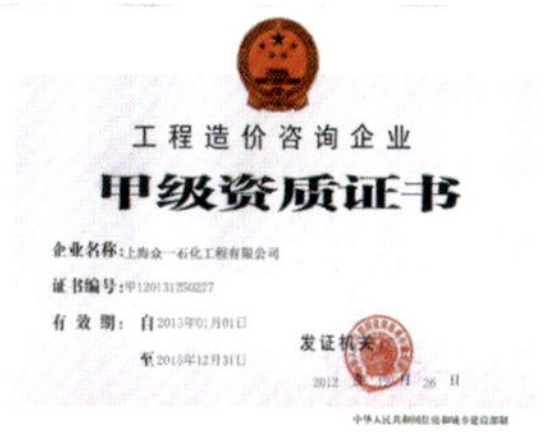

公司承接并完成了十余项EPC 总承包及项目管理业务，在炼油化工装置及其配套、污水处理及环保治理、仓储储运与物流方面积累了丰富的工程经验，并得到了各方面的一致好评。

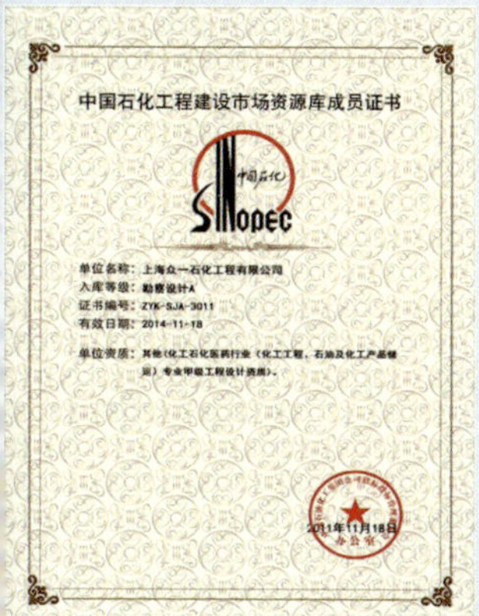

近十年来，公司先后完成中型以上设计项目一百多项、技措技改小项目1500多项。涉及中石化多套装置和公用工程，包括20万吨/年MTBE装置、40万吨/年沥青装置、4万吨/年苯酐装置、20000标立/时PSA氢气提浓装置，及全厂工艺及热力管网、循环水场、污水处理及环保、全厂电气仪表及电信系统、储运工程等。

公司秉承“高效、诚信、合作、共赢”的企业价值观，缔造一个受尊重、可持续发展并拥有良好客户关系的工程服务公司，以实现在更广阔的领域的业务发展和获取相应的社会价值。

联系方式:

上海市金山区金一路143号 邮编：200540
上海市徐汇区龙漕路299号 邮编：200235

www.szpeamec.com

江苏天力建设集团有限公司

江苏天力建设集团有限公司原名为江苏天力建设有限公司，前身为溧阳市煤气工业设备安装工程公司，创建于1981年6月，2003年6月企业更名、改制为有限责任公司。现公司具有市政公用工程施工总承包壹级，机电设备安装工程、化工石油设备管道安装工程、管道工程专业承包一级资质；房屋建筑工程施工总承包、公路工程施工总承包二级资质；建筑装修装饰工程、钢结构工程专业承包二级资质；压力管道GA1乙级、GB1级、GB2级、GC1级资质；园林绿化和建筑劳务资质，并具备了中石油集团公司、中石油昆仑燃气有限公司市场准入证、中国石油天然气管道局市场准入证。

公司始终本着“务实开拓，创新拼搏，超人超前”的经营管理思想，一直保持着规模发展和经济效益连年增长的良好态势，形成了一整套独具特色的新世纪经营理念和科学管理方略，连续多年被常州市、江苏省人民政府命名为“AAA重合同守信用企业”；先后多次荣获常州市建筑业“总承包综合实力20强”企业、常州市“文明单位”、“光彩之星企业”、“优秀施工企业”、“先进企业”、“安全生产先进单位”、“十佳企业”、“AAA级”资信企业等一系列荣誉称号；公司先后获得了ISO 9001 - 2000质量管理体系、GB/T 28001 - 2001职业健康安全管理体系和ISO14001：2004环境管理体系的认证证书。公司拥有《燃气管道干空气干燥施工工法》、《钢管剩磁的消磁施工工法》、《燃气管道的氮气置换施工工法》等多个省级工法。

东部原油管网庆铁线工程

江阴高压管工程

常州亚邦热网工程

西气东输新疆工程

杭州高压管工程

金坛天然气门站工程

公司坚持以"忠于职守，无私奉献，勇于开拓，争创一流“的企业精神；以"承一项工程，树一片信誉”，辟一方市场的经营宗旨，积极开拓、不断进取。凭着雄厚的技术力量，专业化的施工队伍，精良的施工机械设备，严格的质量管理赢得了建设单位的信赖和推崇。施工队伍遍及全国，多年来，先后承接了常州炼焦制气二期机电设备安装工程、常州港华高压天然气安装工程、常州新奥天然气高压管道安装工程、常州市区新北区热网工程、苏州昆山经三道路工程、常州市政工程管理处的中吴大道城市化改造工程、中石油管道一公司西气东输二线工程新疆吐鲁番分输联络站工程、东部原油管网俄油引进配套庆铁线扩能改造工程等多项国家重点化工石油设备管道安装工程。公司凭借雄厚的技术力量，优良的施工装备、严格的质量管理赢得建设单位的信赖和社会的肯定。在承建的压力管道工程中多次获得常州市优、金龙杯和江苏省优、扬子杯，其中“常州市炼焦制气二期工程2号焦炉冷态设备安装”获2000年江苏省建筑工程质量（扬子杯）奖，“金坛市天然气利用高压输配系统一期工程”获2009年度江苏省优质市政示范工程，“常州市武进区域供水二期礼河水厂工程”、“武进水厂工程”分别被评为2010年度、2012年度国家市政金杯示范工程。树立了良好的社会信誉和较高的企业形象，进一步提升了企业的知名度；成功地开拓了“质量-信誉-品牌-市场-效益”良性循环的发展之路。

公司凭着一串“第一”的鲜亮数据，一跃成为行业“领头羊”。

溧阳市第一家市政公用工程施工总承包壹级资质的企业；

溧阳市第一家在机电设备安装上荣获扬子杯的施工企业；

溧阳市唯一一家、江苏省内为数不多的同时具备压力管道GA1、GB1、GB2、GC1 级资质的施工企业；

溧阳市唯一一家长距离输送管道施工荣获省优工程的企业。

公司将一如既往地恪守企业宗旨，诚信拓业，竭诚欢迎全国建设单位、中外企业以及社会各界人士与我们合作！

地址：江苏省常州市溧阳经济开发区腾飞路6号

董事长：史俊生　　　邮编：213300

电话：0519－88010572　88010558

传真：0519－88010098

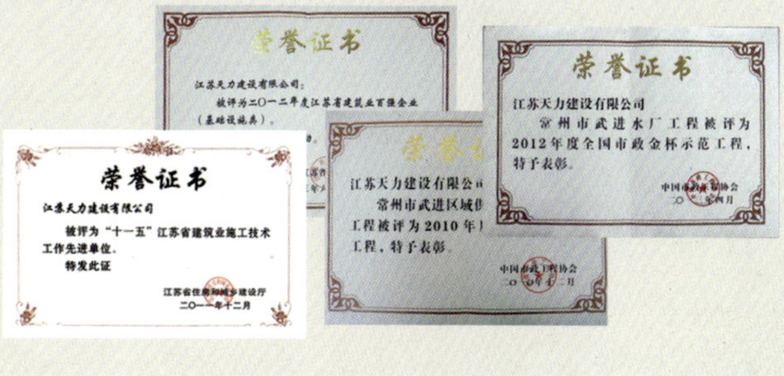

诚信、严谨、高效、优质

山东济炼石化工程有限公司

公司简介

山东济炼石化工程有限公司前身为“济南炼油厂设计所”，成立于1971年。2006年10月18日，公司正式挂牌成立。2008年8月，在海口注册成立海南分公司。

公司具有炼油工程专业甲级、石油及化工产品储运专业甲级、化工石化医药行业乙级、市政公用行业（给水、热力、燃气）乙级资质、环保（水污染防治、大气污染防治）乙级等设计资质；石化、市政公用行业（给水、热力、燃气）乙级等咨询资质。

2008年，通过质量管理体系、环境管理体系、职业健康安全管理体系和HSE管理体系同时认证。

公司业务

经过四十多年的发展，公司在石油化工、市政、建筑行业具有丰富的设计经验，在常减压蒸馏、焦化装置、渣油减粘装置、丙烷脱沥青、润滑油及石蜡生产装置、干气液化气脱硫、气体分馏、污水汽提、溶剂再生、硫磺回收、炼油装置低温热利用、油品罐区、装车台、油库、加油站、液化气站、动力站、空压站、全厂性系统管网、循环水场、污水处理场、市政燃气、市政热力设计中有独特的设计风格。近年来研究开发了污水处理场恶臭气体除臭方法和焦化装置恶臭气体治理技术，在石化系统多家单位成功运用，取得了良好的环保效果。

公司全体员工秉承“诚信、严谨、高效、优质”的经营理念，以质量为保证，管理为手段，双赢为目标，不断强化服务意识、质量意识、品牌意识。

组织结构及人力资源

公司现有各类专业技术人员130人。其中高级工程师33人，工程师41人，助理工程师40人；各类专业注册人员35人。

公司实行董事会授权下的总经理负责制，下设项目管理部、综合管理部、技术质量部、财务管理部、市场部、工程部、海南分公司、青岛分公司等职能部门。

公司地址：济南市高新区舜华路2000号舜泰广场2号楼17层　电话：0531-89922800　传真：0531-89922900

华海防腐

宁波华海防腐工程有限责任公司是根据国家经贸委、财政部、劳动部等八部委制定的《关于国有大中型企业主辅分离辅业改制分流安置富余人员的实施办法》（国经贸改［2002］859号）和《中国石油化工集团公司改制分流实施意见》的精神，从中国石化集团宁波工程有限公司改制分离后新建的股份制企业。于2005年5月在宁波市工商局镇海分局注册成立。公司从事防腐、保温、筑炉衬里工程施工，拥有配套的工程施工设备、施工场地。公司现已取得了防腐保温工程专业承包贰级、炉窑工程专业承包贰级、机电设备安装专业承包叁级的资质证书。并且通过了ISO9001质量管理体系认证和ISO4001环境管理体系认证。GB/T28001-2001职业健康安全管理体系认证，施工项目将严格按照国际质量体系认证程序运行。

公司现有固定职工130人，有职称的工程技术和经济管理人员30人，其中具有中高级技术职称的15人。长期合作施工人员500人。

公司有健全的组织机构，设有总经理办公室、财务部、经营计划部、工程部等四个职能部门，负责公司的行政、人事管理、经营管理、市场开发等工作。下设的工程队负责工程的施工作业。

几年来，公司本着“安全生产、质量第一、用户至上”的宗旨，认真履行合同，先后参加了多项石油化工施工项目的机械喷砂、抛丸除锈、筑炉、衬里、金属喷涂、阴极保护、设备内衬、防腐保温工程等工程并圆满地完成了各项施工任务，得到了用户的好评。

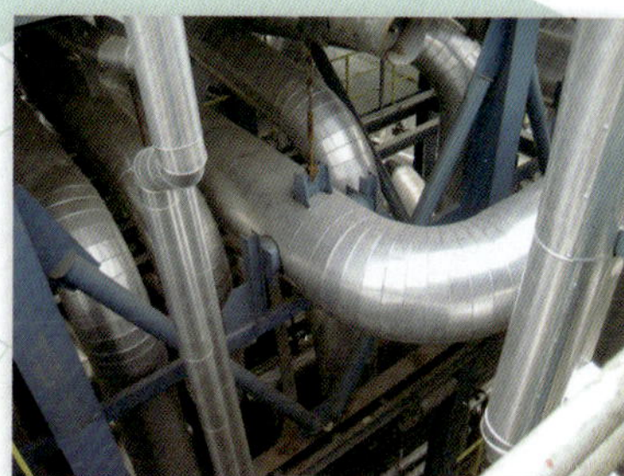

公司坚持以质量求生存，以信誉求发展，一如既往发挥质量优势，不断深化企业改革；立足国内，走向世界，以高质量、高信誉，发展防腐事业，提高防腐科技水平；从设计、生产到施工进行严格科学管理，针对建筑物的生命物质循环，将安全、环保、健康、品质一流的服务，奉献给每一位客户。

公司全体员工愿以优良的服务同社会各界建立真诚的业务合作，抓住机遇，共创美好未来！

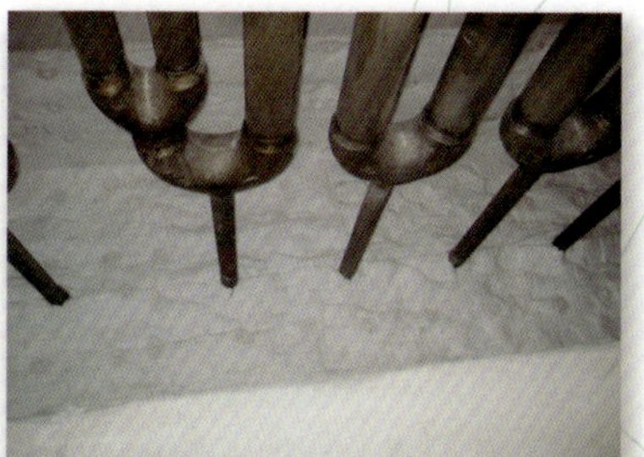

地址：宁 波 市 镇 海 区 俞 范 东 路　邮编：315207　电话：0574-86433785　0574-86433743　传真：0574-86453411

第七部分

石油石化物资装备供应商

分目录

石化过程控制系统技术15年发展回顾

解怀仁
(中国石化咨询公司)

近15年，随着石油石化工业的快速发展和不断增长的需求,促进了过程控制系统快速的发展。石油石化工业由一个装置集中控制逐步过渡到联合装置的集中控制,而后发展设一个中央控制室进行全厂集中控制；现在则要求炼化一体化即100万吨乙烯和1000万吨炼厂一体化设计分别对大型企业集中控制并以CRT或LCD屏幕显示器为主的操作。原来联合控制室很大,仪表盘很长,有的长达100多米,操作很不方便。现石化装置的操作由模拟仪表盘操作改用CRT显示器操作,这一变化是随过程控制系统的发展即DCS的出现而实现的。炼化企业推广应用先进过程控制技术(APC)已取得明显的效益。FCS的问世,为石化企业实现数字化工厂创造了条件,今后的目标是发展智能化的炼化一体化工厂。

一、DCS-CRT操作逐步替代模拟仪表操作

石化过程控制系统发展从采用气动仪表、电动仪表、单回路控制器直到新一代DCS。

20世纪70年代时，我们就了解到国外练油厂已采用计算机控制生产装置,而我国炼厂大多生产装置是用气动仪表或电动仪表控制,控制室采用的是模拟仪表或单回路控制器。模拟控制仪表装在控制室的仪表盘上,现场仪表送信号到控制室;用模拟仪表盘上的仪表操作，而国外新建炼厂是用计算机控制生产装置,用CRT显示器操作。经原石油部生产管理部门与规划院研究后，制定了炼油生产装置第一步先上20套CRT的规划并列在生产计划中,逐步实施。

1978年以后,炼厂采用DCS多起来,用组态方式实现控制方案。DCS逐步取代控制室内的模拟仪表,用CRT显示器操作，但现场安装的仪表变化不大,现场仪表仍是模拟仪表，只是变送器由四线制变二线制。到“七五”期间,中石化总公司DCS已达90多套。

回想过去,当时石化企业上不上计算机或DCS控制,设计单位与企业意见有时也不统一,也是有争议的。我们设计审查时,内部有个不成文的意见:对新建或改造项目的仪表控制系统审查时,凡设计、企业领导、仪表负责人三方都同意上DCS,我们均会批准上DCS。因只有各方意见统一,DCS工程实施才有保证。由于应用DCS效果明显，石化各方人员逐步接受了DCS。经进一步推广应用DCS,到1991年中石化总公司的DCS应用共有122套,其中炼油30套,化工47套,化纤18套,化肥13套,公用工程等14套,应用良好并取得很好效益。

从20世纪80年代起,我国就引进国外的DCS用于生产装置,DCS系统都是国外厂商提供和实施的,国外产品和技术占领了国内的DCS市场。现在不同了,已有国产DCS如和利时、浙大中控、山东鲁能控制公司、航天部测控公司等,有的营业额已达几个亿了,这是可喜的事。目前,采购DCS已采用国际先进做法即MAV,如神华、赛科、海南等大项目都用MAV。

石化过程控制策略主要有连续控制、批量控制、顺序控制等,回路控制主要有单回路调节、串级调节、比率调节、均匀调节、前馈调节、自动选择调节、分程调节、非线性调节等。石化控制系统应用的进展是由采用气动议、电动表(I、II、III)、单回路、直到发展采用DCS、PLC、SCADA、FCS。在福建炼厂首先实现联合装

置 DCS 集中控制的方案,效果显著。

近 15 年来,DCS 逐步成为石化系统主选的过程控制系统。2000 年前,中石化规划院组织调研石化系统 DCS 应用,这时中石化已有上千套 DCS,有的企业全厂 DCS 集中一个控制室操作。后来,新建厂实现了 ERP-MES-DCS 或 ERP-MES-DCS/FCS 一体化综合控制系统,已达到国际先进水平。近年来,有的厂已采用现场总线控制系统如赛科石化、福建石化等企业。

二、DCS 技术的发展

DCS 自 1975 年诞生以来,经过了几次更新换代,产品不断发展和完善,在功能上变得更强大,而价格上变得大众化,目前已成为石油化工装置过程控制系统的主流选择。

新一代 DCS 集成了 30 多年的过程控制、资产管理、领域专家的丰富经验,融合当今最先进的控制、各种开放的工业标准、最新的计算机网络等技术,将现有的过程控制和安全系统集成为一个单一且统一的结构。新一代 DCS 为用户提供了远高于集散系统的能力,包括嵌入式的决策支持和诊断技术,为决策者提供所需信息;安全组件保证系统安全环境独立于主控系统,提高了系统的安全、可靠性。

(一)DCS 控制站技术

控制站是 DCS 的核心部件,随着 IT 技术的发展,DCS 的能力不断加强,最初采用的是 8 位微处理器,后来应用了 16 位、32 位以及 64 位微处理器。DCS 的控制回路数也从几个、几十个到超过 100 个。随着控制站支持的 I/O 点数的不断增加,控制站的功能主要体现在它的功能块数量和功能上;控制组态软件是否灵活好用,下载是否可靠。目前控制组态软件都向 IEC61131-3 编程语言标准靠拢。

新一代 DCS 如 PKS 控制器 CEE(ControlExecutionEnvironment)是一个集鲁棒性、灵活性和一致性为一体的控制执行环境,该环境可运行在不同的平台上,它的开放式体系结构使它可以与现有的霍尼韦尔控制器、第三方控制系统及设备集成。

控制执行环境 CEE 是控制器的核心,它提供了一个可灵活组态的控制执行环境;用户可以通过组态的方式对 PKS 进行系统配置。单一的、先进的图形化控制策略组态工具软件(ControlBuilder)可以方便、容易地生成一体化控制策略。控制功能使用的功能块 FBs (Function Blocks)是通过算法库来提供的。PKS 控制器有:C200 控制器模件、C300 控制器模件和应用控制器(ACE)。系统还支持仿真控制器(SIM)。过程控制器 C200/C300 是紧凑型的、高性价比的控制器,直接与过程 I/O 连接。应用控制器 ACE 作为高级控制平台和与第三方控制系统的集成是非常适合的。

早期的 I/O 卡有模拟量输入、模拟量输出、开关量输入、开关量输出四大类。后来又增加了脉冲量输入卡。现在还有现场总线 I/O 卡。模拟量输入、输出卡也提高了信号转换精度和抗干扰能力。

(二)DCS-CRT 人机界面

人机界面包括操作站、工程师站和各种应用站。在 DCS 发展的初期,大部分 DCS 厂家的人机界面设备都自己制造,相应的操作系统、监控软件也是自己开发。到了 20 世纪 90 年代的中后期逐步出现了选用 PC 机作为操作站的 DCS,操作站的软硬件逐步通用化。初期操作系统多选用 UNIX 系统或 WINDOWS 系统。选用 UNIX 系统的一般比较稳定,但成本高,选用 WINDOWS 的成本低,但系统死机多一点。特别是当时选用 WIN32 操作系统的操作站,处理操作站死机几乎成了日常的基本工作。随着 WINDOWS 系统的稳定性的不断提高及 WINDOWS 系统的价格优势,WINDOWS 系统逐步成为主流。

传统 DCS 的操作站与控制站的通信方式采用对等或主从方式,操作站直接与控制站通信,传输数据。PKS 的人机界面是采用服务器 / 客户机格式,也可选用直接与控制站通信的操作站,以满足不同用户的各种不同要求。

(三)DCS 网络系统

通信网络是 DCS 的重要组成部分,在 DCS 整个系统的实时性、可靠性和可扩充性方面起着重要的作用。第一、二代 DCS 通信网络各制造厂独自开发、各自为政,在不同制造厂 DCS 间通信存在一定的困难。第一代 DCS 通信网络为数据高速公路,采用双绞线信道或同轴电缆,速率在 1Mb/s 以下,第二代 DCS 通信网络为局域网，采用同轴电缆或光纤，通信速率为1-10Mb/s,从第三代DCS开放性的通信网络得到了越来越广泛的应用。由于以太网应用的广泛性、成熟性和开放性,使得大多数DCS生产厂家都先后转向了以太网。许多公司还在提高以太网的实时性方面做了很多改进。因此当前以太网已成为DCS等各类工业控制系统中广泛采用的标准网络,但在网络的高层规约方面,目前仍然是各DCS生产厂家自有的技术。

为了提高可靠性和效率,DCS生产厂家也在不断改进和发展DCS的网络结构,容错以太网(FTE,Fault-TolerantEthernet)就是一种比较新型的DCS通信网络。如PKS的容错以太网FTE(FaultTolerantEthernet)是高性能的控制网络。FTE节点之间有4条通信路径;对电缆和电子设备中的各种多重故障具有容错功能快速检测和恢复;组态简单、高性能100/1000Mbps。容错以太网提供给节点之间更多的网络通信路径,可以承受更多的故障－包括所有单个故障和多个多重故障。

(四)高度安全的系统网络

新一代DCS采用一种深度防御方法来保护计算机网络安全，它具有多层保护机制业已成为行业标准。如PKS高度安全网络架构将过程控制网络分成三个层次:第一层负责直接过程控制的节点;第二层连接KPS服务器、工作站和ACE节点。第三层连接到域控制器、厂房级优化器以及PHD历史记录器。在高度安全网络架构中使用特定的交换机和路由器以及霍尼韦尔控制防火墙。PKS的高度安全网络架构使过程控制安全。

石化企业已试用安全工业隔离网关。在工业控制网络同企业管理网络之间可采用力控华康安全工业隔离网关Psafetylink主要起到在工业控制网络同企业管理网络之间隔离,安全隔离网关采用物理隔离和安全通道隔离,将以太网进行物理级安全隔离,安全通道隔离即通过专用通信硬件和私有不可路由协议等安全机制来实现内外部网络的隔离和数据交换,有效地把内外部网络隔离开来,而且高效地实现了内外网数据的安全交换。

另一种方法为照相数据传送技术,DCS要上传的数据由专门的数据采集计算机采集,并且将这些数据显示在计算机的屏幕上。另外有一个摄像头将屏幕上显示的实时数据自动拍摄下来,拍下来的数据画面经过智能机器阅读系统的自动解读后得到要上传的数据,通过局域网送到实数据库和办公网上。这样,局域网和DCS之间完全没有网络的物理连接,病毒和黑客不可能通过网络串到DCS中。无论病毒如何变化,都可以从本质上保证了DCS的安全。

(五)高级应用与DCS系统完全融合

在系统设计时考虑了高级应用与基础控制的融合,例如统一的人机界面,先进控制与基础控制数据交换,设备诊断信息和报警信息的统一,以及与MES应用的交互等。

首先先进控制可以直接从DCS控制器通过容错以太网(FET)以位号读写数据,确保控制信息的可靠。采用统一的人机界面,操作员既可以用DCS界面(如点细目画面,流程图,报警,趋势等)管理和操作先进控制,同时融合了先进控制的组态和维护功能。

(六)高级控制嵌入控制器

霍尼韦尔是将模型预估控制算法(ProfitLoop)植入DCS控制器(C300/C200)的自动化厂商,使得使用这种先进的控制算法变得与组态一个PID算法一样简单,从而解决了许多采用PID控制效果不好的过程控制问题,例如纯滞后时间长的回路,非线性回路等。国内一家化工厂的聚甲醛装置的精馏塔塔底温度控制回路采用该算法后,一年就因为节省蒸汽消耗就获得了九万元的效益。

(七)全局数据库

对分散控制系统来说,全局数据库是一个很好技术。没有全局数据库的系统通常面临由数据严重重复、高网络负荷、不同数据库中不匹配的组态和重复报警而导致的困难，最终造成系统的运行性能低下、可靠性降低和工程和维护成本高昂的后果。采用分布式系统结构,PKS系统的全局数据库使之可以从多个PKS系统中透明地进行全局数据访问,从而把全局数据库技术发展到一个新的高度。

图1表示一个全厂系统的例子,由一个高速的全厂网络把诸服务器连接在一起。每个服务器可以从其它一个或多个服务器存取信息。同样,这里所说的服

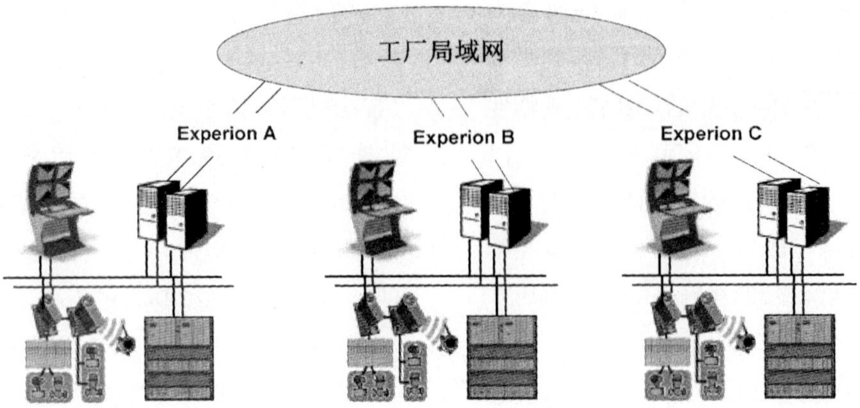

图 1　全厂范围的网络系统图

务器可以是连接过程控制器的 PKS 系统服务器，或者是连接像 PLC 或 RTU 之类控制器的 ExperionSCADA 系统服务器。

动态缓存的数据访问使得过程控制器能够最大化地利用其广泛的控制和诊断信息，同时保证了大规模的控制能力。

（八）现场总线技术应用

早期的 DCS 在现场检测和控制执行方面主要采用模拟或开关信号进行传输。在现场总线出现以后，新一代 DCS 除了继续提供常规的模拟信号接口和开关量接口外，还提供各种形式的现场总线接口，可以支持各种标准的现场总线仪表、执行机构等。充分体现了它的灵活性、方便性和适应性。对于现场总线仪表，可以把控制模块放在现场，也可以按常规做法放在控制站内。系统可以适应多种现场安装方式，

近 15 年，石化系统对 DCS 不断提出更高的要求：乙烯，炼油等联合大型工程约有几十套装置集中于中心控制室并在全厂联成网络。这是一个全厂管理与控制综合系统，是一个大型网络系统。所以，要求 DCS 主供货商应能提供成熟，可靠的大型网络系统；要求 DCS 主供货商有应用大型 DCS 系统的经验和能力，以保证石化等联合大型工厂开车一次成功。

三、现场总线控制技术（FCS）

近 15 年，现场总线是自动化领域中发展很快的互连通信网络，它具有协议简单开放、容错能力强、实时性高、安全性好、成本低、适于频繁交换等特点。目前，国际上各种各样的现场总线有几百种之多。较著名的有基金会现场总线（FF）、HART 现场总线、CAN 现场总线、LONWORKS 现场总线、PROFIBUS 现场总线、MODBUS、PHEONIX 公司的 INTERBUS、AS－INTERFACE 总线等。

通过分析，其中 FF（基金会现场总线）、PROFIBUS–PA 最适合连续过程控制如石油和石化行业的需要。它具有高度的安全可靠性和实时性，并能满足安全防爆要求，继承两线制仪表传统，多数 DCS 和变送器、阀门厂商都支持。

目前，全世界已安装的基金会现场总线系统超过 1.2 万套，已安装的现场设备超过百万台以上；其中，在中国已安装系统超过 100 套，已安装现场设备超过 9 万台。基金会现场总线已在美洲、欧洲、亚洲以及大洋洲得到应用，最终用户遍及各主要工业发达国家。基金会现场总线和 PROFIBUS 主要应用领域之一是石油化工行业。

（一）数字化控制系统的特点

石化系统的大型项目也有采用数字化控制系统——FCS 进行生产过程控制，现场总线控制系的特点：

1.开放式系统

现场总线工作站同时挂在现场总线和局域网两层网络上，通过后者可与其他计算机系统或网络进行高速信息交换，以实现资源共享。另外，现场总线的技术标准是对所有制造商和用户公开的，可实现技术共享。通信总线标准统一全开放，

2.全数字化通信

由于采用双向数字信号传输数字化使系统精度提高；现场设备的信息增多几十倍，可用于自诊断，系统调试、管理从而提高系统的有效性；同一电缆挂多台现场设备从而节省电缆的施工量，实现数字化、双向通信

3.可互操作性

现场总线智能仪表按统一的技术标准，不同厂家的产品，只要遵守相同的现场总线标准就可互连互换，统一组态，即插即用，以方便设备更新或系统扩展。

4.控制分散度高

现场总线控制系统可实现彻底分散控制。每条总线可连接多台现场仪表，由智能的现场设备带 PID,可分散地完成 DCS 控制器的功能，使控制风险彻底分散，提高系统控制的自治性和可靠性。

（二）数字化控制系统的实施

石化系统的大型项目已采用 FCS 进行生产过程控制。

1.赛科 90 万吨乙烯裂解装置的 FCS 是国内外最大的现场总线系统。该系统包括 4.7 万个控制回路、4 万台仪表和与世界最大基金会现场总线设备联网的 13000 台智能设备，集成 10 套数字化控制系统。DCS 采用 Emerson 公司的 DeltaV 系统，控制站除常规 I/O 模块外，配置了 FF-H1 现场总线模块，每个模块的 2 个接口分别构成 2 段 FF-H1 总线，每段 FF-H1 总线设计 9 台仪表 (实用 6 台，备用 3 台)。该工程实用 FF-H1 现场总线段 2473 条，FF-H1 现场总线仪表 14375 台，平均每个 FF-H1 现场总线段上挂 5.8 台仪表。FF-H1 现场总线段上集成了不同厂家的现场总线仪表：

2.福建炼油乙烯的应用

项目位于福建泉州，由中石化 Exxon Mobil 和 Amoco 共同投资兴建。原有 400 万吨 / 年炼油联合装置的改造。全厂采用数字化自动化结构，全面采用基金会现场总线(Foundation Fieldbus)技术，共采用 10 套 DCS 系统，2 个中央控制室，22 个外站。总 IO 点数超过 4 万；FF 现场设备 1.2 万台，项目将于 2009 年投入商业运行。

（三）现场总线应用效益明显

世界级乙烯裂解一体化联合工厂的建成仅花费了 27 个月的时间，比计划提前了 3 个月，10 套一体化工厂全部顺利建成。这主要是采用石化创新的《IPMT+EPC+ 监理》的项目管理以及聘用主要仪表供应商（MIV）进行项目管理、采用基金会现场总线的 Plant Web 数字自动控制结构，从而加速了施工进程，保证了顺利运作，降低了维护费用，并为将来的发展构建了一个先进、开放的平台。

由于采用了现场总线技术，使得设计、绘图的工作量简化，布线及调试时间大大缩短，安装成本得以降低。不仅如此，在其运行应用过程中，现场总线技术所带来的长远利益还将会进一步显现，如：出色的诊断能力；检修、维护的方便性；提高资产效率、利用资产管理系统功能（AMS），降低设备运行成本等。

（四）FCS 与 DCS 共存或相融

FCS 与 DCS 将共存，因为 FCS 尚无统一国际标准，而 DCS 以其成熟的发展，完备的功能和广泛的应用而占据不可替代的地位，故两者将相互兼容与共存。

现场总线控制系统与 DCS 将相互兼容与互容。预计今后很长一段时间，DCS 与 FCS 将共存及互补。

（五）安全仪表系统（SIS）发展

石化装置由于大型化、连续化及工艺过程复杂、易燃、易爆、对环境保护要求高等原因，安全性要求日益提高，由 DCS 等设备完成安全连锁保护的方法，在某些企业已经不能满足要求，所以出现紧急停车系统（ESD）等与 DCS 之外的独立的设备。此外还有火灾和可燃气体检测系统（FGS）、转动设备管理系统（MMS）；因防喘振的特殊要求，控制系统发展了压缩机组综合控制系统 ITCC。

为了满足石化企业的需求，过程控制行业开发了符合 IEC61508 和 IEC61511 要求的安全仪表系统（SIS）。该系统检测到任何不安全过程事件时，能够立即采取行动，以减轻可能造成的损失。功能安全还要结合风险度、安全指标、安全完整性等级（SIL）等，正确选用 SIS（或直接称 ESD）系统。目前 SIS 与功能安全标准已有国家标准及部颁标准，它是石油化工紧急

停车及安全连锁系统设计的依据。今年又有新出现的SIS产品，包括国产SIS产品，但还未广泛应用。目前，紧急停车安全联锁控制系统的种类有：1，继电器逻辑群组紧急停车系统；2，可编程逻辑控制器紧急停车系统（安全型PLC）单机；3,双重化可编程控制器紧急停车系统（安全型PLC）双重化；4,三（或四）重化可编程控制器（安全型PLC）三（或四）重化；5,机组综合控制系统（ITCC）三重化；

（六）模块化功能组件紧急停车系统

1.冗余机制的变化

从20世纪60年代，以气动和继电元件为主。到70年代，由简单的继电器系统发展为微处理器和可编程序调节器（PLC或PC），并且由单回路系统发展为冗余系统和容错系统。SIL3安全度等级是石油化工行业的最高安全等级。最新等级的产品则符合SIL4的要求—航空业。从70年代产生于航空领域的三重冗余多数表决机制（TMR,TripleModularRedundancy）用于安全系统。90年代，国外一些大公司推出三重化(TMR)、冗错功能的系统。近期又有CPU的四重冗余(QMR，2004D)技术和软件冗余技术出现。新型SIS和ITCC，可以实现系统所有部件和部分相关设备故障的容错特性。容错手段主要是冗余、自诊断和再现维护修理。

2.安全系统与控制系统的集成

近15年来，由于PLC和DCS技术的发展，其可靠性大幅度提高，成本降低，柔性增强。现场总线技术也通过了SIL认证，故安全系统也和现场安全仪表产品、现场总线（HART、Foundation Fieldbus）、DCS产品、工厂仪表设备资产资源管理系统（PRM）集成，使用统一的人机界面和工作站，功能大大增强，安全仪表系统与DCS之间的集成方式多种。

3.机组综合控制系统技术（ITCC）

ITCC机组综合控制系统是将传统的需要多个分立的单元如防喘振控制，连锁自保系统，电子调速器，负荷调节器等实现的功能集成在一套可靠性很高的三重模件冗余容错（TMR）控制系统中完成。

1.ITCC的优点

与传统的压缩机控制方案相比,ITCC具有高可靠性，功能强大，组态灵活，容易操作等优点.。ITCC是集机组的透平调速控制、防喘振控制、性能控制、负荷分配控制、抽气控制、自保联锁逻辑控制为一体的综合控制系统。

2.ITCC的主要功能

（1）机组的安全连锁保护—启动，安全连锁,轴振,位移，超速，油系统，辅助保护。

（2）防喘振的控制 - 响应快，最少回流量防喘振。

（3）速度的控制—测控。

（4）负荷分配的控制—利用流量，压力控制气量分配。

（5）解耦控制—上述4种控制，变量变化，互相关联，影响，消除干扰或藕合影响。

（6）协调控制—机组各子系统协调控制，汽机，锅炉供汽协调控制。

3.ITCC的应用

为了提高压缩机运转的安全可靠性，保证合成氨装置长周期、连续运行，技改中选用这种综合控制系统是一个很好的选择。美国TRICONEX公司的ITCC综合控制系统TS3000已在新建的新疆泽普化肥厂20万吨/年合成氨装置上得到采用，投运效果良好。炼油加氢裂化、催化裂化等装置的连锁系统及乙烯装置包括裂解炉、急冷、压缩、分离和公用工程等5个生产单元，其中压缩和分离单元的连锁系统由ESD系统实现，压缩机组的控制系统由ITCC系统实现。

四、APC技术发展与应用

近15年，在现代控制论的推动下，各种智能化算法应运而生，其中除智能PID控制器外，多变量预测控制已在炼油、石化行业开始进入生产实践阶段。先进控制（APC-Advanced Process Control）是采用多变量预测及优化技术、基于过程动态数学模型、与常规控制相结合的新型工业控制系统；实施先进控制，装置被控变量偏差降低、抗干扰能力增强、操作更加平稳，发挥装置最大潜能，提高产品收率和质量，能耗及物耗降低；Exxon Mobil、Shell、BPAmoco等国外著名石油石化公司早在20世纪80~90年代就在生产装置上普及了先进控制技术的应用；

目前在炼油厂中应用卡边控制等以平稳操作为基础实现增效比较明显。国外 Honeywell、ABB、Invensys、Aspen、横河等公司都有先进控制产品，国内中国石油大学、浙江大学、清华大学都有成功的实践。

(一)APC 的应用

从 1996 年，中国石化进行先进控制应用推广工作:第一批包括常减压、催化裂化、聚丙烯共 12 套装置试用。近 15 年来，在石化总公司统一组织和领导下，在主要企业常减压、催化裂化、焦化、重整、加氢裂化、气分、芳烃、乙烯、PTA、聚丙烯、聚乙烯等 100 多套装置上推广应用先进控制技术。装置实施先进控制技术，都获得了明显经济效益。

国内开发的催化裂化装置先进控制系统，已用于福建炼油厂、洛阳石油化工总厂、茂名石化公司炼油厂;国内开发的多变量约束控制软件包 MCC，是一个处理约束的多变量、多目标、多控制模式和模型预测的最优控制器，已成功应用于石家庄炼化公司催化裂化装置，取得了较为明显的经济效益;

国内有关方面通过多年不懈的努力，在优化控制领域里从理论到应用都有所创新和突破，现已开发出相关积分优化理论和应用技术，并获得多项发明专利。该项技术在反应过程优化的初步试用中显示了其独到的效果，已在青岛石化催化裂化反应器优化操作中连续多年使用，提高液收 1%以上;在洛阳的芳烃装置的歧化反应器、异构化反应器长期应用，提高了三苯收率 1%以上。

(二)先进控制技术应用发展趋势

先进控制是石化企业信息化建设的重要组成部分，目前其技术及软件产品已非常成熟，应用领域不断扩大。我们认为近几年其应用发展方向应该是“以节能减排”为主题，适用环保要求的 APC 应用。

1.在石油化工行业，随着对环境保护措施的不断落实，对油品的要求也越来越高。为解决这个越来越突出的矛盾，实施油品在线调合势在必行。中国石化的多家企业进行了油品在线调合的探索应用，广州石化的汽油在线调合应用效果较好。

2. 在流程行业的蒸汽动力系统等公用工程方面，以节能降耗、减少操作成本为目标的先进控制的应用必将越来越广泛。蒸汽动力系统结构庞大，设备多样化，人工操作强度大。先进控制实施后不但可大幅度降低操作人员劳动强度，减少系统操作成本，而且可达到节能降耗，挖潜增效之目的。

3.由石化行业拓展到其他领域，如热电生产、造纸等行业，生产过程多变量特征明显，适于推广先进控制的应用。在国外已有成功案例。

五、管控一体化系统(ERP-MES-PCS)

随着全球经济一体化和市场竞争的加剧，近 15 年来，石油化工企业在信息化方面加快了步伐，取得长足进步。2000 年初，中国石化集团借鉴国外大型石化企业成功实施 ERP 的经验，提出“国际水准、中国国情、石化特色”的 ERP 建设指导思想，制定了“总体规划、分步建设、从上而下、试点推广、滚动发展”的 ERP 实施原则，在石油化工行业率先启动以 ERP 为主线的信息化建设，2002 年完成第一批四家试点，2003 年完成 7 家试点和推广，以后逐步增加推广力度和应用水平的提升。2003 年开始又组织了 MES(Manufacturing Execution System)生产执行系统的技术开发，目前完成了 10 多家企业的 MES 系统建设和应用。

ERP 与 MES 以及相关系统的集成应用，形成了经营管理层以 ERP 为主，生产管理层以 MES 为主的两个应用平台的完整架构，解决了流程行业物料管理和计划调度方面的难点，充分地发挥了 ERP 系统的功能，提高了企业生产管理水平和经营管理水平。

近 15 年，石化信息化应用的实践表明，ERP 系统在加强企业财务管理、采购供应管理、成本费用管理，强化销售环节的数量、价格控制，堵塞管理漏洞，提高集团管理控制能力和管理水平等方面发挥了重要作用，ERP 系统已成为企业经营管理的主体支撑平台。MES 已在石油化工行业稳步推进，在生产优化和精细化管理方面取得良好效果，可以实现物料的日平衡，并将月平衡工作由三天缩短到半天左右，取得明显的效益。

由于市场竞争和管理需求，石化行业逐步建立了管控一体化系统即综合控制系统 --ERP/MES/PCS 即企业资源计划 / 制造执行系统 / 过程控制系统。今后，石油化工企业采用信息技术，进一步提高业务过程的精细化、管理的科学化，实现企业全面的资源优化，以提升企业的综合竞争力。

(一)企业资源管理系统(ERP)

企业资源计划(ERP)是一种现代企业先进管理方法，采用 ERP 系统，将使企业获得最大的经济效益。2002 年至 2005 年，石化行业经试点，现已超过 20 家公司的 ERP 系统投入运行。正在全面推广的 ERP 系统，实施面约占 60%以上。

企业资源管理系统 ERP 主要作用是流程规范、业务集成、信息透明。ERP 系统通过信息的动态集成实现了业务功能的无缝集成，不但能够最大限度的保证信息的完整性、及时性和共享性，而且能够对核心业务进行自动化驱动和有效控制。

ERP 系统通常包含财务会计、管理会计、销售分销、物流管理、生产计划、设备维护等核心模块。一个典型的 ERP 除了上述功能外，在不同的应用中，可能还包括项目管理、投资管理、资金管理、人事管理等辅助功能。

(二)制造执行层(MES)

MES 是企业数字化系统的中心环节，在 ERP/MES/PCS 整个系统中起到承上启下的作用。MES 主要完成生产计划的调度与统计、生产过程成本控制、产品质量控制与管理、物流控制与管理、设备安全控制与管理、生产数据采集与处理等功能。

MES 主要功能 1.实时数据库与信息管理 2.生产计划与调度优化 3.流程模拟与工程 4.数据校正与物料平衡 5.实时动态模拟系统 6.先进控制与优化。

(三)智能化工厂的规划

为了进一步提高石化信息化和自动化应用水平，中国石化对“智能工厂试点“方案进行规划并通过审定，”智能炼厂” 试点以工厂经营管理与生产过程的“实时化、自动化、模型化、可视化、智能化”为发展目标，将实现计划调度、能源管理、安全环保、装置操作、IT 管控的智能化，建设成为国际先进水平的智能化的千万吨级炼化企业。

随着石化的快速发展，今后人们对工控安保、无线网与无线仪表应用、云计算和云控制系统、高端智能化仪表发展以及应用系统架构设计一体化等新技术更加关注。

5" 抗硫钻杆低频焊缝热处理工艺探讨

张黄强

（宝山钢铁股份有限公司钢管条钢事业部无缝钢管厂）

1 前言

钻杆焊缝热处理是在摩擦对焊后，利用感应线圈将钻杆焊缝加热到一定温度进行热处理的过程，它是直接影响到钻杆焊缝性能的关键工序，实际生产中需要采用合适的焊缝热处理工艺，以获得满意的焊缝组织，保证钻杆的良好性能。

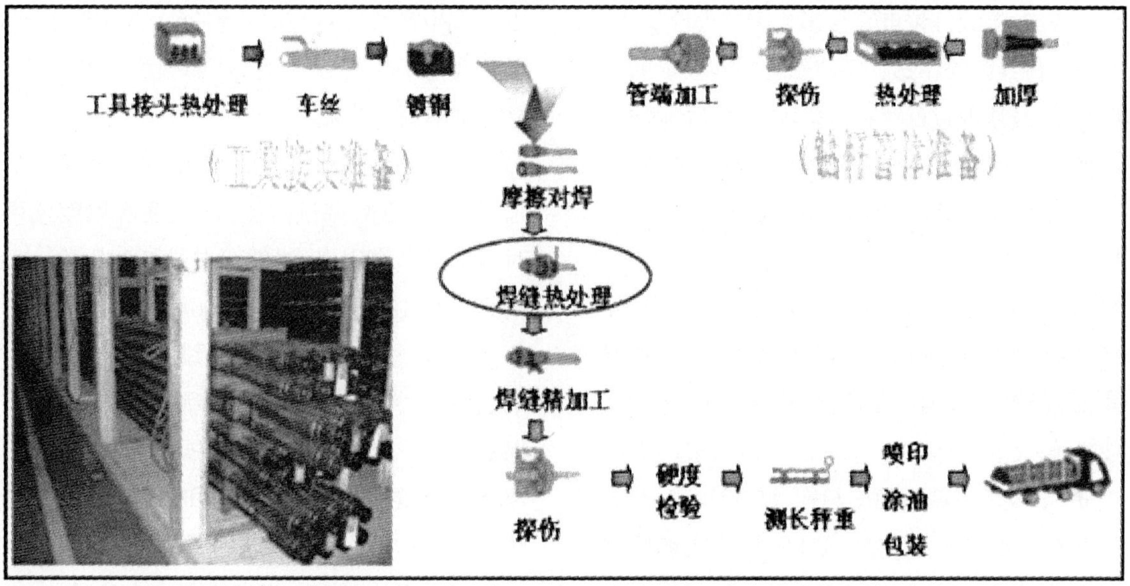

图 1 宝钢钻杆生产流程图

宝钢钻杆原有四个钢级，分别为 E75、X95、G105 以及 S135，管体材质为 27CrMo 和 27CrMoV，工具接头采用 37CrMnMo4H1 材质，至 2008 年钻杆材质由油淬材质改为水淬材质后已经稳定生产 2 年多，其焊缝热处理工艺已经相对成熟。而对于新开发的 BGD105SS 钢级抗硫钻杆产品，其管体材质为 30CrMoVNb，工具接头采用 34CrMoVNb，由于材质的变化，其焊缝热处理的工艺就需要重新确定。

2 焊缝热处理工艺的确定

API-5DP 中对钻杆的焊缝的工艺要求明确规定如下：焊接区域应奥氏体化，降至转变温度以下然后最低在 593℃回火，焊接区域的热处理应是外径到内径整个壁厚，从焊缝线到由于焊接过程使得钻杆接头和钻杆材料的流线方向改变的过渡区域进行[1]。

由于宝钢的焊缝热处理装置及钻杆材质为宝钢自行开发，因此其生产工艺与国内外其它厂家均不相同。此外由于抗硫钻杆是新材质的钻杆产品，且为了提高热处理效率及加热渗透性，此次采用了低频回火热处理，这样宝钢原来的工艺无法适用，这就需要从淬火温度、回火温度、加热时间、冷却方式、冷却时间、淬火液浓度等多方面制定新的焊缝热处理工艺。

2.1 淬火

淬火温度及加热时间：对于普通钻杆，奥氏体化温度在 810℃左右，在保证奥实体化充分的前提下，淬火加热温度设定在 890℃。而对于抗硫钻杆，由于材质中增加了 Nb，为了保证焊缝处金属在加热过程中能够充分奥氏体化，同时满足一定范围的温度波动，特将淬火加热温度提高为 905℃，加热时间 4 分钟，其中保温时间大于 2 分钟。

水淬冷却时间：水淬时焊缝处的冷却速度对于最终焊缝性能，防止淬火裂纹的发生具有重要的作用。首先在前期试验的基础上，结合材料的 C 曲线，考虑到水淬需得到 90%以上的淬火马氏体组织，为此，对于 127*9.19 抗硫钻杆，管端外径 132.7mm，内孔 82.6mm，依据热处理东西头水流量及冷却速率得到水淬时间公式如下：

西头 $T_{西} = -1.46 + 1.83 * S_{西壁厚}$，东头 $T_{东} = -1.46 + 1.54 * S_{东壁厚}$，

$S_{西壁厚} = S_{东壁厚} = (132.7mm - 82.6mm)/2 = 25.05mm$

$T_{西} = -1.46 + 1.83 * S_{西壁厚} = 44.38s$ 依据现场水淬后温度情况，调整为 46s

$T_{东} = -1.46 + 1.54 * S_{东壁厚} = 37.12s$ 依据现场水淬后温度情况，调整为 40s

焊缝处内喷气时间与水淬相同，压缩空气压力≥2bar。

淬火液浓度：淬火液浓度直接影响到淬火性能，淬火液浓度过高将导致淬不透，不能保证得到大量的马氏体组织，淬火液浓度过低存在产生淬火裂纹的风险，依据生产实践，我们将淬火介质的浓度设定在 12～13%，同时每个班应当对淬火液的浓度进行检测。

2.2 低频回火

钻杆焊缝淬火后，硬度很高，内应力也很大，必须及时进行高温回火，得到回火索氏体，以保证有良好的综合性能。但是回火温度要适当，温度过高，将产生过回火现象(回火索氏体被分解)；温度过低，造成焊缝回火不充分，导致焊缝截面硬度超标、韧性降低。此外回火必须要有足够的焊缝宽度，否则，将造成奥氏体化区域不能被完全覆盖，有可能产生钻杆的早期断裂失效。生产普通钻杆时采用的是中频电源，频率 1800Hz，但是由于“集肤效应”，感应加热渗透力不足，导致加热效率较低，焊缝处内、外壁温度容易不均。所以此次生产抗硫钻杆时，将回火频率降低到 800HZ，以提高感应加热渗透力，从而提高加热效率，减少焊缝处加热时内外温差。

回火线圈冷却水：此次焊缝热处理采用低频感应加热后，在低频调试阶段，回火线圈温度比中频加热时线圈温度高很多，线圈存在烧坏的风险。经分析感应频率从 1800HZ 降低到 800HZ 后，在电压不变的情况下，相应线圈内电流增加，线圈发热量增加，因此原来线圈内冷却水流量不能够满足低频时对线圈冷却保护的要求。为此我们将线圈水管快速接头去掉(快速接头主要作用是更换线圈时对线圈内冷却水起封闭作用，减少更换线圈时间，但是对线圈内水循环有一定的阻碍)，以增大相应线圈内水流量，对有快速接头、无快速接头内水流量进行测量见表 1，去掉快速接头后，低频加热时感应线圈正常。

a 有快速接头

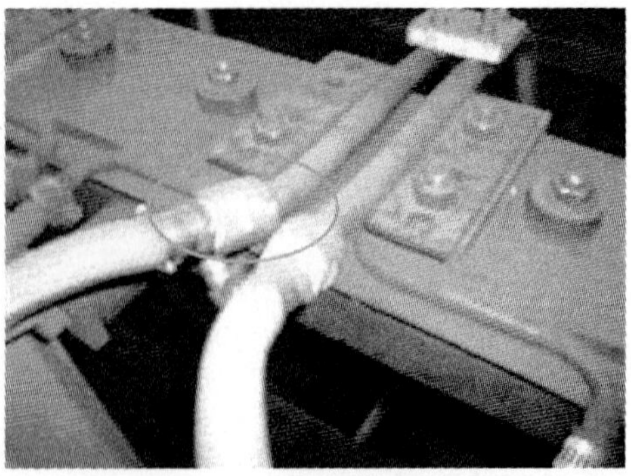

b 无快速接头

图 2 回火线圈循环水接口

表 1 低频回火线圈水流量

	平均流量（kg/s）	有无快速接头 水流量差值（kg/s）
回火线圈进水量	0.703	0.289
有快速接头的出水量	0.095	
无快速接头的出水量	0.384	

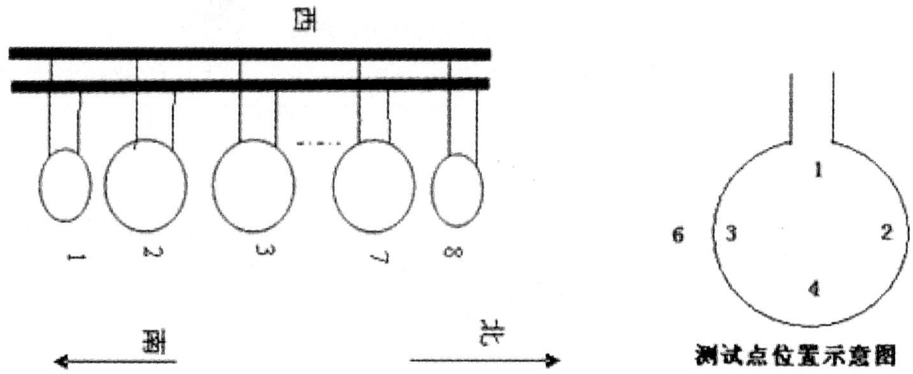

图 3 磁场测试位置示意图

低频回火线圈磁场测试：对不同工位回火线圈及同一回火线圈圆周方向不同测量位置进行了磁场检测，各测量点见图 3。

钻杆线生产时 2–7 工位加热管子，1、8 工位是为消除露磁现象而额外增加的线圈，生产中不加热管子。由表 2 可以看出 6 个工位线圈磁场由于存在一定的相互干扰，强度并不完全一致，而是存在一定偏差，这也就导致加热时各工位管子温度存在一定偏差，其中 5、6 工位磁场强度较低，而实际测温时其加热温度也偏低，与所测磁场强度关系一致。

选取 3# 线圈对圆周方向采用交流微伏表测出电压值，可以通过换算转化为磁场信号，即反映出相对磁感应强度（即测量的电压值与磁场强度成正比），由表 3 可见同一线圈不同位置磁场也存在差异，其中 5、6 位置即线圈外侧磁场强度相对较高，这可能是受磁场“临近效应”（当相邻导线流过电流时，由于磁电作用使电流偏向一边的特性）的影响。由于线圈的缠绕方式及“临近效应”的存在导致线圈圆周方向磁场存在差异，导致同一线圈圆周方向温度也存在差异。

回火温度及时间：钻杆淬火后回火是为了得到回火索氏体组织以获得满意的焊缝性能。对于普通钻杆其回火温度我们一般设定在 670℃，而对于抗硫钻杆，由于其材质中增加了 Nb 元素，其相对温度要求较高，同时在依据前期生产实践的基础上，我们将回火温度

表 2 不同线圈的平均磁场强度测试

各线圈位置	2 号线圈	3 号线圈	4 号线圈	5 号线圈	6 号线圈	7 号线圈	极差
磁场强度测量值与基准值的比值	12.81	12.93	13.12	11.85	11.76	12.26	1.36

表 3 同一线圈不同位置的测试电压

电流：300A 电压：380v 频率:800Hz						
线圈测试点位置	1	2	3	4	5	6
检测头测试电压 1(mv)	0.95	0.95	0.93	0.96	0.99	0.97
检测头测试电压 2(mv)	0.95	0.94	0.93	0.95	0.98	0.96

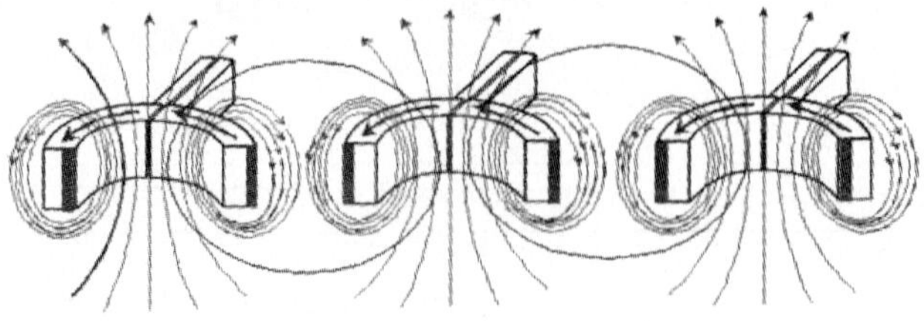

图 4 线圈“临近效应”示意图

表 5 中频–低频焊缝热处理工艺表

工艺	焊缝淬火				焊缝回火		
	温度	时间	淬火液浓度	水淬时间	温度	时间	频率
1	905℃	4 分钟	12.5%	东头 40 秒 西头 46 秒	700℃	分两次，每次 30 分钟	1800HZ
2	905℃	4 分钟	12.5%	东头 40 秒 西头 46 秒	700℃	一次 45 分钟	800HZ

表 6 钻杆焊缝力学性能数据表

工艺	方向	屈服强度 Mpa	抗拉强度 Mpa	平均冲击功 J	管体内表硬度 HRC	管体外表硬度 HRC	接头内表硬度 HRC	接头外表硬度 HRC	判定结果
1	东	685	815	125	28.6	27.0	31.9	30.8	合格
	西	678	805	122	26.1	25.1	32.0	29.1	合格
2	东	755	830	119	24.5	24	26.6	28.7	合格
	西	710	820	111	24	23.2	28.9	28.8	合格

设定为 700℃。在大批量生产前，我们采用 127*9.19 抗硫钻杆管体（管端外径 132.7mm，内孔 82.6mm），BGDS50 接头，按照 1800HZ 中频及 800HZ 低频采用两组工艺进行了试验。

由上表可以看出，两组工艺生产的试验管性能均合格，采用第二组工艺热处理，平均冲击功略低，屈服强度略高，但总体来说两者差别都不大，而焊缝靠近接头及管体侧硬度有所降低。由上述试验结果表明，可以通过降低频率来缩短回火时间，生产满足性能要求的抗硫钻杆。

3 结束语

(1) 通过生产过程中的实践与调整，找出了针对 5" 抗硫钻杆的低频焊缝热处理工艺，其回火时间由原来两次，每次 30 分钟（加上第一次加热后冷却及重新吊运等辅助时间，实际生产时间约在 90 分钟左右），缩短为一次 45 分钟，生产效率明显提高。

(2) 对于目前导致抗硫钻杆焊缝一次热处理性能不合格的最主要原因 --- 接头侧硬度超标，即使采用低频热处理，焊缝硬度有所降低，但接头侧硬度仍比管体侧高很多，由于抗硫钻杆对热处理温度要求苛刻，大批量生产中若热处理稍有异常，很容易因硬度超标而造成热处理性能不合格，所以生产中应密切监控回火温度。

(3) 因 6 工位线圈加热过程中磁场的相互影响，要做到消除各工位线圈的温差是不可能的（目前国内部分钻杆厂家是只采用一工位线圈感应加热，生产效率太低），但是生产中还是应当对于不同线圈之间的温差进行控制，以保证整批次的管子温度都满足工艺的要求。

4 寸直连型套管螺纹加工工艺开发

郝允卫

（宝山钢铁股份有限公司钢管条钢事业部无缝钢管厂）

一、引言

4 寸直连型套管采用特殊螺纹连接方式，其两个管端分成公头和母头，公接头上加工外螺纹、母接头上加工内螺纹，利用公母头的螺纹配合直接进行连接，不需要接箍。基于这些特点，其在油田修井等方面有着不可替代的作用，受到油田用户越来越多的关注。但正是由于 4 寸直连型套管的这些特点，决定了其生产加工时存在结构复杂、加工精度要求高、对加工机床精度要求也高、工艺难度相当大等难题。

MPM–T7 车丝机是无缝钢管厂最近几年引进的世界领先的螺纹加工数控机床，具有高精度、高稳定性等特点，正适合用来开发 4 寸直连型套管螺纹加工工艺。本文利用 MPM－T7 车丝机，根据 4 寸直连型套管的独特螺纹形式以及 MPM–T7 车丝机的刀盘结构，设计制作加工刀具及刀杆；并基于所选的工器具，合理设定工艺流程和加工路线；采用先进的 R 参数编程技术编写数控加工程序，方便了加工调试时各种参数调整。成功开发出 4 寸直连型套管螺纹加工工艺，并顺利实现量产。

螺纹加工工艺开发

（一）内螺纹加工工艺开发

研究 4 寸直连型内螺纹的图纸（见图一），可对该螺纹形式的加工步骤进行初步确定：先进行镗孔，再进行螺纹加工，最后是车端面倒角及剥外圆。对不同加工步骤进行深入分析：

1. 在镗孔工序需要加工出 4 寸直连型内螺纹的大致轮廓，切削量非常大，所以需要选用可吃刀量较大的刀片。基于此，本技术秘密选用了大圆形刀片 TA4244，该种刀片可以实现大切削余量的加工（切削余量可致 1.0~1.2mm）。同时在编写数控程序时，使用

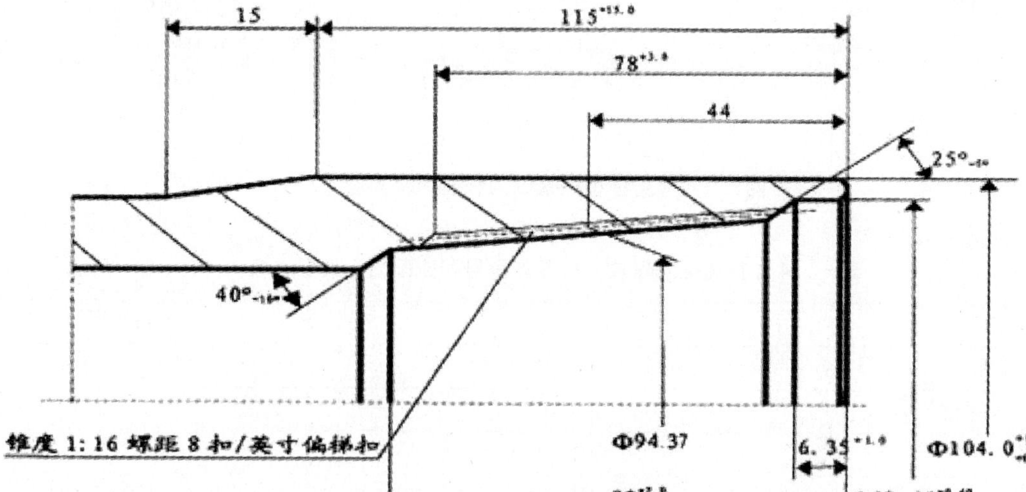

图一　4 寸直连型内螺纹图纸

两次走刀来实现镗孔加工，延长刀片寿命，减少换刀频率，提高镗孔作业的效率。

2. 在加工螺纹工序，考虑到内螺纹有效螺纹长度为 78mm，所以车螺纹的刀杆长度最少也要大于 78mm，但也不易过长，否则刀杆刚性不好，易产生波纹。考虑到上述因素，车丝刀杆的长度设定为 85mm。同时选取较小的切削余量（0.1~0.3mm），以保证螺纹加工的尺寸精度。同时在数控程序中加大走刀次数以保证车螺纹的总体切削量。

3. 车端面倒角工序主要任务是精加工出内螺纹的端面和倒角部分。该工序的切削量较大，同时对尺寸精度要求也较高。针对此种考虑，我们选用了菱形刀片 CP-CNMM160616，此种刀片边长 16mm，刀尖圆弧 1.6mm，较大的刀身能承载较大的切削余量，较小的刀尖圆弧配合较小的进给量（0.2-0.5mm）可以保证最终尺寸精度。同时通过增加切削转速可有效提高加工效率。

1. 工器具开发

基于上述考虑以及 MPM-T7 车丝机的刀盘结构，设计制作加工刀具及刀杆，刀杆型号和匹配的刀具型号如图二和表一所示。

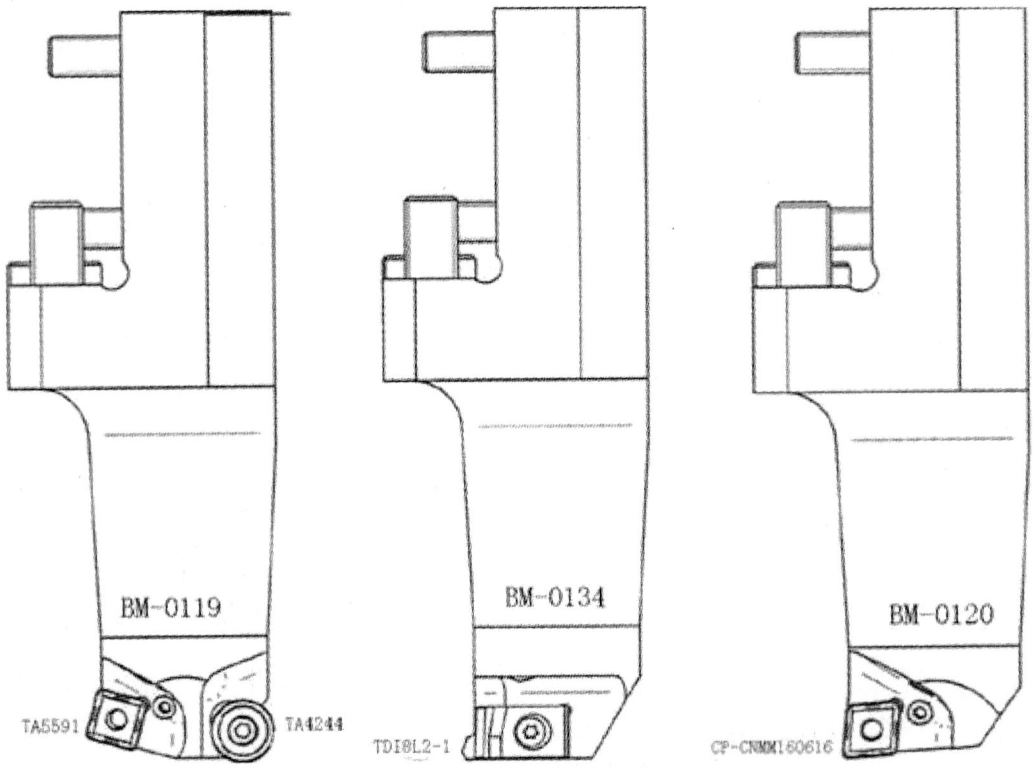

剥外圆刀　　镗孔刀　　粗车、精车螺纹刀　　端面及倒角刀

a　　b　　c

图二 4 寸直连型内螺纹刀杆及刀具简图

表一 4 寸直连型内螺纹刀杆具体型号和匹配的刀具型号表

加工工序	刀杆型号	刀具型号
镗孔	BM-0119	TA4244
粗车螺纹	BM-0134	TDI8L2-1
精车螺纹	BM-0134	TDI8L2-1
车端面及倒角	BM-0120	CP-CNMM160616
剥外圆	BM-0119	TA5591

表二　4 寸直连型内螺纹加工工艺流程表

序号	工序内容	选用刀片	切削余量	切削速度	进给量
1	镗孔	TA4244	1.0~1.2mm	130m/min	3.175mm
2	粗车螺纹	TDI8L2-1	0.1~0.3mm	130m/min	3.175mm
3	精车螺纹	TDI8L2-1	0.1~0.3mm	130m/min	3.175mm
4	端面及倒角	CP-CNMM160616	0.4~0.6mm	150m/min	0.2–0.5mm
5	剥外圆	TA5591	0.1–0.3mm	150m/min	0.2–0.5mm

3. 数控程序

数控程序分主程序和子程序：

```
MAIN PROGRAMM_MPF                          主程序
BGXC_BOX_400_CALCULATION_SPF               R 参数计算子程序
BGXC_BOX_400_PROCESS_SPF                   加工路线子程序
```

主程序中增加下列数控语句调用相应规格的子程序：

```
N0080 IF PRODUCT= ="BGXC_BOX"            ;选择 BGXC_BOX 螺纹
          GOOD_PRODUCT=1.
IF NOMINAL_DIAMETER = = 400            ;选择外径为 4"
             BGXC_BOX_400_PROCESS
         ENDIF
       ENDIF
```

BGXC_BOX_400_CALCULATION_SPF 子程序主要是计算加工过程中的刀具轨迹，并赋值给 R 参数，并为切削刀数、切削余量等参数设定修改范围。

BGXC_BOX_400_PROCESS_SPF 根据加工工艺编制刀具轨迹。

表三　4 寸直连型外螺纹刀杆具体型号和匹配的刀具型号表

加工工序	刀杆型号	刀具型号
剥外圆	BM-0201	CNMM190616
粗车螺纹	BM-0114	TDE8L2-1
精车螺纹	BM-0114	TDE8L2-1
端面及内倒角	BM-0090	C/32246B
外倒角	BM-0090	TCMX16T304-FR
车密封面	BM-0113	DCGT11T304EN-SF
铲齿	BM-0113	SCEX09T304EL

（二）外螺纹加工工艺开发

1. 工器具开发

根据 4 寸直连型外螺纹的螺纹形式以及刀盘结构，设计制作加工刀具及刀杆，刀杆型号和匹配的刀具型号如表三和图三所示。

2. 工艺流程制定

基于所选的工器具，采纳工艺流程如下表四所示：

3. 数控程序

数控程序分主程序和子程序：

表四 4寸直连型外螺纹加工工艺流程表

序号	工序内容	选用刀片	切削余量	切削速度	进给量
1	剥外圆	CNMM190616	1.0~1.2mm	160m/min	0.5–0.8mm
2	粗车螺纹	TDE8L2-1	0.1~0.3mm	150m/min	3.175mm
3	精车螺纹	TDE8L2-1	0.1~0.3mm	150m/min	3.175mm
4	端面及内倒角	C/32246B	1.5~2mm	150m/min	0.2–0.5mm
5	外倒角	TCMX16T304-FR	0.5–1mm	150m/min	0.2–0.5mm
6	车密封面	DCGT11T304EN-SF	0.1~0.2mm	140m/min	0.05–0.1mm
7	铲齿	SCEX09T304EL	0.1~0.2mm	150m/min	3.175mm

```
MAIN PROGRAMM_MPF                        主程序
BGXC_PIN_400_CALCULATION_SPF             R参数计算子程序
BGXC_PIN_400_PROCESS_SPF                 加工路线子程序
主程序中增加下列数控语句调用相应规格的子程序:
N0090 IF PRODUCT= ="BGXC_PIN"            ;选择 BGXC_PIN 螺纹
      GOOD_PRODUCT=1.
         IF NOMINAL_DIAMETER = = 400      ;选择外径为 4"
      BGXC_PIN_400_PROCESS
        ENDIF
      ENDIF
```

BGXC_PIN_400_CALCULATION_SPF 为R参数计算子程序,主要是计算加工过程中的刀具轨迹,并赋值给R参数,并为切削刀数、切削余量等参数设定修改范围。

BGXC_PIN_400_PROCESS_SPF 为加工路线子程序根据加工工艺编制刀具轨迹。

结论

在深入细致分析4寸直连型套管螺纹图纸的基础上，通过设计制作适用于MPM-T7机床的工器具，并根据所选用的刀具针对性的制定4寸直连型套管螺纹加工工艺,再通过数控程序将制定的工艺在数控机床上予以实现,最终顺利实现4寸直连型套管的自主加工,车丝合格率稳定在90%以上。

该项螺纹加工工艺的开发不仅提高了螺纹加工技能水平，还可以减少无缝钢管厂的外委加工量,为无缝钢管厂的降本增效工作添砖加瓦。

华峰:用新创享生活

邹宗钧
(华峰集团有限公司)

作为聚氨酯制品的龙头企业,创新是华峰集团义不容辞的责任。经过多年不懈努力,华峰集团——用新创享生活,各领域创新成果不断涌现。

"十一五"以来,华峰集团准确把握时代脉搏,利用各地区的差异化优势,重点建设温州瑞安、上海金山、重庆涪陵、辽宁辽阳、江苏启东五大产业基地,以形成从精细化工到重化工、从聚氨酯到聚酰胺的完整产业链。如果说搭平台、巧借力,坚持以"开放式全面创新"理念为指导,着力搭建好、打造好国家企业技术中心、上海研究院、省级研究院以及产学研合作等平台,实现了华峰"协同创新"效应,增强了企业创新发展能力;那么可以说,重投入,建机制,坚持建立以"全面协同创新"为特色的技术创新运行机制,包括研发投入机制、激励机制、全员创新机制等,则是华峰有效激发研发人员的创新积极性和企业创新发展活力的"引擎"。

目前,华峰共有员工 6400 人,拥有从事科技活动人员就达 1000 余人, 由于坚持人才开发与产业发展相结合,大力引进和培育科技人才,努力形成"人才支撑产业,产业聚集人才"的良性循环,加之高度重视技术研究与开发工作,华峰产品结构不断优化,新产品推出速度快、附加值高,大大增强了企业在市场上的竞争力。

如今,创新在华峰已经生根发芽,成为华峰人的一种习惯。"用新创享生活",华峰集团董事局主席尤小平认为,企业就要进行一次从技术到装备、从人才到管理的全方位提升,因为只有服务于生活的科技才是高端的科技。

创新之问

耐克、阿迪达斯、安踏……当大家享受着世界名牌运动鞋带给我们美好的时候,可否想过,我们的鞋子是怎样经受几千几万次的步行,却依然耐磨、舒适且牢固结实不"开口"的? 同样,我们的游泳衣、丝袜是怎样保持弹性、耐腐蚀、不变型的? 我们的新型墙体保温材料怎样让大厦里的人们获得安全感,让"安全节能,如你所愿"成为美丽化工、美丽中国的支撑与写照?

让人们享受到这样的美好的,是华峰集团生产的众多产品的成果之一。华峰旗下现有四家国家高新技术企业,已发展成为全球最大的聚氨酯鞋革树脂生产企业,国内最大、全球第三大氨纶纤维生产企业和亚洲最大的硬泡聚氨酯保温材料,它用高达数十亿的技术创新投入,积极回答了创新赢得未来,创新让生活更美好的问题。

来自中国民营经济工业企业技术创新的一项最新调查表明,当前中国民营经济工业企业技术创新存在六大"软肋":一是企业技术创新未能适应工业化发展的要求; 二是技术创新资源的市场配置能力不强;三是经费紧缺,投入不足严重制约企业技术创新的开展;四是企业创建技术中心凝聚力偏弱,数量偏少;五是企业创新技术运行机制不完善。

从分析与调研中发现,目前中国民营企业大部分技术创新活动还不够活跃。据统计,目前全国民营经济大中型工业企业中,开展科技活动的企业只有 40%多,平均每家企业科技活动人员不足 20 人,科技活动经费支出不到 500 万元。有关专家指出,按照国际通行标准:技术开发资金占销售额 1%的企业难以生存,占2%的可以维持，占5%的才有竞争力，而目前民企用于技术开发资金的投入比与上述标准相差甚远。

由于投入的严重不足，致使中国民营企业技术创新能力不强，运行机制不完善。突出表现在技术改造项目缺乏有效的技术源，项目的技术含量和质量不高，战略性的大项目储备较少，企业具有市场冲击力的产品新产品少，市场竞争力低。这也是中国民营企业"只会生，不会长"与"长不大"的深层次原因之一。

于是业内就出现了技术创新的"少年危机说"。民营企业技术创新基因本来就不好，再加上少年营养不良。她们如何才能长大？如何让技术创新不成为短期行为？如何才能在激烈的竞争中立于不败之地？如何才能具有可持续发展的动力？

少年壮志不言愁。22年前，一个名不见经传的华峰从少年一步一步地走向了青年，青年时期的华峰已经占据了中国聚氨酯制品龙头老大的位置，华峰集团稳步发展的实践给人以启示。华峰集团为民营企业点亮技术创新这盏灯的示范令人信服地说明，技术创新是民企长大的必由之路。

创新历程

"不创新，就死亡。"这是美国现代著名企业家艾柯卡的至理名言。

22年的创新发展，"打造国际一流的高品质的新材料供应商"的华峰已发展成拥有两家上市公司、两个中国驰名商标的大型高分子材料集团公司，她的产品也从温州制造到浙江制造完成了实质性的一跳，又从浙江制造到中国制造完成了具有历史意义的一跳。今天的华峰正在致力于从中国制造向世界制造的飞跃。

第一跳，华峰厚积薄发，走出温州。

22年前，华峰的前身，是温州一家生产编织袋的小厂。3年后，1994年，创造了4000万产值的华峰领头人尤小平，意识到了低门槛塑料制品行业的前景堪忧，突然作了一个惊人的决定，投资2000万元生产聚氨酯鞋底原液。这样惊心动魄的壮举，令它一举跨过了塑料制品这个较低的产业门槛，撕开国外企业垄断的层层防线，冲入了高分子材料产业领域。

对于尤小平来说，这是在他领导下华峰进行的第一次产业转型，标志着华峰集团实现了由传统产业向现代高新技术产业的成功跨越。对于华峰来说，这是从一家普通的塑料制品生产企业，向全国最大聚氨酯制品生产企业迈出的第一步。

对于温州民营企业来说，冲破家族掌权封闭结构，创造温州新模式，这却是从"低、小、散"的传统生产模式向代表着技术、资金集约发展的"新温州模式"的标志性转变。

经过这次产业转型，华峰集团成功进入了极具发展潜力的聚氨酯产业。在尤小平的带领下，华峰集团于2003年发展成为国内最大的聚氨酯制品生产企业。同时，这也极大促进了当时作为温州主要产业的鞋革业——对比之前使用的进口原料，华峰生产的鞋用树脂产品大大降低了温州鞋的成本，让温州鞋革业的国际竞争力得到了大幅提升。"中国鞋都功勋企业"的光环，也因此被戴在了华峰的头上。

"创新是所有企业的最强烈愿望。"这对尤小平说来意味深长。因为这种愿望点燃的火苗不仅燃烧在他的心中，更烧在温州民营企业发展的道路上。

同样惊人的一跃在1997年，尤小平又投资2000万元，投资了革用聚氨酯生产线，当年的销售额就达3亿元。

1999年的冬天，尤小平按照"从母体突破，在体外新生，促整体提升"的制度创新思路，打破了家族产权"一股独占"的封闭结构，组建了华峰集团第一家股份制公司——浙江华峰氨纶股份有限公司。中高层员工的股份占据了较大比例，形成了家族资本和社会资本相结合的合理股权结构。这就是尤小平为上市量身定做的"新壳"。

作为一名温州家族制企业管理者，他眼中的上市何尝不是个美味却又烫手的山芋。面对传统家族企业向现代公众企业转变中的众多困惑和阻力，尤小平说："必须向金融、资本市场进军了，单靠华峰自己，无法迎接全球化挑战。有些时候，必须要懂得扬弃，必须要敢于突破。"

2002年8月，华峰氨纶接受上市辅导，开始了上市的步伐。此后，尤小平带领华峰氨纶三易券商、两历政策变动，终于在2006年8月23日敲响了深圳证券交易所的开市宝钟，成为温州首家境内公开上市的民营企业。

2003 年后，华峰产业接轨大上海，挺近中西部，进军大东北，横纵捭阖，完美产业和产品结构。

伴随着产业的创新，华峰的技术创新也紧随其后。

如果说华峰创业时期的技术水平停留在仿制国企产品的水平上，那么随着产品质量得到认可，市场营销局面的打开，技术人员的引进和技术水平的发展也进入了新的阶段。

1998 年起，华峰加大了人才的引进力度。尤其是高层次科研人才，华峰建立了"特殊人才特殊政策"的引进机制，用"一人一策、一事一议"打造自己的科研人才高地。如引进浙江省千人计划美籍华人科学家唐劲松博士以及师从世界"聚氨酯之父"的美籍华人孙寿鹏博士等人。与此同时，华峰还加大了人才培养力度，高度重视科研人才的培养与职业生涯规划，通过"在岗学习、集中培训、知识管理"三大培训机制满足科研人员的培训学习需求。此外，还通过优化完善"传帮带"工作，为新进研发人员指定导师，通过边动手、边讨论、边总结的方式，使其在较短时间内熟悉研发知识和研发流程。

在此基础上，加大技术人才的启用力度也是华峰的一大"亮点"。华峰不断完善优化科技人才使用、人才管理的方式和方法，让有本事、有想法的科研人员，通过轮岗、外派等方式得到更多锻炼，在实践中发现人才、培育人才、锻炼人才、成就人才。

随之而来的结果是华峰产品的技术含量也得到了提高，由"赶超层面"向"更新层面"迈进。

第二跳，华峰崭露头角，叫响中国。

创业容易守业难。

时间进入到 2003 年，这时的华峰已经把聚氨酯制品产业规模发展到国内老大地位。与之相适应的，华峰的技术研发在国内同行业中也已经达到了一个相当高的水平，建立了从集团的技术中心到子公司的研发部的完善的技术研发体系，拥有一支数百人的成熟的专业技术人才队伍，同时从国内外广泛吸引人才，重视企业内部技术人才培养。更重要的是在产品开发的技术定位上，对技术先进性、市场可行性以及产品市场寿命的预估都十分审慎和重视，具有科学、稳健的决策机制，摸准市场脉搏，进一步市场细分，使华峰新产品开发有了广阔的市场前景。

尝到技术创新甜头的华峰没有停止步伐，为给用户提供满意的产品与服务，仍然持续创新，加强了三个平台的搭建，实现了"协同创新"效应。

首先搭建了"一核多点"的管理平台，以位于瑞安本部的国家企业技术中心、省级研究院为核心，以分布在各地各产业的技术分中心为多点，重点做好高附加值新产品、差异化产品的开发，以及科技成果的转化运用，并通过组织开展新产品与差异化产品的研发和技术成果评价，加强科技立项和专利技术的申报，不断增强自有知识产权和研发成果储备。

其次巧借力，利用好 2011 年 9 月成立的上海华峰材料科技研究院的研发平台，及引进十数位具有科学家背景和中科院资深专家、大学教授、博士生等各专业技术人员组成的研发团队，重点做好了"新产品、新技术、新工艺和新材料"等技术难题攻关、核心技术储备以及前沿动态研究等工作，进一步提升了华峰的技术攻关、技术储备以及引领产业发展的能力，并与国家企业技术中心侧重的产品开发、成果运用相辅相补，相补相促。

再次是拓宽深化产学研合作领域。多年来，华峰与中国科技大学、东华大学、杜邦、巴斯夫、拜耳等国内外知名院校和世界 500 强企业建立了长期良好的产学研合作关系以及战略合作伙伴关系，不断通过企业内外的"两个平台、两种资源"深化产学研合作，推动了企业的创新发展。

搭平台、巧借力、建机制、育人才、重投入的"科技链"，促使华峰产品品质及技术竞争力和生命力日益提升。产品技术含量也由"更新层面"的"跟随型"向"提升层面"的"适度领先型"迈进。

第三跳，华峰创新驱动，打造国际级华峰。

技术创新的本质在于追求效益。

近三年来，华峰通过项目研发、知识产权保护以及科技成果转化，面向市场，以需求为导向，不仅扩大了企业的市场需求，更提高了企业的产品质量和降低了产品成本。完成科技项目立项 81 项，获得科技成果 61 项，其中，承担国家火炬计划项目 2 项，国家科技部项目 1 项，获得省部级以上科技进步二等奖 1 次。

华峰注重技术研发的同时，没有忽视知识产权管理。截止目前，华峰获得国家专利 179 项，大部分是发明专利与实用新型专利，多家子公司被评为“专利示范企业”。

“坚持创新引领，促进转型升级”是华峰执著追求的目标。

如果说早期华峰凭借“借船上路、扬帆出海”，走出了一条引进国内外先进技术、消化吸收创新自有技术的成功道路。那么近几年来，华峰致力于产品应用领域的自主开发，努力拓宽产品应用领域，提高产品的均一性、稳定性及节能环保性，使产品更适用于市场，促使企业销售收入在国内外两个市场连创新高。

值得一提的是，为主动适应市场变化，加快产品结构调整和技改升级的步伐，华峰坚决淘汰落后产品、落后工艺和落后产能，不断引进研发具有先进环保、高效节能的新技术、新设备、新工艺，努力建设推广以低能耗、低排放、高效率为标志的绿色环保节约型项目。目前，华峰已在保温材料、铝热传输材料、超细纤维革等一大批绿色环保高科技的产品或技术方面取得了大量的研究成果、专有技术和发明专利，为企业产业转型升级创造了得天独厚的条件。

这是华峰的最强音。

华峰自主研发的技术和品牌产品一次次被用户及市场所认可，标志着华峰一直以来所主推的自主品牌产品进入了成熟期。

创新故事

故事一：

如果说 2010 年 11 月 15 日，上海高楼大火事件烧出了国人对高层外墙用保温材料的疑惑和不信任，那么 2013 年 6 月 3 日吉林宝源丰大火，其“罪魁祸首”也出在墙用保温材料上，人们对这种材料的犹疑就更大了。

据调查，上海高楼用的硬泡体聚氨酯材料和吉林宝源丰墙用保温材料，其实都不是真正的聚氨酯保温阻燃材料，而是一种保温但不阻燃的苯板，正是这种可燃的保温材料，成为了火灾中的燃料库，导致了重大悲剧的发生。

那么问题出在哪里呢？2009 年，华峰集团向德国引进了一条聚氨酯保温阻燃材料的生产线，但是这个在欧美及日本市场得到验证的品质优异的产品，却因为成本高、价格贵，没有受到国内建筑市场的追捧，很多建筑商甚至企业都冲着价格低廉的“准聚氨酯保温材料”去了。

虽然一时没有获得市场的认可，但是华峰人始终认定，符合标准、水平一流的好产品，一定会在市场的大浪淘沙中显现出其尊贵的实力和最终的胜利。

上海大火和最近东北三省连续大火，引来了政府、专家、媒体的关注与责问。火灾爆炸接连起，生命财产伤可惜；安全监管常麻痹，隐患难治不足奇；祸来防范来不及，再忆阻燃材料时。

一而再的重大火灾事故之后，市场的风向终于向真正的聚氨酯保温阻燃材料投来青睐的目光，华峰从德国引进的生产线也忙碌运转，聚氨酯保温阻燃材料的销量越来越好。足见坚持技术创新，才能纵览市场美景，守得云开月露时。

正如华峰集团董事局主席尤小平之前所说，聚氨酯阻燃保温材料市场目前还没有完全打开局面，但这种态势不会维持太久。当安全成为习惯时，阻燃保温材料的春天就来了。

故事二：

聚氨酯树脂是一种类似果冻的、发粘的中间产品，它的稳定性决定了鞋用胶水的粘性大小，也直接决定了鞋子的质量。

如今的华峰，真正攀上了高峰，是全球聚氨酯树脂的最大制造厂家，占据全球 50%以上的市场。一家原先靠技术引进才起家的小厂，又是如何攀上这个行业的颠峰的呢？技术创新，是他们必不可少的武器。

以聚酯多元醇这种中间产品为例，华峰高薪从美国引进了“聚氨酯之父”的关门弟子孙博士，并组建了技术、营销、社会服务等人才齐全的一个独立团队，来开发这一产品和开拓市场。这只是对外籍人才引进的一个小例子，光 2011 年，对外籍人才的引进，就多达十几人。

聚酯多元醇的稳定性决定了鞋用胶粘剂成败的关键。针对这个产品最大的创新，是在产品生产出来之后的产品检验制度的创新。之前，聚酯多元醇是由数字控制系统来检验稳定性的，当检验反应到某个步骤的时候，还得进行人工测控，有时间上的误差。现在，华峰引进了近红外在线检测设备，可以在电脑屏幕上即时看到稳定性检验的反应情况。同时，原先的数字控制系统检测同时进行，可以说上了“双保险”。

小小的一种胶粘剂，却是鞋子生产最关键的一种材料。一双鞋子，在高低温、恶劣天气、不同路况等各种环境，如何能保证不脱胶呢？几克的胶水，如果出了问题，输掉的不仅是鞋子，也是鞋子生产厂家的信誉。所以，在鞋业中，胶粘剂是赔率最高的产品，几乎是1:100。为了保证聚酯多元醇的稳定性达到100%，华峰在“双保险”的检测制度之下，又推出了一种全新检测制度，那就是“完全生产检测”——把生产出来的聚酯多元醇通过胶粘剂反应设备直接生产成胶粘剂，合格的产品才准予“放行”到市场上去。

这就意味着，华峰要拥有下游生产鞋用胶水的客户所拥有的生产设备，这就直接引发了原本就很忌讳技术交叉的客户们的警觉——你们为什么要我们的生产设备，你们是不是也准备直接生产胶粘剂，来抢占我们的市场？经过华峰员工再三地解释，客户们才放心了，并把自己的技术设备等技术秘密透露给他们，因为意识到华峰真正的是为产品质量着想，为了检验聚酯多元醇的稳定性。

这样为了检验产品建“厂中厂”的创举，可以说是前无古人，后无来者。

产品的效果“零缺陷”，带来的是用户的络绎不绝。

故事三：

高分子材料生产行业是一个竞争激烈的行业，创新是它的生命线，不断转型更是它的生长点。只要产品有一点落伍，就很快被淘汰，被市场所抛弃。所以，创新对高分子材料生产厂家来说，具有特别重要的意义。

但是，创新对高分子材料生产企业来说，又是特别地艰难，特别地有风险，因为一旦失败的损失是以几百万、几千万甚至几亿元来计的。面临这样的高风险，创新变成了刀尖上的舞蹈。但是，一种“宽容创新”的思想在华峰蔚然成风。

这种宽容究竟宽到何种地步呢？

氨纶细丝在中国，一直依靠进口。1999年的时候，中国依靠向一些国家进口氨纶丝，一顿高达20万元或更高。华峰引进了氨纶细丝的生产技术，一下就使每吨氨纶丝的价格下降了5万元。

氨纶丝的原料也是一种液体，聚合连续反应发生在一整条管道中，一次投料，就要用一整条生产线的代价来冒险，成本高达200万元。

怎么办？对于技术人员来说，小试、中试都敢试，并且都成功地通过了，到了正式的大试，面对200万元泡汤的风险，他们犹豫不决，战战兢兢。

华峰集团董事局主席尤小平魄力显现，表示要宽容失败，大胆地去试验，只要努力了，哪怕失败，哪怕损失巨大，也不会“降罪”于技术人员身上。

就是这样“宽容失败”的思想，让华峰的技术创新也冒着风险的高峰向上攀登。这种宽容失败的精神也不是随口说说，而是面对真金实银的惨痛损失时，真正得宽容员工，有容乃大。

一个最典型的例子发生在去年。从日本引进的莱卡同样是一种贵族纤维，每吨的价格达到20万元。华峰从1999年开始引进，当年年产量1000吨，经过九次技改去年增加到48条生产线，今年又增加了十几条生产线，达到了5.7万吨的单产规模，成为世界单产氨纶丝最大的企业之一。然而，去年单产1.5万吨的试车就不幸失败了，一天的损失高达500万元，巨额的学费挡不住华峰技术攻坚的勇气和智慧，几个月的努力，1.5万吨的耐高温氨纶试车最终取得了成功。

这样的例子可以说是比比皆是。从1994年至今，华峰投入技术改造和技术创新的资金高达数十亿元。

如今，在聚氨酯行业竞争逐渐加剧的当下，华峰建立全员创新机制，促进全员学习、全员沟通、全员创新和全员发展。尊重员工的首创精神，鼓励员工的创新尝试，宽容员工的创新失败，对于员工的小发明、小创造、小改进都给予奖励，以激发各个岗位、各个员工的创新积极性，努力营造了全员创新的良好氛围。

作为一家传统行业起步的企业，以科技为先导，重视技改投入，重视新产品开发，以高新技术抢占市场制高点的华峰的发展实践证明，企业只有重开发、求独创、讲时效、有远见，不断研发出用户多样化需求的新产品，掌握自己的专有或核心技术，才能在竞争中站稳脚跟。

华峰的神奇崛起不是偶然，因为她明白，没有先进的技术，就没有高质量的产品，没有高质量的产品，就没有叫得响的品牌。

创新诚可贵，独创价更高。

树立协同创新理念，加大技术人才与资金两项投入，坚持先进性、实用性、可行性三项原则，突出开发新产品、推广新技术、应用新工艺、使用新材料的四个“新”的华峰，正朝着“未来国际聚氨酯领域有一个响亮的品牌来自中国——名叫华峰”的目标阔步前进。

QD128 燃气轮机中热值燃料燃烧室试验研究

高新和　梁阮　徐玮　李明　王巍龙

（沈阳黎明航空发动机(集团)有限责任公司非航空产品事业部）

0 引言

QD128 燃气轮机是我国首台具有完全自主知识产权的中档功率轻型燃气轮机,是在某航机基础上派生发展而成,历时十余载的研制,取得了重大的突破。QD128 燃气轮机的研制成功,使我国完全自主知识产权燃气轮机实现了从无到有的历史性跨越。

QD128 燃气轮机的优先使用目标是燃用天然气的燃气轮机发电厂，为贯彻国家节能减排的重大战略部署,扩大 QD128 燃机的应用市场,结合山西潞安矿业集团公司燃烧煤基油合成尾气(中热值燃料气),实现油电联产发电项目的需求,对 QD128 燃机燃料喷嘴进行了重新设计,以满足燃烧中热值气体燃料的要求。

1 试验目的

验证 QD128 燃气轮机燃烧室安装新型燃料喷嘴,燃烧中热值燃料(潞安矿业集团合成气)的点火性能、出口温度场品质、火焰筒壁温、出口污染物排放量等各项性能指标是否满足整机工作要求。

2 试验项目

围绕上述目标,进行燃烧室各项性能试验,测取各项参数,分析试验结果,得出最终结论,具体试验项目如下:

2.1 中热值燃烧室点火性能试验

用中热值燃料(潞安矿业集团合成气)进行起动点火试验,测试贫富油点火边界(可使燃机启动点火的燃气流量范围)。

2.2 燃烧室出口温度场试验

测取燃烧室出口温度分布系数 OTDF =、RTDF = 和燃烧效率 $\eta = f(\alpha)$。

2.3 燃烧室火焰筒壁温试验

进行状态试验，在各状态下测取火焰筒壁面内、外侧温度。

2.4 测取燃烧室出口排气污染物

测取在燃机工作的各个工况下燃烧室出口 CO、NOx 排放污染物数据。

3 试验设备简介

整个试验段包括进口转接段、核心试验段、测量系统、注蒸汽系统、燃料气供给及调节以及出口转接段。以下对核心试验段、测量系统、注蒸汽系统进行简要介绍。

3.1 核心试验段

该试验中的核心试验段包括燃烧室（扇形段)试验件、新型燃料喷嘴、点火装置等。

3.1.1 燃烧室(扇形段)试验件

QD128 燃气轮机燃烧室装有环形火焰筒,具有 15 个椭圆头部 ,并与 15 个燃气喷嘴相配。本次试验以环型燃烧室的 1/5(扇形段)作为试验件,其中包含 3 个燃料喷嘴头部,试验件结构简图见图 1。

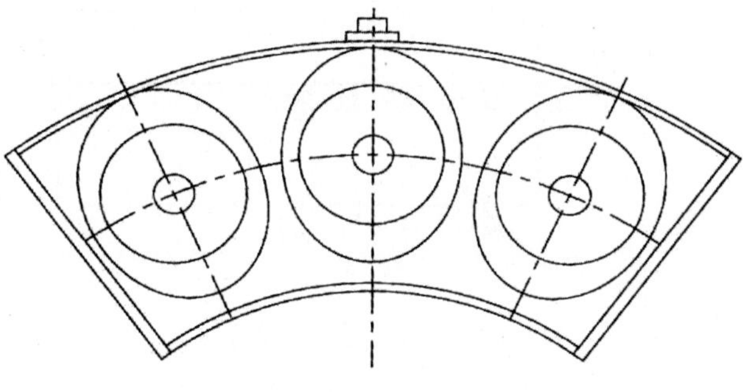

图 1　燃烧室扇型试验件简图

3.1.2 新型燃料喷嘴

原燃气喷嘴为单燃料通路喷嘴，运行中产生的污染物排放水平未达到设计要求，经过重新设计后，新型燃料喷嘴共两条通路，一条为中热值燃料气通路，另一条为单独的水蒸汽通路，在燃气轮机高工况状态，用水蒸汽将燃料气加湿混合，或水蒸汽从通道口出来后与空气共同经过旋流器进入火焰筒参与燃烧，燃料气的加湿与蒸汽的引入使燃烧室主燃区温度降低，有效抑制 CO、NOx 污染物生成，从而达到降低排气污染物的目的。试验采用了 4 组喷嘴，其合成气喷口为单排 12 孔，孔径依次是 Φ3.5、Φ4.1、Φ3.7、Φ4.1。其中，前两组孔径喷嘴(PZ)为与火焰筒旋流器同向旋流，后两组孔径喷嘴为逆向旋流。4 组喷嘴水蒸汽通路喷口皆为单排 12 孔，孔径为 Φ3.15，结构简图见图 2。

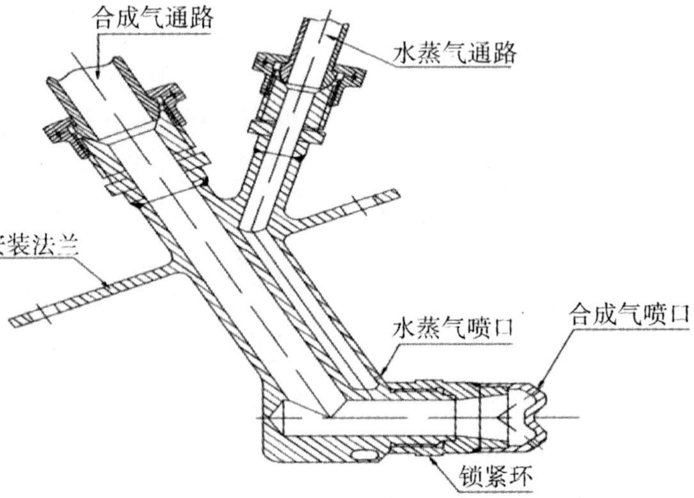

图 2 合成气喷嘴简图

3.1.3 点火装置

用于扇形试验段点火的点火装置包括点火电嘴和点火线圈装置。点火电嘴为 MDZ-36，电嘴点火能量为 20J。点火线圈装置为 XDH-80，点火线圈装置输入电压 220VAC，输出电压 2500VDC。QD128 燃烧室的点火系统为直接点火方式，输入交流电并在电容器中储能，输出直流电，以高压放电，产生银白色辉光，能量非常集中，而且燃烧室中的混气压力和温度对放电性能影响很小，同时放电还可以清洗油污和积炭。由于放电能量高，从而有利于点燃燃料气和空气的混合气。

3.2 测试系统

测试系统包括出口温度测试系统和壁温测试系统，其中出口测量段的温度分布用固定式总温总压测量耙测量，火焰筒外壁温度用热电偶测量。

3.3 注蒸汽系统

注蒸汽系统包括两路并联的蒸汽调节与测量管路，正常工作时其中一路工作。若湿化系统出现问题不能提供燃料气湿化时，则两路同时工作。试验中蒸汽压力为 2.6MPa，温度为 240℃，蒸汽总路可供给的流量范围为 0～5t/h，蒸汽支路可供给的流量范围为 0～2.5t/h，通过调节阀和流量计匹配调节，将适量的蒸汽注入燃机燃烧室，见图 3。

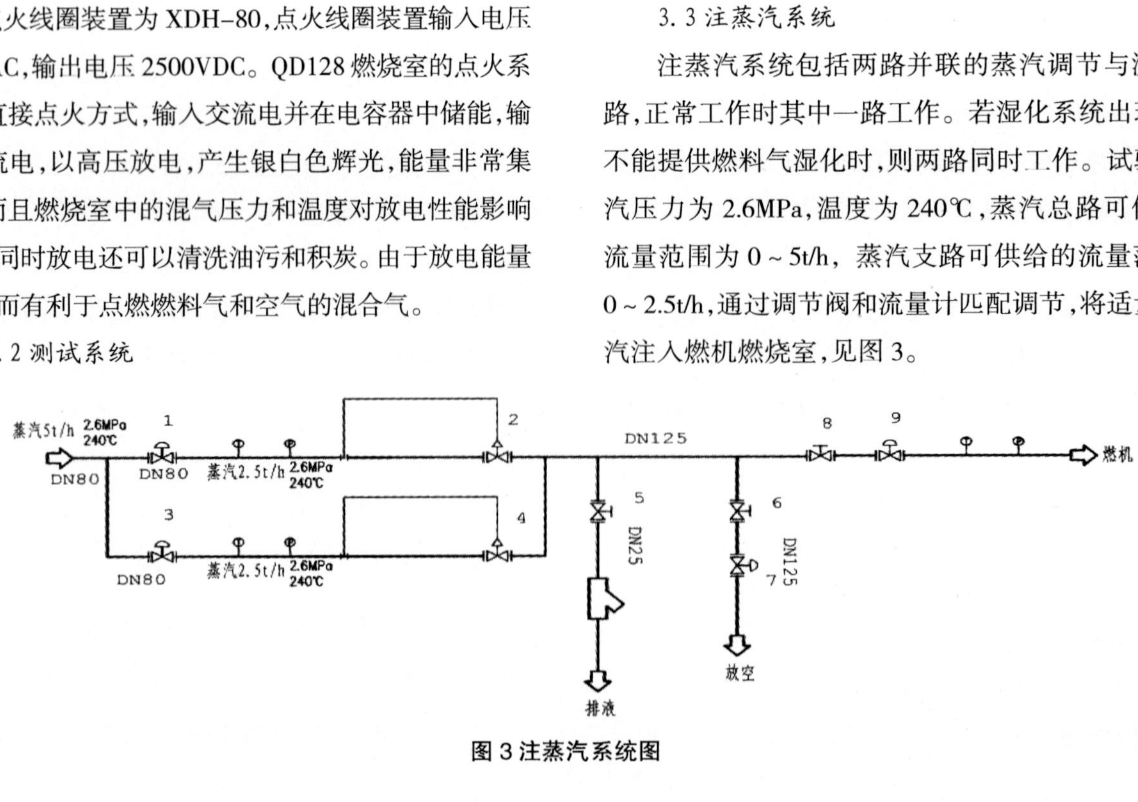

图 3 注蒸汽系统图

表 1 试验用合成气组分表

燃料气组分	各组分体积 %	平均分子量 kg/kmol	密度 kg/Nm^3	低热值 KJ/Nm^3	理论燃烧空气量
CO	9.65	18.151	0.81	20219.5	8.2
H_2	30.92				
CO_2	13.16				
N_2	1.40				
CH_4	36.59				
C_3H_8	2.81				

表 2 燃烧室点火试验状态参数

参数 工况	进口空气流量 GB(kg/s)	进口总压 （MPa）	进口温度 （℃）	燃料气流量 GT（kg/s）	余气系数 α
台架试车（煤油）	3.36	0.11	常温	0.0754	3
点火试验（合成气）	0.672	0.11	常温	0.0273	3

注:台架试车用 RP-3 煤油理论空气量为 14.87。试验用燃料的理论空气量为 8.2,点火燃气流量可由 27-45g/s 变化进行点火试验。

3.4 燃料气供给及调节

本次试验燃料气为潞安矿业集团提供的中热值合成气,由于在生产合成油尾气过程中,工艺参数波动,使得尾气成分发生变化，与潞安矿业集团提供合成气成分数据有所差别，但热值基本相当，相对误差仅为3.6‰,不影响试验结果。本试验燃料气组分见表 1。

试验用合成气通过燃料供给及调节系统供给到燃烧室扇形试验段中,燃料供给及调节系统能够对燃料进行过滤、调压、精确计量、快速切断,并且能够对系统燃料流量进行精确调节,保证供给到燃烧室的燃料符合供给精度要求。

4 试验内容、结果及分析

4.1 中热值燃烧室点火性能试验

对两套喷嘴试验件进行了起动点火试验,点火状态点参见表 2,得出贫富油点火边界。

本次点火试验分别对 PZ1、PZ2、PZ3、PZ4,4 个喷嘴进行了点火试验,由表 5.1 中所列参数为基础,调整好点火状态——燃烧室进口参数(温度、压力、空气流量、燃料流量),选取最大临界流量数值,并在此范围内按递增形式选取 9 组数值(即在 4.4g/s-49.1g/s 范围内),接通点火开关,3 ~ 5 秒内着火,并能稳定燃烧连续工作 1 分种。每次点燃状态重复 3 次,3 次点火全部成功的点为着火点,有 1 次不成功则为过渡点,3 次全不成功,为非着火点。

试验结果表明,在进口空气流量为 0.672kg/s 条件下,除 PZ3 号喷嘴在燃气流量为 4.4g/s 和 49.1g/s 情况下点火失败,其余流量均点火成功。试验证明,喷嘴在试验要求的燃气流量 27 ~ 45g/s 范围内点火是可靠的,其可靠点火的余气系数范围大致在 α=1.8 ~ 10 之间,因此,燃烧室具有很宽的点火范围。

4.2 燃烧室出口温度场试验

出口温度场是通过来自燃烧区的高温燃气与温度相对较低的二次空气射流相互掺混形成,出口温度场品质是燃烧室最重要的安全性指标,它主要用以下两个指标来衡量:

$$\mathrm{OTDF} = \frac{T_{3\,\max}^{*} - T_{3\Sigma PJ}^{*}}{T_{3\Sigma PJ}^{*} - T_{2}^{*}} \quad \text{（最大不均匀度）;}$$

$$\mathrm{RTDF} = \frac{T_{3\,i\max PJ}^{*} - T_{3\Sigma PJ}^{*}}{T_{3\Sigma PJ}^{*} - T_{2}^{*}} \quad \text{（沿径向不均匀度）;}$$

本次试验对试验用喷嘴进行测取燃烧室出口温度场品质 OTDF = f( )、RTDF = f( )和燃烧效率 η 试验时,按表 3 中的两组状态参数进行。

表 3 额定及尖峰状态参数表

状态＼参数		进口空气流量 kg/s	进口总压 MPa	进口温度 K	燃料气流量 kg/s	余气系数	相对负荷
工作状态	额定	53.51	1.216	641	2.08	3.58	100%
	尖峰	55.55	1.288	654.8	2.31	3.35	
模拟试验	额定	1.76	0.2	641	0.0683	3.58	100%
					0.0615	3.98	90%
					0.0547	4.48	80%
					0.0478	5.12	70%
					0.0410	5.97	60%
					0.0342	7.16	50%
					0.0273	8.97	40%
	尖峰	1.725	0.2	654.8	0.0716	3.35	

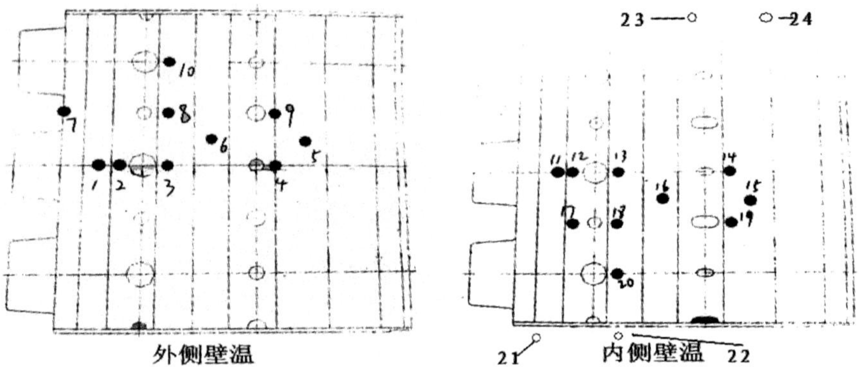

图 4 火焰筒的筒壁面热电偶分布图

试验数据显示，在试验模拟额定工况下，40%~100%负荷范围内，燃烧室出口温度场品质 OTDF 和 RTDF 值在 0.15~0.29 之间。在试验模拟尖峰负荷下，燃烧室出口温度场品质 OTDF 和 RTDF 值在 0.18–0.30 之间，以上两组数据基本满足设计要求。

4.3 燃烧室火焰筒壁温试验

火焰筒壁温测量方法如下：在测量段 20 点位置上(见图 4)焊接热电偶，进行状态试验，在各状态下测取火焰筒壁面温度。

按表 5.2 在额定功率状态和尖峰功率状进行试验。先用示温漆，后用热电偶测取火焰筒壁温 Tt,w 值。

设计规定火焰筒在 = 1.0 状态，最高壁温不得超过 780℃，试验数据表明，在相对功率 = 1.0 状态，燃烧室壁温分布较为均匀，火焰筒的筒壁面温度全部低于 780℃(过热点位于测量段侧壁(23、24 点)，坏点为 9、17、20 点)。

4.4 测取燃烧室出口排气污染物

通过注蒸汽系统控制蒸汽输入量，进行在无蒸汽工况和带蒸汽工况下测试 CO 和 NOx 排放数据，试验时按表 5.2 中的额定状态和尖峰状态参数进行录取单点值。

试验结果显示，在燃烧室处于 40%–100%负荷情况下，无蒸汽工况下 CO 排放量从 4500ppm 降至 600ppm，带蒸汽工况下 CO 排放量在 1000ppm 至 2000ppm 之间，根据试验数据绘制工况图如图 5 所示：

由图 5 中可明显看出，在试验 40%负荷 –100%负荷过程中，带蒸汽工况 CO 排放量要明显低于无蒸汽工况，并且满足设计要求。

在燃烧室处于 40%~100%负荷情况下，带蒸汽工况下 NOx 排放量在 10.83ppm~15.75ppm 之间，无蒸汽

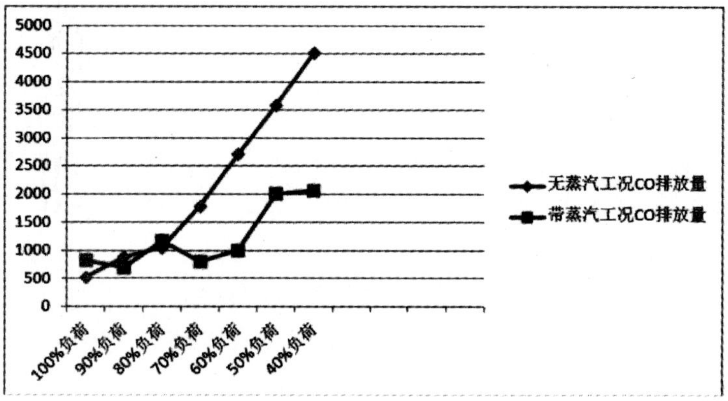

图 5 CO 排放量对比图

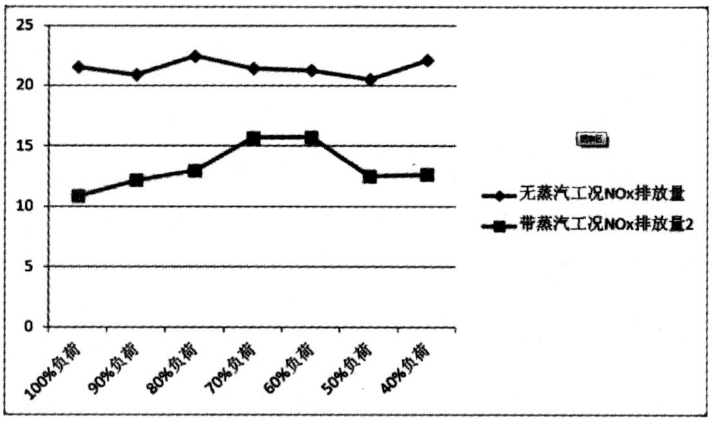

图 6 NOx 排放量对比图

工况下 CO 排放量是在 20.26ppm~21.51ppm 之间，根据试验数据绘制工况图，如图 6 所示：

由图 6 中可明显看出，在试验 40%负荷 -100%负荷过程中，带蒸汽工况 NOx 排放量在任意负荷点工况下都要明显低于无蒸汽工况的 NOx 排放量，并且满足设计要求。

5 结论

综上可知:

(1)喷嘴在试验要求的燃气流量 27 ~ 45g/s 范围内点火是可靠的，其可靠点火的余气系数范围大致在 α =1.8 ~ 10 之间，因此，具有很宽的点火范围；

(2)试验所做额定工况下，燃烧室出口温度场品质 OTDF 和 RTDF 值在 0.15–0.29 之间。在试验所做尖峰负荷下，燃烧室出口温度场品质 OTDF 和 RTDF 值在 0.18–0.30 之间，基本满足设计要求；

(3)燃烧室壁温分布较为均匀，在规定的工作状态，火焰筒最高壁温全部低于 780℃(过热点位于测量段侧壁(23、24 点)，坏点为 9、17、20 点)。

(4)燃烧室出口污染物排放在燃机工作的各个工况下，带蒸汽工况的 CO、NOx 排放量都要明显低于无蒸汽工况，并且 NOx 排放低于 25ppm，满足设计指标，排放满足国家标准。

由上述试验结果可基本推断，QD128 燃气轮机燃烧室安装新型燃料喷嘴(带注蒸汽喷嘴)，燃烧中热值燃料(潞安矿业集团合成气)的点火性能、出口温度场品质、火焰筒壁温、出口污染物排放量等各项性能指标均满足整机工作要求。

R0110 重型燃机 DLN 燃烧室 NOx 排放特性研究

包文飞 李明 牟影 王巍龙

(沈阳黎明航空发动机(集团)有限责任公司非航空产品事业部)

0 引言

R0110 重型燃机燃烧室按干式低污染(DLN)原理设计,采用径向燃料分级燃烧技术[1],位于压气机扩压器的外侧,是一个包含 20 个火焰筒的逆流式环管式结构,每个火焰筒头部分为环形区、均匀区和扩散区。燃烧室可在两种燃烧模式下工作,环形区按扩散方式燃烧,均匀区按稀相预混方式燃烧为模式Ⅰ,两区均按稀相预混方式燃烧为模式Ⅱ。扩散区设有值班燃料喷嘴,保证两种燃烧模式下的火焰稳定。

国外发达国家燃气轮机技术较为成熟,在降低 NOx 排放方面成效显著,已有多种降低 NOx 排放的燃烧技术,其中,以基于稀相预混的 DLN 燃烧技术发展最为成熟,应用最为广泛,形成了一系列具有代表性的燃烧器,如 GE 公司的 DLN-1 和 DLN-2x 系列,ABB 公司的 EV 燃烧器,西门子公司的 HR3 和三菱公司的 MK8-4 等。它们的共同特点:一是采用径向燃料分级或多喷嘴的"散点式"燃料分级;二是燃料经一系列喷孔分散供入空气中;三是来流空气湍流度高;四是有足够长的预混距离,保证了可燃混合物具有足够高的空间均匀度和足够小的浓度脉动[2]。

为验证 R0110 重型燃机燃烧室的 NOx 真实排放特性,在低压模拟条件下进行了两次燃烧室单管试验。第一次试验在模式Ⅰ下进行,试验结果显示,NOx 排放很高,与设计要求相差较大。第二次试验在模式Ⅱ下进行,NOx 排放比模式Ⅰ降低了 46.8%,已接近设计要求的 25ppm(15%余氧状态)。因此本文仅针对燃烧室结构、燃料分配特性和模式Ⅱ的工作过程进行分析研究,提出了进一步改善燃烧室 NOx 排放特性的措施和建议。

1 燃烧室结构和燃料分配

合理的燃烧室结构布局和燃料分配方式,是影响 NOx 生成的主要因素之一。DLN 燃烧室是通过将火焰筒分成若干个燃烧区来实现燃料的分级供给,每个燃

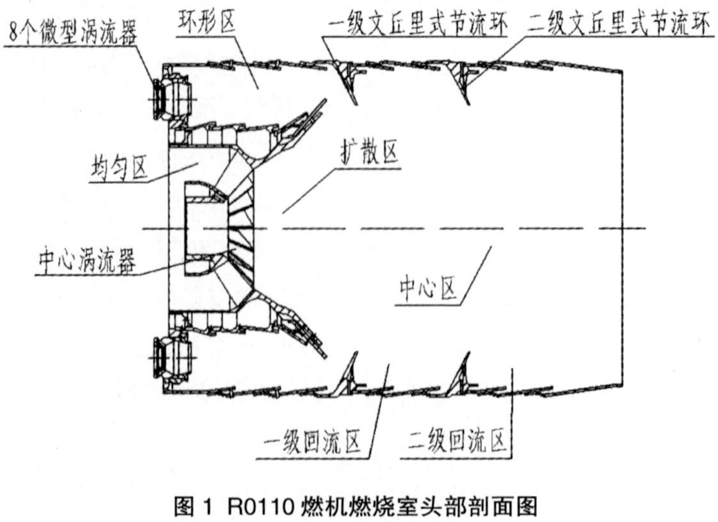

图 1 R0110 燃机燃烧室头部剖面图

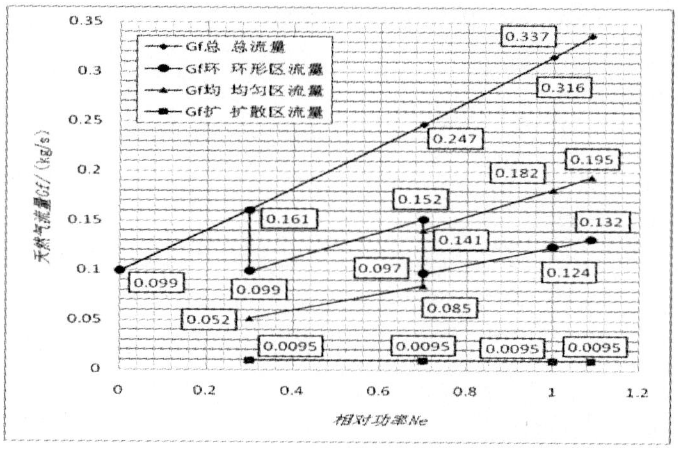

图 2 R0110 重型燃机燃烧室燃料特性

烧区均具有足够的空间来进行燃料与空气的预混，从而获得具有接近完美混合均匀度的可燃混合气，消除各燃烧区内的高温炽热点和时间上的瞬时高温脉动，将各个燃烧区的火焰温度约束在 1670K-1900K 这样一个狭窄的范围内，抑制 NOx 的生成。[3]

1.1 燃烧室结构

如图 1 所示，R0110 重型燃机燃烧室主要由环形区、均匀区、扩散区，以及中心区、一级回流区和二级回流区等组成，轴向布置两道文丘里式节流环，用于收紧火焰和产生回流，防止火焰筒壁温超标和环形区回火。

环形区位于火焰筒头部外侧，其前壁板上装有 8 个微型涡流器。当燃烧室以模式Ⅱ工作时，火焰筒的内、外壁和一级文丘里式节流环所组成的空间形成了环形区的预混室，燃料与空气在该预混室内进行充分混合，后经一级文丘里式节流环产生回流后，与扩散区的值班火焰相遇燃烧。

均匀区位于火焰筒头部内侧，由中心旋流器、火焰筒内壁和前壁板等组成。燃料在均匀区内与空气进行短暂的混合后，经过中心旋流器的搅拌，与扩散区的值班火焰相遇燃烧。

综合燃烧室结构来看，可发现，R0110 重型燃机燃烧室虽然采用了燃料分级和稀相预混结构设计，但在来流空气湍流度、预混距离等方面存在不足。环形区虽然有足够的空间来实现燃料与空气的均匀预混，但是，8 个微型旋流器位于燃料喷嘴的下游，且与燃料喷嘴距离很近，这对来流空气湍流度的强化和预混距离的延长很不利；均匀区与环形区有着同样的弊端，并且预混空间较 GE 公司的 DLN 燃烧室相比小很多，很难实现燃料与空气的完美混合。冷态试验表明，在旋流器出口截面上的燃料浓度分布很不均匀，所测得的预混非均匀度远高于一般所要求的 5%，很显然，这对 R0110 重型燃机燃烧室实现低 NOx 燃烧是不利的。

1.2 燃料分配

R0110 重型燃机的燃料分配按图 2 所示进行，在整个升功率过程中，需要两次调节燃料分配比例，分别为相对功率 Ne = 0.3 和 0.7。

从燃料供应量上看，当相对功率 Ne = 1.0 时，环形区、均匀区和扩散区的燃料分配比例分别为 39%、58% 和 3%[4]。结构分析表明，在 NOx 超标的贡献度中，均匀区所占比例最大，其次为扩散区和环形区。而燃料分配特性显示，均匀区的燃料量是三区中最高的，这无疑增加了均匀区对 NOx 超标的贡献。

从过量空气系数上看，分级燃烧室只有保证各区的油气比接近一致，才能实现整个火焰筒燃料与空气混和的均匀性，避免各区燃烧混合物在中心火焰筒汇集时，因各区油气比不一致而导致火焰温度的阶越性变化，从而获得一个相对稳定的燃烧温度[5]。

有利于控制 NOx 的生成，并保证燃烧室具有较好的燃烧稳定性与较高的燃烧效率。如表 1 所示，R0110 重型燃机相对功率 Ne = 1.0 时，环形区、均匀区加扩散区的过量空气系数分别为 2.62 和 1.15，两者相差两倍有余，很难满足燃料与空气混和均匀性的要求，导致 NOx 生成量无法达到设计要求。

表 1 不同相对功率下各燃烧区的过量空气系数

相对功率	环形区	均匀区加扩散区	总过量空气系数
0	3.27	—	9.23
0.3a	2.00	—	5.66
0.3b	3.16	3.46	5.66
0.5	2.69	2.78	4.66
0.7a	2.04	2.40	3.71
0.7b	3.21	1.46	3.69
1.0	2.62	1.15	2.96

注:上标 a、b 分别表示燃料切换前和切换后的状态。

2 模式Ⅱ的工作过程

R0110 重型燃机燃烧室点火成功后,随着相对功率的升高,模式Ⅱ的工作过程主要包括以下几个阶段:

相对功率 Ne = 0 ~ 0.3。燃料全部进入环形区,燃烧方式为扩散燃烧,燃料和空气基本没有预混,NOx 排放较高,但是,燃烧室在此状态的停留时间很短,因而不会对 NOx 排放产生较大影响;

相对功率 Ne = 0.3。燃烧室在此状态进行第一次燃料切换,均匀区和扩散区开始投入工作,燃料总量保持不变。由于均匀区的投入使用,并以稀相预混方式燃烧,减小了扩散燃烧的燃料量,因而燃料切换后的 NOx 排放较切换前有所降低;

相对功率 Ne = 0.3 ~ 0.4。燃烧室按燃料特性曲线继续提升相对功率;

相对功率 Ne = 0.4。逐步减小环形区的燃料量,直至熄火,将减小的燃料量供入均匀区,保持燃料总量不变。确认环形区熄火后,恢复燃料供给,并不再点燃,直至燃料分配比例回归到相对功率 Ne = 0.4 时的初始状态。此时的环形区作为燃料和空气的预混室使用,实现了由扩散燃烧向稀相预混燃烧的转变,NOx 排放显著降低;

相对功率 Ne = 0.4 ~ 0.7。燃烧室按燃料特性曲线继续提升相对功率,环形区的燃料量占主导地位;

相对功率 Ne = 0.7。燃烧室在此状态进行第二次燃料切换,降低环形区燃料量的同时,增加均匀区的燃料量,保持燃料总量不变;

相对功率 Ne = 0.7 ~ 1.0。燃烧室按燃料特性曲线继续提升相对功率,均匀区的燃料量占主导地位,NOx 排放显著升高。

综合模式Ⅱ的整个工作过程来看,除相对功率 Ne = 0.7 的燃料切换外,基本符合 DLN 燃烧室的工作准则。而试验结果恰恰表明,在相对功率 Ne = 0 ~ 0.7 的过程中,NOx 排放小于 25ppm(15%余氧状态),满足设计要求。正是因为相对功率 Ne = 0.7 的燃料切换后,才导致了 NOx 排放的逐步升高,最终超出设计要求,这与环形区和均匀区燃料量的改变有直接关系。从前面的燃烧室结构分析可以看出,均匀区先天性的结构设计缺陷是影响 NOx 排放超标的主要因素,第二次的燃料切换加重了此因素的负面影响。

3 改善 NOx 排放的措施和建议

根据前面的分析,本文认为,调整好各区之间的燃料比例,是降低 NOx 排放的首选措施。从燃料分配中可以看出,原设计的 R0110 重型燃机燃烧室在模式Ⅱ下,相对功率 Ne = 1.0 时,扩散区的值班燃料、预混较差的均匀区燃料和环形区的稀相预混燃料比例分别为 3%、58% 和 39%,而结构与之相似的 GE 公司 DLN-1 燃烧室这三部分燃料比例则为 2%、15% 和 83%,预混较差的均匀区燃料比例仅为 15%,才实现了 NOx<25ppm(15%余氧状态)。R0110 重型燃机燃烧室均匀区的燃料比例比 DLN-1 燃烧室高 3 ~ 4 倍,使均匀区过量空气系数过低,接近 1(见表 1)。而变成预混室的环形区过量空气系数为 2.62,又显得过高。显然,如将均匀区的部分燃料供给环形区,使两区的过量空气系数相互接近或基本一致,有望进一步降低

NOx 排放。为此，建议将环形区的过量空气系数从2.62降为1.6,其燃料比例就提高到67%,均匀区降为30%,扩散区保持3%不变。

此外,适当的延长均匀区的预混段,提高预混均匀性,增强环形区和均匀区的扰流来增加来流空气的湍流强度,有望进一步改善 NOx 排放特性。

4 结论

本文对 R0110 重型燃机燃烧室结构、燃料分配特性和模式Ⅱ的工作过程进行综合分析，得出以下结论：

火焰筒头部均匀区的预混空间较小，不能满足 DLN 燃烧室稀相预混燃烧的需要；

环形区和均匀区的旋流器安装位置不当,造成了燃烧室的来流空气湍流强度不够；

相对功率 Ne = 0.7 时的燃料切换欠佳，在不改变空气供应条件的前提下，燃烧室的 NOx 排放特性超标,主要原因是均匀区的供氧条件无法满足低 NOx 要求,形成了富燃料燃烧；

各区过量空气系数分配不合理,不能实现火焰筒内燃料与空气混和的均匀性。

在不改变燃烧室结构的前提下,进一步改善 NOx 排放特性的建议是:减少均匀区的燃料量,同时增加环形区的燃料量,使两区的过量空气系数基本一致。

关于 R0110 参与电网调频的应用研究

肖印波

(沈阳黎明航空发动机(集团)有限责任公司非航空产品事业部)

0 引言

为了保证电网的安全经济运行,提高电能质量和电网频率的控制水平,迅速消除由于电网负荷变化而引起的频率波动,电网对机组参与调频运行的要求越来越高。新机组投运一定时间后,机组调频功能必须具备投入条件,以便机组在条件满足时可随时参与电网调频,充分保证电网电源的品质。R0110 重型燃气轮机发电机组的设计发电功率为 110MW, 在一定程度上已具备了参与电网调频的能力,而且其参与电网调频时的响应速度也比传统火力发电机组快得多,可以说是调峰运行机组的全新选择。

1 电网周波及其变化

电网周波是随时间动态变化的随机变量,含有不同的频率成分。系统负荷可看作由以下 3 种具有不同变化规律的变动负荷所组成:

变化幅度较小, 变化周期较短,(一般为 10s 以内)的随机负荷分量;

变化幅度较大, 变化周期较长 (一般为 10s 到 3min)的负荷分量,属于这类负荷的主要有电炉、轧钢机械等;

变化缓慢的持续变动负荷,引起负荷变化的主要原因是工厂的作息制度,人民的生活规律等。

为了保证电网的频率稳定,一般对电力环节要进行调频处理,即一次调频和二次调频。

2 一次调频

一次调频是指当电网频率超出规定的正常范围后,电网频率的变化将使电网中参与一次调频的各机组的控制系统根据电网频率的变化自动地增加或减小机组的输出功率(负荷),从而使电网达到一个新的平衡, 并将电网频率的变化限制在一定范围内的功能,且是一个随机过程,一次调频所调节的正是叠加在长周期变化分量上的随机分量,这就决定了电网一次调频的随机性质。一次调频功能是维护电网稳定的重要手段,其特点是频率调整速度快,但调整量随发电机组不同而不同,且调整量有限,电力调度员难以直接控制。因此,一次调频一般用于解决负荷变化幅度小,变化周期短所引起的频率偏移问题。

2.1 机组一次调频与非一次调频运行的区别

对于燃气轮机, 若作为非一次调频机组运行,则可按功率控制模式运行,且存在一个经济效益最佳的运行状态,即额定负荷状态;若作为一次调频机组运行,则通常不能长时间运行于额定负荷,否则对电网的调频贡献会减弱,即不再具有抑制电网频率下降的调频能力;另外,在一个相对较小的电网中运行的一次调频机组还存在一定的运行风险,比如,可能出现的超负荷、频繁的负荷变化等。

2.2 一次调频参数的设置

一次调频参数的设置常用的有以下三种方式:

2.2.1 带死区、不带限幅的一次调频参数的设置

若将 110 MW 的 R0110 燃气轮机发电机组运行于可供一次调频的运行模式,假定当电网频率为 50Hz 时燃机负荷为 60MW,如果要求频差死区为 ± 2 r/min,则当电网盈功率时,电网频率将会上升,此时,该机组有 60MW 的功率可供减少用于降低电网频率;同理,当电网亏功率时, 电网频率将会下降, 此时, 该机组有 50MW 的功率可供增加用于提高电网频率。相应的参

数设置如表1所示，其函数关系如图1所示。而当燃机工作在额定负荷(110MW)时，便不再具有抑制电网频率下降的调频能力；同理当燃机工作在“零”负荷状态时，也不再具有抑制电网频率上升的调频能力。

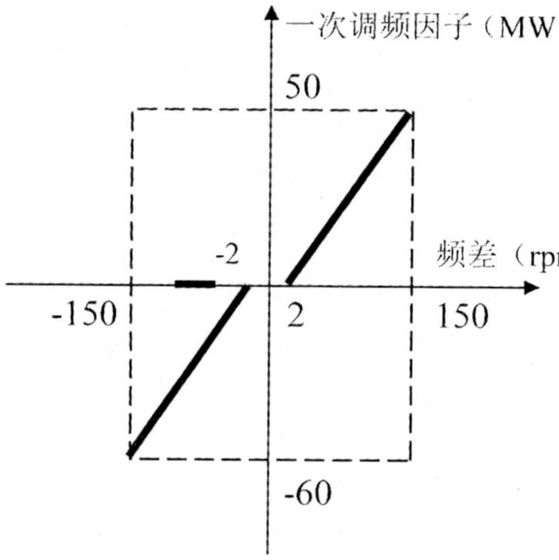

图1 带死区、不带限幅的一次调频参数的设置的函数关系图

2.2.2 不带死区、不带限幅的一次调频参数的设置

由于这种设置方式适用于欧洲电网容量和电网稳定性均优于国内的情况，并不适用于国内运行的机组，否则机组的转速负荷调节控制机构(通常是电液伺服机构)会频繁动作，进而影响使用寿命。

2.2.3 带死区、带限幅的一次调频参数的设置

为了防止一次调频动作时机组出现过负荷的情况，最好对一次调频因子进行幅值的限制，如图2所示。

除了上述双向幅值限制以外，还可以进行单向的幅值限制，在一次调频因子增的方向进行限幅，减的方向不进行限制。

一次参数的设置既要充分考虑对电网周波变化的快速响应，又不能对机组的安全、稳定运行造成影响。

2.3 一次调频试验

调频试验需将控制模式调至调频(有差)模式。当机组并网后，其实际转速受到电网的牵制，可能在调频试验期间不会出现明显的变化，一次调频动作情况(包括一次调频负荷响应滞后时间、稳定时间、迟缓

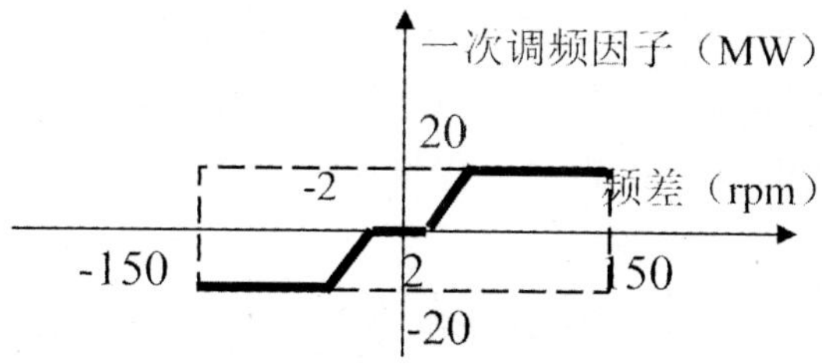

图2 带死区、带限幅的一次调频参数的设置的函数关系图

率、死区以及变化幅度是否在要求范围内)不易检测到，调频试验不易在短时间内完成，因此，调频试验可通过人为强制改变转速设定值或实际转速参数值的方法进行。试验时，一次性强制改变转速设定值或实际转速参数值的幅度应限制在±15rpm范围内，以保证机组的安全，同时避免对电网的较大冲击。若采用强制实际转速值的试验方式，应严格控制实验时间不宜过长，以免发生不可预知的问题，因此时控制系统失去了对电网频率的检测。

3 二次调频

由于一次调频都是有差调节，不能维持电网频率不变，只能缓和电网频率的改变程度，对于变动幅度较大(0.5～1.5%)，变动周期较长(10s～30min)的频率偏差所作的调整则须进行二次调频。

二次调频是根据电网频率高低人为来调整机组负荷。需要利用同步器增、减速某些机组的负荷，以恢复电网频率，这一过程称为二次调频。因此，二次调频是指当电力系统负荷或发电出力发生较大变化时，一次调频不能恢复频率至规定范围时采用的调频方式。这项工作一般由调频厂进行。

只有经过二次调频后，电网频率才能精确地保持恒定值。二次调频目前有两种方法：手动调频和自动调频。

3.1 手动调频

手动调频，即由总调下令各厂调整机组负荷。在调频厂，由运行人员根据系统频率的变动来调节发电机

表1 带死区、不带限幅的一次调频参数的设置

频差 rpm （额定频率的百分比）	-150 （95%）	-2	2	150 （105%）
一次调频因子 MW	-60	0	0	50

的负荷，使频率保持在规定范围内，手动调频的特点是反映速度慢，在调整幅度较大时，往往不能满足频率质量的要求，同时值班人员操作频繁，劳动强度大。

3.2 自动调频

自动调频，即机组采用 AGC 方式，实现机组负荷自动调度。是现代电力系统采用的调频方式，自动调频是通过装在发电厂和调度中心的自动装置随系统频率的变化自动增减发电机的发电出力，保持系统频率在较小的范围内波动，自动调频是电力系统调度自动化的组成部分，它具有完成调频、系统间联络、交换功率控制和经济调度等综合功能。

4 结论

综上所述，单台机组的一次调频对电网频率稳定的贡献取决与该机组的能力和电网的规模以及电网负荷的变化量，很难确定单台机组能够使电网的频率稳定到何种程度。另外，机组的一次调频响应速度取决于整个机组的响应速度，由于 R0110 燃气轮机发电机组还没有过这方面的经验，因此只能根据控制系统的控制周期、燃料系统的响应速度以及燃机的热功转化时间常数等粗略估计——大约为 300 ~ 2000ms。鉴于目前全球范围内的能源紧张，尤其是高昂的天然气价格，使得针对调峰运行推广 R0110 重型燃气轮机发电机组将是一很好的选择。

IGCC发电示范项目QD128燃机机组调试研究

肖印波

（沈阳黎明航空发动机（集团）有限责任公司非航空产品事业部）

0 引言

山西潞安煤基合成油示范项目IGCC发电部分工程（QD128 IGCC燃气轮机发电机组）位于山西潞安煤基合成油有限公司厂区内。本工程建设单位为山西潞安煤基合成油有限公司，总承包及设计单位为山西省电力勘测设计院，施工单位为山西省电力建设三公司，工程监理单位为山西和祥建通工程项目管理有限公司。

该项目采用一套标准大气条件下额定发电容量1×11.5MW的QD128燃气轮机发电机组，并配备一台余热锅炉组成了热—电联供发电机组，燃用中热值煤基合成油伴生气，其主要成分为H_2、N_2、CO、CO_2、CH_4和C_2H_6等，热值在17~22MJ/Nm^3之间。QD128燃气轮机发电机组由中航工业沈阳黎明航空发动机（集团）有限责任公司设计、制造并由北京黎明航发动力科技有限公司成套；余热锅炉为哈尔滨703研究所生产提供的自然循环、卧式、无补燃、双压自除氧余热锅炉。由于QD128燃气轮机未采用干低排放燃烧室设计，为降低机组的NOx排放，在燃料系统中增设了燃料湿化系统和燃烧室蒸汽回注系统，燃料湿化系统和燃烧室蒸汽回注系统由中国科学院工程热物理所设计、河北能帅化工集团制造安装。燃气轮发电机组以10.5kV电压等级接入10.5kV室内配电装置（并入电网）。

该项目的控制系统采用两套北京康吉森燃气轮机工程技术有限公司生产的GTCON2000燃机专用控制系统，其中一套用于燃气轮机发电机组（包括蒸汽回注）控制，另一套用于厂电、余热锅炉、燃料湿化等系统的控制，系统的全部控制程序由黎明公司设计并与康吉森公司合作开发，HMI/SCADA系统由黎明公司设计开发。

目前，该项目已完成简单循环状态下的QD128燃气轮机发电机组及其控制系统全部调试和72+24小时满负荷连续运行考核，另一套控制系统仅完成了SCADA功能的调试。本文就已完成简单循环状态下的QD128燃气轮机发电机组及其控制系统的调试工作进行技术总结。

1 调试验收依据、目标及工作内容

1.1 调试验收依据

本项目调试验收依据为山西省电力勘测设计院与北京黎明航发动力科技有限公司签订的【山西潞安煤基合成油示范项目联产发电部分工程分系统及整套启动调试技术服务合同】。

1.2 调试目标

根据技术服务合同要求应完成：

燃气轮机发电机组分系统及整套启动调试工作；

完成72+24小时试运行。

1.3 主要工作内容

调试的主要工作内容包括燃气轮机调试和热控调试两个部分，具体内容如下：

编制燃气轮机发电机组分系统及整套启动调试大纲；

各专业分系统及整套启动试运的方案和措施；

全面检查启动各系统的完整性和合理性；

组织协调并完成启动试运全过程中的调试工作；

提出解决启动调试中重大技术问题的方案或建议；

提交调试总结报告。

2 静态调试

燃气轮机静态调试分为各辅机系统独立的分系统调试和与控制系统联机后的联合调试两个阶段。

分系统(即各辅机系统)调试包括燃气发生器滑油供给系统、辅机滑油系统、液压起动与控制油系统、燃料供给和调节系统、冷却水系统、罩壳通风冷却系统、动力涡轮隔热罩通风系统、水清洗系统、氮气置换和吹扫系统、二氧化碳自动灭火系统、电气系统(燃机厂用电部分)以及测量系统和控制系统共12个系统的独立调试。其中,电气系统中发电机控制、励磁、同期装置、继电保护等系统的调试和试验由山西电科院完成。

2.1 控制系统静态调试

2.1.1 系统上电、控制程序下装

机组经过两个多月的安装,整个安装工作基本结束并完成了电厂控制系统必要部分和机组控制系统全部的接线检查,临时摘除了电厂控制系统的部分接线,2010年11月10日,两套控制系统开始上电,并与上位的两台操作员站计算机建立通信连接,顺利完成了两套控制系统的实时控制程序下装。

2.1.2 通信调试

两台操作员站计算机与两套控制系统实时控制器建立通信连接后,开始了HMI/SCADA系统与实时控制器的通信调试,检查了HMI/SCADA系统所有I/O参数的读写操作。

2.1.3 控制系统通道检测

控制系统通道检测的目的是为了保证测量线路连接的准确性,检查测量元件的初始工作情况,满足静态调试时各系统的使用需求。主要工作包括:

- DI通道检测:对于NO型输入点,在现场侧,将相应DI通道的两条信号线临时短路;对于NC型输入点,在现场侧,将相应DI通道的两条信号线中的一条从端子上拆下,在控制系统HMI上检查相应参数的状态显示。
- DO通道检测:在MCC柜上,切断所有控制回路的电源,在工程师站上利用OpenPCS软件通过参数强制的方式,改变相应被控制的控制指令,在控制系统HMI上检查相应参数的状态显示,并用万用表电阻档测量MCC柜中相应回路的远程控制接点的通、断状态;对于阀门控制通道的检测,则采用OpenPCS软件通过参数强制的方式直接操作,然后观察阀门响应的动作是否正确。
- PI转速通道检测:利用频率信号发生器,在现场侧的接线端子上直接发送频率信号。
- AI通道检测:对于压力信号,利用压力过程校验仪,在压力变送器的过程接口上直接给出满量程的25%、50%、75%和100%压力源信号,在控制系统HMI上检查相应参数的显示是否正确,误差应符合设计要求;对于阀位反馈在系统联调时进行通道检测;对于振动、流量等四线制接法的测量通道,利用4~20mA标准信号过程校验仪进行检测。
- TC通道检测:首先,根据当时相应测点处的大致温度初步判断该测点是否正常,然后再利用热电偶信号过程校验仪进行通道检测。
- RTD通道检测:首先,根据当时相应测点处的大致温度初步判断该测点是否正常,然后再利用热电偶信号过程校验仪进行通道检测。
- AO通道检测:在控制系统HMI上,直接操作相应控件,改变控制指令的输出值,利用万用表电压档测量现场端对应的两个端子间电压值,该电压值应等于负载电阻与指令电流的乘积。

校线和通道检测过程中,曾发现了部分接线错误、线路虚连等问题,并一一进行了处理,最后全部检测通过。

2.2 辅机系统静态调试

本机组辅机系统主要包括主机润滑油系统、辅机润滑油系统、液压起动系统、燃料供给及调节系统、氮气置换和吹扫系统、燃机箱体通风系统以及水清洗系统。系统静态调试的目的是检查系统连接的正确及组成设备的功能可靠,是否满足燃机正常运转的要求,以便与机组控制系统实现联机调试。主要工作包括:

- 检查各种电动泵旋转方向是否正确;
- 检查各种阀门动作的可靠性以及调节阀的定位准确性等;

● 系统压力试验、检漏；

● 连接循环冲洗工艺管路；

● 循环冲洗后油品化验；

● 拆除循环冲洗工艺管路，系统恢复至正常工作状态。

经静态调试，各系统工作正常，未发现跑冒滴漏现象，油品化验合格，并恢复至正常工作状态。

2.3 系统联调

系统联调是指各辅机系统与机组控制系统的联机调试，即在机组控制系统的HMI画面上通过鼠标操作各系统的远程手动开关等，向各系统发出各种操作指令，并在HMI画面上检查相应的反应（包括设备状态反馈、数据显示等）。参与系统联调的辅机系统有：主机润滑系统、辅机润滑系统、燃料系统联调、液压启动系统和通风系统（包括燃机箱体通风和动力涡轮罩壳通风）。经系统联调，各系统工作正常，连锁、控制逻辑正确。

2.4 静态试验

2.4.1 控制系统双电源切换试验

为提高机组控制系统电源供电的可靠性，控制系统的交流电源采用两路220VAC电源的双冗余供电方式，其中一路来自马达控制中心（MCC）的控制系统电源输出回路，另一路来自直流系统的UPS输出。控制系统内部的24VDC（直流）电源也采用两路双冗余供电方式，两个AC/DC模块的交流输入分别取自上述两路220VAC电源。

控制系统双电源切换试验的目的是检查系统连接的正确及组成设备的功能可靠性，以满足燃机正常运转的要求。主要调试内容为：

● 交替切除两路AC电源，检查控制系统工作是否受其影响；

● 交替切除两路DC电源，检查控制系统工作是否受其影响。

整个试验过程未发现控制系统工作受任何影响，同时控制系统均发出了明确的报警信号。

2.4.2 高压电气系统试验

该部分试验由山西省电科院完成的，详见相关调试试验报告。

3 动态调试

3.1 冷运转调试

开始时间：2011年3月2日16:39，进行首次冷运转调，并经过两次验证。冷运转阶段调试共启动3次，最终将控制参数整定为：冷运转转速为N2≥2650rpm，系统工作压力18.5MPaG，持续运转时间3min。

3.2 点火状态调试

3.2.1 第一次点火——点火摸底试验

2011年4月13日下午一切准备就绪，开始第一次点火摸底试验。启动前将燃料压力调节阀开度调至20%，燃料计量阀开度设置为一个较小的值，主要考虑要保证首次点火的安全）。机组启动时间：2011年4月13日16:29，转速至N2=2890rpm清吹3min后，进入点火时序，点火器投入，同时开启高压燃料阀和快速关断阀，16:33:24时T4温度明显上升，16:33:37时T4温度上升至116.9℃，转速升高至N1=1212rpm、N2=3049rpm时，由于未满足预设的点火成功判据条件，控制系统认为点火失败，执行了紧急停车。整个点火过程未听见爆燃的声音。

从第一次点火试验看，由于预设的点火时燃料计量阀开度偏小，燃烧能量不足，使得点火成功判据中转速条件为满足，而T4的绝对温升条件已满足，于是决定第二天点火状态调试时调整点火成功判据，或适当加大燃料计量阀开度。

3.2.2 点火状态调试

4月14日~15日2天共启动6次进行点火状态调试，其中有两次启动中，分别将燃料压力调节阀开度设定为15%和100%，以测试该调节阀的不同开度对点火状态的影响，结果表明，该阶段燃料计量阀一直工作在临界状态，且可以很好地调节点火状态的供气量，该阶段结束时，完成了控制参数整定，并完善了点火失败保护及熄火保护等功能。

3.2.3 斜升过程调试

从4月15日第二次启动开始进入斜升过程调试阶段，斜升过程按N2转速分为四段：第一段，从3050~3600；第二段，从3600~6500；第三段，从6500~6700；第四段，6700以上。该阶段调试共用2天，启动9次，最后确定了每段燃料计量阀开度增量，同时完善了斜升过程中斜升失败保护及热悬挂保护等功能。

3.2.4 核心机慢车状态调试

从4月18日下午17:46当日第一次启动开始进入核心机慢车过程调试阶段。该阶段调试共用2天，启动4次，该阶段结束时，将控制参数整定为：核心机慢车状态转速（换算转速）设定值 N_2=6900rpm，N1=3650rpm，完成了燃气发生器转速PID控制参数的整定，N_2转速控制稳定在±10rpm以内。

3.2.5 机组加速过程调试

从4月20日下午14:09当日第一次启动开始进入机组加速过程调试阶段。该阶段调试共用2天，启动7次，该阶段结束时，完成了机组加速过程燃气发生器转速PID控制参数整定。

3.2.6 同步慢车状态调试

从4月22日上午10:56当日第一次启动，11:06:28机组首次达到同步转速范围（95%~105%）内，标志着加速过程调试结束，开始进入同步转速控制调试阶段。该阶段调试共用2天，启动7次，该阶段结束时，完成了动力涡轮转速PID控制参数的整定。在不存在对动力涡轮直接扰动的情况下转速控制稳定在±2rpm以内。

3.2.7 高压电气及继电保护调试、试验

4月27日14:14机组启动，14:24机组达到同步慢车状态，开始进行高压电气及继电保护调试、试验。当试验至18:39:07进行励磁系统双通道切换时，发电机出现故障，燃机继续在同步慢车状态运行了近1小时25分钟后按下停车按钮，控制系统执行了机组正常停车程序——自动减速到核心机慢车，然后停留3min冷却后切断燃料，机组停车。停车后，检查发现发电机转子励磁线圈与转子轴间短路，电阻只有4Ω，于是决定发电机转子返厂修理，机组调试工作暂停。

3.2.8 动态调试小结

自4月13日启动动态调试，至11月30日动态调试结束，机组共启动点火36次，点火成功率100%，并实现了机组从静态到同步慢车整个启动过程的一键式启动和全自动控制，无需人为干预，各状态转换（增减速）平稳，核心机慢车稳态过程燃气发生器转速控制精度达到±10rpm，即转速波动在±10rpm之内，同步慢车稳态过程动力涡轮转速控制精度达到±5rpm，即转速波动在±5rpm之内，达到了设计和机组运行要求。

4 机组验收试验

4.1 机组整套启动试运

4.1.1 试运前准备

12月2日，接到业主通知，山西潞安煤基合成油QD128 IGCC发电机组已获得并网发电许可，定于12月8日试并网，并根据实际情况确定72+24小时连续试运行考核试验的启动时间和具体事宜。12月4日到6日，参与调试的人员陆续抵达现场，对机组的各个系统进行全面检查、消缺，12月8日下午顺利完成冷运转，为12月8日的整套试运做好了一切准备。

4.1.2 整套试运（正式启动）

12月8日，机组正式整套试运启动，17:21:48机组达到同步慢车状态，高压电气及继电保护系统进行并网前的最后一次检查试验，21:45并网前的全部试验和准备结束，操作人员向公司生产调度申请增加燃料供给量，向长治地区电调申请并网操作，机组继续稳定运行至22:27:33由山西省电科院技术人员操作并网断路器，机组一次并网成功，22:31:24机组负荷稳定在2.1MW。当机组运行至12月10日1:30后燃料储罐（缓冲罐）压力出现三次缓慢下降趋势，现场操作人员通过调整储罐进口燃料阀开度，使燃机出力（负荷）回到了2MW以上，但储罐压力和机组出力仍有下降趋势，5:36:22储罐压力和机组出力开始快速下降，1分钟内机组出力下降了约1.5MW，且储罐压力下降无法逆转，5:40:50机组出力降为0，机组解列停车。此次并网运行约31小时，平均出力约2.5MW。停车后，分析认为，导致燃料储罐压力下降的原因是储罐进气阀门出现了问题，由于燃料中存在水分，而后半夜大气和燃料气温度均降至-8℃，导致储罐进气电磁阀内结冰，动作不灵活，严重时阀芯被冻住无法打开，储罐压力因无燃料气继续补充而下降。停车后总包方对该阀门进行了检修和伴热保温处理。

12 月 13 日 15:33，机组进行一次独立的冷运转。16:02 机组再次启动，16:09:15 机组达到同步慢车状态，业主电气车间负责并网操作，16:12:43 由于电气车间操作失误（在没有投励磁的情况下，先投了灭磁联跳），灭磁联跳动作，致使机组紧急停车。

当日 16:38 机组再次启动，16:46:20 机组达到同步慢车状态，业主电气车间负责并网操作，17:20:08 成功并网，17:23 机组负荷升至 2MW，机组采用有差控制方式，电网频率一直存在波动，对应动力涡轮转速波动范围为 –6~+1.5rpm，机组控制系统自动响应对电网功率的盈亏进行自动补偿，体现在机组出力随电网频率下降而增加，反之降低，即参与了一次调频。19:56:47 操作人员按要求将机组负荷升高至 4.6MW，20:23 操作人员按要求将机组负荷升高至 6MW，由于业主方燃料气产量不足，机组在该状态运行至 17 日清晨，6:24 操作人员接到公司调度电话，由于公司水源管道发生故障，要求机组减负荷停机，6:48:26 机组负荷降至 0，由于该机组电气保护部分未设置逆功率保护，操作人员按下紧急停车按钮，机组解列并执行紧急停车，停车时刻 T4 温度平均为 338℃。此次并网运行约 85 小时，平均出力在 5.5MW 以上。停车后，应业主要求，在机组控制程序中加入逆功率跳开并网断路器的功能（因发电机继电保护系统暂时无法加入此功能），按电力规范当机组逆功率达额定功率的 3%延时 3s 跳闸，具体为当机组功率 <–0.3MW 时延时 3s 跳开并网断路器，机组继续在同步慢车状态。

12 月 18 日 14:40 机组再次启动，14:46:15 机组达到同步慢车状态，16:09:09 接电调指令机组并网，缓慢增加机组负荷，16:14 机组负荷升高至 3MW，16:23:20 开始增加负荷，16:25:30 机组负荷升高至 6.2MW，后又降至 5.5MW，由于业主燃料气产能问题，机组无法再增加出力，基本稳定在 5.5MW，直至 12 月 20 日 9:50 重新开始增加负荷，9:53 机组负荷升高至 6.6MW，10:07 时机组负荷升高至 8.4MW，10:53 时机组负荷升高至 9.2MW，11:19 机组负荷升高至 10.7MW，此时折算成标况下的机组发电功率为 11.5MW，机组达到满负荷状态，正式启动 72+24 小时连续考核运行计时。2011 年 12 月 24 日 11:40 潞安集团煤化工管理处刘新斌处长宣布 96 小时试运考核结束，机组开始缓慢减负荷试，12:09 机组解列并正常停车，考核顺利通过。考核试验期间，机组平均负荷率 >90%，符合电力系统相关规定要求，另外，机组在负荷 <90%状态下并网运行约 43 小时。

整套试运时，对 P2 压力脉动进行了全程监测，未发现脉动迹象，压气机工作正常。

4.1.3 整套试运小结

1）运行统计数据

整套试运期间，机组正式启动次 6 次，点火成功率 100%；启动成功率 100%；三次有效并网操作的并网成功率为 100%；累计并网运行时间为 258 小时，其中平均负荷率 >90%状态连续运行超过 97 小时。

2）机组运行状态评价

通过机组整套试运和 72+24 小时额定负荷考核试验，对机组各系统初步评价如下：

● 燃气发生器：点火容易、运行平稳、振动值较低，所有参数均在正常范围内，其它未发现问题。

● 动力涡轮：并网前后轴径向振动值偏高，一级报警比较频繁，当负荷超过 6.5MW 后有所降低，9MW 以后较好；其它未发现问题。

● 齿轮箱：轴径向振动值偏高，在一级报警点附近；其它未发现问题。

● 发电机：前轴承座下方存在少量积油，未发现其它问题。

● 进排气系统：未发现问题。

● 主机润滑系统：发现油箱盖上有积油，但未发现渗漏点；其它未发现问题。

● 辅机滑油系统：未发现问题。

● 燃料系统：我方供货部分未发现运行方面问题。

● 液压系统：液压起动系统和控制油的溢流阀调节精度较差，难以调整；液压马达斜盘调节失灵，目前已取消对其调节，当作定量马达来使用，满足要求；未发现其它问题。

● 控制系统：有一台上位计算机（操作员站）每运行 2~3 天就死机，原因一直未查出，曾几次重装系统，刷新 BIOS，但问题依旧。

● 测量系统:问题较多,主要是安装过程施工质量差,防爆接线箱普遍密封不良;多数 T4 接线虚连,停机后检查发现有 3 支点电偶损坏,应属质量问题;燃机箱体内有一个测温点设置不太合理,造成箱体温度值偏高。

● 电气系统:UPS 曾烧坏一台,更换后,现又烧坏;个别旋钮损坏操作失灵;未发现其它问题。

● 箱装体:外表面锈蚀点较多,两个箱体顶上和部分侧壁外部存在大量油污,是滑油系统油气分离装置排出的烟气冷凝所致。

● 通风系统:箱体负压较大,可能是箱体通风进口面积不足,未发现其它问题。

● 其它:燃机达到额定负荷后,燃机箱体内温度偏高,若大气温度升值 15℃以上,燃机箱体内温度可能会超过最高限制值。

4.2 机组联锁与保护试验

根据甲乙双方签订的合同和技术协议,结合业主现场的具体情况,经双方研究决定,机组在正式向业主交付前需进行并已完成了以下试验,且保护性试验(自动执行紧急停车操作)应在非并网条件下完成,以免对业主的正常化工生产过程造成影响。

4.3 紧急停车按钮有效性试验

机组在调试期间,多次通过人为按下紧急停车按钮实施停车操作,充分证明了该按钮操作的有效性。

4.4 正常停车按钮有效性试验

机组在调试期间,两次通过人为按下正常停车按钮实施停车操作,控制系统均按预定程序将机组状态降低至核心机慢车状态,稳定运行 3min 后切断燃料供给,机组停车,充分证明了该按钮操作的有效性。

4.5 燃气发生器滑油压力低低保护试验

通过人为向控制系统输入燃气发生器滑油压力低低值假信号的方法,令控制系统自动采取保护动作,以验证该项保护的有效性。试验结果表明,当燃气发生器滑油压力降低至低低值后,控制系统自动启动了主机滑油系统应急泵,并打开了向发动机共有的电磁阀,同时执行了停车操作(立即切断了燃机燃料的供给),证明该项保护的有效性,功能完全符合设计要求,能在其机载滑油泵发生故障的情况下最大限度保护燃机燃气发生器轴承的安全。

4.6 辅机滑油系统总管压力低低保护试验

通过人为向控制系统输入辅机滑油系统总管压力低低值假信号的方法,令控制系统自动采取保护动作,以验证该项保护的有效性。试验结果表明,当辅机滑油系统总管压力降低至 0.08MPaG 后,控制系统自动启动了辅机滑油系统交流滑油泵,同时启动了正常停车程序,5s 后,由于辅机滑油系统总管压力仍低于 0.08MPaG,于是控制系统又自动执行了紧急停车操作(立即切断了燃机燃料的供给),同时启动了直流应急滑油泵,证明了该项保护的有效性,功能完全符合设计要求,能在辅机润滑油系统主滑油泵发生故障的情况下及时采取保护操作,以保证燃机动力涡轮、齿轮箱以及发动机轴承的润滑和冷却。

4.7 其它保护试验

机组调试过程中无意间还完成了两个保护试验。一个是燃料气温度低于设定值(当时设定值为 <5℃),由于时值冬季温度燃料气管路有相当长一段没有保温、伴热等处理,当燃气发生器 N_2 转速达到 6000rpm 以上后,燃料气温度仅 1.5℃,为防止发生燃料发内结冰,控制系统自动执行了紧急停车操作;另一个是发电机继电保护跳闸联跳了燃机,业主电气车间在接管电气部分操作后,首次进行同期调整时,在没有投励磁的情况下,先投了灭磁联跳,导致发电机继电保护动作。由于控制系统中所有保护信号通过一个逻辑“OR”门后送入紧急停车回路,只要有一个紧急停车信号为“真”,就可以立即引发紧急停车操作,这两次保护动作证明了控制系统的保护是有效的,符合设计要求。

5 结论

山西潞安煤基合成油 QD128 IGCC 发电机组简单循环模式,断断续续历时一年多的调试、消缺,于 2011 年 12 月 8 日按业主计划如期首次试并网发电成功,并于 12 月 21 日 ~24 日圆满完成了 72+24 小时满负荷连续运行考核试验,并完成了合同规定的各种试验。考核试验期间平均负荷率在 95%以上,最低负荷

>90%，根据业主提供的燃料组分计算出燃料的低位热值在 17~22MJ/Nm³ 之间，再通过读取发电机输出功率，计算出机组热效率为 30%左右，高于双方签订的合同和技术协议规定的 27%。

综上所述，山西潞安煤基合成油 QD128 IGCC 发电机组简单循环模式的调试试验工作全部结束，机组可以投入长期运行，也可以适时启动余热锅炉、燃料湿化以及燃烧室注蒸汽等系统的调试。

某重型燃机透平一级静叶蒸汽冷却技术研究

吕永 徐玮 李景波 权立宝 易海
(沈阳黎明航空发动机(集团)有限责任公司非航空产品事业部)

1 前言

1.1 前言

燃气轮机是21世纪世界发电设备和重要军事设备动力的主力军,燃气轮机工业水平将成为一个国家工业先进程度的标志[1]。但是,由于受各种因素的影响,我国的燃机事业经历过太多"蹉跎",存在着水平低,自主研制和生产能力差等问题。特别是在重型燃机领域,21世纪初我国提出了以市场换技术、开放中国燃气轮机发电市场、引进国外先进技术,实现发电用重型燃机国产化的战略指导方针,所以到目前为止我国重型燃机市场已经被国外燃机所把持。面对这一不利局面,中航工业黎明公司积极引进国外智力资源,联合国内优秀厂所院校,发挥其先进航空制造技术,研发出了中国首台具有完全自主知识产权的重型燃机R0110,打破了国际垄断,为我国的经济事业和国防安全建设做出了重大贡献。

1.2 涡轮叶片冷却技术

涡轮叶片被喻为发动机的"心脏"。提高涡轮前进口温度(RIT)是提高发动机热效率和输出功率最有效地方式之一,但是涡轮前进口温度的提高伴随的是叶片工作环境的全面恶化,造成其可靠性低,使用寿命严重缩短。可以从两方面着手解决以上问题:一是发展先进的材料,二是采用先进的冷却技术。图1反应了近年来涡轮前温度变化与材料和冷却技术的关系[2]。由图1可以看出,涡轮前温度已经远远超过叶片材料熔点,发展新型材料提高RIT已经达到极限,先进冷却技术发挥着越来越重要的作用。1960年以前由于没有采用冷却叶片,涡轮进口温度一直不能超过1050℃。之后,发展了简单的直冷却通道的叶片,冷却空气穿过叶片内部的气流通道系之后直接排放进燃气通道中。这种冷却结构强化内部换热的作用不大,使涡轮进口温度停留在1000~1150℃之间,冷却效率仅达到0.4左右。后来为了增强内部冷却通道的换热效果,在光滑冷却通道内表面上增加了肋、销钉和扰流柱等以增加紊流度、换热面积来强化叶片的冷却效果。随后冷却效果更好的内通道冲击冷却、叶片外表面气膜冷却开始逐渐在涡轮导叶和涡轮动叶上广泛采用,叶片冷却效果得到了进一步的改善(如图2和图3)。

为了进一步提高冷却效果,人们提出了发散冷却方法以及多层壁气膜冷却结构。发散冷却是在被冷却表面开有许多小孔,因为小孔内有很高的换热系数和很大的换热面积,且冷气从小孔溢出并附着在表面上,形成一层保护层,阻隔燃气向表面传热,所以这种冷却方式有很好的冷却效果。多层壁气膜冷却结构则是在冷气形成气膜之前,先以冲击,对流等主动冷却方式冷却涡轮叶片,充分利用冷气热容,尽可能地吸收基体的热量。发散冷却叶片由于工艺复杂,小孔容易堵塞、积碳等缺点,难以在涡轮叶片上实际应用。

以上均为采用空气作为冷却工质的冷却技术,但是随着燃气透平初温的提高,为了冷却高温部件,需要从从压气机抽大量的冷却空气,这不仅消耗了压气机中的高压空气,而且冷空气在透平中与主流燃气的掺混也导致透平效率的下降,从而影响了整个系统的效率,据估计,当高性能涡轮系统RIT>1763K时,约有35%的压缩空气用于热通道组件的冷却[3],因此对于地面重型燃机系统,采用蒸汽作为冷却介质非常有优

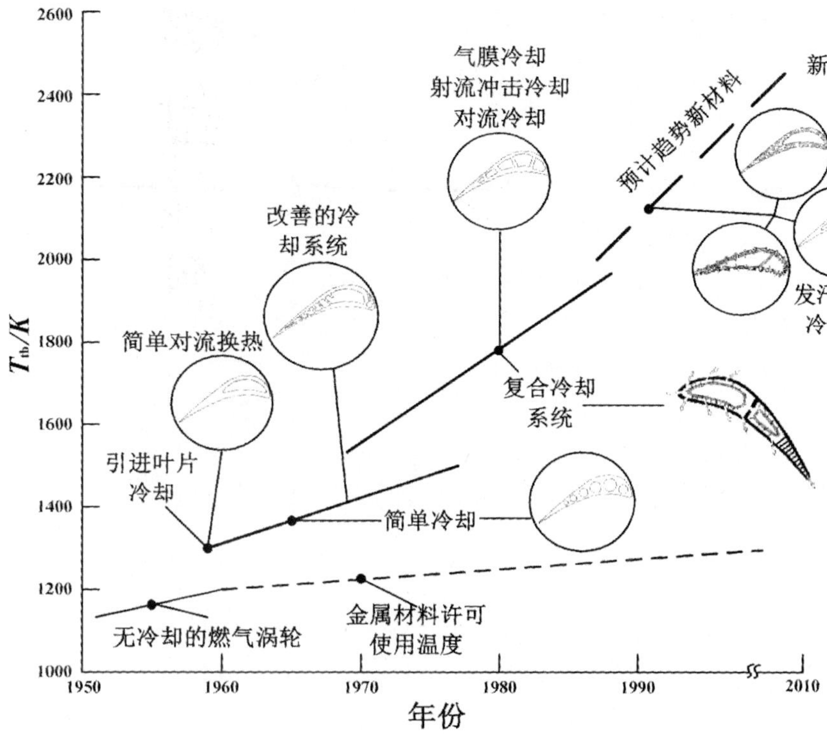

图 1 涡轮进口温度及冷却技术的发展历程[2]

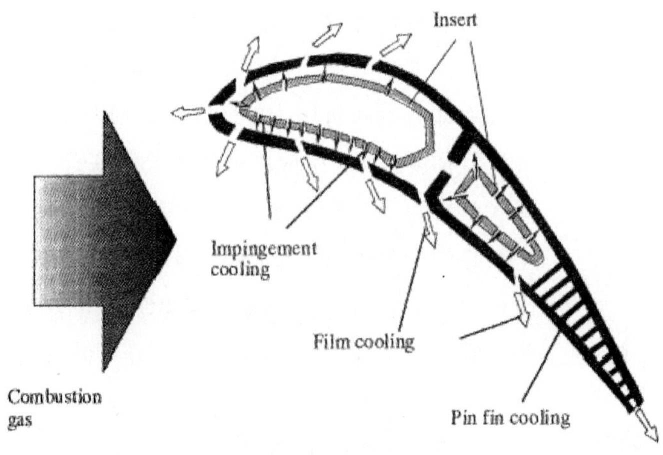

图 2 涡轮导向叶片的冷却结构

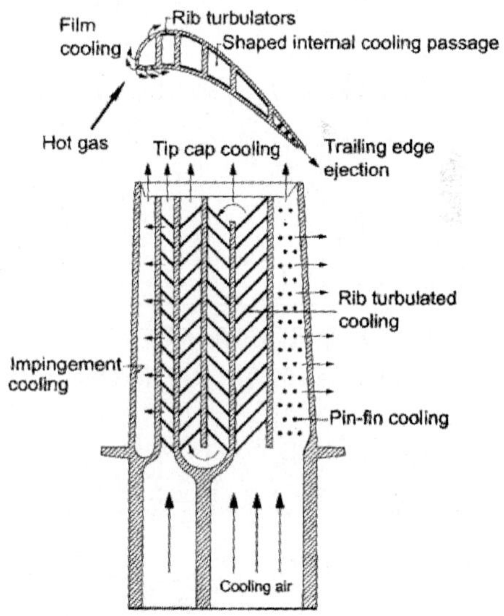

图 3 涡轮工作叶片冷却结构

势。蒸汽的导热性能大于空气且热容较大，采用蒸汽冷却方式可以使需要的冷却剂流量大大减少，较好地弥补了空气冷却的缺点[3]，特别是在燃气－蒸汽联合循环发电系统中，冷却涡轮后的蒸汽可以进一步在蒸汽涡轮中做功，大大提高了系统整体热效率。

1.3 国外蒸汽冷却技术应用情况

美国能源部（DOE）和美国陆用燃机制造业制定了先进透平系统（AdvancedTurbineSystems）的长期研究和发展项目，其中一重要目标是使燃机热效率达到甚至超过 60%，围绕这一目标他们着重发展了闭式循环蒸汽冷却技术[4]。图 4 为 GE 公司测试的 H 级燃机蒸汽冷却一导叶片。

图 5 为 GE 公司 M9001H 燃机采用闭式循环蒸汽冷却叶片与空气冷却叶片结构简图对比，由图可以看

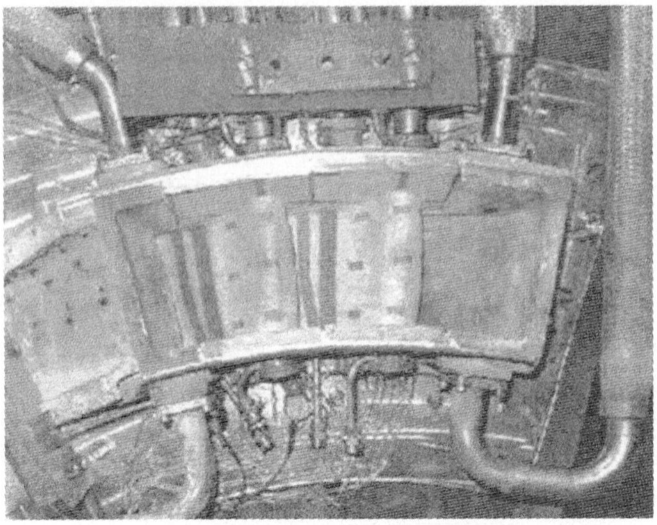

图 4 正在接受腐蚀测试的 GE 公司 H 级燃机蒸汽冷却叶片[4]

出，使用蒸汽冷却后燃气温降比使用空冷后温降提高 110 度，GE 公司采用这一技术从而使整个燃机联合循环热效率提高 1.5%[4]。三菱公司也生产了带闭式蒸汽冷却叶片（如图 6）的 H 级机组[6]，只不过其蒸汽冷却叶片尾缘依旧保持空冷柱状肋结构形式，这说明对于蒸汽冷却导叶来说，其尾缘处理是个难题[6]。

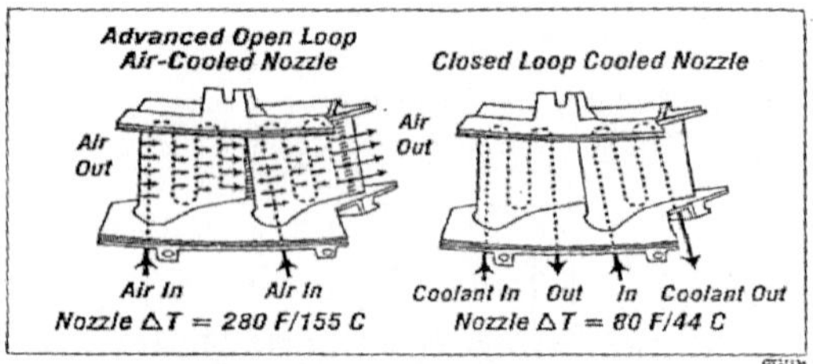

图 5 M9001H 燃机闭式循环蒸汽冷却叶片与空气冷却叶片结构简图及冷却效果对比[5]

1.4 国内蒸汽冷却叶片研究进展

国内关于蒸汽冷却技术的研究开展的比较迟，只在计算上面看到一些论述。胡捷和苏生[7]等对燃机进口导叶的冷却方案进行研究，用闭式蒸汽冷却对传统设计的开式空气冷却改型，采用气热耦合方法分析对比了两者的冷却效果。结果表明，闭式蒸汽冷却简化结构的同时，增大了冷却效率，降低由冷却带来的损失。童齐宝、王锁芳[8]等人对某燃机二导叶片基础上，对叶片内部进行了设计并采用内部蒸汽冷却方式进行数值模拟计算，结果表明在叶片内壁面上布置扰流肋片可以加强蒸汽与叶片的对流换热，但是容易造成内部冷却流道曲折压力损失变大，在尾缘处压力损失最大且梯度最大。中航工业黎明公司联合南京航空航天大学吉洪湖教授对 R0110 重型燃机蒸汽冷却涡轮Ⅰ级导向叶片进行了流动与传热的数值模拟和分析，设计出了中国完全具有自主知识产权的闭式蒸汽冷却 + 空气冷却叶片，文即是对这一新型叶片的介绍。

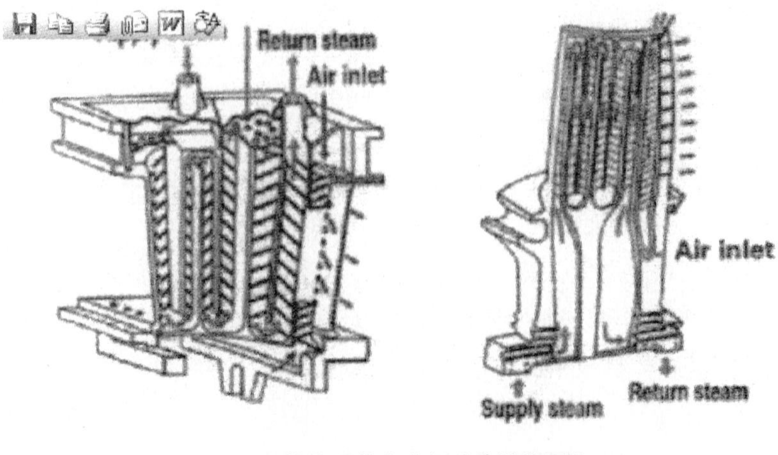

图 6 三菱公司蒸汽冷却叶片结构图[6]

(a)前视图 (b)俯视图

图 7 燃气轮机Ⅰ级导向叶片实体模型(空冷)

2 原有叶片基本结构

在引入新式叶片之前,有必要对原有叶片进行介绍,原有叶片三维实体模型如图 7 所示,它外轮毂、叶身和内轮毂三部分构成。

由于导向叶片内部的冷却结构十分复杂,因而在图 7 中没有显示出叶片内部的导流板和冲击板等构件,图 8 给出了叶片内部的详细结构以及叶片压力面和吸力面上肋片的分布情况。

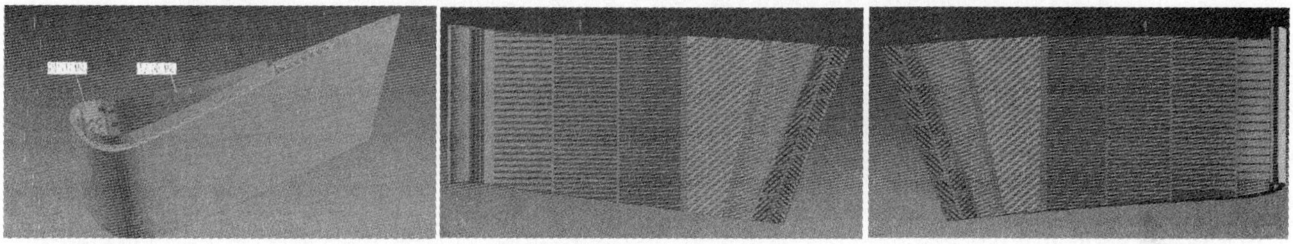

(a)导流板和冲击板在导向叶片内的位置 (b)导向叶片压力面的冷却结构 (c)导向叶片吸力面的冷却结构

图 8 导向叶片内部的冷却结构

由上图可以看到,该导向叶片的是一种典型的复合式冷却结构:在叶片前缘采用了内部冲击冷却和外部气膜冷却相结合的形式;在叶片中弦区采用了冲击冷却和水平直肋强化对流换热相结合的形式;在叶片后部和尾缘则采用了网格式肋化通道、斜肋和扰流柱强化对流换热相结合的形式。冷却空气在对叶片进行冷却后分别通过叶片前缘的气膜孔和尾缘的劈缝进入主燃气流中。

3 新式叶片基本结构

新式叶片保持气动外形不变,但是由于冷却介质的不同,造成内部通道发生很大改变,主要由叶片前缘、插件、隔板、后缘、外部蒸汽管路和空气管路等组成,现给予分别介绍。

3.1 插件

插件外形如 9 图所示。在插件上设置了两列冲击孔,主冲击孔列在正对前缘方向基础上朝吸力面一侧偏移 1.6mm,其孔径为 8mm,副冲击孔列位于与主冲击孔列相距 8mm 的压力面一侧,其孔径为 5mm。

图 9 插件外形轮廓

3.2 叶片前缘

因为是蒸汽冷却叶片,新式叶片前缘较既有叶片

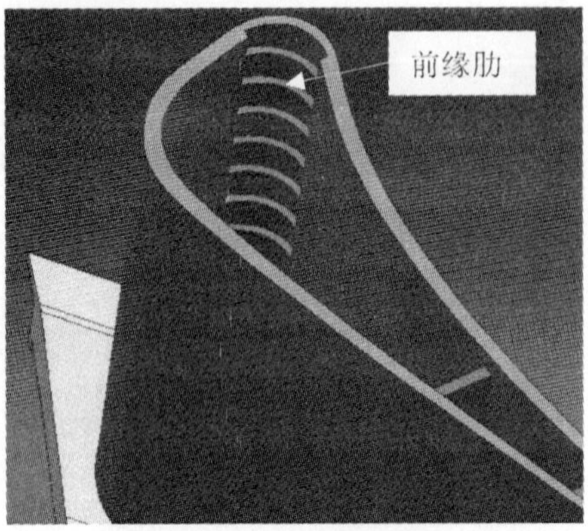

图 10 前缘肋图

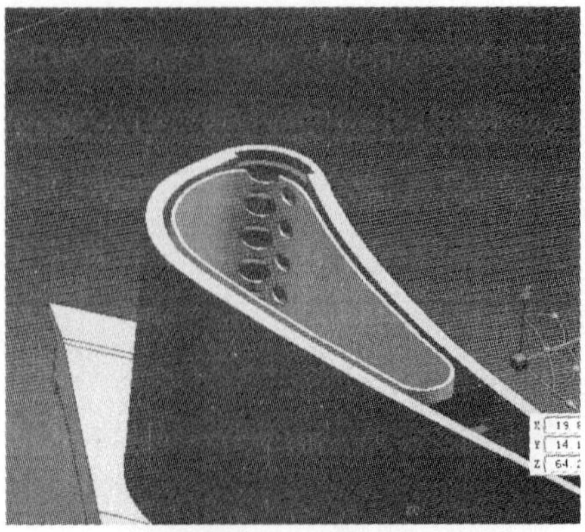

11 前缘肋片与冲击孔位置

图 12 前隔板和后隔板图

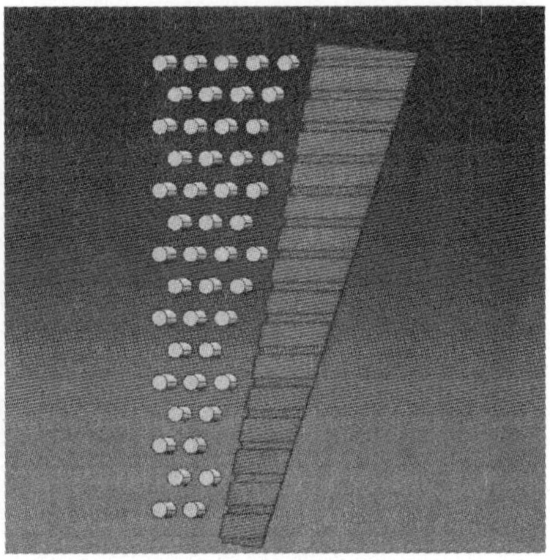

13 扰流柱和尾肋

取消了前缘气膜孔，在叶片前缘内侧设置了埋入式的肋片结构，肋宽 2mm，肋高 2mm，肋间距 10mm（如 10 图所示）。肋片与主冲击孔列呈错排布置（11 图）。

3.3 隔板

隔板分为前隔板和后隔板，其中前隔板进行了分割处理，分为 5 个限定快，各小块间距为 5mm（12 图）；后隔板未做任何处理，后隔板将内腔分为蒸汽冷却系统和空冷系统。

3.4 后缘

后隔板以后叶片部分属于叶片后缘部分。叶片尾缘保留原叶片尾劈缝形式，尾劈缝前段设置尾肋，此尾肋为压力面和吸力面内侧各设置一列平行直肋错排布置而成，其肋顶相互接触。肋宽为 6mm，肋间距为 8mm（11 图）。尾肋前端至后隔板腔内布满扰流柱，扰流柱直径为 4mm，柱间距为 8mm，扰流柱呈叉排布置（13 图）。

3.5 管道布置

新式叶片的外部管道布置如 14 图所示。为“二进一出”结构，即为一个蒸汽进口，一个空气进口和一个蒸汽出口。

3.6 冷却介质内部流向图

图 15 为蒸汽流向图。蒸汽进口设置在插件前缘顶部，蒸汽由此进入后，通过冲击孔喷射到前缘肋片上折转，分为两股流向（即叶片压力面和吸力面内壁与插件组成的间隙）后在前隔板与插件尾缘之间会合，然后流经前隔板，最后经过蒸汽出口流出腔外。

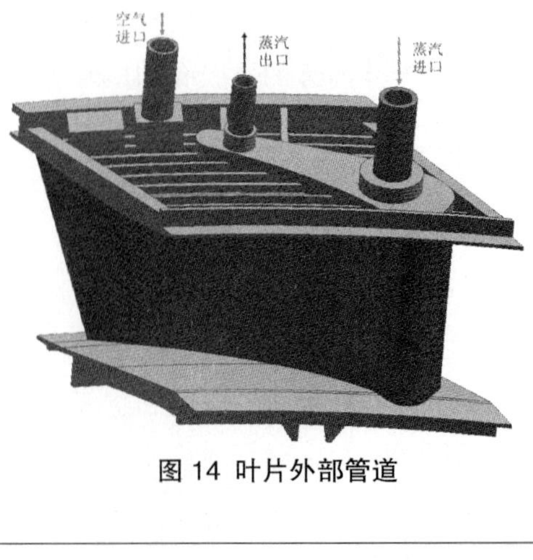

图 14 叶片外部管道

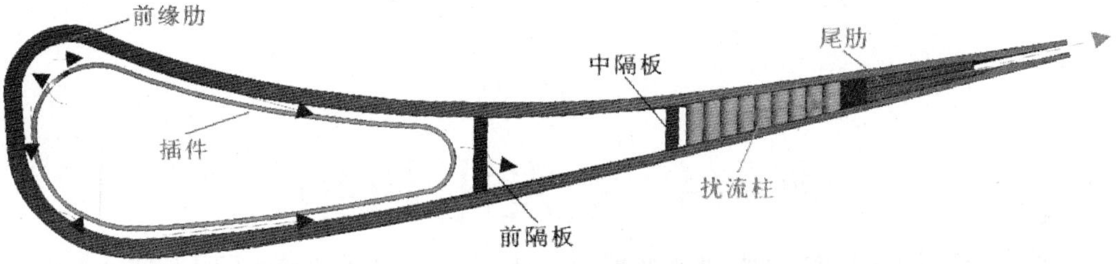

图 15 冷却介质流向图

空气进口设置在扰流柱部分叶顶部分，空气进入后，与扰流柱进行强烈的换热，之后进入尾肋再一次进行换热，最后冲出尾劈缝流入到叶片外部燃气通道中。空气流向如 15 图红色箭头所示。

3.7 工作参数

工作参数：蒸汽进口压力为 500000Pa、进口温度为 258℃，流量为 0.221kg/s，出口温度为 318℃。空气进口压力为 1460000Pa、温度为 410℃；流量为 0.196kg/s。0.234kg/s。

3.8 优缺点及可能改进方式

新式结构优点：研究表明，该蒸汽－空气冷却叶片与现有空气冷却叶片相比，减少空气冷却量 17%，燃气出口温度提高了接近 2K。叶片外表面的平均温度比现有空气冷却导向叶片外表面的平均温度低 19.2K。

缺点：研究发现叶片中截面处的冷却效果比空冷叶片差。分析原因是插件与叶片内壁间未设置肋片导致此处换热效果较差。

改进方式：以此新式叶片为基础，我们将在以下方面尝试对叶片内部的改进，以获得更优的结构：

1.由于此新式叶片增加两个蒸汽管道，管道的布置问题将是我们将来研究的重点。

2.在叶片压力面和吸力面内壁植入肋片，不仅可以加强叶片中部换热，减少冷却蒸汽量，还可以固定插件。

3.改变插件中冲击孔结构（如孔径、排列方式等），提高前缘冷却效果等。

4　结论

本文通过对国际和国内研制情况的介绍，简单说明了涡轮导向叶片的冷却发展历程和趋势。详细介绍了某型重型燃机蒸汽冷却＋空气冷却导向叶片的结构，分析了其存在的优势和不足，提出了改进方向。

蒸汽冷却具有冷却快、冷效高、流阻小和结构简单等优点，已经成为当今冷却技术发展的大趋势。通过不断的优化完善设计，势必将大幅提高涡轮导向叶片冷却效果，提高涡轮前温度，从而提高涡轮工作效率，降低能源损耗，提高经济效益。在今后工作中，冷却结构的优化处理与蒸汽消耗量之间的协同将作为重点研究方向。

燃气轮机发电机组在通信枢纽电源领域中的应用研究

宋文超 郭越

(沈阳黎明航空发动机(集团)有限责任公司非航空产品事业部)

1 概述

自从1939年世界上第一台发电用燃气轮机问世以来,经过半个多世纪的发展,燃气轮机以其效率高、污染低、结构紧凑、质量轻、体积小、启动快、可靠性高不用或少用水、投资低等一系列优点,迅速发展成为热机中的一支劲旅,大量用于发电、机械驱动、舰船驱动等领域。

目前发电已经成为燃气轮机的主要用途之一。燃气轮机不仅效率高,且起动快和能快速适用负荷需求的变化,用于电站发电时带基本负荷、调峰运行和作备用机组均适用。燃气轮机还能方便地实现不需外界电源的黑起动,是在电网出现故障供电中断时,备用的燃气轮机发电机组即可独立地紧急起动投运,向需保证供电部门供电。燃气轮机不仅使用于大型中心电站发电向电网供电,且适用于无电网的地区孤立运行发电。

近年来,随着国内外网络通信系统的高速发展,通信系统对备用电源的需求量越来越大,同时对单机供电容量的需求也不断增加。研究通信系统备用电源的使用需求,拓展燃气轮机市场,使我公司研制的燃气轮机早日进入通信领域具有重要意义。

2 通信枢纽电源的供电特点

通信枢纽作为重要通信设施,基本上都是一类市电供电,即从两个稳定可靠的独立电源分别引入一路供电线路。该两路不应同时出现检修停电,平均每月停电次数不应大于1次,平均每次故障时间不应大于0.5小时,供电可靠性较高。但在特殊情况下,由于自然灾害、人为操作失误等,通信枢纽两路市电同时停电的情况仍有发生。为了使通信设备在市电停电的情况下仍能正常工作,通信枢纽必须配置足够容量的备用发电机组为应急供电保障。

3 通信枢纽电源对燃气轮机发电机组的使用要求

为满足通信枢纽应急电源的实际使用要求,规范供货标准,国家信息产业部颁布了《通信用燃气轮机发电机组》(YD/T 1269-2003)行业标准,对用于通信枢纽应急电源的燃气轮机发电机组提出了相关技术要求。

3.1 主要设备技术要求

标准对通信枢纽应急电源的燃气轮机发电机组主要设备提出了具体技术要求,包括使用条件、燃用燃料、电压电流特性、控制与保护等(见表1)。

3.2 电压特性和频率特性

标准对通信用燃气轮机发电机组电压特性和频率特性提出了详细技术要求(见表2)。

3.3 验收项目

标准对机组的验收试验项目进行了规定,具体验收试验项目见表3。

4 燃气轮机发电机组与柴油发电机组相比的优势

由于燃气轮机发电机组与柴油发电机组相比具有较高的可靠性、使用范围广、输出电压品质好等优

表 1 通信用燃气轮机发电机组主要设备技术要求

设备类型	参数要求	参数值
使用条件	环境温度	－15℃～45℃
	相对湿度	≤90%（40℃）
	海拔高度	≤1000m
燃气轮机	使用燃料	液体燃料或气体燃料 （推荐采用柴油作为燃料）
	额度输出转速	额度功率时经过减速后的转速为 1500r/min
同步发电机	额定电压	高压 10.5kV（AC）三相三线制或低压 400V（AC）
	额定频率	50Hz
	功率因数	0.8（滞后）
	励磁方式	无刷励磁
	绝缘等级	H 级
	驱潮装置	应采用驱潮装置
	电压整定范围	空载电压整定范围应不小于 95%～105%的额定电压
	波形畸变	空载额定电压时线电压波形正弦性畸变率应不大于 3%
辅助设备	启动设备	启动电压可采用 DC48V/24V，自动与手动两套操作，机组具有应急手动启动与停机装置
	控制设备	控制电压采用 DC12V/24V/48V
状态与保护	状态	自动维持准备运行状态
	保护	具有超速保护、超温保护、滑油压力低、启动不成功、回油温度高等保护功能

表 2 机组的电压特性和频率特性要求

性能参数			运行极限值
电压	稳态电压偏差		≤±1%
	突减功率时的瞬态电压偏差	100%负载	≤±20%
	突加功率时的瞬态电压偏差	100%负载	≤-15%
	电压恢复时间		≤4s
频率	电压不平衡度		≤1%
	频率降		≤3%
	稳态频率带		≤0.5%
	相对的频率容差带		≤2%
	突减功率时的瞬态频率偏差	100%负载	≤+4%
	突加功率时的瞬态频率偏差	100%负载	≤-4%
	频率恢复时间		≤3S

点，因此通信枢组应急电源正越来越多的采用燃气轮机发电机组代替柴油发电机组。燃气轮机发电机组与柴油发电机组相比具有如下优势。

4.1 可靠性高

由于进入燃气轮机的气流是连续不断地被压缩、燃烧和膨胀做功，与柴油机相比结构简单、零部件数量较少等，因此燃气轮机发电机组运行的可靠性较高。

4.2 输出电源品质好

燃气轮机发电机组在平衡负载下的转轴运动基本上是匀速的，较柴油使发电机相比转速波动小，因

表3 验收试验项目

序号	试验项目名称
1	外观检查
2	绝缘电阻测量
3	绝缘介电强度试验
4	相序检查
5	指示装置检查
6	空载电压整定范围畸变率测量
7	线电压波形正弦性畸变率测量
8	启动成功率试验
9	稳态电压偏差测量
10	瞬态电压偏差和电压恢复时间测量
11	频率降测量
12	稳态频率带测量
13	瞬态频率偏差和频率恢复时间测量
14	额度状态连续工作及过载试验
15	自动启动、加载、停机功能试验
16	自动保护功能试验
17	自动补给功能试验
18	噪声测量
19	燃油消耗率测量
20	滑油消耗率测量
21	监控试验
22	并联运行试验

此输出电压稳定、波形失真小，波形畸变率可控制在3%以内，而柴油发电机组波形畸变率为5%。

4.3 带非线性负载能力强

实际运行时，在非线性负载较多的情况下，柴油发电机组有时会发生电压震荡（幅度在10%～20%）、电流震荡以及频率漂移等问题，无法稳定运行。而燃气轮机发电机组则可避免上诉问题的发生。

4.4 吸收负载惯性力强

柴油机是往复运动改变转动，由于循环过程中只存在短暂的作功过程，所以吸收负载惯性力小。而燃气轮机直接是旋转运动，不存在机械运动的转化问题，因此吸收负载惯性力强。

4.5 废气排放小

由于燃油在燃气轮机中完全燃烧，排出的废气（包括氮氧化物（NOX）、一氧化碳（CO）、硫氧化物（SOX））均小于柴油机的排放量。此外和柴油机不同，其润滑油与发热部分完全分离，润滑油不会混合在排气管内形成黑烟被排出，不仅有利于环境保护，也降低了润滑油的损耗。

4.6 噪音小

燃气轮机的全部机械动作均为旋转，产生的振动比较小（动态重量较轻），而且发动机的高速旋转所产生的噪音较小，且为高频率，易于减弱，而柴油机由于是往复运动，运行时振动大，所产生的噪音较大，且多为低频噪声，较难消除。燃气轮机发电机组产生的噪声一般为85dB(A)(离机组1米处)，而柴油发电机组多为105～115 dB(A)。

4.7 不需要冷却水

燃气轮机的润滑油系统可采用风冷散热的方式，工作时不需要冷却水，相比较柴油机复杂的冷却水系统，可以避免因水的泄漏、冷却、沸腾及污水等产生的故障。

4.8 可节省机房建设及维护等费用

由于燃气轮机发电机组噪声小，排放少，可节省环保治理费用。由于振动小、动态负荷小，对安装基础无特殊要求，基础费用可以节省。燃气轮机发电机组构造简单、部件数量少，维护费用低。

燃气轮机基本热力计算方法分析

张新叶

（沈阳黎明航空发动机（集团）有限责任公司非航空产品事业部）

1 概述

燃气轮机自出现以来，凭借其清洁、高效、故障率低及寿命长等优势，迅速占领了地面发电及船舶等方面的市场。至今，燃气轮机单机效率已能达到42%以上，如采用联合循环，效率更可超过60%。在燃气轮机的发展过程中，出现了各式各样的性能计算软件，用于燃气轮机设计过程中的理论计算。但在实际工程应用时，适用的软件较少，从而导致燃气轮机在试验、运行过程中出现问题难以及时发现、排除。本文根据燃气轮机的部件特性及运行过程中各截面的主要监测参数，给出了燃气轮机各部件主要热力参数的计算方法，采用这些计算方法，可以在短时间得到燃气轮机各部件运行时达到的性能指标，甚至可以纳入到控制系统中，使相关参数指标实时显示在人机界面中，同时可以采用本文计算方法，在燃气轮机初始设计时，进行各截面设计点性能参数的初步估算。

2 计算过程

2.1 燃气轮机进、出口边界条件设定

通常情况下，在对燃气轮机性能进行估算时，为简化计算，采取忽略对计算结果影响较低的因素。如大气湿度通常采用标准值，机组对外的散热在计算时不予考虑。

本文中，对燃气轮机基本热力热力计算方法分析时，对燃气轮机进、出口边界条件及相关约束条件设定见表1。

燃气轮机各部件在工作过程中存在着相互制约的关系，某些确定部件的理论特性并不代表燃气轮机整机工作时所能达到的最终热力性能指标，因此其参数不能单纯的根据部件特性理论直接查出，并且，在实际燃气轮机工程应用时，通常无法获得燃气轮机详细的部件特性曲线（设计方的技术核心，不对外公开）。但根据确定部件的理论特性曲线、部件通用特性曲线或燃气轮机长期积累的运行参数，试取一些能够决定发动机及其部件状态的参数，可以保证燃气轮机各截面热力参数计算顺利进行，同时，通过燃气轮机的运行，也可验证试取参数的合适与否。

本文对单轴燃气轮机各截面参数进行计算时，燃气轮机各部件共同工作原则主要考虑如下几个方面[1]：

转子功率平衡：

表1　燃气轮机进、出口边界条件设定

序号	参数名称	单位	代号	设定值
1	燃气轮机进口空气压力	kPa	P_1^*	101.3
2	燃气轮机进口空气温度	K	T_1	288.15
3	燃气轮机进口空气湿度	%	—	60
4	燃气轮机出口空气静压	kPa	P_6	101.3
5	燃气轮机转子数	—	—	3
6	燃气轮机对外散热	—	—	0

$$P_T\eta_m - P_F = 0 \quad (1)$$

式中：P_T—涡轮提供功率；

η_M—轴系机械传动效率；

P_F—压气机转子消耗功率。

涡轮进口换算燃气流量：

$$\left(\frac{q_{mg3}\sqrt{T_3^*}}{p_3^*}\right)_{计算} - \left(\frac{q_{mg3}\sqrt{T_3^*}}{p_3^*}\right)_{理论} = 0 \quad (2)$$

式中：P_3^*—涡轮进口燃气总压；

T_3^*—涡轮进口燃气总温；

q_{mg3}—涡轮进口燃气流量。

涡轮出口静压：

$$P_6 - P_0 = 0 \quad (3)$$

式中：P_6—涡轮出口燃气静压；

P_0—大气压力。

2.3 燃气轮机部件特性分析

2.3.1 压气机

压气机为燃气轮机进气端转子部件，其工作特性决定了燃气轮机总的进气流量。在压气机进、出口参数计算过程中，主要涉及到压气机进口总温及总压、压气机出口总温及总压、压气机效率、压气机流量、压气机压比，不同温度下空气的k值等参数。

在获取到压气机特性曲线时，可通过特性曲线查取压气机效率、空气流量及压比等参数，再通过计算，得出压气机进、出口截面全部参数。在没有压气机特性曲线的情况下，计算过程中，其过程参数及系数需根据机组长期运行数据分析、统计或相关技术文件中的相应数据来给定。通过上述参数选取原则，能够对压气机效率、流量及压比等参数选取的较为精确，以此作为参考，可获得令人满意的估算或验算结果。

在本文对燃气轮机基本热力计算方法分析时，将如下压气机部件参数进行给定：

表 2 压气机部件给定参数

序号	参 数 名 称	选取原则
1	压气机进口空气总温	按给定边界条件
2	压气机进口空气总压	按给定边界条件
3	压气机转速	按实际情况选取
4	压气机进口空气流量	按实际情况选取
5	压气机压比	按实际情况选取
6	压气机效率	按实际情况选取
7	不同温度下空气 k 值	按理论拟合曲线选取

根据表2所选取的参数，按下述公式对压气机其它参数进行计算。

压气机出口总压：

$$P_2^* = P_1^*\pi_c^* \quad (4)$$

式中：P_2^*—压气机出口空气总压；

P_1^*—压气机进口空气总压；

π_c^*—压气机压比。

压气机出口总焓：

$$h(T_2^*,0) = h(T_1^*,0) + \frac{h(T_{2ad}^*,0) - h(T_1^*,0)}{\eta_c^*} \quad (5)$$

式中：$h(T_2^*,0)$—压气机出口空气焓值；

$h(T_1^*,0)$—压气机进口空气焓值；

$h(T_{2ad}^*,0)$—压气机等熵变化时，出口理论焓值；

ηc—压气机效率。

式5中焓值，可根据相关资料查焓值表获取，也可通过等压比热容由式6求得。

$$h(T_x^*,0) = c_{px}T_x^* - c_{p0}T_0^* \quad (6)$$

式中：$h(T_x^*,0)$—温度为X时的空气焓值；

C_{px}—温度为x时的空气等压比热容；

C_{p0}—温度为0时的空气等压比热容。

压气机出口总温可按式6求得，也可按式7求出。

$$T_2^* = T_1^* + \frac{T_1^*\left(\pi_c^{*\frac{K-1}{K}} - 1\right)}{\eta_c^*} \quad (7)$$

式中：T_2^*—压气机出口空气总温；

T_1^*—压气机进口空气总温。

压气机耗功：

$$P_c=q_{ma1}\ [h(T_2^*,0)-\ h(T_1^*,0)] \quad (8)$$

式中：P_c—压气机耗功；

q_{ma1}—压气机进口空气流量。

压气机出口换算空气流量（换算至标准大气条件下）：

$$q_{ma2hz} = q_{ma1}*0.10325/\ P_2^**(T_2^*/288.15)0.5 \quad (9)$$

式中：q_{ma2hs}—压气机出口换算空气流量。

2.3.2 燃烧室

燃烧室是燃气轮机能量加入的部件，在燃烧室内燃料进行充分混合燃烧，将燃料化学能转换为高温、高压、高速燃气，从而推动涡轮做功。

对燃气轮机燃烧室进行基本热力计算方法分析时，将表 3 中参数进行给定。

根据表 3 所选取的参数，按下述公式对燃烧室其它参数进行计算。

燃烧室出口总压：

$$P_3^*=(1-\overline{\Delta P_b}\ )P_2^* \quad (10)$$

式中：P_3^*—燃烧室出口空气总压；

$\overline{\Delta P_b}$ —燃烧室总压损失系数；

油气比：

$$f_b = \frac{h(T_3^*,0)-h(T_2^*,0)}{\eta_b Hv} \quad (11)$$

式中：f_b—油气比（燃料流量与燃烧室入口空气流量的比值）；

$h(T_3^*,0)$—燃烧室出口燃气焓值；

η_b—燃料燃烧效率；

H_V—燃料低热值。

燃料流量：

$$q_{mfb}=q_{ma2} \quad (12)$$

式中：q_{mfb}—燃料流量。

燃烧室出口燃气流量：

$$q_{mg3}=q_{ma2}+q_{mfb} \quad (13)$$

式中：q_{mg3}—燃烧室出口燃气流量。

2.3.3 涡轮

涡轮为燃气轮机燃烧室后的转子部件，燃烧室内的高温、高速燃气直接冲击涡轮部件，是燃气轮机承受热负荷最高的转子部件。燃烧室出口的高温、高压燃气通过涡轮导向器整流后，对涡轮转子做功，从而带动压气机转动。

对燃气轮机涡轮进行基本热力计算方法分析时，需与压气机紧密联系，本节计算时攒不考虑引气冷却的影响。计算时，将表 4 中参数作为涡轮给定参数，并假设涡轮流通能力能够使燃烧室出口空气流量顺利流过。

根据表 4 所选取的参数并结合压气机计算的内容，按下述公式对涡轮其它参数进行计算。

高压涡轮输出功：

$$P_T = W\eta_d + P_C/\eta_{mh} = (h(T_3^*, f_3) - h(T_4^*, f_4))q_{mg4} \quad (14)$$

式中：$h(T_3^*,f_3)$—涡轮进口燃气焓值；

$h(T_4^*,f_4)$—涡轮出口燃气焓值；

W—发电机出线端功率；

ηd—发电机效率；

q_{mg4}—涡轮出口燃气流量。

涡轮出口总温可按式 9 求得。

高压涡轮落压比及出口总压：

$$\Pi_T=P_3^*/P_4^*=[1+(T_3^*-\ T_4^*)*\eta_T^*/\ T_4^*]^{k/(k-1)} \quad (15)$$

式中：Π_T—涡轮落压比；

表 3 高压压气机部件给定参数

序号	参 数 名 称	选取原则
1	燃料燃烧效率	按经验值选取
2	燃烧室出口总温	按涡轮部件耐温选取
3	燃烧室总压损失系数	按经验值选取
4	不同温度下燃气 k 值	按理论拟合曲线选取

P_4^*—涡轮出口总压；

T_4^*—高压涡轮出口总温。

涡轮进口换算空气流量(换算至标准大气条件下)：

$$q_{ma3hs} = q_{ma3}*0.10325/\ P_3^**(T_3^*/288.15)0.5 \quad (16)$$

式中：q_{ma3hs}—涡轮进口换算空气流量。

2.3.4 冷却气与主气流混合

为表述简单起见，在涡轮部件计算中忽略了冷却气流与主气流的混合计算。

若冷却气流的参数为总温 T_{col}^*、总压 P_{col}^*、流量 q_{macol}，其油气比为零；主气流的参数为总温 T_{in}^*、总压 P_{in}^*、流量 q_{mgin}、油气比 f_{in}，则按下述方法计算混合后气流的总温 T_{out}^*、总压 P_{out}^*、流量 q_{mgout}、油气比 f_{out} 等参数。混合后的气流总压按质量平均法求得，混合后的气流总温按气流在混合前后总焓不变求得。

混合后气流流量

$$q_{mgout}=q_{mgin}+q_{macol} \quad (17)$$

混合后气流油气比

$$f_{out}=\frac{f_{in}\,q_{mgin}}{q_{mgin}+q_{macol}(1+f_{in})} \quad (18)$$

混合后压力

$$P_{out}^*=\frac{q_{mgin}P_{in}^*+q_{macol}P_{col}^*}{q_{mgout}} \quad (19)$$

混合后的气流总温 Tout* 由下式迭代求解：

$$q_{mgout}\ h(T_{out}^*,out)=\ q_{mgin}\ h(T_{in}^*,in)+\ q_{macol}\ h(T_{col}^*,0) \quad (20)$$

进行涡轮部件的部件参数和流路气动热力参数计算分为三个步骤：首先进行静叶冷却气流和主气流的混合计算，其次对涡轮部件进行计算，最后进行动叶冷却气流和主气流的混合计算。除静叶出口气流总压按下式计算外，混合后其他气流参数的计算方法同上。利用涡轮特性进行计算时，其进口参数为静叶出口参数，出口参数为未考虑动叶冷气掺混时的动叶出口参数。求气体热力性质所用的油气比为当前截面的油气比。

$$P_{givout}^*=P_{out}^*(1-\overline{\Delta P_{giv}}) \quad (21)$$

式中：$\overline{\Delta P_{giv}}$ 为涡轮冷气掺混压力损失系数，在全部冷却时为一常数(根据经验数据选取)，在部分冷却时设为零。

2.3.5 燃气轮机总体性能

燃气轮机总体性能计算时，主要考虑如下参数：

燃气轮机热效率：

$$\eta_t=P_d/q_{mfb}*\ H_V \quad (22)$$

式中：η_t—燃气轮机热效率。

燃气轮机热耗率：

$$q_p=1/\eta_t=\ q_{mfb}*\ H_V\ /P_d \quad (23)$$

式中：qp—燃气轮机热耗率。

3 计算过程校验与分析

利用国内某单轴重型燃气轮机理论数据，对本文中计算过程进行了校验。校验时，燃气轮机进、出口边界条件及各部件效率等给定参数按其设计值给定，燃气轮机流程截面气动参数按各截面温度不同进行选取。

按上述方法，确定燃气轮机边界条件及给定参数后，按本文计算方法对国内某重型燃气轮机各截面参数进行了计算，并与原设计参数进行了对比分析，结果表明：在燃气轮机燃烧室出口前段，二者之间数据偏差不大，可控制在1%以内；在燃气轮机涡轮计算时，二者之间数据偏差相对较大，约达5%。

分析认为按本文计算方法所获得的数据与原设计参数存在的偏差主要由下述因素导致：

a. 压气机各部位引气量与原文件确定存在偏差(无理论数据)，从而导致压气机耗功及出口总温等参数计算略有偏差；

b. 燃烧室二股气流的计算过程选取存在偏差；

c. 涡轮部件冷却气从不同部位回收影响；

d. 涡轮部件计算时采用平均比热系数。

计算数据和燃气轮机实测数据偏差5%，能够满足燃气轮机性能估算的使用要求（精确的气动计算，偏差在2%左右）。

4 应用实例

根据上述燃气轮机基本热力计算方法分析过程，对某航改型三轴(包括动力涡轮)燃气轮机进行了性能估算，取得的计算结果与专业气动计算软件得出的结果偏差约5%。在某重型燃气轮机试车过程中，用上述计算方法对燃气轮机各部件进行了性能验算，计算所得结果与专业计算软件偏差约1%。

5 应用前景

采用本文所述计算方法，能够实现燃气轮机发电机组各截面热力参数的计算，其计算精度可以满足航机改燃机或燃气轮机改进的方案时对其性能进行初步估算。

同时，可以将本文所述计算方法与燃气轮机发电机组控制系统设计相结合，达到在控制系统人机界面上实时验算并显示机组运行当前状态所达到的性能指标，大大降低后续数据处理的难度。

首台水平对开气缸 R0110 重型燃机装配技术研究

陈克杰 孙远伟

(沈阳黎明航空发动机(集团)有限责任公司)

0 引言

在经过了首台 R0110 重型燃机零件制造、装配及试车后，我公司在加工制造技术上有了长足地提高，为今后研制大型透平机械设备积累了宝贵的经验。但与此同时，加工中也暴露出许多由于自身结构设计不完善造成了制造、装配周期较长，研制成本较高的现象。为了减小制造缺陷，提高研制效率和装配进程，将其外气缸由原结构采用薄壁环锻件、对开与整体交替连接形式改为整体铸造水平对开气缸结构形式。较原结构相比，气缸刚性增强，大大减少了焊接次数，缩短了装配周期，装拆更加方便，利于外场维护。

由于结构改进前后装配程序和方法会有较大变化，因此有必要对两者结构具体分析，找出差异，最终确定出改进结构的装配方案。

1 R0110 结构改进前后差异分析

结构改进主要是将原有焊接结构的气缸全部改为水平中分结构铸造气缸。改进后，进气气缸、1～5 级压气机气缸、6～15 级压气机气缸（含承力锥）、扩压器、燃烧室外套、透平Ⅰ～Ⅳ级气缸、后支撑气缸以及后气缸均改为水平中分铸造结构，而后支点径向滑动轴承的气缸、承力环以及前支点的轴承气缸、内支撑壳体没有改成水平中分结构。除燃烧室外套和承力锥、燃烧室外套和透平Ⅰ级气缸的连接配合仍采用止口型式之外，其余各气缸安装边之间均采用端平面对接、精密螺栓定位和螺栓固紧的配合连接形式。具体结构形式变化见表 1。

表 1 改进前后气缸结构变化

气缸名称	结构形式（改前）	结构形式（改后）	备注
进气气缸	整环	上、下两半	内部支承组件仍为整环
压气机 1-5 级气缸	上、下两半	上、下两半	
压气机 6-15 级气缸	左右对开	上、下两半	
扩压器	整环	上、下两半	
承力锥	整环	上、下两半	改后结构与压气机 6-15 级气缸铸为一体
燃烧室	上、下两半	上、下两半	
透平第Ⅰ级气缸	整环	上、下两半	改后结构透平Ⅰ至Ⅳ级气缸铸为一体，上下对开
透平第Ⅱ级气缸	上、下两半		
透平第Ⅲ级气缸	整环		
透平第Ⅳ级气缸	整环		
后支撑气缸	整环	上、下两半	改后结构内部弹性支撑仍为整环，通过上、下对接转接环相连
透平后气缸	整环	上、下两半	

为了方便燃机分解，在各段气缸轴向安装边接合面以及水平安装边接合面处均设有顶丝孔。

由于各气缸改为水平中分的铸件，气缸壁均予以加厚，所以质量（重量）成倍增加，故大部分气缸在其上、下半缸上设有吊耳或吊环，只有透平支撑环气缸上没有设置。

图 1 为 R0110 重型燃机结构改进前后的对比变化。

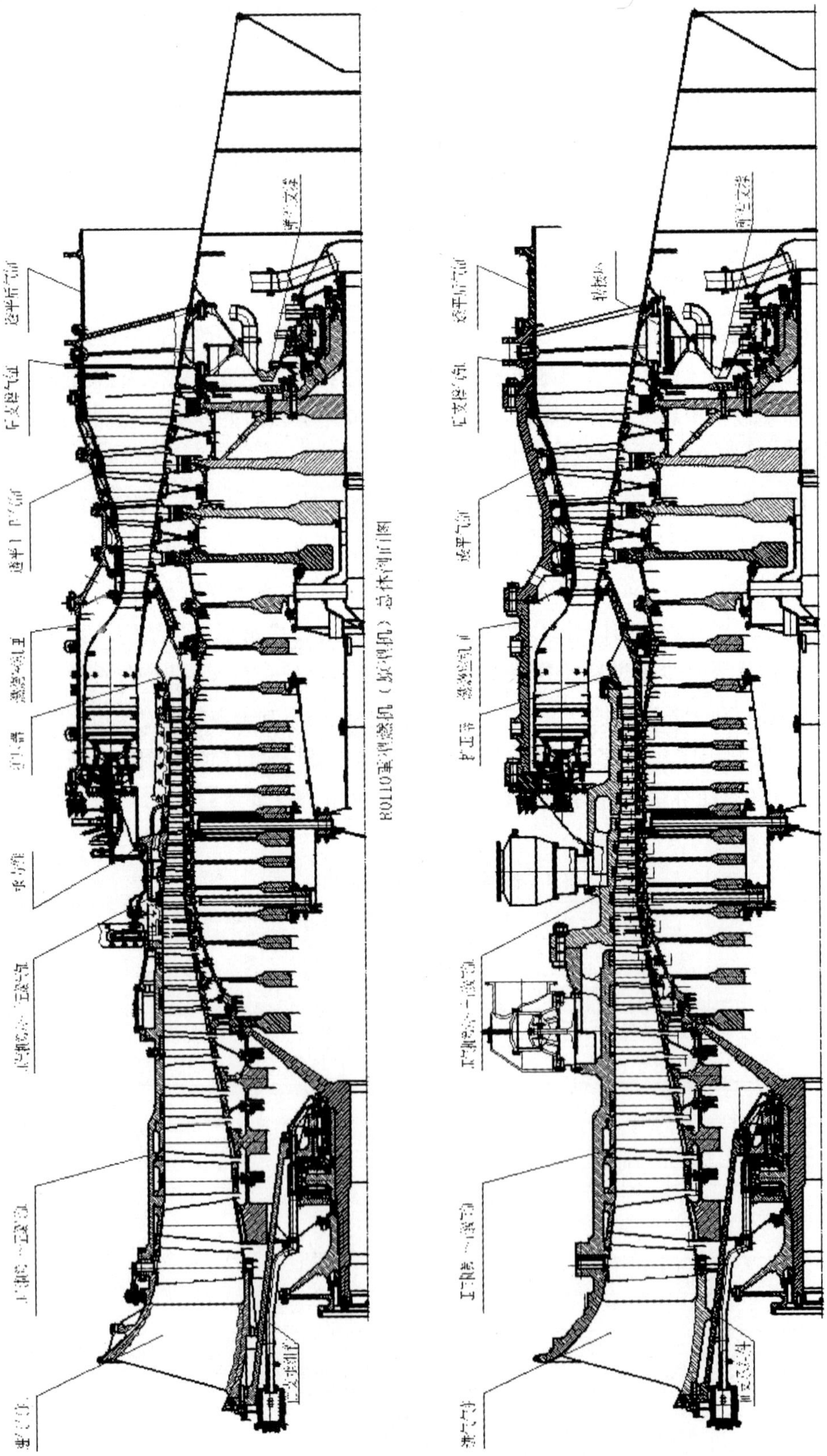

图 1 R0110 重型燃机结构改进前后对比

下表为 R0110 燃机主要结构参数对比。

表 2 燃机主要总体结构参数对比

单位：毫米

项目	改进前	改进后
燃机的气缸总长	5830.5	5841.5
燃机的最大直径	Φ3750	待定
燃机的进口直径	Φ2834	Φ2970
燃机的出口直径	Φ3100	Φ3100
燃机的支撑间距	5004.5	4240.5
燃机的轴承间距	4114.5	4114.5
燃机的转子总长	5381.1	5381.1
燃机的总长	7233.2	7233.2
燃机的转子质量	22.3 t	22.3 t
燃机总重量	60 t	83 t

3 R0110 燃机结构改进前后装配方案分析

3.1 R0110 燃机气缸预装配

R0110 燃机原结构气缸为水平、垂直、整环分段连接方式，因此气缸预装配形式为竖直装配，气缸立于水平－垂直翻转台上，由透平－燃烧室－压气机的顺序安装气缸，详细过程略。

R0110 燃机结构改进后气缸为整体铸造水平对开结构。由于气缸加工为上、下两半缸组合加工，在气缸预装配时需要将内部隔板组件装好后上、下两半缸组合在一起装配。气缸预装配采用竖直装配较方便，专用工装减至最少。因此，首台结构改进后的 R0110 燃机预装配仍采用竖直装配方式。

需要说明的是，各段气缸组件增重，另外，改后透平Ⅰ～Ⅳ级气缸变为整体铸造上、下半缸结构，压气机 6-15 级气缸与承力锥铸为一体，起吊气缸时需考虑气缸增重带来的潜在危险，需要增加保护。

在气缸及隔板组件预装配完成后需利用翻转台转至水平状态，整体起吊至燃机底座上。在该状态下测量气缸的偏心量。

3.2 燃机结构改进前后总装配方案分析

3.2.1 燃机原结构总装方案

燃机正式装配阶段装配部件从透平后支承环组件开始，以竖直装配为主。装配主要步骤如下：

竖直状态

先将透平后支承环组件装配竖直装配于翻转台上，之后按如下装配顺序完成燃机竖直装配过程。

透平后支承环组件→燃机转子→第Ⅳ级透平隔板组件→第Ⅲ级透平隔板组件→第Ⅱ级透平隔板组件→工艺承力环—压气机 6～15 级气缸组件（与压气机扩压段相连）→第Ⅰ级透平隔板组件→承力锥—燃烧室组件（火焰筒、连焰管、定位销及燃烧室气缸等）→拆下工艺承力环→压气机 1～5 级气缸组件（活门组件）→进气气缸组件→前支点轴承组件

翻转至水平状态

气缸内部管路→后支点轴承组件→燃机外部管路→其他附件

3.2.2 结构改后总装方案

经过对结构改后方案的分析，确定总装配按水平方式装配。

主要装配步骤如下：

（1）总装前采用竖直装配方式将透平支承气缸（未包括弹性支承，轴承组件、尾锥以及相应管路）两半缸装配完毕，形成装配组件。

（2）总装前采用竖直装配方式将透平气缸组件（包括一至四级隔板组件）两半缸装配完毕，形成装配组件。

（3）竖直装配透平支承气缸组件，固定在翻转台架上。

(4)将透平气缸装配组件装于透平支承气缸组件上。

(5) 将燃烧室上半缸装于透平气缸组件上并固定。

(6)总装前将压气机 6–15 级气缸(承力锥)、扩散段、双层篦齿封严组件装好,形成装配组件。

(7)将第 6 步形成的装配组件装于燃烧室上半缸并固定, 用工艺件支撑压气机 6–15 级气缸与透平气缸安装边。

(8)装配下半缸火焰筒及连接件。

(9)装配燃烧室气缸下半缸。

(10)装配压气机 1–5 级气缸及进气气缸。

(11)翻转至水平状态,固定到燃机底座上。

(12)揭开燃机所有上半缸部件。

(13)将燃机转子连同前、后轴承组件、承力机匣落于下半缸气缸内。

(14)用连接件将前、后支承机匣与相对应的下半缸连接。

(15) 用长螺栓将上半缸透平后承力环气缸转接环和弹性支承连接固定。

(16)将透平上、下两半缸后支承组件相连、固定。

(17)将透平气缸组件(包括一至四级外环、蜂窝组件以及二至四级隔板)上、下半缸安装、固定。

(18)将进气气缸上、下半缸安装固定,与前支承气缸连接固定。

(19)将 1–5 级压气机气缸上、下两半缸安装固定。

(20)将压气机 6–15 级气缸(承力锥)、扩散段、双层篦齿封严组件以及透平第一级内壳体连接好的装配组件上、下半缸连接固定。

(21) 装配透平气缸上半缸内的透平第一级动叶并用上、下压紧环连接固定。

(22)装配上半缸燃烧室(火焰筒、燃烧室气缸及其他零件)。

(23)装配燃机内、外部管路及其他零部件。

3.2.3 结构改后总装方案优缺点分析

优缺点分析

优点主要体现在上、下半缸水平装配,装配工作台降低,装配方便;下半缸落于燃机前后支承上,减少翻转台架的使用次数,燃机转、静子轴向、径向间隙测量结果准确,符合实际情况。

缺点主要体现在转子需带前、后支承组件(支承气缸、轴承组件)装于燃机下半缸内。转子与前、后支承组件装配难度较大,需设计专用工装和吊具。装上半缸的火焰筒及燃烧室气缸较困难。

尽管转子水平装配优缺点并存,但缺点还是通过优化工艺可以解决的。由于较竖直装配优势明显,因此,R0110 水平对开结构燃机更加适用于转子水平装配方式。

4 结论

本文对重型燃机水平对开结构与原结构的结构差异、预装配及总装配方案进行了详细介绍和分析。从中确定出水平对开结构 R0110 重型燃机的总装配方案。通过实际装配过程的应用,该方案将会进一步完善优化,为今后类似结构燃机装配方案的制定打下坚实的基础。

中低热值重型燃机燃烧室设计与试验研究

李景波 吕永 高新和

(沈阳黎明航空发动机(集团)有限责任公司非航空产品事业部)

0 引言

R0110 重型燃机及中低热值 R0110A 重型燃机研制是国家科技部“十五”及“十一五”863 重大专项,目前 R0110 重型燃机已完成厂内调试工作,通过了科技部组织的阶段性验收,正在与中海油合作建设示范电站。中低热值 R0110A 重型燃机目前已完成了总装、厂内调试及科技部验收试车。

中低热值 R0110A 重型燃机研制内容为在 R0110 重型燃机基础上针对中低热值燃料适应性地改进压气机、透平,重新设计燃烧室,使燃机在效率及功率均不降低的条件下稳定可靠地运行。将燃烧天然气和柴油的 R0110 重型燃机改为能够燃烧中低热值燃料的燃机,通过以下措施满足设计要求:重新设计燃烧室,注 N2 或水蒸气等稀释剂降低 NOx 和 CO 排放量;综合考虑 IGCC 系统部分整体化率的需要,进行压气机出口抽气;为提高透平流通能力,增加透平一导面积。

针对中低热值 R0110A 重型燃机的特点,进行了燃烧室气动热力设计,采用一维设计程序和三维 CFD 对燃烧室进行了性能计算,完成了燃烧室总体方案设计、结构设计和选材。通过试验和数值计算,完成了单元喷嘴总体结构方案和优化设计。对不同头部结构和燃烧室试验件进行了多次试验,并获得了大量试验数据。

1 中低热值燃烧室设计要求和工况参数

1.1 中低热值燃烧室设计要求

R0110A 燃烧室设计参数要求见表 1。

1.2 燃烧室设计工况参数

根据燃机总体、压气机与透平确定设计工况设计参数,见表 2。

1.3 燃烧室燃料要求

燃料为轻柴油和中低热值煤基合成气,其中轻柴油作为启动燃料,合成气热值范围为 6-10MJ/Nm³。设计工况下合成气流量 64.92kg/s,热值为 6MJ/Nm³。

表 1 R0110A 燃烧室设计要求

燃烧室出口温度/℃	燃烧室工作压力/MPa	燃烧室热效率	总压恢复系数	NOx 排放/(ppm/Nm³)(@16%O_2)	CO 排放/(ppm/Nm³)(@16%O_2)	燃料适用热值范围/MJ/Nm³	火焰筒壁温/℃
>1210	>1.5	>99%	≮0.94	<40	<20	6-10	<800

表 2 R0110A 重型燃机燃烧室设计工况参数

燃烧室进口空气流量/(kg·s⁻¹)	燃烧室进口空气总压/MPa	燃烧室进口空气总温/℃	燃烧室出口燃气总温/℃	燃烧室合成气流量/(kg·s⁻¹)
286	1.499	400	1210	64.92

2 燃烧室设计

2.1 燃烧室设计方法

在R0110A重型燃机总体设计的要求下，确定了燃烧室的几何尺寸和运行参数。以现有的设计经验和开发成功的燃烧室为基础，选择结构设计要求和燃烧室工作条件相接近的燃烧室为原准机。考察原准机在R0110A运行参数下的性能，对不能满足R0110A燃烧室设计要求的地方，进行结构优化或重新设计，以使燃烧室的整体性能指标满足设计要求。

根据总体方案布局，利用燃烧效率θ准则和燃烧室阻力系数的校核，并比较原准机设计参数，就可以确定满足燃烧室性能要求的总体尺寸。

2.2 燃烧室总体设计

2.2.1 燃烧室总体布局

燃烧室采用分管式布局，保持原燃烧室火焰筒个数和直径不变。为适应合成气燃烧的特点，将火焰筒长度增加，考虑到安装需要，火焰筒向外倾斜26度。外机匣为环型整体式机匣，20个(匹配火焰筒)小机匣安装在此机匣前，这种安排使燃烧室装拆方便并利于维修。由于20个火焰筒只有二个高能点火器，所以各火焰筒之间安排了联焰管，以保证点火成功。为适应总体安排，重新设计过渡段，过渡段采用后端铰链固定，前端与火焰筒支撑，以补偿热胀。火焰筒头部采用双层壁结构，冷却为冲击和气膜，尽可能降低头部壁温。中心为一个单路雾化燃油喷嘴，配以斜切孔式旋流器，在启动和低状态下工作。周围5个斜切孔式合成气喷嘴配以逆向斜切孔式旋流器，在高负荷状态下工作。

2.2.2 燃烧室头部设计

燃烧室头部结构包括火焰筒端盖、燃料管路、雾化空气管路、燃料喷嘴及旋流器、法兰盘和燃烧碗等。

在R0110A燃烧室中，包括两种喷嘴:燃油喷嘴和燃料气喷嘴。这两种喷嘴的设计基本保持了原准机中喷嘴的设计。在燃烧室头部的中心部分安排一个燃油喷嘴，见图2，是在启动和低状态下工作的。燃油通过中心单级离心喷嘴喷出。试验证明，燃油喷雾角约在70°至80°间，作为中心喷嘴是合适的。在其外装有雾化空气通道，借助旋流空气与燃油充分掺混，对头部燃油雾化、混合和蒸发是有作用的，雾化空气量虽然只有20-30g/s，但从试验效果上看是非常有效的。

在燃油喷嘴周围安排有5个合成气喷嘴，见图3，每个合成气喷嘴有12个斜切孔以使合成气周向旋转。为保证5个喷嘴流量均衡，应在装机前做流量试验，以使5个喷嘴合成气流量偏差在允许的范围内。

2.2.3 旋流器设计

在中心燃油喷嘴外，为配合燃油雾化和混合，还安排了和燃油旋向相反的旋流空气，有12个长条孔。中心旋流器流量占头部总空气流量的28.34%。

为配合合成气喷嘴，安排有5个切向孔式旋流器。每个旋流器由12个切向孔组成。合成气喷嘴旋流

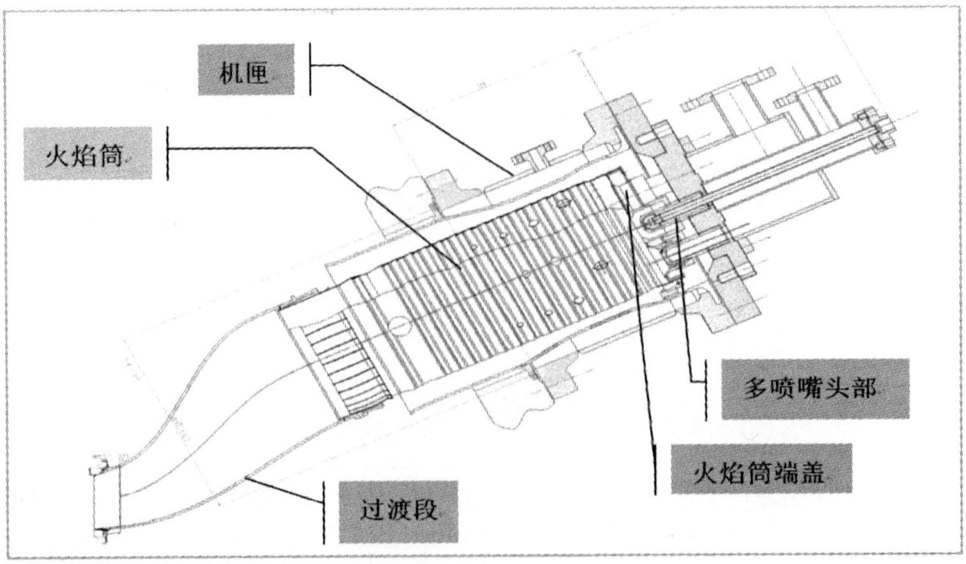

图1 R0110A重型燃机燃烧室纵向剖面图

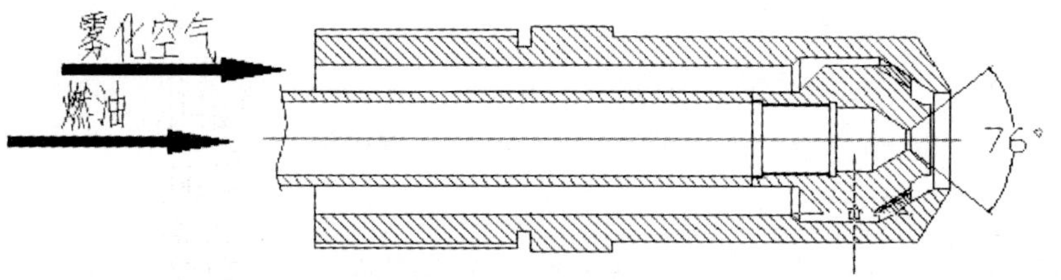

图 2 R0110A 燃烧室燃油喷嘴结构

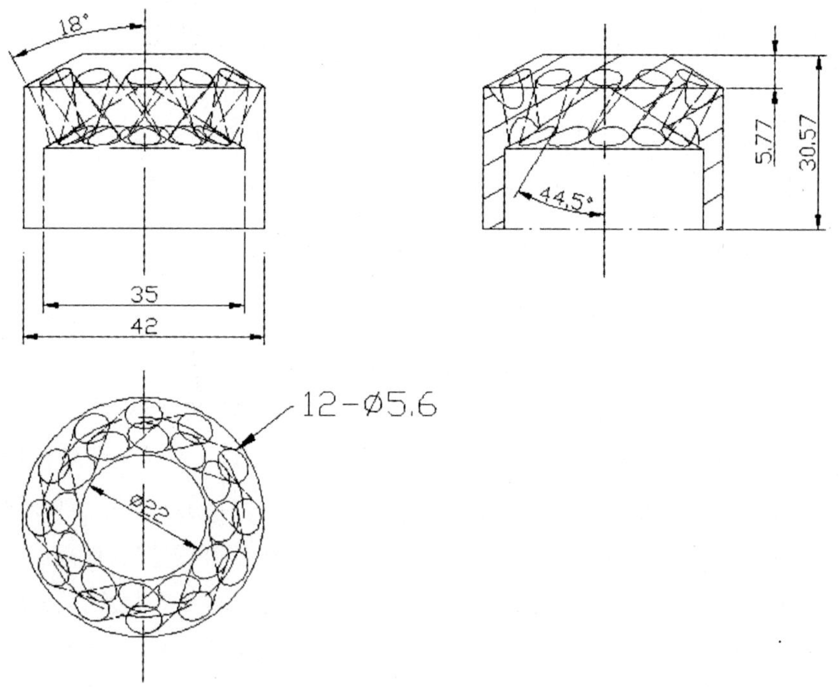

图 3 R0110A 燃烧室燃气喷嘴结构

器流量占头部总空气量的 28.28%。

从两种喷嘴配合的旋流器比较,周边合成气喷嘴旋流器空气流量偏小,适当扩大有利于燃烧完全度的提高和较低污染物排放。

2.2.4 火焰筒设计

火焰筒前端用三点固定在机匣上,后端借助弹性片支承在燃气过渡段上。

火焰筒是板料焊接结构,分为 16 段静压进气的气膜段,随着壁温变化和冷却孔安排,气膜长度变化在 21mm 到 63mm 间。15 个肋片利用氩弧焊直接焊接到整体筒体上,以形成冷却缝槽面,这种安排有效的保证了火焰筒壁温不超标。火焰筒前端位于主燃区,燃气温度很高,因此冷却孔径较大,使冷却空气量较多,而燃烧室后端,燃气温度降低,所需冷却空气量减少,所以冷却孔径减小,但为了保证气膜周向连续性,冷却孔数则比前段提高一倍。

火焰筒沿轴向安排 5 排大孔,前 2 排位主燃孔,经计算第 2 排大孔后,余气系数约为 1.2。第三、四排孔为中间孔,以补充燃烧,其后余气系数为 1.8。第 5 排开孔为 4 个掺混孔,以保证出口温度及出口温度不均匀系数达标。火焰筒大孔均为平孔,易加工。

因为 20 个火焰筒只安排 2 个点火器,所以为保证传焰成功。安排 20 个联焰管。为了装配方便和受热膨胀自由,采用浮动连接形式。

3 燃烧室试验和分析

3.1 试验方案

在自主研发形成 R0110A 合成气燃烧室设计方案的基础上,完成试验件研制、试验与定型,以支持自主研发的 R0110A 重型燃机在 IGCC 工程中示范,并完成燃烧室装机运行的现场技术验证。

通过 R0110A 中低热值燃烧室的试验性能考核，并根据考核结果提出改进方案，最终提供高压试验的方案。主要试验工作如下：

以轻柴油为启动燃料的点火边界；

以天然气为启动燃料的点火边界；

轻柴油切换到合成气、合成气切换到轻柴油的切换边界，包括负荷范围以及切换边界内的合成气的热值范围；

天然气切换到合成气、合成气切换到天然气的切换边界，包括负荷范围以及切换边界内的合成气的热值范围；

不同负荷下，合成气的稀释边界(包括氮气稀释和蒸汽稀释)；

不同负荷下，燃烧室的总体性能，包括燃烧效率、壁温分布、出口温度场分布、总压恢复系数、污染物排放等。

3.2 燃烧室试验条件的确定

为保持试验燃烧室和装机燃烧室的工作状态相似，采用等速模化原则确定试验工作状态参数。得出中压试验的模化参数为：

表 3 R0110A 中压试验模化参数

空气流量/(kg·s^{-1})	空气压力/atm	空气进口温度/℃	燃烧室出口温度/℃
1.85	2.1	400	1210

并保证几何尺寸相同、燃料组分热值相同的试验条件，为满足 NOx 排放小于 40ppm(@16%O_2) 的要求，经计算分析，采用三种合成气，即氮气稀释的 6MJ/Nm^3 合成气、水蒸气稀释的 7MJ/Nm^3 合成气以及 10MJ/Nm^3 的典型水煤浆气化炉合成气进行试验研究。

3.3 基准型燃烧室试验

按照 R0110A 设计参数模化的试验条件在基准型燃烧室上进行了中压全尺寸试验。燃烧室 100%负荷试验的主要结果见图 4、图 5。

试验表明，基准型燃烧室燃烧效率在 99%以上；总压恢复系数大于 0.93；出口温度分布系数 OTDF 低于 13%，RTDF 低于 6%；火焰筒最高壁温不超过 800℃。基本与 R0110A 燃烧室设计要求相接近。基准型燃烧室在部分工况下污染物排放 NOx 超出 40ppm(@16%O_2)，CO 超过 20ppm(@16%O_2)；火焰筒端盖靠近喷嘴的局部温度过高，最高温度达 900℃。

因此，基准型燃烧室部分性能不能满足 R0110A 燃烧室设计要求，存在着污染物排放超标、火焰筒端盖局部温度过高等问题，需要进一步改进。

3.4 燃烧室改进方案

通过十二次全尺寸中压试验研究和对火焰筒端盖冷却结构的优化和试验，优化空气流量分配等措施，解决了基准型燃烧室中存在的问题，确定了燃烧室改进方案。

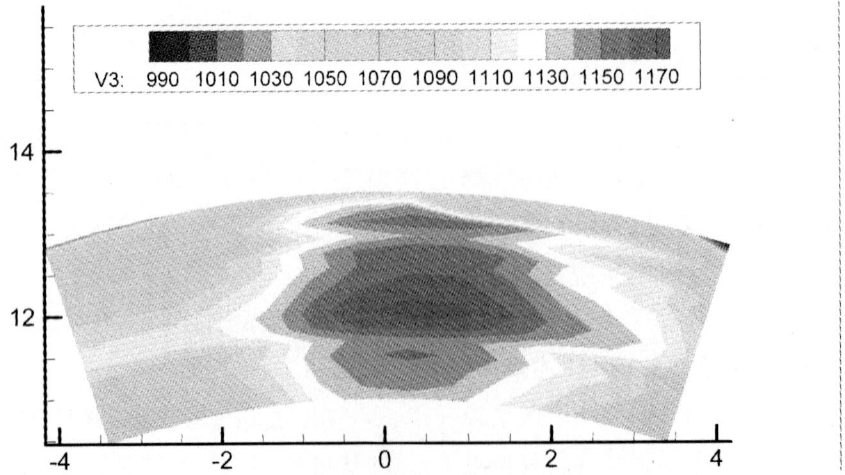

图 4 基准型燃烧室出口温度场分布

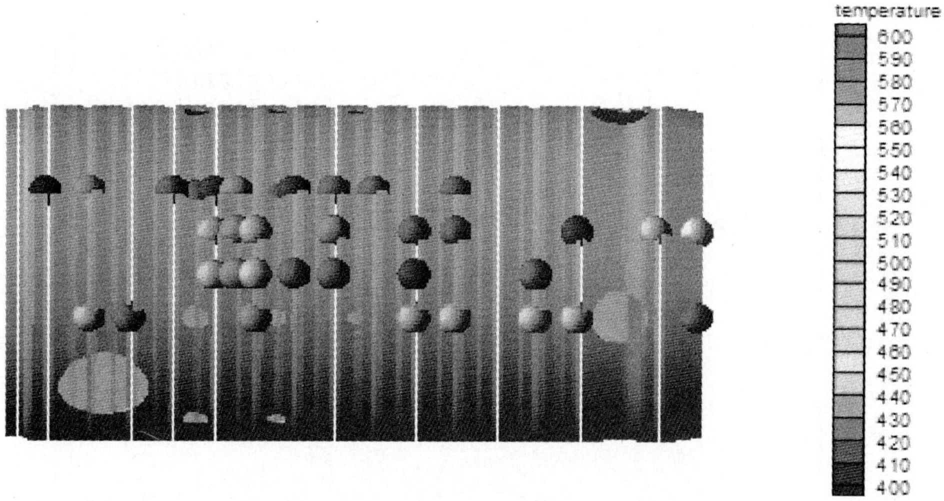

图 5 基准型燃烧室火焰筒壁温热电偶测量结果

火焰筒端盖为发散冷却，空气旋流器出口扩张段高于端盖前挡板（靠近火焰筒侧），与端盖外沿等高；喷嘴旋流方向与空气旋流反向，空气旋流器旋流角度改为 35°；火焰筒在基准型火焰筒基础上增加 5 个 ϕ20 大孔，在火焰筒与端盖之间增加一排气膜冷却孔，减小基准型火焰筒上第一排气膜孔直径并开孔数量增加一倍。

试验研究了头部冷却方式、旋流出口收缩、燃料与空气配合等因素对燃烧性能的影响。在出口平均温度相当条件下，头部端盖冲击冷却相较于发散冷却总压恢复系数更高、出口温度场均匀程度更好、CO 排放量稍低。在出口平均温度相当条件下，油路旋流出口无收缩会引起出口温度场分布均匀性降低，别的方面影响不明显。在出口平均温度相当条件下，相比同向和反向的总压恢复系数稍高、CO 排放更低、出口温度场分布更为均匀，而其它影响不明显。最终采用头部为冲击冷却、旋流出口无收缩、空气和燃料气反向旋转。

3.5 改进型燃烧室试验

确定试验件改进结构后，先后使用轻柴油、6MJ/Nm^3 和 7MJ/Nm^3 模型燃料气、氮气稀释 6MJ/Nm^3 合成气、蒸汽稀释 7MJ/Nm^3 合成气以及 10MJ/Nm^3 合成气，在燃烧室 20%~100%负荷范围内进行了试验。试验主要考核热力学性能（燃烧效率、总压损失、污染物、出口分布、火焰筒壁温等）和运行性能（点火、燃料切换等）。

3.5.1 液体燃料的点火特性

对试验件开展了液体燃料点火特性的研究，燃烧室在较大燃料范围内均可顺利点火，点火性能良好。

3.5.2 燃料切换性能

表 4 所示 R0110A 燃烧室燃料切换性能，在本试验工况下，燃油和燃气之间均能顺利切换。

3.5.3 燃烧效率

如图 6 所示不同燃料下燃烧室燃烧效率，在设计工况下，四种燃料气燃烧效率均达到 99%以上，满足性能要求。但随着过量空气系数 α 的增加，燃烧效率

表 4 R0110A 燃烧室燃料切换性能

合成气热值负荷	燃油切换合成气				合成气切换燃油			
	5MJ	6MJ	7MJ	10MJ	5MJ	6MJ	7MJ	10MJ
100%负荷	√	√	√	√	√	√	√	√
80%负荷	√	√	√	√	√	√	√	√
60%负荷	√	√	√	√	√	√	√	√
40%负荷	√	√	√	√	√	√	√	√
20%负荷	√	——	——	√	√	√	√	√

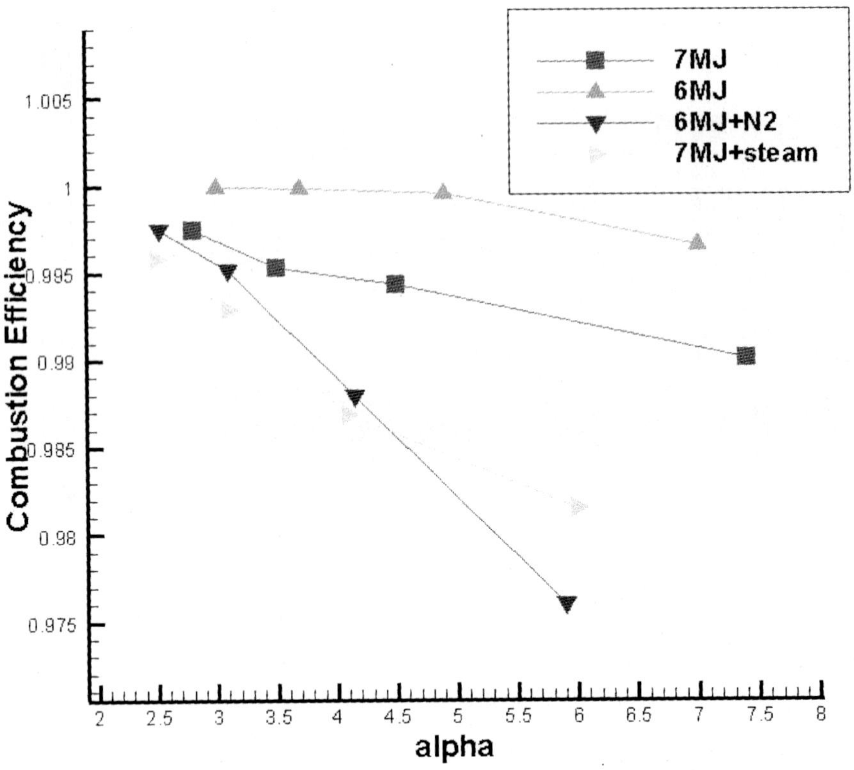

图 6 不同燃料 R0110A 燃烧室燃烧效率

均有所下降。两种不稀释的合成气效率仍是很高，另外两种稀释的合成气则下降较快，其原因是：一方面，稀释合成气与不稀释合成气相比，燃气成分有所变化；另一方面，稀释合成气试验采用进口直接加温办法以达到进口温度要求，因此加温器的燃烧完全度和污染物对燃烧室效率有较大影响，特别是当低负荷条件时影响更大。

3.5.4 总压损失

燃烧室总压恢复系数如表 5 所示，所有燃料工况下，燃烧室总压损失均小于 3.6%。

3.5.5 污染物排放

燃料种类对 CO 和 NOX 排放影响都较为明显。针对不同燃料对 NOX 的影响趋势是一致的，均随着载荷的增加而有所上升，这是由于载荷增加燃烧区温度上升所致，但在大部分条件下均能满足设计要求。对于稀释的合成气由于燃气成分和燃烧室进口污染的影响，NOX 较不稀释的合成气偏大些，见图 7。

CO 随着载荷升高，在各种燃料下均有所下降，原因是燃烧温度上升有效减少 CO 的生成。对于稀释的合成气，CO 生成较不稀释的合成气大较多，且随载荷的下降增加很快，这主要是由于直接加温器的燃烧状况对燃烧室的影响很大。在小载荷下，加温燃烧更差，直接导致燃烧室出口 CO 排放增高。

表 5 R0110A 燃烧室总压恢复系数

燃机工况	6MJ	7MJ	6MJ+氮气稀释	7MJ+蒸汽稀释	燃油
100%负荷	0.97766	0.96528	0.96619	0.96361	0.96623
80%负荷	0.97363	0.97722	0.96726	0.96559	0.96660
60%负荷	0.96906	0.96690	0.96598	0.96755	0.96651
40%负荷	0.96415	0.97302	0.96834	0.96565	0.96606
20%负荷	——	——	0.96808	0.96483	——

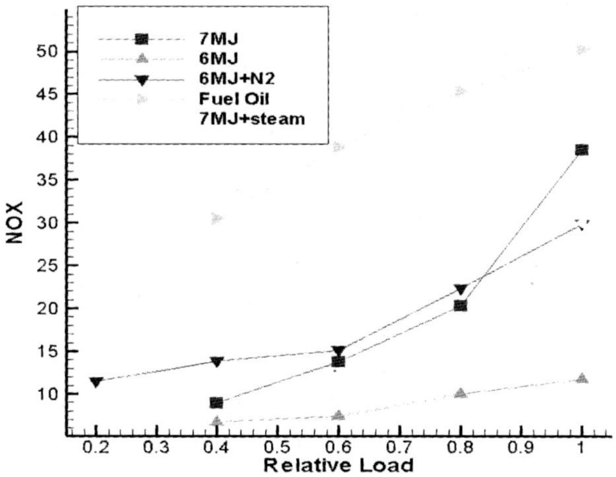

图 7 不同燃料 R0110A 燃烧室 NO_X 排放

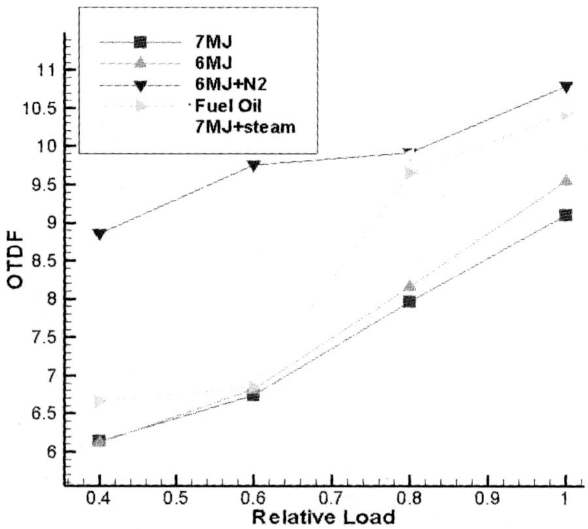

图 8 不同燃料 R0110A 燃烧室出口 OTDF

3.5.6 出口温度场

出口温度场分布均匀，OTDF 低于 10%，见图 8；RTDF 低于 8%，见图 9。

图 10 是 6MJ 模型合成气 100%负荷下出口温度场分布。出口温度呈中间高、上下低的分布趋势，与理论计算分析相符。由于五个喷嘴的旋流作用，存在高温区偏心现象。

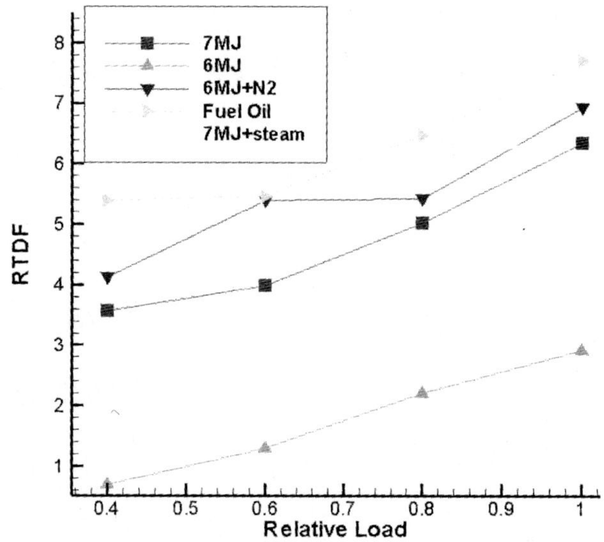

图 9 不同燃料 R0110A 燃烧室出口 RTDF

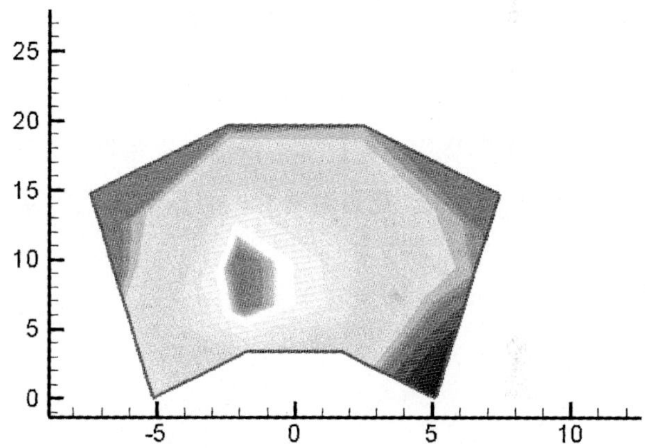

图 10 满负荷 R0110A 燃烧室出口温度分布

图 11 依次是 6MJ 模型合成气 100%、80%、60%、40%负荷下 RTDF 分布，在设计工况下 RTDF 分布较合理。

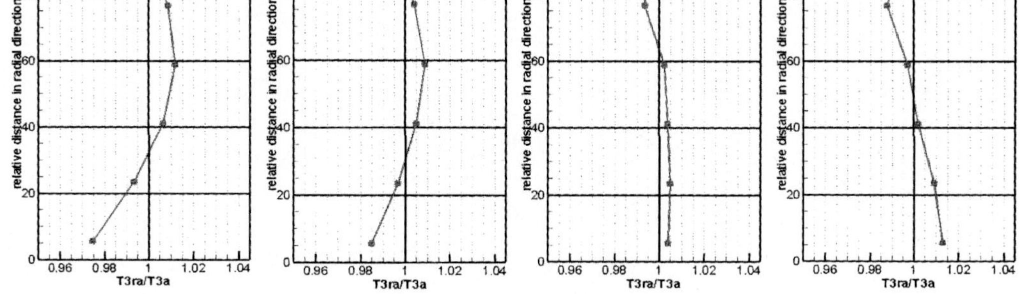

图 11 不同负荷 R0110A 燃烧室出口 RTDF

3.5.7 火焰筒壁温

图 12 为火焰筒壁温分布图。R0110A 火焰筒壁温分布均匀，没有明显的高温区域，最高温度低于 800℃。

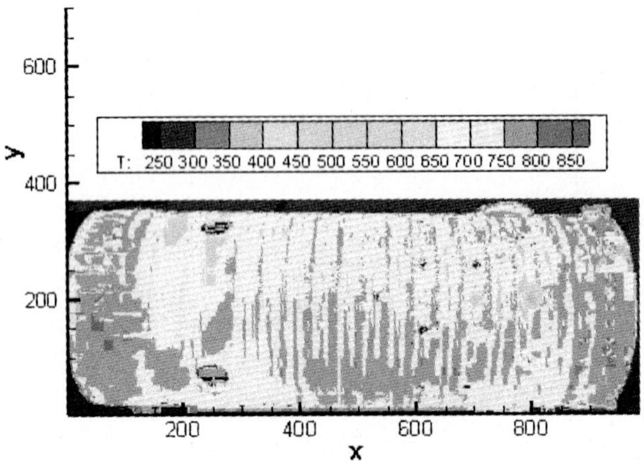

图 12 R0110A 火焰筒壁温分布

4 结论

R0110A 燃烧室是在自主研发的基准型燃烧室的基础上发展研制的，通过对两种燃烧室的试验研究，说明对火焰筒头部多方案调试，基本克服了原基准型燃烧室缺点。

燃烧室主要试验研究结论如下：

针对不同燃料合成气，在设计状态附近燃烧效率均高于 99%；

燃烧室总压恢复系数大于 0.96；

出口温度分布 OTDF<10%,RTDF<8%；

火焰筒最高壁温低于 800℃；

污染物排放，NOX<40ppm（@16%O2),CO<16ppm（@16%O2)；

燃油点火性能良好；

针对不同燃料气，燃油和燃气两种燃料均可互相切换。

总而言之，燃烧室满足 R0110A 燃烧室性能设计要求，但尚需对该燃烧室进行高温高压条件下的综合性能试验研究，进一步验证燃烧室是否全面满足设计要求。

中外燃气轮机专业技术标准对比研究

周素荃　曲丰荣

（沈阳黎明航空发动机（集团）有限责任公司非航空产品事业部）

0 引言

燃气轮机专业技术标准是指导燃气轮机设计、研发的重要技术基础，其技术内容的先进与否是评价和判断产品研发水平的重要判据之一。通过对燃气轮机国内现有燃气轮机专业技术标准和国外先进标准的对比研究，可以较好地为燃气轮机提供一个产品更新、升级、提高水平的发展蓝图，也为推进航空行业燃气轮机产业发展提供一个有效的技术储备。

目前，国内燃气轮机专业技术标准主要分三部分：一部分为国家标准，一部分为航空行业标准，还有一部分为机械行业标准。而国际和国外标准主要有国际标准 ISO、美国国家标准 ANSI、美国石油协会标准 API、美国机械工程师协会标准 ASME、德国国家标准 DIN 等。随着我国整体工业水平和燃气轮机工业设计、验证、制造技术的不断提高，随着其用途和市场的拓宽，燃气轮机设计所采用的专业技术标准将随之发生变化，国内标准不再完全适用于国外燃气轮机市场的需要。通过对国内外燃气轮机专业技术标准的对比、分析和研究，找出彼此之间的差异和与发达国家在燃机标准化领域的差距，为今后燃气轮机产品的设计和研制选择最先进、技术水平一流的专业技术标准，为今后燃气轮机行业的发展提供国际一流的技术支持。

国际标准化组织编制的燃气轮机技术标准是根据各国现有燃气轮机的实际情况编制的，具有一定的通用性，各国家等同或参照这些国际标准也相应地制定了本国标准，如德国的 DIN、英国的 BS、法国的 NF、俄罗斯的 ГОСТ、日本的 JIS 等。而发达国家（象美国）还非常重视燃气轮机技术经验的积累和总结，并用标准、规范的形式将其固定下来，以指导燃气轮机产品的持续发展，同时，随着燃气轮机技术的提高和发展，反过来又对标准不断进行补充、完善。例如美国国家标准 ANSI、美国石油协会标准 API 和美国机械工程师协会标准 ASM 等。近些年，我们国家也等同或参照国际标准和美国标准制定了一系列国家和行业标准。由于国际上大多数国家均采用美国国家标准 ANSI、美国石油协会标准 API 和美国机械工程师协会标准 ASME 来研制和制造燃气轮机产品，因此，本次中外标准的对比研究主要是针对我国标准与国际标准和美国标准而进行的。

1　中外标准内容对照分析

1.1 GB/T8542-1987《透平齿轮传动装置技术条件》与 API STD 613:03《石油、化工和天然气工业领域使用的专用齿轮传动装置》

1.1.1 相同内容说明

两个标准都是从适用范围、声压级要求、安全运行的脱扣转速、电气组件及设备要求、油箱和装有转动的润滑部件要求、额定值、齿轮元件、轴承及轴承座、润滑、材料、检验、试验及发货前准备等方面作了要求，并且基本相同。

1.1.2 主要差异内容说明（见表 1）

1.1.3 分析结果

国内标准规定的是通用技术要求，而国外标准规

表 1

GB/T8542-1987	正常工作 3 年；轴的振动和跳动振幅值不超过 50um，采用整体式推力盘时，盘的厚度留有一定的裕量，两表面的粗糙度不大于 0.8um；滑油滤清度达 25um；装运起露天存放 6 个月，备件转子应存放 1 年。
API STD 613:03	最低服务寿命 20 年，连续工作 5 年；轴的振动值不超过 25um；整体盘的厚度裕量最少 3mm,两表面的粗糙度为 0.4um；滑油滤清度达 10um；备件转子应存放 3 年。
注：除上述参数方面的差异外，国外标准中还增加了有关材料、轴承负荷及动力学性能等方面的要求。	

表 2

GB/T10489-2009	标准额定性能中规定了大气条件偏离标准参考条件时按供方技术文件验收，大修间隔后期，性能允许下降但不超过合同规定值；增加振动监测系统；增加余热回收装置和水处理系统；液体燃料中给出：用户运输、期间和场所燃气轮机燃油的详细要求。
ISO3977-2004	增加固体燃料和核燃料要求；振动中：增加振动测量的标准、叙述了系统各部件；增加：滑油过滤器；液体燃料中增加：性质、密度、粘度、倾点温度、处理和可泵性、闪点温度、热稳定性、蒸馏、配伍性、水和沉淀物、碳渣、热值 、灰、确定灰分的熔点和粘结温度、钒、钠和钾、钙、铅、氯、硫、液体燃料等级的典型例子。

表 3

GB/T14099-2005	场地细则中增加：如燃气轮机排气至非燃气轮机制造商提供的余热锅炉，采购方应提供余热锅炉的压降，并说明是否需要设置旁通烟道；辅助设备中增加：备用风冷式冷油器的风扇和备用循环水泵。
ISO3977-2004	场地细节中：增加选用的冷却介质的性质和状态； 液体燃料中增加：性质、密度、粘度、倾点温度、处理和可泵性、闪点温度、热稳定性、蒸馏、配伍性、水和沉淀物、碳渣、热值 、灰、确定灰分的熔点和粘结温度、钒、钠和钾、钙、铅、氯、硫、液体燃料等级的典型例子。

定的内容多、具体，并且规定的一些参数要严的多，无通用性。通过对照可以看出，国内产品无论从性能指标、还是结构功能与国外都有一定的差距。

1.2 GB/T10489-2009《轻型燃气轮机通用技术要求》与 ISO3977-2004(BS 3863:1992)《燃气轮机采购》

1.2.1 相同内容说明

两个标准都是从适用范围、标准参考条件、试验用燃料、额定性能、控制和保护、燃料、环境、提供的技术资料等方面作了规定，内容相同。

1.2.2 主要差异内容说明（见表 2）

1.2.3 分析结果

GB/T10489 是参照 ISO3977-2004 编制的，标准内容基本相同，其差异一方面是国家标准有些内容是根据国内燃机实际情况而规定的，而国外标准中对液体燃料的要求内容在 GB/T13674-1992《轻型燃气轮机燃料使用规范》中有规定；其它的差异基本上是术语表述方面的，两个标准具有通用性。

1.3 GB/T14099-2005《燃气轮机采购》与 ISO3977-2004《燃气轮机采购》

1.3.1 相同内容说明

两个标准都是从适用范围、标准参考条件、试验用燃料、额定值、控制和保护等方面作了要求，内容基本相同。

1.3.2 主要差异内容说明（见表 3）

1.3.3 分析结果

GB/T14099 是参照 ISO3977 编制的，两个标准内容相同，具有通用性。其中的差异是国家标准结合国内燃机实际情况而作的特殊规定，而国外标准中对液体燃料的要求内容在 GB/T13674-1992《轻型燃气轮机燃料使用规范》中有规定。

1.4 GB/T14100-2009《燃气轮机验收试验》与 ISO2314:2004《燃气轮机验收试验规范》

1.4.1 相同内容说明

两个标准都是从试验准备、试验的运行条件、仪器和测量方法、试验方法、试验结果计算、试验报告等方面作了规定，内容相同。

表 4

GB/T14100-2009	增加航空派生型燃气轮机的要求；增加预试验内容；增加多轴燃气轮机发电装置的转速调节；增加起动和加载过程；增加热耗率的计算；大气压力中：误差不超过 33.33Pa。
ISO2314:2004	大气压力中：误差不超过 0.25mm 汞柱（32.89 Pa）

表 5

GB/T14098-93	增加噪声级极限值的适用范围和测量与数据处理；大气条件中增加：特殊情况下允许风速到 5m/s，现场温度、湿度的反常状态应避免；距噪声源 d1+5λ 内存在大于 10m 声反射面的反射物应说明；校准中：规定用准确度为 ±0.5dB 声学校准器在一个或多个频率上校准，其中一个校准频率应在 250Hz～1000Hz 范围内，校准值变化量超过 1dB 时测量重新进行；传声器高度为 1.4 m～1.6m。背景噪声影响修正中：实测噪声级比背景噪声级大 3dB～5dB；距离影响的修正中：如测点不在规定距离处用公式修正；数据平均中：实测声压级差值以 5dB 来确定平均方法；装置噪声品质的评定中：规定的距离为 1m 处。
ANSI B 133.8-1977	距噪声源 5λ 内存在大于 10 英尺面积声反射面的反射物应说明；校准中：校准值变化量超过 ±1dB 时测量重新进行；传声器高度为 1.2 m～1.5m。数据修正中：实测噪声级比背景噪声级大 3dB 以上，则声级可看作背景噪声级；数据换算中：如测点不在规定距离处用曲线图修正；数据平均中：实测声压级差值以 3dB 来确定平均方法；实测声级与规定声级比较中：规定的距离为 120m 处。

表 6

GB/T11369-2008	取样感头：上的孔数不少于 12 个，各个孔径应相等并均匀分布。应根据通过取样感头组件的压降至少 80%发生在取样孔处的原则来确定取样孔； 增加逆吹空气系统、压力测量、反射率测量； 获取烟点数的方法：它是在标准取样量下取得的滤纸烟痕反射入射光的百分衰减率除以 10 而得，并规定程序； 增加附录 A 排烟测量的代用方法：烟数法和冯布兰德反射烟数法。
ISO3977-1978《燃气轮机 采购附录 B》	取样探针：内径为 9 至 10mm,至少 5 个 2.54mm 直径的孔沿着其长度布置使得在横穿排气孔时每一孔以相等面积对排气流取样； 增加烟刻度； 通过烟气刻度中的孔观察烟斑，把滤纸上的军斑与标准烟点的刻度相比，当烟斑与烟刻度数是同一颜色时，则相应于该烟斑的数就是烟点。

1.4.2 主要差异内容说明(见表 4)

1.4.3 分析结果

GB/T14100 是参照 ISO2314 编制的，两个标准内容相同,其中国内标准中所增加的内容是用于轻型燃气轮机的,两个标准具有通用性。

1.5 GB/T14098-93《燃气轮机噪声》与 ANSI B 133.8-1977《燃气轮机装置噪音释放》

1.5.1 相同内容说明

两个标准在噪声技术要求、噪声测量方法、数据处理、装置噪声品质的评定、测量误差、测量报告等方面内容基本相同。

1.5.2 主要差异内容说明(见表 5)

1.5.3 分析结果

GB/T14098 是参照 ANSI B 133.8 而编制的,国家标准中某些内容和参数是根据我国环境的实际情况而确定的,因此与美国国家标准有一定的差异,但总的说来两个标准的内容基本相同。

1.6 GB/T11369-2008《轻型燃气轮机烟气污染物测量》与 ISO3977-1978《燃气轮机 采购附录 B》

1.6.1 相同内容说明

两个标准排烟测量方面的大部分内容相同。

1.6.2 主要差异内容说明(见表 6)

1.6.3 分析结果

GB/T11369 中提到标准是参照 ISO 3977-1978 附录 B 和美国环境保护局《地面固定式燃气轮机排气污染控制标准》编制的,其中排烟测量方面的大部分内

表 7

GB/T11371-2008	安全方面增加：使用和维护人员在异常噪声级环境下工作时的防护措施及防爆炸要求；增加运行方面的要求；在维护方面增加停放和储存要求。
ANSIB 133.12-1981	增加维护的目的、范围和合同。

表 8

GB/T13673-2009	燃料系统中：增加双燃料系统要求；冷却系统中管式热交换器的壁厚为 1.2mm；各系统增加舰船应用的内容；过滤装置中增加：基本负荷运行时应采用过滤效率不低于 99% 搞效过滤元件，尖峰负荷时不低于 83%，流过的固体颗粒径不大于 10um，含尘量不超过 0.5mg/m3,舰船用燃机配置盐雾过滤装置；箱体中增加了防火要求；增加膨胀节；增加排气管道的要求，管壁和支承要求。
ANSIB 133.3-1981	增加卸油系统；冷却系统中管式热交换器的壁厚为 1.14mm；增加排气系统取样；Halon 系统中：规定了灭火剂初始浓度应达到 8%，温度为 21 度。

容相同，但国内标准规定的内容比较多、具体和详细，可操作性比较强。由于未找到美国环境保护局《地面固定式燃气轮机排气污染控制标准》，所以估计气态污染物测量方面可能参照的是美国环境保护局《地面固定式燃气轮机排气污染控制标准》。

1.7 GB/T11371-2008《轻型燃气轮机使用与维护》与 ANSIB 133.12-1981《燃气轮机的维护和安全》

1.7.1 相同内容说明

两个标准在安全、维护方面的内容基本相同。

1.7.2 主要差异内容说明（见表 7）

1.7.3 分析结果

GB/T11371-2008 是参照 ANSI B 133.12-1981 编制的，两个标准的内容基本相同，具有通用性。

1.8 GB/T 13673-2009《轻型燃气轮机辅助设备通用技术条件》与 ANSI B133.3-1981《燃气轮机辅助设备》

1.8.1 相同内容说明

两个标准在总则、滑油系统、燃料系统、空气雾化系统、起动系统、冷却系统、加热 - 通风系统、消防系统、清洗系统、进气系统、排气系统、箱装体、联轴器、传动装置、管路系统、安装、涂装、注水蒸汽系统等方面内容相同。

1.8.2 主要差异内容说明（见表 8）

1.8.3 分析结果

GB/T 13673 是参照 ANSI B133.3 而编制的，两个标准的内容基本相同，其差异部分主要是结合国内轻型燃气轮机的一些特点而作的特殊要求，但两个标准具有通用性。

2 结论

一个国家设计技术标准的水平代表着这个国家的技术能力和专业技术水平的高低，也标志着国家产品水平的先进与落后，同样预示着国家产品在世界上的地位和竞争力，通过对中外燃气轮机专业技术标准的对比研究可以看出，我们国家的设计标准与国际和国外标准是接轨的，设计技术标准整体水平属国内领先。

ESbright®
艾士比
加油站灯 C100
便利店灯盘
日光灯管
加油站、便利店专用
24小时节能环保LED照明
每日使用12小时保修10年
每日使用24小时保修8年
诚招全国各地代理商
桑瑞光辉股份●艾士比光电创新中心
中国成都市高新西区新航路1号
联系人：骆高建
手机：13981880362
电话：028-8782-7826
门户网站:www.esbrght.com

中国石油集团东方地球物理公司装备服务处

BGP Equipment,China National Petroleum Corporation

中国石油东方地球物理公司装备服务处是专门从事物探装备和工程技术服务的专业化单位。在地震仪器、工程测量、可控震源技术研发、辅助应用软件编程和设备维修方面达到国际先进水平，通过了ISO9001国际标准质量体系认证，具有沙漠、戈壁、山地、沼泽、水网等复杂地表条件下全天候装备专业化服务的能力。目前，拥有国际主流地震仪器主机100多套、70余万道，卫星定位仪及常规测量仪器2000余台，先进的大吨位可控震源近600台，是目前国内石油物探专用装备种类最全、数量最多、技术水平最高的物探装备专业化服务机构。

主要业务有：地震仪器、测量仪器、可控震源等装备的工程技术服务、物探装备研发、引进装备的技术应用与推广等。

地震仪器及专业化服务

业务范畴涉及地震仪器专业化服务、技术支持保障、设备高端维修、应用技术创新和仪器专业人才培养等。能够为国际、国内地震勘探提供全天候、全方位的技术服务。拥有法国SERCEL 408UL、428XL；INOVA公司G3i、SCORPION、ARIES等一批世界主流地震仪器，并分别与法国SERCEL公司，美国I/O公司合作成立了“中国维修中心”。

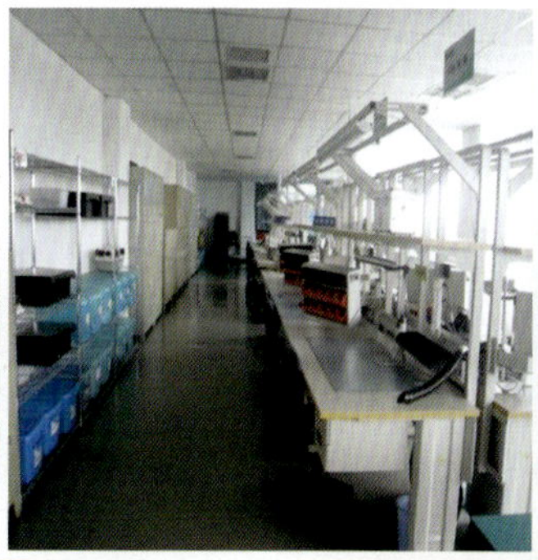

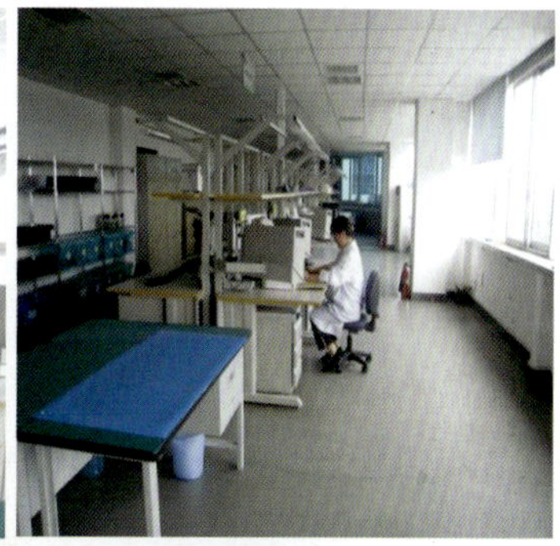

四精

拥有“精良装备”

具备“精湛技术”

实现“精益管理”

提供“精诚服务”

五好

生产经营好

支持保障好

创新开发好

推广应用好

队伍建设好

两个转变

服务方式由“操作服务型”向“技术服务型”转变

资源保障由“项目等资源”向“资源等项目”转变

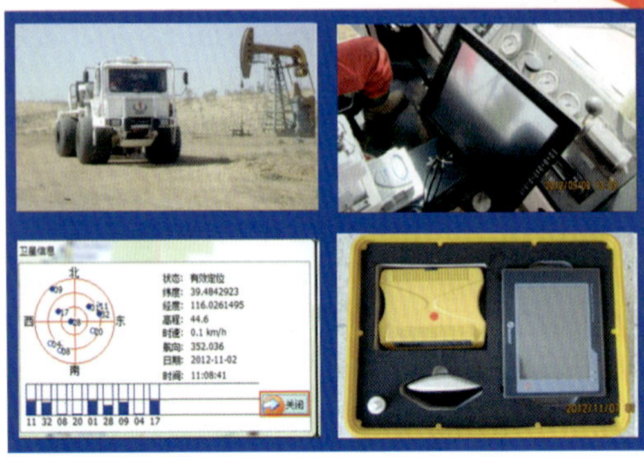

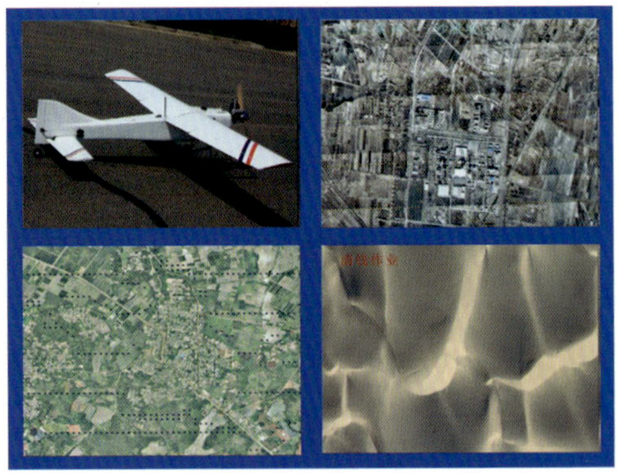

测量仪器及专业化服务

具备国家甲级测绘资质，拥有美国Trimble、瑞士Leica卫星定位仪及常规测量仪器，数量据国内第一。在国内建立了美国Trimble、瑞士Leica中国维修中心。在国内石油物探测量领域处于排头兵地位，尤其在物探测量科技研发中，打破国际公司垄断，研制发自主知识产权的物探测量GEOSNAP品牌的系列成果（陆上勘探、海上导航、信息技术）。目前已经具备陆上及海上二维、三维施工，深海拖缆及OBC施工测量，低空航摄作业能力。

物探测量GeoSNAP品牌系列成果

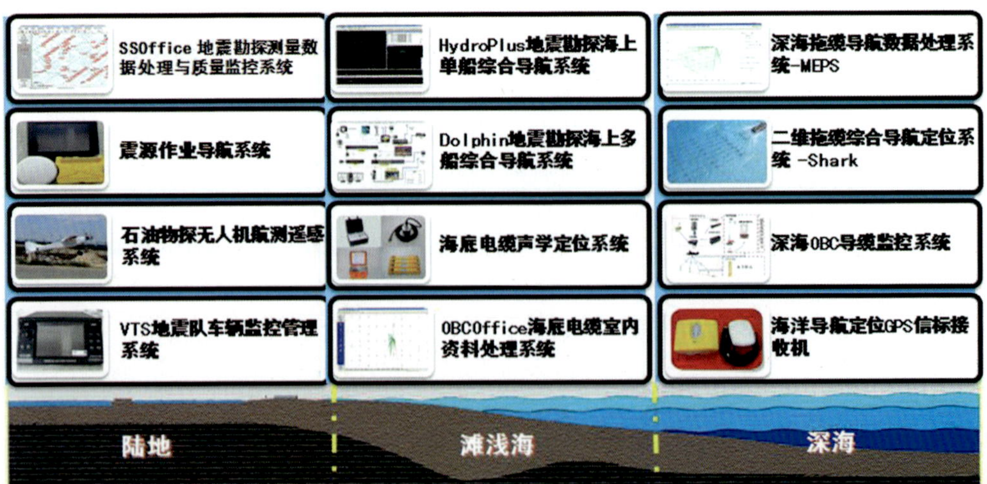

可控震源及专业化服务

拥有包括KZ28AS、SM26、AHV-IV系列、NOMAND65、KZ34等大吨位可控震源。具备山前、戈壁、沙漠、雪原、林地等特殊地表条件下全天候施工能力。掌握了可控震源交替扫描、滑动扫描、ISS（单台震源独立工作模式）、DSSS （多组滑动多套相隔一定距离同步采集技术）等高效采集配套技术。并独创出“可控震源低频高效采集技术”，同时承担着国家863计划《高精度可控震源研制》课题的设计任务。建立了国内最大的震源专业培训中心和可控震源专业维修基地。

物探装备研发

具备了地震勘探激发设备（可控震源）、石油物探钻机具、特殊沼泽设备等的设计开发能力，主要产品有KZ可控震源系列、以80米山地钻机为代表的钻机系列和以金刚石复合钻头为代表的钻机具系列、以ZCF06沼泽车和ZCL钢轮车为代表的特种运载设备系列等。并建有国家标准的“大地测量仪器校准室”，和石油物探行业标准的“物探专用仪器校准室”、“物探装备质检室”等检测机构。

地址（ADD）：河北省涿州市范阳中路307号

邮政编码（POST）：072751 电话（TEL）：0312－3823025

传真（FAX）：03123822372 010－81201382

北京侏罗纪软件股份有限公司

北京侏罗纪软件股份有限公司是一家以石油行业为依托，以计算机软件开发及项目服务为核心业务的高新技术企业，并日益成长为中国石油信息产业的积极推动者和国内石油软件行业的领军企业。与中国石油、中国石化、中国海洋石油所属的三十多家油田、多家石油院校和研究机构建立了良好的合作关系。目前，侏罗纪公司已经走出国门，大跨步迈入国际石油服务领域。

侏罗纪公司自2001年成立以来，凭借深厚的专业技术知识和对石油行业信息化的深入理解，在勘探开发专业图形、非结构化数据管理、勘探开发经济评价、知识管理、数据整合等方面推出几十项产品和技术，拥有自主知识产权三十多个。公司的产品和服务涉及石油勘探开发多个专业领域，是国内数量最多，产品使用范围最广的公司之一。

侏罗纪公司以其务实的理念、先进的技术、卓越的品质、专业的服务成为中国石油软件的领跑者，创造了中国石油软件的旗舰品牌。我们将始终秉承“以卓越的软件技术，服务石油产业发展”的使命，共创中国石油产业的美好未来！

我们的价值行为观

老老实实做人，踏踏实实做事

公司主要产品及业务介绍

油气勘探开发研究平台 E&P Data Vision

E&P Data Vision是一个建立在油田勘探开发基础数据库基础上的的研究平台。它遵循“图形即数据，数据即图形，图形与数据联动”的研究思想，依据当今油气勘探开发的最新理论和最新技术，按照井筒、剖面、层平面三类研究目标，提供了一整套二维、三维图形化研究工具和丰富的工业化成果模板，通过简单的鼠标拖拽操作，可快捷、简便、规范地展示地质、测井、地震和油气藏工程等各领域的专业研究成果。具有强大的工业化制图能力，将作图融入研究流程中。极大地提高田专业研究人员的工作效率。

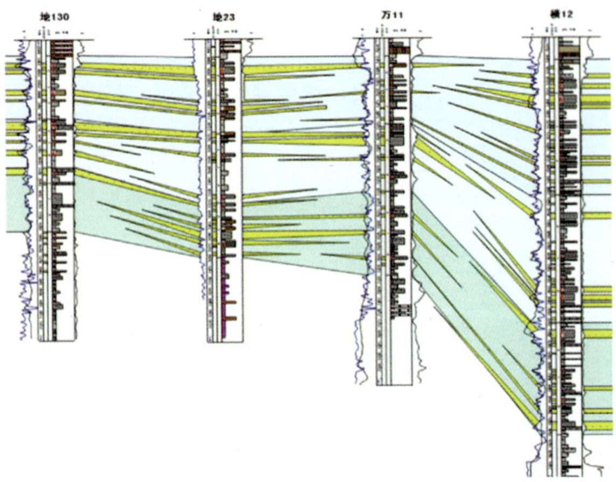

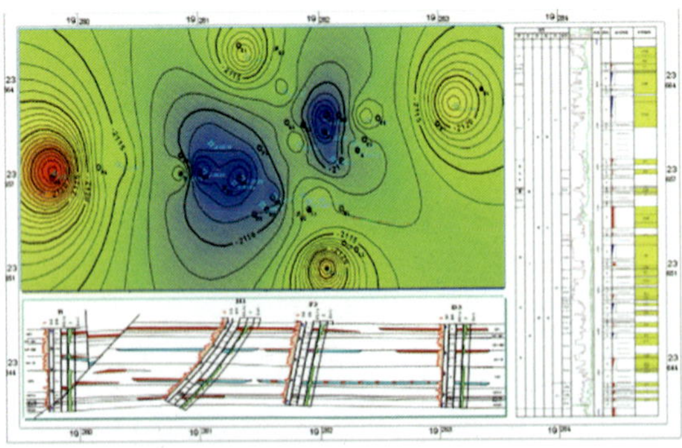

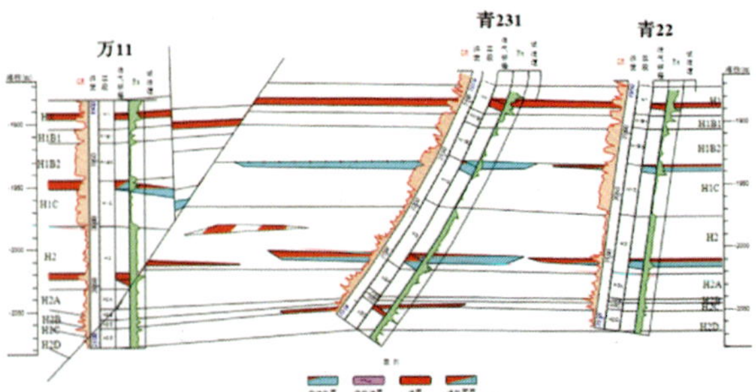

我们的使命：让每一位石油工作者使用侏罗纪的软件，享受侏罗纪的服务

油藏动态分析工作平台　Reservoir Analysis Studio For Oil

油藏动态分析工作平台（以下简称平台）是一套以油藏工程理论、经验和分析规程为依据，面向油藏动态分析研究过程的软件平台。平台内置了大量的油藏动态分析流程模型，能够按照分析研究思路，为使用者主动提供相关的功能和分析依据。它能够协助跟踪油田和单井产量和开采现状，及时发现生产中出现的矛盾和问题，通过产量、含水、注水情况的分析，综合各类地质资料和监测数据快速的找到油田（单井）产量变化的原因和开发规律，提出相应的治理措施。

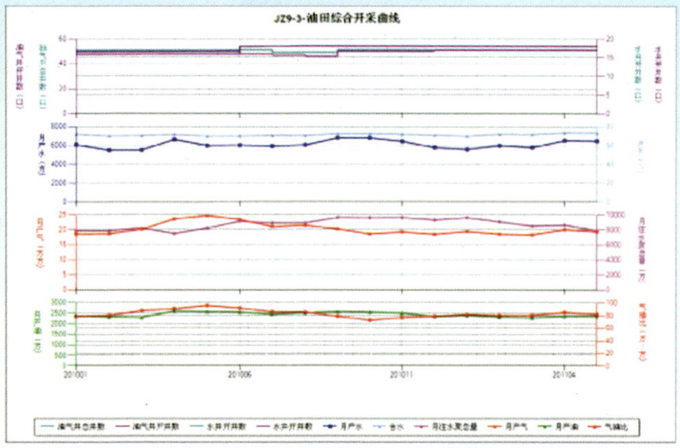

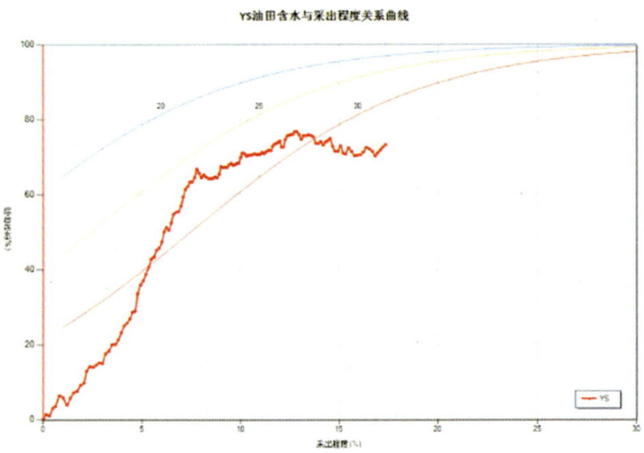

平台能够协助油藏研究人员分析油田的开发效果、层系井网适应性、压力保持利用状况，掌握油田的开发现状，分析油田开发存在的矛盾和问题，制定油田调整治理方案。平台提供大量油藏工程计算方法，可以协助用户完成油田（单井）开发指标的计算和预测。平台具有广泛的适应性，能够连接目前主流的开发生产数据库，也能够利用研究人员手中的数据文件开展工作。

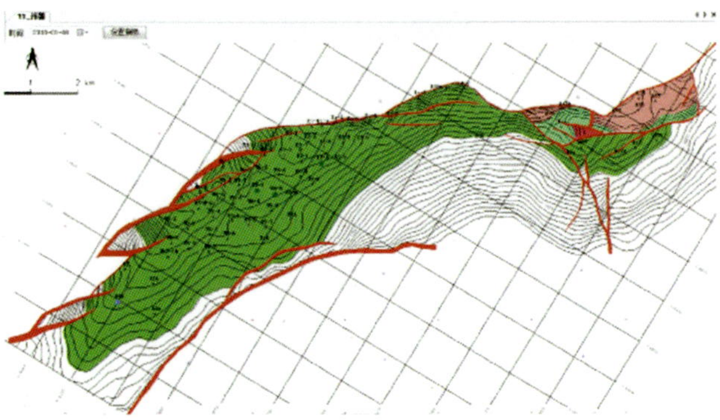

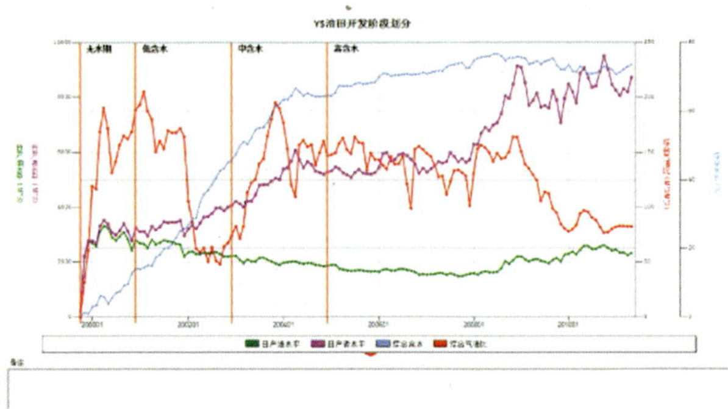

储量综合研究与管理系统平台

储量综合研究与管理系统平台(ReservesAnalyst)根据国内油公司实际储量管理与应用需求的特点，建立以国家、SPE/WPC/AAPG/SPEE、SEC三套储量管理标准为基础的储量管理与评估系统，解决各油公司在实际生产计划工作中的储量管理与研究问题，同时辅助各油公司进行SPE国际通用储量管理、SEC上市储量管理与审查工作。

系统平台实现与储量研究相关的地质、物探、测井、试油、试采、生产和经济等专业数据的动态管理，形成储量专业基础研究数据库，同时利用图形技术，按国家、SPE、SEC储量计算标准规范提供图形化储量参数标定与分析功能。

系统平台建立了勘探阶段、开发阶段的储量计算体系，提供了静态储量、动态储量计算方法模型，支撑了油田整个勘探开发过程中的储量计算工作。

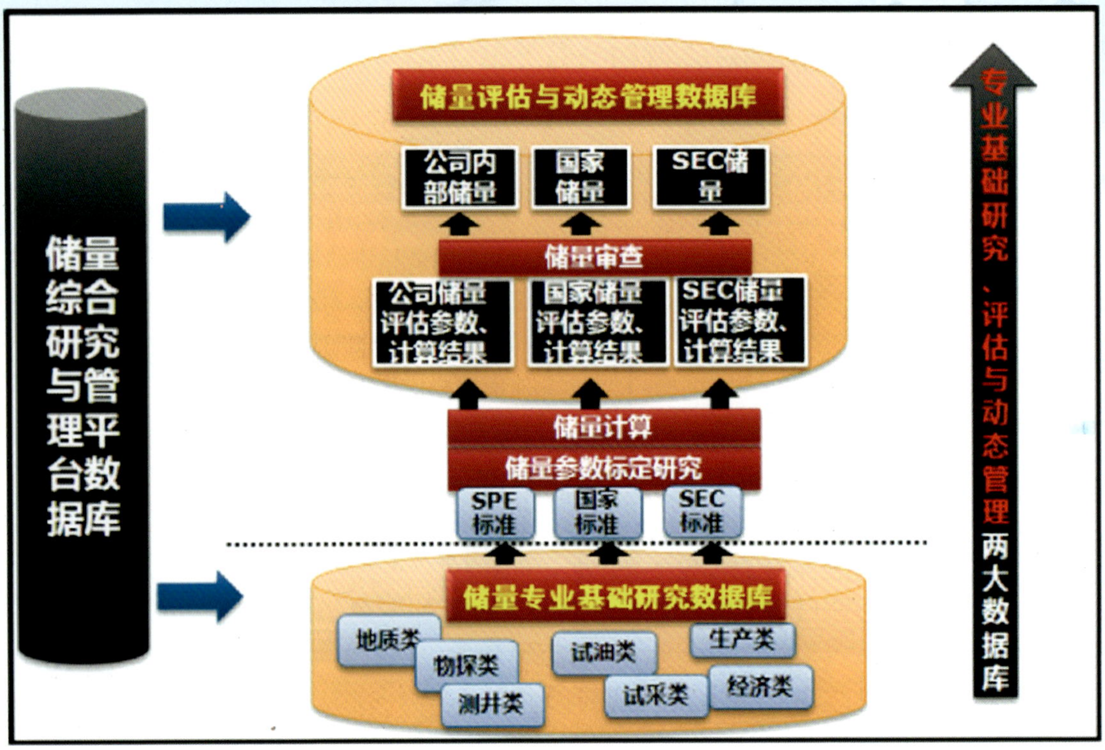

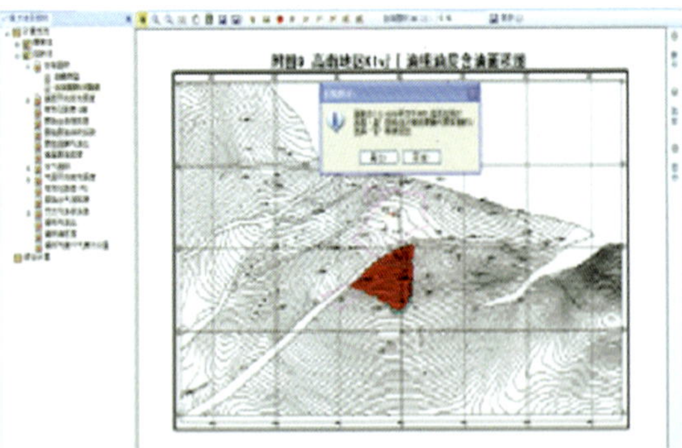

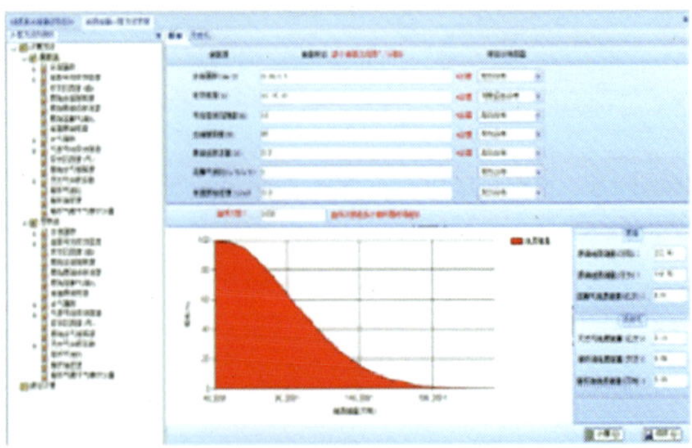

我们的使命：让每一位石油工作者使用侏罗纪的软件，享受侏罗纪的服务

搜油SOOIL

Sooil©搜油系统是基于油田数据资产、面向勘探开发专业人员、采用先进搜索技术，实现勘探开发信息集成快速搜索的统一平台。

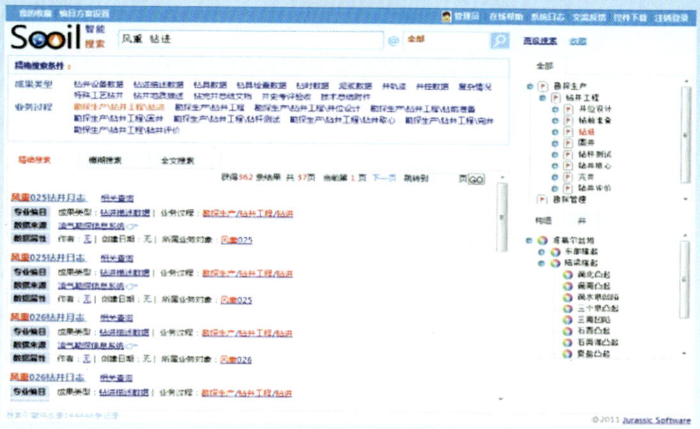

Sooil©可以实现跨数据库系统、跨数据类型的搜索，真正实现一体化数据搜索。Sooil©按照专业概念搜索数据，提供了多种搜索组织方式，可以按照目标、专业、研究内容、按照业务流程、工作问题、按照决策主题、生产问题等方式查找数据，满足不同应用对数据的专业搜索需求。

Sooil©可以提供通用搜索服务，也可以嵌入到其它系统作为数据搜索辅助服务，还可以基于Sooil©的功能建立各种应用系统。

专题图编绘系统 GeoTM

GeoTM是一套直接使用单井数据、自动生成各种专题图的制图软件。软件通过各种专业模板的定义，结合井实际数据快速生成专业图形，提高专题图的制作效率和质量。

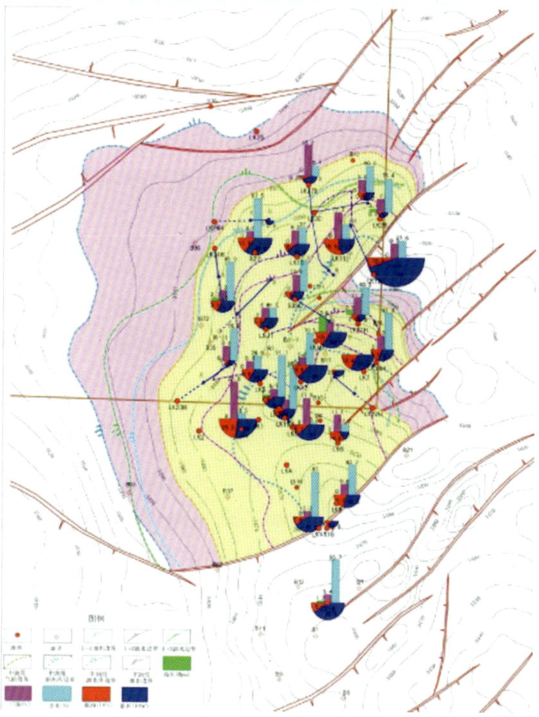

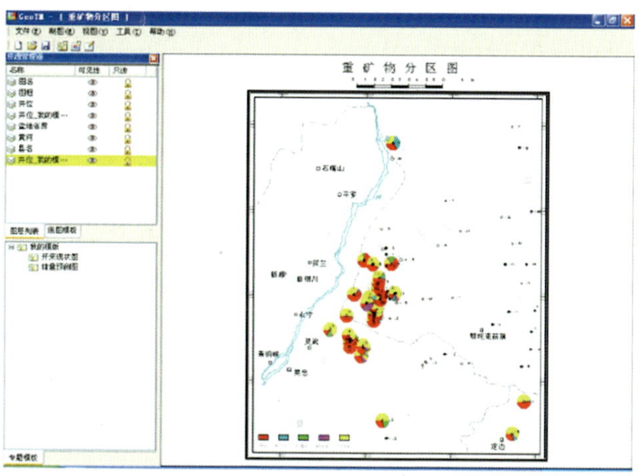

开发生产数据库

开发生产数据库可为决油田决策人员套的工作品台。在此品台上可以快速反映现场生产状况的平台，以此提高决策的效率，并指挥工作开展。为管理人员按照制定的计划进行有条不紊的开展工作、为分析人员提供统计分析的工作品台，使其了解目前油田的生产状况及问题。最终通过整套开发生产数据库的建设实现囊括油田开发过程中生产管理一路的基础数据环境搭建，提供计划跟踪、生产管理、油藏分析等基础应用环境，解决从现场到分公司再到总部的数据传输通路。另一方面，从企业管理的角度出发，也可建立各类业务管理制度与规范。

诺威尔（天津）燃气设备有限公司
诺威尔（天津）能源装备股份有限公司

诺威尔（天津）燃气设备有限公司是香港诺威尔集团在华投资的外资企业。公司位于津京黄金枢纽地带---天津武清技术开发区，地理位置优越。2011年，诺威尔市场进一步扩大，诺威尔（天津）能源装备股份有限公司正式成立，公司位于天津市国家级经济开发区科技工业的黄金地段---天津滨海高新区滨海科技园。诺威尔公司依托行业优势和高端人才，采用开放式的经营模式，广泛吸收中外先进燃气设备成套技术，其产品系列设计有天然气增压系统、调压输配产品及LNG系列产品。公司是美国百年品牌卡麦隆·库伯（COOPER）压缩机系列产品中国授权成套商，同时也是调压产品专业制造商美洲TORMENE公司在中国的总经销商。

公司拥有多名国内外燃气输配及动力机械的知名专家，不断研发新产品，以满足中国市场需要。迄今为止，已有逾千套诺威尔品牌燃气设备成功服务于中国市场。秉承“创国内最佳，做国际一流”的企业理念，以“提供优异的产品质量、高效的技术服务”作为企业的核心竞争力；凭借雄厚的企业实力，良好的市场口碑，“诺威尔”已经逐步成为燃气市场引领品牌。

企业文化

理念：厚德载物　臻于至善

宗旨：专业技术　整体解决方案　一站式服务　打造世界一流品牌

精神：安全　诚信　共赢　创新

态度：负责　品质　团结　用心

服务：精益求精　贴心为您　服务永恒

使命：秉承以客户为本及追求卓越之精神，恪守不屈不挠，群策群力及具远见之经营理念，为客户提供优质品牌及服务，坚持不懈为燃气行业，打造安全、可靠、节能、环保的新模式，为名生和未来环境创造美好生活而努力。

人才观：秉持“人才为本，品德为尊、能力为贵，共同成长”的理念，赋予员工施展才华和发展能力的无限空间，为德才兼备者提供优越机会实现其人生价值的最佳平台，适合岗位配置，精心综合培训，推动员工与诺威尔共同成长、共同创新、共同发展。

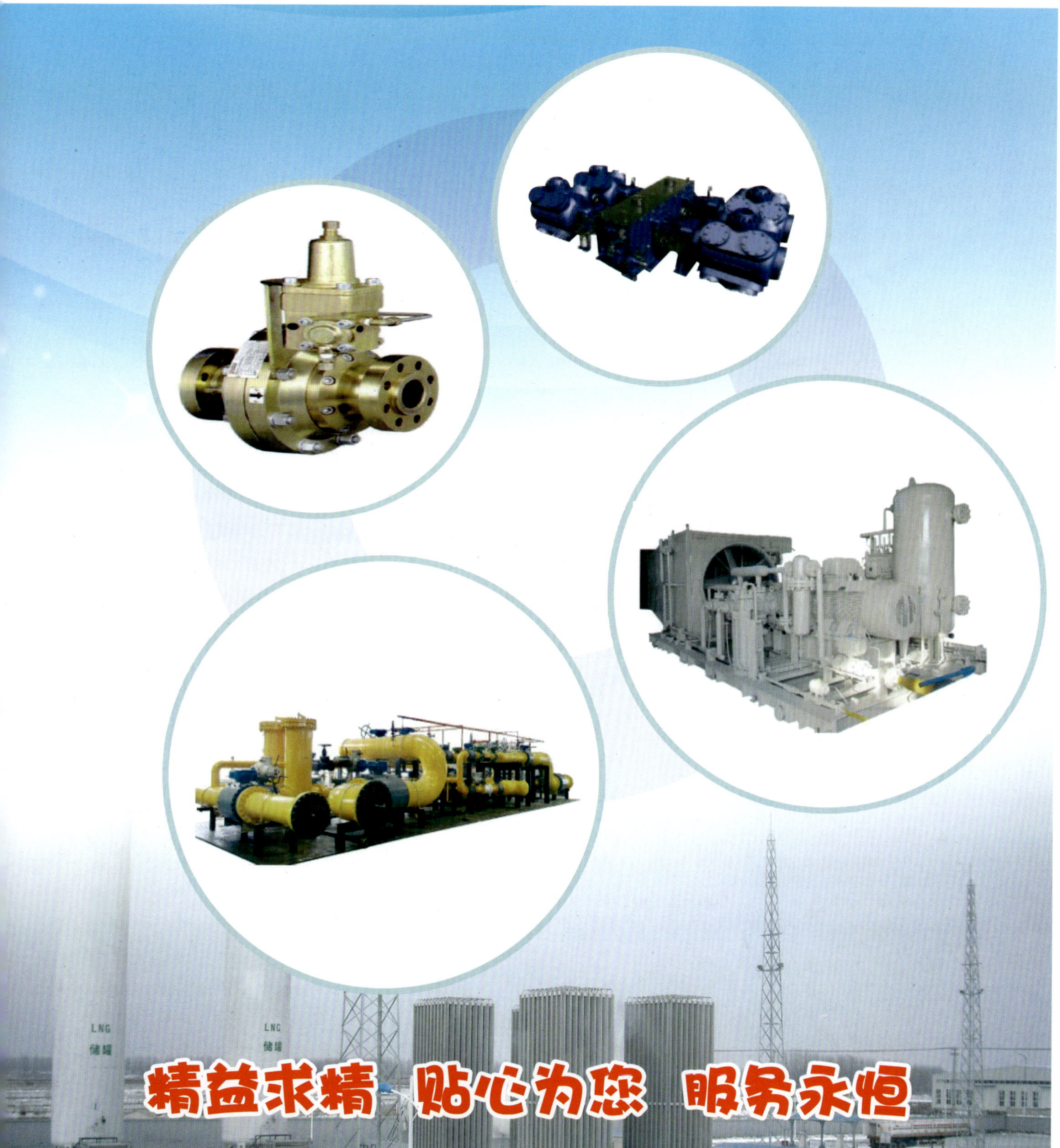

天然气调压系统、增压系统及LNG产品展示

诺威尔为您提供天然气调压系统、压力控制系统、增压系统、LNG产品中所用的核心设备。

诺威尔调压设备典型工程业绩

中石油压力控制系统项目中贵线南部分输站

投入使用：2012年

介质：天然气

流量：58200~180000Nm³/h

入口压力：6.36~9.53Mpa

出口压力：4.1~7.9Mpa

具有过滤计量等功能

艾默生湘娄邵-娄底分输站

投入使用：2012年

介质：天然气

流量：69000~1173000Nm³/D

入口压力：10Mpa

出口压力：10Mpa

具有过滤计量等功能

诺威尔（天津）能源装备股份有限公司
Novall (Tianjin) Energy Equipment Co.,Ltd.
地址：天津滨海高新区滨海科技园创新大道346号
Add: Tianjin Binhai New Area Science Park Innovation Road No.346
邮编（Zip code）：300457
电话（Telephone No.）：86-22-84979999
传真（Fax No.）：86-22-84976000

诺威尔北京代表处
Novall (HongKong) Group Co.,Ltd. Peking Rep. Office
地址：北京市朝阳区安立路安慧里103号楼洛克时代中心B1313
Add: Locke Times Center B1313, Building 103 Anhuili Anli Road Chaoyang District Beijing
邮编（Zip code）：100101
电话（Telephone No.）：010-84872319/010-84871908
传真（Fax No.）：010-84871613

CGG是地球物理地震工业的全球参与者。她不仅是地球物理装备的制造者，而且还向用户提供从陆上、海上地震采集、处理到油气勘探与开发的全面的地震服务。

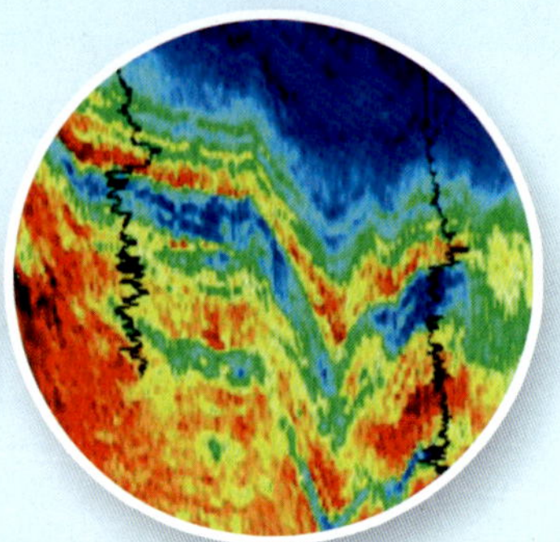

CGG成立于1931年7月23日，当时主要为地下地质资源评价进行地球物理技术开发和市场营销。从那以后，CGG逐渐专注于适合油气勘探和开发的地震技术，同时也继续发展和参与其它的地球物理活动。

CGG具有80多年的从业经历，在地球物理和地质科学界是公认的技术领导者。CGG充分利用地求物理和地球科学技术日益增长的重要性，帮助其不同用户，包括独立的油公司、国际油公司和国家石油公司，提高勘探与开发的效率。

作为地学前沿技术的全球领导者，CGG承诺创建其技术革新的领导性地位，并不懈努力地致力于发展当地和全球的市场。2013年，CGG全球雇员超过9800人，他们共享对地学的激情，并一起安全和诚实的工作。

CGG在安全生产和正直诚实方面设置了很高的标准。一个成熟的HSE系统给我们在全球的所有运作方面提供了一致的标准。通过其道德规范和可持续发展计划，CGG保证其商业活动中坚持高标准。

CGG是联合国全球契约的成员。定期进展情况通报凸显了其对世界人权宣言准则、联合国环境与发展里约宣言及联合国反腐败公约的承诺。

从2013年2月1日开始，在收购Fugro的地学业务后，CGG进行了机构重组，目前有三个商业部门:

- ★ **设备**
- ★ **采集**
- ★ **地质，地球物理和油藏（GGR）.**

依赖于设备、采集、地质和地球物理及油藏三个互补的商业部门，CGG可以给自然油气资源勘探和开发的各个领域带来价值。

CGG的设备部门包括所有的Sercel商业实体和Optopan,Metrolog,GRC和De Regt。 Sercel是创新地震设备和油藏检测仪器的全球领先的设计者和制造者。这些设备被油田服务公司和地球物理承包商用于陆上、海上、海底、过渡带和井下环境的地震勘探和油藏检测。De Regt提供一个互补的产品组合，定制海底电缆和脐状连接系统用于石油、能源、国防和地震勘探应用。

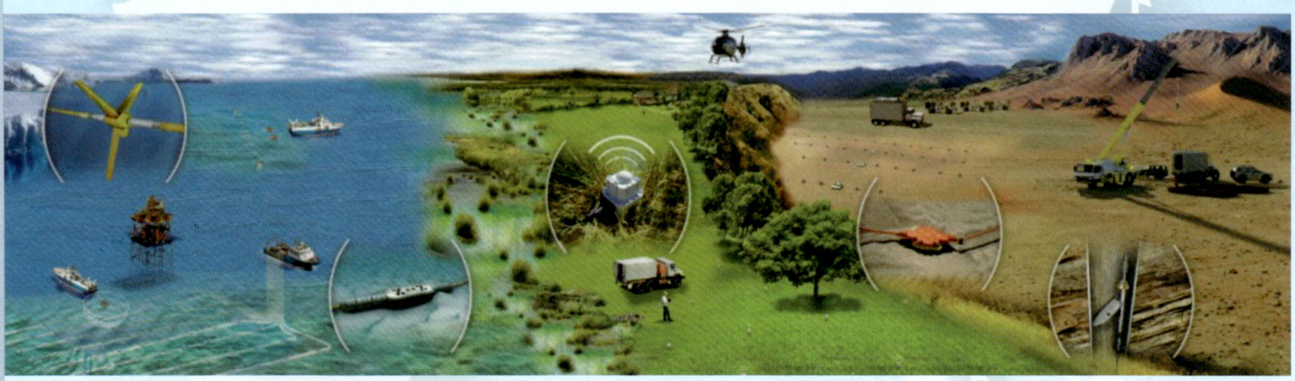

采集

CGG具有全系列的数据采集能力，适用于所有类型的地球物理工区，不论是大还是小。CGG是全球唯一具有在任何环境下实现地震和其它地球物理方法无缝连接的公司。

陆地：

从地震采集到油藏检测，经验丰富的地震队用最新的地震方法进行采集。

海洋：

CGG有业界最大的高端海上作业船，特殊的设计可以用来记录地震、磁法和重力数据。

CGG

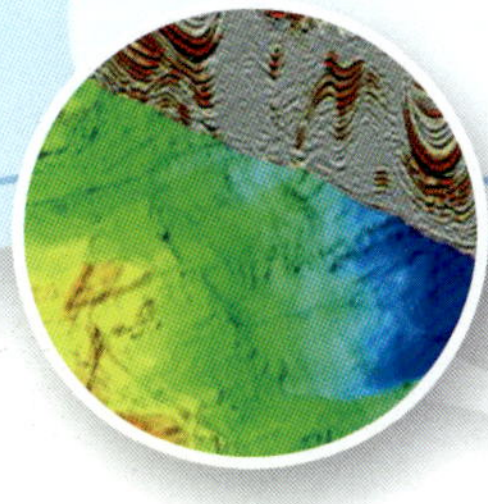

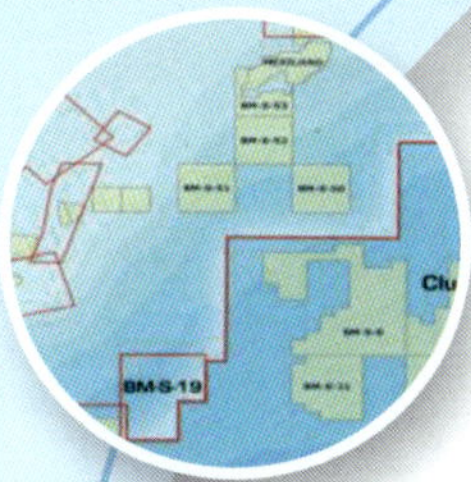

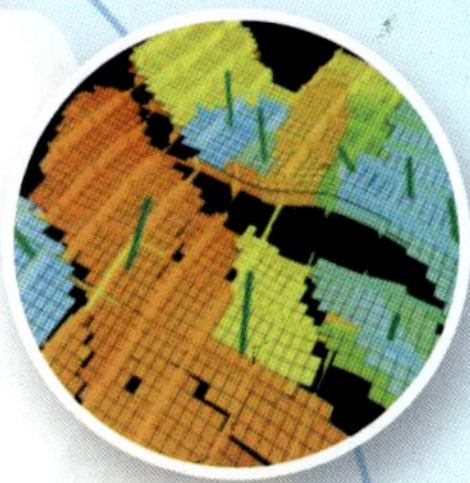

航空测量:

CGG专有的飞机编队可以为全球所有类型的油气、矿山和政府部门客户采集电磁、磁法、重力和放射测量数据。

地质、地球物理和油藏

作为公认的具有80多年历史的地球物理行业先锋，CGG在地下高级成像方面也处在前沿，帮助用户解决日益复杂的勘探和开发面临的挑战。CGG业界领先的Hampson-Russell和Jason软件及服务，可以帮助用户模拟、分析和认识油藏。

Robertson 针对勘探和评价市场，提供一系列综合的技术服务、咨询和多用户地质数据，它们的经验延伸到综合地质和地球物理解释、油藏工程和石油经济学方面。在世界热点地区，CGG有超过500,000km2的无可比拟的地震、重磁等多用户三维野外数据。

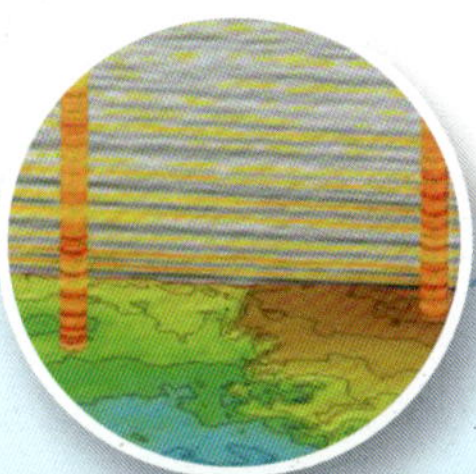

Sercel是全球领先，具有创新精神的地震设备和油藏监测仪器设计和制造商。

Sercel为油田服务公司和地球物理承包商提供最全面的前沿物探技术和装备，用于陆上、海上、海底、过渡带及油藏勘探。全球有2,500名雇员，在美国休斯敦和法国南特设有销售办公室。

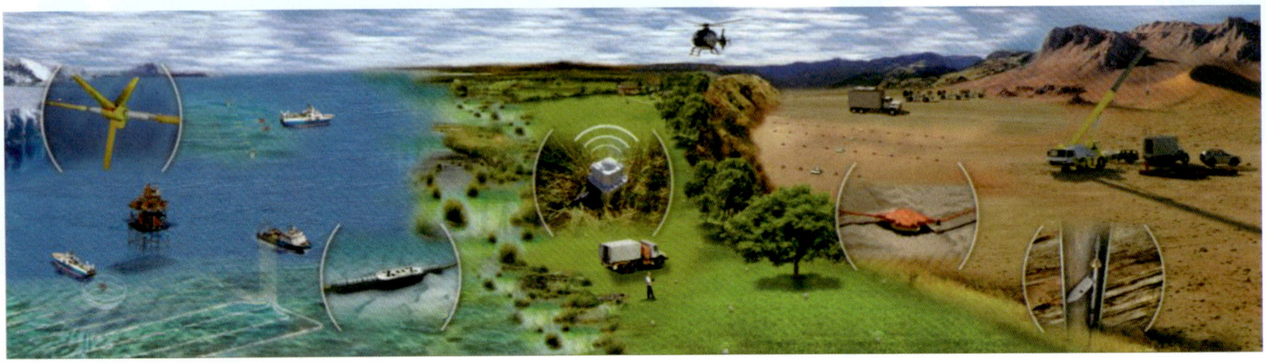

Sentinel®, 最佳性能固体拖揽家族

其设计的成功，包括统一的配重以及震动隔离能力，为用户提供行业内最佳信噪比海上拖揽，Sentinel已迅速成为海上地震勘探系统的首选。在平静和复杂气象条件下无论拖拽深度，Sentinel都是市场上最抗噪的拖揽，并能提供最佳低频和最高信噪比的高清晰地震图像。

Sentinel家族中又加入了新成员，2012年的Sentinel RD，小直径固体拖揽，以及2013年6月的Sentinel MS，一种新型多分量固体拖揽。除了能通过水听器提供的高质量压力测量Sentinel MS还通过两个额外的加速度组件提供交叉横向和垂直波前方向测量，为加强宽带成像提供多分量数据。

Nautilus®, 完全整合的拖揽控制系统

三功能于一身的Nautilus 设备能将声学定位，深度控制和自动转向用于一个单元中。Nautilus与Sentinel拖揽完全整合，直接通过拖揽供电，而竞争对手的系统使用电池必须要进行更换以及日常维护。Nautilus系统不需要考虑有关节约电池电量的问题，并且与其他系统相比能提供更大的转向力，减少了测线变化并对所有拖揽配置保持更好的控制。

SeaPro Nav, 综合导航系统用于所有水下地震设备

SeaPro Nav能为所有海上拖拽地震测量实时定位解决方案，包括多船作业和宽方位角技术。SeaPro Nav操作简便快速采用先进的海上地震采集技术，提供最灵活创新的多船作业结构。

SeaPro Nav和其他家族成员，包括SeaPro Design, SeaPro Bin, SeaPro Current 和 SeaPro Resolve， 组成了Sercel公司迄今最完整的导航系统。

508XT, 新一代陆地采集系统

508XT是Sercel推出的基于全新cross-technology的陆地地震采集系统，将高效采集、数据质量和系统适应能力带入新的高度。其先进的X-Tech架构，综合了有线系统和无线系统的优势，并应用了全新的技术和功能。

508XT是唯一具有百万道实时采集能力的地震采集系统，从而获得无与伦比的成像分辨率。

508XT系统独有的QuietSeis™技术，是基于下一代MEMS技术的新的高性能数字检波器，其仪器噪声较以往低三倍。

508XT系统采用新一代智能网络技术，具有“零”系统等待时间和实时采集的能力。特殊功能设计如本地存储、自动绕传、全新冗余和质量控制使得所有数据处理单元之间互相通讯，高速和不间断无缝传输数据，从而实现不停工采集。

Nomad, 全地形可控震源

NOMAD系列可控震源，适用于各种地形和环境，具有高品质信号、高可靠性、高效率和高安全性的优势，这些特点，结合维护简便和符合人体工程学的设计，已经成为可控震源激发性能的新标准。

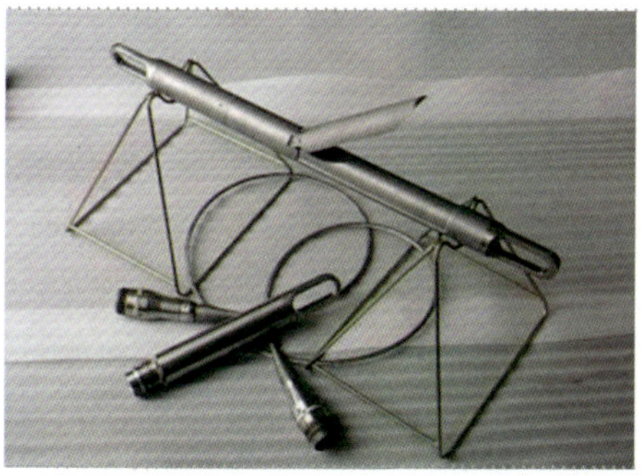

GeoWaves®, 通用、灵活的井下地震采集工具.

GeoWaves是多达32级的数字井下地震采集系统. 这种通用型的井下地震采集工具能记录垂直地震剖面信号，也适用于被动的微地震监测和如3D VSP和4D VSP等大规模的井下地震勘探。

UNITE,无线采集系统

UNITE是一套独特的无线系统，克服了现有采集的限制，为最复杂的环境下地震采集提供了最灵活的解决方案。Unite技术领先，并与整个Sercel产品完全兼容，无疑是最先进的无线采集系统。

无论本地存储或实时传输、无论模拟或数字采集，Unite的无线QC和数据回收功能提供了前所未有的灵活性和质量控制。

天津华浮石化设备工程有限公司

天津华浮石化设备工程有限公司是国内最大的专业生产内浮顶厂商，坐落在美丽的天津滨海新区，公司现有建筑面积7000m^2，有高中级技术人员15人，建有完善的质量保证体系。通过了质量体系认证、职业健康安全管理体系认证和环境管理体系认证。是中石化、中石油物装公司一级供应网络成员。

镶嵌式铝合金（不锈钢）内浮顶是在装配式浮盘的基础上，通过改变装配式浮盘水平平行布梁方式，增加主梁和支梁的数量，采用仿生网状结构形式三角形结构而出现的一种新型浮盘。该结构形式提高了内浮盘的整体结构强度和浮盘运行的稳定性。同时，浮力元件镶嵌在骨架内，既有产生浮力的作用，又起到了增加浮盘骨架支梁的作用，更进一步增强了浮盘的整体结构强度。

镶嵌式铝合金内浮盘，采用（3003）防锈铝作为浮力元件母材，符合国内和国际通用的选材标准，使浮力元件更耐腐蚀，保证浮盘长期安全运行。镶嵌式内浮盘即能满足国家相关标准GB50341-2003要求，也能满足美国石油学会API650标准H要求。浮盘的浮力元件采用标准化设计，浮力元件在不同大小的浮盘中具有通用性、互换性，浮力元件与梁采用螺栓连接，便于多年后用户检修、更换、极为方便。

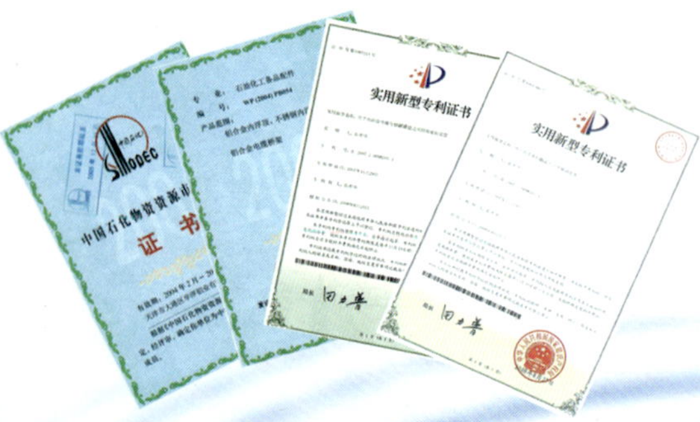

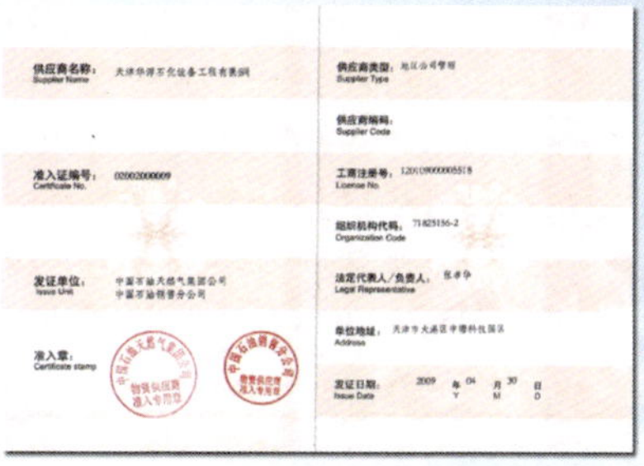

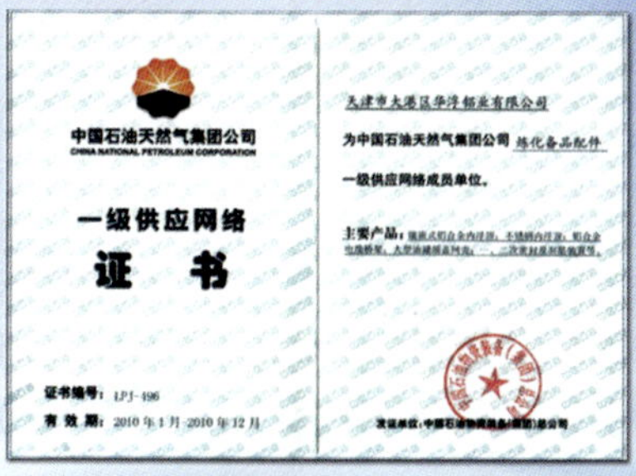

公司地址：天津滨海新区大港安港三路81号

联系电话：022−59925300　　13902037539

华策汽车

Mercedes-Benz

浙江华策经贸有限公司

浙江华策经贸有限公司（简称浙江华策）于2003年7月成立，注册资本2000万元，成为中国第一家梅赛德斯-奔驰卡车特许服务中心。

浙江华策总部坐落于风景秀丽的杭州城北地段-石祥路汽车一条街中心地段，紧邻浙江大学城市学院，距京杭运河一步之遥，融汇了街区浓厚的汽车文化和浙大清新的人文气息，是集奔驰汽车的销售、售后服务、配件供应、信息反馈、承办会展为一体的专业奔驰特许服务中心。

公司总部占地面积26亩，建筑面积8000多平方米，华策总员工1000余位，其中70%以上具有大专以上学历，是目前华东地区规模最大，设备最完善的奔驰特许服务中心之一。

浙江华策除杭州总部外，还拥有南京、江西、厦门、温州、安徽、福州6家分公司，西安网点和宁波网点也在筹建分公司中，业务范围覆盖全国，提供奔驰进口卡车整车销售、售后服务及零配件供应，其类型涉及奔驰全系列的牵引车、工程车、载重车等。

电话：029-8333 0007　13811175159
网址：　www.wah-truck.com

2004年，浙江华策被评为全国“质量，服务诚信示范单位”。

2011年及2012年，浙江华策连续两年获得“梅赛德斯-奔驰卡车中国年度最佳卡车经销商”。

自2011年6月西安网点筹建，先后办理了中石油、中石化奔驰底盘设备售后服务市场的准入，并与多家单位产生合作：青海油田、川庆钻探工程有限公司、长庆井下作业公司、玉门油田，长城钻探工程有限公司。同时也与中原油田、河南油田、渤海钻探、长庆油田、胜利油田、大庆油田、油田消防等客户，保持紧密的业务往来。

华策陕西分公司以西安为中心，在内蒙乌审旗、甘肃兰州等地设立驻点，服务范围覆盖国内油田单位。零配件供应与储备专项化，在储存类别、数量方面均能满足油田采购需求。

中国石油集团东北炼化工程有限公司
吉林机械制造分公司

中国石油集团东北炼化工程有限公司吉林机械制造分公司以设计制造石化非标设备和配件为主，主要产品包括各种塔器、换热器、反应器、铁路车罐、离心分离机械等，其中，铁路车罐具备1000台/年生产能力，形成了以冷却吸收塔、顺酐反应器、聚合釜等为代表的一批优势产品。目前，公司正积极组织研发LNG储运设备、碳纤维设备、高效换热器、聚乙烯离心机等产品，开辟了检维修和油罐机械清洗新业务，逐步实现了多元化经营，年综合生产能力12000吨。

公司现有员工1000余人，其中各类专业技术人员200余人，持有压力容器焊接资格证书的焊工130余人。拥有各类主要生产设备499台/套，配套生产及检测设备186台。其中包括70mm卷板机、160mm卷板机、窄间隙焊机、大型热处理炉、数控龙门钻床等大型加工设备，重型容器制造厂房整体吊装能力超过400吨。生产性房屋建筑面积47000平方米。

公司拥有A1、A2和C1、C3级别的压力容器设计、制造许可证，《ASME》设计、制造许可证，具有“U”、“U2”、“S”和“NB”钢印的使用授权，并通过了质量、环境和职业健康安全三体系认证。是中国石油协会《ASME》协作网络理事单位；中国化工装备协会理事单位，中国石油天然气集团公司一级网络供应成员单位；中石化物装公司石化设备成员单位。拥有中国清洗协会颁发的清洗行业A级资质。

目前，我公司设计、制造质量达到了国内外先进水平。非标压力容器产品已先后出口德国、阿尔及利亚、尼日尔等世界各地。发展中的吉林机械制造分公司正敞开胸怀迎接着世界各地的朋友，我们真诚相邀，与您携手，共创辉煌明天！

哈氏合金反应器

窄间隙自动焊机

重达537吨的乙二醇反应器

地　址：吉林市龙潭区遵义东路9号
邮　编：132021
电　话：0432-63983747,63986133
传　真：0432-63037061

兰州城临石油钻采设备有限公司

兰州城临石油钻采设备有限公司始创于1990年，通过20余年的专注和开拓，目前已成为石油天然气行业石油钻采设备研发、生产、销售及配套服务为一体的专业化设备制造企业。公司总部位于国家石油装备制造业基地兰州，致力于为油气工业提供适用于非常规油气勘探开发的优质安全的钻采压裂专业设备和核心部件。

公司设立以来，通过不懈的努力，依靠管理深化、质量提升、工艺进步和技术创新，取得了ISO9001:2008质量管理体系认证证书、ISO14001:2004环境管理体系认证证书、GB/T 28001－2001职业健康安全管理体系认证证书、API Spec 6A、API Spec 7K、API Spec 16C美国石油协会质量管理体系和产品质量认证证书、国家质检总局特种设备（压力管道）制造许可证书，拥有国家发改委核准的专用车辆生产许可资质。

依靠20余年来积累的技术优势、质量优势和市场品牌优势，公司产品遍布全国油田、矿山、煤矿等领域，还远销到印度尼西亚、苏丹、哈萨克斯坦、伊朗等国家和地区，并与新疆、吐哈、大庆、长庆、青海、辽河、吉林、江汉等大型油田建立了长期稳定的合作伙伴关系，在市场上享有良好的客户声誉。公司拥有中石油总公司钻采设备配件一级网络供应商资质和中石协评定的AAA级企业信用厂家称号；公司产品获评为中国质量认证标准协会认可的“质量信得过好产品”、“城临牌”高压管汇元件系列产品获得行业石油石化装备“名牌产品”奖。

公司主导产品和服务主要包括：

车载（橇装）钻采压裂系列产品：包括固井水泥车（橇）系列、批混车（橇）系列、压裂车（橇）系列、混砂车（橇）系列、冷热（包括蒸汽）洗井设备系列

固井压裂作业用柱塞泵液力端总成系列及其部件和备件

高低压管汇系列（车、橇）和高压流体控制元件，包括三通、四通、活动弯头、整体接头、旋塞阀、单流阀和针型阀等

高压多层分注投球器系列、大型混砂离心泵系列及其他

油田作业机组（车、橇）的技术服务

作为创业板上市公司海默科技（300084）的控股子公司，通过实施“强强联合”和优势互补，公司进一步确认了竭诚为国内外用户提供更优质、更安全、更经济压裂设备和服务的发展战略，进一步把城临钻采打造成国内领先国际化的高端压裂设备制造商，实现与客户、员工、股东和社会的共同发展，力争成为油气工业钻采压裂设备领域富有竞争力的中国企业。

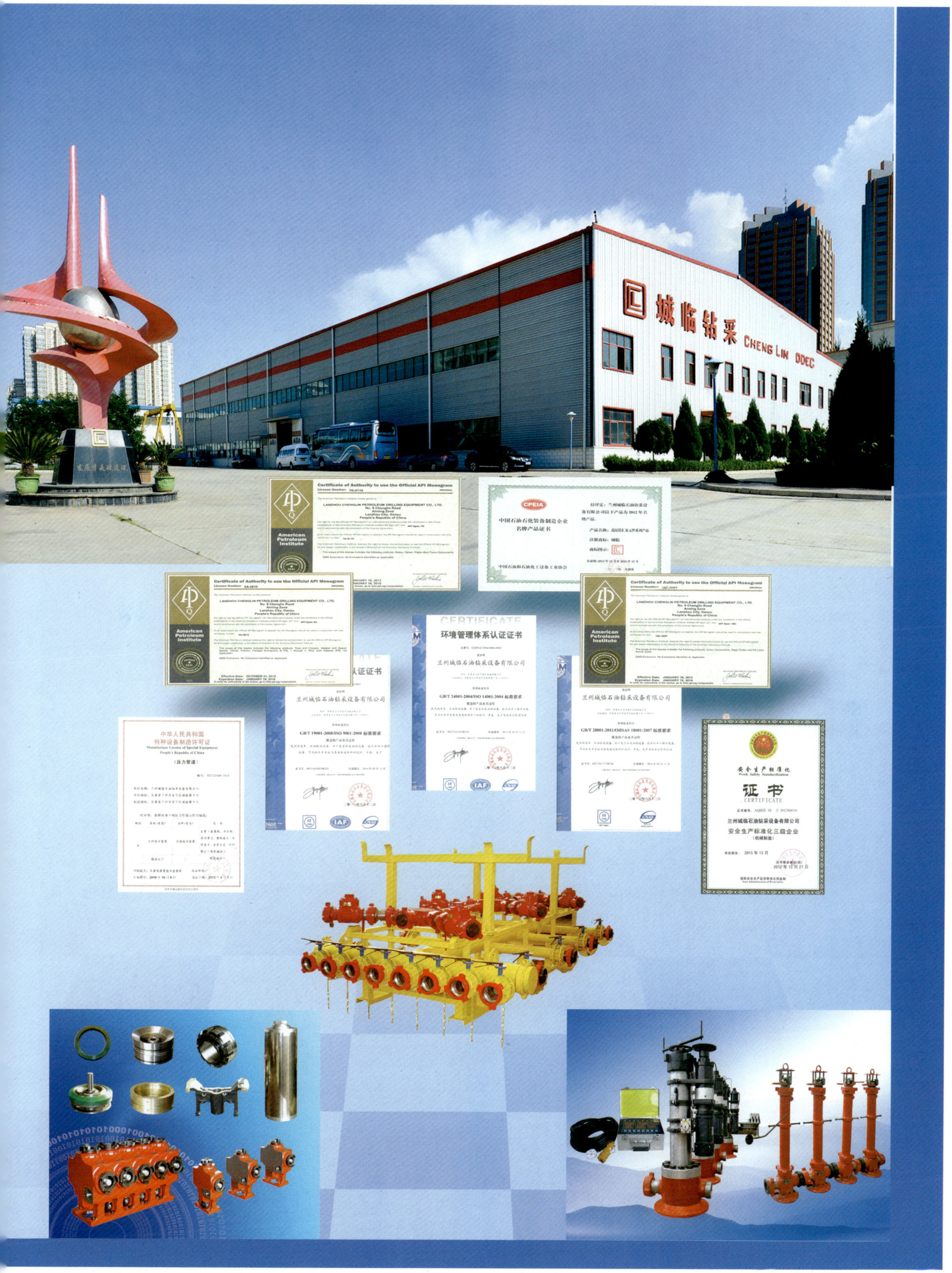

城临钻采
CHENG LIN ODEC
Certificate of Authority to use the Official API Monogram
American Petroleum Institute
CPEIA
环境管理体系认证证书
兰州城临石油钻采设备有限公司
中华人民共和国
特种设备制造许可证
安全生产标准化
证书
CERTIFICATE
兰州城临石油钻采设备有限公司

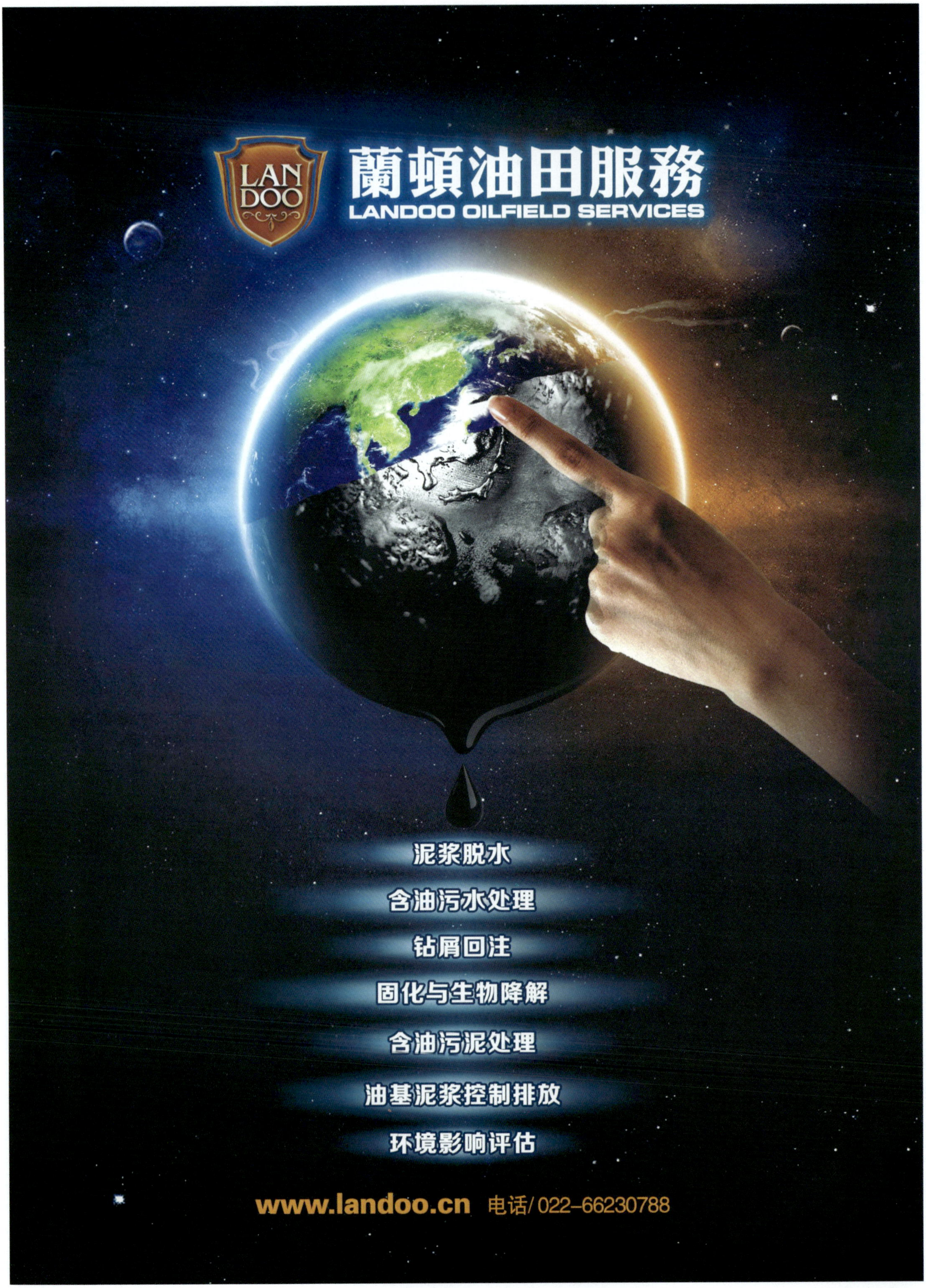
LAN DOO
蘭頓油田服務
LANDOO OILFIELD SERVICES
泥浆脱水
含油污水处理
钻屑回注
固化与生物降解
含油污泥处理
油基泥浆控制排放
环境影响评估
www.landoo.cn 电话/022-66230788

第八部分
炼油化工及油气销售

分目录

我国石化行业分析
——炼油、乙烯、芳烃现状和展望

郑宝山 张东明 李宇静
(石油和化学工业规划院)

一、我国石化行业面临的四个突出问题

目前，我国石化行业面临着四个比较突出的问题。

一是行业产能过剩形势严峻、产品同质不断蔓延。目前，我国部分化工产品产能过剩，企业盈利能力较差、经营困难，主要有烧碱、电石、PVC、纯碱等行业。除了传统产品外，部分属于战略新兴产业的产品也出现了产能过剩的趋势，如聚甲醛等。产能过剩，还体现在产品的同质化，而产品同质化主要来自于技术的同质化。这主要是由于我国化工产品原创技术少，多数技术来自于引进。而世界环先进技术对我国转让较少，因此世界二流技术成为我国引进的热点。技术一旦可得后，造成生产厂商蜂拥而上的局面。

二是对外依赖屡创新高、资源瓶颈逐渐加紧。近几年，我国的原油对外依存度呈逐年增加趋势。我国原油对外依存度在2009年首次突破50%，在2012年达到56.4%(当年原油产量2.07亿吨，进口2.71亿吨，出口0.02亿吨，表观消费量4.76亿吨)。除原油外，其他资源也面临着同样的问题。如，目前沿海沿江投产和在建的MTO产能270万吨/年，需外购甲醇800万吨，而2012年全年我国进口的甲醇才500.1万吨，MTO大量产能的释放将改变甲醇的贸易格局。我国丙烷脱氢制丙烯在建产能近500万吨/年，2012年我国进口液化丙烷188.3万吨/年，进口量最高的年份2004年进口量也仅296.1万吨/年。

三是安全环保意识提高、本质安全引人关注。近些年，通过厦门PX项目、大连PX项目、镇海炼化一体化项目、天津中沙聚碳酸酯项目、重庆MDI项目等几个事件引发社会上对石化化工项目中环保问题的极大关注，因此提高本质安全显得尤为重要，即从工艺、原料、装置、技术等方面保证石化化工项目安全的生产运行。

四是化工行业节能减排任务艰巨；耗能产品难以立足。2011年，我国石油和化学工业单位能耗虽然持续下降，但随着经济规模的快速扩大，总能耗增长8.9%，为近年来最大增幅，占全国规模工业总能耗的19.9%。其中，化学工业增长11.1%，占全国能耗比重11.9%。"十二五"期间石油和化工行业节能减排目标是，单位工业增加值用水量(比2010年)降低30%、能源消耗降低20%、二氧化碳排放降低17%，化学需氧量(COD)、二氧化硫、氨氮、氮氧化物等污染物排放总量分别减少8%、8%、10%、10%，挥发性有机物得到有效控制。在节能减排的背景下，国家对化工行业耗能产品征收了出口关税，其中粗苯10%，煤焦油15%，氢氟酸15%，磷酸300元/吨，硫酸钾/其他氯化钾2000元/吨，尿素出口价格不高于基准价格时，税率为2%；出口价格高于基准价格时，税率=(1.02−基准价格/出口价格)×100%。

二、炼油行业现状及发展趋势分析

(一)行业进展

我国炼油工业经过五十多年发展，已成为世界炼油大国，炼油能力持续增长。截至2012年底，原油一次加工能力达到5.7亿吨/年(同比增长2980万吨/年)，

居世界第二位。就单个公司而言,中石化居第二位,中石油居第四位。

炼油行业产业集中度和炼化一体化继续提升,截至2012年底,我国已建成20座千万吨级炼油基地,其中14个为炼化一体化基地。形成长三角、珠三角和环渤海湾三大炼化集群,及靠近东北、西北油田的炼化产业带,合并形成了“三圈两带”的格局。2012年,千万吨级炼油基地合计产能为2.8亿吨/年,占总产能50%以上。我国2012年千万吨级炼厂如下表:

企业	产能 万吨/年	企业	产能 万吨/年
茂名石化	2350	福建联合石化	1200
镇海炼化	2300	惠州炼油	1200
大连石化	2050	抚顺石化	1150
金陵石化	1800	齐鲁石化	1050
独山子炼化	1600	兰州石化	1050
上海石化	1600	青岛炼化	1000
燕山石化	1600	大连西太	1000
广州石化	1570	广西石化	1000
天津石化	1550	吉林石化	1000
高桥石化	1300	辽阳石化	1000

成品油产量平稳增长,市场呈供过于求态势:全年成品油产量28171万吨,同比增长5.5%;成品油表观消费量27664万吨。市场供略过于求,汽油、煤油、柴油出现了自2007年以来的首次全面净出口,全年成品油净出口507万吨。

国际原油价格震荡,价格调整频繁:2012年成品油价格共调整了8次,全年汽油净调升250元/吨,柴油净调升280元/吨。

柴汽比下降,汽车销量累积效应显现:2012年我国生产柴汽比和消费柴汽比均低于2,双双创下近10年来的新低,其中生产柴汽比为1.92,较2011年下降0.15;消费柴汽比为1.97。

升级改造动力不足,柴油质量升级进度依然缓慢:按《车用柴油》标准(GB 19147-2009),2010年1月1日起开始执行国III标准,过渡期为一年半,从2011年7月1日开始强制实施。到2012年底,我国车用柴油产品仍未全部达到国III标准,导致国IV标准被迫推迟。

(二)主要问题与挑战

炼油能力仍将快速增长,产能过剩趋势加大:主要动力来自三方面,一是我国主力石化集团为抢占市场,加快产业布局;二是地方炼厂以燃料油深加工或沥青生产等名义无序扩张;三是地方政府积极招商。如不加以控制,预计到2015年我国炼油能力将超过7亿吨/年。

雾霾天气频现,客观要求加速油品质量升级进程:机动车尾气是PM2.5颗粒的主要来源之一,汽柴油燃烧产生的尾气已经成为城市重要污染源之一。2013年2月6日国务院常务会议决定加快油品质量升级,并指出要按照合理补偿成本、优质优价和污染者付费的原则合理确定成品油价格。

消费税新政实施,影响调和汽油获利性:2012年11月6日,国税总局下发《关于消费税有关政策问题的公告》(国家税务总局公告2012年第47号),重新明确了液体油品缴纳消费税的范围,将征缴范围扩大至所有不符合国家标准或是有化工行业标准的常温常压下呈液态状(沥青除外)的产品,新政从2013年1月1日起开始执行。2012年,国内汽油消费量为8684万吨,其中调和汽油消费量约1200万吨,约占汽油总消费量的13.8%。消费税新政的实施将直接打击调和汽油的市场成本优势。以93#调和汽油为例,其典型配方为30%的石脑油、25%的混合芳烃、10%的MTBE、30%的非标90#汽油再加5%的C5,其原料中仅石脑油和非标90#汽油在出厂环节已征收消费税，在下游按“汽油”名义销售时候可相应凭完税证明进行抵扣，混合芳烃、MTBE 和 C5 均无完税证明，按照新的消费税政策需要企业进行补缴，由此而造成调和汽油成本增加约 555 元 /t，调和汽油的价格优势将大打折扣。

（三）主要替代能源情况

1. 燃料乙醇

当前我国已形成 102 万吨 / 年的燃料乙醇生产能力，但国家不再鼓励与民争粮、与粮争地的燃料乙醇项目，而非粮食原料（木薯、红薯、农作物秸秆）尚未形成资源支撑能力。

我国的 E10 汽油性质同普通汽油相差不大，汽车基本不需改动。相关的标准、法规比较完善，国家对燃料乙醇生产给予价格补贴（包括消费税和增值税的减免）。E10 汽油目前在我国 10 个省试点推广，用量近 150 万吨，替代量有限。燃料乙醇的推广瓶颈主要在于经济性不足。

2. 甲醇汽油

高比例或纯甲醇汽油：国家标准现已推出《车用甲醇汽油（M85）》和《车用燃料甲醇》。甲醇汽车由改车转向产车，一些成熟的产品已经可以量产。目前在应用中仍存在一些问题（如腐蚀性等），大规模推广困难。

M15 汽油：添加剂是关键，但配方五花八门，缺乏规范。M15 汽油已在全国 26 个省市不同程度、不同规模应用，其中山西（全省）、陕西（全省）、浙江、贵州、新疆、河北等省由政府推动。全国有 10 个省有 M15 甲醇汽油标准，而国家标准尚未推出。

3. 煤制油

2012 年，我国煤制油示范装置运行取得新突破。包括神华鄂尔多斯直接液化装置，潞安、伊泰间接液化示范装置都已实现长周期稳定运行。

2012 年 1–10 月，神华鄂尔多斯与内蒙古伊泰煤制油项目累计完成主营业务收入 57.3 亿元。其中，神华完成 45.8 亿元，伊泰完成 11.5 亿元，累计实现利润 4.8 亿元。

伊泰煤制油公司 2012 年生产各类油品和化工品超过 16 万吨，首次达到设计产能。每生产 1 吨油耗煤 3.64 吨、耗电 820 千瓦时，各项指标均达到或低于设计消耗指标。

2012 年 4 月，延长石油集团在榆林靖边县举行了煤油共炼试验示范项目开工典礼。该项目年转化原煤（干基）22.5 万吨、渣油 22.5 万吨、天然气 7.75 万吨，生产柴油 26.24 万吨、汽油 7.77 万吨、液化气等产品 4.5 万吨。该技术值得关注。

三、乙烯行业情况及发展热点分析

（一）行业进展

产能保持稳步增长，产量略有下降。截至 2012 年底，国内共有 24 家乙烯生产企业，31 套生产装置，生产能力 1676.5 万 t/a（比 2011 年增加 140 万吨 / 年），乙烯产量 1514 万 t（比 2011 年略降 2.3%）。2012 年国内乙烯当量消费量约 3190 万 t。按照当量消费量计算，目前我国乙烯供应缺口巨大，国内自给率仅为 47.5%。2012 年我国主要乙烯生产企业如下表：

生产商	产能 万吨/年	生产商	产能 万吨/年
燕山石化	71	福建炼化	80
北京东方	15	镇海炼化	100
中石化天津	20	大庆石化	120(60+60)
中沙天津	100	吉林石化	15 + 70
齐鲁石化	80	辽阳石化	20
中原石化	18 + 10（SMTO）	抚顺石化	14+80
扬子石化	70	兰州石化	24 + 46
上海石化	14.5 + 70	独山子石化	22 + 100
茂名石化	100	华锦乙烯	18 + 45
广州石化	21	中海壳牌	95
扬巴公司	74	沈阳化工	15（CPP）
上海赛科	119	神华包头	30（DMTO）

原料多元化初见成效。在 2012 年我国 1514 万吨乙烯产量中，传统的石脑油裂解乙烯产量为 1472 万吨，占总产量的 97%，仍占据绝对统治地位。可喜的是，其他原料路线生产的乙烯产量有所增长。特别是 MTO 路线生产的乙烯，产量达到 34 万吨，占乙烯总产量的 2.3%。

乙烯贸易活跃，进口量创新高。继 2011 年国内乙烯进口量首次突破 100 万吨(达 106 万吨)以后，2012 年进口量再创新高，达到 142.2 万吨，比 2011 年增长 36.2 万吨，增幅为 34.2%。自从 2007 年国内乙烯进口量由过去的 10 万吨左右跃升到 50 万吨以上，几年来进口贸易一直较为活跃，除 2010 年因国内乙烯产量有较大幅度的增长，进口量比上一年有所降低外，乙烯进口量总体上保持着较快的上升趋势。

产业集中度提高，大型化目标正在实现。截止 2012 年底，我国乙烯平均装置规模从 2005 年的 38 万吨 / 年提高到 58 万吨 / 年（不计 CPP 和 MTO 项目），平均企业规模达到 73.7 万吨 / 年，已接近世界平均水平。其中最大装置为大庆石化扩建后的 120 万吨 / 年，最小装置规模为抚顺石化、上海石化、吉林石化、北京东方等企业的 14~15 万吨 / 年。单套规模达到 80 万吨 / 年以上的装置有 10 套，产能合计 974 万吨 / 年，占总能力的 60.1%，平均规模为 97.4 万吨 / 年；单套规模在 60~80 万吨 / 年的装置有 5 套，产能合计 355 万吨 / 年，占总能力的 21.9%，平均规模为 71 万吨 / 年；单套规模在 60 万吨 / 年以下的装置有 13 套，产能合计 292.5 万吨 / 年，占总能力的 18.0%，平均规模为 22.5 万吨 / 年。但与世界主要乙烯生产地区相比，我国的乙烯装置平均规模依然偏小，仅高于日本的水平。主要乙烯生产地区装置平均规模为：美国 83.8 万吨 / 年，沙特 99.7 万吨 / 年，日本 51.5 万吨 / 年，韩国 69.3 万吨 / 年，新加坡 70.8 万吨 / 年，台湾省 65.8 万吨 / 年。

（二）主要问题与挑战

乙烯原料优化与供应问题尚未完全解决：受轻烃资源限制，国内新增乙烯产能的原料以石脑油为主，原料虽可做到相对优质，但不廉价。尽管我国大部分乙烯装置实现了与炼油的一体化，但相对于乙烯规模，目前所配套的炼油能力普遍偏小。与我国相比，中东和北美所使用的乙烯裂解原料中，轻烃比例较高，而韩国、日本等资源匮乏国家和地区，乙烯裂解原料以石脑油、凝析油为主。世界主要乙烯生产国家或地区裂解原料构成如下图：

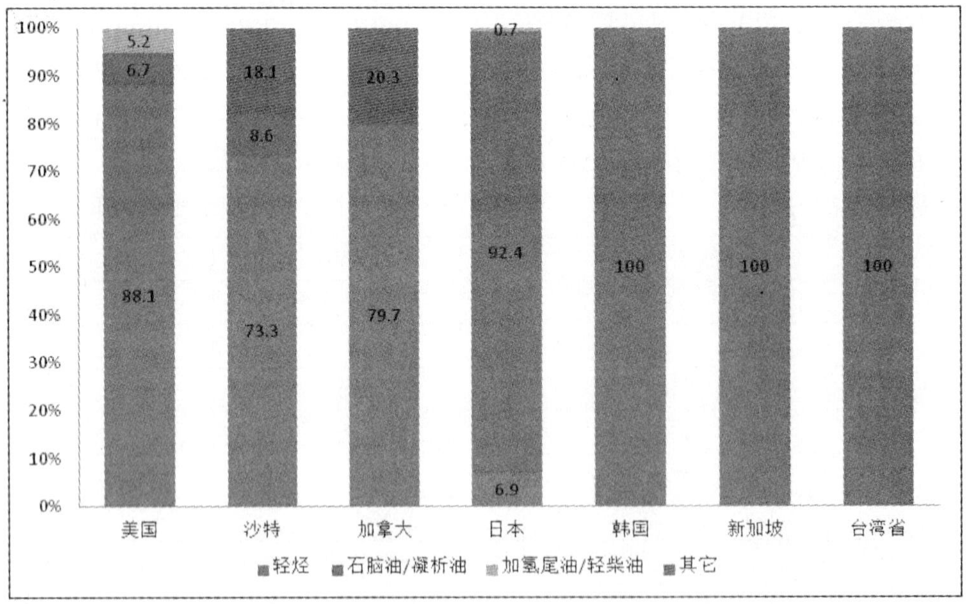

主要下游产品结构性矛盾仍较为突出：目前在建的乙烯装置产品结构中，合成树脂比例高达 75% 以上，在解决大宗初级产品供应方面取得了显著的成绩，但没有完全实现产品升级的要求，产品差异化程度比较低，中高端产品市场仍以进口为主。很多专用合成材料的专有技术被国外企业垄断，国内企业难以获取。

在国际化竞争中处于相对被动的地位：我国乙烯

产品自给率较低,在全球一体化的竞争中对于国外过剩产品对国内市场的冲击并没有有效的抵御能力。特别是拥有廉价乙烯原料的中东地区乙烯工业迅速崛起,将成为我国乙烯行业最大的竞争对手。美国的页岩气大量开发,也将对我国乙烯行业造成较大冲击。

(三)乙烯替代技术

目前乙烯的替代技术主要有MTO、DMTO、SMTO、MTP、CPP、HCC、Superflex和ACO等。

1. 煤(甲醇)制烯烃

2012年,我国煤制烯烃生产企业开工率较高,并取得了较好的经济效益,与我国石脑油裂解制乙烯相比,具备了一定的成本竞争优势。

2012年,神华包头煤制烯烃项目累计生产烯烃54万吨,利润达到约9亿元;神华宁煤MTP项目生产40.5万吨聚丙烯,17.8万吨混合芳烃,6.6万吨液化气,实现营业收入58亿元,利润4.15亿元;大唐多伦MTP项目,利用劣质褐煤为原料,2012年下半年逐渐实现70%负荷运行;中原石化20万吨/年SMTO项目,运行负荷保持在81吨/时,为设计负荷的110%,实现了新突破。

宁波禾元60万吨/年DMTO项目,是首套以外购甲醇为原料,在沿海地区建设的大型甲醇制烯烃项目,于2013年2月投产。另外,2012年有多套甲醇制烯烃装置开工建设,如久泰能源(准格尔)有限公司60万吨/年烯烃项目、富德(常州)能源化工发展有限公司30万吨/年甲醇制烯烃、联想控股滕州化工基地30万吨MTO项目、浙江兴兴新能源科技有限公司60万吨/年甲醇制烯烃项目等。

2. ACO技术

是美国KBR公司与韩国SK公司合作开发的技术,即先进催化裂化制烯烃工艺。2010年10月,在韩国蔚山建设的商业示范装置运行,烯烃产能为4万吨/年。延长石油集团40万吨/年ACO项目是我国首套ACO装置,正在推进过程中。

(四)乙烯近年生产消费情况

近年来,国内乙烯产能逐步增加,但是按当量消费量计的国内乙烯自给率仍不足50%。2005年,我国乙烯产量755.5万吨,当量消费量1876万吨,当量自给率仅40.3%。到2010年,乙烯产量达到1419万吨,当量自给率达到47.9%。而2012年当量自给率微降到47.5%,市场仍有较大空间。

我国乙烯消费构成以聚乙烯、环氧乙烷/乙二醇、氯乙烯、苯乙烯为主,2012年乙烯当量当量消费构成如下图:

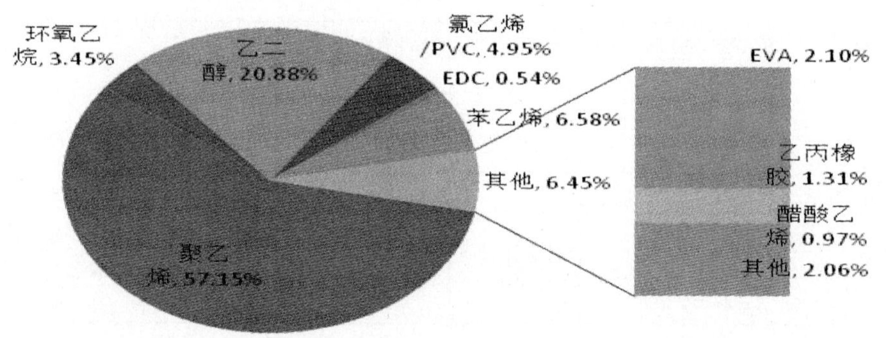

2012年中国乙烯当量消费结构

1. 乙烯主要下游产品发展趋势

2012年,国内乙烯当量需求缺口以聚乙烯(含E-VA树脂)和乙二醇为主,两者净进口量约占国内乙烯当量消费量的41.1%。其中进口聚乙烯占据国内聚乙烯专用料市场主导地位,主要为满足沿海经济发达地区高端用户需求。同时,大宗通用料产品也占据较大市场份额,与国内同类产品形成有力竞争;乙二醇主要用于华东沿海地区的聚酯行业。虽然国内乙烯下游衍生物中以聚乙烯和乙二醇产品供需缺口最为巨大,但这两种产品也将直接面对国外产品的竞争,尤其是中东地区低成本产品的竞争。

因此,未来国内乙烯下游大宗产品发展的重点是聚乙烯专用料牌号,并延伸环氧乙烷、苯乙烯下游产业链,避免与中东产品的同质化竞争。此外,市场总规模相对较小、但产品附加值和行业进入壁垒较高的高性能材料如乙丙橡胶、聚烯烃弹性体和精细化原料如α-烯烃等将有更好的发展机会。

发展乙烯下游产品，针对具体企业，要保证选择的下游产品具有可行性和市场竞争力，除要重点考察产品市场供需情况及发展前景外，还必须充分考虑到企业产业基础、项目实施地的其它原料供应和基础设施配套、区域环境承载力和安全环保要求、储运和销售体系要求等现实条件。乙烯主要下游产品情况如下表：

	市场需求	准入规模	工艺技术可得性	发展建议
聚乙烯	2012年表观消费量1790万吨，市场缺口760万吨。预计2015年供需缺口依然高达400万吨以上。市场容量大，缺口大，发展空间大，但产品面临中东低成本产品冲击较严重。	20万吨/年	多种成熟先进技术可以引进，可得性强，风险小。	实施难度小，可操作性强，市场空间大，但目前国内同质化竞争较严重，盈利能力较低。建议适度发展，但需在品种及牌号上实现差异化。
苯乙烯	2012年表观消费量为751万吨，净进口量高达330万吨。预计2015年仍将存在220万吨左右的供需缺口，发展空间较大。	20万吨/年	先进可靠，可得性强，风险小。	只有在苯资源丰富、价廉的地区，才考虑发展。同时，应考虑向下游延伸发展ABS、SIS等衍生产品。
环氧乙烷/乙二醇	2012年国内乙二醇表观消费量1076万吨，净进口量795万吨，供求矛盾十分突出，消费和进口主要集中在东部沿海。预计到2015年我国乙二醇仍存在巨大缺口，但产品面临中东低成本产品冲击较严重。	20万吨/年	多种成熟先进技术可以引进，可得性强，风险小。	考虑到进口中东低成本乙二醇和国内煤制乙二醇的双重竞争，以及环氧乙烷下游高端精细化学品良好的发展潜力，可考虑适度发展环氧乙烷，并往下游高端专用化学品延伸(如聚乙二醇切削液、减水剂聚醚、表面活性剂等)，不建议大量发展乙二醇商品。
乙丙橡胶	2012年表观消费量22.7万吨，净进口量20.9万吨，供需矛盾极为突出。预计2015年供需缺口尚存15万吨，发展前景好。		技术高度垄断，先进技术的来源是制约乙丙橡胶项目的瓶颈。	市场前景好，产品附加值高，易于储运，具有较好可行性，建议选择先进、成熟技术发展，慎重选用非成熟技术。
PVC	2012年表观消费量1394万吨，产能已严重过剩，但仍有76万吨的净进口量(主要进口特种牌号)。预计2015年国内产能将达到2600万吨/年左右，而需求量约1600万吨，市场将严重供过于求。	乙烯法PVC准入规模30万吨/年	先进可靠，可得性强，风险小。	市场风险大，盈利能力差。建议有氯碱资源的企业可考虑发展，或结合电石乙炔聚氯乙烯装置改造。
EVA	2012年表观消费量约83万吨，净进口量55.3万吨，供需矛盾十分突出。预计到2015年市场缺口仍将高达20万吨以上，市场空间较大，产品附加值高，发展前景好。	如建设LDPE兼产装置，需20万吨/年。	国外有成熟先进技术，风险小，但引进先进技术存在一定难度。	产品附加值高，易于储运，具有较好可行性，建议建设釜式法EVA装置，可生产高醋酸乙烯含量品种，用于太阳能电池胶膜、热熔胶等。
醋酸乙烯	2012年表观消费量约176万吨，净进口量25.9万吨(台湾关系企业进口占40%以上)，但产能已有过剩。预计2015年产能过剩的局面进一步加剧，市场竞争激烈。		国外有成熟先进技术，风险小，但引进先进技术存在一定难度。	市场风险大，成本优势不突出，储运成本高。特别是目前醋酸乙烯仍主要用于聚乙烯醇生产，与西部地区电石乙炔法醋酸乙烯相比，不具有成本竞争优势。可结合醋酸资源发展。
α-烯烃	2012年国内表观消费量约11万吨，净进口约7万吨，发展潜力大，前景好。		技术高度垄断，引进难度大。	市场发展潜力大，但储运要求较高，建议引进先进技术或合资发展。
超高分子量聚乙烯	2012年消费量约4.5万吨，净进口量在1万吨左右。预计2015年需求量将超过6万吨，发展前景好。		技术高度垄断，引进难度大。	技术引进难度大，需合资合作。

(五)丙烯近年生产消费情况

2012年，国内丙烯表观消费量约1738万吨，自给率88%。但由于近年来国内经济快速增长拉动对丙烯下游衍生物的旺盛需求，而国内供应不足，使得每年还需大量进口丙烯下游衍生物如聚丙烯、丙烯腈、丁辛醇、苯酚丙酮、环氧丙烷、乙丙橡胶等，2012年国内丙烯当量消费量约2428万吨，当量自给率约63%。2012年丙烯当量消费结构如下图：

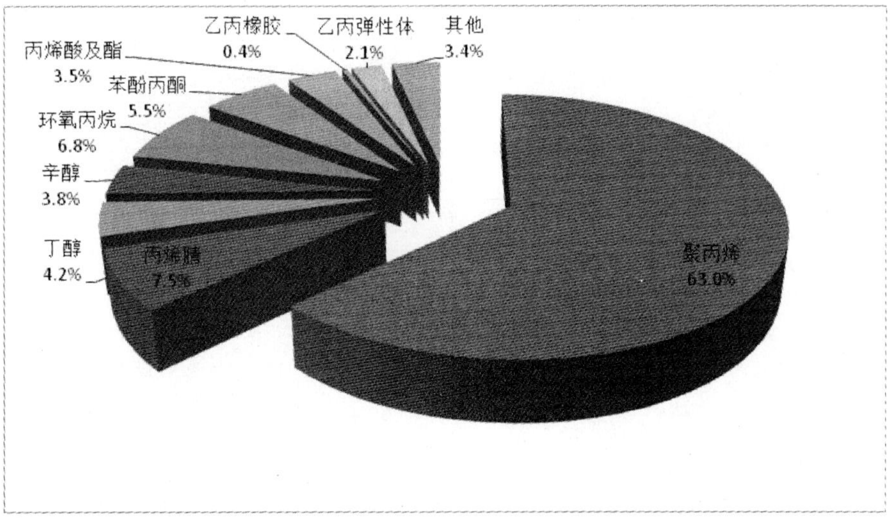

1. 丙烯主要下游产品发展趋势

2012 年，国内丙烯当量需求缺口以聚丙烯为主，净进口量占当量消费量的 15.8%。未来，国内对丙烯下游合成树脂和有机原料的需求仍有较大增长，聚丙烯、丙烯腈、丁辛醇、环氧丙烷、苯酚 / 丙酮、丙烯酸及酯、环氧氯丙烷等仍是丙烯消费的重点领域。但受 REACH 法则实施等因素影响，未来丁辛醇消费量增速将放缓。环氧丙烷、丙烯酸及酯消费仍将保持较快增长速度，而聚丙烯、丙烯腈、苯酚丙酮等产品增速较为平稳。

总体来看，今后国内丙烯下游发展的重点产品是专用料牌号的聚丙烯产品，并延伸环氧丙烷、苯酚 / 丙酮、丙烯腈下游产业链，提高国内丙烯产业链的竞争实力。此外，市场总规模相对较小，但产品附加值和行业进入壁垒较高的高性能材料如乙丙橡胶、聚烯烃弹性体等将有更好的发展机会。丙烯主要下游产品情况如下表：

	市场需求	市场准入规模	工艺技术可得性	发展建议
聚丙烯	2012 年表观消费量 1499 万吨，市场缺口 377 万吨。预计 2015 年供需缺口依然高达 200 万吨，市场容量大和缺口大，发展空间较大。	7 万吨/年	多种成熟先进技术可选，可得性强，风险小。	实施难度小，可操作性强，市场空间大，但国内同质化竞争较严重，盈利能力较低。建议适度发展，但需在牌号上实现差异化和高端化发展。
环氧丙烷	2012 年表观消费量 207 万吨，净进口量 51.5 万吨，预计到 2015 年供需趋于平衡，竞争激烈。	氯醇法环氧丙烷列入限制类。	氯醇法因环保问题有退出的趋势，直接氧化法和共氧化法等先进技术较难获得。	国内供需整体趋于平衡，可考虑直接氧化技术，替代落后氯醇法装置。
丙烯腈	2012 年表观消费量 171.5 万吨，市场缺口 55.5 万吨，2015 年供需缺口仍将在 40 万吨左右，市场发展前景好。	13 万吨/年。	国内外均有先进可靠技术，但技术获得有较大难度。	市场前景好，盈利能力较强，但需配套液氨资源。建议具备液氨资源、环境容量高、靠近市场地的沿海地区发展。
丁/辛醇	2012 年正丁醇和辛醇表观消费量分别达到 140 万吨和 126 万吨，净进口量分别为 49 万吨和 36 万吨，依然存在较大市场缺口。但未来市场供需将趋于平衡，竞争将趋于激烈。			市场规模大，但未来供需趋于平衡，竞争激烈，新建装置需慎重。
苯酚丙酮	2012 年苯酚、丙酮表观消费量分别约 163 万吨和 141 万吨，净进口量分别为 57 万吨和 69 万吨，存在较大市场缺口。预计到 2015 年苯酚将供过于求，而丙酮也基本达到供需平衡，竞争趋于激烈。但下游双酚 A 和聚碳酸酯市场较好。		可以引进国外成熟先进技术，风险小。	苯酚丙酮下游延伸空间大，建议在落实苯资源的前提下建设苯酚/丙酮装置，下游发展双酚 A 和聚碳酸酯项目。

	市场需求	市场准入规模	工艺技术可得性	发展建议
异丙醇	2012 年表观消费量 25 万吨，净进口量 7.1 万吨，存在较大供需缺口。预计到 2015 年产能将出现过剩。		丙烯法先进工艺引进难度较大，丙酮法国内已有工业化技术，成为国内新建项目主流技术。	产能过剩趋势明显，且当前环境下丙酮法路线更具成本优势，不建议新建丙烯法异丙醇装置。
丙烯酸及酯	2012 年丙烯酸消费量约 134 万吨，丙烯酸已成为净出口，产能已有过剩。未来产能过剩趋势将加大。		可以引进国外成熟先进技术，风险小。	市场已饱和，产能过剩，竞争激烈，具备丁辛醇优势的企业可适度发展。
环氧氯丙烷	2012 年表观消费量约 72 万吨，净进口量 3 万吨，但产能已严重过剩。预计未来这一局面仍将保持。	丙烯高温氯化法列入限制类。	丙烯高温氯化法工艺成熟，但环保压力较大；甘油法技术难获得。	环保和市场压力大，丙烯高温氯化法装置不宜再建设，可考虑建设甘油法装置。

四、芳烃行业情况及发展热点分析

(一)技术情况

芳烃是与乙烯一样重要的工业原料，主要包括苯、甲苯、对二甲苯等。芳烃产业链宽而长，其终端产品是合成树脂、合纤单体、涂料、染料、医药等领域原料，用途十分广泛。对二甲苯作为聚酯工业的主要原料，发展重心随着世界聚酯工业发展而转移。上世纪九十年代开始，世界聚酯能力开始向亚洲转移，先是韩国、中国台湾省，后是中国；今后世界聚酯能力向亚洲，尤其是我国集中的趋势不会改变。亚洲地区，尤其是我国，芳烃链产品 PX、PTA 最大的消费市场已经形成并将进一步发展。聚酯工业的大发展带来芳烃工业的大发展。在我国，由于民营企业的介入，PTA、聚酯行业生产能力增幅很大，且增长过程是下游拉动上游，PX 产能增长远远滞后于 PTA 产能增长，使 PX 进口的增长率大大高于产能增长率。

除炼油催化重整和乙烯裂解汽油制芳烃、焦化粗苯精制外，轻烃芳构化和甲醇制芳烃取得了较大进展。

1. 轻烃芳构化

大连理工大学利用自主开发的工业化纳米分子筛催化新材料研制出具有超强抗积炭失活能力的低碳烃芳构化制苯、甲苯和二甲苯(BTX)催化剂 DLP-1 及相配套的 Nano-forming 工艺。Nano-forming 工艺采用两台常压固定床反应器切换操作方式，反应温度为 500℃-600℃。各种液化气以及裂解碳五、重整拔头油、芳烃抽余油等低碳烃资源均可作为原料，原料不需预精制处理，主产品为苯、甲苯和二甲苯，同时副产氢气、C9+ 重芳烃。

2. 甲醇制芳烃

甲醇制芳烃可生产苯、甲苯、二甲苯等多种芳烃类产品。目前国内有清华大学、山西煤化所等研究单位。该技术的关键是催化剂开发和流化床反应器设计等，与煤制烯烃等技术有相近的研究内容。其中清华大学采用流化床反应器和 ZSM 催化剂体系，试验室研究单程碳基芳烃收率 60%~65%，并可以将苯、甲苯、碳四、乙烯等返回主反应器，主要生产二甲苯。

陕西华电榆横煤化工有限公司在陕北能源化工基地建设的世界首套煤制芳烃中试装置，打通了生产全流程，实现了一次点火成功，一次投料试车成功。该项目采用了清华大学自主研发的流化床甲醇制芳烃技术。中试结果显示，运用该技术每 3 吨甲醇可生产 1 吨 PX(芳烃)。初步估算，煤价 400 元 / 吨时，所产出的 PX 成本约 7000 元。2012 年华东地区 PX 现货平均价格为 11500 元 / 吨，煤制 PX 的利润空间较大。

此外，中科院山西煤化所与赛鼎工程有限公司正在合作研究固定床甲醇制芳烃技术，河南煤化集团与北京化工大学也在合作开展甲醇制芳烃技术研发。2012 年 7 月内蒙庆华集团 10 万吨 / 年甲醇制芳烃装置开工，项目投产后可年产芳烃 7.5 万吨、液化气 2.25 万吨、干气 0.34 万吨。中国石化 20 万吨 / 年甲苯甲醇甲基化示范项目于 2012 年 12 月开车成功。该项目以甲苯和甲醇为原料生产二甲苯，该技术可大幅提升甲醇制芳烃的 PX 收率。

(二)主要芳烃下游产品市场情况：

1. 纯苯

2012 年，我国纯苯产量 760 万吨，进口量 43.9 万吨，出口量 4.9 万吨，表观消费量 799 万吨，国内产品自给率 95%。我国纯苯主要用于生产苯乙烯、硝基苯、苯酚丙酮、顺酐等，2012 年消费构成如下图：

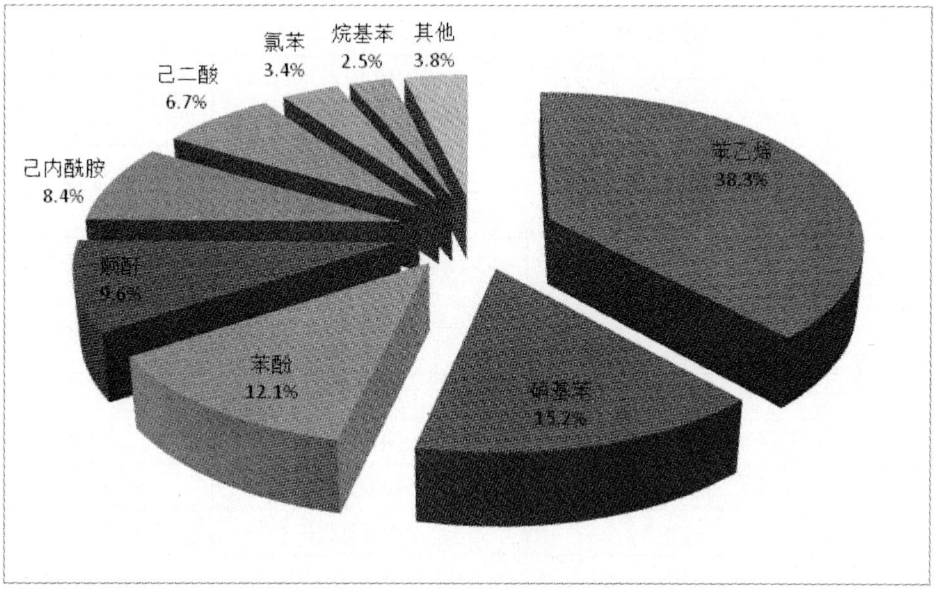

在苯主要下游产品中，硝基苯、顺酐、己二酸、氯苯等产品的产量能满足国内需求，并实现了净出口，烷基苯基本供需平衡，而苯乙烯、苯酚、己内酰胺仍有较大的市场缺口。2012 年苯主要下游产品供需情况如下表：

产品	产量	净进口	表观消费量	自给率
苯乙烯	420	330.3	746.9	56.2%
硝基苯	190	0	190	100.0%
苯酚	106	57	160.6	66.0%
顺酐	65	-4.8	55.4	117.3%
己内酰胺	71	70.1	140.5	50.5%
己二酸	75	-1.2	69.2	108.4%
氯苯	38	-3.2	31.2	121.8%
烷基苯	50	0.9	50.9	98.2%

2. MDI

2011 年全国 MDI 产能 140 万吨，产量 121.5 万吨，表观消费量 136 万吨。2012 年产能增长到 200 万吨，产量约 140 万吨，消费量 145 万吨，开工率仅 70%。

3. TDI

2011 年全国 TDI 产能 65 万吨，产量 47.8 万吨，表观消费量 56 万吨。2012 年产能增长到 94 万吨，产量约 60 万吨，消费量 57 万吨。

4. PX

2012 年我国 PX 产量 775 万吨，进口量 629 万吨，出口量 19 万吨，表观消费量 1385 万吨，国内产品自给率仅 56%。我国现有及在建 PX 装置如下页表：

除 2013 年即将投产的 3 套 PX 装置外，在 PX 已经被妖魔化的今天，新增产能阻力较大，可以预见，我国 PX 的供应缺口会越来越大。

5. PTA

2012 年我国 PTA 产量 2067 万吨，比 2011 年大幅增长 23.8%，净进口量为 536 万吨，比 2011 年下降了 114 万吨，表观消费量达到 2603 万吨，同比增长 12.2%。PTA 除用于聚酯、PBT 工程塑料外，有两个新兴产品值得关注。一是 PTT 树脂，建设 5 万吨 / 年装置年需 1,3- 丙二醇 2 万吨，PTA 4.2 万吨，可以采用 PTA 直接酯化法工艺，总投资约 4.5 亿元。二是共聚聚酯，包括 PCTG，PETG 等，可部分替代 PC 产品，还可部分替代透明 ABS、PMMA、K 树脂等产品的高端应用市场。近年来，我国共聚聚酯的应用市场不断开发、开

企业名称	产能 万吨/年	工艺或原料路线	备注
扬子石化	55+25	UOP 技术	1989 年、2006 年
镇海炼化	52	IFP（Axens）技术	2003 年
天津石化	33.41	UOP 技术	1980 年、2000 年
洛阳石化	21.5	UOP 技术	2000 年
上海石化	23.5+60	UOP 技术	1985 年、2009 年
齐鲁石化	6.4	UOP 技术	1987 年
金陵石化	60	UOP 技术	2008 年
福建炼化	70	UOP 技术	2009 年
辽阳石化	25.8+50	UOP 技术	1996 年、2005 年
乌鲁木齐石化	5.5+100	UOP 技术	1989 年、2010 年
青岛丽东	70	UOP 技术	2006 年
中海油惠州	84	IFP（Axens）技术	2009 年
大连福佳	70	IFP（Axens）技术	2009 年
四川石化	65		2013 年
腾龙芳烃	160		2013 年
海南石化	60		2013 年

拓，市场年均增长率在 25%以上。目前国内共聚聚酯的消费量约 3 万吨，主要依靠进口产品满足。2012 年 10 月，辽阳石化公司“10 万吨 / 年 PETG 共聚酯工业化试验”项目投产，产出合格产品，共连续生产 PETG 共聚酯产品 1000 余吨。建设年产 2 万吨装置年需 PTA 1 万吨，总投资约 5.8 亿元。

我国聚氨酯原料发展前景分析

孙庆丰
（中国石化咨询公司）

聚氨酯是一种新兴的有机高分子材料，主要系列产品为：硬泡材料、软泡材料、弹性体材料和涂料、胶黏剂系列。因其卓越的性能而被广泛应用于国民经济众多领域，产品应用领域涉及轻工、化工、电子、纺织、医疗、建筑、建材、汽车、国防、航天、航空等，市场发展非常迅速。由于聚氨酯用户通常根据用途选购原料，配制生产聚氨酯部件后直接组装到建筑或机械产品中，因此各地聚氨酯产量等于消费量，一般计为产销量，从产销量也能推算出原料的消费量。聚氨酯主要原料是异氰酸酯和多元醇，是决定聚氨酯性能的关键环节，主要由石化行业提供。随着我国市场发展，聚氨酯原料产能建设呈现过热趋势，预计未来竞争激烈。目前我国在部分原料领域拥有技术、成本和质量等多方面优势，在未来市场中具有良好的发展机遇。

一、聚氨酯产品及原料的主要特点

（一）聚氨酯主要产品的应用领域

聚氨酯是聚氨基甲酸酯的简称，英文名称是Polyurethane，简称PU。聚氨酯产品主要包括两个体系，泡沫体系和CASE体系，泡沫体系主要包括聚氨酯硬泡与软泡，硬泡包括屋墙面保温防水喷涂泡沫，管道保温材料等，软泡主要包括家具与交通工具各种垫材，CASE体系主要是用来生产涂料，胶黏剂，封闭剂和弹性体。世界聚氨酯的产量不断增加，2005~2010年年均增长率约为4%，2011年产量达到1800万吨，超过ABS成为位居聚乙烯、聚氯乙烯、聚苯乙烯和聚丙烯之后的第五大合成树脂。

1. 聚氨酯硬泡材料

硬泡材料主要用于保温和型材，占聚氨酯产品总量的26%。

（1）保温材料：

建筑物中使用保温材料可以保暖隔音，提高居住的舒适度，有利于节能减排。聚氨酯替代聚苯乙烯（PS）发泡材料，广泛用于建筑外墙、飞机舱壁、冰箱、冷库、冷藏车船、LNG运输、保温管等设备的填充，保温性能优异。目前，市面上供应的民用外墙保温材料主要有聚苯板、挤塑板和聚氨酯泡沫。前两种材料的使用早于聚氨酯泡沫。现在仍有部分楼宇使用这些材料。与聚苯板和挤塑板相比，聚氨酯泡沫具有保温性能好、耐热性能好、使用寿命长、质轻、运输及施工方便等优点，耐水性也不错，价格则稍高。目前，聚氨酯泡沫已经逐渐取代了它们，成为外墙保温材料的首选。

住房和城乡建设部发布的建筑节能具体目标为：到2010年全国城镇新建建筑实现节能50%，到2020年北方和沿海经济发达地区新建建筑实现节能65%。我国拥有目前世界上最大的建筑市场，而目前我国新建筑中有95%以上仍是高能耗建筑。若不采取有效节能措施，到2020年全国的能源将有50%消耗在建筑上。

（2）工程材料：

应用于建材的彩色波浪板、夹心板、室内壁板、弹力墙纸等，加工方便、高度隔音、隔热及使用寿命长。用于家装材料的家具配件、装饰条、雕花门等雕花产品，经灌注于模具成型，不变形、重量轻、强度高，优于天然木材。用于日常生活的健身垫、鞋垫、拖鞋等，减震、耐磨性能好,重量轻;应用于漂浮材料的冲浪板、救生衣、船体、渔网等,强度高,使用寿命长。

2. 聚氨酯软泡材料

软泡材料用量最大，以座垫等减震材料为主,占聚氨酯产品总量的39%。

(1)工程材料:

自成皮慢回弹、快回弹等泡绵，应用于剧场、火车、飞机、客船、汽车、摩托车座垫;家用坐椅沙发及枕头、床垫、墙壁软包、玩具充填等;清洗、过滤器类海绵制品。

(2)包装填充:

少量应用于精密仪器、首饰、工艺品等贵重器材的永久收纳和运输过程中的一次性包装,质轻且减震性好,但由于其价格较高和不易降解等原因,未来用量有限。

3. 聚氨酯弹性体材料

弹性体主要指热塑型(CPU)、热固型(TPU)和混炼型(MPU)非发泡制品,亦称聚氨酯橡胶,主要用于减震、密封等工程材料和皮革、氨纶等服装材料,占聚氨酯产品总量的12%。

(1)工程材料:

汽车内饰、减震、密封垫;医疗、食品级软管、挤压胶辊;一体成型鞋底鞋材制品;棒垒球、轮滑轮、赛场跑道、潜水服、魔鬼球玩具等体育器材。

(2)纺织材料:

皮革、合成革、氨纶。

4. 聚氨酯涂料

聚氨酯涂料广泛用于外墙、地板、甲板、高级工艺品、高级木器、钢琴、汽车、大型客机、石化贮罐及管线内壁衬里的涂装及重要机电材料漆包线等,占聚氨酯产品总量的13%。聚氨酯涂料可与多种成膜物质配合制漆,包括添加乳化剂形成环保的水性涂料,根据不同的要求制成多种品种。漆膜对多种物面（金属、木材、橡胶、混凝土、某些塑料等均有优良的附着力,耐酸、碱、盐和石油产品侵蚀。现场应用能烘干,也能低温固化,可施工季节长。

聚氨酯涂料分为双组分涂料和单组分涂料。双组分涂料一般是由异氰酸酯预聚物(也叫低分子氨基甲酸酯聚合物)和含羟基树脂两部分组成,通常称为固化剂组分和主剂组分。这一类涂料的品种很多,应用范围也很广,根据含羟基组分的不同可分为丙烯酸聚氨酯、醇酸聚氨酯、聚酯聚氨酯、聚醚聚氨酯、环氧聚氨酯等品种。一般都具有良好的机械性能、较高的固体含量、各方面的性能都比较好,是目前很有发展前途的一类涂料品种,主要应用方向有木器涂料、汽车修补涂料、防腐涂料、地坪漆、电子涂料、特种涂料、聚氨酯防水涂料等。单组分涂料主要有氨酯油涂料、潮气固化涂料、封闭型涂料等品种,应用面不如双组分涂料广,主要用于地板涂料、防腐涂料、预卷材涂料等,其总体性能不如双组分涂料全面。

5. 聚氨酯胶粘剂

聚氨酯胶粘剂主要由异氰酸铵,多元醇,含烃基的聚醚,聚酯和环氧树脂,填料,催化剂和溶剂组成。因为其中含有极性很强、化学活泼性很高的异氰酸酯和氨基甲酸酯基团,聚氨酯与被粘合材料之间产生的氢键作用会使分子内聚力增强，从而使粘接更加牢固。具有反应活性高,常温能固化,耐冲击等很多优异的性能。聚氨酯胶粘剂的多样性为许多粘接难题都准备了解决的方法,且特别适用于其他类型胶粘剂不能粘接或粘接有困难的地方。所以它可以与含有活泼氢的材料,如泡沫塑料、木材、皮革、织物、纸张、陶瓷等多孔材料,以及金属、玻璃、橡胶、塑料等表面光洁的材料都有着优良的化学粘合力。

此外,聚氨酯胶粘剂还具有良好的韧性、可调节性、粘合工艺简便、极佳的耐低温性能以及优良的稳定性等特性。正是由于聚氨酯胶粘剂这种优良的粘接性能和对多种基材的粘接适应性,使其应用领域不断扩大,在国内外成为发展最快的胶粘剂,广泛用于包装袋、鞋、电器、IC卡胶及建筑装修等,占聚氨酯总量的10%。

(二)聚氨酯主要原料的性能特点

制造聚氨酯需要有两类至少两种功能的物质作为反应剂:含有异氰酸酯官能团的化合物(黑料),和含有活性氢原子的多元醇(白料)。由异氰酸酯与多元醇及其配合助剂合成的聚氨酯产品，以其优异的性能、繁多的品种、广阔的用途,在众多的台成材料中独树一帜，成为当今发展速度最快的材料之一。此外，为了控制和改善反应工艺和聚合物的性能，还需加入助剂如催化剂、表面活性剂、发泡剂、交联剂、阻燃剂，光稳定剂和溶剂、填料，约占聚氨酯产品重量的 30%。

异氰酸酯分为芳香族和脂肪族两大类，芳香族异氰酸酯占全球二异氰酸酯生产的大部分，脂肪族的反应活性强，应用领域广。脂肪族和脂环族异氰酸酯也是聚氨酯材料家族的重要组成部分，只有当最终产品要满足特殊的要求时使用，如光稳定性好的涂料和弹性体。

多元醇是由单体基团和起始剂生成的更高分子量的物质。它们经常被分为聚醚多元醇(由含活泼氢的化合物为起始剂，与氧化烯烃在催化剂作用下开环聚合而成)和聚酯多元醇(由多元酸和多元醇混合脱水缩聚而成)两大类。聚醚多元醇是用量最大的多元醇原料，而聚酯多元醇的优点是强度大、粘接性好，延长率高，耐油性好，缺点是耐水解性能不及聚醚多元醇。

聚氨酯产品生产过程就是原料配比反应的过程，如下图所示。

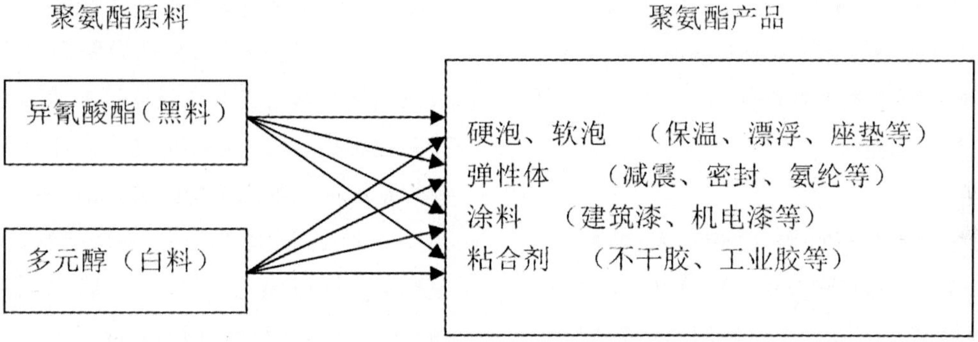

图 1 聚氨酯产品生产流程

1. 异氰酸酯

异氰酸酯是合成聚氨酯材料的主要原料(黑料)，通常占聚氨酯原料消费总量的 30%。除用于聚氨酯原料外，也有 10%产量用于环氧树脂等合成材料的固化剂。异氰酸酯主要分为芳香族和脂肪族两类。20 世纪 30 年代，德国化学家 O.Bayer 及其同事首次开发出二异氰酸酯的合成方法及加工工艺。通过 50 多年的发展，已经工业化的二异氰酸酯主要有甲苯二异氰酸酯(TDI)、二苯基甲烷二异氰酸酯(MDI)、聚合 MDI(PAPI)、1,5 一萘二异氰酸酯(NDI)、己二异氰酸酯(HDI)、异佛尔酮二异氰酸酯(IPDI)、苯二亚甲基二异氰酸酯(XDI)、3,3′ - 二甲基 4,4r- 联苯二异氰酸酯(TODI)、对苯二异氰酸酯(PPDI)等品种，尤以 MDI 发展最快。

(1)芳香族异氰酸酯

两种最重要的芳香族异氰酸酯是甲苯二异氰酸酯(4-Methyl-m-phenylene diisocyanate，简称 TDI)和二苯基甲烷二异氰酸酯(Diphenyl-methane-diisocyanate，简称 MDI)。

TDI：由甲苯氨化、光气化制成，包括 2,4- 甲苯二异氰酸酯和 2,6 甲苯二异氰酸酯两种异构体，最重要的品种是 TDI-80 (TD-80)，含有 80% 的 2,4- 异构体和 20%的 2,6- 异构体，这种混合物大量用于制造聚氨酯软质块状泡沫塑料和模成型泡沫塑料。粗制的 TDI 和 TDI/MDI 混合物可以用于硬质泡沫制品，但慢慢被聚合的 MDI 取代。TDI- 聚醚和 TDI- 聚酯预聚物被用于高性能涂料及弹性体，预聚物在使用是需用真空抽走 TDI 单体，以大大减轻其毒性危害。

MDI：由硝基苯氨化、光气化制成，主要用于制造聚氨酯硬泡，有三种异构体，4,4'-MDI、2,4'-MDI 和 2,2'-MDI，也可以通过聚合实现甚至增强第三种异构体的功能。

(2)脂肪族异氰酸酯

常用脂肪族、脂环族异氰酸酯主要有 1,6- 己二异氰酸酯(Hexamethylene Diisocyanate，简称 HDI，又名六亚甲基二异氰酸酯、1,6- 亚己基二异氰酸酯、1,6- 二异氰基己烷）和异佛尔酮二异氰酸酯(3-Isocyanatomethyl-3,5,5-trimethylcyclohexyl isocyanate，简称 IPDI)。

HDI：由己二腈转己二胺、光气化制成，性能可以覆盖并优于 TDI 和 MDI，是新一代高效环保异氰酸酯。其衍生物可作为异氰酸酯固化剂，分为 HDI 单体-TMP、HDI 缩二脲、HDI 三聚体三种，是高档聚氨酯胶粘剂和涂料的固化剂。特别是三聚体作为固化剂具有黏度低，易储存的性能，做成的制品有优异的耐热，耐光，耐候和耐溶剂性能。

IPDI：由丙酮三聚并氰化、光气化制成，也是一种脂环族异氰酸酯，反应活性比芳香族异氰酸酯低，制成的聚氨酯树脂具有优异的光稳定性和耐化学药品性，一般用于制造高档的聚氨酯树脂如耐光耐侯聚氨酯涂料、耐磨耐水解聚氨酯弹性体，也可用于制造不黄变微孔聚氨酯泡沫塑料。

2. 多元醇

多元醇是生产聚氨酯的另一主要原料（白料），主要分为聚醚型多元醇和聚酯型多元醇两类。通常作为聚氨酯的主要原料，分别占聚氨酯原料消费总量的 30%和 10%。

聚醚多元醇（Polymer-filled polyether polyols，简称 PMPO、聚醚）是由起始剂（含活性氢基团的化合物）与环氧乙烷（EO）、环氧丙烷（PO）、环氧丁烷（BO）等在催化剂存在下经加聚反应制得。另有 10%产量用于乳化剂、润湿剂、消泡剂、破乳剂、分散剂、抗静电剂、除尘剂、粘度调节剂、控泡剂、匀染剂、胶凝剂等化工助剂。

聚酯多元醇（Polyester polyol，简称 PEPA），通常是由有机二元羧酸（酸酐或酯）与多元醇（包括二醇）缩合（或酯交换）或由内酯与多元醇聚合而成。二元酸有主要苯二甲酸酐或其酯、己二酸、卤代苯二甲酸等。多元醇有乙二醇、丙二醇、一缩二乙二醇、三羟甲基丙烷、季戊四醇等。聚酯多元醇因分子内含有较多的酯基、氨基等极性基团，内聚强度和附着力强，具有较高的强度、耐磨性，阻燃性优于聚醚多元醇。

（1）聚醚多元醇

聚氧化丙烯二醇：又称聚丙二醇（Polyoxypropylene glycol，简称 PPG），为聚醚多元醇中产量最大者，广泛用于制造聚氨酯硬泡、软泡和涂料，以丙二醇作起始剂和环氧化物（一般是 PO 与 EO 并用），通过改变 PO 和 EO 的加料方式（混合加或分开加）、加量比、加料次序等条件，生产出各种通用的聚醚多元醇。

聚四氢呋喃：又称聚丁醚二醇（Polytetrahydrofuran glycol，简称 PTHF）亦称聚氧四亚甲基二醇（Polyoxytetramethylene glycol，简称 PTMEG、PTMG、PIG、PTMO），是由 1,4 丁二醇（BDO）生产四氢呋喃，并在阳离子催化剂存在下开环聚合制成的。聚四氢呋喃二醇一般用于制备高性能的聚氨酯纤维、热塑胶、合成革等高性能的聚氨酯弹性体材料，其制品具有优秀的耐低温、耐水、耐油、耐磨以及耐霉菌等性能。

特种聚醚多元醇：活性聚醚多元醇，使用伯羟基或使用氨基取代普通聚醚端基的仲羟基，由此推出了冷熟化工艺、反应注射成型以及自结皮泡沫体、高回弹等新品种。阻燃型聚醚多元醇，将阻燃分子通过化学反应进入聚合物分子链，使阻燃性能持久。接枝型聚醚多元醇（POP），以普通或高活性聚醚多元醇为母体，或以含不饱和键聚醚多元醇为母体，与苯乙烯、丙烯腈等单体进行一步共聚或二步共聚反应而生成，然后转到精制除去未反应的单体，加入稳定剂得到产品。杂环改性聚醚多元醇，在聚合物体系中引入芳环或杂环。

（2）聚酯多元醇

脂肪族聚酯多元醇：用途最广，常用于聚氨酯弹性材料、软泡、硬泡和涂料，主要有己二酸乙二醇聚酯（Polyethyleneglycol adipate），由己二酸（AA）与乙二醇（EG）缩合制得，通过加入少量三元醇如三羟甲基丙烷替代部分二醇制得轻度支化的聚酯。

芳香族聚酯多元醇：聚氨酯泡沫塑料所用的聚酯以芳香族聚酯多元醇居多，主要为苯酐二乙二醇聚酯等。

其他聚酯多元醇：主要包括丙烯酸酯聚酯多元醇、顺酐聚酯多元醇和醇酸聚酯多元醇等，用途以特种涂料为主。

（3）异氰酸酯和多元醇的原料来源

聚氨酯发展初期，所用的异氰酸酯来自于煤化工的苯、硝酸、合成氨及氯碱化工的氯气；有机多元醇主要是以煤化学及农副产品蓖麻油为基础的多元醇化合物。现代石油化工的发展提供了大量的苯及烯烃，为异氰酸酯和多元醇的快速发展补充了原料资源。

二、聚氨酯产品和原料发展前景分析

(一)世界聚氨酯产品和原料发展前景分析

1. 聚氨酯产品

据中国化工网公布,2002年世界聚氨酯产品产销量约1130万吨,2005年增长到1375万吨,2007年增长到1592万吨;2002~2007年年均增长率为7.1%。2008年受金融危机的影响,仅增长了2%,为1630万吨;2009、2010年经济逐步复苏,年增长率约3.4%,产销量分别为1685万吨和1740万吨;2011产销量为1800万吨,同比增长3.4%;2006~2011年年均增长率为4%。预计未来聚氨酯将保持3.5%的年均增长率,到2016年,全球聚氨酯产品产销量将达2120万吨。

西方发达国家聚氨酯产业早已进入成熟发展时期,进入创新研究发展阶段,产销量年均增长不足4%;2010年以来,亚洲市场增长迅速,由于基数较小,产销量年均增长率达到15%,众多跨国化工企业已将业务重点和研发中心纷纷转移至亚洲、主要是中国市场;中东地区聚氨酯市场发展尚处起步阶段。亚太、东欧和南美市场有望在未来十年快速增长。

2. 聚氨酯原料

目前,主要聚氨酯原料生产的技术门槛较高,异氰酸酯和聚醚、聚酯多元醇技术主要由巴斯夫、陶氏、拜耳、日邦和烟台万华、中国兵器、中国石化等几家大公司掌握。据中国聚氨酯工业协会(CPUIA)统计和预测,2010年异氰酸酯产能总计约为720万吨/年,市场消费量为645万吨;聚醚多元醇总产能为770万吨/年,消费量为578万吨;聚酯多元醇总产能为130万吨/年,消费量为100万吨。三者产能合计1620万吨/年,产量合计1323万吨,评均开工率为82%,产能增长略超前于市场需求。预计到2015年,世界异氰酸酯需求为870万吨,聚醚多元醇需求为750万吨,聚酯多元醇需求为135万吨,合计1755万吨。2010~2015年平均增长率为6%以上,高于聚氨酯需求增长,也说明聚氨酯原料将更多地用于环氧树脂及化工助剂等非聚氨酯用途的比例不断增加。

据聚氨酯工业协会资料,2011年主要异氰酸酯MDI全球总消费量在475万吨左右,其中亚洲187万吨、西欧173万、北美100万吨,预计未来几年,全球MDI需求将继续保持7%的年均增长率,增长最快地区是亚洲,年均增长率在9%~11%。2011年全球TDI总消费量在200万吨左右,其中亚洲以83万吨居首位。预计2016年,全球TDI消费量将增长到265万吨,年均增长率为5.8%,而需求增长将主要来自于亚洲和南美等地区的新兴国家。目前亚洲为MDI、TDI产能增长最快的地区,2011年亚洲MDI和TDI总产能分别达到223万吨和136万吨,分别占全球的39%和53%。巴斯夫、拜耳、万华等公司纷纷在亚洲建设异氰酸酯项目,巴斯夫扩大其在韩国工厂的MDI生产能力,并在中国重庆建设年产40万吨MDI项目;拜耳在中国新增25万吨TDI产能,成为全球第一大生产商;万华也在中国烟台、宁波和匈牙利分别投建新的异氰酸酯项目。2011年中国TDI产能76万吨,为全球第一大生产国,其次为美国(38万吨)、韩国(30万吨)、日本(26万吨)。

聚氨酯原料PPG、及PTMEG的原料1,4-丁二醇(BDO)方面,亚洲的需求也稳步增长,生产中心也在逐渐向亚洲地区转移。2011年全球PPG产销量约610万吨,开工率近70%,随着亚洲产能的逐渐释放,未来东亚、中东和中南美将是产量增长最快的地区。全球BDO生产主要集中在中国、日本、马来西亚、沙特阿拉伯和韩国等地,截至2011年,全球BDO总产能约197万吨,其中亚洲地区的总产能为118.7万吨,占全球总生产能力的60%,预计2015年全球的BDO总产能将有望突破300万吨,其中中国将占近50%产能。己二酸方面,全球装置总产能约349万吨,近年来新增产能主要集中在中国大陆地区。随着亚洲多套己二酸新建或扩建装置的建成投产,预计2015年,亚太地区将成为己二酸最主要的生产地区。

(二)我国聚氨酯产品和原料发展前景分析

1. 聚氨酯产品

我国聚氨酯产业产生于20世纪60年代,最初发展非常缓慢,1982年全国聚氨酯产销仅有7000吨。改革开放以后随着国民经济的迅速发展,聚氨酯产业的发展也突飞猛进。目前中国生产了全世界95%的冷藏集装箱、60%的鞋子以及70%的玩具；中国的建材、氨纶、纺织品、合成革和汽车产量均居世界第一;同时,中国的城市化进程加快、高速铁路投资加大,环保合成木材需求增加等,这些产业的强势发展都为聚氨酯产业带来了巨大的市场机会。目前我国聚氨酯产业已形成了几个重点分布区域,包括以上海为中心的长三角地区、以广州为中心的珠三角地区、以烟台为中心的环渤海湾地区、以葫芦岛为中心的东北地区以及以兰州为中心的西北地区和以重庆为中心的西南地区。其中，长三角地区是我国聚氨酯产业最为发达的地区，占据了全国50%以上的聚氨酯原料及制品的产销量。

据聚氨酯协会统计,2005年我国聚氨酯产品产销量达到300万吨,2010年约600万吨，占全球总量的34%,我国已经成为全球聚氨酯第一大消费市场;2011年我国聚氨酯产品产销量达到689万吨，2006~2011年均增长率12%左右,高于GDP增速。预计未来5年仍将保持较高的增长态势，年均增长率将维持在9%以上。据聚氨酯协会预测2015年,我国聚氨酯产品产销量将达950万吨。据国外机构预测,我国聚氨酯产品产销量2016年将达到1067万吨,2020年将达到1350万吨。

从消费结构上看，聚氨酯用量最大的是泡沫体系,2010年产销量约270万吨。受汽车、家具等下游需求拉动,我国软泡聚氨酯市场行情看好。硬泡聚氨酯在太阳能、制冷设备、管道保温材料等领域需求也有所增长。预计2015年我国聚氨酯软硬泡产销量将达到450万吨。

聚氨酯弹性体工程材料广泛应用于钢铁、造纸、印刷等行业,2010年我国弹性体工程材料的产销量约为10万吨,预计2015年产销量将达到15万吨。

我国不仅是世界第一的聚氨酯合成革生产和消费国，而且也是聚氨酯合成革制品最重要的出口国，2009年我国聚氨酯合成革浆料消耗约132万吨,预计2015年产销量将达到230万吨。2009年我国聚氨酯鞋底原液消耗量约33.4万吨，也居世界第一，预计2015年产销量将达到60万吨。

我国氨纶行业的集中度较高,在利润的驱动下企业不断投入建设新产能,使氨纶产能从2001年的2.5万吨增加到2010年的39.4万吨，占到全球产能的63%。相比之下,我国氨纶的需求增长较为缓慢,仅从2001年的3.5万吨增长至2008年的18.9万吨，国内氨纶产能严重过剩,预计2015年产销量将达到30万吨。

聚氨酯涂料广泛用于高档木器漆、建筑涂料、重防腐蚀涂料、高级汽车漆等;聚氨酯胶黏剂广泛用于制鞋、复合薄膜、建筑、汽车乃至航空航天特种粘接与密封。2010年聚氨酯涂料产销量95万吨,预计2015年产销量达到150万吨。

据中国胶黏剂工业协会预测,未来几年,我国各类胶黏剂的需求量将以高于7%的年均速度增长。受益于胶黏剂行业的快速发展,复合聚氨酯胶黏剂近10年来年均销售额增长率高达20%,是增长速度最快的胶黏剂产品之一。其中,塑料软包装是复合聚氨酯胶黏剂的主要应用领域,占复合聚氨酯胶黏剂总产销量的50%以上。2010年聚氨酯胶黏剂产量32万吨,预计2015年将达到70万吨。

目前我国已经制定了聚氨酯工业“十二五”规划目标，“十二五”期末，我国聚氨酯产业规模达900~1000万吨,仍居世界首位。规划中预测具体品种聚氨酯软泡需求将达180~200万吨，硬泡达200~210万吨,弹性体(包括浇注型聚氨酯弹性体CPU,热塑型聚氨酯弹性体TPU,混炼型聚氨酯弹性体MPU、防水铺装材料等）达70~80万吨，合成革浆料达200~220万吨,鞋底原液40~45万吨,氨纶40~45万吨,涂料130~140万吨,胶黏剂/密封剂40~50万吨。

2. 聚氨酯原料

异氰酸酯及多元醇为聚氨酯的主要原料,消费量合计占聚氨酯产销量的70%左右。2011年合计消费量达到510万吨(含非聚氨酯用途),预计2015年达到700万吨,2020年达到1000万吨。随着聚氨酯产品需求的增长，已有众多中外企业涉足聚氨酯原料生产，如烟台万华、上海华谊、高桥石化、上海氯碱化工、北方化学、上海联景集团等均占有自己的一席之地,而国外聚氨酯企业包括拜耳、巴斯夫、亨斯迈、陶氏化学、GE、科聚亚、德固赛等知名公司也有一定的市场，中国市场的诱惑力也吸引了马来西亚、印度、日本、韩国等国的客户和厂商。

(1)异氰酸酯

随着我国经济的发展和人民生活水平的提高,“十二五”期间国内外市场对于聚氨酯保持强劲需求,拉动上游异氰酸酯的需求持续增长。中国聚氨酯工业协会及其异氰酸酯专委会预计,到2015年,我国异氰酸酯需求量将达300万吨,其中MDI 200万吨、TDI超过70万吨,HDI、MDI和IPDI需求量也将有明显增加。

MDI为用量最大的异氰酸酯,近年我国MDI产品消费增长率约为同期GDP增长的2倍,“十二五”期间,应用领域的一系列利好因素将使得我国MDI在未来继续保持高速增长。MDI主要利好因素包括:建筑节能政策提升至国家层面;铁路、高速公路等公共基础设施建设投资持续加大;矿山采掘将向集约化、规模化转变;纺织材料氨纶市场向中国转移;汽车行业增长迅猛等。但是同时也要看到,我国家电下乡政策可能退出和我国制鞋、制革等工业向国外转移等不利因素,也可能带来MDI部分市场的减小和衰退。2010年我国MDI产能约144万吨,产量约94万吨,消费量116万吨;预计2015年产能将达到270万吨,需求为200万吨(其中聚合MDI需求140万吨,纯MDI需求60万吨),预计2020年我国MDI需求将达到280万吨。

TDI的主要应用领域是软泡、涂料等领域,“十一五”期间由于国内产能所限,产品一直供不应求,表观消费平均增长率为5%左右,从2005年的35万吨,增加到2010年的约46万吨。TDI市场可能有较大幅度的增长,预计到2015年末,整个市场的消费量将达到66万吨,国内产能将达120万吨,产能远大于需求。预计2020年我国TDI需求将达到90万吨。

HDI是最大宗的脂肪族特种异氰酸酯。2010年全球HDI产能约18.8万吨,其中国内HDI消费量2.5万吨,年均增长率在15%以上。由于HDI长期被跨国公司垄断,仅拜耳在上海建有3万吨/年装置,且大部分产品出口。“十二五”期间我国汽车工业将保持较高增速,大飞机项目的实施也将带动我国航空工业的跨越发展。随着国内异氰酸酯厂家的进入,HDI市场将会有较快的发展。预计到2015年末,国内HDI有望达到5万吨消费量。预计2020年我国HDI需求将达到20万吨。

氢化苯基甲烷二异氰酸酯(H12 MDI)主要应用于水性聚氨酯分散液、塑料涂料和透明弹性体等高端领域,目前我国完全依靠进口,市场仍处于初期开拓阶段。2010年全球H12 MDI主产能2万吨-3万吨,市场完全被拜耳和赢创德固赛垄断。“十二五”期间我国汽车、塑料、弹性体等行业不断向高端领域发展将有可能使H12 MDI有较大发展,预计到2015年消费量将达到0.5万~1万吨。预计2020年我国H12 MDI需求将达到5万吨。

IPDI主要应用于汽车面漆、火箭推进剂、防腐蚀涂料、光固化涂料和粘合剂等领域。2010年全球产能6万吨,市场主要被赢创德固赛等少数跨国公司占领。预计到2015年,国内消费量将达到1万~2万吨。预计2020年我国IPDI需求将达到5万吨。

其他特种异氰酸酯主要包括萘-1,5-二异氰酸酯NDI、苯二亚甲基二异氰酸酯XDI、四甲基苯二亚甲基二异氰酸酯TMXDI等,这些产品因独特的结构而具备不可替代性,在各个特殊领域也具有良好的市场前景。

(2)多元醇

聚氧化丙烯二醇(PPG)是最主要的聚醚多元醇,也经历了一个较快速的发展,产量从2002年的35万吨发展到2010年的150万吨,年均增长超过20%。虽然我国PPG发展迅速,但是生产和技术水平与国际水平相比,还存在一定差距,每年仍需大量从国外进口性能新颖、功能良好的聚醚多元醇产品。2010年,国内PPG产量约为150万吨,而表观消费量接近170万吨。2010年,我国PPG进口量约为46万吨,主要从韩国、新加坡以及美国进口;出口量约为15万吨,主要出口到香港、印度、台湾、马来西亚以及泰国等地。而到2011年进口量为34万吨,出口则达到22万吨。预计2015年国内PPG需求量将达240万吨左右。预计2020年我国PPG需求将达到330万吨。

聚四氢呋喃(PTMEG)也属于聚醚二醇,主要用于氨纶生产,2010年,国内PTMEG产量约为11万吨,表观消费量约为22万吨。预计2015年国内产能将达到

33 万吨，与 27 万吨的需求量相适应。预计2020 年我国 PTMEG 需求将达到 40 万吨。

聚酯多元醇以脂肪族聚酯多元醇为主，用量远少于聚醚多元醇，发展速度较慢。2010 年，国内脂肪族聚酯多元醇产量和表观消费量约为 54 万吨，预计 2015 年国内脂肪族聚酯多元醇需求量将达 88 万吨左右，预计 2020 年我国需求将达到 110 万吨。

（三）我国聚氨酯原料发展建议

目前我国在苯胺、电石路线 PTMEG、乙烯路线环氧乙烷、双氧水法环氧丙烷及 PPG 等主要原料产业具有较大生产能力和较强的技术优势，应进一步扩大生产规模和国际市场占有率。我国已开发的非光气 TDI、丙烯腈路线生产己二胺、HDI 及脂肪族聚酯多元醇等技术应进一步扩大工业化应用，我国聚氨酯原料产业应加速研发成果向产业化的转变，以利用自有技术为主，扩充品种牌号、提高产品质量、降低成本和提高竞争力，与国外先进企业抗衡，拓展应用领域和替代传统路线。同时还需加快研发非光气 MDI、HDI、非电石法 BDO 及低毒阻燃剂工艺，实现聚氨酯产业绿色化和可持续发展。

表 1 我国主要聚氨酯原料发展环境分析

名称	优势	劣势	机遇	挑战
1、异氰酸酯				
MDI	竞争能力较强	以光气法为主	市场容量大	外资挤占市场
TDI	有非光气技术	装置小而落后	市场容量大	技术推广滞后
HDI	拥有自有技术	以光气法为主	产品性能好	成本有待降低
2、多元醇				
PPG	拥有自有技术	品种牌号不足	应用领域广	产能面临过剩
PTMEG	竞争能力较强	以电石法为主	市场前景好	环境压力较大
聚酯多元醇	原料资源丰富	尚未形成规模	市场前景好	缺少先进技术

重油催化增产低碳烯烃技术进展综述

白雪松
(石油和化学工业规划院)

一、烯烃需求带动催化技术的发展

烯烃是最基本的有机化学原料，其中需求量最大的是乙烯、丙烯、丁二烯等基础烯烃。目前三大基础烯烃的生产仍以传统的蒸汽裂解制乙烯路线为主，但我国烯烃需求量的不断增长，单纯的蒸汽裂解乙烯工业不能满足国内烯烃需求，自给率低的问题未根本解决。为此，我国烯烃行业十二五发展规划提出，既要认真贯彻“大型化、基地化、园区化”方针，更要用新思维开拓新途径开发新技术，贯彻落实“轻质化、多元化、炼化一体化”方针。我国炼油企业众多，产能快速增长，成品油供应能力早已呈现过剩态势，炼化企业急需深化结构调整和转型升级。因此，充分合理地利用重油资源、碳三碳四碳五等轻烃资源，采用增产烯烃的创新技术，对于解决国内烯烃供应不足以及促进炼化企业转型升级都有着重要的现实意义。

针对低碳烯烃需求不断增长的趋势，国内外投入大量人力、物力积极研发增产烯烃的创新技术，并成功的商业化运行，按照反应过程和反应深度的不同，可分为催化裂化、催化裂解、催化脱氢、歧化转化等工艺；根据原料来源不同，可分重油催化裂化或催化裂解技术、轻烃催化裂解技术、碳三碳四脱氢技术、烯烃歧化转化技术等。以上工业化装置的成功运行，为国内炼化企业将低附加值产品转化为市场需求量大、附加值高的轻烯烃提供了多种技术方案。

二、重油催化增产低碳烯烃技术进展

催化裂化装置是炼油厂最重要的装置之一，尤其在我国催化裂化能力超过 1.5 亿吨 / 年，约占一次总加工能力的 25%，我国约 75%的汽油和 30%的柴油来自催化裂化。基于我国原油资源的特点和 FCC 在二次加工能力中占绝对比重的现状，未来 FCC 仍然是我国重油轻质化和生产汽油的主要加工技术，也是炼油行业技术发展的重点。FCC 的研究已从简单解决诸如汽油、柴油、液化气、抗金属等其中的一、二个问题转向要同时解决多个矛盾的组合。

影响我国 FCC 未来发展的重要因素包括：原油价格、满足环保要求、新燃料规格、石油化工原料需求和重质化渣油加工，尤其是环保法规和化工原料需求已成为 FCC 技术发展的主要推动力。到 2015 年，随着环保法规的日趋严格和对汽油中烯烃、芳烃含量的进一步限制，势必影响我国以催化裂化为主的炼油装置结构，也将影响到催化裂化技术方案的选择。催化技术在增产汽油及提高汽油辛烷值方面的作用将下降，将会发展成为生产清洁汽油及提供低碳烯烃原料的重要手段。

近年来，国外在催化裂化技术的基础上成功开发了多种增产丙烯的工艺技术，主要有 UOP 公司的 PetroFCC 工艺、KBR 公司和 ExxonMobil 公司的 Maxofin-FCC 工艺、芬兰 NesteOy 公司的 NEXCCFCC 工艺、日本石油协作中心和沙特阿拉伯王国石油矿业大学联合开发的高苛刻度 FCC 工艺(HS-FCC)、印度石油公司开发的 INDMAX(UCC)技术、Axens/Shaw 公司的 PetroRiser 技术等。

20 世纪 80 年代以来，我国催化裂化技术巨大的进步，自主开发了渣油催化裂化技术(即 RFCC)，并形成了一系列增产低碳烯烃的催化裂化家族技术，其中中国石化石油化工科学研究院开发了 DCC、CPP、MIO、MIP－CGP 等系列催化裂化家族技术，洛阳石化工程公司开发了 HCC、FDFCC 工艺，中国石油大学（华东）采用双提升管技术平台开发了 TSRFCC、TMP 工艺、中国石油大学(北京)开发了 PSPP 工艺技术等。

国内外还开发了多种增产丙烯的 FCC 催化剂和助剂技术，如国外 GraceDavison 公司的 Apex 催化剂、AkzoNobel 的 K1000、K2000 和 Zoom、Engehard 公司的 Moaxol、Intercat 公司的 Prentasil，国内石油化工科学研究院（RIPP）开发的 MP031 助剂、洛阳石化工程公司的 LP1、兰州石化公司研究院的 LCC-1、LCC-2 和助剂 LCC-A 等。

面对国内外日益增长的有机原料需求，增产低碳烯烃的催化裂化家族技术将受到更多重视。各种典型催化技术的产品分布收率情况如下表：

典型催化裂化技术的产品收率(摩尔分数,%)

项目	常规催化裂化	用助剂的常规催化裂化	催化裂解（DCC）	催化裂解（CPP）
丙烯	4	8	20	21
乙烯	<1	2	4	15
混合丁烯	10	14	17	7
汽油	58	50	33	30

（一）UOP 公司 PetroFCC 工艺

UOP 开发的 PetroFCC 工艺，适合减压蜡油和减压渣油为原料增产丙烯，主要特点是第一反应区采用高温、高剂油比条件下使重质原料油最大程度的催化裂化成低碳烯烃、汽油和其他馏分油；第二反应区在高 ZSM-5 含量的助剂、高反应苛刻度条件下较大程度的转化汽油成为低碳烯烃。自 2005 年商业化以来，目前 UOP 的 PetroFCC 工艺现已有多套工业运营装置，工艺技术稳定，效果明显，以阿拉伯轻油减压瓦斯油为原料，得到丙烯收率达到 16%。UOP 还在 PetroFCC 工艺的基础上开发了最大化生产丙烯的 RxPro 工艺，将丙烯收率提高到 20%以上。

（二）Kellog 和 Mobile 公司的 MAXOFIN 工艺

由 Kellog 公司和 Mobile 技术公司联合开发的 MAXOFIN 最大烯烃产率工艺，主要特点是：设立第二提升管用以汽油的二次裂解多产乙烯、丙烯；采用低氢转移活性的 REUSY 型专用催化剂，并加入高含量的 ZSM-5 的助剂(MAXOFIN-3)以配合第二提升管增产低碳烯烃，高 ZSM-5 含量的助剂能使汽油组分继续裂解成低碳烯烃而低比例发生氢转移反应生成烷烃。以减压馏分油为原料，最大丙烯方案操作丙烯产率可达 18.4%，且该工艺灵活度高，最大乙烯、丙烯产量工艺调整方便。但该工艺由于催化剂中掺入了较高比例的 ZSM-5 择形分子筛，裂化深度偏高，因此其焦炭、干气选择性较高。

（三）日本石油协作中心和沙特阿拉伯王国石油矿业大学高苛刻度催化裂化工艺（HS-FCC）

HS-FCC 技术是由沙特阿美公司、日本石油公司、沙特石油与矿业大学联合开发的多产丙烯催化裂化工艺，HS-FCC 工艺采用高反应温度、短接触时间、高剂油比操作条件，采用超稳 Y 催化剂、高 ZSM-5 含量助剂和下行式反应器。工业试验采用石蜡基原料和常规催化剂时丙烯产率达 10.6%，采用加氢原料和 FCC 催化剂加 10%ZSM-5 助剂时，丙烯产率可达 20.4%。该工艺原料较轻，丙烯产率也较高。

（四）印度 IOC/Lummus 公司的 INDMAX 工艺

该工艺由印度石油公司开发、Lummus 公司负责工程设计并在其它国家转让的催化裂解技术。采用提升管反应系统和特殊配方的专用催化剂。建在印度阿萨姆邦 Guwahati 炼油厂的第一套工业装置加工能力为 10 万吨／年，2003 年投产，以常压渣油和焦化重瓦斯油为原料，丙烯收率最高可达到 24%。尽管该装置的催化助剂量较高，但其三元催化剂／助剂设计具有显著的灵活性和功效。印度石油公司在奥里萨邦 Paradip 炼化一体化联合企业（加工能力 1500 万吨／年）建设一套设计加工能力是 425 万吨／年的装置，采用经过加氢处理的减压瓦斯油为原料生产丙烯和乙烯，原计划 2012 年投产，但目前推迟到 2013 年投产。印度石油公司开发的 INDMAX 技术与深度催化裂化(DCC)技术相似，采用高反应温度和专用催化剂，得到较高收率的 LPG 和低碳烯烃。

(五)Axens/Shaw 公司的 PetroRiser 技术

该技术是在 Shaw 公司 R2R 常规渣油催化裂化(RFCC)技术的基础上，由 Axens/ Shaw/ Total/ IFP 合作开发的双提升管渣油催化裂解多产丙烯技术。以常压渣油为原料，丙烯收率可由 R2R 的 5%提高到 12%。主要特点是，第一根提升管在 550℃和剂油比 8∶1 的条件下操作，第二根提升管在 590℃和剂油比 12∶1 的条件下操作，把第一根提升管生产的催化轻汽油择形裂化生产丙烯，每根提升管都独立操作，既能多产丙烯又能减少再生剂上的焦炭含量。如果不需要多产丙烯，可以返回到常规汽油方案操作。2008 年 7 月转让建设的第一套工业装置已在越南榕桔(DungQuat)炼油厂(加工能力 700 万吨/年)投产，正在建设中的装置有 4 套，最大规模的是阿联酋阿布扎比炼制公司(Takreer)2085 万吨/年的 Ruwais 炼化一体化联合企业，在建装置的加工能力是 635 万吨/年，计划 2013 年投产。

(六)FDFCC 工艺

该技术由洛阳石化工程公司开发，采用双提升管工艺流程，不仅可大幅度提高汽油改质的效率，还能大幅提高丙烯产率。FDFCC 是以降低 FCC 汽油烯烃含量和硫含量、提高 FCC 装置柴汽比和汽油辛烷值并增产丙烯为目的的催化裂化新工艺。该工艺采取温度相对较低、剩余活性较高的汽油提升管待生催化剂输送至重油提升管底部与再生催化剂混合，提高重油提升管的剂油比，降低油剂瞬时接触温度，强化催化反应、抑制热裂化反应，实现降低干气和焦炭产率、提高丙烯收率、改善产品分布的目的。中石化长岭分公司采用 FDFCC-III 技术的投产标定数据显示：丙烯收率超过 10%，汽油烯烃含量降低到 18%以下，汽油硫含量下降了 45%，柴油质量基本不变。该工艺实现了多产丙烯和降低汽油烯烃含量并保持汽柴油质量稳定的目的。该工艺的缺点是采用两根独立提升管，增加了一套提升管的滑阀控制系统使整个系统压力控制相对更复杂，且一次性投入增大。

(七)TSRFCC、TMP 工艺

TSRFCC 两段提升管催化裂化(two-stage-riser-FCC)技术是中国石油大学(华东)开发的新型催化裂化技术，该技术采用两个提升管共用一个再生器，一段反应生成的油气经分离后的产物进入第二提升管反应器与再生剂接触继续反应，从而实现催化剂接力、反应时间短、剂油比大的操作，并能根据不同原料调整进料位置灵活设置生产方案。二段反应器进料可以根据不同的生产方案达到提高柴油产率或在总液收率不降低的同时降低汽油烯烃含量。在典型的条件下，以抚顺石化公司的常渣油为原料，采用 MEP 催化剂，乙烯+丙烯收率可达 40%以上，现已在国内多套装置上应用。在 TSRFCC 工艺基础上，由中国石油大学(华东)等单位进一步开发、设计了两段提升管催化裂解多产丙烯兼顾轻油质量的 TMP 技术，于 2009 年 2 月通过中油集团的验收。以大庆常渣为原料，在 12 万吨/年装置上进行工业试验，丙烯收率达到了 20.31%，总液收达到 82.66%，干气+焦炭的产率之和为 14.28%，汽油研究法辛烷值 96。

(八)MIP 工艺技术

MIP(Maximinzing Iso-Paraffins)技术是由石油化工科学研究院开发的两段式提升管反应器系统，目的是降低催化汽油中烯烃含量和硫含量，提高汽油、柴油等总液收，改善产品分布。MIP-CGP (A MIP Process for CleanGasoline and Propylene) 工艺是在 MIP 技术平台基础上，开发出来的一种生产满足欧Ⅲ排放标准的汽油，并增产丙烯的催化裂化工艺。该工艺技术以重质油为原料，采用由串联提升管反应器构成的具有两个反应区的新型反应系统。第一反应区，经高温和短停留时间油剂接触主要发生催化裂化反应，原料油在该区内一次裂化反应深度增加，从而生成更多的富含烯烃的汽油和富含丙烯的液化石油气，产物和催化剂直接进入第二反应区；第二反应区反应器内径扩大、注入沉降器过来的待生催化剂，在较低的反应温度和较长的停留时间条件下主要发生催化转化反应(双分子氢转移、异构化反应等)消耗汽油中的烯烃生成较多的异构烷烃和一定量的芳烃，同时生产较多的丙烯。MIP-CGP 工艺在降低汽油烯烃增加辛烷值多产丙烯方面效果显著，与常规催化裂化相比：丙烯收率增加 3 个百分点，可达 10%，汽油烯烃含量由 35%下降到 18%以下，能实现多产丙烯和生产清洁汽油的双重目标，对满足我国现行汽油标准有较强的针对性，已在国内 30 多套装置上应用。

(九)重油深度催化裂化(DCC)工艺

该工艺是中国石化石油科学研究院 RIPP 针对我国原油中轻油含量普遍偏低的实际情况，开发的重油深度催化裂化技术。DCC 工艺以重质油为原料，使用固体酸择形分子筛催化剂，在较缓和的反应条件下进行裂解反应，以生产低碳烯烃或异构烯烃和高辛烷值汽油的工艺技术。该工艺借鉴流化催化裂化技术，采用催化剂流化、连续反应和再生技术，国内外已有多套装置投产运行。

DCC 工艺有两种模式。DCC—Ⅰ为提升管加密相流化床反应器，旨在最大量地生产以丙烯为主的气体烯烃，其适宜的反应温度为 560℃。以大庆常压渣油为原料时，典型收率为乙烯 3.7%、丙烯 23%、丁烯 17.3%。DCC-Ⅱ为提升管反应器，最大量生产异构烯烃(包括异丁烯和异戊烯)，兼产优质高辛烷值汽油，适宜的反应温度为 530℃，操作条件较 DCC-Ⅰ缓和，汽油的研究法辛烷值是 97，马达法辛烷值是 82，安定性好；柴油的安定性好，十六烷值较低。

该工艺从 ,90 年工业化以来已有 10 套工业装置建成投产并实现我国炼油成套技术首次出口，授权 SW 公司在国外转让，目前在沙特阿美建成一套 460 万吨 / 年工业装置，运行平稳，年生产丙烯 90 万吨、汽油 300 万吨。DCC 装置建设向大型化发展，这些催化裂化 / 催化裂解装置除多产丙烯外，还生产清洁汽油组分、裂解料和重整料。

(十)重油催化热裂解制取低碳烯烃(CPP)工艺

石油化工科学研究院在 DCC 系列工艺基础上，通过对工艺参数、催化剂以及装置构型的改进，顺利开发出重质油催化热裂解制取低碳烯烃的 CPP 工艺。该工艺 2001 年在大庆进行工业试验，2009 年 8 月沈阳化工集团采用 CPP 技术建成第一套 50 万吨 / 年的工业装置。

CPP 工艺是一个催化反应和热反应共存的过程，新开发的催化剂具有正碳离子反应和自由基反应双重催化活性，原料在提升管反应器中进行催化裂解及高温热解、择形催化、烯烃共聚、歧化与芳构化等综合反应，能够实现最大限度生产乙烯和丙烯的目的。该工艺采用新型分子筛催化剂 CEP，其适宜的反应条件为：反应温度 620 ~ 640℃，反应压力 0.08 ~ 0.15MPa (表压)，停留时间 2s，剂油比 20 ~ 25，注水量(相对于进料)30% ~ 50%，再生温度 700 ~ 750℃。反应条件比蒸汽裂解温和，比蒸汽裂解大幅减少设备投资。

CPP 工艺气体产品中的烯烃由丙烯为主变为乙烯和丙烯为主，乙烯和丙烯的收率约为 35% ~ 38%，总低碳烯烃的收率约为 47%。CPP 工业装置具有操作弹性大，产品结构能灵活调整以满足市场对不同低碳烯烃的需求，该工艺开辟了一种重质油生产低碳烯烃化工原料的工业化之路。

(十一)重油直接裂解制乙烯(HCC)工艺

该工艺是洛阳石化工程公司针对乙烯生产原料的重质化问题设计的，以重油直接裂解制乙烯并兼产丙烯、丁烯和轻芳烃的催化裂解工艺。已在黑龙江齐齐哈尔化工公司成功地进行了工业应用试验。

该工艺采用提升管反应器(或下行管式反应器)，工艺要求高温(660~700℃)、短接触时间(<2s)，专用催化剂 LCM 具有良好的抗水热失活和抗金属污染性能。与管式蒸汽裂解工艺相比，HCC 工艺能加工的原料覆盖范围广(BMCI20-52)，且反应温度和水油比要低得多。HCC 其乙烯、丙烯的单程产率分别可达 17%~27%，12%~15.5%，总烯烃产率可超过 50%。裂解汽油馏分(初馏点 ~200℃)占进料的 13%~17%，其中 90%以上，含 BTX70%~90%，因此既可做生产 BTX 的优质原料又可作为高辛烷值汽油的调和组分；裂解中间馏分富含萘和烷基萘是优良的芳烃资源。该工艺有效地拓宽了生产低碳烯烃的原料范围，具有良好的发展前景，但大型工业化装置仍需克服装置结焦、催化剂再生等方面的问题，正在进行工业放大试验的研究。

三、结束语

乙烯和丙烯是最重要的石油化工原料之一，蒸汽裂解技术问世60多年来一直是生产乙烯和联产丙烯的主要技术。可是，近20多年来随着乙烯和丙烯的需求逐年增加，丙烯/乙烯需求比呈上升趋势，丙烯/乙烯产出比呈下降趋势。世界50%以上的乙烯是以石脑油为原料的裂解装置生产的，此外主要是乙烷、丙烷、碳四等轻烃裂解；世界丙烯产量中70%来源于蒸汽裂解，28%来源于催化裂化和2%来源于丙烷脱氢等技术。我国90%以上的乙烯来源于石脑油裂解装置，此外乙烷、丙烷碳四等轻烃裂解、CPP裂解及MTO装置生产的乙烯不足10%；我国催化裂化丙烯占总产量的47%、蒸汽裂解丙烯的比例约为48%、MTO/MTP丙烯占5%。

随着丙烯下游产品应用的拓展和需求的增长，国内丙烯/乙烯需求比逐年增长，但蒸汽裂解技术的丙烯/乙烯比受到限制，促进了催化裂化增产烯烃技术的发展。同时，我国原油偏重，轻烃和石脑油资源贫乏，进一步发展蒸汽裂解将受到原料油供应不足、生产成本高企等方面的制约，这将严重影响我国乙烯、丙烯工业的发展。因此，国内企业对于增产烯烃的催化裂化、催化裂解系列技术更为关注。

深度催化裂化等技术能实现重油深度转化，有效提高轻烯烃的收率，国内成功开发了多产低碳烯烃的DCC技术、CPP技术、多产异构烯烃的MIO技术、多产清洁汽油及丙烯的MIP－CGP技术、降低汽油烯烃含量并最大量生产丙烯的TMP技术等系列催化裂化、催化裂解技术，将成为炼化企业转型发展的重要选择，因此，我国有必要加大开发重质油裂解制取低碳烯烃技术的力度和工业推广的进程，以满足国民经济的快速增长对低碳烯烃的需求。

中国乙烯工业路在何方

曲岩松 高春雨 杨秀霞
（中国石油化工集团公司经济技术研究院）

2008年后，全球进入了新一轮乙烯扩能高峰期，短短的3年时间，全球新增乙烯产能达到2000万吨/年以上，到2012年全球乙烯产能达到了1.49亿吨/年，较2008年增加了18.3%。与此同时，由于天然气价格相对较低，全球掀起了乙烯原料轻质化的浪潮。到2012年全球重质原料的比例由2005年的52.3%下降到44.0%。同样近年来中国也进入了乙烯扩能的黄金时期，2009-2012年中国新增乙烯产能672万吨/年，到2012年底中国乙烯产能达到了1634万吨/年，占世界总产能的比例由2008年的7.9%提高到2012年的11.1%，目前中国已成为世界上仅次于美国的第二大乙烯生产国。但值得注意的是，近年来国际原油价格高企，使得以石脑油为原料的乙烯装置竞争力大幅下降，迫于竞争的压力，国内乙烯装置近两年开始限产。未来中国乙烯工业出路在哪里，是我们必须面对的重要课题。

一、世界乙烯工业发展趋势

（一）未来全球乙烯扩能将大幅增加，其中北美地区将成为乙烯产能新的增长点

经过三年的大幅扩能，2012年全球乙烯产能达到了1.49亿吨/年，目前美国仍是全球最大的乙烯生产生产国，产能达到了2698万吨/年，约占世界总产能的18.1%，中国已达1634万吨/年的产能，位居世界第二，近年来沙特产能增加迅速，2009年产能首次突破千万

表1 全球前十大乙烯生产国家及地区

万吨/年，%

序号	国家	产能	占世界产能比例
1	美国	2697.8	18.1
2	中国	1634.7	11.0
3	沙特阿拉伯	1558.5	10.4
4	韩国	807.6	5.4
5	日本	768.9	5.2
6	德国	568.3	3.8
7	伊朗	536.8	3.6
8	加拿大	504.8	3.4
9	泰国	442.8	3.0
10	印度	408.0	2.7
	其它	4997.8	33.5
	合计	14926.0	100.0

吨大关，到 2012 年底沙特产能达到了 1559 万吨 / 年。

未来几年全球乙烯扩能地区将发生较大变化，除亚洲地区仍保持较快的扩能速度外，中东地区的扩能速度将明显减缓，未来 5 年中东仅有 3 套大型乙烯装置投产，包括脱瓶颈计划，到 2017 年中东仅新增产能 530 万吨 / 年，预计到 2017 年中东地区乙烯产能将达到 3450 万吨 / 年。

表 2 未来 5 年中东地区乙烯扩能计划

万吨 / 年

企业名称	国家	新增能力	投产日期	备注
Borouge	阿联酋	150	2014 年	乙烷
Kavyan PC	伊朗	100	2015 年	混合进料
Ilam PC	伊朗	45.8	2016 年	乙烷
Sadara Chemical	沙特	150	2016 年	混合进料

北美地区将是未来全球乙烯产能新的增长点。岩页气的大规模工业化开发使得北美地区的原料成本明显下降，2012 年美国天然气价格甚至下跌到 2 美元 /mmBtu 以下。低廉的原料成本使得北美地区成为仅此于中东地区的世界乙烯现金成本最低地区。

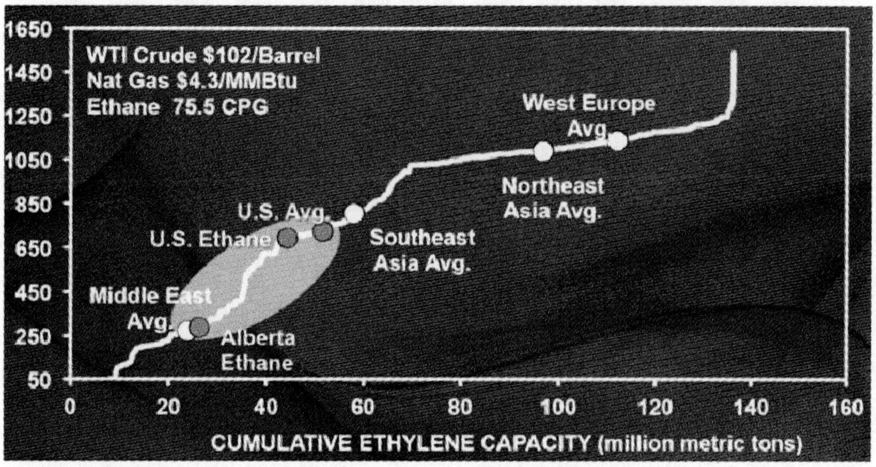

图 1 全球乙烯现金成本分布

因此未来许多公司都将北美地区规划建设乙烯项目，从目前了解的情况看，2012~2015 年北美地区的乙烯扩能仍限于扩能改造或者是托瓶颈，预计到 2015 年包括 BASF、DOW、Equistar、Ineos 等公司将对 6 套装置进行扩能，新增乙烯产能 142 万吨 / 年。

2015 年后北美大规模扩建的乙烯项目将逐步竣工，目前确定的竣工项目有：Chevron Phillips 建设的 100 万吨 / 年乙烯项目将在 2017 年投产；ExxonMobil 建设的 150 万吨 / 年乙烯项目在 2016 年投产；Braskem-Idesa JV 在墨西哥建设的 100 万吨 / 年乙烯项目也将在 2016 年投产。按照 IHS 咨询集团估计，除此之外，包括 DOW、Formosa、Shell、Oxy 等公司都有可能在 2017~2020 年间建设大型乙烯项目。预计 2015~2020 年间北美地区将新增乙烯产能近 950 万吨 / 年。

（二）近年来经济疲软使得未来全球乙烯需求增速仍保持在较低水平，2015 年后全球乙烯需求增速有所提高，开工率逐步提高

2008 年的金融危机及其后的欧债危机严重影响了世界石化产品的需求，到 2012 年全球乙烯消费为 1.29 亿吨，2008~2012 年均增速仅为 2.9%，远低于同

期产能年均增速 5.0% 的水平，同时也低于 2000~2007 年间需求增长 3.7%的水平。未来随着全球经济的逐步好转，世界乙烯需求将有所恢复，按照 IHS 咨询集团的预测，预计到 2015 年全球乙烯需求为 1.36 亿吨，2012~2015 年乙烯年均需求在 2.8%；2015 年后经济好转将使得乙烯需求增速有所提高，预计 2015~2020 年全球乙烯需求增速将达到 4.0%，到 2020 年全球乙烯需求将达到 1.66 亿吨。

乙烯需求的增加使得近年来全球乙烯开工率低迷的局面将有所改变。从 2013 年起随着新增产能的减少，未来全球乙烯开工率逐步提高，预计到 2015 年全球乙烯开工率将达到 86%左右，到 2020 年开工率将超过 90%。

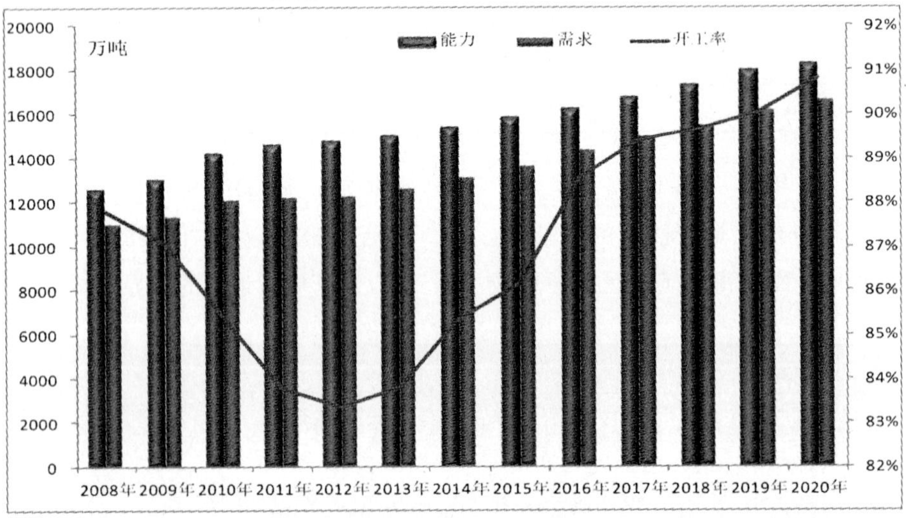

图 2 未来全球乙烯供需变化趋势

（三）乙烯原料轻质化将是未来乙烯工业发展趋势

蒸汽裂解乙烯装置原料主要包括：乙烷、丙烷、丁烷、液化气、凝析油及石脑油等，随着全球原油价格的变化，乙烯原料的结构在不断发生着变化。上世纪 80 年代原油价格相对低廉，石脑油在乙烯裂解中占据了近 7 成份额。20 世纪 90 年代后，中东地区开始大力发展乙烯工业，为了鼓励投资，中东地区多数国家将轻烃的价格定为 0.75 美元 /mmBtu，使得轻烃在乙烯原料结构中的比例大幅提升，到 2000 年石脑

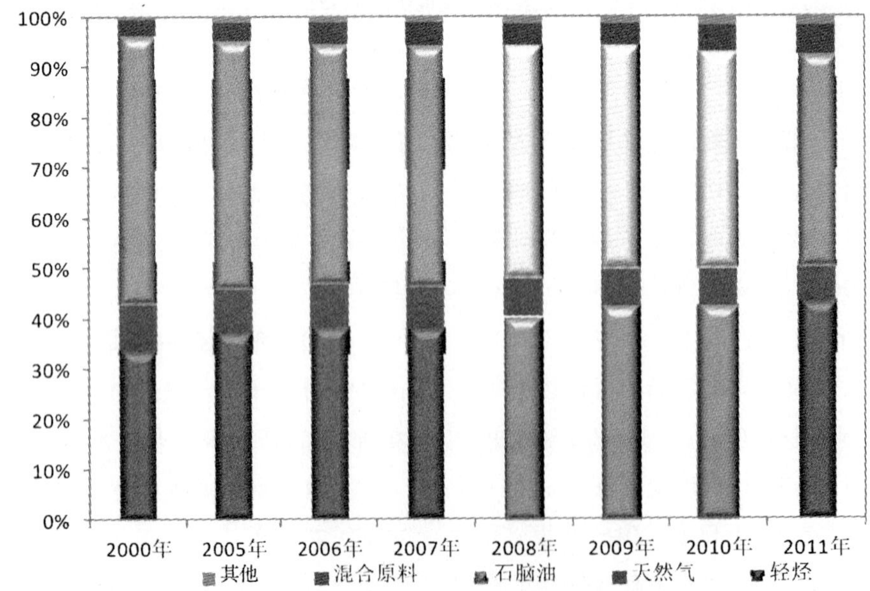

图 3 近年来全球乙烯原料结构变化趋势

油在乙烯裂解原料中所占份额下降到53%左右。到2011年这一比例下降到44.1%。

从未来的发展趋势看，北美地区将是乙烯轻质化的代表，从最新的资料看，美国岩页气的开发使得美国天然气产量大幅增加，到2011年页岩气产量达到1800亿立方米，约占美国天然气总产量的25%以上。按照目前了解的情况看，美国页岩气中C2和C3平均含量为8%~10%，同时优惠的定价策略使得美国页岩气在乙烯生产中极具竞争力。按照美国页岩气定价原则，分离后的C2和C3产品价格仅为5美元/mmBtu。正是由于以上原因，2008年后轻烃在美国乙烯原料中的比例不断增加，到2011年这一比例达到95%以上。未来美国新建的乙烯装置也均为以轻烃为原料设计的。

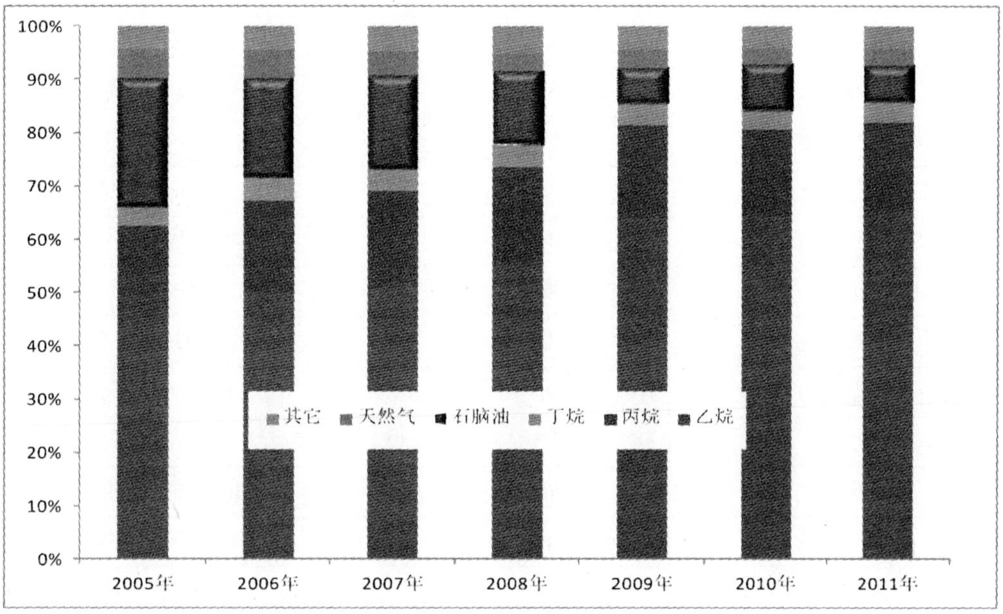

图4 美国乙烯原料构成趋势

二、中国乙烯工业发展趋势

(一)中国乙烯工业快速发展，已成为世界第二大乙烯生产国，2020年前中国仍面临大力发展乙烯工业的机遇

近年来中国乙烯工业取得了长足发展，到2012年底中国已拥有大型乙烯生产装置32套，产能达到1669.5万吨/年，其中超过百万吨的装置有5套，最大装置为上海赛科石化公司，产能达到了119万吨/年。目前中国已成为世界第二大乙烯生产国。

从国内乙烯原料结构看，2010年以神华集团为代表甲醇制烯烃(MTO)投产，标志着中国乙烯原料开始多元化时代的开始。

未来几年仍将是中国乙烯建设的高峰期，除传统的石脑油为原料的乙烯装置外，MTO、重油催化裂化技术开始在中国乙烯产业中得到应用。

从目前了解的情况看，传统石脑油原料的乙烯装置仍是乙烯装置扩建的主力，主要装置计划有：2013年投产的武汉石化80万吨/年和四川彭州80万吨/年乙烯装置。2015年前估计投产的项目还有：上海和扬子石化80万吨/年乙烯项目扩建，中海油惠州100万吨/年乙烯项目等，预计到2015年中国乙烯产能将达到2406万吨/年。

2015年后石脑油为原料的乙烯装置继续大规模建成，主要有：中科合资湛江100万吨/年乙烯项目，中国石化青岛80万吨/年乙烯项目、上海高桥漕泾100万吨/年乙烯项目、海南炼化120万吨/年乙烯项目、中国石油台州120万吨/年乙烯项目等。预计

表 3 2012 年中国乙烯装置情况

	企业名称	装置能力	专利技术
中国石化集团	燕山石化	71	Lummus 顺序分离
	齐鲁石化	80	Lummus 顺序分离
	扬子石化	70	Lummus 顺序分离
	上海石化	84.5	三菱前脱丙烷前加氢，S&W 专利技术
	茂名石化	100	前脱丙烷前加氢
	天津石化	20	Lummus 顺序分离
	广州石化	21	S&W 前脱丙烷前加氢
	中原石化	28	Lummus 顺序分离，SMTO
	北京东方	15	TPL 专利技术
	赛科石化	119	Lummus 顺序分离
	扬子巴斯夫石化	74	S&W 前脱丙烷前加氢
	中沙（天津）石化	100	Lummus 顺序分离
	镇海炼化	100	Lummus 顺序分离
	福建联合石化	80	Lummus 顺序分离
	小计	962.5	
中国石油集团	大庆石化	120	KBR 前脱丙烷前加氢
	辽阳化纤	20	中国成达双塔脱甲烷丙烷
	吉林石化	85	大连工学院技术，Linden 前脱乙烷
	独山子石化	122	Lummus 顺序分离，Linden 前脱乙烷
	抚顺石化	94	Lummus 顺序分离
	兰州石化	70	1#S&W 专利技术，KBR 专利技术
	小计	511	
其他	华锦石化	61	上海惠生，S&W 前脱丙烷前加氢
	中海壳牌石化	95	
	神华化工	30	DMTO
	其它	10	
	小计	196	
合计		1669.5	

到 2020 年中国乙烯产能将达到 3700 万吨 / 年以上。

（二）乙烯原料仍以乙烯石脑油为主，但近年来轻质原料的比例在明显提升

中国乙烯工业从一开始就是以石脑油为原料设计的，因此国内的乙烯原料也主要以石脑油为主，但由于部分企业石脑油短缺，一些企业仍使用部分轻柴油做乙烯原料。

近年来由于原油价格高企，国内许多企业在原料轻质化上都进行了大量的工作。特别是轻柴油的使用比例明显下降，而轻烃等轻质原料的使用比例在明显提高。

（三）甲醇制烯烃（MTO）将成为中国乙烯工业

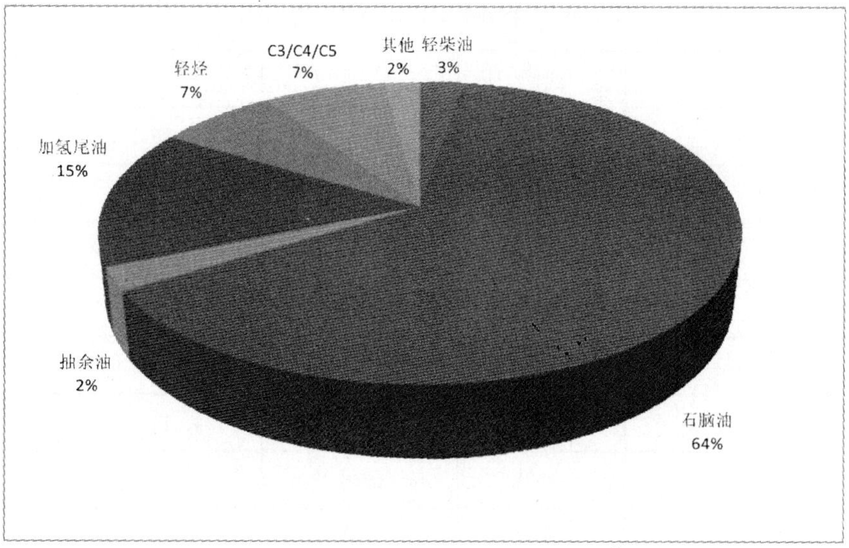

图 5 2012 年国内乙烯原料结构

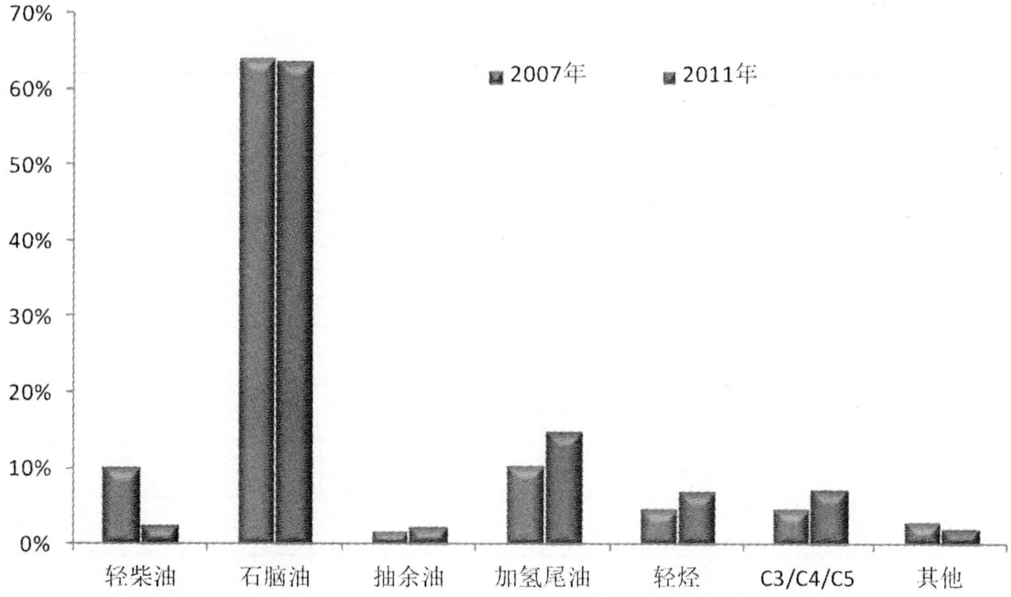

图 6 2007 年和 2011 年国内乙烯原料结构比较

的有效补充，同时也对传统乙烯路线产生较大的竞争压力

2005 年后国际原油价格的大幅攀升使得煤制甲醇及 MTO 工艺生产乙烯和丙烯成为了可能。大连物化所、中国石化等单位先后开展了 MTO 技术的研究，神华集团在 2010 年利用大连物化所的 DMTO 技术率先建成了国内第一套用煤为原料，生产乙烯的生产装置。经过两年的运行，装置稳定性、技术成熟度都得到了显著提高。同时也取得了良好的经济效益。以 2011 年为例，当年神华集团共生产聚烯烃产品 49.5 万吨，利润超过了 10 亿元，吨产品利润达到了 2000 元 / 吨以上，远高于当年以石脑油为原料的产品水平。

未来几年中国 MTO 装置将进入到快速发展期，除中国石化外，中海油及国内大型煤企都将大力发展煤化工产业，特别是煤制烯烃产业，预计 2015 年前国内将有 6-8 套投产，2015 年仍有多套煤制烯烃

表 4 中国煤制烯烃项目情况

万吨 / 年

公司	规模	建设地点	下游配套	投产日期
神华包头	30+30	包头	PE、PP	2010 年
神华宁煤集团	0+50	银川	PP	2011 年
中原石化	10+10	河南濮阳	PE、PP	2011 年
大唐国际	0+46	多伦	PP	2012 年
宁波禾元化学	30+30	宁波	MEG、PP	2013 年
中煤陕西榆林项目	30+30	靖边	PE、PP	2013 年
陕西蒲城清洁能源	30+38	蒲城	PE、PP	2014 年
联想控股滕州化工	20+20	山东滕州	EVA、EO、PP	2014 年
中国石化鹤壁项目	30+30	河南鹤壁	PE、PP	2015 年
神华宁煤集团	0+50	宁夏银川	PP	2015 年
延长石油集团	30+30	延安	PE、PP	2015 年
神华煤制油化工有限公司	30+30	陕西榆林	PE、PP	2015 年
中国石化安徽中安项目	30+30	淮南	PE、PP	2015 年
中国石化贵州织金项目	30+30	织金	PE、PP	2015 年后
TOTAL 和中电投	30+30	鄂尔多斯	PE、PP	2015 年后
浙江兴兴新能源科技公司	30+30	浙江嘉兴	PE、PP	正在设计
江苏盛虹集团	60+60	连云港		正在环评
中天合创内蒙古项目	65+65	鄂尔多斯	PE、PP	前期工作
青海盐湖钾肥	30+30	青海		前期工作
香港正大能源	30+30	常州		前期工作
大连大化福佳	120+120	大连		前期工作

注：规模中前为乙烯，后为丙烯

装置在规划。

（四）未来国内乙烯消费将明显减速

2010 年后，受到国内经济增速放缓的影响，国内乙烯当量消费增速明显放缓，2011 年国内乙烯当量消费为 3132 万吨，同比增长了 4.9%，估计 2012 年国内乙烯当量消费增速在 4%左右。

从 2011 年国内乙烯消费结构看，聚乙烯仍是占据了乙烯消费的 56%左右，乙二醇约占 21%，苯乙烯和 PVC 分别占乙烯当量消费的 9%和 8%左右。从近期的发展情况看，除乙二醇未来消费仍保持在 8%以上外，其它产品消费乙烯的增速均明显下降，其中聚乙烯增速下降到 5%左右，苯乙烯消耗乙烯的增速下降到 4%，PVC 更是下降达到 1%左右。

从未来发展看，由于乙烯下游产品需求增速均明显放缓，未来国内乙烯当量需求增速也大幅下降。预计到 2015 年中国乙烯当量需求将达到 3800 万吨 /

年，2010~2015 年平均增速在 5%左右，2015 年后随着经济的不断复苏，需求增长可能有所好转，预计到 2020 年国内乙烯当量需求在 4900 万吨 / 年，2015~2020 年平均增速将超过 5%。

（五）新建乙烯装置产品方案选择越来越窄

近年来国内仍有许多规划建设的乙烯项目，选择乙烯下游产品方案是各大项目面临的较大问题，而且如何选择下游产品方案已变得越来越困难，特别是近年来煤化工和天然气化工的发展，已大大压缩了乙烯下游产品的选择空间。

1. 乙烯下游产品的选择

对乙烯下游产品而言，未来选择的空间在不断缩小。目前 PVC、乙醛、醋酸乙烯已逐步退出了国内乙烯下游方案的选择，同时干气制乙苯技术的普及也使得苯乙烯在乙烯方案选择的机会在逐步降低。从目前的市场情况看，乙烯下游产品的方案选择仅限于聚乙烯(LDPE、HDPE、LLDPE)、EO/EG、EPDM、EVA 及 α 烯烃。但受到市场及技术的限制，国内乙烯产品下游选择只剩下了聚乙烯和 EO/EG。

2. 丙烯下游产品的选择

丙烯的下游产品主要有聚丙烯、丙烯腈、环氧丙烷、苯酚丙酮、丁辛醇、丙烯酸及酯等，从目前的情况看，由于技术壁垒的突破，苯酚丙酮、丁辛醇、丙烯酸及酯装置建设速度明显加快，预计到 2015 年国内这些产品将出现供应过剩。同时国内在未来建设的近 10 套丙烷脱氢装置，绝大部分都以聚丙烯为下游产品，未来聚丙烯的缺口也将明显缩小。丙烯腈虽然市场仍有缺口，但受到环保的压力，能够选择其作为下游装置的企业也不多。未来国内丙烯下游产品选择除了聚丙烯外，其他产品可选择的余地也越来越小。

3. 丁二烯下游产品的选择

丁二烯下游产品主要应用于顺丁橡胶、丁苯橡胶、SBCs、丁腈橡胶、ABS、已二腈等。近年来随着顺丁橡胶、丁苯橡胶、SBCs 装置的大量增加，未来这些产品即将出现过剩，但一些高附加值产品如 SSBR、钕系 BR、氢化 NBR 等产品仍有较大缺口，另外其它丁二烯下游产品如已二腈、3- 丙基庚醇等产品仍有较大的发展空间。因此未来丁二烯下游产品仍主要集中在顺丁橡胶、丁苯橡胶、ABS 等产品。

三、未来中国乙烯工业发展建议

（一）降低原料成本是未来提高乙烯竞争力的主要手段

从未来乙烯工业发展情况看烯成本将是永恒的主题，其中降低原料成本将是主要手段。中东和北美未来将依赖其低廉的原料在全球乙烯工业中占据了有利的位置。对于中国乙烯工业，不仅要面临中东和北美低成本乙烯装置的竞争，而且还要面对国内 MTO 装置的有力竞争，因此如何降低乙烯成本也将是提高乙烯装置竞争力的重要手段。近年来由于液化气的需求呈现下降趋势，因此如何提高液化气在乙烯原料中的使用将是未来提高乙烯竞争力的主要手段之一。同时对新建乙烯装置而言，更多地建设混合进料的裂解装置将为未来提高乙烯装置竞争力创造了先决条件。

（二）提高以石脑油为原料装置的“副产品”收率可能是未来提高该类装置竞争力的另一个手段

以石脑油为原料的乙烯装置的另一个特点是产品丰富，特别是近年来轻烃原料使用大幅增加，使得丙烯、C4、C5、C6 等产品的产量增幅有限，导致这些产品价格一路飙升，其中以丁二烯最为明显。从未来的发展看，轻质原料的使用仍将是乙烯工业发展的趋势，因此丙烯、C4、C5、C6 等产品供应紧张的局面仍将持续。

因此对未来以石脑油为原料的乙烯装置而言，如何提高丙烯、C4、C5、C6 这些“副产品”的收率也是提高乙烯装置竞争力的手段之一。因此，以石脑油为原料的乙烯装置应该通过技术改进或适当的原料来提高这些高附加值单体的收率，进而提高这类装置的竞争力。

（三）加大对石脑油乙烯装置的综合考核，改变单一对乙烯考核的模式

在传统石脑油裂解装置的考核中，一般都是以

乙烯为核心，对其它副产品的核减一般都低于乙烯的价格。从未来发展情况，乙烯裂解装置下游产品中，这些副产品将是未来实现石脑油裂解装置同其它乙烯装置竞争的根本。因此建议在乙烯装置考核中,除考核乙烯收率外,应将丙烯、丁二烯、纯苯等产品一并考核，或者通过市场价格对乙烯装置进行效益考核。未来石脑油裂解装置竞争力将更多地来自副产品的价值。

中国石油河北销售公司

中国石油天然气股份有限公司河北销售分公司成立于2000年5月，2008年8月与原冀东销售分公司整合，组建新的河北销售公司，2009年12月，河北销售公司体制调整、上划管理，目前主要承担中国石油在河北省的成品油销售和加油站网络建设等工作。

河北销售公司机关设营销处、加油站管理处、调运处等13个处室，下辖石家庄、保定、秦皇岛、唐山等14个地市及专业分公司，石家庄中油、中油华奥等22个股权企业，成品油年销售能力达450万吨。

成立以来，河北销售公司始终秉承“奉献能源、创造和谐”的企业宗旨，发扬“爱国、创业、求实、奉献”的企业精神，坚决履行经济、政治、社会“三大责任”，经历了“从无到有、从小到大、从弱到强”的艰辛发展历程，整体实力不断增强，发展规模不断扩大，经济效益不断提升，无论从网络规模、销售能力、市场分额都取得了长足的进步和发展。

谋划长远，放眼未来。河北销售公司将站在新的历史起点上，坚持以科学发展观为统领，按照“规模发展、效益优先、管理科学、服务优良”的总体要求，统一思想、坚定信心、抢抓机遇、加快发展，以强烈的事业心和责任感，以饱满的热情和崭新的姿态，为集团公司率先建成世界水平综合性国际能源公司做出贡献。

召开年度工作会议

运营中的加油站

运营中的油库

启动党的群众路线教育实践活动

便利店商品琳琅满目

参加河北省直工委运动会

组织全员读书活动

CHINA SHIPPING

中石化中海船舶燃料供应有限公司

客户至上 优质服务

务实创新 追求卓越

中石化中海船舶燃料供应有限公司是中国石油化工股份有限公司和中国海运（集团）总公司两家国资委直属特大型企业发挥各自产业优势，强强联合，于2003年12月共同出资组建的合资公司。公司总部设在广州，在全国沿海各主要港口城市广州、上海、深圳、海口、宁波、厦门、青岛、天津、唐山、湛江、秦皇岛和大连等地设分（子）公司。

公司主要在沿海港口为船舶提供各种燃料油、成品油、保税油、润滑油、物料、备件和淡水供应以及专业的船舶救生筏和消防系统检修、舱容检定等配套服务，同时经营燃料油、成品油、保税油、润滑油和化工等石油产品的销售、仓储和运输。

公司总资产20多亿元，职工总人数1500余人，在全国沿海各主要港口城市拥有多处油库、码头、仓库等设施，拥有22艘船舶和44个经营网点，船舶燃料供应业务覆盖全国沿海各主要港口及长江下游主要港口，目前已成为国内最大的船舶燃料供应商之一。公司连续多年获得“纳税信用等级A级纳税人”、“连续五年守合同重信用企业”荣誉称号，曾获得“2008年度广东最大100家企业”、“2012年度外贸出口优秀企业”等荣誉称号；2006年通过中国船级社质量认证公司（CSQA）和英国皇家认可委员会(UKAS)质量管理体系认证。

2006年7月12日，国家商务部、财政部、交通部、海关总署联合发文批复同意我司从事国际航行船舶保税油供应业务，从而使我司油品经营从内贸走向外贸、从

国内走向国际。

继2007年下半年成功开拓上海和海南保税油经营网点后，公司陆续在宁波、广州、深圳、天津、大连等港口开通了保税油经营业务，目前保税油业务已覆盖环渤海湾、长三角地区和珠三角地区等主要港口，2012年取得海关A类企业管理资质。

公司将秉承“客户至上、优质服务”的宗旨，充分发扬“务实创新，追求卓越”的企业精神，以市场为主导，以客户为中心，通过专业化的经营模式和优质服务，打造船舶供应领域的知名品牌，努力成为世界各大航运企业在中国的首选供应商之一。

公司地址：广州市珠江新城华利路59号保利大厦东塔9～11楼

公司网站：www.sinobunker.com

联系方式：020-84108188

集成设备检验检测技术，构建装置安全经济运行技术保障体系

中国石油化工股份有限公司天津分公司装备研究院

装备院办公大楼

天津石化装备研究院的前身是天津石化机械研究所，是在中国石油化工集团公司的支持下，以原天津石油化工公司设备监测中心为基础，于1988年12月28日成立的天津石油化工公司直属二级单位；1992年天津石油化工公司又依托天津石化机械研究所成立了天津石化压力容器检验研究中心；2004年纳入中国石油化工股份有限公司天津分公司；2010年6月11日，经天津分公司批准，更名为天津石化装备研究院。天津石化装备研究院集成设备检验检测技术，构建石化装置长周期安全经济运行技术保障体系，积极开展设备状态检测、分析和预报，努力降低装置运行风险，在石油化工生产中发挥了装置安全经济运行技术保障作用。

装备研究院主要业务有：在用压力容器、压力管道、安全阀等特种设备的定期检验和年度检验；大型机组与机泵的状态监测与故障诊断、常压储罐检验、加热炉运行状态监测、电力设备运行状态监测；装置风险分析与隐患识别，腐蚀监测分析与防腐技术开发应用、水质监测分析；天津石化装置新建或改扩建设备技术谈判、设备监理、检验与质量验收，设备国产化攻关、设备失效分析与问题解决方案制定与执行；开发应用石油化工设备新技术、新材料、新设备、新工艺，保障装置安稳长满优运行。

天津石化设备监测中心

特种设备检验

装备研究院具有国家质量监督总局核准的特种设备检验资质（一、二、三类在用压力容器、球罐、工业管道、安全阀）、国家质量监督总局核准的设备监理乙级单位资质及天津市核准的石化设备腐蚀与防护资质。现有74名职工，其中本科及以上学历占72%，高级职称占30%，平均年龄37.8岁。拥有固定资产2095万元（不含房屋土地），实验室面积6438平方米，仪器设备425台套，其中有处于国际先进水平杂散电流检测系统、TOFD超声波检测仪、多通道声发射检测仪、罐底板漏磁检测仪、MTS万能材料试验机、关键机组、机泵在线监测系统、铁谱分析仪、红外热成像仪、烟气分析仪、地下管道防腐层检测仪、手持式X射线荧光光谱仪、在线局部放电监测系统、电机故障检测仪等成套试验仪器；拥有先进的风险分析、设备故障诊断、报告与管理等软件，办公和技术报告实现了智能化和网络化。

循环水腐蚀、结垢在线监测技术

装备研究院坚持科研“贴紧生产、面向市场”原则，有计划地开展了设备技术开发和技术服务；注重设备隐患识别、隐患预防、隐患监控和隐患治理系列技术开发，着力构建装置长周期安全经济运行技术保障体系，发展形成了安全保障成套技术，突出了设备安全技术专业化特色；坚持了人员执业资格培训，添置和更新仪器装备及基础设施，充实了从业资质；具备装置安全运行设备检测、隐患排查、设备技术难题攻关的成套技术服务与技术支持能力。

装备研究院二十多年来完成中石化总部及天津分公司科研项目100余项，解决了一系列生产装置中影响安全生产、长周期高效率运行的技术难题，装置安全运行保障的技术能力显著增强。其中《加氢裂化装置防腐成套技术》项目获总部科技进步二等奖1项、《炼油工艺设备和管道腐蚀性评价》和《加热炉节能技术改造方案的优化》等8项获中石化总部科技进步三等奖；获得天津石化公司科技进步奖49项、国家质检总局科技兴检奖2项；获得实用新型专利6项，另有发明专利6项和实用新型专利3项已被国家知识产权局受理。科研成果在实际检测服务工作中发挥了重要作用，如《用声发射技术对多层型氢气瓶的可靠性分析》解决了该类高压容器的安全性评价难题、《优化焦化加热炉运行状况的技术研究》大大地提高了天津石化公司加热炉的热效率。《EO/EG超大型换热器国产化研制》、《化纤厂打包机液压缸的国产化研究》等项目的研发为关键设备的国产化攻关取得重大进展，节省了外汇；自主开发研制的漏磁检测仪在天津石化和中石化总部系统内的其他兄弟单位得到了有效应用，为上海石化和济南炼油厂解决了储罐泄漏检测难题。

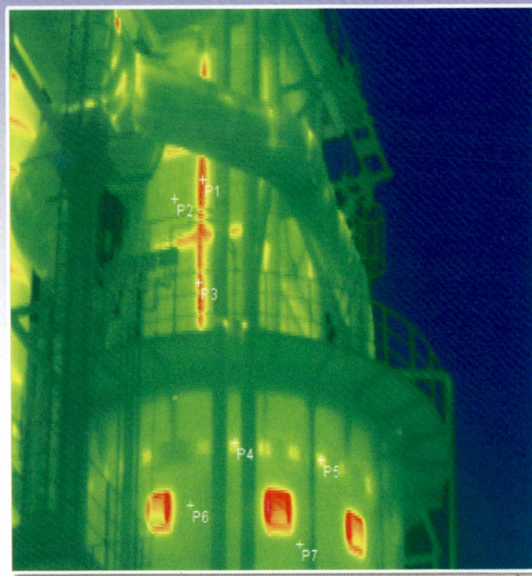

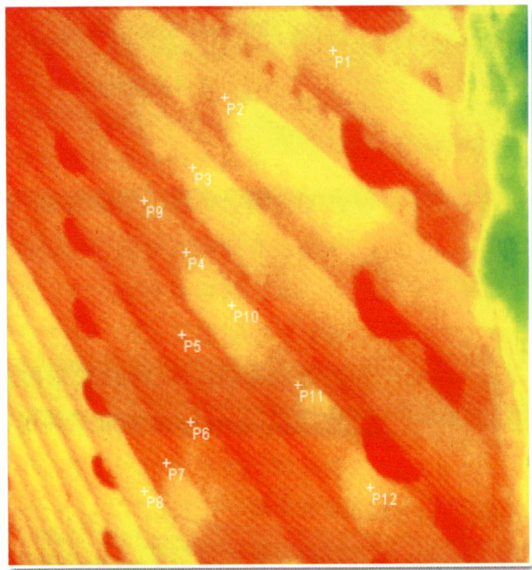

加热炉综合检测与评估

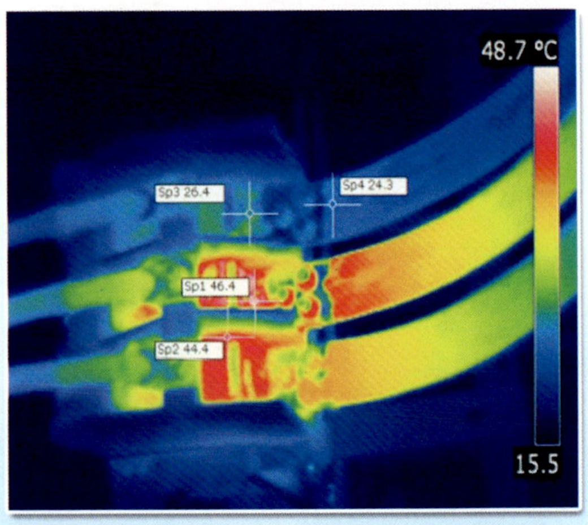

电气与仪表运行状况检测与故障诊断

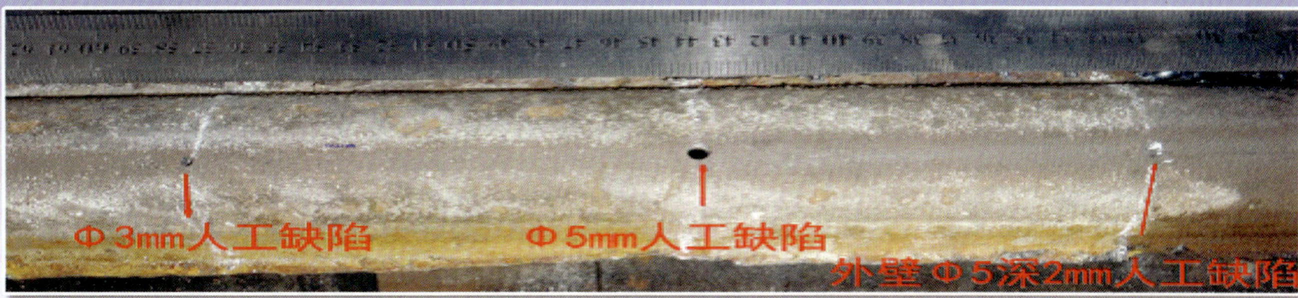

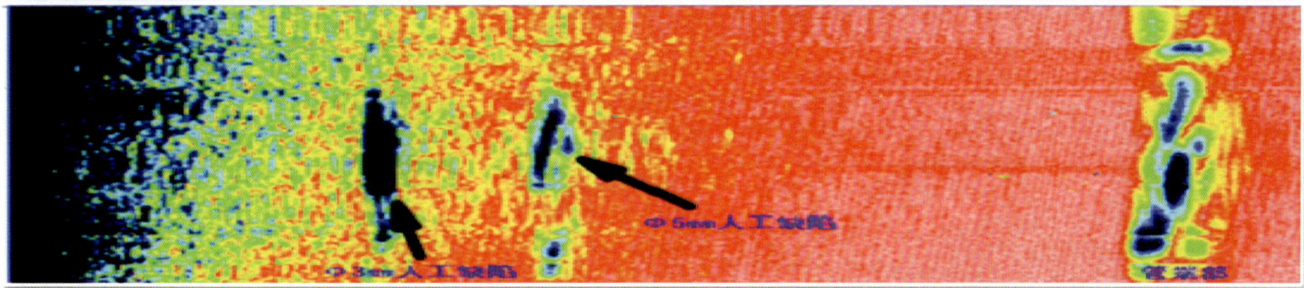

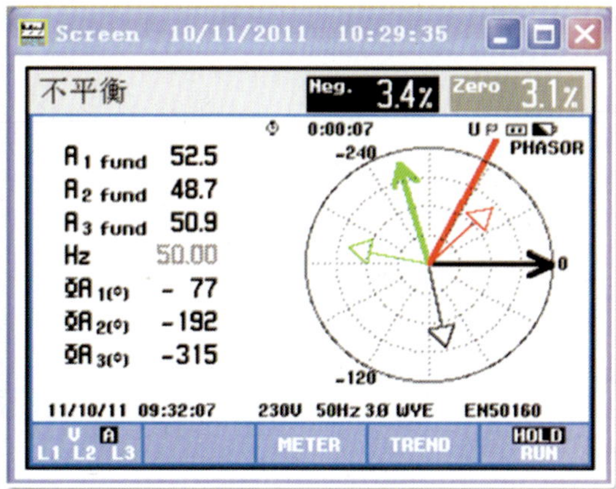

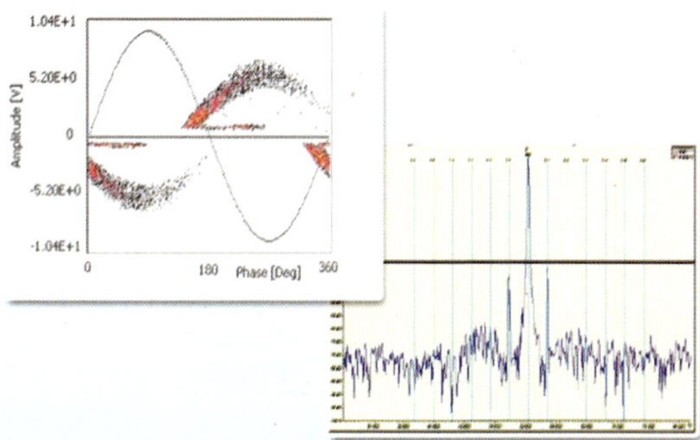

TOFD衍射时差法（TOFD）和高频导波检测技术

天津石化装备研究院将以保障石油化工生产装置的安全经济运行为中心，不断加强发展和建设，开发新技术，形成新成果，充分发挥专业技术支撑保障的作用，解决装置设备在建设、生产运行、检修改造过程中的的技术难题，服务“开好大装置、管好大企业、创出大业绩”，为中国石化行业的发展增加安全保障和设备技术支撑。

中国石油天然气股份有限公司

黑龙江黑河销售分公司

企业简介

中国石油天然气股份有限公司黑龙江黑河销售分公司隶属于中国石油天然气股份有限公司黑龙江销售公司管理，是石油成油品销售终端企业，发挥着向黑河地区供应成品油、润滑油、非油商品的主渠道作用。企业经历重要历史沿革，1971年3月成立爱辉县石油公司，1985年2月上划黑龙江省石油公司，1998年6月上划中国石油天然气集团公司，1999年7月进行股份制重组。按上市公司的管理要求，实行"内部控制"、"HSE管理体系"，油品网络全部实行税控加油机付油。分公司下设综合办公室、财务部、加油站管理部、质量安全环保部、人力资源部、营销部、党群纪检工作部、润滑油与非油品仓储配送中心、信息管理与设备维修中心9个部门。下辖北安、嫩江、五大连池、孙吴、逊克5个片区。截止2012年底，全区系统共有职工729人，中共党员215人，运营加油站61座。

朱国军经理

分公司发扬"爱国、创业、求实、奉献"的企业精神，实践"奉献能源、创造和谐"的企业宗旨，狠抓《加油站管理规范》的贯彻落实，严格执行"反违章六条禁令"，零售量、零售比、零售市场占有份额逐年提高，安全生产无事故，企业和谐稳定。一座座整齐划一、宽敞明亮的加油站已成为北疆黑河的一群"标志性"建筑、一道靓丽风景。

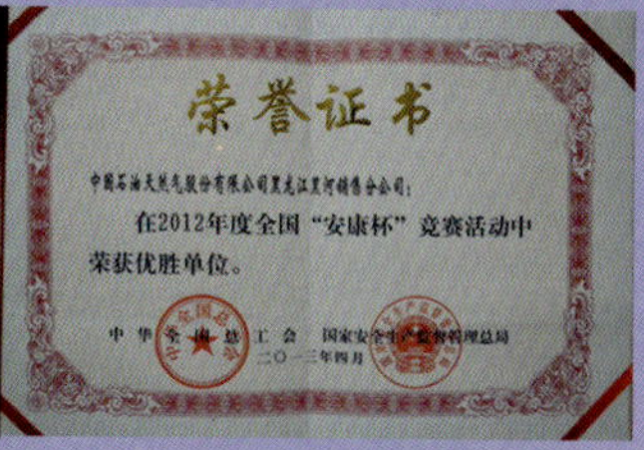

2012年企业向社会供应油品首次突破20万吨，向国家上缴税金1564万元，为全市重点纳税大户之一。2013年7月面对黑龙江、嫩江30年一遇的洪灾，分公司经理朱国军亲临抗洪抢险第一线，受灾最严重的逊克干岔子加油站、孙吴沿江加油站既保证了抗洪油品及时供应，又将站内损失降低到最小，夺取了抗洪的最终胜利。一场灾害，一次大考，企业履行了中国石油集团提出的政治责任、经济责任、社会责任，向黑河市委、政府上交了一份合格的答卷。

黑河分公司取得的主要集体荣誉有百余项。从改革开放初期的省系统“统购节约”先进集体、省政府“能源节约利用”先进集体、商业部“统购、统配、定量”先进集体到1985年上划以来相继荣获全国精神文明建设工作先进单位、全国模范职工之家、全国“安康杯”竞赛优胜单位、全省“五一”劳动奖状、省级“守合同、重信用”企业、省级“安全生产先进单位”、全省民主管理先进单位、省石油公司“四好领导班子创建”先进单位、省级“军民共建”标兵单位《中国石油报》和省公司先进通联站。

过去的成绩和荣誉是激励、是动力。黑河石油分公司将继续以邓小平理论和“三个代表”重要思想为指导，深入落实科学发展观，牢记使命、任务、责任，按照上级公司和地方政府的工作决策、部署，突出科学发展和构建和谐两大主题，实现安全发展、清洁发展、节约发展，和谐发展，同心同德，继往开来，为地方经济发展做出更大贡献。

班子成员

黑河石油公司与黑河武警支队开展共建共育活动

2013年朱国军经理在逊克干岔子加油站抗洪抢险一线

中国石油广西石化公司
—北部湾畔璀璨的明珠

中国石油广西石化公司千万吨炼厂坐落在广西壮族自治区钦州港经济技术开发区，是自治区成立以来单项投资最大的工业项目。炼厂于2007年11月8日破土动工，2010年9月8日一次投产成功，至2013年3月首次停工检修，安全、平稳、长周期、满负荷、优质运行了30个月，创造了国内同类型炼厂首次开工运行的新纪录。

广西石化将炼厂定位于“大规模、短流程、燃料型”，致力于建设与广西秀美山川相和谐的环境友好型炼厂，采用全加氢型工艺流程，主要工艺技术分别从美国UOP公司、DOW化学公司等国际炼油化工技术专利供应商处引进。主要包括13套主体装置，以及公用工程、罐区、码头及码头库区、铁路专用线、钦州-南宁成品油管线、100万方原油储备库等配套工程。

在炼厂建设过程中，广西石化在没有老厂依托、没有社会资源、没有既定模式可循的极端困难条件下，大力弘扬大庆精神铁人精神，讲政治、顾大局、识大体，严格遵循“采用世界先进技术，引入国际领先设计，借助国际工程管理，建设世界一流炼厂”的工作方针，在技术定位、工艺包引进等前期规划，以及工程设计、物资采购、现场施工、进度计划、投资控制、质量管理、生产准备、装置试开厂等各个环节坚持高标准、高起点、严要求，科学组织、周密筹划、精细管理，因地制宜地开展工作，先后采用了联合工程设计模式JEC（JOINTENGINEERING CONSORTIUM）、联合工程管理模式IPMT（INTEGRATED PROJECT MANAGEMENT TEAM）、联合开工管理模式ICMT（INTEGRATED COMMISSIONING MANAGEMENT TEAM）和矩阵式生产运行模式SPOM（SPECIALIZED＆PROGRAMMED OPERATIONAL MATRIX），蕴育出了以“协作、创造、奉献”为核心价值观的企业文化。

中国石油广西石化公司
—北部湾畔璀璨的明珠

在工程施工过程中，广西石化建立了业主、监理、承包商三级管理网络，制订了260份管理体系文件，使质量、安全、环保等管理体系覆盖率达到100%　，工程质量、安全、投资、进度全面受控，做到了连续7000万人工时无安全事故，实现了“建设一座炼厂、创造一批成果、培育一批人才、建立一套体系、养成一种文化”的预定目标，达到了时任中国石油总经理蒋洁敏在项目立项时提出的“看到广西石化就知道世界炼油工业是什么水平”的要求。

炼厂生产的油品质量全部达到欧Ⅲ标准，部分达到欧Ⅳ标准；污水排放全部达到国家一级标准，清洁生产达到世界一流水平。在第一个运行周期的30个月，累计加工原油2265万吨，实现营业收入1298亿元，实现税费193.3亿元，为落实国家西部大开发战略，改善广西产业结构，稳定广西成品油市场，满足西南地区成品油需求，促进区域经济发展做出了积极贡献。

中国石化塔河炼化有限责任公司

库车，古称“龟兹”。汉之西域都护府，唐之安西都护府。曾是古丝绸之路上的一颗璀璨明珠，是中原文化与西域文化荟萃之地。如今，在这片热土上，中国石化集团公司先后投资50多亿元，建成了一个具有500万吨/年加工规模的现代化炼油企业——中国石化塔河炼化有限责任公司（简称塔河炼化）。

塔河炼化位于新疆库车县东城石化园区，前身是中国石油化工股份有限公司塔河分公司，成立于2005年1月。2012年6月实施股份改制，由中国石化股份公司与新疆阿克苏地区共同出资组建塔河炼化公司。塔河炼化公司是中国石化集团公司在新疆唯一的炼化企业。

公司主要加工塔河油田重质原油，现有炼油生产装置12套，以及油品储运、水、电、汽等配套公用工程系统。原油加工能力500万吨/年，炼油加工以焦化路线为主，现有：150万吨/年常压一焦化、350万吨/年常减压-焦化（其中减压配套原油加工能力50万吨、焦化配套原油加工能力300万吨）、40万吨/年A级沥青、15万吨/年催化重整、7万吨/年汽油异构化装置各一套；2万吨/年硫磺回收装置两套；0.8万标准立方米/小时及2万标准立方米/小时天然气制氢装置各一套；100万吨/年及140万吨/年汽柴油混合加氢精制装置各一套。主要生产90#、93#无铅汽油，0#、-10#、-20#、-35#轻柴油，50#、70#、90#、110#符合交通部《公路沥青路面施工技术规范》(JTGF40-2004)的A、B、C级沥青，SBR改性沥青，化工轻油，石油液化气，石油焦，硫磺，石油苯等产品。公司产品运输便利，拥有自己的铁路专用线，产品可通过铁路直接销往全国各地。

公司成立10年间，坚持按照中国石化集团公司提出的“打造高度负责任　高度受尊敬企业”、履行对国家负责，对人民负责，对社会负责的发展理念，高度重视环保工作，取得了“一控双达标”合格证，是新疆维吾尔自治区首批工业污染源主要污染物达标排放企业。同时，公司关注当地各族群众的民生事业，累计为当地扶贫项目、社会公益、助学助教、拥军慰问捐赠费用八百万元，连续获得“重合同、守信用”企业，综合治理“先进集体”，“模范纳税”企业，自治区级“文明单位”等多项荣誉称号，在西北地区树立起了中国石化集团公司炼油行业的新形象。

按照中国石化集团公司党组的战略部署，塔河炼化全体员工发扬“奉献边疆，争创一流”的企业精神，团结奋进、开拓进取、与时俱进、务实创新，正在为建设西部、发展西部、振兴新疆经济而努力奋斗！

树安全标杆　创合资典范

——成都艾尔普气体产品有限公司持续发展概览

一、企业概况

成都艾尔普气体产品有限公司（以下简称艾尔普公司）是由中国石油四川石化有限责任公司(以下简称四川石化公司)和空气化工产品（中国）投资有限公司(以下简称空气化工公司)按照50%:50%比例出资组建的工业气体生产企业。公司位于四川省彭州市工业园区内，于2009年5月15日在注册成立，投资总额约17亿元。

艾尔普公司主要拥有两套生产装置，即1000吨/天空气分离装置和10万标准立方米/小时合成气制氢装置，生产氧气、氮气、氩气、氢气及合成气等工业气体产品（含液氧、液氮及液氩产品）以满足四川石化公司1000万吨/年炼油和80万吨/年乙烯装置的气体需求，同时委托空气化工公司在成都及周边市场销售所生产的液氧、液氮、液氩产品。

四川石化公司是由中国石油天然气股份有限公司和四川省政府合作兴建的大型炼化一体化企业，设计生产能力为1000万吨/年炼油和80万吨/年乙烯。该项目选址在四川省成都彭州市工业园区，距成都市区50公里，总投资约380亿元。四川石化公司是西南地区第一个炼化一体化企业，乙烯部分建有生产装置8套，炼油部分建有生产装置14套，可生产聚乙烯、聚丙烯、环氧乙烷、乙二醇、丁醇、辛醇、顺丁橡胶、汽油、航煤、柴油、苯等十大类产品，　产品主要面向西南地区，辐射国内外市场。

空气化工公司是世界领先的工业气体和特殊气体及相关设备、功能材料、化工中间体以及环境和能源系统的主要供应商之一。公司1940年开始涉足工业气体业务，现已成为世界第四大工业气体及相关设备供应商。空气化工公司总部设在美国宾夕法尼亚州的阿灵顿，1961年首次在纽约证券交易所上市。凭借超过100亿美元的总收入（2011年）和世界范围内超过18000名员工，空气化工公司的销售额在《财富杂志》2012年5月刊中评出的美国500强企业名单中位列265。

二、产品及技术特点

艾尔普公司拥有一流的生产设备和先进的生产工艺，操作员工的数量远远低于国内同类型装置。

空气分离装置（ASU）利用氮气、氧气沸点的不同，通过冷箱低温分馏的方法制备氧气、氮气及氩气。装置设计产能为氧气20,000标准立方米/小时、液氧300吨/天、低压氮气15,000标准立方米/小时、高压氮气1000-3000标准立方米/小时、液氮85吨/天、液氩45吨/天。空分装置于2013年1月15日一次开车成功，生产出合格产品。

合成气制氢装置通过将原料天然气转化、高温变换、冷却、分离等工序生产氢气及合成气，其中合成气由氢气和一氧化碳按照1-1.05:1的比例混合而成。合成气制氢装置设计产能为氢气100,000标准立方米/小时，合成气28,300标准立方米/小时。合成气制氢装置预计于2013年6月15日投产。

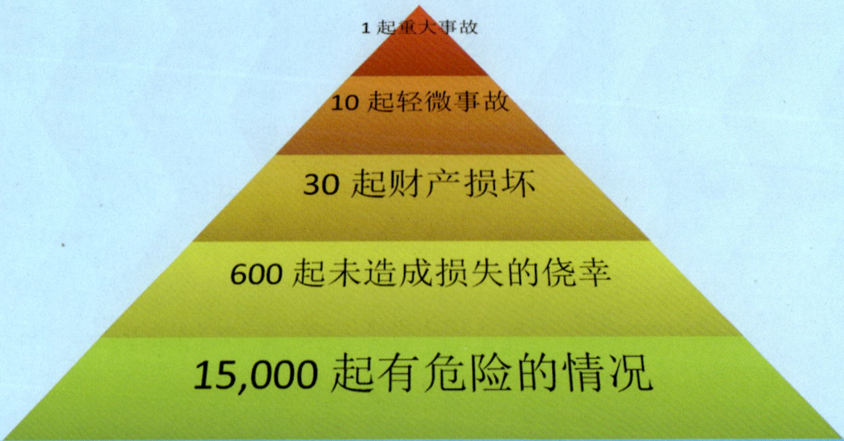

三、安全管理

艾尔普公司采用空气化工公司先进的、专业化的安全管理模式。公司认为："没有任何工作紧迫到可以让我们忽略安全。保证装置的安全运行，保障工厂周边环境、员工、客户及社区的安全是我们坚定的承诺。"

为了进一步加强公司安全生产保障体系的有效运作和公司安全生产目标的顺利实现，公司制定了《安全价值观》和《个人基本安全要求》，同时推行基本安全程序（BSP），进行全面、全员、全方位、生产全过程、全天候的安全管理。

基本安全程序的宗旨在于通过预防性活动，识别不合格、不安全状况的征兆并进行纠正，从而减少突发安全事件的数量。同时，鼓励员工遵照正确的程序做正确的事情，通过结构化的方法培养员工的自律习惯。

事故预防技术（APT） 是基本安全程序的关键环节之一，是建立并提升员工个人责任以主动识别低于标准的工作方法和状况并在事故发生前自发采取纠正措施的各种活动。公司要求每位员工定期定量提交APT并对APT的完成情况进行跟踪。

APT专注于事故三角形最底层的"有危险"事故发生前的情况。通过使用APT，逐步减少这一层面的事件或状况数目，从而达到逐级减少"有危险"层级以上各层中可能出现的事故数量。

四、企业文化建设

艾尔普公司一方面引进空气化工公司专业化、现代化和先进的企业管理理念，同时也继承了中国石油的优良传统，初步形成了独具特色的企业文化。艾尔普公司秉承“合作共赢，共谋发展”的理念，将中国石油与空气化工公司在炼化和工业气体行业的技术和管理优势相结合，建设世界级、高安全性、高可靠性，具有良好效益的中外合资企业的典范。通过强强联合以及资源和战略的重组整合，形成了以成为“最好的雇主、最好的供应商、最好的投资对象”为宗旨核心经营理念。在不同文化、语言和价值观的不断碰撞、渗透、融合的过程中，最终形成了符合合资公司自身实际的企业文化体系。

公司主要从“加强领导班子建设、实施人本化管理”两个方面来加强企业文化建设。

没有强有力的领导班子，企业稳定发展就无从谈起。艾尔普公司强调领导班子要学习借鉴股东双方的优秀企业文化和先进管理理念，强化管理基础，提高经济效益。在思考问题、做出决策时要站在企业发展战略高度长远规划，把实现双方股东战略目标作为公司的最大利益。同时，班子成员带头维护团结，提倡有效沟通，和谐包容，求大同存小异，互相尊重、互相学习、取长补短、真诚合作，形成领导核心，发挥整体效能。

为了营造有利于员工充分发挥创造才能的人文环境，公司的管理团队在尊重员工、理解员工、关心员工的基础上，关注员工的个性化发展，重视员工的职业生涯规划，激发员工的个人潜能。一方面，公司通过制定人才发展规划，确定中长期人才培养的总体目标，建立教育培训机制和保障机制等措施；另一方面，倡导创建学习型组织，根据公司的发展战略需要，通过专题研讨、专家指导、外送学习等方式，加大教育培训投入力度，努力提高员工队伍综合素质和业务技能，为企业发展注入强大动力。

山西新源煤化燃料有限公司

山西新源煤化燃料有限公司于2002年成立，是集研发、生产、销售、服务为一体，专业从事煤基醇醚燃料的高新技术企业。公司现有员工60人，其中高、中级工程技术人员20余人。

山西新源2006年经专家评审取得省、市两级政府进入醇醚燃料行业的批文。是山西省、太原市两级政府批准成立的“甲醇燃料调配中心”、“甲醇燃料供应商”。

在研发生产实践中，山西新源积极参加了山西省M系列甲醇汽油相关标准的起草和制定工作，是甘肃省“车用甲醇汽油”系列地方标准的主要起草单位，公司拥有包括“车用醇醚燃料添加剂及制备方法”、“替代石油原料的车用汽油及其制备方法”、“高比例甲醇汽油蒸气压的调控装置”、“全自动集成化在线调配专有技术”、“制备低炭含氧组分油制备装置”等多项发明、实用新型专利,持有了多种甲醇燃料项目的先驱技术。

山西新源积极参与山西省新能源汽车领导组办公室领导的组织标准制定、示范运作、市场实践等各项工作。在认真做好省内各项标准的制定、参与工作外，公司还积极扩大省外市场，分别在甘肃、湖南、河北、河南布点。与当地政府和实体企业合作，进一步将甲醇燃料产品在全国辐射。2009年公司会同甘肃省标准局，制定了甘肃省地方标准。公司连年获得市、区政府“安全生产先进单位”称号。2012年还获得了省政府新能源汽车领导小组颁发的“甲醇燃料产业化示范先进单位”，全省仅两家单位获此殊荣。目前，公司所生产变性甲醇、甲醇汽油等产品已进入中石化、中石油以及中化石油等央企石油公司销售。

山西新源煤化燃料有限公司自主研发了“甲醇汽油在线全自动调配系统”，该项技术贯穿了甲醇汽油调配的全过程，无论是添加剂还是变性醇生产，以及成品M系列甲醇汽油、燃料的生产调配，全部实行管线油泵全封闭作业、自动化控制、微机管理。

联系人：董女士　电话：0351-6132558

中国石油山西太原销售分公司

畅想中国石油在太原地区的发展

太原分公司经理：胡宝师

中国石油山西太原销售分公司是中国石油天然气股份有限公司山西销售分公司在省内11家区域分公司之一，也是中国石油2000年进入山西地区开发成品油销售网络的最早发源地之一，主要从事汽油、柴油、润滑油等成品油零售业务。

自进入太原成品油市场以来，在上级公司的正确领导下，太原销售分公司本着“诚信、创新、业绩、和谐、安全”的理念，依托中国石油强大的资源和品牌优势，充分发挥成品油销售主渠道作用，以规范的管理制度、可靠的油品质量和一流的服务水平，全面履行承担的政治、经济和社会责任，取得了快速发展。

近年来，太原石油人积极发扬奋勇拼搏、求实创新、与时俱进的精神，按照中国石油“规范区内、发展区外”的总体战略部署，在经营销售、网络开发、企业管理、队伍建设等各方面，不断革新，锐意进取，使公司在山西激烈的市场竞争中得以迅速成长。截至2013年底，共有员工677名，机关设5个部室，加油站53座。零售网络遍布太原市的六区三县，油品年销量接近30万吨，以19%的网点份额赢得了31%的零售市场份额。

在企业发展理念上，中国石油致力于“创造能源与环境的和谐”，将健康、安全与环境作为一项关键的管理要素，有机地融入到每一项经营业务活动之中，服务于人民，造福于社会。

指导工作

规划“线圈”建设

发展战略与目标

从2012年初开始，太原分公司秉承几年来的发展与积淀，在厚积薄发中谋求更高更远的发展。精心研究制定出三年发展规划目标，即“三年三步走，一步一台阶”的发展战略。

第一阶段（2012年）是太原分公司的基础年。主要致力于公司的基础建设，包括规章制度的建设和落实，机关工作作风的转变和团队凝聚力的创造，教育员工树立爱岗敬业的工作作风，使中国石油精神植根于每个员工的心中。克服一切困难使所有停业站全部投入运营，将有限的网络优势全部转化为经营成果。

第二阶段（2013年）是太原分公司的进步年。也是公司外树形象的阶段。一是主要利用有限的投资对有发展潜力的加油站实施达标改造，严格规范加油站的常态化管理。做到环境整洁，服务规范，从视觉形象上展现中国石油的风采。二是通过基层推荐和管理人员下基层的双向模式发展一批素质较高的人才。根据每个人的实际工作能力和优势，分别充实到站经理岗位。通过优胜劣汰的站经理任职机制，增加他们对工作的危机感，有效提升了站经理的工作积极性。使每座加油站的销售潜能发挥到最大化。三是通过营业执照增项和香烟许可证的办理，为非油业务的发展奠定基础。四是借鉴其他公司对零售管理的经验和先进做法，对营销流程和管理实施改革，现场划线、削高峰、信任交接班、优化排班等措施取得预期的效果，积累一定的经验。

对施工队提出要求

第三阶段（2014年）是太原分公司的跨越年。通过基础年的努力和进步年各项措施的实施，太原公司将基本达到三年发展规划目标冲刺的能力，即成品油日销量达到1000吨，非油业务店内销售全年达到3000万元，非油业务利润达到300万元以上，全面实现将太原分公司建成业内省会城市公司中先进企业的目标。

太原分公司的销售业绩近几年已经驶向了发展的快车道，为实现太原分公司三年三步走战略，干部员工励精图治；为全面完成“十二五”各项任务、目标，公司各级稳扎稳打，为早日建成忠诚放心受尊重的中石油销售企业，我们充满期待。太原分公司的目标永远在前方，回顾过去，心潮澎湃；展望未来，信心百倍……

首届职业技能竞赛

为灾区捐款

公司青年志愿者与老人联欢

太原分公司现有的网络布局和经营状况分析

序号	区、县	我公司加油站数量（座）	加油站总量（座）
1	小店区	5	46
2	迎泽区	4	14
3	杏花岭区	4	17
4	尖草坪区	9	33
5	万柏林区	4	35
6	晋源区	5	34
7	高速服务区	1	7
8	清徐县区	9	53
9	阳曲县区	6	23
10	古交县区	4	23
11	娄烦县区	1	1
	合计		296

序号	单站日销级别	数量（座）	所占比例
1	中石化加油站	114	38.5%
2	社会加油站	127	42.9%
3	中国石油加油站	55	18.6%

代表爱心企业发言

序号	单站日销级别	数量（座）
1	40-50吨	2
2	30-40吨	1
3	20-30吨	11
4	10-20吨	19
5	10吨以下	18
	改造停业站	4
	合计	55

重庆西部最大的成品油零售专业公司——

中国石油重庆销售永川分公司

中国石油重庆销售永川分公司的前身是成立于1962年的原永川地区石油公司。现下辖璧山、大足、江津、铜梁等七个分公司，承担渝西地区七个区县的成品油供应任务。现有员工近800人，加油站近90座，资产总额2.68亿元。公司年销售成品油逾40万吨，年销售总额超35亿元；综合市场占有率约80%，年社会贡献总额上亿元，年人均纳税超3万元，是渝西地区成品油供应的主渠道。

公司以构建和谐社会为己任，认真履行中国石油的经济、政治、社会三大责任。在近年成品油货紧价扬的情况下，多方组织货源，严守价格政策，坚持不超价销售，保证市场不断挡、不脱销，为地方经济和社会发展做出了突出贡献。

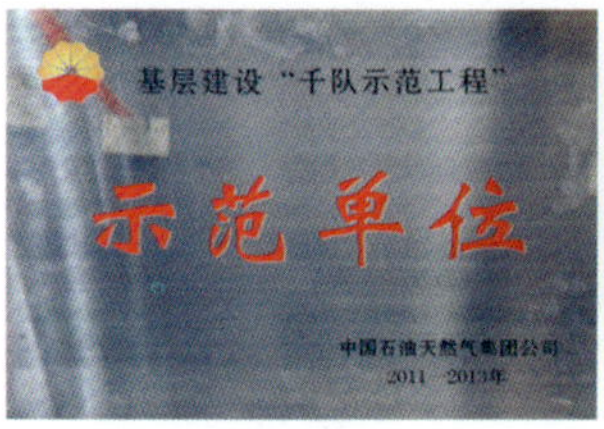

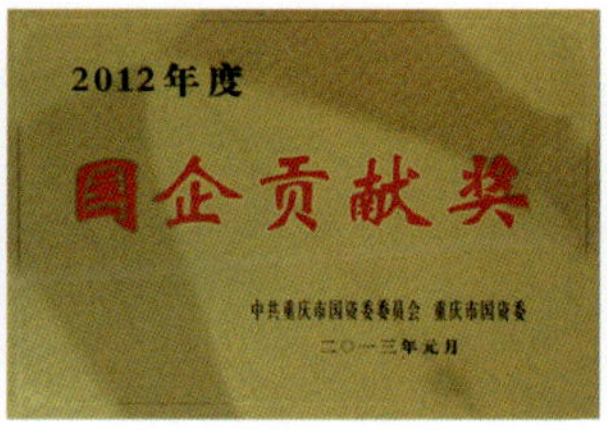

公司致力于能源与环境的和谐，努力创建环境友好型企业。累计投入数千万元进行安全环保整改，所属加油站均做到了环境绿化、场地硬化、站内净化、管理规范化、安全标准化，做到了零排放、零污染、零事故，实现了安全发展、清洁发展、协调发展。

公司视员工为企业的第一资源，努力实现企业与员工的和谐。根据员工的个人特点和发展愿景，培养员工的高尚情操、高雅情趣、高超技能，打造员工与企业一起成长的平台。公司员工在企业做好员工，在社会做好公民，见义勇为、拾金不昧、义务献血、社会捐助、为地方扑灭火灾等好人好事层出不穷，受到地方政府和社会公众的高度评价。

由于发展成效突出，公司先后被评为"重庆市文明单位"、"重庆市守合同重信用企业"。多次被永川区政府评为 "商贸物流十佳企业"、"消防工作先进单位"。公司还连续多年荣获中国石油总部"先进销售企业"等荣誉称号。

中石化山西运城石油分公司

公司经理刘油旦深入加油站便利店检查指导工作

运城地处晋、陕、豫黄河三角地带，俗有“一鸡鸣闻三省”的美誉，是山西省重要的粮棉油生产基地。中石化山西运城石油分公司历经50多年的风风雨雨，伴随着当地经济发展而发展。公司下属15个县级公司180余座加油站，一座在营油库，集成品油储运、调拨、销售为一体，主要经营汽油、柴油、航空煤油、润滑油，一直担负着全市工农业生产和人民生活用油供应的主渠道任务。

公司坚持“团结、务实、创新、高效”的企业精神，以“爱我中华，振兴石化”，服务当地经济建设为己任，所属加油站建有便利店，开展非油品经营业务，包括：烟酒食品、百货、饮料、矿泉水、汽车用品等上千种商品，想顾客之所想，信誉第一、服务至上，实行“承诺服务，情感服务、特殊服务”，全天候24小时营业，推行加油、办卡、购物一站式服务。免费为客户擦车、送水，提供代管货物、介绍风土人情、天气预报咨询、电话预约送油、送货上门服务。公开向社会承诺，明码标价，货真价实，诚信经营，接受社会监督。加油站加油机全部安装防作弊系统，监控、防盗报警系统全部联网，科技管理水平大大提升。以企业文化建设为重点，倡导客户加油黄金沟通“三分钟”和限时服务，构筑客户群体友谊平台。立足实际，着眼发展，跨行业经营，为运城机场飞机加油，打造航油供应新亮点，用一流的设施、一流的服务，打造石化金字品牌，真诚奉献社会。

公司党委书记梁治平在加油站检查

真情合作　激情创新

地址：山西省运城市工农西街169号

电话：0359—2124569　邮编：044000

油库一角

太阳能发电、地热资源利用，环保节能

油非互动，加油购物为一体

支援三夏，彰显社会责任

靓丽的加油站成为当地城市建设的一道风景线

第九部分

精细化工

分目录

车用合成材料发展前景展望

孙庆丰
（中国石化咨询公司）

一、车用合成材料发展历程

（一）车用合成材料的应用及效果

随着汽车在功能性、安全性、经济性和舒适性四个方面的不断发展，合成材料从轮胎材料开始成为汽车必不可少的关键材料，合成树脂、合成橡胶及合成纤维等合成材料由于机械性能优良、重量轻及加工容易等优势不断体现，适应了汽车发展的主要需求，随后用于汽车的各个部件材料和装饰材料。

1.轮胎材料

1842年美国人古德发明了硬橡胶实心轮胎，代替传统的木制车轮；1888年英国人邓禄普发明充气轮胎，1946年米其林公司研制出子午线轮胎；1930年超低压轮胎问世，提高了汽车在松软路面行驶的性能；1948年无内胎式轮胎问世；1961年合成橡胶轮胎问世，其寿命比普通橡胶轮胎提高一倍以上；进入20世纪以后，以法国米其林公司开发的“绿色轮胎”(Green-tire)为代表的高性能轮胎的问世，标志着轮胎行业取得划时代的进步，这种轮胎滚动阻力降低20%~25%，用于轿车可节省燃油3%~5%，用于载重车可节省燃油6%~8%；其他类似的高性能轮胎还有美国Goodyear公司的GFE（燃料利用率高）轮胎、日本Bridgestone公司FS(节油者)轮胎和德国Continent公司的EOT(最佳节能)轮胎等。

由轮胎滚动阻力所造成的耗油量占汽车总耗油量的20%左右，轮胎的升级在提高燃油经济性的同时，还提高了行驶功能、安全性和减震舒适性。

2.部件材料

1922年橡胶悬挂装置在美国问世；1926年卡迪拉克公司使用树脂夹层玻璃，1952年美国人开始采用座椅安全带；1953年玻璃纤维薄板加钢筋构成的车身问世；1984年美国研制出自重84千克的全塑料发动机。随着电动汽车的出现，电池和高压电缆也成为汽车的重要部件，合成材料又成为不可替代的电池和电缆绝缘材料来源。

汽车工业对各种零部件提出了越来越高的要求，具有耐热、使用寿命长、低渗透性、高耐磨性的特种橡胶在汽车行业将获得日益广泛的应用。目前全部家用轿车已采用树脂柔性前后保险杠、特种橡胶管道和密封垫、特种合纤安全气囊、高透明树脂灯罩等，主要增加了机械运转和碰撞安全性。合成材料用于部件可减轻40%的部件质量，部件材料的升级和扩大应用范围，将进一步提高使用性能、安全性和减震舒适性，并使得汽车重量减轻，提高燃油经济性。

3.装饰材料

装饰材料的出现完全是为了替代过去的金属或木制表面，提高乘坐舒适性和减少旅行疲劳，多数根据用户建议生产或由用户自行改装。1927年汽车厂商通过采用在钢制部件中充填毛织物的方法降低噪音；1928年通用公司推出带有各种豪华饰物的汽车。

目前，各厂家普遍使用树脂及合纤等合成材料制作仪表板、空调管道、座椅及车厢内壁等装饰部件，未来将向阻燃和绿色环保、无有机质挥发和个性化方向发展。

（二）车用合成材料的发展方向

随着汽车燃油消耗标准的不断严格，整车设计降低风阻系数、发动机改良提升效率和轮胎升级减少滚动阻力的贡献已接近极限，而汽车部件轻质化尚有一定的空间，减轻整车重量可明显降低起步、加速、爬坡和急转弯等特殊过程的燃油消耗，在高速路况也有助于减少轮胎的滚动阻力。对于绿色环保的城市电动汽车而言，大型部件尤其是车体的轻质化，对增配电池和延长续驶里程尤为重要。

部件应用合成材料替代金属材料是整车轻质化的关键环节，目前轿车部件应用合成材料达120公斤左右，其中合成树脂结构部件约110公斤，合成橡胶减震部件及管道约10公斤，合成纤维过滤、气囊部件约1公斤，三者合计占车重的10%左右，整车重量因此减轻80公斤，相当于轿车减轻大约8%的重量，按特殊过程较多的城市高峰期路况，最多可节省燃油消耗5%左右。预计未来轿车由新型合成树脂及纤维复合材料替代车体部件、发动机部件及传动部件的空间还有700公斤左右，可能进一步降低整车重量500公斤，相当于在城市高峰期的路况进一步节省燃油消耗30%左右，而对于电动汽车可能增加大于200公里续驶里程的电池配置。因此，进一步扩大合成新材料部件的应用仍是未来汽车轻量化的核心动力。然而新材料的价格目前为钢材的上百倍，成本降低到能使用户接受将是一个漫长的过程，而且新材料无法像钢铁一样便于回收利用，也是又一重大难题。

二、车用合成材料的性能要求

(一)合成树脂

近年来合成树脂在汽车电器等小型部件中的用量基本达到极限，目前世界汽车平均每辆树脂用量达110公斤，约占汽车总质量的10%，而车体、发动机及传动等大型部件的替代仍有较大潜力，估计在700公斤左右，使用超轻型纤维复合新材料替代有可能减重500公斤左右。由于轮毂要求导热性能，未来仍将以铝合金为主要材料。

目前车用合成树脂居前7位的品种与所占比例大体为：PP（聚丙烯）21%、PU（聚氨酯、PUR、TPU）19.6%、PVC（聚氯乙烯）12.2%、热固性复合材料10.4%、ABS8%、PA(尼龙)7.8%、PE(聚乙烯)10%。

从品种上看，聚烯烃材料因密度小、性能较好且成本低，近来有把汽车部件和装饰材料统一到聚烯烃材料的趋势，因此其用量会有较大的增长，预计聚丙烯和聚氯乙烯今后分别可保持8%和4%的年增长率，聚乙烯的增长势头也比较强劲。

1.部件材料

车体：

朗盛公司在奥迪A8前端的技术性突破塑胶/金属复合技术，不仅减轻了车辆的重量，还提高了安全性和舒适性。与相应厚度的钢相比，重量减轻60%。不再需要防腐保护，节约成本，简化车体生产过程。

日本帝人公司开发出采用热可塑性树脂，用1分钟时间便可成型CFRP(碳纤维强化树脂)车体部件的量产技术。用CFRP成型的车体，重量降低到采用钢板时的约1/5，即47公斤。同时确保所必需的碰撞安全性及刚性。日本东丽开发出大幅减轻车重的电动汽车(EV)概念车TEEWAVEAR1，该车共计采用了160公斤的CFRP，由此将钢板用量减少了550公斤。义大利兰博基尼(Lamborghini)、德国宝马(BMW)以及英国迈凯轮(Mclaren)汽车都展出了CFRP材质的车体。

图1 碳纤维全塑车体

发动机及传动部件：

过去主要选用碳纤和环氧树脂生产发动机缸体和传动轴，运动部件仍用金属材料。由于尼龙的强度和耐磨性不能完全达到金属运动部件指标，而原来用于航天领域的PEEK(聚醚醚酮)，具有和钢材相同的性质和自润滑性，除用作车体外，已开始替代发动机、变速器和传动轴的金属部件，成为运动部件的首选材料。

图 2 发动机碳纤缸体

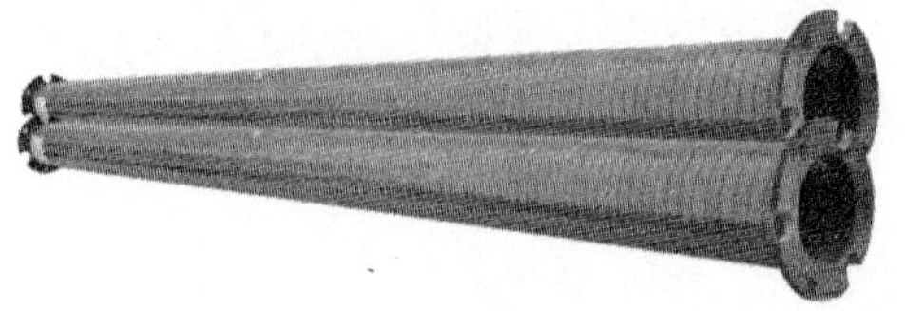

图 3 碳纤维传动轴

油箱及液罐：

早期的汽车燃油箱大都是金属燃油箱。金属燃油箱的优点是体积较大，目前货车仍在使用。由于金属燃油箱在环保、安全性能等方面存在着很多缺陷，由此而导致了塑料燃油箱的诞生。世界上第一只汽车塑料燃油箱是由德国 Volkswagen 汽车公司、BASF 公司和 Kautex 公司于 20 世纪 60 年代联合研究开发而成的，并在 Porsche 跑车上得到了成功的应用。塑料燃油箱的优点：一是重量轻。通常，铁油箱的壁厚至少为 1.2 毫米，塑料油箱的平均壁厚为 4 毫米。由于铁的密度为 7.8，而 HDPE 塑料材料的密度为 0.95 左右，因此一只同等容积的铁油箱比塑料油箱重 2.5 倍。二是防腐能力强。由于塑料具有很强的耐化学腐蚀能力，因此塑料油箱不会因腐蚀而产生一些杂质，从而不会导致杂质通过供油系统进入发动机而导致发动机的损伤，降低其使用寿命。三是造型随意。随着汽车配置的越来越多，为了充分利用空间，现代汽车的外型设计变得越来越紧凑。与金属燃油箱不同的是，塑料燃油箱通常是采用一次吹塑成型的方式，可以成型出形状复杂的异形产品，因此有利于在汽车总体布置已经确定的情况下，根据现有的底盘剩余空间来成型出适合的燃油箱形状，并尽可能地增大燃油箱的容积，这是金属燃油箱无法比拟的。四是安全性高，不会因热膨胀而爆炸。目前，大多数的塑料燃油箱都是采用高分子量的聚乙烯材料制造而成。这种材料的热传导性很低，仅为金属的 1%。同时，高分子量聚乙烯具有良好的弹性和刚性，在 -40℃和 90℃的情况下仍可保持良好的机械性能，经撞击后能自行回弹而不会产生永久变形，同时在磨擦或撞击过程中不会产生电火花而引起爆炸事故，即使汽车不慎着火，也不会因塑料燃油箱受热膨胀而发生爆炸，因此塑料燃油箱具有很高的安全性。正是由于塑料燃油箱具有不同于金属燃油箱的诸多优点，使得塑料燃油箱替代金属燃油箱、多层燃油箱替代单层燃油箱成为目前汽车工业发展的主流方向，目前全球 90%的轿车使用塑料燃油箱。

因为 HDPE 的化学结构跟汽油很相似，油气会因为溶解及扩散机制而轻易穿过油箱壁，挥发到大气中去，严重污染环境。因此 HDPE 油箱还需经过表面处理。对单层油箱的表面进行处理的方式通常是，油箱经吹塑成型后，在其壁面进行表面处理。处理方法有三种：第一种为环氧喷涂法，此方法较为落后，效果也很差，现在已经被淘汰；第二种为磺化处理法，该工艺比较成熟，到目前为止，美国、日本等国家仍在使用这种方法；第三种为氟化处理法，该方法可分为两种，一种为线内氟化，就是在燃油箱的吹塑过程中，在油箱内加入含 1%氟气的氮气，使其内外层形成防燃油渗透的含氟层。另一种为线外氟化，就是在燃油箱吹塑成型之后，再把油箱放到氟化炉里，通入含氟的氮气进行氟化。目前常用的多层燃油箱一般为六层，其结构是：从外到内分为新料层、回料层（回收利用高成本塑料）、粘结层、阻隔层、粘结层、新料层，最常用的回料层和阻隔层为 PET、PA 或 EVOH（乙烯－乙烯醇共聚），而新料一 HDPE 为主。由于多层燃油箱有阻隔层，所以其抗燃油渗透能力更强，是当前世界上最环保的燃油箱，目前在中国只有扬州 YAPP、长春 KAUTEX 等少数几家企业拥有生产六层汽车燃油箱的多层共挤设备和技术。

其他液罐如防冻液、制动液、助力液和清洗液罐的要求与燃油箱基本相同，也采用相同材质生产。

图 4 塑料燃油箱

保险杠：

保险杠是轿车的主要部件之一，由树脂面板和骨架材料组成。多数采用 PP 热塑性弹性体，再加入其它助剂，经注塑成型。

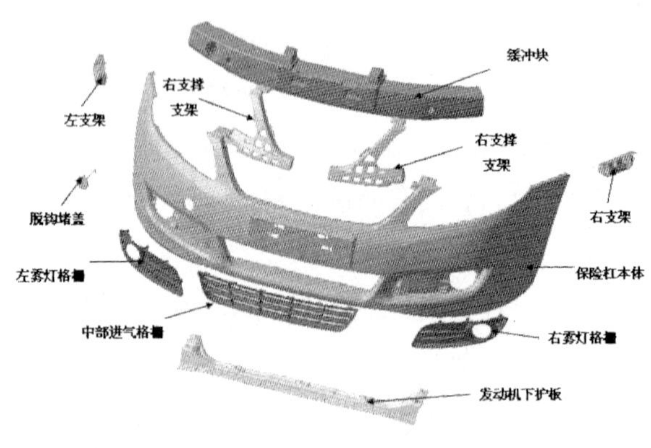

图 5 汽车保险杠组成

进气格栅：

进气格栅是为了发动机冷却而设置的开口部件，位于车体最前面，往往把汽车的铭牌镶嵌其间，是表现一辆轿车风格的重要零件。目前轿车上一般用 ABS 或 PC/ABS 合金，经注塑成型制成。也有采用耐候性较好的 ASA(丙烯酸酯橡胶共聚弹性体)材料，注塑成型后，表面可不经涂装。现在使用的也有用聚酯弹性体做的格栅，在表面溅射金属铬后使用。

灯罩：

车前大灯，考虑到大灯配光镜的透明性、耐热性、耐冲击性以及易于成型性，多数采用表面涂敷硬膜的 PC，从而进一步提高了耐擦伤性和耐候性。前大灯反射镜壳一般用 BMC(玻纤 + 不饱和聚酯团状模塑料)、PPS(聚苯硫醚)、PC、PBT 等制成。

后排指示组合灯，灯罩材料为 PMMA(聚甲基丙烯酸甲酯)，灯壳为填充改性 PP，它们之间用热熔胶粘剂粘接。随着振动焊接技术的发展，灯壳材料开始采用耐热 ABS。

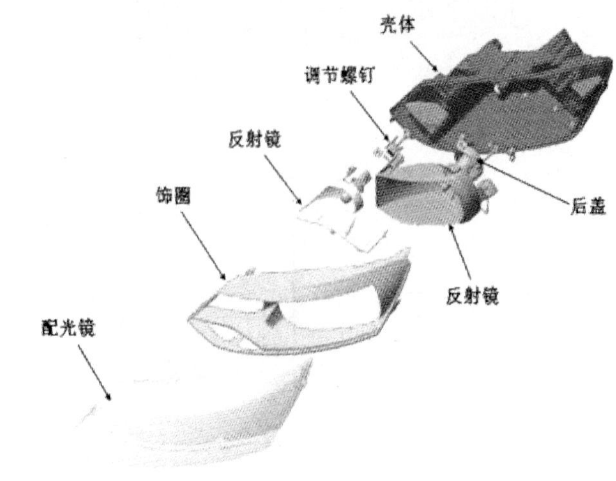

图 6 汽车前灯组成

电动车高压电缆：

PPE(聚苯醚、MPPO)柔性无卤阻燃电线电缆料，不含 PVC，柔性阻燃，具有潮湿环境下的高绝缘性，比 PVC，PE 等塑料潮湿环境下绝缘强度要高 50%。与 PVC、XLPE(交联聚乙烯)相比，在同等的绝缘层厚度条件下，其抗折皱性和抗擦刮磨损性分别是其 2 倍和 4 倍；电绝缘性好，在宽频率范围内保持低介电常数，绝缘性 PPE>FR-PE（阻燃聚乙烯）>PVC>FR-TPU 阻燃聚氨酯；比重 0.99~1.10，小于 PVC、FR-PE 和 FR-TPU；易加工，与 XLPE、填充 FR-PE 和 FR-TPE (阻燃 SIS)材料相比加工电线线缆，可使用相同的设备，而且不需要进行任何的交联。

2.装饰材料

仪表板：

目前使用的仪表板可分为硬质仪表板和软质仪表板两种。硬质的一般在轻、小型货车上使用，经一次注射而成。这种仪表板尺寸很大，无蒙皮，表面质量要求很高，对材料要求耐湿、刚性。由于多点注射成型，易形成流痕和熔接痕，一般表面需经涂装才能使用。材料可用 PPE、ABS 和填充 PP。

软质仪表板由表皮、骨架材料、缓冲材料等组成。

骨架材料不同厂家各有不同，有的采用硬纸板、木材，有的采用PC/ABS合金，还有采用钢板作骨架材料，也有用ABS、GFAS(玻纤增强AS)，改性PP等。表皮材料采用PVC/ABS合金片材，并带皮纹，以骨架为内模，用真空吸塑法将表皮材料复在骨架上，形成一层既美观又有良好手感的表面。

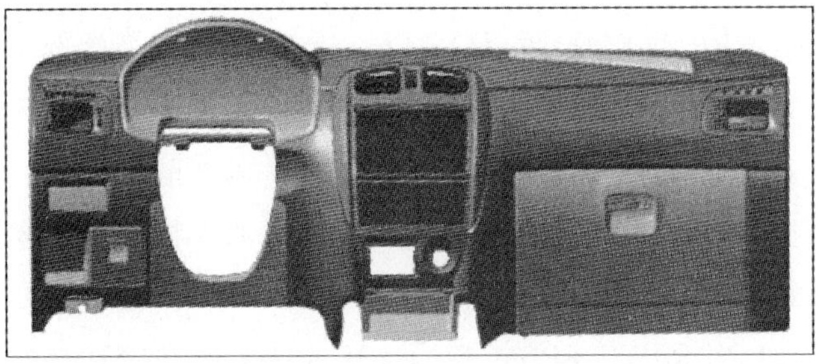

图7 仪表板组成

门内板：

门内板的构造基本上类似于仪表板，由骨架、发泡材料和表皮构成。以小红旗轿车和奥迪轿车为例，门内板的骨架部分由ABS注塑而成，再把衬有PU发泡材料的涤纶表皮以真空成型的方法，复合在骨架上形成一体。

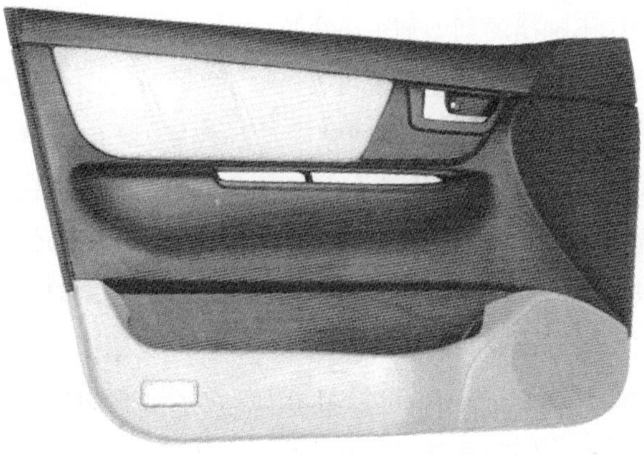

图8 门内板

座椅缓冲垫：

座椅上的高分子材料有表皮、骨架、缓冲垫。缓冲垫全部采用TPU发泡材料。

顶棚基材：

基材要求轻量、高刚性、尺寸稳定、易成型等，一般使用热塑性聚氨酯发泡内材，PP发泡片材，玻璃纤维瓦楞纸，蜂窝状塑料带等。

图9 汽车座椅缓冲垫

空调风管：

要求耐高低温性能良好，采用PC/ABS制成。

(二)合成橡胶

车用合成橡胶品种繁多，多数用于高温高压、高摩擦或接触溶剂场合，对材料性能要求高且复杂。每辆轿车总使用量约60公斤，占车重的6%左右，其中轮胎用量占80%以上。车用合成橡胶未来在品种性能上的需求不断提高，总用量维持稳定。

1.轮胎

常规汽车轮胎材料的主要成份是天然橡胶或者合成橡胶。因为碳具有特别的吸附性，碳粒子与橡胶分子的粘结非常好，使得橡胶增强了硬度，强度和耐磨性。由于碳黑与橡胶基本等量，所从汽车轮胎主要材料实际上是一种橡胶和碳黑的复合材料。

轮胎外层通常采用NR(天然橡胶)、BR(顺丁橡胶)、SBR(丁苯橡胶)或其复合材料，具有较好的耐磨性，内层采用IIR(丁基橡胶)气密层。

2.部件材料

发动机正时带：

正时带用于带动曲轴凸轮同步运转。同金属链条相比，正时带可以有效降低带与链轮的接触噪音，也不需要润滑，而且具有轻量化的特点。同时，由于其柔韧性，也可适用于多轴驱动。在日本，有70%以上的小汽车使用正时带，在欧洲则高达80%以上。

以前正时带主要采用CR(氯丁橡胶)覆盖胶。而

HNBR(氢化丁腈橡胶)具有更优越的性能,因此在汽车用正时带获得了更多应用。HNBR综合性能比CR优胜,在较宽的温度范围内具有稳定的复数模量、较好的低温性能、耐热和耐臭氧性能、优异的耐屈挠性能和良好的耐油性。在胶带功能试验中,HNBR同CR覆盖胶相比,在相同的运转时间下前者的耐热水平高出40℃。同时,HNBR的寿命是CR的2倍,耐久性超过了10万公里。

图10 发动机正时带

密封件和垫片:

密封系统主要用于阻止液体或其它材料泄露。有时用金属、塑料或织物制造密封件,但更多的是使用橡胶。当发动机和传动系统使用石油系列润滑油时,密封材料一般选用NBR、ACM(丙烯酸酯橡胶)、VMQ(硅橡胶)或FPM(氟橡胶)。

发动机用油要求寿命长、粘度低(节油)、高温下润滑平稳等,因此通常发动机油含有多种添加剂。NBR在净化剂、防老剂和抗磨剂环境中会受到严重破坏,而HNBR、FPM、ACM在高温下置于含添加剂的油中长时间浸泡后,还能保持较好的强度性能。尽管ACM的拉伸强度较低,但它在除磷酸烷基酯和环烷酸铅以外的所有添加剂中都能保持性能稳定。FPM的物理性能也不高,但它具有极好的耐热和耐油性能。HNBR在这几种橡胶中的拉伸强度最大,对各种添加剂的抗耐性也是最好的,只有二硫代磷酸锌对其有轻微的影响。

长期以来,汽车行业一直用NBR和软木橡胶制造发动机用的垫片,但现在以使用ACM和VMQ为主,以满足耐热、密封能力和压缩耐久性的要求。在正常条件下,VMQ比ACM的低温屈挠性和耐热性要好,但VMQ在机油中长时间浸泡後会显着软化,相比之下,FPM和ACM则无劣化现象。

机油散热器胶管和空气输送管:

润滑油散热器胶管和机油散热器胶管曾以内层胶NBR、外层胶CR为主。为了改善耐热性,还曾选用过ECO(氯醚橡胶、氯醇橡胶)和CM(氯化聚乙烯),现在广泛使用ACM和AEM(聚乙烯+丙烯酸酯橡胶)。空气输送管和进气管必须具有良好的屈挠性、耐候性、减震性、耐真空塌陷性和耐油性。多种弹性体(如CR、NBR/PVC、EPDM、ECO、CM、ACM)和热塑性弹性体(如聚酯、聚丙烯与EPDM的共混体)被选用于该用途,乃基于不同的车辆有不同的设计要求。

燃油胶管:

燃油系统一般由油箱、过滤器、泵和连接管组成。燃油输送管可由钢、热塑性塑料或补强橡胶制成。

燃油胶管早期胶管一直是以NBR、PB或NBR/PVC共混胶作内层胶,CR作外层胶,直到芳香族组分含量高的汽油投入使用後,情况才发生了变化。芳香族组分含量高的汽油会引起内层NBR龟裂,把液体NBR用作不抽出的增塑剂可解决这一问题。

由于发动机室的温度升高了,燃油胶管的外层胶已从CR变为CSM(氯磺化聚乙烯橡胶)或GECO(环氧氯丙烷¯ 环氧乙烷¯ 烯丙基缩水甘油醚的三聚物)、增大GECO中的AGE(烯丙基缩水甘油醚)的含量可改善GECO的耐臭氧(高压点火系统电离周围空气产生臭氧)和耐热性能。GECO现在广泛用作燃油胶管的外层胶,与CR和CSM相比,它经试验油抽提後仍具有优异的动态耐臭氧性能。

在新型燃油喷射系统中,目前主要用两种类型的胶管:油泵和喷油阀之间的高压胶管、调压器和油箱之间的低压胶管。高压胶管的内层胶采用FPM,因为它具有低的汽油渗透性,良好的耐氧化汽油性和优异的耐热性。低压胶管的内层胶用FPM或HNBR。同FPM相比,HNBR的燃油渗透性较差,但价格低和NBR比较,HNBR在氧化汽油(含有燃油氧化产生的氢过氧化物及其分解的游离基)中浸泡试验後拉伸强度则较高,且具有良好的综合物理性能。

注油口胶管:

连接加油口盖和油箱的注油口胶管一直用PB制造。最近开发了FPM三聚物内层胶,GECO外层胶的注油胶管,进一步降低汽油渗透性。在挥发物管理条例愈来愈严格的情况下,这一点至关重要。

控制胶管(连接真空控制阀和吸气岐管):

控制胶管用3种橡胶材料,根据使用温度而定。随工作温度的提高,材料从NBR/CR变为GECO直到ACM。已开发出了新型ACM胶料,具有良好的综合物理性能。

燃油系统用密封件和膜片:

燃油泵膜片是化油器系统中典型的燃油泵结构件。膜片要承受发动机产生的热影响,因此不仅要求在汽油中具有良好的耐久性,同时必须具有较高的耐热性。曾经使用的材料有NBR和PB,现在已开始改用HNBR和FPM,因为需要耐氧化汽油,对于密封件而言,NBR、PB、HNBR和FPM都可用于减震器、绝缘体和油封,至于选用哪种材料则要根据具体使用温度而定。

液压转向系统用橡胶件:

液压转向系统有两种胶管:油泵和变速箱间的高压胶管;变速箱与油箱之间的低压胶管。过去两种胶管都分别以NBR和CR作内层和外层胶。低压胶管的内层胶现在使用ACM或CSM,以提高其耐热性,由HNBR内层胶和CSM外层胶组成的新型高压胶管比过去的胶管耐热性更好。

空调系统用橡胶件:

当制冷剂为CFC12时,胶管的内层胶为NBR,外层胶为CR。现在制冷剂和润滑油产生了变化,要求使用更好的材料,而且胶管由两层变为三层。内层具有高耐热性和低渗透性,中间层具有低渗透性,外层具有较高的耐热性和耐候性。现时使用的胶管为PA与EPDM共混胶,IIR和EPDM或改性PA共混胶,IIR和CIIR(氯化IIR)三层胶管。

空调压缩机密封件用橡胶材料,需要有较高的耐溶剂性,既要耐CFC-12又要耐HFC-134a,没有一种单一的橡胶材料可同时耐两种制冷剂,但共混材料可满足这一要求,这种材料被称为RBR(耐两种制冷剂的材料)。

(三)合成纤维:

1.轮胎材料

轮胎帘子布:

轮胎帘子布是汽车轮胎和橡胶管道的骨架增强材料,分有纬帘布和无纬帘布两种。前者通常是由粗而强力高的帘线作经线,细而强力低的作纬线经机织而成,经线承担胎体几乎全部负荷,纬线仅用来连接经线使?之排列均匀。后者是一种没有纬线的帘子布。对帘子布的主要要求是强力高、耐疲劳、低延伸、耐热稳定性好,与橡胶黏合性能好。做轮胎帘子布的纤维材料主要有锦纶丝、高强涤纶丝和高强人造丝等。?一般载重车、大型客车多为锦纶帘子布的轮胎,超重型轮胎甚至采用芳纶帘子布,小轿车则多用涤纶或人造丝帘子布做轮胎增强材料。

2.部件材料

车体、发动机及传动部件材料:

CFRP中一碳纤维为主要原料。碳纤维是一种力学性能优异的新材料,它的比重不到钢的1/4,碳纤维树脂复合材料抗拉强度一般都在3500Mpa以上,是钢的7~9倍,抗拉弹性模量为230~430Gpa亦高于钢。因此CFRP的比强度即材料的强度与其密度之比可达到2000Mpa/ (g/cm^3) 以上,而A3钢的比强度仅为59Mpa/(g/cm^3)左右,其比模量也比钢高。材料的比强度愈高,则构件自重愈小,比模量愈高,则构件的刚度愈大,从这个意义上已预示了碳纤维在工程的广阔应用前景。与传统的玻璃纤维(GF)相比,杨氏模量是其3倍多;它与芳纶纤维(KF-49)相比,不仅杨氏模量是其2倍左右,而且在有机溶剂、酸、碱中不溶不胀,耐蚀性出类拔萃。

安全带:

汽车的安全性现在已经成了人们谈论所购买汽车的一项非常重要的指标,各国针对汽车安全的?法律法规也是越来越多,而且,现在新车上的安全配置也是越来越多。安全带和安全气囊是汽车必备的基本安全配置。安全带由带扣、长度调节器、织带等组成,为了在汽车发生冲撞和突然制动时减小驾驶员的移动量，要求汽车安全带具有高强度、良好的延伸性、一定的耐磨损性、耐气候性以及阻燃性等。安全带一般为斜纹或缎纹组织结构，选用抗拉强度高、伸长率适中和塑性变形小的纤维作材料，以高强涤纶或高强锦纶居多。

安全气囊：

安全气囊是一种能够有效地保护司乘人员安全的被动防护装置，它是一个与驾驶盘连接在一起的空气袋。安全气囊装置大致由三部分组成：启动装置（传感器），空气袋系统（气囊）和供电系统（气体发生器）。在正常情况下，空气袋被折叠压缩藏在方向盘或仪表板附近的装饰盖内，当轿车碰撞严重程度超过预定值时，启动装置启动，触发充气装置放出热氮气，在几分之一秒内，空气袋被展开并吹胀，填充方向盘和司机或前排乘客之间的空间，顶住人体的胸部和头部，缓冲撞车时人体所受到的冲击力，从而保证车祸时司乘人员的安全。锦纶 66 是安全气囊最主要的纤维原料，因为它具有很高的能量吸收性能及热量吸收能力。

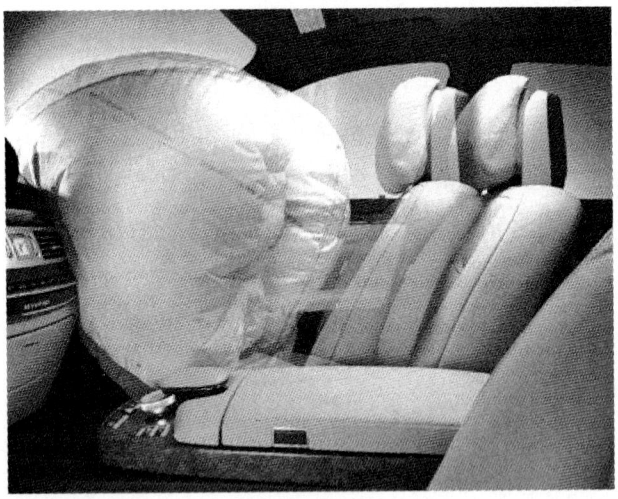

图 11 安全气囊

过滤材料：

汽车上所用的过滤材料大多是非织造布过滤材料，根据车型的不同，过滤材料达 10~15 种，包括车箱空气过滤器、发动机过滤器介质、滤清器用针刺过滤毡、熔喷非织造布滤芯等。非织造布过滤材料具有良好的过滤效能，且有产量高、成本低、品种多等优点，从而逐步取代了传统的机织和针织过滤材料。而且非织造布具有独特的三维立体网状结构，滤料内部孔隙分布均匀，所以在同一滤材上可完成多级过滤，且其品种很多，因而被广泛应用于汽车上的各种过滤。

3.装饰材料

随着经济的快速发展，汽车已成为展示个性的载体，人们对汽车的舒适性、豪华性、安全性及环保性提出了新的要求。汽车用装饰性纺织品主要起装饰作用，增加汽车的豪华感，给人以舒适的乘车环境。它主要包括座椅面料、地毯、车顶和车门、内饰件等。因此，汽车用装饰织物在外观上要求手感柔软、触感舒适；在色泽上要求织物色泽与汽车内外总体色调相协调；在图案设计上要求织物图案多样化，具有一定的艺术风格；在性能上，织物要坚固耐用，重量要轻，并要求具备阻燃、抗静电、抗老化、不起毛起球等多种?功能。因此，汽车工业的高速发展也给纺织材料的应用带来了新的机遇。目前平均每辆汽车的装饰材料耗用纺织品 15 公斤到 20 公斤，几乎全部为合成纤维材料。

座椅面料：

座椅面料已成为中高档轿车及豪华型客车上重要的装饰品。它除了要求颜色和花纹的多样性外，还要求在苛刻的使用条件下耐久性好。根据消费者的喜好，目前仅有 30%的汽车座椅采用全合纤面料，其余 70%左右为合成革、真皮及纺织品组合款式。座椅面料和皮革底衬大多以涤纶长丝为原料，涤纶长丝通过加弹或空气变形加工增加了蓬松性、回弹性、耐磨牢度和保暖绝热性，通过机织或针织制成车用装饰面料，用涤纶细旦多孔长丝经过磨绒处理，可制成具有

图 12 座椅面料

良好手感和舒适性的仿“麂皮”面料。

地毯：

汽车用地毯的要求比较高，不仅能增加汽车的豪华感和舒适感，还要具有优良的阻燃、抗污等性能，同时还要求色牢度高，绒毛不易脱落。汽车用地毯的质量指标（如拉伸强力、撕破强力、摩擦损耗以及厚度）和质量均匀性都要大大高于民用地毯。汽车地毯主要有针刺地毯和簇绒地毯两大类。汽车用地毯一般由3~4层不同材料组成，最外表面是采用通过阻燃、抗静电处理的针刺坯毯或簇绒坯毯；中层为2毫米左右的柔软层，一般为发泡塑料或橡胶；下层为12~15毫米厚的多孔层，一般以再生纤维为主；最外层为不漏水的保护层。

车顶及车门部位的内饰件：

汽车车顶及车门部位的内饰件一般采用复合材料，底层通常为无纺布或玻璃纤维布，中层为聚氨酯或聚苯乙烯发泡材料，表面层以经编织物或非织造布为主。织物须具有一定的延伸性以满足模压成形的工艺要求，而且还要求具有阻燃、吸音和耐污等性能。从使用安全方面来考虑，车顶及车门部位的内饰件还要能够抵抗一定程度的冲击力，因此玻璃纤维增强材料使用较多。

隔音衬垫：

汽车隔音衬垫一般是由废纺纤维（纺丝过程中剩余的过渡料或回收的废丝废料经加工制成一定规格的非制造布专用纤维）加工成的非织造布构成。废纺隔音材料不仅具有良好的吸音效果，还有隔热、减震、阻燃等效果。主要产品有空调隔音垫、仪表板隔音垫、车顶隔音垫、地板隔音垫、后行李箱隔音垫等。另外还有废纺隔音垫模压成形件，如汽车引擎盖、衣帽架成形件、门内板成形件等。

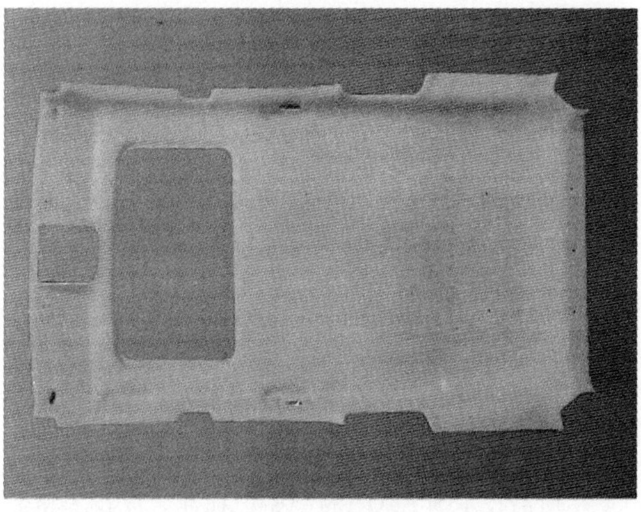

图13 整体顶棚

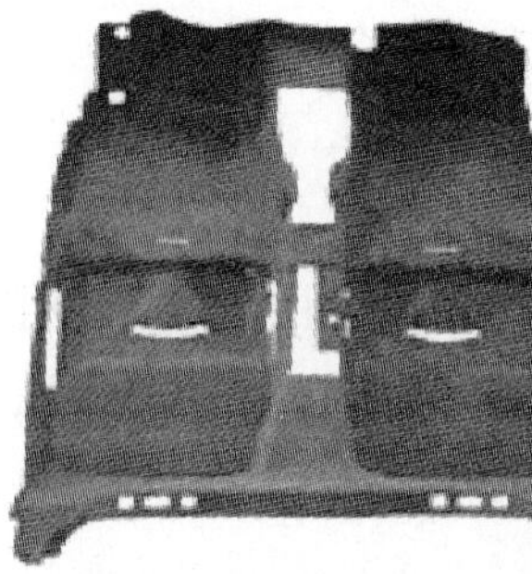

图14 地毡隔音材料

三、车用合成新材料及相关技术展望

（一）合成树脂

1.部件材料

车体及传动部件材料：

CFRP（碳纤增强材料）和SMC（玻纤增强材料）的基础材料为环氧树脂、不饱和聚酯、PC/PET、PEEK和PP等树脂，纤维已由廉价的玻璃纤维转向强度更高、更轻的碳纤维，复合加工后综合性能远超过其他工程塑料、并且是可以在线喷漆的材料，是车体开轻量化的关键材料。目前车用纤维增强材料的弯曲模量一般超过10GPa，冲击强度高达60KJ/m²以上，可以制备发动机缸体、传动轴、轮毂、车体结构等大型部件。

所需新技术有PEEK生产技术、PC/PET合金技术、PET碳纤复合技术、PEEK碳纤复合技术及复合材料性能测量技术。

燃油箱：

所需新技术为HDPE、PA、PET、EVOH等材料多层复合吹塑技术。

保险杠材料：

ABS表面处理效果好，价格低，一直广受欢迎。由于ABS耐候性差，目前商用车中已经广泛使用高耐候的 AES、ASA 等材料作为 ABS 的补充。当产品需要表面处理时，例如水转印膜、喷涂时，采用 ABS；不需要表面处理时，选用 ASA、AES 等。

所需新技术为 ASA 和 AES 合成技术、高精度模塑模具技术。

灯罩：

所需技术为 PPS、PC、PMMA 及耐热 ABS 合成技术。

电动车高压电缆：

所需技术为 PPE 合成技术。

2.装饰材料

仪表板：

仪表板使用的改性 PP 已经达到了 2GPa 的弯曲模量和 25KJ/m² 的冲击强度，高流动性，目前改性 PP 材料的熔融指数往往达到 20~30g/10min。这样，可以提高产品的熔接痕强度，降低表面熔接线。为了保证材料制品表观颜色的要求，对改性 PP 基础材料的选择也有更严格的要求，需要使用专门合成的 PP 材料满足改性要求。

所需技术为 PVC/ABS 合金生产技术、专用 PP 改性技术、染色技术、阻燃技术及抗老化技术。

门内板：

所需技术为 ABS 注塑、PU 发泡材料及涤纶面层复合技术。

(二)合成橡胶

1.轮胎材料

随着高速公路的迅速发展和车辆速度的加快，轮胎的行驶速度等级也相应提高，带来的问题是车辆的安全性，对轮胎的要求是在保证高行驶里程(胎面耐磨)的前提下对路面的抓着性好，尤其是在下雨天湿路面和冬季冰雪路面上抗滑性能好，耐磨、滚动阻力低和抗湿滑性能好的轮胎称之为高性能轮胎。为满足高性能轮胎耐磨、低滚动阻力和优良的抗湿滑性能要求，在现有胶种的选用上是很难的。传统的胎面胶通常选用天然橡胶、顺丁橡胶和丁苯橡胶。顺丁橡胶滚动阻力低，耐磨性能好，但抗湿滑性能很差；乳聚丁苯橡胶抗湿滑性能好，但滚动阻力大，不耐磨；天然胶性能则介于顺丁和丁苯胶之间。要做到既降低滚动阻力，保证高的耐磨性，又不牺牲抗湿滑性能，这三种胶单用或两胶、三胶并用均无济于事。

目前开发成功有望作为理想胎面胶的胶种有 ENR(环氧化天然橡胶)、SSBR(溶液聚合丁苯橡胶)和 SIBR(集成橡胶)。ENR 由天然胶乳与甲酸、过氧化氢反应制得。与白炭黑 / 炭黑填充剂混合可获得优良的耐磨性、低的滚动阻力和高的湿路面抓着力。是适用于轮胎胎面的新型高性能天然橡胶，目前只是因为生产成本高限制了它在轮胎中的应用。随着生产技术的改进和成本的降低，有望作为高性能轮胎的胎面胶获得广泛应用。

SSBR 与乳聚丁苯橡胶相比有不含凝胶、耐磨、耐低温，生热低、滚动阻力小的优点；与顺丁橡胶相比有不冷流、拉伸强力高、耐撕裂、抗湿滑性好的优点；在工艺上有混炼胶收缩率小、压出表面光滑、流动性好的优点。它是国外近十多年来发展较快的优秀胶种，适用于高性能轮胎胎面，以它优异的耐磨性、湿抓着力和低滚动阻力特点，在国外已大量用于高速轮胎胎面。

SIBR 由丁二烯、苯乙烯和异戊二烯通过分子设计和链结构优化组合聚合制得的新型高性能橡胶。它集低滚动阻力、高湿抓着力和高耐磨性于一体，集中其他橡胶的优点，弥补其不足。其动态力学性能和物理机械性能皆优。目前国外有线型无规型、线型嵌段型、星型无规型和星型嵌段型四种产品。最有希望成为理想的高性能轮胎胎面胶，发达国家已经工业化生产 4 种类型产品，并已在高性能轮胎胎面推广使用。

所需技术为高性能橡胶混炼技术、增粘补强改性技术和胶料的动态损耗因子 tan δ 测量技术。

2.部件材料

发动机正时带：

所需技术为 HNBR 合成技术。

密封件和垫片：

所需技术为 HNBR、FPM、ACM 合成技术。

机油散热器胶管和空气输送管：

所需技术为 ECO、CM、ACM、AEM 合成技术和聚酯、聚丙烯与 EPDM 的共混技术。

燃油胶管：

所需技术为 CSM、FPM、HNBR、GECO 及 ACM 合成技术。

空调系统用橡胶件：

所需技术为 PA 与 EPDM 共混、IIR 和 EPDM 或改性 PA 共混技术及 CIIR 合成技术。

（三）合成纤维

1.轮胎材料

所需技术为纤维 / 橡胶亲和剂技术、新型芳纶帘子布生产技术。

2.部件材料

车体材料：

所需技术为高标号碳纤维生产技术。

安全气囊：

为进一步提高气囊的可靠性，国内外厂家都开发了芳纶气囊材料，在强度、抗撕裂性和抗老化性都优于尼龙材料，未来将成为气囊的标准材料。

所需技术为高强芳纶生产和气密涂覆技术。

过滤材料：

所需技术为高表面三维非织造布技术。

3.装饰材料

顶棚及车内饰面：

近年来，国外汽车内饰材料开发研究方面一个值得注意的趋势是，重视采用麻类天然纤维。亚麻纤维是质轻、低成本、生态性佳、安全性高的优秀增强纤维，而且在发生碰撞事故中，与玻纤增强材料相比其模压件不会产生锐利碎片，同时也不象玻纤会引起皮肤及呼吸道过敏反应。

所需技术为天然纤维非织造技术及其与合成树脂复合技术。

附图 1 车用材料功能与分类

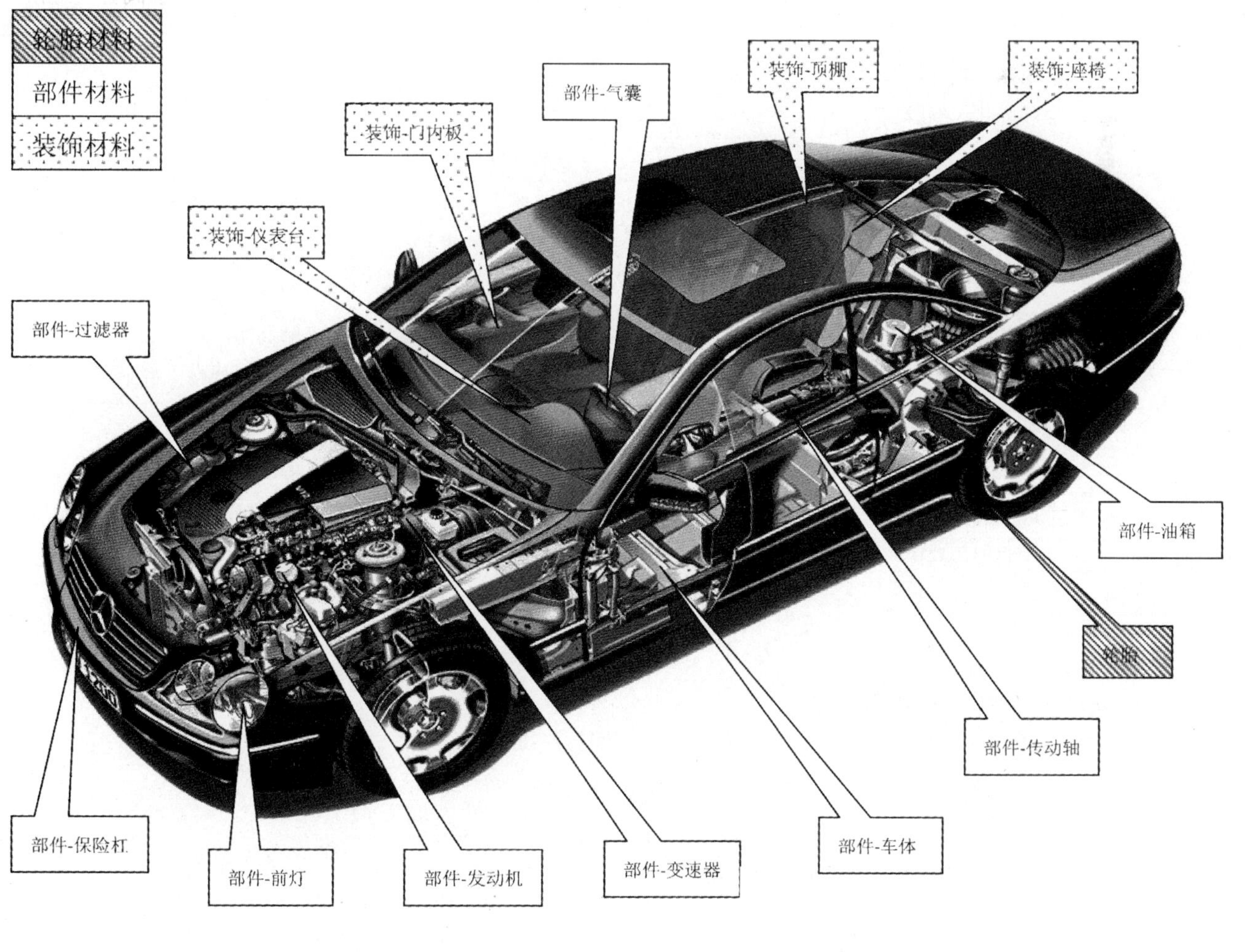

附表 1 主要车用合成新材料名称及用途对照表

英文缩写	中文名称	主要用途	性能特点
ACM	丙烯酸酯橡胶	密封垫	耐腐蚀
AEM	乙烯-丙烯酸酯共聚橡胶	管道	耐热、高回弹
AES	丙烯腈-三元乙丙-苯乙烯共聚	格栅、保险杠	高耐候
AGE	烯丙基缩水甘油醚	GECO 橡胶单体	耐臭氧改性剂
ASA	丙烯酸酯橡胶共聚弹性体	格栅、保险杠	高回弹性
BMC	玻纤+不饱和聚酯团状模塑料	车灯反射镜	耐高温
CFRP	碳纤维强化树脂	车体、传动	高强度
CIIR	氯化丁基橡胶	制冷剂管道	耐氟化物
CM	氯化聚乙烯	管道	耐热、高回弹
CR	氯丁橡胶	管道护套	耐热、高回弹
CSM	氯磺化聚乙烯	油管外层	耐热、耐臭氧
ECO	氯醇橡胶、氯醚橡胶	油管、气管	抗曲折、耐油
EVOH	乙烯-乙烯醇共聚树脂	油箱、液罐	高阻隔
FPM	氟橡胶	密封垫、油管	耐气候、耐油
GECO	环氧氯丙烷-EG-AGE 共聚橡胶	油管外层	耐热、耐臭氧
GFAS	玻纤增强 AS 树脂	仪表板	手感好
HNBR	氢化丁腈橡胶	正时带	耐气候、耐油
NER	环氧化天然胶	新型轮胎	耐磨、抗湿、低阻
PB	1,2 聚丁二烯	油管内层	耐油、成本低
PEEK	聚醚醚酮	车体、传动	高强、耐磨
PI	聚酰亚胺	车体、纤维	高强、耐高温
PPE、MPPO	聚苯醚	高压电缆外层	绝缘、阻燃
PPS	聚苯硫醚	车灯反射镜	耐高温
SIBR	苯乙烯-丁二烯-异戊橡胶	新型轮胎	耐磨、抗湿、低阻
SMC	玻纤增强树脂	车体、内饰	高强度
SSBR	溶聚丁苯	新型轮胎	耐磨、抗湿、低阻
VMQ	硅橡胶	密封垫	耐腐蚀
XLPE	交联聚乙烯	低压电缆外层	绝缘

民权县永胜钻井助剂有限公司

董事长 钱冠勋

民权县永胜钻井助剂有限公司成立于2008年6月，位于民权县产业集聚区，厂址北邻陇海铁路、310国道，南临连霍高速公路，交通便利，环境优越，占地面积3万平方米，建筑面积6000多平方米，总投资3500多万元，是一家集科研、生产、销售为一体的钻井助剂生产企业，公司现有员工110名，其中专业技术人员16名，高级工程师5名。

公司以“立足科技求发展，狠抓质量创效益，依靠诚信铸品牌，优质服务塑形象”，形成了产品研发——经营——销售——服务一条龙管理模式。

公司主要产品有：“三磺”系列(低荧光磺化沥青DFT-1)；高聚物系列（聚合醇APL，聚丙烯酸钾KPAM，聚丙烯酰胺PAM,专用增粘剂80A51，增粘降失水剂SL-2，高粘堵漏剂GND-1，两性离子聚合物强包被剂FA367，乙烯基单体多元共聚物PAC-141，142，143等）；有机硅系列（聚硅氟稀释剂JX-1，聚硅氟稳定剂JW-1，有机硅腐植酸钾QSAM-K）；新型环保系列（高效抗温降滤失剂KJ-1，抗温抗盐降滤失剂KJ-2，聚合物降滤失剂COP-HFL、三元共聚物降滤失剂KJ-3，无荧光广谱护壁剂GSP、新型润滑剂RH-2和低荧光白沥青）堵漏封闭系列（单向压力封堵剂DF-2、堵漏王DL-102、复合堵漏剂FHD-1）等系列产品，产品畅销新疆、吉林、中原、江苏、河南、长庆、汉江等20多个油田，是中国石油天然气集团公司和中国石油化工股份有限公司油田化学剂二级网络成员单位。

2011年，我公司科研人员经多方努力，研制出了抗温抗盐降滤失剂SKJ-3、高效抗温降滤失剂 KJ-1、三元共聚物降滤失剂 KJ-3、乳化石蜡，液体润滑剂、复合离子聚丙烯酸盐SD-17、硅氟高温降粘剂SF260等系列新一代产品，作为我公司的拳头产品，在大庆油田、塔里木油田、延长油田、中原油田、胜利油田、冀东油田等地，经使用后效果良好，受到了客户一致好评。

公司拥有搪瓷反应釜、捏合机、不锈钢反应釜等合成设备，拥有干燥塔、热风干燥箱、真空干燥箱、耙式干燥机等干燥设备，形成了三条自动化、半自动化生产线，年生产能力1万吨。

公司购置了高温高压滤失仪，常温中压滤失仪、六速旋转黏度计、超级恒温水浴、滚子炉、干燥箱、马沸炉、五轴搅拌机等泥浆检测设备，配套了检测中心，严格把好“三关”，落实三检制，保证了出厂产品质量。

公司管理机构健全，生产设备完整，化验设备齐全，监测手段完备，生产工艺先进，产品质量可靠。公司秉承“科学管理，质量第一。诚信为本、潜心经营”的宗旨，建立了严格的质量管理体系，先后通过了中国石油天然气集团公司油田化学剂质量认可中心认证、中国石化集团产品质量认可和ISO9001质量体系认证。

公司愿以优质的产品，优秀的售服后服务为油田的勘探开发做贡献！

立足科技求发展 狠抓质量创效益 依靠诚信铸品牌 优质服务塑形象

地址：河南省民权县产业集聚区 邮编：476800 网址：http://www.mqyszj.com
电话：0370—2069819 5068189 传真：0370—2069819 E-mail：mqyszj@126.com

宁夏万盛生物科技有限公司

NINGXIA WINSON BIOTECHNOLOGY CO., LTD.

金属探测和大包装机

鲜果清洗

干果通过金属及杂质自动分离设备实施自动分离

公司简介

宁夏万盛生物科技有限公司成立于2010年10月，注册资本为5000万元，现有总资产3.2亿元。公司位于中宁县中国枸杞加工城，占地208亩，规划总建筑面积77410㎡，预计投资总额5亿元，其中预计固定资产投入总额3亿元、预计流动资金投入2亿元。

公司着眼于“传承枸杞历史，弘扬枸杞文化，提升枸杞品牌，做强枸杞产业”；坚持“规模化种植、标准化管理、精细化加工、品牌化经营、国际化销售”的发展思路。公司主要从事中宁枸杞干果精细加工、鲜果烘干、速冻鲜食枸杞、枸杞原汁、枸杞复合饮料、枸杞籽油、枸杞发酵酒、枸杞酵素、枸杞果酥、枸杞芽茶、枸杞叶茶等。达产后可年产中宁枸杞系列产品10万吨，实现销售收入17亿元、利润4亿元，上缴税金1.5亿元。

公司与中国石化宁夏易捷石化有限公司达成战略合作关系，专注于对中宁枸杞高端产品的研究开发，将易捷庄园5万亩绿色有机枸杞基地和万盛公司的5000亩枸杞叶茶芽茶基地作为“第一车间”；通过工业化与信息化融合的加工流程，保证产品的高品质；利用中石化在全球的品牌效应、中宁枸杞在全球独一无二的资源优势、种植加工销售一体化运作的体制模式，带动和促进当地枸杞产业上档次、成规模、提品质，做大做强，在此基础上打造出国内一流的枸杞系列产品，创建全国枸杞行业龙头企业，从而形成茨农、企业、政府多赢的局面，促进中宁经济社会发展。

COMPANY PROFILE

Ningxia Winson Biotechnology Co., Ltd. was established in October 2010, with registered capital of 50 million RMB, total assets of 320 million RMB. The company is located in the Chinese Wolfberry Processing Park, covering 208 acres, planning a total construction area of 77,410 square meters, is expected to total investment of 500 million RMB, including fixed assets total 300 million RMB, 200 million RMB of liquidity.

Winson is focusing on " Historical heritage of Chinese wolfberry, Wolfberry promote culture and enhance brand wolfberry, wolfberry and stronger industry" ; adhere to the "large-scale cultivation, standardized management, fine processing, brand management, international sales," the development of ideas. The company mainly engaged in precision machining wolfberry fruit, dried fruit, frozen fresh wolfberry, Chinese wolfberry juice, wolfberry complex beverages, wolfberry seed oil, wolfberry wine, wolfberry enzyme, wolfberry fruit cakes, bud wolfberry, wolfberry leaf tea. Put into production with an annual output of 100,000 tons wolfberry products, sales income of 1.7 billion, profits of 400 million RMB, taxes of 150 million RMB.

Winson entered into a strategic partnership in Ningxia Easy Joy -China Sinopec Petrochemical Co., Ltd., the main research and development of high-end products in wolfberry, the Easy Joy Manor 5 acres of green organic wolfberry bases and 5,000 acres of Winson company wolfberry leaf tea bud base as the "first workshop "; Through the integration of industrialization and information processing processes to ensure high-quality products; By using the global brand of Sinopec and unique advantages in resources of Zhongning wolfberry; processing and sales of integrated operation of the system mode, stimulate and promote the local wolfberry industry to a upper grade, on a large platform, to higher quality, make the wolfberry industry greater and stronger, on this basis, to create a first-class products domestic wolfberry, build a national wolfberry industry leadership, then forming the win-win situation of Mainz agriculture, enterprise, government, at the same time to promote economic and social development in Zhongning.

1 2 3

1.产品包装喷码
2.对干果进行人工检选
3.鲜果清洗装盘进入静态烘干线

枸杞庄园万亩绿色无公害枸杞种植基地

XILONG Chemical 西陇化工

西陇化工---国内化学试剂领导品牌

创立于1983年

国内规模最大、综合配套能力最强的化学试剂集成供应商；

提供2000多个品种，3000多个规格的化学试剂产品；

服务近10,000家国内外知名客户；

国内第一家上市的化学试剂企业；

国家高新技术企业、科技创新型企业；

全国拥有 4 家生产基地，1个研发中心；

中石化合格供应商；

……

行业领先

定位于行业的领先者和行业标准的制定者，参加国家标准及行业标准的修订与起草，如盐酸、乙酸乙酯等国家标准和行业标准。

科研团队

公司内部成立院士工作站、博士后工作站、国家高新技术企业等十二个创新平台。

核心技术

公司拥有多项核心技术，如无污染高纯试剂氨水规模化连续生产技术、电子化学品超净高纯醇类试剂制造技术等。

高新技术

重点发展高真空度技术、催化技术、精馏技术、离子纤维技术、电化学技术、节能节水技术以及污水技术等七大试剂领域的高新技术。

精密检测

西陇化工拥有技术研究中心和高精度的专业检测分析仪器设备133台套。

先进车间

拥有众多设备完善的生产大车间和PCB化学试剂、超净高纯等二十多条先进生产线。

高效物流配送

全国共有 5 大物流配送中心和 9 大仓库。

www.xlhg.com

客户服务热线：**400-8811-938**　　股票代码：002584

山西华顿实业有限公司

联系方式：0351-7032488

山西华顿实业有限公司成立于2001年8月，是一个高科技、产业化、创新型的现代品牌企业，注册资金5055万元，总资产30亿元。

公司成立以来，始终以科技创新和成果转化为己任，取得了具有自主知识产权的专利技术34项，其中发明专利14项。科技成果多项，其中4项分别处于国内领先和国际先进水平。国家级的品牌荣誉10项。承担了M15、M85及车用燃料甲醇等5项国家标准和2项能源行业标准的制定，起草制定了山西省甲醇燃料系列地方标准。编著出版了全国首部《甲醇燃料》专著和《华顿》（2001—2020）运营管控一书，形成了《甲醇燃料产业化集成工艺技术创新管理系统》成果，为全国乃至国际醇醚清洁燃料行业发展做出了重要贡献。引领了行业的健康发展。

公司已形成以煤基醇醚燃料与醇基生物燃料为主导产业的多元化经营格局，主要产品有M5、M15、M30-M70、M85、M100甲醇汽油系列产品和M15、M100甲醇柴油及锅炉、灶炉及工业用燃料油全系列低碳经济型燃料。华顿主推的M5、M15、M30、M85、M100甲醇汽油及添加剂系列产品已销往全国18个省市，进入中石化、中石油、社会加油站三大系统及以色列、朝鲜等国家，累计销售甲醇汽油突破300万吨，使用车辆突破1亿辆次，减少废气排放约50亿立方米，取得了显著的经济效益、社会效益和环境效益。成为山西省规模较大、实力较强的高科技民营企业及全国甲醇燃料研发、示范、产业化的龙头企业。

由华顿实业牵头，联合同行业优势企业和科研院所共

山西华顿实业有限公司醇醚清洁燃料调配中心

18

同成立的山西省醇醚清洁燃料行业技术中心，是以产学研相结合的组织形式，专门从事煤基醇醚燃料技术创新、标准制定、整合先进技术、优化配置资源的省级行业技术中心。该中心被列为“全国醇醚燃料标准化技术委员会”秘书处单位。投资1.2亿元，现已建成并投入使用的占地12.5亩，建筑面积2.6万平方米，地处太原高新区煤化工研发基地，集科研办公、研发实验、试验示范、检验检测为一体的醇醚燃料研发检测中心，是全国一流的研发检测中心。为行业发展提供研发平台与技术支持，为山西省和全国煤基醇醚燃料技术创新和产业化发展提供技术保障。

名牌产品、著名商标、火炬项目、百强企业，使华顿矗立在醇醚燃料行业发展的潮头，引领着行业的健康发展；高新技术企业、创新型企业、循环经济试点企业、转型跨越引领示范企业、国家标准化良好行为4A级企业、新晋商诚信企业、最具社会责任企业等，使华顿这个象征着醇醚燃料朝阳产业的品牌在三晋大地上大放异彩；专委会的创建，标委会的设立，国家企业技术中心的建设，技术联盟的平台，院士工作站、博士后科研工作站和研究生教育创新中心，全国一流研发检测中心，成就了华顿在全国醇醚燃料行业内的领军地位。

华顿“十二五”发展蓝图已经绘就。敢为人先的华顿人将继续瞄准新能源，紧扣煤化工，拓展石油基，开发生物质，实施“大市场开发、大项目建设、多元化经营、跨越式发展”战略，完成“四个”基地建设。积极实施品牌拓展、技术联盟、营销合作、产品购销等对外合作模式，力争把山西华顿打造成中国华顿，国际华顿，绿色华顿，能源华顿。

我们愿与社会各界携手合作，为推动节能减排，发展循环经济，利用低碳能源，实现生态和谐，营造碧水蓝天做出更大贡献！

品牌优势 PINPAIYOUSHI

四川省威尔敦化工有限公司

高层领导团队

公司简介

四川省威尔敦化工有限公司坐落于风景秀丽的川西平原中部—广汉市，是一家集石油化工助剂及井下工具的生产与销售、压裂酸化产品的研发与服务的综合型工程技术服务企业。

自2006年创建以来，威尔敦公司一直着力打造一支团结务实、勇于创新、经验丰富、技艺精湛的专业团队。企业始终坚持“技术领先”、“品质领先”、“市场领先”的发展战略，秉承“以人为本，以质为先，诚信经营，共创双赢”的经营理念，向着“成为国内领先的能源服务公司”的目标努力奋斗，豪迈前行。

公司拥有两套全工序石油助剂生产线，建有川内仅有的高温高压（温度≤220℃，压力≤90Mpa）实验模拟井装置。作为ISO　9001：2008国际质量体系认证企业，优良的设备工艺及科学、严格的管理组织是威尔敦持续发展的有力保障。

多年来，威尔敦公司始终坚持流程控制、精细化管理，造就卓越品质的产品。经过不懈地努力，市场认可度得以大幅提升，企业综合实力达到了国内同行业领先水平。现已成为了中国石油天然气集团公司、中国石化西南油气分公司等网络物资供应商成员，市场覆盖范围包括川渝、新疆、内蒙古、长庆、苏丹、土库曼等国内外地区。

面对未来，威尔敦人充满信心。将继续坚持“以人为本，以质为先，诚信经营，共创双赢”的发展理念，为能源建设行业提供更加卓越的产品和优质服务。

2013.6.6我公司营销副总（黄世东）、工程技术部副部长（薛俊峰），在中石化川西采气厂新场32井与相关领导合影。

可钻桥塞

裸眼封隔器

悬挂封隔器

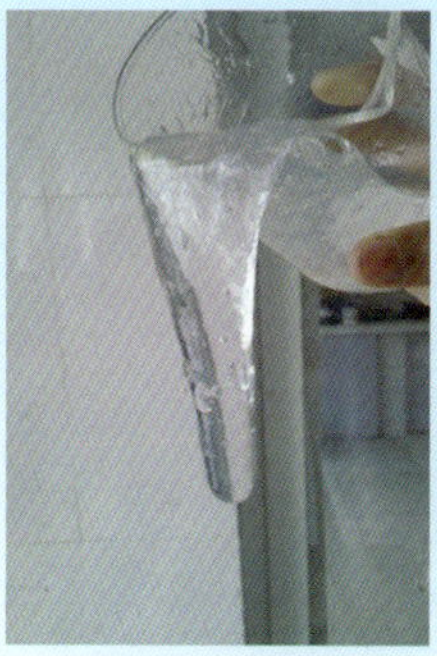

聚合物压裂液

滑溜水返排液处理

高温转向酸

服务热线：0838-5703300　　传　真：0838-5703565-666

网　址：www.weldonchem.com　　邮　箱：info@weldonchem.com

■ 公司简介

新沂市位于江苏省北部，陇海、新长、胶新三条铁路在此交汇，京沪、连霍高速公路纵贯东西南北，区位优势明显，地理位置优越，交通发达，矿产资源十分丰富。

我公司是生产经营矿产品专业公司，技术力量雄厚，以新沂优质硅石为原料，年生产各种规格的石英砂五万多吨，产品有普通石英砂、精制石英砂、芯制石英砂、光学石英砂、高纯石英砂、硅质耐火捣打料等系列产品。各种规格型号齐全，还可根据用户的要求生产特殊规格。产品销往国内十几个省、市地区，近百个厂矿企业。主要应用于化工、水处理（滤水）铸钢筑炉、精密铸造及耐火、电子、光学玻璃、陶瓷、磨料磨具等。并在涂料、塑料、橡胶等方面广为应用。

公司在上级主管部门的领导下，不断从事硅石系列产品的技术开发。先后开发和研制了“感应电炉沪衬用硅质耐火捣打料”、等多项新产品。其中“感应电炉炉衬用硅质耐火捣打料”一九九二年荣获“江苏省科技新产品”奖，一九九五年又被评为“国家级新产品”。各项性能指标均达到或超过国内同类产品。一九九0年引进一万八千高斯，年产二万五千吨石英砂的磁选机一套，大大提高产品质量的稳定性和可靠性，保证了用户的质量要求，公司始终坚持质量第一，用户至上的原则，产品合格率达100%，深受广大用户欢迎。

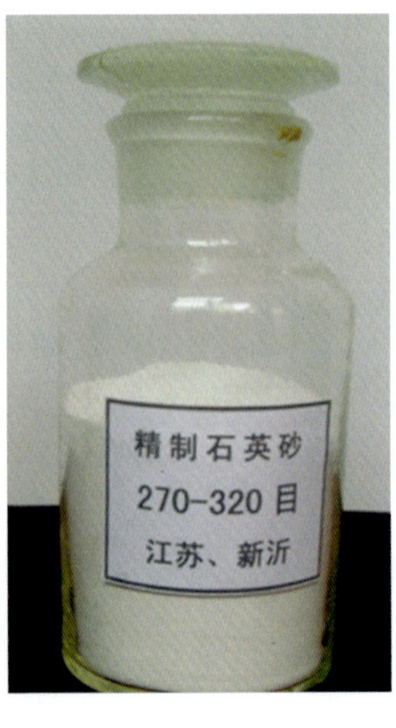

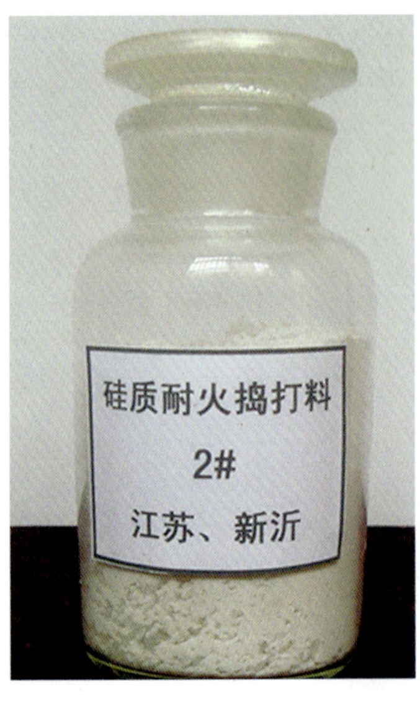

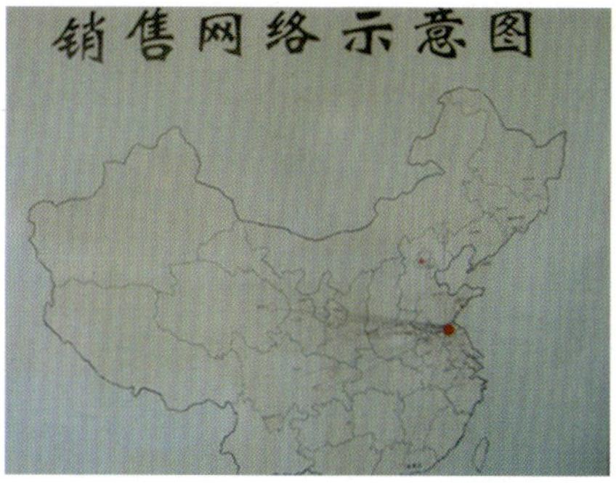

新沂市
华东矿产有限公司

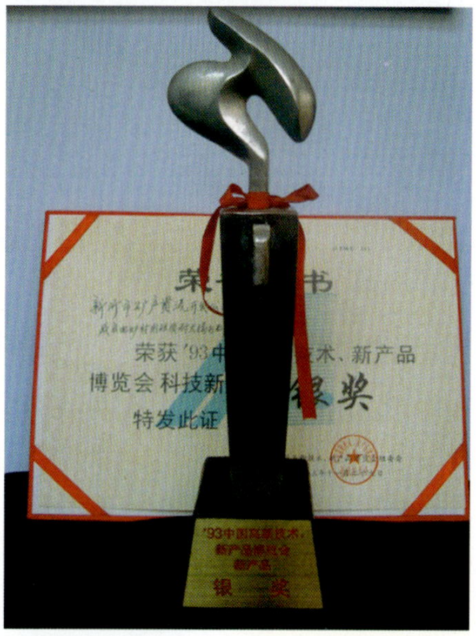

竭诚欢迎广大用户前来洽谈业务

地　址：江苏省新沂市钟吾路51号　　总经理：韩礼华

电　话：0516—88923749　　手　机：13905225893

传　真：0516—88959678　　邮　编：221400

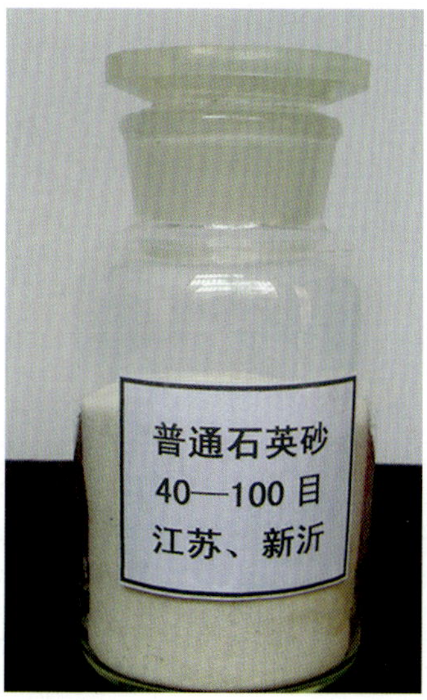

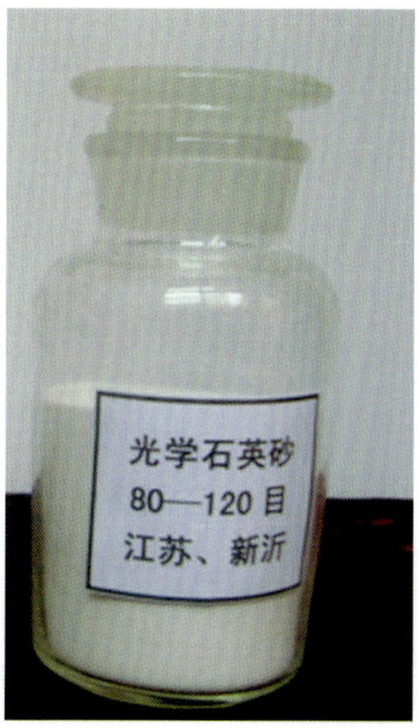

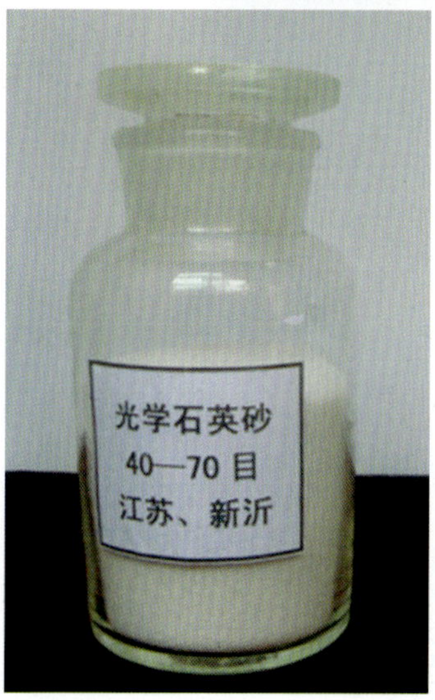

山西丰喜新能源开发有限公司

FX-01自动化计量控制系统应用实例

下位机进入界面

山西丰喜新能源开发有限公司成立于2001年8月，是一家从事煤基甲醇替代燃料生产及新能源汽车灵活燃料技术开发的高科技企业。

公司坐落在全省最大的甲醇生产基地关公故里运城，位于晋、秦、豫黄河金三角，交通便利。公司是省、市政府指定的清洁甲醇燃料生产供应和推广单位，被全国醇醚专委会认定为醇醚燃料与清洁汽车示范企业，先后获得国家高新技术企业，山西省最具社会责任感企业，运城市重点项目单位，农行系统AAA级信用企业等荣誉。

公司拥有自主知识产权，获国家发明专利三项，其他专利两项。公司制定了企业标准五项，参与制订山西省地方标准七项，并参与讨论国家标准。

公司通过技术改造新增“燃料甲醇示范调配中心项目”已投入使用，甲醇燃料年生产调配能力可达到30万吨，其中：高比例甲醇燃料M85、M100产能10万吨；低比例甲醇汽油产能10万吨；生物制柴油及甲醇柴油产能10万吨；添加剂年生产能力达到1000吨。我公司已成为全国在甲醇燃料研发、产业化示范推广的龙头企业。我公司将坚定不移的响应国家政策，为新能源产业化发展做出应有的贡献！

竭诚欢迎各界人士光临公司考察合作、共创未来！

FX-01自动化计量控制管理系统简介

系统结构示意图：

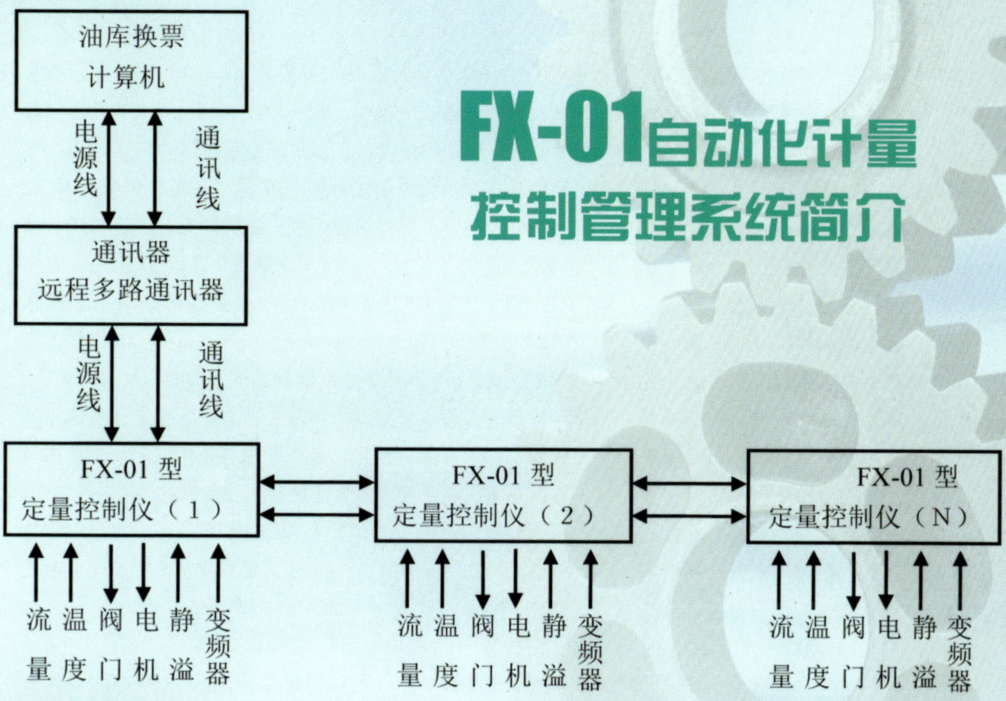

系统简介：

FX-01自动化计量控制管理系统是我公司开发的一款新型自动化调配系统，该系统采用工业控制器PLC作为主控单元，采用先进的变频控制理念，并结合我国石化仓储库的特点，而研制开发的一套先进智能化控制装置，它可广泛地用于石油、化工、食品等行业的流体发放定量控制，尤其适用于各石油公司的油品装车或装桶，是广大油库理想的自动发油控制、管理系统。

系统特点：

（1）安全性能高：下位机采用了隔爆式结构，可直接安装到发货现场。

（2）控制精度高：系统的软、硬件通过优化设计，在石油质量核算的处理中，采用了新国标，同时对电液阀实现数字控制，使流体流速恒定（恒流），阀门的开闭进行分段处理，满足了用户的精度要求。

（3）可靠性高：现场各下位机采用PLC集散式独立控制方式，互不影响，使系统整体可靠性、稳定性和可维护性大大提高。

（4）透明性高：通过下位机的现场显示可传递一些主要发货参数，使系统的开放度提高，便于客户自助式提货。

（5）可扩展性高：由于系统采用了积木式配置方式，向上、向下兼容，其大小可根据用户要求进行灵活配置。

（6）性能价格化比高：系统通讯只采用一根总线相连，而下位机直接安装在现场，系统结构简洁，使安装更方便，材料更节省，系统成本显著降低。

（7）先进性：采用变频器技术，对混合比例进行实时跟踪、配比，保证了配比出的混合液高度溶合。

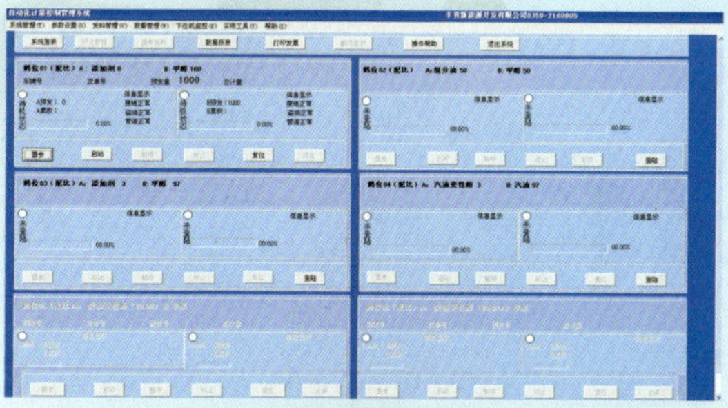

上位机操作界面

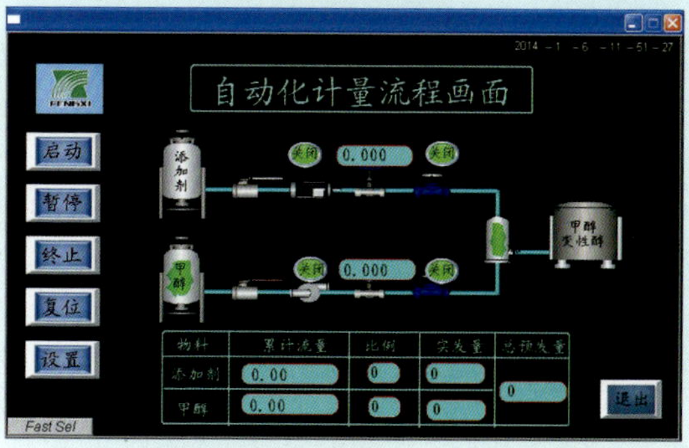

下位机控制显示界面

地址：山西省运城市运临路269号

电话：0359-2125624

网址：www.fxxny.cn

山东大生新材料科技有限公司

山东大生新材料科技有限公司是一家致力于新型有机化工产品研发及生产的科技型企业，公司主要生产经营高纯固体甲醇钠、甲缩醛、油溶性降粘剂、石油化工产品、四氟苯甲醚菊酯等产品以及提供新材料及精细化工技术研发和咨询服务。公司2011年销售收入达到5.2亿元，利税9169万元;2012年销售收入达6.1亿元，利税8283万元；2013年销售收入达8.43亿元，利税总额为1.37亿元。

公司现有员工112人，其中高中级职称人员40名，大专及以上专业技术人员60人。随着公司规模的不断扩大，公司的企业文化、企业制度也在不断的完善。公司的高纯固体甲醇钠项目获得“东营市科技基金扶持项目”、“山东省经贸委的节能示范工程项目”、“2012年科学技术发展计划资金”等多项专项资金的扶持；我公司的DS-1环境友好型油溶性超稠油降粘剂项目获得“2010年东营市高技术产业发展项目”资金、“2010年山东省中小企业技术改造项目”资金、“垦利县2010年科学计划项目”资金和2011年山东省科技型中小企业创新发展专项资金的扶持；我公司新建项目甲醇钠扩产及甲缩醛联产项目获得2012年市节能降耗专项资金的扶持。

2010年公司被东营市政府评为“2009年度东营市最具发展潜力科技企业”。2010年10月我公司被东营市消费者协会评为“2009-2010年度诚信单位”并获得“2010年度山东省中小企业自主创新一等奖”。2011年4月，我公司被评为东营市优秀科技企业（新材料类），获2010年度科技创新奖。2012年，公司被评为2011年度全市优秀科技企业、2011年度垦利县劳动关系和谐企业，并荣获2011年度职业卫生工作“先进个人”称号。2013年，公司被评为2012年度东营市最具发展潜力科技企业、2012年度垦利县最具发展潜力工业企业，获东营市企业信用等级评价AAA级荣誉称号，被东营市科技局认定为东营市科技型企业，还获得文明诚信民营企业荣誉称号。

除此之外，2013年，公司组织科研团队参加了山东省创业大赛，并荣获山东省创业大赛东营赛区成长企业组三等奖。

清洁能源产品供应商

河北威远生物化工股份有限公司

河北威远生物化工股份有限公司（股票代码：SH.600803，以下简称“威远生化”），是河北省第一家上市公司，原主营业务为农药、兽药和制剂的生产销售。经过2011年及2013年两次资产重组，目前已形成煤、煤基清洁能源和农兽药三大主营业务板块。

目前内蒙古鄂尔多斯500万吨/年煤炭项目、60万吨/年甲醇项目、江苏张家港20万吨/年二甲醚项目已运行稳定，经营形势良好；销售网络覆盖华东、华中、华南、华北等主要的能源消费地。

旗下农药、动物药业公司是国内最早从事阿维菌素、草铵膦工业化开发的企业之一，并实现了产品系列化，在农药杀虫剂、除草剂和兽用驱虫药等领域的技术达到国内领先水平。

威远生化未来规划依托自有的煤炭资源，遵循低碳、循环、生态的发展理念，创新煤炭清洁转化技术，探索化石能源和可再生能源的循环清洁生产模式，将威远生化打造成为资源多元化、具有自主知识产权和技术服务能力的清洁能源供应商。

第十部分
天然气管道及油气储运

分目录

我国天然气管道建设现状及发展趋势

蒲 明
（中国石油规划总院）

一、天然气管道建设现状

1963年，我国敷设了第一条长距离供气管道，即巴县－重庆供气管道。2001年西气东输管道的建设，拉开了我国天然气管道大规模建设的序幕。截止到2013年底，我国天然气管道里程达到6.4万公里，形成了由西气东输系统、陕京系统、涩宁兰系统、川气东送、西南管道系统为骨架的横跨东西、纵贯南北、连通海外的全国性供气网络，“西气东输、海气登陆、就近外供”的供气格局已经形成，干线管网总输气能力超过1600亿方/年，并在西南、环渤海、长三角、中南及西北地区已经形成了比较完善的区域性天然气管网。

（一）西南地区——川、渝、云、贵

西南地区的四川、重庆是我国主要产气区之一，也是天然气利用最早、最成熟的地区；云南、贵州仅局部有天然气利用。川渝地区天然气管道总里程超过8000公里，约占全国天然气管道总里程的20%，形成了以南干线、北干线、北内环为主体，与其他干线（屏渠线、屏石线）连通形成的环形骨干管网，并将西南油气田五大产区的区域性管网相互连通，担负着川渝地区、云贵部分地区及两湖地区的天然气输送任务，管网输气能力超过300亿立方米/年。2013年中缅天然气管道和中卫－贵阳联络线的建成投产，为西南地区构筑起干线输气通道，并实现川渝管网与全国管网的连通。

中缅天然气管道是我国第二条引进境外天然气资源的陆上战略通道，是我国西南能源通道的重要组成部分。中缅天然气管道从云南瑞丽进入我国境内，经昆明、贵州到达广西贵港，干线长1727公里，设计输量100~130亿立方米/年，设计压力10兆帕，管径1016毫米。该管道在贵阳与中贵线连接，在贵港与西二线南宁支干线连接。该管道于2013年10月建成投产。

中卫—贵阳联络线工程包括1干3支。干线长1613公里，3条支线长273公里。中卫—贵阳联络线干线起自西气东输系统中卫枢纽站，途经宁夏、甘肃、陕西、四川、重庆和贵州6省区市，止于贵阳末站。设计输量150亿立方米/年，管径1016毫米，设计压力10兆帕。该管道纵贯川渝管网，并有4次连接，实现了川渝管网与全国干线管网的联网，提高了川渝地区天然气调峰能力和调配灵活性，有效缓解了川渝地区天然气供应紧张状况。中卫—铜梁段于2012年9月建成投产，铜梁—贵阳段于2013年10月建成投产。

川渝管网北干线起自渠县，止于青白江，长300公里，设计输量20亿立方米/年，设计压力4.0兆帕，管径720毫米，于1987年建成投产。

川渝管网北内环起自渠县，止于玉成，长314公里，设计输量40亿立方米/年，设计压力6.3兆帕，管径813毫米，于2008年建成投产。

川渝管网南干线西段起自纳溪，止于城厢，长328公里，设计输量36亿立方米/年，设计压力6.3兆帕，管径711毫米，于2008年建成投产。

（二）环渤海地区——京、津、冀、鲁、晋

环渤海地区是我国政治经济文化的中心，也是我国三大天然气消费区之一。该地区所用天然气主要来自长庆气区。随着陕京线、陕京二线的建成投产和北京奥运会的成功举办，极大地带动了该区域天然气的利用。目前，该区域内形成了以陕京线、陕京二线、陕京三线、永唐秦、秦沈线、泰青威、榆济线为主干线，华北输气管道、大港输气管道以及其他地方管道为辅的输气管网系统，多气源、多渠道供气格局已经形成。目

前，该区域管网输送能力超过 300 亿立方米 / 年。

陕京线起自陕西靖边首站，途经陕西、山西、河北，止于北京衙门口末站，干线全长约 846 公里，设计输量 30 亿立方米 / 年，设计压力 6.3 兆帕，管径 660 毫米。该管道于 1997 年建成，标志着中国陆上天然气管道向长距离、大口径、高压力方向发展。

陕京二线起自陕西靖边首站，止于北京通州末站，全长约 940 公里，设计输量 170 亿立方米 / 年，设计压力 10 兆帕，管径 1016 毫米，于 2005 年建成投产。

陕京三线起自陕西榆林首站，止于北京西沙屯末站，全长约 1026 公里，设计输量 150 亿立方米 / 年，设计压力 10 兆帕，管径 1016 毫米。其中榆林 – 良乡段于 2010 年底建成投产，良乡—西沙屯段 2013 年底建成投产。陕京三线总体上与陕京二线并行敷设，站场合建，按同一水力系统设计。除新建临县压气站外，其余 3 座压气站均与陕京二线共用，分别为榆林首站、阳曲压气站和石家庄压气站。

内蒙克什克腾旗至北京的煤制天然气管道长 450 公里，设计输量 40 亿立方米 / 年，设计压力 7.8/10 兆帕，管径 914/1016 毫米，于 2013 年底建成投产。

（三）长三角地区——苏、浙、沪

随着西气东输的建成投产，长三角地区的天然气利用水平迅速提高，2008 年该地区已跃居成为继川渝地区之后的第二大天然气消费区。目前，该区域供气管道包括西气东输干线及支线、冀宁线、江苏 LNG、川气东送、东海 – 平湖管道、东海 – 宁波管道、浙江省天然气管道等，形成了以塔里木气为主，东海气、LNG 为辅，联合供气的管网系统。

西气东输管道起自新疆轮南，途经新疆、甘肃、宁夏、陕西、山西、河南、安徽、上海、浙江 10 个省市区，干线全长约 3900 公里，设计输量 170 亿立方米 / 年，设计压力 10 兆帕，管径 1016 毫米。该管道开辟了国内管道建设的新纪元，使 1016 毫米大口径钢管、X70 材质、10 兆帕设计压力首次得到成功运用，标志着中国管道工艺的技术水平跨入世界先进行列。

（四）中南地区——湘、鄂、豫、皖、赣

中南地区天然气管道纵横交错，以西气东输、西气东输二线、忠武线、淮武线、川气东送为骨架，形成了该区域的管网供应系统，川气、塔里木气、中亚气等多气源联合供气格局基本形成。

川气东送管道西起四川省普光气田，东至上海，途经四川、重庆、湖北、安徽、浙江、江苏 6 个省市，干支线全长超过 2200 公里。川气东送管道由 1 条干线和 3 条支线组成。普光—上海干线长 1674 公里，设计输量 120 亿立方米 / 年，设计压力 10 兆帕，管径 1016 毫米。支线包括川维支线、达州支线、南京支线、江西支线。于 2010 年 10 月正式投入商业运营。

（五）西北地区——青、新、甘、藏

西北地区地域辽阔，天然气资源丰富，是我国主要的产气区之一。除西藏尚未有天然气管道外，区内形成以西气东输一二线、涩宁兰及复线、兰银线、北疆环形管网、南疆环形管网为主的供气系统。

涩宁兰管道起于青海省涩北气田，止于甘肃省兰州市西固区末站，全长约 930 公里，自西向东途经青海、甘肃 2 省。涩宁兰设计输量 33 亿立方米 / 年，设计压力 6.3 兆帕，管径 660 毫米，于 2001 年建成投产，是我国在青藏高原上建设的第一条长距离、大口径输气管道。

涩宁兰复线起于青海省涩北气田，伴行涩宁兰管道，止于甘肃省兰州市西固区末站，全长约 945 公里，自西向东途经青海、甘肃 2 省。涩宁兰复线设计输量 33 亿立方米 / 年，设计压力 6.3 兆帕，管径 660 毫米。2009 年 11 月涩北—西宁段建成投产，2010 年 9 月全线投产。

（六）东南沿海地区——粤、桂、闽、琼、港、澳

目前，东南沿海地区气源以 LNG 和南海气为主。除广西外，其余各省境内沿海供气网络基本形成。西二线干线已贯通。

随着西二线支干线、广东 LNG 二期工程和珠海 LNG 接收站及其站线的建设，以及供气支线的不断完善，将基本形成区域性供气网络。

西气东输二线在新疆霍尔果斯与中亚 A/B 线连接，是我国第一条引进境外天然气的陆上管道工程，其主供目标市场之一是东南沿海地区。西气东输二线西起新疆霍尔果斯，南至广州，东达上海。管道工程包括 1 条干线，8 条支干线，途经新疆、甘肃、宁夏、陕西、河南、湖北、江西、广东、广西、山东、湖南、浙江、江苏、上海 14 个省区市，干线和支干线全长约 9000 公里。干线起自霍尔果斯，止于广州，全长约 4900 公里。8 条支干线分别是轮南—吐鲁番、中卫—靖边、枣阳—十堰、樟树—湘潭、平顶山—泰安、南昌—上海、广州—南宁、广州—深圳。2009 年底西段（霍尔果斯 – 中卫）

干线及中卫－靖边支干线正式实现商业供气，2012年底全线建成投产。西气东输二线管径最大达到1219毫米，压力达到12兆帕，钢级达到X80，单管输送能力达到300亿立方米/年，标志着我国管道技术水平已达到国际领先水平。

(七)中西部地区——陕、宁、蒙

该区域是我国又一主力产气区，同时也是西部管网与东部管网的结合处。宁夏、陕西境内形成以西气东输系统、陕京线系统、兰银线、长宁线为主，以靖西线、靖西复线、咸宝线为辅的供气网络系统；内蒙境内的天然气管道主要依托长庆油田相对独立，主要有长呼线及复线。

兰银线起自兰州，止于银川，全长470公里，设计输量35亿立方米/年，设计压力10兆帕，管径610毫米。该管道在兰州与涩宁兰管道连接，在甘塘与西气东输管道连接，在银川与长宁线连接，实现了塔里木、青海、长庆三大气区的联网，增强了甘肃、宁夏的供应能力和供气可靠性。工程于2007年7月建成投产。

长呼线包括1干5支，全长约560公里。干线起自长庆气田第二净化厂，止于呼和浩特，途经乌审旗、伊金霍洛旗、鄂尔多斯、达拉特旗、包头、土默特右旗、土默特左旗等城镇，全长约486公里，设计输量为9.5亿~13亿立方米/年，设计压力为6.3兆帕，干线管径457毫米。工程于2003年10月建成投产。

长呼复线天然气管道包括1干3支，全长约500公里。干线起自长庆气田第三采气厂，途经乌审旗、伊金霍洛旗、东胜区、达拉特旗、九原区、土右旗至土左旗、玉泉区、赛罕区等旗区，止于呼和浩特赛罕末站，全长约408公里，设计输量为50亿立方米/年，设计压力为6.3兆帕，干线管径914/862毫米。3条支线分别为包头支线、达旗支线以及达旗、呼市联络线。工程于2012年10月建成投产。

(八)东北地区——黑、吉、辽

该区域集中了我国三大陆上油田，区内一直就近利用油田自产天然气，主要建成了大庆—哈尔滨、大庆—齐齐哈尔、长岭—长春、八屋—长春、辽河至沈阳、本溪、鞍山、营口等地的天然气管道。2010年建成了秦皇岛－沈阳天然气管道。大连—沈阳管道目前也已贯通。秦沈线、大沈线的建设标志着该区域干线管道建设的正式启动。

秦皇岛—沈阳及大连—沈阳天然气管道是东北天然气管网的重要组成部分，是中国石油集团在辽宁省境内的骨干管网。大沈线及秦沈线的建设，拉开了东北大规模天然气管网建设的序幕，将有效地缓解整个东北地区天然气供应紧张的局面，促进东北老工业基地振兴。与此同时，大沈线及秦沈线都将通过支线与辽河储气库连通，在辽宁省境内形成“A”型环形输气管网，将极大地提高东北地区供气安全可靠性。此外，通过秦沈线，东北管网与华北管网互联互通，对于实现东北地区气源多元化、管道网络化具有重要战略意义。

秦沈线起自秦皇岛分输站，途经秦皇岛、葫芦岛、锦州、鞍山、沈阳，终止于新民分输站，线路长426公里，设计输量90亿立方米/年，设计压力10兆帕，管径1016毫米。工程包括1条干线和5条支线。2011年6月建成投产。

大沈线干线起自大连新港首站，止于沈阳分输站，并于秦沈线连接，全长430公里，设计输量84亿立方米/年，设计压力10兆帕，管径711毫米。2011年12月建成投产。

辽宁阜新—沈阳煤制天然气管道长110公里，设计输量40亿立方米/年，设计压力6.3兆帕，管径914毫米，于2013年10月全线贯通。

二、2013年重点管道工程

(一)西气东输三线

西气东输三线管道工程是继西气东输二线之后，党中央、国务院安排部署的又一项关系国计民生，具有重大政治、经济、社会和环保意义的国家重点工程。

西三线工程包括1条干线、8条支线，配套建设3座储气库和1座液化天然气应急调峰站。沿线经新疆、甘肃、宁夏、陕西、河南、湖北、湖南、江西、福建和广东10个省区，总长度为7378公里，设计输量300亿立方米/年。

西三线主供气源为每年250亿立方米新增进口中亚天然气，补充资源为新疆伊犁地区每年50亿立方米煤制天然气。目标市场为中南地区和东南沿海地区，通过现有管道也可向长三角和环渤海等地区供气。

西三线建成后，将有效缓解中南和东南沿海各省天然气供需紧张的矛盾，并有效提高我国天然气供应调配灵活性、保障供气安全，把天然气在我国一次能源消费结构中的比例提高1个百分点。同时,还可深化我国与中亚国家的合作,实现互利共赢、共同发展,并为新疆煤制天然气提供外运通道,带动当地相关产业发展和当地资源的转化利用,促进新疆跨越式发展。

西气东输三线工程建成后,将进一步增强我国的天然气供应保障能力,使天然气在我国一次能源消费结构中的比例提高1%以上,每年可减少二氧化碳排放1.3亿吨、二氧化硫144万吨、粉尘66万吨、氮氧化物36万吨。

西三线工程将优先采用国产设备和材料,作为大功率压缩机、大口径阀门等长输管道关键设备国产化的依托工程,将带动钢铁、装备、机械、电子、冶金等相关行业发展,对于稳定经济增长、促进上下游产业发展和结构升级将发挥重要作用。在国家发改委、能源局的统一组织下,中国石油集团精心部署,将在西气东输三线建设中大规模推广应用国产20兆瓦级电驱、30兆瓦级燃驱压缩机组和48英寸900磅级大口径干线截断球阀。

西气东输三线工程除中国石油集团直接投资外,还引入社保基金、基础产业投资基金和宝钢集团等,开创了社会和民营资本参与国家重要油气基础设施建设的新模式。

2012年9月,西三线伊宁-霍尔果斯支干线建成;2012年10月,西段干线正式开工建设;2013年5月,东段干线正式开工建设;2013年6月,西段干线霍尔果斯-乌鲁木齐段建成投产;2013年底,西段干线乌鲁木齐-中卫段建成投产;计划2015年全线贯通。

(二)沈阳——长春天然气管道

沈阳—长春天然气管道是东北天然气管网主干线的重要构成部分,对于振兴东北老工业基地、造福东北人民群众具有重要意义。

管道起自辽宁沈阳新民市东大喇嘛乡以南的沈阳分输站,止于吉林长春德惠市万宝镇的长春分输清管站,线路全长364.4公里,管径为1016毫米,设计压力10MPa,设计输量100亿立方米/年。全线设8座工艺站场、12座线路截断阀室,全线采用X70级钢管。于2013年3月8日开工建设。

(三)甬台温天然气管道

甬台温天然气输气管道包括1条干线2条支线,全长467公里。干线北起宁波市鄞州区春晓首站,南至温州鹿城区温州末站,途经宁波、台州、温州的12个区(县),贯穿了浙江省经济最活跃的东南沿海经济走廊,并与杭甬线、金丽温管线相连,全长423公里,管径为813毫米,设计输量95亿立方米/年。2条支线分别为苍南支线和龙湾电厂支线。于2012年7月开工建设,计划2014年建成投产。

(四)金丽温天然气管道

金丽温天然气管道是浙江省主干环网的重要组成部分,由1条干线和1条支线(丽水支线)组成。干线起点为金华分输站,途经金华、丽水、温州3市9区县,止于温州分输站,全长216公里,设计输量45亿方/年,设计压力6.3兆帕,管径813毫米。于2012年12月开工建设,计划2014年建成投产。

三、与天然气管道建设相关的“十二五”规划

(一)天然气发展“十二五”规划

2012年12月3日,国家发展改革委印发了《天然气发展“十二五”规划》,提出:按照统筹规划两种资源、分步实施、远近结合、保障安全、适度超前的原则,加快天然气管网建设。

1.建设主干管网

进一步完善西北通道。重点建设西气东输二线东段、中亚天然气管道C线、西气东输三线和中卫-贵阳天然气管道,将进口中亚天然气和塔里木、青海、新疆等气区增产天然气输送到西南、长三角和东南沿海地区;建设鄂尔多斯-安平管道,增加鄂尔多斯气区外输能力;建设新疆煤制天然气外输管道。

优化和完善海上通道。加快沿海天然气管道及其配套管网、跨省联络线建设,逐步形成沿海主干管道。

2.完善区域管网

进一步完善长三角、环渤海、川渝地区管网,基本建成东北、珠三角、中南地区等区域管网。加快联络线、支线及地下储气库配套管道建设。建设陕京四线,连接长庆储气库群和北京,满足环渤海地区调峰应急需要。积极实施西气东输、川气东送、榆济线、兰银线、冀宁线等已建管道增输和新建支线工程。适时建设冀宁复线、宁鲁管道等联络线。建设东北管网和南疆气化管道,改造西南管网。积极推进省内管网互联互通。

3.加快煤层气管道建设

根据资源分布和市场需求,统筹建设以区域性中

压管道为主体的煤层气输送管网。在沁水盆地、鄂尔多斯盆地东缘及豫北地区建设输气管道。

4.完善页岩气输送基础设施

一是在天然气管网设施比较完善的页岩气勘探开发区,加快建设气田集输管道,将页岩气输入天然气管网。二是对于远离天然气管网设施,初期产量较小的勘探开发区,建设小型 LNG 或 CNG 利用装置,防止放空浪费。三是根据勘探开发进展情况,适时实施建设页岩气外输管道。

"十二五"期间,新建天然气管道(含支线)4.4 万公里,新增干线管输能力约 1500 亿立方米 / 年。

到"十二五"末,初步形成以西气东输、川气东送、陕京线和沿海主干道为大动脉,连接四大进口战略通道、主要生产区、消费区和储气库的全国主干管网,形成多气源供应,多方式调峰,平稳安全的供气格局。

(二)煤层气(煤矿瓦斯)开发利用"十二五"规划

2011 年 11 月,国家发展和改革委员会发布的《煤层气(煤矿瓦斯)开发利用"十二五"规划》中提出:

煤层气以管道输送为主,就近利用,余气外输。依据资源分布和市场需求,统筹建设以区域性中压管道为主体的煤层气输送管网,适度发展煤层气压缩和液化。开展煤层气分布式能源示范项目建设。优先用于居民用气、公共服务设施、汽车燃料等,鼓励用于建材、冶金等工业燃料。在沁水盆地、鄂尔多斯盆地东缘及豫北地区建设 13 条输气管道,总长度 2054 公里,设计年输气能力 120 亿立方米。

(三)页岩气"十二五"发展规划

2012 年 3 月,国家发展和改革委员会发布的《页岩气"十二五"发展规划》提出:

完善页岩气利用配套基础设施:一是在天然气管网设施比较完善的页岩气勘探开发区,积极建设气田集输管道,将页岩气输入天然气管网。二是对于远离天然气管网设施,初期产量较小的勘探开发区,建设小型 LNG 或 CNG 利用装置,防止放空浪费。三是根据勘探开发进展情况,适时实施建设页岩气外输管道。

四、天然气管道建设发展趋势

(一)大气污染防治为天然气管道建设带来新的机遇

近年来,主要由燃煤引起的中东部地区雾霾天气肆虐,严重威胁人民群众的身体健康,使用天然气可有效降低 PM2.5,改善大气环境。

2012 年 12 月 5 日,环保部、国家发改委、财政部印发并获国务院批复了《重点区域大气污染防治"十二五"规划》。《规划》明确京津冀、长三角、珠三角等"三区十群"19 个省份 47 个地级及以上城市为大气污染防治的重点区域,要求对火电、钢铁、石化、水泥、有色、化工等 6 大行业以及燃煤锅炉执行大气污染物特别排放限值,这为天然气行业的发展带来了新的机遇。

2013 年 9 月 12 日,国务院发布了《大气污染防治行动计划》。《行动计划》提出:到 2017 年,京津冀、长三角、珠三角等区域细颗粒物浓度分别下降 25%、20%、15%左右,其中北京市细颗粒物年均浓度控制在 60 微克 / 立方米左右。加大天然气、煤制天然气、煤层气供应。到 2015 年,新增天然气干线管输能力 1500 亿方以上,覆盖京津冀、长三角、珠三角等区域。

2013 年 9 月 17 日,国家环保部等 6 部委发布了《京津冀及周边地区落实大气污染防治行动计划实施细则》。《实施细则》提出:到 2017 年,北京、天津、河北细颗粒物浓度在 2012 年基础上下降 25%左右,山西、山东下降 20%,内蒙下降 10%。实行煤炭消费总量控制。京津冀鲁压减煤炭消费总量 8300 万吨(约合天然气 630 亿立方米)。

2013 年 9 月 12 日,北京市政府发布了《北京市 2013-2017 年清洁空气行动计划》,提出:到 2017 年,全市燃煤总量比 2012 年削减 1300 万吨,控制在 1000 万吨以内;煤炭占能源消费比重下降到 10%以下,优质能源消费比重提高到 90%以上。市市政市容委、市发展改革委等部门加强燃气供应保障,2013 年,建成大唐煤制天然气一期工程和唐山液化天然气一期工程;2015 年,建成陕京四线,大唐煤制天然气、唐山液化天然气工程全面竣工投产,10 个远郊新城全部接通管道天然气;2016 年,开工建设陕京五线,形成多气源、多通道、多方向的供应格局。

2013 年 9 月 18 日天津市政府发布了《天津市清新空气行动方案》,提出:到 2017 年,净削减煤炭消费总量 1000 万吨,煤炭占一次能源消费总量比重降低到 50%以下。

2013 年 9 月 12 日,河北省政府发布了《河北省大气污染防治行动计划实施方案》,提出:到 2017 年,煤炭占能源消费总量比重较 2012 年明显降低,全省净削减 4000 万吨。

综上，环保优势将取代价格优势成为推动天然气需求持续上升的重要因素。天然气需求的持续上升将进一步促进天然气管道的高速建设。

(二)大口径、高压力、高钢级是发展方向

西气东输、西气东输二线工程是我国天然气管道建设的 2 座里程碑，使我国天然气管道的管径从 DN700 提升到 DN1000、DN1200，压力从 6.3 兆帕提升到 10 兆帕、12 兆帕，材质从 X65 提升到 X70、X80。

在建的西气东输三线也采用大口径、高压力、高钢级的设计理念。

目前，俄罗斯正在建设的巴法连科 – 乌恰天然气管道设计压力 11.8 兆帕，管径 1420 毫米，材质 X80，设计输量 500 亿立方米 / 年。

美国规划的阿拉斯加 – 加拿大阿尔伯达的天然气管道设计压力 17.2 兆帕、管径 1219 毫米、材质暂定 X80、设计输量 450 亿 ~ 590 亿方 / 年。

未来中国管道技术水平将得到进一步提升，并将继续向着高压力、大规模、大口径、高钢级方向发展。

(三)关键设备和自控系统的国产化取得瞩目成绩

长期以来，我国天然气长输管道建设中所用的大功率燃驱压缩机组、电驱压缩机组和大口径阀门等关键设备主要依靠进口。不仅购置和维修费用高，而且国外供货周期长，一旦供货和零配件跟不上，工程建设和安全运行就得不到保障。为扭转这一局面，在国家能源局组织协调下，中石油牵头与中国机械工业联合会等组成研发团队，以西气东输二线为契机，从 2009 年开始对相关设备国产化研制工作。

2010 年 7 月，长输管道高压大口径全焊接球阀在成都研制成功；2011 年 6 月，30 兆瓦级燃驱压缩机组在哈尔滨下线；2011 年 12 月，20 兆瓦级电驱压缩机组在沈阳问世。

30 兆瓦级燃驱压缩机组预计生产两台，将安装在西二线上海支干线的衢州站。20MW 级电驱压缩机组预计生产 7 台，先出厂两台，分别运往西二线黄陂站和高陵站，在站场开展工业性应用试验；剩余 5 台将分别在彭阳站、鲁山站各安装 1 台，再在高陵站安装 3 台。2012 年 11 月 12 日，首套 20 兆瓦国产电驱压缩机组在西二线高陵压气站带负荷试验成功。2013 年 5 月，高陵压气站内 4 台国产电驱压缩机组全部投产，均运行正常，累计运行时间超过 3000 小时。

至此，制约我国天然气长输管道的三大关键技术设备全部研制成功，主要技术指标达到国际先进水平，为我国长输管道建设以及国家能源安全提供了重要保障，将逐渐打破长期依赖进口的局面。

此外，随之油气管道网络化的发展，如何整合资源、合理调度、保障管网系统安全平稳运行显得越来越重要。国外长输管道广泛应用计算技术，对管道输送进行自动化控制和管理。中石油油气长输管道已实现集中调控，所使用的仿真软件和 SCADA 系统的软件均是国外公司开发的。随着管道输送规模的不断扩大，对输送过程控制和管理的复杂程度成倍增大，对安全性、可靠性和经济型的要求越来越高。计算机、SCADA 系统和现代通信技术的应用，使管道系统的自动控制和管理进入了新阶段，自动化和通信技术已成为管道系统必不可少的组成部分。各石油公司已开展 SCADA 系统国产化研发。

(四)完整性管理开始推广

管道完整性管理是管道运营公司面对不断变化的因素，对油气管道运行中面临的风险因素进行识别和评价，通过监测、检测、检验等各种方式，获取与专业管理相结合的管道完整性的信息，制定相应的风险控制对策，不断改善识别到的不利影响因素，从而将管道运行的风险水平控制在合理的、可接受的范围内，最终达到持续改进、减少和预防管道事故发生、经济合理地保证管道安全运行的目的。

管道完整性管理分为六个环节：数据收集、高后果区识别、风险评价、完整性评价、维修维护和效能评价。

从 2004 年起，中石油开始管道完整性管理的研究，目前已经掌握了核心支持技术，如管道数据管理技术(基于 GIS)、风险评价技术、检测技术、完整性评价技术和各种维抢修技术等，制定了《管道完整性管理规范》等系列企业标准，建成了管道完整性管理体系和信息化系统，实现了管道数据的集中管理存储和完整性管理业务流程的信息化，并且已经在陕京线开展管道完整性管理试点工作。目前，中石化和中海油也开始推广应用管道完整性管理，开展了管道内检测和管道数字化等工作。

跨文化管理中的激励和约束机制研究

陈忱
（中国石油天然气管道局管道投产运行公司）

改革开放以来，中国经济高速发展，对能源的需求也是与日俱增。石油和天然气作为能源的重要组成部分，在中国一次能源消费和生产中所占的比重迅速上升。然而，我国油气资源十分有限，这已经成为制约我国经济发展的瓶颈。石油已经成为影响国家经济持续发展的命脉，石油资源已经和国家的安全紧密联系起来。九十年代初，中石油审时度势，针对国内油气资源不足、石油工程技术服务资源过剩的情况，做出了跨出国门、开展国际化石油合作的决策。

随着中国石油国际业务的快速发展，海外项目数量的急剧增多，就必然面对与母国文化完全不同的文化。在管理上就会面临多重文化相冲突的情况。如何在不同的文化环境下，进行有效的项目管理，正确处理好文化的差异性与冲突，利用跨文化的优势，消除跨文化的冲突，强化跨文化的管理，促进项目管理的有序、高效的进行，无疑对于越来越多的参与到国际竞争中的中国石油来说具有至关重要的意义。

一、跨文化管理的特征

在企业的经济活动全球化过程中，“走出去”的企业在进行海外的项目管理时，必定需要面对来自其他国家的“文化冲击”。据国际调查显示，国际间经济合作的失败，只有30%是由于技术、财务或战略方面的原因造成的，与之相对，却有70%失败于人员之间的跨文化沟通[1]。作为本国企业的员工，都深深刻着本国的文化烙印，许多在国内项目上行之有效的管理模式和管理方法，在海外的项目管理中就会遇到层层阻碍，这也就需要我们寻找出一种既有本国文化鲜明特征，又能很好的消除跨文化管理所带来的不利因素的卓有成效的管理方法。

（一）文化体系的包容性

彼得－德鲁克曾说过，跨国经营的企业是“一种多文化的机构”，其经营管理“基本上就是一个把政治上、文化上的多样性结合起来而进行统一管理的问题。”[2]在跨文化的项目管理中，项目中的人员会来自不同的国家和地区，有着不同的价值取向和文化背景，即使形成了全新的跨文化的企业文化后，在项目内部也会存在着行事风格迥异的行为方式。不同的文化具有不同的价值观，项目管理在经营过程中对不同的文化必须采取积极接纳的态度，将多元文化进行融合，构建一个包容、和谐的跨文化体系。

（二）文化行为的学习性

在跨文化的项目管理中，需要不断面对新的国家、新的地区和新的文化。为了应对这些不断出现的新问题、新挑战，除了不断学习以外别无他途。跨文化的项目管理有别于其他项目管理的特点，就在于它的跨文化学习性。一方面在国际项目的管理中，必须培养一种学习型文化，不断吸收和融和当地的文化，进而解决管理中存在的文化冲突和差异；另一方面是国际项目所面临的是不同文化的世界市场，只有不断进行跨文化的学习，了解和掌握不同文化条件下的市场特点、政治经济特性、以及竞争与合作者的行为方式、消费者的生活习俗等，才可能在国际市场上取得竞争优势。

（三）经营环境的复杂性

跨文化项目管理的经营环境与其他项目管理相比有很大的差别。一般的项目管理的经营环境比较单纯，所属成员不存在文化隔阂和价值观念等方面的差异，也不存在政治、法律制度和风俗习惯的不同，比较容易建立企业文化，也容易在管理方式、决策和执行等方面取得共识。相反，跨文化项目管理所面临的经营环境就要复杂很多，除去社会制度、风俗习惯等显著差异以外，企业成员在管理目标的期望、经营管理观念、管理协调的原则以及管理风格等方面均存在着明显的差异。这些差异无形中会导致管理上出现混乱和冲突，使决策变得更加困难，即使建立起来一种统一的、融和的企业文化，但是这种冲突和差异也不会消失。

（四）文化认同的过程性

跨文化项目管理中存在差异较大的文化。来自不同文化背景的人无论是心理或者行为都有着显著的差异，这些差异只有逐渐被人们理解和认识，才能取得认同和共识，建立起能够包容各种文化，消除文化中的隔阂与差异的全新文化。但是要形成这种文化并不是一朝一夕的事情，需要一个很长的过程。在这个过程中，项目中的所有成员都需要了解对方的文化，进行文化沟通以消除隔阂，接受和建立全新的文化。

二、跨文化管理中的激励机制

管理的主要功能是形成有效的激励和约束机制，一方面激发员工的积极性和创造精神，另一方面规范员工的行为，维持企业运行秩序。跨文化项目管理中，管理的对象是具有文化差异的员工，如总公司的派出员工以及在东道国招聘的员工或第三国员工。如何对来自世界各地的员工从文化上来进行有效地约束和激励，需要一些新的思路和方法。

从行为学的角度出发，激励就是使行为主体的意志和组织目标调整一致，增强行为主体的意志，调动积极性并促进目标的实现。马斯洛的需求层次说及赫茨伯格的双因素模式理论，为激励理论奠定了基础。他们的研究表明，激励本质上就是去满足人的需求，通过满足需求的预期，来激发人们的行为。而人的需求是多层次、多方面的，激励机制有效性的关键在于，尽可能去掌握和满足人们需求的层次及其变化。文化的差异造成人们需求的差异和效用的不同，跨文化管理必须充分考虑这种差异，设计出合理而有效的激励机制。跨文化管理中激励机制的设计，要注意处理好以下几个方面的问题。

（一）激励机制设计的文化包容性

跨文化管理在进行激励机制设计时一定要兼顾各国、各民族文化的特点，首先一定要克服种族优越感或者说是文化优越感，种族优越感指认为自己的种族优越于其他种族，认为自己的文化价值体系较其他优越。如果项目的管理者以此观点来对待他国员工，将会引发冲突，造成激励不当，导致管理失败。优秀的管理者不仅需要具备在本土管理项目的能力，更应具备在不同文化环境中从事综合管理的能力，文化是开放的，也是包容互补的，管理者在进行激励机制设计时，一定要注意到这点，应该兼顾不同文化的价值取向，尽可能选择不同文化共同认可的需求效用和价值尺度来确定激励措施。

（二）文化差异和选择性激励

因为文化的差异性，跨文化经营者对人力资源进行激励时，一定要针对不同的文化，进行选择性激励。霍夫斯泰德60年代通过对IBM在40个国家的11.6万名员工进行意见调查，通过调查人们对管理方式和工作环境的偏好，指出四个不同的“价值观念”尺度——权利的空间跨度，不确定性的避免，个人主义／集体主义，阳性／阴性[3]。例如在权力差距小的国家，下属和上司是相互依赖的。他们之间的感情差距也相对较小，在这种制度下，年纪和资历不是很重要，激励手段注重个人能力，须建立严格的绩效考核体系。权力差距大的国家，下属对上司的依赖很大、感情差距很大，等级制度比较明显，年纪和资历显得十分重要，激励手段注重权力和职员的归属感。

(三)跨文化管理中的物质激励

有效的物质激励是指通过满足员工物质方面的需求,如增加工资、发放奖金等形式刺激员工努力工作。按照马斯洛的需求层次理论,物质需要是人们的基本需要,只有满足了基本的物质生活需要,才可能使更高的精神需求发挥作用,所以说,物质激励是激励的最基本方式。不同文化的员工对物质需求的类型有差异,同一物质因素激励的效应也有不同,跨文化管理者应该考虑到这些差异,区别地设计物质激励方式,使有限的物质资源产生最大的激励效用。

(四)跨文化管理中的精神激励

有效的精神激励是指对员工的精神需要加以满足,如经常表扬员工,对他们的工作或成绩予以肯定等。尊重员工,认同他们的工作成就,这在有文化差异的企业能更持久、有效地激发员工的工作能力,形成持久的凝聚力。同时,文化不同、价值观念的不同必然导致员工精神需求的差异,如日本文化中员工对工作的稳定性、生活的归属感、集体荣誉感等精神需求比较突出,而美国员工对个人成就、自我价值实现等精神需求非常重视,伊斯兰国家的宗教信念需求比较强烈等等。跨文化项目管理应该充分认识这种精神需求的差异,设计适当的精神激励机制,在满足员工精神需求的同时,激发他们的工作积极性。

三、跨文化管理中的约束机制

不同的文化传统、文化观念会形成人们不同的价值取向和价值共识,决定着人们不同的行为特征和行为方式,跨文化管理必须充分认识这种文化差异造成的行为方式的差异,适当来设计和选择约束机制。例如:东方人的行为选择容易受非正式因素的影响,因此,道德的、传统的、人际关系等非正式的约束因素,作用比较明显。西方人行为选择比较符合“理性人”假设,正式的制度约束效果更好。同时,在正式和非正式约束中,不同文化所注重的也常常有差异,如西方道德注重尊重个人,东方道德注重合作、注重团队精神等,这就要求国际化公司要注意文化的特点和差异,针对不同对象选择和构建适当的约束机制。

(一)构建与文化价值观念相适应的制度安排

正式制度是企业管理中基本的约束机制,规范化、制度化的管理是现代企业的基本特点。作为约束人们行为及其相互关系的规则,制度的对象是人,如上所述,不同文化的人,价值观念不同、行为特征和方式不同,因此,企业管理制度的设计也需要有所区别。跨文化管理中,面对的是具有文化差异的员工,因此,不能简单照搬总公司的制度到海外项目的管理中。在坚持总公司统一的理念和原则的同时,应该充分考虑项目管理中的文化差异,根据员工的具体情况,构建与员工文化价值观相适应的制度安排,这样才能使制度有效运转,其约束功能才会得到积极的发挥。

(二)培育与文化主体相容的价值观念和道德约束

跨文化项目管理必须明确尊重周围较大的社会群体的准则期望和合法要求,公司尊重对东道国文化“精华部分”的基本信仰。如在阿拉伯国家中,伊斯兰教影响着阿拉伯人生活的各个方面,在企业经营模式上,阿拉伯国家的企业大多采取传统的家族经营模式,这是传统部落酋长会议和家族会议的翻版。“家族本位”是阿拉伯社会的一个基本特点,企业的经营管理和经济的发展,不以牺牲家族利益和损害社会稳定为代价。管理人员要善于把员工为企业所做的工作情况进行总结,将其作为企业的精神,并将其灌输和渗透到企业全体员工的精神当中,形成自上而下的统一的企业精神机制,还要善于依靠不同文化背景的员工集体实践,形成一个团结、整体性的企业群体。培育与文化主体相容的价值观念和道德约束,不仅需要创建氛围产生拉力、完善制度产生推力,还需要重组企业的领导具有有韧性的和启发式的领导艺术。这样才能确保整个企业文化、特别是价值观的建设整合顺利的进行。

总之，进行跨文化管理是利用跨文化优势，消除跨文化冲突，在保持本土文化优势和特色的同时，又能吸收外来文化的精华，这也将成为全球化经济浪潮中项目管理的成功之道。如何能够立足本国文化，融入到当地文化中，建立和谐、统一的管理理念，这也将成为中国石油海外项目管理成功的关键。

论增强企业内的执行力

任洪芳
（中国石油天然气管道局管道投产运行公司）

一、导致执行力差的原因分析

执行力没有贯彻到位，主要是管理者对偏差不敏感，个性上也不习惯于追求卓越，单方面认为事情办的应该“差不多”，而没有得到对方的反馈。第二是出台的政策和制度没有经过慎重考虑，不够严谨，有时又会朝令夕改，让员工无所适从，而有好制度的时候也得不到有效的贯彻执行。第三是工作流程过于繁琐，应该缩短非必要部门的处理环节，提高处理效率，进行科学的流程再造是有效执行的必要措施。第四是缺乏科学的监督考核机制，包括无人监督的情况，或者是一方面是监督方法不对的情况，这样执行力就会失去一个措施，就会导致无法评估和控制。第五是培训重视程度不够，很多企业的培训流于形式，或者人为地减少培训的步骤和关键点，也从另一个方面说明了培训者责任心不够。第六是企业文化缺乏凝聚力，也就是企业文化制定的不适合，员工不认可或者不理解这个文化，就没有去落实，也就没有竞争力。

二、如何增强执行力

（一）提升对于卓越的渴望

执行力是一种态度，中国人的航母能出海航行，神州航天飞船能够在太空中对接，但做工程却出现了“差不多”工程，这说明我们有实力克服困难，但却是缺少一种严谨认真的态度，负起工作的责任。要一个团队有执行力，作为管理者更是要严于律己，不要随便降低标准，做好基础的工作，从自身做起，这样员工们也会每一个层级和每一个阶段，都全力以赴，不找借口的去执行。

（二）必须建章立制

一个成功的企业，高层信誉是第一位的，但仅有信誉是不够的，还需要有制度做保障。只有信誉没有制度，企业的持久力不足，不能着眼于未来，现代企业都监理制度管理的理念，减少人为因素，在制度面前人人平等，破坏制度要进行处罚，这是人治到法治的转型，这也是企业中各岗位标准化、职业化的必经之路，这也并不是说管理中没有人文关怀和人情，只是不能因为人情而破坏了管理流程，导致秩序的混乱，这点并不矛盾，是相辅相成的。

建章立制需要因地制宜，不能随波逐流。制度一旦建立，不可朝令夕改。即便制度不够完善，也要在执行中逐渐修订，不能彻底推翻，否则制度就失去了严肃性，势必影响制度的执行力。例如美国费城制宪会议上通过的《美利坚合众国宪法》，随后的 225 年中只附加了 27 条宪法修正案，这说明美国宪法十分稳定，很多其他法律就能根据宪法顺利的执行，所以要以严谨、负责的态度认真制定政策和规定，并维护其稳定性，这是能够正确、有效执行下去的前提。制定一项制度要考虑企业的实际情况，如果制度执行不下去，就失去了制度的意义。制定制度需要有可行性，既要与内外部环境相协调，又要与体制机制相适应，企业所制定的用人机制、激励机制、奖惩机制等制度应该有很强的可执行性，符合自身实际，能够得到员工的拥护和支持，而所有的口号、文件不仅仅要写在纸上、挂在墙上，而是要在企业战略目标下，在领导的正确指导下，全心全意的立即行动，全员主动而出色地完成各项工作任务。制度制定后,关键是要进行有序管理,制度使管理有章可循,并在管理过程中不断完善、充实相关的各项制度,这是不断改进的循环过程,在这样的前提下,员工会以制度为心中的纲领、保质保量地完成工作指标,以加强各级管理人员的执行力。

(三)建立绩效管理制度

当前很多企业都在搞绩效管理制度,绩效管理不光是人事部门的事情,在推行绩效管理制度、增加执行力的同时,要从高层开始重视绩效管理工作,高层的认识促进了基层对绩效的落实,绩效管理不仅仅是绩效考核,不仅仅是为了完成任务,区分奖金数量。推行绩效管理制度离不开与其配套的制度,绩效管理工作是规范化人力资源管理的一个环节,但不是孤立存在的,其基础是各部门、各岗位的描述,责任的界定,这是一个循序渐进的过程,如果盲目跨越基础工作直接进行绩效管理,结果就是空中楼阁,可操作性差。同时我们也要转变我们的思维,因为我们的传统文化是中庸的儒家文化,崇尚仁政,推行绩效管理的难点在于提倡一种绩效文化,这就是看工作的结果,绩效文化就是追求工作结果的为主要导向的文化,过程和态度被弱化,和我们的传统文化的冲突是需要克服的问题。

(四)重视教育注重实践

我们应该在平时就潜移默化的对员工进行影响,首先是培养他们主动的工作态度,特别是马上开始行动的思维,因为总是有些问题条件还不具备,可能是人还没到,或者是方案还不完善,很多事情没有完美的开始时间,应该马上行动起来,行动起来就是实践的过程,有了好的想法就该尽快实施,想法本身不能带来成功,只有在被执行起来后才会有价值,万事开头难,一旦行动开始了就会建立自信,事情也会变的简单。其次是培养员工专注地能力,把注意力集中在目前可以做的事情上,不要为前一个时期发生的事情烦恼,我们就应该把精力多多的放在目前的事情上,因为很多明天或者未来的事情可能永远都不会发生。

(五)重视培养人才各项素质

提高员工素质,首先是主要提升领悟能力,凡事先弄清意图,清楚的领悟一件事,比盲目做十件事更加重要,第二是计划能力,将各项任务按轻重缓急列出计划,在计划的实施及检查时,预先掌握关键性问题,不能因琐碎的工作影响了大事。第三是创新能力,这是一个人、一个企业是否有核心竞争力的重要标志,要时刻具有创新意识,需要不断的学习,不断的从工作中发现问题,解决问题,解决问题的过程就是创新的过程,做任何一件事的同时都要想想,有没有更好的方法使执行的力度更大,效果更好,建立唯有创新才能生存的理念。

制定涵盖全体员工的学习制度,保证员工终身学习,持续学习,学习的形式可以是会议学习,专家讲座,观看录像,信息发布,沟通和交流、开办不同范围和层次的论坛和研讨会。特别是要加强人力资源、职业素养、财务管理、合同管理等系列培训,还可以同一些国内外著名公司建立合作关系,从合作中学习,向他人学习,

(六)制定适合自身的企业文化

每个国家,每个民族都有自己的文化,比如美国企业强调个人独立性,个人英雄主义比较突出,欧洲国家受到宗教的影响,注重理性和科学,强调逻辑推理,而我国近代社会主要经历了两次变迁,新民主主义革命胜利前的儒家思想,改革开放以后涌入的西方思想,而多数人都会出现双重的行事方式,根据自身的情况既遵循上尊下卑,又倡导自由平等,既要求公平竞争又相信关系哲学,作为员工要求法治,作为管理者推行儒家人治,所以很多中国的企业都处于混沌朦胧的状态,我们应该在将西方企业文化搬来的同时,在璀璨的中华文化文明中寻觅,培养一种仁爱包容,求真务实的企业文化。避免过于抽象不好理解的企业文化,如团结、求实、奉献等无法反映价值取向的词汇。文化是一种价值观,因为有历史,才有文化,文化保证特色,特色酝酿了品牌,品牌推动了竞争。作为一个有明确企业定位的单位,一个年轻的单位,拥有了企业文化,不是一件容易的事,即使是改革开放 30 年以来的,我们国家很多的企业,也没有全部形成自己的企业文化,所有我们有幸成为文化的奠定者。

当人类开始出现群居生活，开始有部落形成的时候，管理也就诞生了，最早的管理是一个人来管理一个部落的人，我们称之为“人治”，历史发展到春秋战国的时候，法家知识分子提倡根据制度、律法来管理国家，管理人民，我们称之为“法治”，进入新时期，管理者创造了让员工自己来管理自己，一个具有强大执行力的员工，一定是一个有自我管理能力的员工，他可以将日常的工作安排好，将未来的工作计划好，将上级的指令融入到自己的工作中，执行好。执行力并不意味着服从和害怕，执行力是自身素质的一部分，是中国人不该欠缺的一种品德。是对自己对事业的一种责任，这是一定要坚持的。

浅谈管道投运公司商务运作模式

陈树东　梁建新
（中国石油天然气管道局管道投产运行公司）

0 引言

中油管道投产运行公司（以下简称投运公司）成立于1999年，是中国石油天然气管道局所属的专业管道投产运行技术服务公司。公司由成立初期服务三条输油气管道，人员181人，至现在海内外成立4个地区公司、9个分公司、4个项目部，从业人员1715人，截至2012年，投运公司独立运行管道7180公里，参与运行管道2400公里。公司实现了由小到大，由弱到强，由单一劳务服务单位向国际化油气管道投产运行专业化公司的转变。这成长的历程，得益于国家能源战略的实施，得益于油气管道建设高潮的到来，更得益于管道投产运行公司逐步探索并逐步确定起来的商务运作模式。

1 企业商务运作模式

企业目标：建设中国第一、世界一流的管道投产运营总承包商。

主营业务：投产试运、管道运营、油品化工。

发展战略：人才强企战略、市场开发战略、国际化经营战略、精细化管理战略

发展思路：围绕建设中国第一、世界一流管道投产运营总承包商的目标，注重深化改革创新，深入推动四大战略，加快转变发展方式，优化市场资源结构，不断强化科学管理，突出提升质量效益，坚持以人为本，夯实发展根基，弘扬优秀文化，建成幸福企业，努力实现公司科学健康持续发展。

市场理念：专业需求即为市场。

企业价值＝目标需求＋专业服务（V=R+S）

市场是公司的承载体，是企业的生命线，是发展的大舞台。投运公司因其专业性特点，决定了其从属于市场主导型企业。每一市场介质、工况、环境，导致业主刚性专业需求不同，需求是公司存在之因。公司根据市场需求，进行针对性设计，制作合作模式、人员素质、技术满足、团队设立等符合之果。通过二者的结合，实现公司的价值体现。

1.1 目标需求主导市场合作模式

投运公司属于完全市场型企业，市场提供以油气管道、场站、库、罐等投产运行为主体的硬件环境，并提出目标要求，投运公司针对此实施管理软环境，确保硬需求的安全高效。

投运公司目前服务业主有20余个，与业主合作模式也有多种形式。综合起来，主要有以下几种，甲乙融合式、独立承包式、单体任务式。

甲乙融合式：在石油石化行业内部较为普遍，业主多为行业内部专业化地区公司，如中亚管道、西部管道、川气东送等市场领域。在业主委托的工作场站内按不同比例配备岗位员工。根据合同约定各自承担本岗位工作及相应责任。按照执行行业管理体系，服从业主各项规章制度及管理规定，参与党工团组织生活。投运公司负责参与员工的思想政治工作、稳定工作、负责培训、考核、调整等相关事宜。在苏丹六区等国外市场中，业主将部分属地化员工编入辅助岗位，委托投运公司为属地化培训传帮带，此也属于融合性的一种形式，运行周期较长。

独立承包式：即由业主宏观管理，监督，定期考核，委托投运公司全面承担生产、安全、队伍等全部工作内容。此服务方式在国外乍得、尼日尔、在国内主要为各省际天然气公司或合资公司，业主以投融资为主职。运行周期较长。

单体任务式：根据业主的服务需要，投运公司进行定制式服务，此项目多以单体技术服务合同体现。如管道试运投产、阀门养护、投产保运技术咨询、场站库的维修保驾或单体设备设施更改维修。运行周期相对较短。

1.2 专业化服务是满足市场需求的管理软件

是指公司内部的管理体制、专业体系及企业文化等，是企业发展壮大的软实力。

1.2.1 安全把关：安全是投产运行公司运营发展的基石，是市场诚信的保障。投运公司成立十余年来，始终把安全生产工作放在第一位，未出现任何安全生产责任事故。“QHSE+ 企业文化”是公司独具特色的管理模式。实体安全、程序安全：即通过协助业主（提出意见和建议）整改、维修、确保承担场站、管道、油气库等硬件设备设施的本质完好，符合规范要求。通过培训和强化自身素质和能力，确保员工的安全管理科学合理，规范有序，操作实施环节正确无误。

1.2.2 企业文化理念：投运公司形成了“四海为家、求实奉献、和谐共赢”的企业文化。这是企业多年历经市场打拼的写照，也是成功经验的升华与传承。企业员工在多年的工作中，形成了岗位在一线、成才在基层、安全重泰山、服务无止境的价值观，在这个理念的润泽下，员工学习意识、服务意识、专业精神也在逐步固化和提升。

1.2.3 专业引领：专业化服务是投产运行公司核心竞争能力。投运公司将多年来投产的油气管道、场站、库、罐等经历进行总结，结合多年经验，编纂的管道局《试运投产阀门养护调试技术规范》、《天然气管道试运投产规范》、《原油管道试运投产技术规范》、《成品油管道试运投产技术规范》四项企业标准定于2013年5月24日实施，作为行业领域基本标准。实现油气储运技术创新20余项，近年来先后发表投产试运专业论文30余篇，始终保持了行业的专业领先能力，成为公司发展的引擎。

2 输出项目部管理团队

输出项目管理团队：将公司的安全、文化、管理理念灌输给团队员工。其形式类似连锁酒店营销模式，但与其又与专业、文化、理念等诸多不同，如，投运公司需要充分考虑业主管理要求及现场内外部管理环境。它是上述商务运作模式的实现手段与方法。

2.1 项目团队组建的方式

针对业主方要求和现场条件需求，通过遴选优秀成员、内部竞聘、管理层推荐等方式，组建项目管理团队。骨干成员一般为3–5名。项目管理团队成员配置要充分考虑到政治性、专业性、管理能力、经营能力、市场开发能力。政治坚定在国外政局动荡地区及国内民族地区尤为重要，在2002年，苏丹突发内战，外方合作伙伴纷纷撤退，投运公司项目领导以坚强政治责任感与使命感，冒着生命危险，组织中方员工在炮火中坚持，确保输油场站的安全平稳运行，赢得了业主方和中石油的高度肯定。此举为公司立足苏丹、进军非洲市场打下了坚实的基础。

2.2 项目团队的主要职能

2.2.1 合作对接：把业主的价值理念与公司的价值理念结合起来，求同存异，把共同的价值理念放大、提升，探索途径并实施兑现。

2.2.2 安全生产：项目团队主要任务是通过科学组织、安全管理和高效运营，实现业主的管理需求，让业主、公司各方受益，实现双赢。油气储运行业，安全平稳是重中之重，在此基础上，项目团队还积极提出技术改造、节能降耗、优化管理等生产与管理建议，并根据业主授权情况，组织或协助实施。

2.2.3 团队建设：和谐团队建设是企业管理的永恒主题。做到工作有朝气、队伍有势气、干事有锐气、领导有灵气，“忠诚企业，关爱员工”是公司的经营理念，也是公司治企的信条。员工以创造业绩为荣，企业以员工发展为重。公司倡导，运作一块市场，培养一批人才，塑造一个品牌，总结一个经验，建立一个基地。管道投产公司的运行市场，队伍介入后基本无退出事例，往往几年或数年的坚守，故团队建设任重而道远。

对项目管理者而言,是一个艰巨而复杂的任务。

2.2.4 市场开发。一个好的项目管理团队,还能在现有市场基础上,实现横向市场区域,纵向服务品类的深入开发,壮大市场领域,或实现开拓与创新。目前,公司已通过中东市场由阿联酋一条油管道的投产试运,发展为阿联酋、伊朗、伊拉克等国家的油田地面建设维护、油气库维检修、油品化学添加剂生产销售等业务,实现了由点到线、由线到面,显现了产业连锁和规模效应,实现了高端技术的引领和高效市场的占领。

3 主要经营管理成果

3.1 2009 年至 2012 年,投运公司连续获得河北省"最具成长型企业""河北省明星企业"荣誉称号;2011 年,公司管理运营的普光站荣获"全国工人先锋号"称号;2013 年,公司荣获河北省五一劳动奖状。获得国家专利 4 项、集团公司科技成果 2 项,公司 QHSE+ 企业文化管理模式获得 2009 年河北省现代化创新管理成果一等奖。

3.2 2009 年,公司发挥项目团队管理优势,实现五大投产一次成功,开创年投产管道万余公里纪录。(中亚管道 B 线、西二线西段、兰郑长(兰郑段)、涩宁兰复线、川气东送等 5 条管道,投运里程万余公里)

3.3 公司的基层管理(山西分公司)推行的"准军事化管理"模式,获得行业内一致肯定,《中国石油报》曾进行宣传并给予较高评价,其管理经验先后在国内外油气储运生产现场进行推广,许多兄弟单位纷纷借鉴施行。

4 对未来企业商务运作模式的思考

通过创新发展模式,实现减少员工绝对数量、提高专业服务质量的目标。

4.1 实现项目团队骨干输出,团队成员属地化。即公司只派出 1–2 名项目负责人,高端专业和管理人才社会(海外市场可全球)招聘,用工主体属地化招用。

实现形式:与专业化技术服务公司合作或专业工作任务外包,以减少公司管理成本,并满足当地政府用工要求(特别是外方业主要求尽量招用当地国用工)。此形式在中亚、中东地区已做了积极尝试。

4.2 公司与业主方建立战略联合体,公司承担专业管理业务。即投运公司通过丰富、完善产业链和前沿技术,承担专业管理、技术咨询等职责,为油气生产设备设施提供安全管控保障。

实现形式:通过融资或技术入股,与业主建立法人制或特许委托合作关系。此形式在山西市场区域已实践并初见成效。

4.3 以油气运营为本体,联合维抢修、检测、清洗、清管、通讯、自控等上下游产业链,承担油气储运市场一体化、组合式技术服务项目。

实现形式:与业内技术服务实力单位建立战略合作伙伴关系。

实践证明,管道投运公司商务运作模式具有很强的可操作性,是提升企业管理、提高经济效益、扩大企业知名度、拓展市场、创造和谐的有效形式。尽管此模式还有可持续完善的地方,但作为一个企业追寻生存发展之道,是可以进行深入探讨和学习实践的。

浅谈如何加强分包商的管理

齐强国 李爱莉
（中国石油天然气管道局管道投产运行公司）

随着我国社会主义市场经济制度的确立和不断完善，在如今的建筑行业专业化分包体系已是必然趋势。加强对施工分包队伍的管理不可忽视，因为分包工程的质量和进度都直接影响着总工程的进度和质量，一旦分包工程的质量和进度得不到有效的控制和管理，势必就会影响总工程的进度和质量，给工程的建设带来影响甚至是损失。如何加强分包商的管理，充分发挥分包队伍的施工积极性与能动性，对工程建设的顺利进行和成本控制起着至关重要用。

一、加强分包商的选择

由于分包家数太多，各家综合能力相差悬殊，分包管理难度大，施工点多，同时分包商上施工设备较多，需要项目部根据各家实力情况，协调各家关系，协助分包商相互合理的调配施工设备，降低分包单位的成本；此外分包商家数多，施工资质范围、市场准入证等不符合要求的情况也较多，往往是各级审计检查的重点，但这些整改难度大、效果也不佳。所以要加强这方面的管理，选择有相关资质和施工经验、有经济实力的分包商。

二、征地协调方面

征地协调可由分包队伍直接落实，项目部不需要更多的外协人员，一方面可降低项目外协人员所发生的成本，另一方面可提高征地协调效率，施工速度快。

三、加强分包工程款管理

项目部要根据分包合同的要求，进度到合同工程量的50%方可拨付进度款，这样各分包商均是垫资进场施工，在EPC拨付进度款滞后的情况下，大大缓解了公司资金紧张的问题。

四、加强各部室对分包的管理

分包管理由计划控制部对分包商下发分包管理办法、制定分包工作的各项工作制度，下发控制表格等，建立联络体系，保证分包单位与各分部及项目部的联系；工程技术部对所有分包商进行施工技术交底工作；由HSE部对各分包商进行安全、环保教育，下发相关管理文件；针对分包数量多、分类不同等特点，我们在配合各分部进行管理的同时，加强对各道工序的管理力度，严把质量关。

五、对分包商的事前、事中、事后控制

在施工现场管理方面可由各项目分部经理主抓，通过事前、事中、事后管理全过程控制。

事前控制管理：每月初由计划控制部组织分包商计划工作会，总结分析上个月分包施工情况，根据项目施工计划编制各分包商施工计划，并与各分包商签署施工计划令，项目部制定奖惩制度，对于施工计划提前的分包商可进行奖励，对于施工延误的分包商进行罚款惩处。

事中控制管理：分包施工质量管理由项目部质量总监、工程技术部、计划控制部对各分部分包商进行联合检查，如发现问题，现场下发整改通知单，对不履行整改的分包商由项目部下发经济处罚通知单，有严重质量问题和不按操作规程施工的分包商，项目部下令停工整改，并停拨进度款，对于拒不执行整改的分包商，项目部可直接下发罚款通知单，不需分包商签

字，直接从进度款中扣除此罚款金额，直至整改合格，由项目部出具复工报告后，方可进行施工。

事后控制管理：随着工程接近尾声，各施工逐步进行到最后工序，要组织各部门术人员做好施工验收，有效的监督和控制施工质量，指导分包商做好地方各项资料的收集，验收分包商提交的验收资料，做好竣工资料的编制。

通过对分包商从严管理，杜绝了“以包代管、包而不管”的现象，强化了项目部各部室与分包单位联系，实现了多层次的有效管理。

浅谈试运投产项目管理

李修源 王大静
（中国石油天然气管道局管道投产运行公司）

一、引言

投产试运服务若要走向国际市场，走正规发展的道路，在项目运作上，如果每个项目都由各自的项目领导和工程师凭借其个人经验来独自运作，已经越来越不能满足国际化发展的要求。本文希望对项目运作的全过程进行阐述，总结过去项目的经验和教训，形成一条系统的思路，为将来项目人员提供一些启迪。

二、项目前期准备

（一）市场跟踪

通过各种渠道，收集国际市场信息，确定需重点跟踪的项目。对目标项目收集到的信息要由市场部形成文字，进行备案，并不断地跟踪进度，尽早入手，以争取主动。

（二）现场考察

在时机成熟的时候，由公司领导带队或由数名商务和专业人员到项目所在地进行现场考察。商务人员主要搜集当地政治、经济和社会情况，包括资源、物价等，项目背景，合同额和未来的工作范围，尽可能搜集一切有价值的信息，提出对未来现场交通、食宿、办公、和人员动迁的分析报告和初步计划，以及风险评估。专业人员需要研读基础设计文件，到现场了解确定项目规模、工期、执行标准和项目的特殊要求，以及对未来所需人员层次和数量做出评估。

三、投标阶段

由于试运投产工作一般都包含在EPC项目中，服务合同的获得主要从EPC承包商手中分包而得，当然也有部分是从业主处直接承包而得。下面内容主要针对投标过程中合同文件的准备应该注意到的问题，其核心是技术标书和商务标书两部分。

（一）技术标书

通过技术澄清和会议，明确服务的工作范围，遵循的标准，以及初步的技术要求。在编制技术标书的时候，只需要介绍采用标准和通行的组织方法，以及公司的资质和所需的人力资源，此阶段不必也没有条件对项目的执行细则进行详述。

工作范围内典型的工作包括：程序文档编写工作（程序文档（要规定版本数）报表的种类和数量（报表，计划，完工报告）；现场具体工作（包括电气，仪表控制，工艺调试，运行测试，投产，系统调试，试运工作的范围和内容），安全设施（基本劳保），临时工程要详加定义（包括脚手架，测试临时管线等）。

不包括的典型内容有：厂家服务（涉及专业性强的厂家设备包），临时工程、材料提供、耗材（比如氮气，水、电、沙、棉纱，预制工具等），起重机、叉车，临时发电机等。

现场交通，食宿，和办公设施，可以考虑利用EPC承包商或业主的资源，灵活界定双方的责任义务。

（二）商务标书

报价三种模式：总包价，人工日费，成本加酬金。

根据前期对项目的熟悉，合同需要对工作范围明确界定，无论是人工日费方式还是总包价方式都要具体详细，不要笼统。为日后合同变更留出余地。

由于试运投产服务工作的特点，工期和工作范围相对明确，双方心里都会有一个大致的底价，业主方为了避免风险，倾向于签订总包价合同，一口价包死，直到某个节点甚至到试运完成为止。总包价合同对双方都是相对简单易行的，为了避免风险和不必要的争端，保护公司的利益，要严肃对待合同报价方式。

如果是总包价合同，要明确界定工期和详细的工作内容。在执行中，制定详细的工作计划，记录并通知业主方影响工作如期开展的因素，如额外工作，施工方未能如期完工，材料或厂家未能如期到场，设计变更等，为工期索赔和合同变更做好准备。

如果是人工日费合同，也要界定工作内容，不同的工作内容如程度文件的编写和现场工作，不同的人员层次，如工程师，操作人员，管理人员，有不同的报价和取费方式，应提高人员层次，争取利润最大化。

付款条件：付款方式，要明确规定付款期限，量化到日期。针对以工程的节点为基础的付款，考虑到非因我方原因导致工程延期，而导致我方不能按时申请付款的情况，同时规避汇率波动带来的风险，推荐以一定周期的结算模式在合同中明确规定（如每月结算一次，或每两月结算一次），保证及时顺利回款。

四、项目计划

在技术标编制过程中，已经有一个项目执行计划。由于对工程的详情不可能完全清晰，计划一般是粗线条的。因此合同签订后，无论何种的方式的合同，都要求有一个详细的项目执行计划。一方面这是合同的要求，另一方面一个好的执行计划，也有助于日后开展索赔，这就是创造条件使自己变得更加主动。比如在合同里规定业主方应该负责如期把现场施工做好，并交给承包商，但当业主方没能及时办妥，或出现比承包商原提计划要求有拖后的情况时，那么承包商就可以提出索赔，此时编报的执行计划进度就成为索赔的时间参照系。

此执行计划应由项目管理人员，各专业工程师等经验丰富的团队在认真详细研究工作内容后，分解工作到具体的任务，定义每项项目任务的工期和内在逻辑关系，并用现有的计划软件(如 Primevera 6.0，Project)等编制，形成横线图，使关键路径和工期一目了然。对于指导实际工作具有重要的意义。

基于项目执行计划，形成人员动迁计划，物资筹备计划和资金使用计划，以及合同款回收计划等。使得工作在控制中有序展开，最大化的避免风险和不可知因素。

各种计划制订后，管理团队最大的任务就是如何按照计划实施。及时发布计划给业主方和公司本部，收集反馈，并及时调整计划。项目管理团队应至少每周召开一次会议，及时发布偏离计划的事项，并尽快采取弥补措施，并更新计划，调整后续工作。记录计划变更原因，作为日后工期变更或索赔的依据。

五、项目队伍建设和组织机构

根据项目的规模和合作方式，确定不同的项目团队人员组织结构。对于自动化水平较低，规模庞大的项目，可以在有专业带队人员的情况下，提高基层操作人员的比例。针对要求正规的国际试运投产项目，则需要增加项目管理，商务，行政人员，基层管理人员，电气，工艺，仪表控制专业工程师以上人员，现场人员适当配备。具体执行过程中可以采用灵活的方式，从属地招聘初级的操作人员。增加高层人员的比例，提高项目团队的层次。

项目团队建设中，对新毕业大学生和年轻技术人员，要特别严格要求英语的说、写能力和沟通协调能力。对有丰富经验的同志，语言要求可放松，但要求现场实际操作经验丰富。各种人才搭配，在项目上共同学习进步。

公司应着重培养合同和商务谈判人员，精通国际惯例的管理人员，以更好规避项目的风险，适应复杂的市场需要。

六、技术文档准备

若要跻身国际市场，承揽国际通行标准和惯例的项目，则需要组建一支既懂专业技术，英语语言过关，现场经验丰富，沟通协调能力强，又熟悉国际惯例和行业标准的专业人才队伍，作为公司的“特种兵部队”，这是一个公司走向国外高端市场的基础和核心实力。

公司应该留住、用好这些人才，最大化的利用这些资源，发挥技术智囊团队的作用，在各分公司、项目部层面上共享这些资源。公司应成立一个专门的部门，给予一定补贴，平时这些人可以分散在公司各部门或项目部分公司。在新的项目上需要技术支持的时候，能够快速的拿出成文的技术方案。既能减少项目部，分公司的技术压力，改变公司下属的项目部和分公司之间内部人才争夺的局面，又能充分利用人力资源，减少人才浪费。

在商务报价时，技术文档的准备属于技术咨询或设计的范畴，应采用单独的取费方式。

七、现场工作开展

在现场执行阶段，现场的计划、组织和沟通协调有时要比具体工作更重要。因为现场工作在条件具备的情况下，按部就班的开展即可。因此，要求现场的基层领导不但要精通专业技能，更重要的是全局意识和组织协调能力。

在实际工作开展中，要注意一下四个方面的问题：

首先，试运队伍内部要理清头绪。通过内部会议，研究程序和执行方法，讨论所需要的文档和工器具。同时培训新员工，使己方员工对工作方法和内容做到心中有数，对安全风险进行分析，实际的文档、工具、物资等提前准备。

然后要同业主进行沟通，介绍我方的计划和工作方法，取得业主的认可。此步工作在项目初期尤为重要，是双方磨合，取得信任的必经之路。如果有意见分歧，需要尊重业主和合作方，同时从工作的角度出发，据理力争。在争执不下时，也要学会妥协，但是要记录我方初始方案，作为后备方案。

三，当意见统一，形成共识之后，要把这种共识发布出去。主要是针对施工方和配合方(保驾队伍)，包括工作时间，地点，所需资源和方案。试运队伍要依赖施工方，但一般情况下没有直接指挥施工方的权力。要注意协调方法，因为二者之间没有根本的利害冲突。二者之间融洽的关系和充分的配合是推进进度的关键。

四、记录。项目执行过程中，除了完工报告要求的内容外，还要及时的记录事件和数据，并作为一项内部规章制度确定下来。这些记录，可以作为工作量的依据，可以作为完工报告的支持文件，可以作为事件追索的依据，因为记忆力在项目上是靠不住的。这也是一个专业的队伍的基本必备素质。

在工作中，一定要尊重业主和合作方，同时也要提高自己的姿态。业主是上帝，业主是我们的衣食父母，合作方也是我们的臂膀。在项目上的各方，虽然各自立场不同，但目标都是一致的，都是为了项目最终交付使用，因此在工作上要抱着合作的态度。我方要成为有尊严承包商，尊严来自于专业性、职业素养和敬业精神。对项目中发生的问题要以我为主，看重自己的责任，从能处理问题的角度，主动提供解决问题的建议和方案，主动处理，不抱怨业主、设计、监理单位，这样才能得到业主的尊重。

八、变更管理

在严格规范的合同下，工作内容和工期都做了明确的规定，对于超出的工作范围和工期，理应取得相应的收益。变更令就显得尤为重要，索赔太过敏感和难以操作，不建议采用。

要想用好变更，需要正确理解工作的内容和范围，经济效益。在报价和签订合同的时候，留足可变更的余地，可以避免签合同时总价太高，即有益于做出有竞争力的报价，又可以为提高将来总收入打下伏笔。 在项目执行中，按前文所述，做好项目执行计划，记录业主方影响工期的因素，作为界定责任和工期变更的依据。对于超出合同工作范围的内容，应业主的要求去做的时候，一定要做好相关的文字记录，包括工作指令，程序文件，工作量记录表等一系列的过程文件，并取得业主人员现场的签认，作为变更的支持文件。 这就要求对现场管理人员就合同内容和变更管理方法进行交底，使具备合同和变更意识。

九、人员培训

项目基层管理人员最能代表公司的整体实力和层次。为使公司的形象大幅提升，需要对项目商务运行和管理的人员进行专业的培训。目前业务能力普遍都是靠个人努力和总结来摸索获取，缺乏专业的理论指导。这样发展下去，势必影响公司的整体业务实力和竞争力。因此，从公司层面应更加重视对基层管理人员的业务能力培训。对业务骨干和年轻干部进行职业规划和重点培养，培养一批能够适应国际市场的业务精英，使公司在国际市场上具备竞争力。

对于基层技术人员，看中学，干中学，是最佳的培训方法，适当进行理论知识的培训。基层管理人员对于自己的员工，有培养和培训的义务和责任。主要内容有外语培训，技能培训和安全培训。对于理论知识培训，公司可从内部员工中选取有经验的专家级人员，作为指定培训师，认证培训课件，并给予培训师一定的补贴，以鼓励内部培训。

更重要的是在现场实际运用中培训。做一项新的或重要的工作任务前，一定要内部开会，明确操作步骤和现场的注意事项，分派人员现场的岗位和任务，识别作业中的风险。这包括了技能的培训和安全培训。在工作中，带队人员要向其他人员讲解原理和工艺，以及设备特点和构造等有价值的知识，使年轻员工尽快地成长起来。同时要敢于交给年轻员工担子，培养独立完成任务的能力，锻炼对外沟通协调能力。遇到难题及时反馈给带队领导，及时解决问题。这样就能提高员工的综合素质，使员工的发挥能动性，最大化提高工作效率。

十、安全管理

安全对于一个公司、一个项目的意义是重要的。没有安全生产，就不能树立良好企业形象。这一点对于专门的技术服务公司尤为重要，是公司能够生存发展下去的生命线。

试运投产工作接触的介质为油、气、电，而且要带压、带电等操作，风险更大。虽然公司安全体系建设等已经相当完善，要切实的安全，就要把这些体系，理论真正的贯彻下去。就要求对基层的技术、操作人员做好管理，培养人员的安全意识和技能。只有最基层的人员掌握了技能，安全意识的弦始终绷紧不松懈，才能保证生产的安全，真正做到预防为主。

在工作的各个阶段都要充分考虑安全生产的要求。安全需要成本，在报价时充分考虑安全，把安全的各项设施设备考虑在报价中。一份合理、专业的程序文件就是一份安全生产文件，在编制程序文件时，要充分考虑将来执行过程中的安全要求。工作前，对于即将开展的工作的步骤进行讨论、交底，评估风险，准备风险削减方案和预案。工作前开班前喊话会的时候，对着设备讲解工作步骤和注意事项。

只有重视对事故征兆和事故苗头的排查，贯彻预防为主，防范在先的原则，控制事故易发点，才能确保安全。只有让在身在其中的人员具备这些技能和意识，才能确保安全。

十一、工作记录、报告和总结

在现场的工作中，要教育员工形成随时做记录的习惯，对现场的工作和事件随时记录。记录可分为正式的测试表格，报告和非正式的事件记录。

在正式的测试报告中可按照预先编制的表格和格式，记录所需的内容，包括时间、设备编号、现场数据和测试结果等内容。另外，对于内部测试和正式报告之外的范围，可以随时记录下工作的时间，人物，工作方法，现场设备状态，重要数据和故障类型等，以备后续追索。

现场的记录作为现场工作的第一手材料，非常重要。是工作量的证明，事故原因分析的根据，划分责任的依据，对于个人专业素质提高也有很重要的作用。作为专业化的队伍，是员工必须具备的职业素养。

现场的工作之后，总是要形成各种报告。一份合格的报告至少应该能够清楚地陈述事件的经过。在条件允许的情况下，试图分析事件发生的原因，并建议解决的方案和下一步的工作安排。必要时用图表，文件来证明报告的内容。对事件的分析和解决方案的建议两项最能够体现报告人的职业素养和敬业精神。应尽力做好，使得我们的报告提供最有价值的信息。

在一项重大的工作或阶段完成之后，应该及时进行经验教训总结，总结应该由参与骨干人员准备。总结工作中好的方法和心得体会和应该吸取的教训，并能够应用于以后的工作中，减少弯路。只有通过不断的总结，我们的工作才能不断推向前进。

结语：

由于项目运作管理涉及层面太多，寥寥数语不可能把每个阶段太深入细致展开。本文注重可操作性，从理论上讲有些说法难免偏颇。希望本文能够起到抛砖引玉的作用，引得大量的有识之士共同探讨研究项目管理，并不断的丰富完善经验和理论，为国内公司早日冲出国内，走向国际贡献力量。

浅析“以人为本”的理念在安全管理工作中的重要作用

孙茂树 任洪芳
（中国石油天然气管道局管道投产运行公司）

安全第一、预防为主、是我们企业安全工作始终如一的方针；以人为本是我们做好安全工作的前提和根本；正确合理处理安全与企业工作进度和效益的关系是我们企业安全工作面临的具体问题和课题。

马克思哲学里曾说：人是生产过程中最重要的因素，要想提高生产力水平就要充分的发挥人的重大作用，而实际上只有人才是生产力、生产关系的活的灵魂。科学发展观的核心就是“以人为本”，一切工作的出发点都要坚持以人为本的理念。我们制定任何企业决策都要优先考虑人的因素，将人身安全贯穿于整个安全生产过程。只有我们突出了人这个主体，才可能对生产力与生产关系进行正确的分析，由此可见生产过程中人的因素是第一位的。而对生产过程进行安全生产管理，也就必须要从人的这个第一因素出发，去考虑如何调动人的主观能动性去主动注重安全，关爱员工生命、关心员工健康、尊重员工权利，认可人的价值最大化，这就是我们所说的以人为本的安全管理理念。

一、当前的安全生产现状

现实的生产过程中大家都提以人为本，但往往只停留在了口头上，比较难的落实在实际生产中。比如：一些工程单位经常搞政治工程，在工程开始前就订好完工日期，也叫做“后墙不倒”，没有考虑到施工过程中的客观因素，由于工期定的紧张，不得不加班加点，违章施工、违章作业，最终导致安全事故频发，员工的身体受到了极大的伤害；有的单位只知道让员工工作，不知道给员工提供培训机会，员工技术水平得不到有效提高；有的单位为了降低成本增加利润，减少施工人员，一个人干两个人的活，超出了人的体能，疲劳作业而导致精神疲惫；有的单位拖欠员工工资，致使员工出工没有积极性；也有的单位员工的工作环境得不到改善，不能定期对员工进行身体体检；有的领导不讲究领导方法和艺术，动辄侮辱、打骂员工，极大的伤害了员工的自尊心，员工的工作积极性受到了打击，给安全生产埋下了人为隐患；还有的拖延员工休假，尤其是在野外作业的员工超期工作的现象比较普遍等等。这些现象都是违反“以人为本”的安全管理理念的典型现象，这些问题反映了很多单位说一套、做一套，口头上喊着坚持以人为本，而实际上却做着相违背的事，最终的结果是安全事故频发，员工身心受到伤害，无法保证安全生产正常进行。

二、贯彻以人为本的安全管理理念的必要性

美国杜邦公司是世界知名的企业，在安全管理上也是屈指可数的。2007 年 8 月，中国石油与杜邦公司签署协议，全面开展 HSE 咨询合作。杜邦把安全的发展历程分为了四个阶段，即自然本能期、严格监管期、自主管理期和团队管理期。目前中石油的安全生产现状属于严格监管期，前面提到的易出现的哪些问题，正是这一时期经常出现的种种问题，因为处在这一时期往往一味的追求速度、效益，在制定工程项目进度、制度、政策时容易忽视对员工的保护、关爱、体贴，做不到将保护人身健康作为一切工作的出发点，是事故的高发期，在这个时期贯彻以人为本的安全理念是非

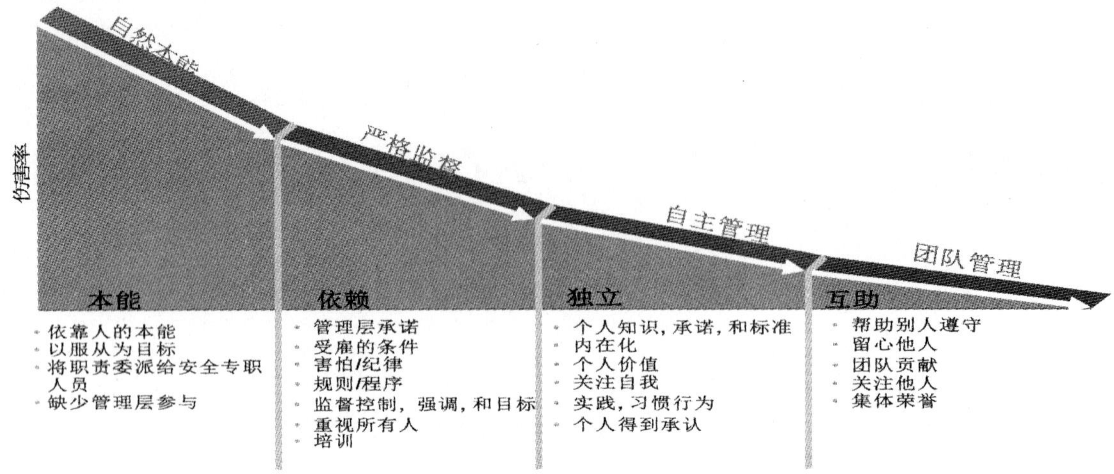

常必要、非常关键的。

(下图为安全发展四个阶段示意图:)

三、贯彻以人为本的理念，能够转变领导干部的传统观念

坚持以人为本的原则，要求领导在做任何决策时必须优先考虑健康安全环境，在聘用人员时一定要从安全的角度出发优先聘用安全意识强、技术能力高的人员，员工上岗前企业必须对员工进行健康安全环境培训；各级管理者必须要对业务范围内的健康安全环境工作负责，亲自参加健康安全环境审核、危害识别及风险控制。管理者要亲临一线用“热情”的宣传教育激励员工；用“亲情”的感觉来关爱和关心员工，形成一家人的感觉；用“衷情”的服务支持安全技术人员；用“深情”的关怀保护和温暖员工，经常地表扬和鼓励员工；经常的进行安全经验分享，用“无情”的事故警示和启发员工。作为一个企业领导人如果做到了这些，那么以人为本的理念也就贯彻到位了，才是真正的有感领导，员工的安全意识、责任意识受到领导的影响也就自然而然的提高了，安全工作必然会有大的改观。

四、把以人为本的理念体现在制定各项制度中，才能取得良好的成效

一个企业的制度是它开展各项业务的指南。制度制定的对路，才能起到应有的作用，才会指引企业的正确发展方向。制定制度要运用以人为本的理念，充分考虑员工的切身利益，考虑到健康安全环境因素，比如：一是在休假制度上要考虑员工身体体能的恢复，休假要充分，上班过程中增加午休，使员工保持旺盛的精力去工作。因为一次次的事故告诉我们：疲劳作业是极其危险的，是事故的根源。二是在制定生产进度时要考虑人的因素，不能盲目抓进度促生产，一天干两天的工作、一个人顶两个人的岗位、一个人干两个人的工作都是违章行为，盲目的生产必然导致事故的发生。三是对特殊岗位、特殊地区工作的员工增加特殊岗位津贴、疾病补贴、增加员工的福利待遇来提高他们的工作积极性，必然起到事半功倍的作用。四是在领导干部的任免上，要不拘用工形式，任人唯贤，大胆提拔任用有能力有才华的年轻干部，这样员工才有归属感，才有压力和动力，才能激发他们的工作激情。只有做到了以人为本，才能真正的落实好健康安全环境的各项制度。

五、贯彻以人为本的理念，需要加强培训提高员工的综合技能

有位企业家曾说过：培训是送给员工最好的礼物，其实这位企业家是说培训的重要性。人是生产过程中最关键的因素，技术水平的高低直接影响着工作的质量和安全系数的高低，要想提高员工的技术水平，就必须要对员工进行定期的全方位的培训。运用培训矩阵的方法，针对不同专业、不同的岗位、不同工种、不同内容、不同层次的需求，开展内容丰富的培训，抓好培训质量，有效提高员工的岗位技能、综合素质，是确保安全工作的重要手段。在这方面中油管道投产运行公司就是成功的典范，他们的培训费用逐年递增,2012年共投入的培训费用近800万元,组织了各种培训,有职业资格再提高培训、站队长培训、项目投产培训、特种操作技能培训、风险识别培训、输油气站场安全管理知识培训、HSE体系推进知识培训、应急演练实战训练等等,公司员工的培训覆盖面达到了100%,不仅充实了基层的安全管理队伍,也有效提高了员工的安全技能和操作技能,减少了违章操作和误操作的概率,提升了公司整体的安全系数,将以人为本的理念落到了实处。他们已经连续10年未发生任何安全事故,连续6年被评为中石油管道局安全环保先进单位。

六、以人为本的理念体现在人才的引进和人才的重用上

企业的发展需要人才作支撑,新的安全技能、安全技术的运用、丰富的安全经验的积累都需要人才。以人为本就需要引进人才、成立专家团队,在安全管理工作中,聘请具有安全管理经验的专家教授,推行安全监督人员委派制,将专家派往一线关键的岗位,监督安全工作,为一线保驾护航。委派的安全专家不受基层领导制约,相当于"第三方监督",实现双重监管,对基层单位风险识别、控制违章、规避风险、落实管理制度、实现安全生产起到了至关重要的作用。该做法已被中石油多家企业认可并运用,取得了良好的效果。

七、贯彻以人为本的原则,促进企业安全文化的形成和发展

以人为本要求各级领导维护员工的利益,为员工着想,处处关心关爱员工,创造和谐共融的人文环境,激发员工的工作激情和积极向上的工作热情。具体做法可体现在企业为员工办实事办好事上,比如:接送员工上下班;领导经常下基层看望一线员工,为员工送去温暖和问候;提高后勤服务质量,保障员工的衣食住行;对长期处在野外的员工开展心理咨询,定期为员工身体健康检查;为处在穷困国家缺医少药的地区工作人员派驻医疗队;给员工过生日;婚丧嫁娶领导亲自到家里慰问;重奖有突出贡献的人员;改善办公环境;帮扶困难员工等等。一个简单的问候和关怀就可能给员工以极大的鼓励,对所有员工都做到这样那就会给企业带来巨大的推动力,那么员工的积极性何愁提高不了;像家一样的归属感何愁没有;领导的安排何愁没有积极响应!

企业安全文化体现在安全管理上不是采用"以罚代管"的方式,在检查中发现现场员工的违章行为后,注重与员工沟通,与出现违章现象的基层单位认真分析产生违章现象的根本原因,从基层管理、领导行为、技术能力等方面查找产生违章现象的原因,制定整改措施。领导对于出现的安全问题,能够本着关爱员工的理念,勇于承担责任,通过以身作则和提高自身管理素质来实现全体员工对安全工作的认同,这种管理方式也是以人为本企业安全文化的具体体现。

相信随着时间的推移,不远的将来,一个个成功企业以人为本的做法的事例会越来越多,以人为本的理念也必将会被越来越多企业认可,必将在企业安全管理工作中发挥更大的作用!

如何打造天然气管道输气站的"软实力"

李建荣
（中国石油天然气管道局管道投产运行公司）

一、引言

在天然气管道建设中，输气站作为基层建设的"细胞"之一，既是管道企业的硬件设施的重要组成部分，也是体现天然气管道企业软实力的最佳展台。建设企业软实力是推动管道企业持续增长的核心动力，而最基础的软实力要从基层单体进行培养，逐层深化企业内涵，打造出属于天然气管道企业自身特色的企业文化。

二、天然气管道输气站软实力发展的意义和作用

（一）天然气管道输气站软实力的现状

1. 企业软实力的内涵

在上世纪八十年代美国哈佛大学肯尼迪政治学院院长约瑟夫·奈于首先提出"软实力"这个概念。之后有学者将国家的软实力引申应用到企业当中，形成企业软实力的现代管理科学，也就是以企业组织模式、行为规范、价值理念、技术实力、管理能力、创新能力、企业文化、品牌战略、企业社会公信度、企业内外部环境和谐指数等，所构成的影响企业发展的长期性、基础性和战略性的诸多要素。相对厂房、设备、资本、人员、经济模式等固定资产和部分无形资产的企业硬实力来讲，软实力是企业持续发展的灵魂指针。

2. 天然气管道企业软实力的特性

天然气管道企业作为国家新型能源发展的重要资源型国企，在国家经济转型和社会发展中起着重要的作用，因此企业管理的提升是长久有效经营的保障，也是推行企业文化和企业价值的发展的强劲动力。

稳中求进、深化管理、培养基层软实力，是天然气管道企业软实力发展的重要目标和企业软实力发展的特性。它主要体现在这几个方面：

（1）提升技术能力，带动经济效益

（2）树立企业品牌形象，发挥团队奉献精神

（3）增强企业社会公信度，稳固市场根基

（4）多方面深化管理，科学统筹规划制度

（5）QHSE 体系执行保障生产运行

（6）建设人才资源库

（7）注重科研成果和技术投入

（8）形成新的商业模式，适应市场需求

（9）加强党建队伍的领导力量

（10）营造企业人文关怀的和谐局面

3. 天然气管道输气站软实力的现状和意义

输气站是输气管道起讫点及沿线按输送工艺需要而设立的站场。它作为天然气管道企业的基层单体来讲，是"三基"工作管理提升推行实施的重要单位，也是培养和体现企业软实力最好的平台。

目前输气站场的投产运行，都是由企业来统一计划和筹备的，依照企业的管理模式来推行相对管理制度。形式内容上过于单一，制度规范上还有待改善，落实效果不够理想，没有彻底激发出各个输气站场自身软实力的价值体现。

企业软实力不仅是整体化的定义，更要在基层建设上深化软实力的能力，从最基层的个体来逐个撑起企业"软实力"这把大伞，为企业的每一个员工遮阳避

雨，为企业强劲发展添加催化剂。

如何在生产运行的输气站场单位中将企业文化精神灌输其中，深化企业管理内涵，加强安全保障，促进企业持续性发展，都要依靠输气站软实力在日常工作中起无形强大推动力来执行下去。

天然气管道输气站软实力表现形式

天然气管道输气站“软实力”的表现方式可以从两个方面来阐释：

对输气站场内部

凝聚力——员工的智慧

创造力——员工的潜力

集体战斗力——员工的斗志

素质能力——员工的修养

对输气站场外部

社会美誉度——上下游用户的口碑

社会公信度——客户的信任心

品牌效应——国内外市场客户认可

集成能力——各个合作模式协作

自我创新能力——竞争力的产物

(三)天然气管道输气站软实力可塑性

输气站场主要以维护天然气安全运行为主，主要功能是接收天然气、给天然气增压、分输、配气、储气调峰、发送和接收清管器等。按照输气管道中所属位置可以分为首站、末站、中间站和其他一些附属站场。

输气工工作要求技术性强、操作性强、要有责任心、工作要细致，重复性强等特性，针对其行业工作内容的特殊性质，应采用业务组合的方式来建设输气站的软实力。

站场人员数量少，主要以站长、副站长为领导中心，每个员工负责不同的职能岗位，组成小团体的典型管理形式，具有实施性强，效果可见性强，形式灵活性强的特点，有着高弹性软实力培养的可塑性。

三、天然气管道输气站软实力存在哪些“软肋”

(一)制度执行力削弱

大的制度在企业中一层层的传达下去，转化为一个个具有适用性的小制度，无形中执行力度和执行效果被层层的削弱。企业中的文化价值和文化内涵也就在执行中被剥离，这就需要在基层建设中，建立起有着自我特色的制度化，不同形式下有着相同的效果，但是总体思想和理念是一致的，代表着企业的品牌价值、文化底蕴、精神面貌。

(二)领导效应有一定的不稳定性

输气站场环境较为封闭，管理圈小，站长和副站长的领导效应无形中以言传身教方式给员工起着模范带头的作用。然而是不是每个站场都是优秀的呢？人为的因素是具有不稳定性的，能否做好每一面，将企业软实力着重于个人素质修养是十分重要的。滴水穿石，以小见大，从细节的工作中，从重复性的积累中都能体现出输气站站风的做派。

(三)文化形式过于单一

输气站是以站场为单位，每个输气站都是在较为偏远的地方，彼此实际交流的机会很少，文化形式单一，技术切磋机会很少，彼此缺乏竞争力，只是以本站为单位，进行技术交流，存在一定的局限性和差异性。

处于信息化的时代，站场设备技能化的培训是很重要的，对于先进的技术软件、技术信息方面的学习还很欠缺。

(四)培训活动成效有局限性

在各种培训活动中，不仅是公司培训、厂级培训、班组级培训在一定程度上提高了基层员工的技能水平，但是距离管道公司一流水平尚存在较大的差异，输气站场员工个人技能证书级别还有很大的提升空间，同样无法满足生产本质安全和企业长远发展的需要。

目前仍然存在着现有员工专业不对口、技术能力不过硬、经验尚浅，使得企业人才金字塔的搭建还不够成型。老员工数量在减少，年青员工的力量不断壮大，培养八零九零后这年轻一代人成为管道企业中坚力量是个艰巨的任务。

四、如何培养天然气管道输气站软实力

(一)成立输气站区域化领导小组

建立以党员为单位的领导小组团队，开展多样的活动和技能比赛，将区域性的输气站联合起来，增强彼此交流的机会，选出优秀的员工，组合成一帮一的带队小组，为输气站人才库提供优秀人才。进而也加

强了党建工作的开展，发挥了党员的奉献精神，吸纳更多的员工加入党建的队伍当中。

（二）加强管理体制标准化

打破以往的条框式的制度，吸取基层员工的意见，由员工自己制定管理制度，适用于本战场的管理，将被动化为主动的形式，由站长和副站长来审核，上级领导来审查，每月进行评比，制作流动红旗，彼此督促，共同进步。

（三）加强人员培训速成化

针对输气站场的投产运行的工作性质，建立员工个人档案制度，根据每个员工的不同特性来制定培训计划，将良莠不齐的局面转变过来。

要将技能培训和理论培训相结合，专门设立输气站培训基地，将每个设备工艺流程制作成小模型，例如收发球清管作业，各个阀门设备的拆装结构等更将贴近实际操作，让每个员工在培训基地模拟练习操作突发问题的紧急处理。将课件上的知识具有实用性，加强员工心理素质、实操能力、团队凝聚力。

（四）添加文化信息化形式

建立输气站网络平台，发布最新的工作讯息、技术知识、网络交流、文化传递，也是每个输气工的网络之家。同时与上下游用户进行交流，构建起输气站的信息品牌和社会公信力，让更多的用户了解输气站，了解天然气管道企业文化，将企业软实力的社会内外部和谐指数提升到每一个客户中去。

（五）创建创新成果的奖励制度

创新能力、研发能力不仅是研发人员的工作，也可以是每一个技术工人的能力。输气站在投产运行中，发挥创新能力和研发能力，不仅是依靠日常工作积累的发掘，也是个人思想认识的升华。如何提高站场的工作效率，如何提高设备保养和检修的效果，如何加强质量安全环保的运行等问题都是值得思考的，将其转化为创新成果，不论是实用新型的研发，还是发明的创造，都是难能可贵的。

作为企业，鼓励创新研发，加大奖励制度，不仅是人才资源的培养，更是企业发展的生命力，同时需要加大技术投入资金，将科研成果转化为实际可用的资源是最重要的。提高效率，保障质量，安全环保，是企业成为世界发展的前列的潜力股。

综上所述，天然气管道企业长久以来秉持着“立足国内求生存，走向世界求发展”的市场战略方针，坚守着“质量安全环保是企业的生命线”的信念，贯彻“质量至上，打造精品工程；诚信服务，树立国际品牌”的质量方针。

以新时代“奉献能源、创造和谐”的企业使命为核心，以管道局“建设国内第一、国际一流的管道工程总承包商”的发展愿景为指引，在管道施工行业提出了全方位打造“管道施工国家红队品牌”的战略口号，按照“内强素质、外塑形象，统一指挥、步调一致，从严管理、奖惩分明，敢为人先、争创一流”的工作方针，践行“创新思维、实现超越、争雄国内、走向世界”的新时期管道企业精神。

天然气管道输气站“软实力”的培养、夯实、强大，直接带动企业管理提升，转变企业文化价值的升级，促进企业软实力扩大，才能长久保持企业综合实力、竞争力和核心力的壮大，使企业软实力在“三基“工作中化作企业灵魂、发展动力源和未来指引的旗帜。

如何做一名合格的输气站站长

吕新滨
（中国石油天然气管道局管道投产运行公司）

1 站场管理

在日常管理工作中，作为站长除了要负责组织本站的培训、教育活动，落实公司体系文件、操作规程、规章制度，完成上级下达的各项任务以外，更重要的是用心体会、了解每一名员工的思想动态，尽量解决员工的负担，让每一名员工成为你的好帮手、好兄弟，同心协力管理好站场。

1.1 想要成为一名合格的站长，首先要管理好自己，要熟练掌握站长的基本职责，要以身作则、学会倾听、认真学习，不断增强自身的沟通与协调能力、规划与统筹能力、决策与执行能力、培训与统驭能力，对辅导员工要有兴趣，有责任心和耐心，要有积极进取的心态，带领员工主动工作，如：定期找员工谈心，了解学习中遇到的困难，帮助员工解决技术难题，提高全站人员的技术素质等；其次要从实际角度出发，要实实在在的想，认认真真的做。要考虑如何提高员工的学习方法，和学习兴趣，从员工中树立榜样。

1.2 把安全、工艺设备、自控、计量、通信、电气等专业合理分配给每名员工，作为侧重点，要责任到人；新、老员工区别对待，新员工可塑性强，工作方法简单，要多关心照顾，认真执行站队级安全教育，加强执行力的培养，使其尽快适应工作环境；老员工责任心强，经验丰富，可以赋予适当权力带班上岗，充分发挥其骨干优势。

1.3 带领本站职工弘扬企业文化，不断提升管理水平利，用休息时间丰富员工的业余文化生活，节假日组织员工户外活动，使员工工作娱乐两不误，提高员工的快乐度。

1.4 建议推行准军事化管理，管理内容要有理有据，严肃规范劳动纪律，执行要彻底，赏罚要分明，提高员工的执行力。

1.5 制定站内的年度培训计划，要明确培训的内容，有目的的进行培训。并根据实际情况进行实时的现场培训，讲述经验。培训包含多种形式，不是简单的课堂讲解，还包括现场实际操作、员工每周讲一课以及现场设备维护等。还要根据培训内容进行实时考核。及时掌握员工的培训情况。

1.6 正确面对面对迎检工作，检查一般分两种情况：第一种是领导视察或调研工作。作为站长应具备一定的表达能力，善于发现站内的亮点，介绍给领导听，如果发现问题，应该谦虚听取领导指正；第二种情况就不言而喻了，要看站场平时软硬件的准备情况，如发现问题要坚决整改，形成闭环完善站场管理。

1.7 作为基层负责人在管理过程中一定要避免以下几种行为：对待工作出现的问题只是口头重视，不去真心关注；发现问题只会批评下级不找自己原因；一切工作交给下级做，自己不管不问；强调种种困难为借口，不愿执行上级交给的任务。

2 站场运行

谈到生产运行作为站长要带领全站员工严格执行站控值班、巡检管理制度，严肃站控值班制度和巡检纪律，记录要真实、准确、齐全；善于查找问题、发现问题，处理问题要及时、正确、果断确保安全生产万无一失。

2.1 首先要充分认识到天然气输气站场的运行规律，就站场的输气设备而言一般要经历选型、安装、调试、投产、运行、维护等环节，投产第一年属于试运行期间，站内第三方施工较多，要严格执行进站施工管理，在这一阶段厂家会到现场进行调试，要把握时机，让员工在厂家的指导下多动手多操作，以达到快速掌握原理结构和安全操作的目的；站场运行的第二年到第四年，设备相对运行平稳，这一阶段要在正常运行的情况下，着重开展站场标准化建设和日常维护工作；设备运行到第五年起，一些电气自动化和输气设备开始出现老化现象，运行风险相对较高，这一期间着重进行隐患排查、整改、更换等预防性措施，确保安全生产运行。

2.2 带领员工认真学习技能及时把握机会，如：生产中遇到的问题要定期组织员工学习并进行分析和讨论，最后拿出总结性的方法和措施，持之以恒组织员工写论文就比较有时效性，一种设备定期组织学习和操作的次数达到一定量就变成了专长，总结的多了，通过慢慢积累就会变成经验；及时考核，达到学习效果，要经常组织讨论以免长时间不用遗忘，特别是有大型的投产或者设备联调都是难得的学习机会。

2.3 带领全站人员认真执行调度指令，汇报信息要流畅，反馈问题要及时，杜绝员工执行调控指令时的随意性，酿成事故；要有发现问题绝不放过的精神，比如：在日常生产运行中站控机会出现一些报警特别是一些看不懂的英文，作为站长应立即联系自控专业人员把它搞明白并讲给所有的值班员知道，避免造成不良后果。

2.4 带领员工做好现场的巡检工作，巡检要有责任心，本着发现问题的心态巡检才是关键，切记走过场，转一圈回来什么也没发现。多摸一下，多听一下，多闻一下都可能发现问题，要求员工在巡检时会拿块抹布，在擦拭设备的过程中很容易发现问题。

2.5 作为站长要善于分区域管理设备的运行特点，有本地分输的站场必须要求员工熟练掌握计量撬和调压撬的相关操作，重点培养员工能在撬装设备上发现问题的能力、应急和简单的维修操作和处理问题的渠道；过滤分离区域要求员工能够通过压差来了解天然气的通过能力，并能切换流程；收发球和进出站区域要求员工满足日常维护需求就可以，至于清管，一般都有专业化的队伍来操作，员工会倒流程就行了。

2.6 站场卫生要靠平时保持，并不是靠突击完成的，那样是无法打扫干净的，老站场之所以能保持得很干净主要是靠员工平时的维护。

3 确保安全生产

所谓安全生产管理，就是针对人们生产过程的安全问题，运用有效的资源，发挥人们的智慧，通过人们的努力，进行有关决策、计划、组织和控制等活动，实现生产过程中人与机器设备、物料、环境的和谐，达到安全生产的目标。

3.1 作为管理者要时刻保持天燃气行业的警惕性，带领全站员工做好现场安全生产管理工作，要定期的向员工宣贯控制风险的理念，要善于通过隐患排查发现问题，掌握站内的风险点，对其进行隐患跟踪，及时上报上级并实施隐患整改，完成闭环管理。

3.2 任何事故都与人员因素有关，管理出现问题属于制度不完善；操作出现问题属于规范不健全；设备出现问题属于维护不到位；作为站长，要从安全的角度出发，掌握全站人员的安全行为，杜绝违章指挥、违章操作和习惯性违章，善于发现问题，找出问题的关键所在，进行整改。

3.3 建立事故事件库，收集安全经验分享，定期组织员工将本人亲身经历或所见、所闻的安全、环保和健康方面的典型经验、事故事件、不安全行为、不安全状态、使用常识和容易理解的方式总结出来，在会议、培训等集体活动前进行宣传，从而使教训、经验、常识得到分享、推广。纠正不安全行为，树立良好安全准则；提高全员安全意识和技能。启发员工，互相学习，强化全体员工的安全意识。

3.4 指导员工完成本站的作业指导书；建议员工填写安全行为状态卡，通过员工的日常观察，找到不易发现的风险源和风险点，定期组织针对人的不安全行为和物的不安全状态进行风险分析，更新站内的风险清单以及控制措施；不断完善应急手册，带领骨干员工编写符合本站实际情况的应急抢险预案并定期组织应急演练。

3.5 强化施工管理和门禁管理。按照制度一丝不苟的执行,外来单位要进入站场施工首先要进行施工交底，要求施工单位拿出从技术角度分析的风险识别,结合站内的流程,告知监护人员。

3.6 完善站内的定期检查制度，除周检查和月检查外鼓励员工定期自我检查所负责的区域范围,消除安全隐患。

4 小结

作为一名合格的输气站站长应该时刻牢记自己的岗位职责,树立以站为家的思想,以高度的事业心和责任感,强烈的进取心和实干精神,全力以赴抓好各项管理工作。认真学习,强化行业的风险意识和应急能力;刻苦钻研,提高自身的业务素质和操作技能。要想带出一个优秀的站队也并不是一件很难的事,难的是坚持,难的是持久的用心经营,用心管理,把站场工作当做自己的事业,想做一名优秀的站长,目标并不遥远。

谈企业如何提高 QC 小组活动的普及率

孙茂树
（中国石油管道局管道投产运行公司）

QC 小组活动是一种让员工吸收新知识、灵活运用老知识、发挥创造力和潜能的活动。QC 小组活动在质量兴企中有着不可替代的作用和地位，它是在生产或工作岗位上从事各种劳动的职工，围绕企业的发展战略、经营目标和现场存在的问题，以提高质量、节能降耗、工艺改进、技术创新和提高经济效益为目的组织起来。员工与同伴一起针对存在的问题，运用科学的程序与方法，相互启发，相互帮助，使问题得到解决，让员工的解决问题的能力及综合素质得到提升，同时让小组成员充分体会到自身价值和工作意义。那么如何才能让 QC 小组活动有效持久地开展下去？如何才能更好地调动员工参加 QC 小组活动的积极性和热情，吸引更多的员工加入到质量管理的行列，使员工都成为一名质量管理者呢？我想可从以下几方进行探讨。

一、注重政策引导和扶植

QC 活动具有广泛的群众性、高度的民主性和严密的科学性。它的宗旨是提高员工的素质，激发员工的积极性和创造性，达到改进质量、降低效能、提高经济效益的目的。为了达到这一目的，企业应定期下达指导性文件，提醒员工何时命题、何时注册、何时提交成果、何时发布等，及时的提醒对 QC 活动的开展是一个促进。其次重视成果的发布，在发布会上要邀请企业各级领导参加，注重对发布会的宣传报道，扩大发布会的影响力。对发布的成果收集印刷装订成册，并下到各部门、各单位。再就是对于已经开展 QC 活动的单位，质量管理部门要定期派 QC 专业人员下去进行辅导，以提高他们解决问题的能力和 QC 活动的水平。对于 QC 活动开展好的单位和个人，在年终评选先进要给予优先考虑。在员工职称评定上侧重于 QC 活动做得好的个人，给与优先政策等。这样才能充分引起员工对 QC 活动的重视度，从而达到提高企业 QC 活动普及率的目的。

二、运用有效的手段激发员工参与 QC 小组活动的热情

当前，全球经济一体化步伐进一步不加快，面对经济环境和形式复杂多变，提升质量已是一项紧迫、艰巨、长期的任务。全面质量管理已成为各个企业发展的重要手段，群众性质量管理活动已被视为企业质量文化建设的重要组成部分。广泛开展 QC 小组活动，扎扎实实学习质量管理基本理论与方法，熟练掌握质量基础知识和工具方法的运用，是对企业质量文化建设的有力支持和促进。

（一）加强质量宣传工作，增强员工的质量意识

质量管理人员在每年 QC 小组注册登记初期，负责对 QC 小组活动的意义、重要性、要求、及其实效性等相关方面知识进行宣传。让每位员工都树立一种“我是质量员”的意识。明确 QC 活动对工作质量、产品质量等的影响程度关系，对于一些面临转正定级的青年大学生员工，向他们宣传参加 QC 小组活动取得成果对他们以后的职称评定等方面的工作有一定的促进作用。要努力形成“人人关心质量，人人创造质量，人人享受质量”的文化氛围。

（二）完善奖励制度，逐步加大奖励力度

QC小组活动需要时间精力，需要在原来工作的基础上不断提出问题、分析问题、解决问题，不断地进行PDCA的循环过程，才能达到解决问题的目的。在这个过程中需要加班加点、费时费力。企业为了全面开展质量活动，提高产品质量，非常有必要设立质量专项奖励基金，对于开展QC活动的员工进行奖励，对于成果突出者要重奖，使广大员工真真切切地感受到参加QC小组活动的实惠，从而促进QC小组活动有效开展。QC活动的开展必将促进企业质量管理工作和企业形象的全面提升。

（三）注重QC知识培训，提高全员的QC管理知识水平

加强对全体员工进行QC小组活动质量管理有关知识的培训，是开展QC小组活动的关键所在。因为QC知识一般人不是太了解，尤其是对QC的固定模式、统计方法、各种工具的运用以及对活动的意义比较陌生，所以说要想开展好这项活动，就必需要要让员工知道QC活动的意义，QC的格式和要求。

通过举办QC小组活动培训班，为员工创造学习提升的机会，了解QC小组活动基本知识和数理统计技术的运用，把培训与小组活动结合起来。借鉴其他单位优秀的活动课题实例进行对比学习，使广大QC小组成员都能够真正理解PDCA循环的内容和原理以及相互关系，自觉按PDCA四个阶段开展活动。通过培训，增强小组成员的质量意识、改进意识和参与意识，提高发现问题和解决问题的能力。使大家树立“质量在我手中，质量在我心中”的观念，为小组活动的开展打下牢固的基础。

三、注重质量小事、坚持“小题大做”

QC活动涉及方方面面的内容：有施工现场问题、产品生产过程、服务质量问题、设计问题、工艺质量问题、管理的协调与配合问题等等。对于QC小组提出的问题企业都要给与充分的重视，这些意见中不乏一些优秀的、很有价值的建议，看似小的问题，如果忽略了，很可能就引起大的质量事故。其次是对于每位员工提出的问题、建议，切不可因为他的职位而忽略了他的观点，这样长此以往不了了之的话，很容易养成员工忽视质量的坏习惯。一个很小的问题得到了企业的高度重视，说明企业对质量的重视，对员工成绩的尊重，员工心理才有满足感，才能提高质量意识、重视质量工作，QC活动才能得到更有效地开展，企业的产品质量才更有保障。

四、领导带头参与、为员工做表率

企业追求质量是无止境的，QC小组活动不是搞运动，不是一朝一夕的事情，需要坚持长久的进行下去。QC小组能否长期坚持开展下去的一个至关重要的因素就是领导的高度重视。各级领导对小组活动的关心、支持与指导，将极大的影响员工参与改进和创新的积极性，是搞好QC小组活动的重要保证。质量管理人员要经常与领导进行协调沟通，向领导说明参加QC小组活动的意义所在。使领导足够重视QC小组活动，而且有领导身先士卒地参加小组活动时，小组成员的积极性将会更高，因为这样能让他们感觉到上级的重视，会更有信心去完成这项活动。

领导还应注重对质量管理知识的学习，掌握质量管理的理论和方法，积极为QC小组的工作指明方向，解决一些活动中的实际困难。一个合格的管理者应具备质量意识，问题意识和改进意识，关心QC小组的发展，建立健全各项机制，使QC小组正规化，才能更好的引导、帮助QC小组开展活动取得成效。有了领导的参与，让职工看到了领导狠抓质量管理工作的决心，从而激发了小组成员积极参加质量管理工作的热情。

以上我从四个方面阐述了如何提高企业QC活动的普及率，也是基于我们自己公司在开展QC活动的前前后后的一些真实做法。我们公司属于油气管道投产运行行业，近几年QC小组活动有了突飞猛进的发展，确实积累了丰富的经验，由几年前的没有成果，最多一个成果，到现在的每年有近30个成果发布；由原来的为了应付、完成任务，到现在的实实在在的去做，去为了保证质量解决现场遇到的实际问题。员工解决问题的能力、质量意识确实有了较大提高。企业整体的质量水平得到了同行业的一致认可，经济效益连年递增，由10年前的年产值3000万元递增到去年的

3.5 亿元。从企业发展的巨大变化中，我们深深地体会到质量的重要，开展 QC 活动的重要，通过 QC 小组，真正地激发了广大职工的积极性和创造性，使他们自身的潜在智力与能力才能得到更大限度的发挥。现在我们的 QC 小组活动得到了普及，企业充满活力，呈现出生机勃勃的局面。

天然气站场深入管理浅析

刘邦旭
（中国石油天然气管道局管道投产运行公司）

天然气作为一种更为清洁、优质、经济的新型能源已被国际社会广泛认同。大力发展天然气行业已是未来国际能源的发展趋势。就目前形势来看我国国内天然气行业的发展还存在很大的潜力空间。随着天然气管道的铺设增多，天然气站场也是越来越多。而随之而来的为保证天然气站场能够安全平稳运行。其管理也就越来越显得尤为重要。如何才能更大程度的提升基层管理？是一个必然存在的问题。也是公司现在一直贯彻执行的三基工作的重点。现就我参与这个行业工作以来认知到的一些东西抒发出来以供大家共同从事在基层站场管理岗位上的同仁推敲和取舍。

一 、人性化管理

首先很多我们的很多也可以说是绝大多数的站场的站长不管是外聘，内部竞聘或者领导提名都是从基层值班员提上来的，基本专业素质上都可以说过得去。但是确实没有什么管理经验。而一个站场内能否平稳运行取决于两点。一是你能否发出正确的管理指令。二就是你发出的管理指令能否正确的完全落实下去。从基层起来的站长一般第一点是没有什么问题的。然而第二点就是执行力的问题；很多刚刚上任的站长就是很苦恼这个问题。自己说了话，下面员工不一定会执行，甚至不屑一顾。其原因呢是很多员工心里想你是凭什么来指挥我，我们以前是一个等级的。所以是人的与生俱来的反抗心理在作祟。而为了他们能够执行下去自己的指令，就需要消除他的反抗心理。可以通过谈谈心、比较直白的说出对他的一些优点认同，或者其他方式来达到他对你个人能力的或者是亲和力上的一个认同。这个处理方法有很多，需要个人针对不同的性格的人进行灵活处理。这是针对个体的个人处理方法。再就是针对集体的整个站场的全员。

对于站场内所有员工要听从你的管理，就是让大家都觉得这个站场就是他们的第二个家。能够把所有的人都凝聚在你的身边，而你站长个人是这个大家庭的家长。一般一个站场内很团结，这个站就会运行的很好，站内有什么需要做的工作就会很快、有效的得到解决。能够把站内的人团结到一起有很多途径和方法。比如站上两个员工产生了矛盾，而你作为家长的不能够视若无睹，要及时发现，及时将个人的矛盾解决，不然会产生个人积怨随之而来的就是站内分派别了。就是两个人个代表一派，他们会把站内仅有的几个人分成两派甚至三派。还有一派是中间派。我想大家应该都明白哈。再有增加凝聚力的方法就是组织站内的所有人员一起参与集体活动，比如一起做运动啊；甚至一起干比较累的活啊，干完活请大家一起吃个饭或者一起去喝个饮料等等。这些都会让他们觉得这是一个集体是个组织；会感受到家的温暖，会把你潜意识里当成自己的带头人。这就是给所有人员一个良好的工作环境：心理环境。

当然除了这两方面要做好，还有一点很重要：就是一定要以身作则。如果你定出的指令你先不遵守。那前面的努力就都白费了。

所以说落实是一种意识、是一种责任、是一种意志、也是一种文化。

二、安全管理

天然气站场的安全管理是重中之重，安全是你在这个站场开展任何工作的一个必要前提。站场能够安全运行才能保证工业正常运行，社会用户的正常生活。所以安全生产的必要性是显而易见的。而在天然气站场不安全因素主要有两个：资源的不安全状态和人的不安全行为。天然气站场在运行过程中，存在大量的火灾危险性等级较高的天然气，具有易燃易爆、高压有毒等特性，一旦因为设备故障、控制失灵和人工操作失误等原因造成泄漏，极有可能造成设备损坏、大型火灾以及爆炸等事故。天然气场站属于易燃易爆场所，“安全第一，预防为主”是输气场站安全管理的重点。围绕这个中心，我们应加强学习安全知识、安全法律法规，提高员工的安全意识；建立和完善各项安全规章制度，用制度来约束员工的行为；建立健全安全责任体系；坚持安全事故的处理原则，把预防为主的安全工作落到实处。

天然气站场的工作人员必须要有高度的责任心和使命感，天然气站场要加强安全管理制度的处罚力度，给予所有人员包括相关负责人以警示。像我公司一直贯彻执行的严禁“三违”：违章操作、违章指挥、违反劳动纪律 。就是保障我们投运公司一直能立身天然气管道投产运行行业并长期运行无事故的根本条件之一。能够做到“反三违”与我们一直坚持不懈进行的“三基”工作又是密不可分的。三基工作就是指加强以党支部建设为核心的基层建设，加强以岗位责任制为中心的基础工作，加强以岗位练兵为主要内容的基本功训练。只有这些基层工作要求在日常工作中贯彻下去，才能保证站场运行的安全。也可以说“三基”就是对我们站场运行的基本要求。这也是能够保证站场作业安全的前提。三基工作的内容包括很多；建立完善的安全机制，坚持专业的技术培训学习，不断地提高管理人员和员工的安全意识，彻底的履行个人的岗位职责是我们天然气站场能够长期安全运行的根本要求。所以说只有基层站场的安全管理能够切实落到实处，我们公司在站场管理有自己成熟的管理技术是我公司在国内外天然气行业立足的根本。无论走到国内外哪里的天然气管线，我们公司在负责人带领下，工作人员带着一种主人翁感，有着强烈的安全意识，注重工作中的细节，完整的认真履行自我的岗位职责，我们所在站场就能够安全平稳快乐的运行。

三、细节管理

细节管理是一个站场内管理水平的体现，包括前面提到的两种管理模式中都始终需要贯穿着细节，细节决定一切这句话虽然有些绝对，但是细节的管理确实决定了其他的管理方面是否成功。无论是人员管理、安全管理或者设备管理等都离不开细节管理。细节管理体现在要注重到“点”而不是只是对“面”。人员管理中作为站场管理人员要能够及时发现员工思想动态，人际关系变化，人员家庭生活状态等等这些细致入微的点。安全管理中及时发现员工的技术短缺部分，安全隐患的存在和出现，安全作业的条件等。设备管理有设备缺陷或隐患及台账记录的及时更新；物资的出货入仓等等。这些都需要注重细节。无点不成面，只有这些日常的点做好才能成就一个好的面。很多好的面成就一个成功的天然气站场。

总结这三种管理是一个优秀的成熟天然气站场安全平稳积极向上的运行的必要。并且三种管理方法是相辅相成，缺一不可。一切事故都可以预防。我公司既然身处这个位置，成熟的管理技术就是我们的产品，只有我们的产品在同行业中比其他人自己的产品质量上更好，我们的产品才会更被接受并受到欢迎，公司的产品卖得价位才高，公司的效益自然就高。同时一个产品不断成熟的过程也是一个需要不断创新的过程，在过去只注重要听从领导的话，领导指到哪我们就做到哪，这是不行的，这是较老的管理方法存在着很大的惰性管理。而现在我们要重新定义在人性管理的方面内容就是要能够调动基层人员的工作积极性，提升大家的公司荣誉感。公司走可持续发展的道路不是一个人要走，也不是几个人要走，而是整个公司的集体要走可持续发展道路。这样才是科学的可持续发展道路。公司才能得到健康、良性的发展。

中国国储能源化工集团股份公司

中国国储能源化工集团股份公司是根据国家有关政策精神，经相关部委批准重组的以能源储备、储运、能源综合利用、能源化工产业为一体的大型能源企业集团，于2010年在国家工商总局注册，总部位于北京。集团目前拥有多家全资、控股、参股企业，范围覆盖全国多个省市。

产业定位

一、能源化工储备开发

将国家战略储备和调峰储备有机结合，促进石油、天然气及煤炭化工产业向高端应用领域发展。

二、经营生产运销

建立和发展石油战略及商业储备体系，投资开发能源、化工、设施及产业建设，并与国际、国内石油贸易相结合，支持保障国家能源安全，实现社会效益和经济效益。

三、政策、资本、金融

投资建设符合国家总体规划的化工项目，实现化工产业上下游一体化。

围绕主营业务实现资本化、产业化、实体化。

产业优势

一、行业优势

集团按照国家产业发展政策和区域经济发展需求，涉及资源开发、能源储备、能源贸易、分布式能源、能源化工产业投资开发。

二、政策规划优势

设立了经济研究中心、科研中心、标准研发中心以及规划设计机构，坚持在国家政策支持范围内进行产业研究和规划设计，并与各省政府合作进行产业和区域开发。

三、经营许可优势

取得了原油、成品油、重油、燃料油、LNG储备、危险品运输和长输管线等经营许可。

四、人才优势

拥有从事石油化工、天然气、煤炭、金融等行业的专业管理人才和技术人才。本科率达到90%以上、硕士30%以上、博士10%。

五、战略合作伙伴优势

发挥国家政策性金融优势，与能源企业、科研院所建立了长期稳定的战略合作伙伴关系。成立了经济研究中心、信息咨询公司。

盘锦福瑞电子科技有限公司

Panjin Frey Electronic technology Co,.TLD

公司简介

盘锦福瑞电子科技有限公司成立于2008年，坐落于辽宁省盘锦市兴隆台区。本公司专业从事车载信息系统集成以及完整解决方案，包括车载视频监控系统、GPS汽车全球定位安防系统、电子地图等技术服务。业务涵盖：危险品运输、公交、客运、物流、仓储等。公司坚持以科技为先，以人为本的战略发展方针，现有产品研发人员及软件开发人员60余人，在职员工150余人。公司以持续的技术创新能力，优质的售后服务，不断给客户创造价值。团队通过五年来的精诚合作，公司已发展成集销售、生产、研发于一体的综合式股份企业。

福瑞电子最新推荐产品的核心技术来自美国硅谷，开发出的车载监控系统具有国际先进水平，该系统拥有北斗、GPS双模全球卫星定位系统、GIS地理信息系统、GSM全球移动通信系统、3G视频服务系统、LBS位置服务系统。建立了一套面向危险品运输、公众服务、功能强大的移动视频监控产品。产品以其高清晰度、强安全性、超稳定性等综合服务功能，个性化扩展定位与调度功能在危险品运输、公交车、运钞车、出租车、校车、大型车队调度、物流配送车辆、船舶等上得到了广泛的运用。该系统的成功案例包括新疆，甘肃、黑龙江、辽宁、北京、天津、山东、山西、贵州、江西、湖北、上海等23个省市。

我们选择的产品以深厚的技术背景及上乘的服务质量，赢得了行业客户的广泛赞誉。福瑞科技公司奉行“客户至上、团结协作、诚信共赢、创新高效”的价值观，在全球信息化的时代大潮流中，不断追求以创新产品奉献给社会，以诚信服务于用户，在中国信息产业中，努力锻造成为一个一流产品、一流人才与一流管理水平的高科技公司。

“赢在执行，细节决定成败！”盘锦福瑞电子将携程新老用户，共同打造移动网络可视化平台管理的美好明天。

董事长　张朋

董事长与销售团队

- 危险品运输车辆监控系统
- 油井移动视频监控系统
- 船舶安防监控系统
- 校车监控

地址：辽宁省盘锦市兴隆台区双兴中路115号　　邮编：124010　　电话：0427-2883558　400-655-1336

企业愿景：成为移动网络可视化管理的领导者

产品介绍

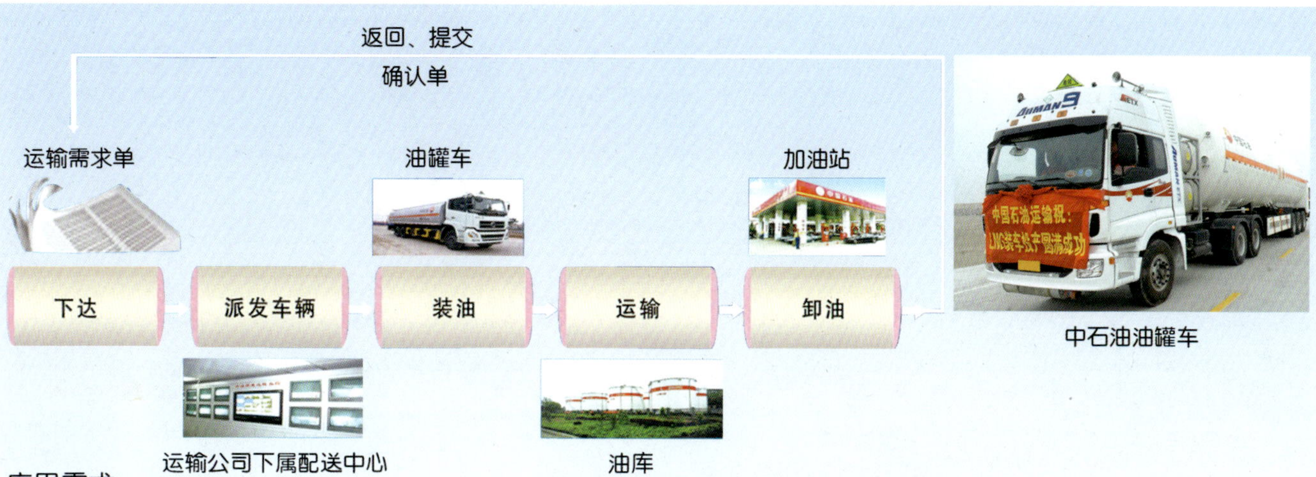

应用需求

1、视频实时监控
- 实现车辆周边环境
- 车辆进/出油口
- 车辆驾驶仓位
- 油罐车装卸油过程

2、调度管理
- 车辆GPS定位信息管理
- 车辆信息实地上传
- 数据交互功能
- 人员及工作流程进行监督和管理
- 危险源监测预警和事故隐患排查、治理能力

3、远程控制进出油田
- 实地监控进、出油口状态
- 远程制进、出油口阀门
- 开启和关闭

4、事件处理
- 意外情况时，提供及时、准确的救援信息，最大限度的减少事故损失。
- 详实清晰的记录所有的事件经过，以便日后查对和取证。

5、语音功能
- 管理中心与车载端的语音对讲及语音广播
- 视频和音频同步存储

传真：0427−8237883　　网址：www.liaoheoilfield.com　　邮箱：admin@frdz.com.cn

淮安中油天达压缩天然气有限公司

淮安地处苏中偏北腹地，北接连云港、宿迁2市，东北接盐城市，东南接扬州市，西、南邻安徽省、南京市及洪泽湖。总面积10072平方公里,总人口524.06万,现辖4县4区。有着2200多年悠久历史的淮安，曾是南船北马交汇之地，清乾隆年间盛极一时，与运河沿线的扬州、苏州、杭州并称为“四大都市”，并享有“壮丽东南第一州”之誉。

淮安中油天达压缩天然气有限公司是由中石油昆仑天然气利用有限公司和江苏省天达投资控股有限公司合资组建而成，是从事天然气母站建设、开发经营CNG子站及其它CNG业务、物流运输的专业化公司，公司注册资本金3000万元，昆仑公司占60%的股份，江苏天达占40%的股份。公司已建成投产运营CNG母站一座、CNG子站三座、母站于2010年5月26日正式通气投产试运行。现有三部一室，共有员工61人，总资产达5650万元。

母站

淮安母站位于淮安市清浦区武墩镇工业集中区蓝天路3号，占地面积14.4亩，投资1357万元，于2010年5月28日投产运行。淮安母站接上游西气东输淮安分输站来气，压力为3.5-6.3MPa，管线长约700米，管径¢159管线至淮安母站。淮安站调压撬有两路管线，为一用一备状态，设计年输气能力5475万方，目前日输气量在10至13万方之间。

子站

1、西安路子站

西安路子站位于淮安市清河区淮海西路公交三公司院内，占地面积3亩，于2009年10月投产运行。西安路子站设计加气量为1.5万方/日，目前日均加气量为1.35万方/日。

2、金湖子站

金湖子站位于淮安市金湖县神华大道广域液化气南侧，占地面积4.5亩，于2010年10月投产运行。金湖子站设计加气量为1.5万方/日，目前日均加气量为0.5万方/日。气源由淮安母站用管束车送至金湖子站，经卸气柱计量后分为两路，一路直接到加气机进行低压充装，一路进入压缩机压缩后进入储气井。

3、盱眙子站

盱眙子站位于盱眙县二环路南侧、扬子液化气东侧。本站设计规模1.5万方/日，占地面积3亩；总建筑面积514㎡。盱眙县现有出租车500多辆，预估该项目日均销售压缩天然气（CNG）将在1.5万方以上。目前，该项目工程建设将于2013年4月完成，预计于2013年6月正式投入运营。

保障能源稳定供应及安全生产，是淮安中油天达的首要责任。公司认真贯彻实践科学发展观，本着“奉献能源、创造和谐”的企业宗旨和“诚信、创新、业绩、和谐、安全”的经营理念，积极应对各种挑战，努力提升公司履行社会责任的能力，帮助企业节能减排，提高经济效益，最终实现“资源共享、优势互补、互惠双赢”。

中海油轮运输有限公司

中海油轮运输有限公司（简称“中海油运”），是中国海运（集团）总公司的控股上市公司——中海发展股份有限公司的独立子公司，是中国海运麾下五大主营船队之一。成立于1998年2月10日的中海油运，总部设在上海，广州设有分公司，主要从事国内外原油和成品油水上运输，是中国最大的水上石油运输企业之一。截至2011年底，公司总资产189亿元，拥有和经营油轮76艘，总载重吨763万吨，年石油运输量超过8500万吨，运输收入超过60亿元。

近年来，在中国海运的领导下，中海油运积极适应市场格局变化，按照建设“国家级文明单位、世界级油轮船队”的发展目标，努力打造全球一流承运人的品牌，按照国际化、大型化、专业化方向，加快船队结构调整步伐，实现了业务重心由沿海向远洋、主力船型由中小型向大中型的转变，船队规模和企业核心竞争力得到进一步提升。

中海油运始终重视企业经济责任与社会责任的同步履行，严格落实海洋环保要求，保障船岸职工和油品运输的安全，始终保持了良好的安全环保纪录和服务信誉，塑造出安全、环保、优质服务的能源运输企业形象。与此同时，企业精神文明建设不断推进，文明行业、文明单位创建活动深入开展，实现了物质文明与精神文明的同步发展。近年来，公司先后荣获“中国货运业最佳船公司”金奖、中国国际海事“油轮运营商奖”、“全国文明单位”等荣誉称号。

公司始终奉行“追求卓越、诚信四海”的经营理念，坚持“客户至上”的服务宗旨，严格执行服务质量内控体系，注重市场营销和客户服务的创新，以安全、高效、优质的运输服务取信于国内外客户，积极实施大客户战略，建立多形式、多层次的合作机制，巩固良好合作关系，在国际市场的竞争力日益增强。

公司注重培养高素质船员队伍，始终坚持“以人为本”的管理理念，关心关爱一线船员，重视船员安全、健康和福利，积极倡导和促进企业员工的全面发展。目前，公司管理的3000余名油轮船员在国内外航线上安全、高效地管理着各类油轮，体现出良好的职业素养。

中海油运注重企业文化建设，继承和发展优良的文化传统，逐步形成了具有航运特色、油运特点的企业文化体系。多年来，公司积极投身社会公益事业，把企业社会责任融入企业经营运作之中，努力回报投资者与社会，员工团队协作精神不断增强，形成了促进国家级文明单位、世界级油轮船队建设的强大推动力。